Stability Analysis and Prevention Technology of Highway Slope under Complex Geological Conditions

复杂地质条件下公路边坡稳定性分析与防治技术

吴银亮　闫海涛　王　琳　毛永强　李元松　等　编著

人民交通出版社

北京

内 容 提 要

我国西部山区山高谷深、沟壑纵横，在公路建设过程中，由于开挖路堑的需要，会不可避免地进行边坡开挖，从而形成大量的人工边坡。由开挖卸荷、雨水冲刷和入渗作用等引起的滑坡、坍塌等地质灾害，日益成为业界关注的重点工程地质问题。

本书以云南文麻高速公路为依托，系统介绍了富水软岩公路边坡岩土计算参数的取值，以及边坡稳定性快速评价和数值分析方法，在此基础上，提出适用于富水软岩公路边坡的加固设计、施工、监控量测和管理，以及处治效果评价的方法、技术和措施。

本书集知识性、理论性与实用性于一体，可供从事公路、铁路、水利、建筑和矿业工程设计、施工、管理的人员参考和借鉴，也可供相关专业院校师生参考和使用。

图书在版编目(CIP)数据

复杂地质条件下公路边坡稳定性分析与防治技术 / 吴银亮等编著. — 北京 : 人民交通出版社股份有限公司, 2025. 8. — ISBN 978-7-114-19910-3

Ⅰ. U418.5

中国国家版本馆 CIP 数据核字第 2024LX6607 号

Fuza Dizhi Tiaojian xia Gonglu Bianpo Wendingxing Fenxi yu Fangzhi Jishu

书　　名： 复杂地质条件下公路边坡稳定性分析与防治技术
著 作 者： 吴银亮　闫海涛　王　琳　毛永强　李元松　等
责任编辑： 李　沛
责任校对： 赵媛媛
责任印制： 张　凯
出版发行： 人民交通出版社
地　　址： (100011)北京市朝阳区安定门外外馆斜街 3 号
网　　址： http://www.ccpcl.com.cn
销售电话： (010)85285857
总 经 销： 人民交通出版社发行部
经　　销： 各地新华书店
印　　刷： 北京市密东印刷有限公司
开　　本： 787 × 1092　1/16
印　　张： 31.25
字　　数： 492 千
版　　次： 2025 年 8 月　第 1 版
印　　次： 2025 年 8 月　第 1 次印刷
书　　号： ISBN 978-7-114-19910-3
定　　价： 165.00 元
(有印刷、装订质量问题的图书，由本社负责调换)

《复杂地质条件下公路边坡稳定性分析与防治技术》

编写委员会

主　　编： 吴银亮　闫海涛　王　琳　毛永强　李元松

副 主 编： 周春梅　王亚军　陈　晨　严俊峰　熊齐欢　王　静

编写人员： 姬付全　朱兴前　张俊瑞　张　兵　向　锐　张　行　李琴琴　邓剑辰　刁春飞　陈　迪　王　搏　江磊磊　陈亮青　胡　乐　于　锦　朱　可　张　超　牛广天　刘　伟　杨　新　杨庆港　齐同杰　张巷生

前言 | PREFACE

随着西部大开发战略和"一带一路"倡议的深入实施，我国西部地区基础设施建设将迎来快速发展。然而，西部地区，尤其是云贵高原自然条件恶劣，区内山高谷深、沟壑纵横。特殊的地形地貌特征给云南公路建设、运维、管理带来了极大的困难。

由于开挖路堑的需要，在公路建设过程中将不可避免地进行边坡开挖，形成大量的人工边坡。在开挖卸荷、雨水冲刷和入渗作用下，人工边坡极易演变成滑坡、坍塌，造成重大财产损失，甚至造成人员伤亡，严重影响工程建设工期，破坏地区生态环境，给地区公路建设带来不可弥补的损失。如今，边坡灾害已成为继滑坡、崩塌、泥石流、水毁之后，又一大公路病害，在一定程度上制约了云南地区的公路建设发展水平。

近年来，国内外众多科研工作者围绕公路边坡的稳定性评价与处治技术，进行了深入的研究和积极的探索。本书在认真总结国内外公路边坡稳定性评价与处治技术研究现状的基础上，结合云南地区特殊的地理环境，详细介绍了云南公路边坡病害情况，深入研究了公路边坡稳定性评价理论与方法，提出了公路边坡处治结构设计方法及其施工、监控量测关键技术，并结合云南东南地区隐患灾害点，依托工程监测反馈信息，对其进行了处治效果评价。

本书共分 10 章，各章的编写分工为：王琳、毛永强负责编写第 1 章；闫海涛、王琳负责编写第 2 章；吴银亮、毛永强负责编写第 3 章；李元松、王亚军负责编写第 4 章；李元松、王琳负责编写第 5 章；吴银亮、闫海涛负责编写第 6 章；王琳、毛永强负责编写第 7 章；闫海涛、王亚军负责编写第 8 章；王琳、毛永强负责编写第 9 章；李元松、周春梅负责编写第 10 章。全书由吴银亮、闫海涛统稿。

本书得到了交通运输部西部交通建设科技项目的大力支持，得到了所有参编人员的密切配合；同时，借鉴参考了国内外有关专家学者的研究成果。在此，一并致以诚挚的谢意！

复杂地质条件下公路边坡稳定性评价与治理技术，日益成为业界关注的重点工程地质问题。笔者编撰本书的目的，在于与同行进行广泛的技术交流，并希望通过实践使公路边坡的加固、治理研究成果得到进一步的检验和完善，为西部山区公路建设贡献微薄之力。

由于水平及时间所限，书中疏漏之处在所难免，诚望从事边坡勘察设计、施工、运维和管理的同仁不吝赐教。

作　者

2024 年 6 月于武汉

目录 | CONTENTS

第 5 章 边坡稳定性计算方法

第 6 章 公路边坡治理新技术

| 第 8 章 | 公路边坡监控量测技术

第 9 章 公路边坡信息化设计与施工

第 10 章 公路边坡治理工程效果评价

CHAPTER 1 | 第 1 章

绪论

1.1 公路边坡稳定性与治理研究的意义

根据《云南省“十四五”综合交通运输发展规划》,“十四五”期间云南省将建成5条国际综合交通运输大通道、5条国内综合交通运输大通道、5条省内综合交通运输大通道,推动公路网、铁路网、航空网、水运网、邮政网深度融合,构建综合交通基础设施“3张网”,进一步完善综合交通经济走廊骨架网,实施综合交通八大重点工程。其中公路总里程达到35万km,高速公路建成通车总里程力争达到1.5万km。可以预见,未来一段时间内,云南省基础设施建设市场规模将相当可观。

云南省东南部位于云贵高原东南部平原之间的斜坡地域,地势起伏大,沟谷纵横,且气候湿润多雨,降雨集中,地质环境脆弱,滑坡灾害频发。同时,公路建设过程中,常常进行坡脚开挖、路基填方、隧道钻掘等工程,对山体造成剧烈扰动。在不良地质条件与人类工程活动的共同作用下,山区公路极易形成大量的滑坡病害,影响公路建设;此外,由于坡体应力变化,形成潜在的边坡失稳风险,在公路通车运营后,受降雨、地震等影响,极易产生滑坡灾害,滑坡灾害发生的时间、空间不确定性,进一步制约公路长期安全稳定运营。

当前,云南省正处于公路建设的高峰期,在大量公路通车运营后,产生了许多滑坡灾害,这些滑坡灾害类型多样,具有典型性,对这些滑坡进行详细的调查研究,分析其发育背景、发育特征与成因类型,对云南公路建设和长期安全运营十分重要。同时,针对云南省东南部山区运营公路所进行的滑坡发育规律研究与稳定性分析方法探讨,也可指导今后山区公路建设,并为已建公路的安全运营提供参考。

经过较长时间的交通基础设施建设工程的勘察、设计、施工和运营经验的积累,西部地区不良地质条件下路基、边坡、桥隧等工程的设计优化、施工监控及其与环境协调等关键技术研究,已成为我国公路、铁路建设中正在研究和迫切需要深化研究的难题。针对区域性不良地质开展特殊性岩土地区公路修筑关键技术研究,既是我国交通运输事业持续发展的必然需求,也是我国交通科技发展规划的重大决策。

滑坡、崩塌、岩堆以及危岩体等不良地质现象在云南省普遍发育,尤其是云南省东南部区域广泛分布着一种泥盆系粉砂质泥岩和褐黄色泥质页岩,因其易发生水-岩相互作用而加速物理风化,引发大量的边坡失稳和防护工程变形破坏,被称为“易滑地层”。在工程实践中,这种性质的地层在工程开挖前性质并不差,但开挖后不久便出现显著的强度降低,并沿层面发生滑塌。元磨高速公路、文麻高速公路出现的许多工程地质问题基本与此有关。

文麻高速公路(国家高速公路网 G5615 天保至猴桥高速公路天保至文山段)位于云南省东南部文山州境内,项目起点顺接在建的天保至麻栗坡高速公路 ZK85 + 347.897,止点接已建蒙文砚高速公路甲马石 K127 + 806.080,路线自南向北途经文山州麻栗坡县、西畴县和文山市。文麻高速公路沿线地形坡度陡,变化大,沟谷切割较深,大部分路段都要以桥梁和隧道通过,因此,挖方边坡工程难以避免。文山地区广泛分布的富水软岩,岩层中泥岩、页岩、粉砂质泥岩等均为软岩,具有透水性弱、亲水性强,浸水后岩体软化、强度降低,失水后易产生崩解等特征;其抗风化能力差,水敏感性强,在各种地质营力的作用下,岩体完整性易破坏,极易导致边坡失稳。

近年来,地质部门对富水软岩的分布特征及其主要工程特性已有了比较深刻的认识,但这些研究多以区域研究为主,未做全面系统的工程研究,如针对泥岩的风化规律及水理特性等,均缺乏应有的研究深度,未形成能够反映风化、软化、蠕变所致的边坡渐进变形、破坏、失稳过程的系统试验成果和稳定性分析评价方法,仿真模拟技术也不能真实反映富水软岩的风化渐进破坏并形成软弱结构面,进而严重威胁边坡稳定的实际状况,以致人们对这类岩石发生的地质灾害防范缺乏有力的理论依据。目前,富水软岩仍是威胁当地人民生命财产安全,影响地区经济可持续发展的重要环境地质和工程地质问题。

鉴于此,深入开展富水软岩边坡变形破坏机理及处置技术研究是十分必要的,研究成果可为边坡工程加固防护设计和灾害防治打下良好的理论基础,也可为今后制定富水软岩地区公路边坡设计标准、选择防护加固措施提供参考和借鉴,对富水软岩地区公路修筑技术水平的提高和路网规划目标的实现,具有重大的理论意义和工程实用价值。

1.2 公路边坡稳定性与治理研究现状

1.2.1 公路边坡稳定性评价方法

我国的大规模工程建设自新中国成立以后开始,富水软岩的工程性质和富水软岩边坡的工程地质问题研究也自此开始展开。岩质边坡大都是沿某些特定的结构面,尤其是沿软弱结构面失稳的,在边坡问题的早期研究中,人们对于软岩的诸多问题并没有重视,也没有进行过专门的研究。改革开放以后,随着工程建设的发展,越来越多的软岩边坡问题的出现,工程界开始认识到软岩边坡的重要性,开展了一些针对区域性软岩的专门研究,提出了区域性软岩所特有的变形破坏模型,且在软岩的物理力学性质、软岩边坡稳定性分析与变形破坏模式等方面取得了一些具有指导作用或参考借鉴价值的成果,并在大量水电和铁路工程建设中,对软岩的基本性质和工程处治措施方面积累了一定的经验和资料。如,余宏明(2003)、陈从新(2019)、谢全敏(2020)、朱杰兵(2020)等结合三峡移民、宜巴高速公路等工程对湖北省巴东组软岩的物理力学性质进行了初步研究。但是,总的来说,目前国内外对软岩的研究工作做得不够,现场调研工作较多,理论研究较少,有的学者也研究过软岩的变形特性,但是研究工作比较零散,并不系统。对于软岩高边坡开挖过程中的变形规律、失稳机理以及开挖造成坡体内的松弛区范围的研究,则更是很少有人问津。

国内外对边坡的稳定性分析是建立在对边坡分类基础之上的,因为不同类型的边坡分析方法一般是不一样的。常见的边坡分类依据有:边坡的成因、边坡的结构、边坡的岩性、边坡变形破坏形式等。然而,目前国内外对于边坡的分类几乎都是针对所有岩土体的,专门对软质岩坡体的分类较为零散且分类标准不统一,所以有必要对软质岩边坡的坡体结构进行系统的分类,研究不同类别的坡体变形特征、失稳模式,由此确定其稳定性分析方法,并提出各类别合理的整治措施。

研究边坡失稳机理的目的是为了对其稳定性作出正确的评价。目前,边坡稳定性评价方法主要包括三大类,即定性分析法、定量分析法和不确定性方法。

定性分析方法主要是通过工程地质勘察,对影响边坡稳定性的主要因素、可能的变形破坏方式及失稳的力学机制等进行分析,对已变形地质体的成因及其演化史进行分析,从而给出被评价边坡稳定性状况及其可能发展趋势的定性说明和解释。其优点是能综合考虑影响边坡稳定性的多种因素,快速对边坡的稳定状况及其发展趋势作出评价。常用的定性评价方法主要有自然(成因)历史分析法、工程类比法、边坡稳定性分析数据库和专家系统、图解法(对岩质边坡主要是赤平投影法)和岩体质量分类法(SMR)等。

定量分析法主要有极限平衡分析法和数值分析法。

极限平衡法由于使用简单、物理意义相对比较清晰,在实际工程中得到了广泛应用。目前很多商用软件,如加拿大 GeoStudio 系列的 SLOPE、Rock-Science 公司的 SLIDE、国内的 STAB、理正岩土等都是基于极限平衡法开发的。当然,极限平衡法也有很多缺点,如不能考虑岩土体的应力应变关系、时间因素、岩土体的应力历史、复杂地质条件、复杂边界条件等。

自从美国的 Clough 和 Woodward 应用有限元分析土坡稳定问题以来,数值计算方法在岩土工程中得到了迅速发展,并广泛用于工程实践。目前,常用的数值分析法主要有有限元法(FEM)、边界元法(BEM)、无限元法(IEM)、离散元法(DEM)、刚体有限元法(RFEM)、数值流形元法(NMM)、无单元法(EFM)、快速拉格朗日分析法(FLAC)、非连续变形分析法(DDA)及各种耦合分析法。

在各种连续变形分析法中(主要包括 FEM、BEM、FLAC 等),有限元法凭借其广泛的适用范围,在连续变形分析中取得了良好的应用效果,同时也开发出了一大批通用有限元计算软件(如 ABAQUS、ADINA、ANSYS、MARC、NAS-TRAN 等)和岩土专用有限元软件(如 GeoStudio、PHASE2、PLAXIS、2D/3D-SIGMA 等)。Itasca 公司分别于 1985 年和 1994 年针对岩土体问题开发了 FLAC 二维和三维分析软件,在材料的弹塑性分析、大变形分析以及模拟施工过程等领域有其独特的优势。通过数值计算,可以得到整个边坡的应力应变场,然后通过对应力应变场进行分析,可以对边坡的稳定性进行评价,然而在工程实践中,大部分工程师们仍习惯使用安全系数对边坡的稳定性进行快速评价。为此,Zienkiewicz(1975)提出了边坡安全系数的一种新的定义方式,即"可将安全系数(FOS)定义为:将岩土体抗剪强度进行折减,使边坡刚好达到临界破坏时抗剪强度折减的程度”,由此发展而来的有限元强度折减法在边坡稳定性分析中显示出了强大的生命力,国内外众多学者都对此进行了研究,并取得了大量的研究成果,为边坡稳定性分析开辟了新的途径。

近年来,人们在前面两种分析方法的基础上,又引进了一些新的学科、理论等,逐渐发展起来一些新的边坡稳定性分析方法,如可靠性分析法、模糊综合评价法、系统工程地质分析法、灰色系统理论分析法等,这里暂且称之为非确定性分析方法。

此外,作为认识边坡变形破坏机理的有效手段,模型试验和现场试验,尤其是模型试验在实际工程中经常被采用。模型试验通常使用一些材料模拟现场岩土体,然后根据相似设计理论进行模型设计。现场试验是最能够直观和准确反映实际情况的方法,但是由于其花费巨大,且周期较长,一般只在重大工程或个别典型工点中使用。对于大型岩质边坡稳定性研究,模型试验是各种方法综合研究中不可缺少的。它的优点是密切结合具体工程实际条件,能够考虑在数学力学计算分析中难于考虑的某些重要因素,在具备相应的试验技术和试验设备的条件下,可以获得较为满意的结果,可以比较可靠地用于指导工程实践。可以相信,在今后相当长的一段时间里,模型试验将与数值模拟并存,共同为工程实践服务。

综上所述,为了正确评价边坡的稳定性,许多学者从不同角度采用不同方法进行了研究。在研究方法上,从室内物理模型试验到原位试验、从定性到定量、从各类理论解析法到数值计算方法,研究方法越来越多样化,也越来越先进。但是实际工程中较为常用,也通常被认为较为可靠的方法仍是模型试验或现场试验加数值分析计算。由于岩土体工程的复杂性,模型试验方法和数值分析方法的综合应用十分重要。也正是由于岩土体工程的复杂性,数值分析方法可以发挥其费用低、周期短的特点,所以如何合理地将数值分析方法应用于工程实践,又如何客观、深入地以数值分析成果指导工程实践更显重要。

1.2.2 边坡变形破坏机理研究现状

针对边坡变形破坏机理的研究目前已经较为成熟,众多的学者提出了各种不同的地质模式,归结起来,分为地质分析、物理模拟和数值模拟三种。地质分析属于分析方法类，根据边坡当前状态、所处环境以及当前的一些变形破坏迹象来研究变形破坏机理；物理模拟采用相似材料，模拟边坡演变过程中有关因素的改变来再现边坡变形破坏过程，进而分析其力学机制；数值模拟则是依靠计算机技术，将地质与数学结合起来，通过数值计算来解决地质问题。

滑坡是边坡变形破坏的一种形式，是在一定因素作用下具有一定地质条件的边坡变形破坏形式之一，美国学者 Terzahgi 在 1950 年发表的文章《滑坡机理》中系统地阐述了滑坡产生的原因、过程、稳定性评价方法以及在某些工程中的表现。Skempton（1964）关于黏性土的残余强度理论和相关学者关于土体蠕变过程的研究，把滑坡机理推向更加深入的研究；Varlle（1978）根据斜坡岩土体的运动类型，将斜坡变形破坏分为崩塌、倾倒、滑坡、侧向扩展、流动及其复合类型。

在国内，自谷德振（1979）提出"岩体工程地质力学"以来，在边坡变形机理方面，常注重岩体结构和时间效应及其对边坡演化机理的作用。如晏同珍等（1981）从地质力学的角度研究滑坡，按滑坡发生的初始条件、滑动原因及滑动方式等划分滑坡机制；刘汉超等（1981）对龙羊峡水库边坡和滑坡进行了研究，并提出了滑坡床面的累进性破坏与贯通机理；罗国煌等（1982）提出斜坡"优势面"概念；孙玉科等（1983）将我国岩质斜坡变形破坏机理分为水平剪切变形机制、顺层剪切变形机制、顺层逆剪切变形机制和反倾逆剪切变形机制等四种类型；杜永廉提出了弯曲变形机制；孙广忠（1984）在谷德振研究成果的基础上，提出了岩体结构控制论；张倬元等（1993）归纳总结了斜坡岩体稳定性的工程地质分析原理，并提出了斜坡变形破坏的六种模式（蠕滑-拉裂、滑移-压致拉裂、滑移-拉裂、滑移-弯曲、弯曲-拉裂、塑流-拉裂）；刘广、徐开祥（1993）根据斜坡变形动力成因，提出了天然动力与人为动力条件下的斜坡变形破坏机理；对于土质边坡与混合质边坡，陈斌提出了在降雨和开挖耦合作用下出现的"蠕滑-拉裂-滑移"和"溜动-拉裂-坍滑"两种模式。中国科学院工程地质力学开放研究室和成都理工大学等在五强溪、李峡、金川镍矿、三峡高边坡研究中，对山体岩体质量评价、三维结构数学模型及其数值分析和岩体断裂力学进行了研究并取得了进展。

可见，虽然国内外学者在滑坡机理方面做了许多研究和探索，但由于滑坡种类多、构造复杂、作用因素各异,加之针对滑坡大多是采用单一的方法进行分析研究,缺乏多种方法的综合对比研究,所以针对滑坡变形模式和破坏机理仍缺乏较全面系统的研究。以往的研究中常将边坡变形破坏和滑坡的发展演化视为不同的运动机制,虽然一些滑坡机理研究中也提到边坡的变形、蠕动、挤压阶段,但显然较为简单,未能完全揭示从斜坡到滑坡的形成直至消亡的过程。总之,综合运用地质分析、物理模拟和数值模拟对滑坡变形特点和运动机制进行研究,将斜坡的变形和滑坡的演化结合起来,综合分析边坡整个发展过程中的变形模式和破坏机理显得更为重要。

1.2.3 边坡岩土体计算参数及其取值方法

关于滑带土抗剪强度,目前国内外已经积累了丰富的研究成果,特别是五种抗剪强度特性的研究:峰值抗剪强度、残余抗剪强度、滑坡启动强度、完全软化强度,以及流变研究中的长期抗剪强度(刘小丽等,2004)。

在国外,Skempton(1970)最先提出残余强度概念,他认为滑坡滑带土的抗剪强度随着剪切位移的增大由峰值渐渐降低,直至稳定时即为残余强度,依据试验结果,滑带土体的初始结构和应力历史等不会对残余强度产生影响,这为使用滑带土重塑样获取土体的残余强度提供了理论依据。Skempton(1985)通过试验研究表明滑带土中黏粒含量超过20% ~25%时,其扁平的黏土矿物会随着剪切方向产生定向重排列,并且认为剪切过程中超固结黏土强度降低完全是由含水率增加引起的。除此之外,Skempton还通过试验研究证明了剪切速率对残余强度的影响较为复杂,当剪切速率在0.01mm/min以下的慢剪时,剪切速率的变化对残余强度基本无影响;当剪切速率在100mm/min以上的快剪时,剪切速率的变化会对残余强度造成较大影响。

Chandler(1977)通过研究复活型滑坡,提出了滑带土残余抗剪强度存在一个强度恢复的过程,此过程受滑带土中孔隙水化学成分和滑带矿物的影响。Wen等(2007)通过室内反复直剪试验发现滑带土不含砾石重塑样的残余摩擦角与黏粒、液限和塑性指数密切相关。原位剪切试验获得的残余摩擦角与砾石和细粒含量有着很大的相关性,且和砾石含量与细粒含量的比值呈现出强烈的线性相关性。Abidin Kaya(2009)通过试验研究表明滑带土液塑限、黏粒含量等物理性质以及大气压力都会影响残余强度值。

Liu 等(2018)研究了不同法向应力对抗剪强度的影响,研究表明在低法向应力条件下峰后衰减更为显著,且残余强度包络线呈非线性。

在国内,任光明(1996)等通过试验与现场调研发现滑带土只要具有一定厚度便存在强度再生,并在讨论结构强度再生及其规律的基础上指出残余强度只是一种短暂的瞬时强度;周平根(1998)等通过研究提出滑坡滑带土的残余强度值几乎完全由矿物颗粒间的摩擦力控制,并会随着黏粒含量的增加而降低;洪勇(2009)等通过回顾国内外土工环剪仪的开发及应用情况,并总结了能进行大位移连续剪切的环剪仪器是国内外学者获得残余强度的主要试验仪器;吴迪(2011)等通过对残积土进行环剪试验发现测得的峰值强度指标不够稳定,且含水率对其峰值、残余抗剪强度有较大的影响;王顺(2012)等通过环剪仪研究了不同环剪方式下的残余强度,结果表明单剪方式下的残余强度最低,得出了单剪方式是环剪仪获得残余强度的最优剪切方式;刘动(2013)等通过对不同颗粒级配的滑带土重塑样进行单级环剪试验研究发现,滑带土的应变软化特征会随着较粗砂粒含量的增加而减弱,且达到残余强度所需的位移量也会随之增大;廖建民(2013)通过对黄土坡滑坡滑带土进行环剪试验,发现滑带土颗粒会随着有效法向应力的增大而更易沿剪切方向发生定向重排列,且在相同的有效法向应力下天然状态滑带土样的定向排列程度比滑带土重塑样的低,达到稳定残余强度所需的剪切位移量要比滑带土重塑样的大;束骞(2015)通过对西南近水平滑坡滑带土进行环剪试验研究发现,剪切速率在 0.002 ~ 6mm/min 时,其残余强度的变化幅度不大于 5%;王鲁男(2017)在其研究中指出,目前获得滑带土残余强度常用的方法主要有现场原位剪切试验法、室内试验法以及反演分析法,其中室内试验法常以反复剪切以及环剪试验为主;许成顺(2017)等通过环剪仪研究了不同黏性土的残余强度及其抗剪强度指标特性,结果表明残余强度随着塑性指数的增大而减小,随着法向应力的增大而增大,并在较小的法向应力下呈非线性,除此之外,超固结比对残余强度几乎无影响。

由上述文献可以看出,反复剪切试验及环剪试验是目前获得残余强度常用的室内试验方法,依据试验探讨滑坡滑带土受剪时的力学特征对滑坡的研究有着重要意义。

滑带土抗剪强度参数的研究方法除了上述提到的试验法外，还有反分析法和统计分析法。

(1)滑带土抗剪强度参数反分析

滑带土抗剪强度参数反分析就是通过滑坡的宏观变形特征判断滑坡所处发育阶段及相应的稳定性系数，根据极限平衡理论以及可测量的物理量、几何特征，建立强度参数反分析计算模型，反算滑带土的强度参数。无论是现场原位剪切试验，还是室内试验测定的结果，都受众多不确定因素的影响，且试验花费时间长、价格昂贵，因此，反分析法在获取滑带土抗剪强度参数方面得到国内外广泛关注。

通常在工程应用中采用反分析法与试验相结合的方式，并类比同地区滑坡的抗剪强度参数，确定最终抗剪强度参数建议值。

在国外，Schuster 等(1978)认为可利用古老滑坡复活时所处发育阶段对应的稳定性系数及主剖面反算其强度参数。当滑坡首次发生变形时，滑带土的强度是远远大于其残余强度的，可用滑坡首次发生变形时所处发育阶段对应的稳定性系数及主剖面反算滑带土强度参数，求解出代表整个滑面的平均抗剪强度参数 c、φ。在反算滑带土强度参数时，美国学者通常假定 $c=0$(或 $\varphi=0$)再反算另一残余强度参数，日本学者通常根据滑体的平均厚度选取 c 值再反算另一强度参数，这种反算方法简洁明了，并在一些工程中得到了成功运用，但是该方法过于依赖经验，部分反分析强度参数值与室内试验值差距较大，存在失真的问题。

Stark 等(2012)对一处滑坡滑带土进行了强度参数反分析计算及室内试验，并通过滑带土的颗粒成分、液限、有效法向应力等指标建立经验公式来推测滑带土的残余强度参数。

在国内，富凤丽等(2000)、李凡(2004)和易朋莹(2008)等运用传递系数法原理联立两个滑坡剖面的极限平衡方程，利用试验、经验及作图等方法求解出具有唯一性的滑带土强度参数值；郑明新(2003)在滑带土强度参数反分析基本原理及使用条件的基础上，提出了结合滑坡状态确定参数，并通过滑坡实例验证了结合滑坡不同发育阶段以及不同部位滑带土特征的反分析法是获取滑带土强度参数的有效方法之一；柴波(2007)、张新敏(2005)等通过滑坡变形迹象确定滑坡稳定性评估指标，用剩余推力法、广义楔形法并自编程序建立了滑坡反分析的平衡方程，将滑动区土体强度参数的敏感性分析用于反算求解 c、φ 值；邓建辉(2003)、卢坤林(2010)等建立了三维反分析模型，通过改变滑动面的法向应力，反分析滑坡滑带土的抗剪强度参数，获得的强度参数比二维解更准确，但它们不是唯一解，需要通过试验先确定其中一个抗剪强度参数再反算另一个，而抗剪强度参数试验值的确定因土的各向异性、不均匀性，取样的随机性以及试验误差而存在一定的不确定性，结果可能导致反算结果也存在不确定性。较为精确的三维模型还需要加大钻探工作量才能获取，更适用于大规模及十分重要的滑坡治理工程。

目前国内滑带土强度参数反分析法主要包括综合法、多断面法、共轭图法和三维法。

(2)滑带土强度参数的统计规律研究

近年来，国内外许多学者从滑带土强度参数的统计分析出发，力求找到适用于特定地点、特定类型滑坡的强度参数规律，由此展开了广泛探讨。

在国外，Langejan 等(1965)和 Wu 等(1990)认为土体的抗剪强度参数服从正态、对数正态以及 Beta 分布。Lumb(1966)通过进行大量剪切试验，分析试验结果后认为抗剪强度参数 c、φ 服从 Beta 分布；Lee 等(2003)在研究非饱和土的抗剪强度参数时，推导出简易的双曲线公式，可以用一个参数来表示而不需要其他试验，在此公式的基础上，进一步利用人工神经网络(ANN)模型建立了非饱和土的表观黏聚力预测模型。

在国内，罗冲(2005)、李远耀(2008)、张红琼(2008)等通过对三峡库区内滑坡抗剪强度参数的统计分析，采用 χ^2 检验法进行拟合，其分布规律表明研究区土体内摩擦角 φ 服从正态分布，黏聚力 c 服从对数正态分布，并且发现滑带土内摩擦角与所含碎石量呈良好正相关关系；程圣国(2007)、陈立宏(2013)、汤罗圣(2013)等依据岩土体特征将一定区域内的岩土体细化分区，通过统计分析各分区内滑坡滑带土抗剪强度参数的随机概率分布模型，预测对应分区其余滑坡滑带土的强度参数；刘继芝娴(2018)在收集整理万州区侏罗系红层滑坡滑带土抗剪强度参数的基础上，对滑带土强度参数进行了统计分析和影响因子分析，并建立了滑带土强度参数的概率模型及预测模型。

由上述研究内容可以看出，目前已有的成果大多数集中在特定地区滑坡滑带土或岩土体强度参数概率分布模型上，而关于我国西南缓倾滑坡天然峰值强度、饱和峰值强度、天然残余强度和饱和残余强度参数之间关系的研究较少。

1.2.4 开挖引起的边坡稳定性控制及支护技术

公路工程中岩土质高路堑边坡二次开挖时的稳定性问题，受边坡外形、岩土体参数、地质构造特征、开挖方式、边坡已有支护措施及开挖后支护措施等较多因素影响，是非常复杂的工程问题。

1993 年，邹志晖、汪志林通过相似模型试验，研究了不同岩质边坡中锚杆的工作机理，取得了在不同弹性模量、不同锚杆布置条件下的锚杆受力响应及变形特性。

由于节理化岩体的结构效应，使节理岩质边坡中的锚杆锚固机理明显复杂于土质边坡。1995 年，Chen 和 Ferrero 的研究指出，节理化岩体中的锚杆受力呈拉剪、拉弯状态，锚杆的破坏需考虑岩体对锚杆横轴向变形的约束作用。

2001 年，黄润秋、林峰、陈德基等研究了岩质高边坡开挖卸荷过程中边坡二次应力场的形成，分析了高边坡卸荷带的形成机理，指出经历开挖卸荷后的边坡，其二次应力场具有“驼峰应力分布”的特征；边坡卸荷带有两类，一类是在包含一个方向拉应力作用下形成的“张裂型卸荷带”，另一类是由双向受压应力状态确定的“剪裂松弛型”卸荷带。

2005 年，Grasselli 研究了在节理岩体中采用全长黏结型锚杆和水胀锚杆支护时的力学响应，研究采用了大比例 1∶1 的锚杆双剪切试验，其结果表明，不同锚杆的剪切荷载响应显著不同。同时值得注意的是，其研究表明锚杆的设置角度对节理面抗剪强度贡献值和节理面的剪切刚度有显著影响，即锚杆的设置能增加节理贴合的紧密度。

2007 年，邵江研究了均质（半成岩）边坡开挖过程中的渐进性破坏，指出开挖边坡渐进性失稳的内因是坡体应力场的分布不均，边坡中产生应力调整，使破坏范围扩大或终止，若范围继续扩大则边坡失稳破坏，若局部破坏范围扩展终止，则边坡稳定；对比了无支护、采用预埋桩和框架锚索加固条件下开挖时的坡体位移场变化,其结果表明,对开挖边坡进行预加固能有效抑制坡体的渐进性破坏,防止产生工程滑坡。

2008 年,宗全兵、徐卫亚采用广义 Hoek-Brown 强度准则,分析了某沉积岩边坡的开挖过程中边坡临界失稳模式的演变、发展过程,其研究表明边坡中下部的泥岩夹层对开挖边坡的整体变形和稳定性具较大的影响,其往往构成边坡潜在滑动面的一部分。

2014 年,赵欣桐基于广西柳南高速公路改扩建工程,研究了既有人工边坡二次开挖过程中的稳定性,指出相较于其他因素,开挖扰动对稳定性影响更强烈,且存在使边坡稳定性达到最好的最佳每级开挖深度;同时提出了开挖前三步→施加锚杆→开挖第四步→施加锚索→开挖第五步→施加锚杆→开挖第六步→施加锚杆的施工方案。

2014 年,林同立、何忠明及蔡军针对某高速公路改扩建边坡工程,分析了台阶形截面开挖和抗滑桩 + 锚索预加固开挖两种施工方式对坡体稳定性及变形场的影响,提出了相应的设计及施工建议。

2015 年,闫强研究了广西柳南高速公路改扩建工程某典型边坡二次开挖前后的稳定性,指出边坡二次开挖时的及时支护对边坡水平变形、坡顶的竖向变形具有较好的限制作用,第一步开挖后和第六步开挖后水平变形分别降低了 34% 和 31%,竖向变形降低了 50%,采用及时支护开挖方式开挖边坡,边坡稳定系数在开挖初始阶段略有降低,之后一直处于增长态势,总体来说有利于边坡稳定。

2015 年,单仁亮、杨昊、王述红等以庄盖高速公路岩质边坡为依托,采用离散元软件 3DEC 分析了节理化岩质边坡各阶梯开挖过程中的稳定性及位移发展趋势,指出无支护条件下开挖,边坡表面将发生块体剥落、滑移,提出了开挖过程中保证坡体稳定性的支护设计方案。

2015 年,刘磊、贾洪彪及马淑芝将边坡的开挖过程视为开挖面处施加逐渐衰减的等效荷载过程,基于连续介质力学、损伤力学及断裂力学,分析了一石灰岩边坡的开挖失稳过程,指出开挖会诱发坡内缺陷的劣化直至形成贯通裂缝。

2016 年,冯云鹤基于惠深高速公路惠州段改扩建工程,研究了凝灰岩高边坡二次开挖过程中的扰动问题,指出边坡二次开挖后坡顶出现张拉破坏、坡脚出现剪出破坏,形成圆弧滑面+平面滑动的组合型滑裂面。

2016 年,李育宗、刘才华根据节理岩体锚固的特点,建立了模拟穿越节理面锚杆的超静定梁模型,从理论上分析了拉剪作用下锚杆横向变形的计算方法,指出拉剪作用下锚杆的销钉效应较显著,揭示了节理岩体-锚杆相互作用的锚固机制。

2017 年,魏启炳、刘志彬、鲁洪强等针对青岛崂山路拓宽工程中高陡岩质边坡加固问题,采用 FLAC 3D 分析了典型坡体开挖前后及采用锚杆加固后的稳定性,其研究结果表明,边坡破坏时,坡体上部出现条状张拉破坏区,下部出现大范围剪切破坏区,采用锚杆加固能较好控制坡体稳定性。

1.2.5 边坡防护工程研究现状

随着我国公路等级和人们生活水平的提高,路基边坡防护日渐引起公路部门的重视。在我国多年的道路工程实践中,积累了不少公路边坡防护与加固经验。在圬工防护理论计算方面,库仑理论、朗肯理论被广泛应用。随着科技的发展,各种新型支挡结构和防护形式,以及相关应用软件应运而生。

目前,国内外对边坡加固处理的方法多种多样,主要有抗滑桩、挡墙、坡面排水、削坡护坡、护脚墙、抗滑墙、预应力锚索、压浆锚柱(固结)、排水固结等方法。它们实用性强,效果较好,是目前处治边坡采用的主要技术方法。

在边坡加固的设计中,人们通常仅从边坡的稳定性等因素出发,很少考虑岩体结构面、地下水、坡面重构作用对边坡稳定性的影响。由于工程的千差万别,众多问题在规范中仅定性地作了限制,很少给出具体比选方法进行量化计算分析。这些传统的边坡防护治理措施往往存在以下问题:

(1)深挖导致边坡不稳定性增大

在普通公路的设计中,由于经济方面的原因及认识方面的误区,路基边坡的防护措施较简单,通车后常出现边坡坍滑事故。特别是在高速公路中,公路对线形要求标准高,常常有比较大的高填深挖路段,简单设计更不能确保边坡的稳定。另外,由于大开挖的土石方不能充分利用,导致弃方占地,处理困难,加剧了对生态的破坏,生态环境的破坏又进一步导致边坡滑坡的可能性增大。

(2)生态环境的保护意识不强,缺乏全局观念

边坡防护对生态平衡的影响没得到足够的重视,水对边坡侵蚀冲刷的量化研究仍鲜有报道,理论上缺乏必要的支撑。

以前许多公路的路基与边坡设计中仅从坡面安全、稳定的角度出发,没有对生态保护和恢复进行专门设计,大量采用的浆砌片石护坡及喷射水泥砂浆等防护方式完全封闭了植物生长的环境,使得由于公路开挖而破坏的自然植被永久不能恢复。少量的绿化设计往往只是局部贴草皮,没有考虑边坡整个植被的逐步恢复。缺乏植被覆盖的边坡不仅不利于水土保持,大量的雨水还加大了对道路周边地区的冲刷,给农田水利带来不利影响。

(3)技术理论严重滞后

为了降低工程造价,减少或防止道路病害,保持生态环境的相对平衡,确保道路的安全与稳定,急需对公路边坡综合防护加固技术进行全面系统的研究。然而长期以来,边坡的综合防护技术一直是公路建设中的一个薄弱环节。

防护不当或方案错误导致防护失败,造成巨大资金浪费,形成不良的社会影响。防护技术在理论方面的研究还远远达不到要求,如边坡的侵蚀机理、边坡水力学特性研究、地区差异性以及公路部门与园林部门的专业交叉研究,需要科研工作者进一步深入研究,完善边坡综合防护理论。

(4)措施不合理,综合效益差

大量裸露的岩石和混凝土视觉效果差,一方面不符合人们对工程建设和自然环境相协调的要求,另一方面也不利于吸收阳光和汽车尾气,一定程度上给公路的行车安全带来不利影响。

由于理论研究上的不足和设计上的随意性,同时由于国内外不同地区的地理、气候及工程建设规模的差异,决定了不同地区综合防护方案的差异性,所以在侵蚀冲刷机理研究的基础上,对不同地区的边坡进行综合系统研究,提出最佳防护设计方案已迫在眉睫。

1.3 研究方案与技术路线

1.3.1 研究方案

(1)查阅文献,调研和搜集相似和依托工程勘察、设计、施工和监控监测资料。

①对课题的研究方向进行深入、细致的文献调查;

②进行类似工程、依托工程调研,得到具有统计意义的数据;

③富水软岩物理力学及工程特性研究;

④研究区工程地质模型;

⑤降雨补给、排水管疏排水条件下,非稳定流数值模拟理论与技术研究;

⑥云南省东南部山区降雨模型与滑坡地质灾害特征研究。

(2)富水软岩物理力学特性试验研究。

富水软岩物理力学参数取值地域离散性强、空间变异性大,表现出显著的随机性和不确定性。但岩土工程各物理力学参数之间互为因果,存在一定的相关性,通过数学统计方法对既有高速公路软岩物理力学参数进行相关性分析,建立拟合关系式。

试验是工程勘察设计的重要内容,通过试验能够确定地基承载力和地基变形计算中的大量参数。因此,在对公路原有勘察报告进行详细研究的基础上,按照工程地质类比,在滑带土层中采取土样进行室内试验研究,或在现场进行原位试验研究。分析降雨前后岩土体的物理力学参数变化规律,用于边坡稳定性分析评价与治理。

①室内试验:对依托工程典型断面,取适量的土样,在试验室进行不同压力、不同排水环境条件下的固结试验,研究各物理力学性质指标。本研究拟进行室内土工试验,详见表 1-1。

室内土工试验项目　　表 1-1

序号	类型	试验项目	试验方法或试验仪器	试验结果
1	土的物理性质试验	含水率试验	烘干法	含水率
		密度试验	环刀法	土的密度、干密度
		比重试验	比重计法	比重
		颗粒分析试验	筛分法	级配
		界限含水率试验	液塑限仪	液限、塑限
2	滑带土的力学性质试验	环剪试验	环剪仪	内摩擦角、黏聚力
		固结试验	标准固结试验	孔隙比和压力曲线、压缩系数、体积压缩系数
		三轴压缩试验	不固结不排水试验，固结排水试验	内摩擦角、黏聚力、应力路径、应力-应变关系
		击实试验	击实仪	击实度、最佳含水率
		承载比试验	承载比试验仪	CBR 值
3	水理性质试验	渗透试验	渗透仪	渗透系数

②原位试验：进行室内土工试验时，试验条件明确，可大量采取试样，但试样的采取、运输及试验过程中试样容易受到扰动，可能导致试验结果不能真实反映土样的实际情况。而原位测试在不对岩土体造成扰动的前提下进行试验，可以更好地了解岩土体的原本结构、相关强度和变形参数。

本次研究拟进行原位试验，详见表 1-2，以获取滑带土的物理力学指标。

原位试验项目　　表 1-2

序号	试验项目	试验方法或试验仪器	试验结果
1	静力触探	单桥静力触探	比贯入阻力
2	标准贯入度	自动落锤	击数
3	十字板剪切	$D:H=1:2$	抗剪强度、灵敏度
4	地下水测试	水位计	地下水位

(3)富水软岩边坡滑带土参数反演分析。

①典型断面原状土取样，室内物理力学性质试验；

②典型断面的原位直剪、标准贯入、十字板剪切；

③云南省东南部富水软岩边坡滑带土强度参数的取值范围；

④选择依托工程具有显著稳定性状态特征典型断面，利用剩余推力法进行参数反演；

⑤富水软岩边坡多滑带土计算参数综合确定方法研究。

(4)富水软岩稳定性评价方法研究。

①采用 GeoStudio 软件，建立降雨条件下的极限平衡模型，进行降排水条件下剩余推力分析与稳定性系数计算；

②基于 PLAXIS、FLAD 3D 软件，建立降雨条件下非稳定流计算模型，采用有限元强度折减法计算边坡的稳定性系数；

③设计并实施边坡表面人工监测与 GNSS 自动监测监控网，坡体深层水位监测与地下水位监测网；

④结合文麻高速公路 K14、K39、K46 边坡特征，元磨高速公路边坡等类似工程边坡的治理经验，对依托工程典型断面进行稳定性评价。

(5)超长水平钻孔在边坡排水工程中的应用研究。

①超长水平钻孔的布置平面设计；

②超长水平钻孔的施工工艺；

③超长水平钻孔的钻机、钻具、水管、滤管及相关参数选择；

④超长水平钻孔施工质量控制与技术要点；

⑤超长水平钻孔排水效果评价。

(6)依托工程滑坡治理方案与防护措施研究。

①研究区公路工程技术与经济条件分析；

②研究区类似公路工程边坡治理与防护措施；

③典型断面的治理方案与防护措施设计；

④治理前后监测数据分析；

⑤结合数值模拟结果，评价治理方案与防护措施的适宜性与合理性。

(7)依托工程滑坡治理后监测数据分析与防治效果评价。

①选择依托工程典型监测断面，进行治理前后监测数据分析，包括地表水平位移、垂直位移、深部水平位移、锚索应力、地下水位的分布特征与随时间的演变规律；

②根据依托工程的地质模型、降排水模型、稳定性计算方法、治理技术与防护措施，结合监测数据，评价治理方案的适宜性与合理性。

1.3.2 技术路线

本书采用文献查阅、资料调查、既有公路滑坡治理与防护技术效果分析、理论研究、数值模拟和室内外试验、监测监控等相结合的研究技术与方法，研究云南东南部富水软岩边坡强度参数演变规律，提出综合评价富水软岩边坡稳定性的方法，选择适宜的富水软岩边坡的治理方法与防护措施。研究技术路线如图1-1所示。

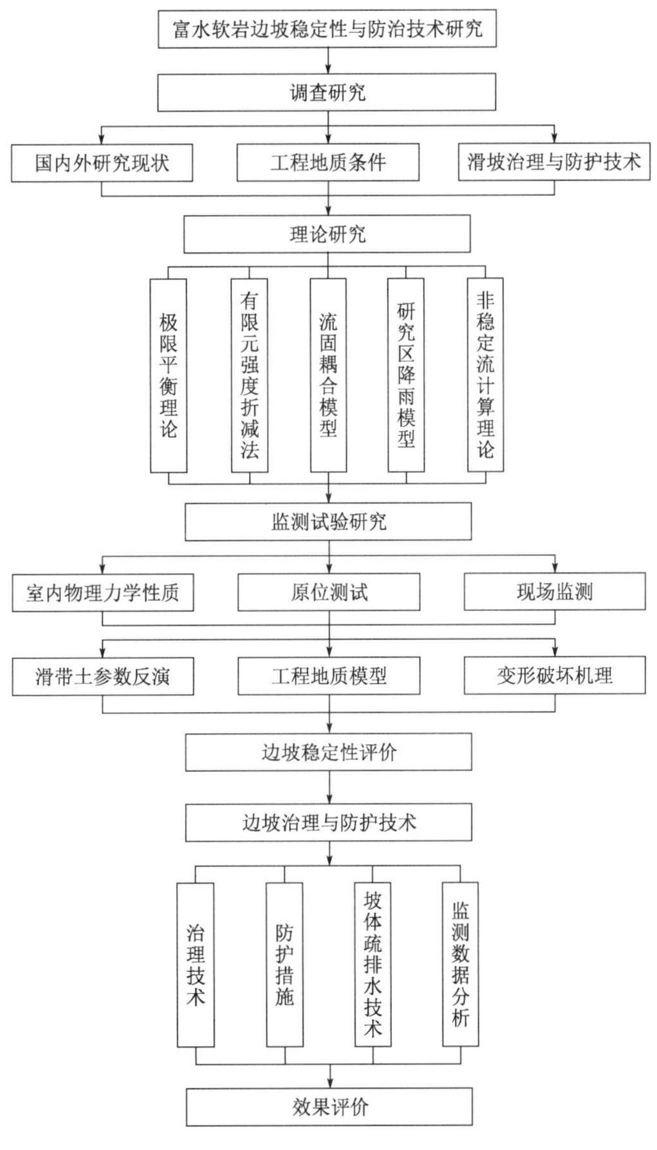

图1-1 研究技术路线

CHAPTER 2 | 第2章

边坡分类及其工程地质模型

边坡是由工程活动或自然形成的,其位移和变形可能对周围的环境有影响的斜坡。在开发建设项目中,如公路、铁路、水利工程、电力等建设和露天矿山中,都不可避免地会遇到大规模挖、填方边坡。如果山区高速公路建设的人工边坡是不可避免的,那么,进行高速公路边坡稳定性评价和分类,保证高边坡的稳定就成为公路建设工作的重中之重。目前,国内外关于边坡分类的方法有多种,但由于所依据的分类原则、分类标准和分类目的不同,迄今还没有公认的、统一的分类。无论何种分类方式,其出发点都是为了更好地从不同角度认识边坡,了解边坡的内部结构及其稳定机制,采取恰当的工程措施,确保边坡稳定。

对工程边坡的地质状况进行相应分类是高速公路建设的重要基础和前提,能够为后续施工提供必要的数据支持。其主要工程意义在于:

(1)通过前期调查对工程边坡的属性和类别进行分析,能够帮助工作人员更好地掌握高速公路所在地区的地质特征,从而使工作人员能够做好各项准备,保障工程建设顺利进行。

(2)对工程边坡地质的具体类别进行分析,能够基本确定边坡的稳定性,从而准确评估地质状况对工程建设的后期影响,避免出现不必要的失误。

(3)根据工程边坡地质分类并结合以往相同地质的工程经验,能够对高速公路建设中可能出现的问题进行有效预测,并制定出相应的应对策略,从而降低高速公路施工的实际难度。

(4)在面对较为复杂的工程边坡时,能根据边坡类别进一步明确施工方向和施工要点,从而在根本上保障工程质量。

地质模型是考虑工程设计的需要,依据工程性质将工程地质特征进行抽象、概化形成的一定模式。为解决岩体稳定性问题而建立的工程地质模型需要考虑4个要素:工程地质岩组、岩体结构、地应力、地下水。前两个要素是主要的,是控制岩体变形破坏的主要因素,地应力和地下水则是重要的影响因素。地质模型的建立对研究岩体稳定性评价的重要意义在于:

(1)地质模型可以明确表示岩体变形破坏的边界条件,是制定及优化岩体力学试验方案的重要依据,为岩体稳定性计算提供准确可靠的力学参数。

(2)地质模型是岩体稳定性研究中物理模拟和数值模拟的原型,有了地质模型会使建立的数理模拟试验条件更接近实际情况,也使数值模拟研究者更易理解地质背景条件。因此,所得模拟试验结果更具有应用价值。

(3)地质模型是计算岩体稳定性力学模型的基础。根据地质模型可以研究岩体变形破坏机制,建立力学本构关系,选择合理计算方法,这样才能保证稳定性计算结果的准确性。

(4)地质模型是进行岩体变形破坏监测、预测的基础。每种地质模型都有其本身特定的变形破坏规律,有其变形发展趋势和达到破坏的过程,这对制定监测方案和稳定性预测预报有重要价值。由此可见,地质模型的研究在工程地质学科发展和创新的理论和实践中均有重要意义,是不可忽视的重要研究课题。可以认为地质模型和岩体结构两者是相辅相成的岩体工程地质力学理论。

2.1 边坡分类

2.1.1 按成因分类

按照边坡的成因,边坡可分为自然边坡和人工边坡两种(图2-1和图2-2)。

图2-1 自然边坡

图2-2 人工边坡

(1)自然边坡。自然边坡是自然地质作用而形成具有一定斜度的地面边坡。按照地质作用可细分为剥蚀边坡、侵蚀边坡与堆积边坡。一般认为,自然边坡在一定时间范围内,其天然应力或初始应力与岩体强度处于平衡状态,也就是说,天然应力或初始应力不会直接导致边坡岩土体的失稳破坏。

(2)人工边坡。人工边坡是由于施工开挖或填筑而形成的边坡。如公路工程中常见填筑边坡及挖方边坡。填筑边坡是经过压实形成的边坡,如路堤边坡、渠堤边坡等。挖方边坡是指由于开挖而形成的边坡,如路堑边坡、露天矿边坡等。人工边坡由于改变了坡高及坡度,改变了原有应力的平衡状态,可能会导致边坡岩土体失稳。

2.1.2 按材料分类

按照边坡坡体的材料介质不同,可将边坡分为岩质边坡、土质边坡和岩土混合边坡三大类(图 2-3、图 2-4 和图 2-5)。

图 2-3 岩质边坡

图 2-4 土质边坡

图 2-5 岩土混合边坡

(1)岩质边坡。岩质边坡是指坡体主要由岩体组成的一类边坡。根据岩体结构控制理论,由于岩体中大量结构面的存在,将岩石切割成由结构面和岩块组成的结构体。岩体结构的主体是结构面,它是控制工程荷载作用下岩体的力学作用方式及其力学响应的主要因素之一,因而在很大程度上决定了工程岩体的稳定性。按岩层结构分为层状结构边坡、块状结构边坡、网状结构边坡;按岩层倾向与坡向的关系分为顺向边坡、逆向边坡、直立边坡;按岩体强度可分为硬岩边坡、软岩边坡和风化岩边坡等；按岩体结构类型可分为整体状边坡、层状边坡、碎裂状边坡和散体状边坡。

(2)土质边坡。土质边坡是指坡体主要由土体组成的一类边坡，按照物质组成又可细分为黏性土类边坡、碎石土类边坡、黄土类边坡和混合土类边坡。

(3)岩土混合边坡。一般是指下部为基岩、上部为崩坡积层、坡残积层，或由基岩风化而成的土层组成，岩土界面明显的一类边坡，即所谓的二元结构边坡。

边坡坡体组成物质是决定边坡稳定性的根本要素，岩土的成因类型、矿物成分、岩土强度都对边坡稳定产生影响。因此，在目前的分类标准体系中，以物质组成为分类第一要素，土与岩石的物质构成并无本质的区别，差别在于结构。岩质边坡中存在大量的裂隙、节理、断层等结构面，具有明显的结构性，其稳定性除了受岩性本身的影响外，更重要的是受岩体结构控制。岩性的影响是通过影响岩体的坚硬程度、风化程度、完整性等，进而影响了坡体表面的抗剪强度。对于土质边坡而言，不存在明显结构，力学性能与破坏模式显著区别于岩质边坡。土体自身黏聚力、坡度与水的作用是影响其稳定性的主要因素。

2.1.3 按高度分类

按照边坡高度，可以分为超高边坡、高边坡、中高边坡、低边坡四类，其中岩质边坡和土质边坡按照坡高分类的界限值有所差别(表2-1)。

边坡按高度不同分类　　表2-1

边坡类型	低边坡	中高边坡	高边坡	超高边坡
土质边坡坡高(m)	5	5～10	10～15	大于15
岩质边坡坡高(m)	8	8～15	15～30	大于30

土质边坡由于强度的原因，保持不了较高的高度，多处于15m以下，但黄土边坡因为特殊的结构特征，可保持较高的高度。岩质边坡由于地层结构的复杂性，比土质边坡更为复杂。由于岩体强度较高，常可保持较高陡的边坡，所以高边坡多是岩质边坡。

2.1.4 按坡度分类

按照边坡的坡度，可将边坡分为缓坡、中等坡、陡坡、急坡、倒坡。缓坡：坡度小于或等于15°；中等坡：坡度介于15°~30°；陡坡：坡度介于30°~60°；急坡：坡度介于60°~90°；倒坡：坡度大于90°。具体分类见表2-2。

边坡按高度不同分类　　表2-2

边坡类型	缓坡	中等坡	陡坡	急坡	倒坡
坡度(°)	≤15	15~30	30~60	60~90	大于90

2.1.5　按长度分类

按边坡长度分类，可将边坡分为长边坡（坡长>300m）、中长边坡（坡长100~300m）、短边坡（坡长<100m）。具体分类见表2-3。

边坡按长度不同分类　　表2-3

边坡类型	短边坡	中长边坡	长边坡
边坡长度(m)	<100	100~300	>300

2.1.6　按断面形式分类

根据边坡的断面形式，可将边坡分为直立式边坡、倾斜式边坡和台阶式边坡，如图2-6所示。当边坡较复杂时，常出现由这三种断面形式构成的复合形式边坡。

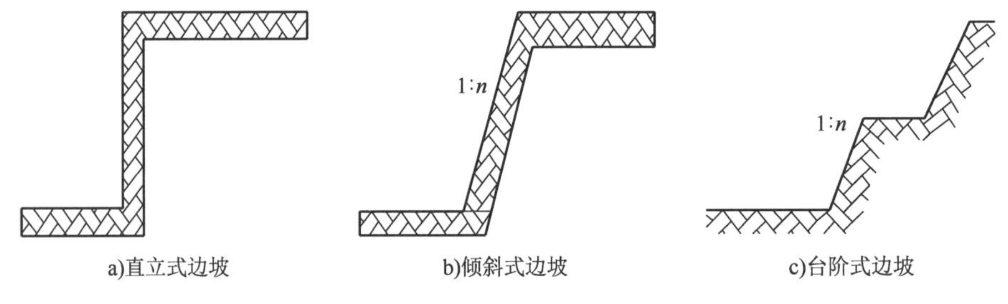

图2-6　边坡断面形式

2.1.7　按坡体结构分类

按照坡体岩土体结构特征，可将边坡分为土质边坡、块状岩体边坡、碎裂状岩体边坡、近水平层状边坡、顺倾层状边坡、反倾层状边坡等。按照坡体结构进行分类，一般针对岩质边坡按岩体结构进行分类。

(1)块状结构岩石边坡。块状结构岩石边坡是指一般由块状岩浆岩或巨厚层沉积岩组成的边坡。此类边坡的特征是,就局部地段而言,没有层状节理分布,不具备各类层状岩石边坡的特征,就其物质组成而言,岩石可视为相对均质体。

(2)碎裂结构岩石边坡。碎裂结构岩石边坡是指具有强烈发育的不规则节理裂隙的各种岩石边坡,在岩浆岩、沉积岩或变质岩地区都可能出现,特别在断层交汇部位和严重的构造挤压部位较为常见。由于边坡上节理裂隙密集、方向零乱,难以划分出岩体的层状结构,边坡岩体多呈相互镶嵌的碎块,从宏观上看,可视此类边坡为散体,边坡形态主要决定于节理裂隙的切割程度和组合形态。

(3)层状同向缓倾岩石边坡。层状同向缓倾岩石边坡是指由坚硬层状岩石组成的边坡,岩层的倾向与边坡的倾向一致,但倾角小于边坡坡角,坡面切断了岩层层面。由于坡面切断了岩层层面,坡脚以上岩层有沿坡面方向活动的空间,因此,当层面间抗剪强度较低时,可以沿层面产生滑动。

影响边坡稳定的主要因素是岩层的倾角大小、层面的抗剪强度及边坡岩体被节理裂隙切割状况。层状同向缓倾边坡较为常见,由于施工开挖,人为改变边坡坡角使边坡由缓变陡,使层面被切断,当边坡岩层被坡面切断后,最常见的变形是顺层滑动,特别是沿软弱夹层产生滑动。当节理裂隙的切割有利于割离坡体,下伏有软弱夹层时,雨后更易滑动。

(4)层状同向陡倾岩石边坡。层状同向陡倾岩石边坡是指岩层走向与边坡走向基本一致,但岩层倾角大于边坡坡角的岩石边坡,由于坡面未将岩层层面切断,因此,没有沿岩层层面向下滑动的余地,一般情况下边坡是稳定的。

(5)层状反向结构岩石边坡。层状反向结构岩石边坡是指岩层走向与边坡走向接近一致,而倾向与坡面倾向相反的边坡,又称为逆向边坡。此类边坡由于沿层面没有滑动变形空间,因此,无论岩层倾角大小,一般情况下都是稳定的。

(6)层状斜向结构岩石边坡。层状斜向结构岩石边坡是指由岩层与坡面走向呈一定夹角的层状岩石组成的边坡,也称为切向边坡,是高速公路工程边坡中较为常见的一种边坡类型。

2.1.8　按破坏方式分类

边坡在自然与人为因素作用下的破坏形式主要表现为滑坡、滑塌、崩塌和剥落。

(1)滑坡。滑坡是斜坡部分岩土体在重力作用下,沿一定软弱面缓慢地整体向下移动,具有蠕变变形、滑动破坏和渐趋稳定三个阶段,有时也具有高速急剧移动现象。

(2)滑塌。滑塌是因开挖、填筑、堆载等因素引起斜坡的滑动或塌落,一般较突然,黏性土类边坡有时也会出现一个变形发展过程。

(3)崩塌。崩塌(崩落、垮塌或塌方)是较陡斜坡上的岩土体在重力作用下突然脱离母体崩落、滚动、堆积在坡脚(或沟谷)的地质现象。崩塌体的运动方式为倾倒、崩落。崩塌体碎块在运动过程中滚动或跳跃,最后在坡脚处形成堆积地貌——崩塌倒石锥。崩塌会使建筑物,有时甚至使整个居民点遭到毁坏,使公路和铁路被掩埋。由崩塌带来的损失,不单是建筑物毁坏的直接损失,并且常因此而使交通中断,给运输带来重大损失。

(4)剥落。剥落是指坡体浅表层较小岩块在风化、卸荷及人类工程活动影响下,逐渐剥离母体并滑移、滚落、堆积到坡脚。剥落的主要破坏对象是公路、铁路、渠道等工程设施及耕地,一般灾害相对较轻。剥落发展进程较为缓慢,是最低程度的崩塌。发生剥落的山体坡度一般为30°~40°,剥落物中直径大于0.5m的岩块不超过25%。

2.1.9 按使用年限分类

按照使用年限,可将边坡分为临时边坡和永久边坡。按照《建筑边坡工程技术规范》(GB 50330—2013),将使用年限不超过两年的边坡称为临时边坡,永久边坡是指工作年限超过两年的边坡。

2.2 公路边坡地质特征

2.2.1 公路边坡自然特征

公路边坡的形成过程是将天然坡体改造成路基或路堑边坡的施工过程,天然坡体的地形地貌特征、地质结构、构造特征等自然属性在很大程度上决定了公路边坡的稳定性。天然坡体由于其岩土性质、地质构造、坡面积水、地下水分布和供给程度的不同,加之地质营力作用,导致边坡坡面出现不同的形态,有直线形、凸形、凹形、台阶形等,坡体的高度和坡度也大不相同;由于所处的地域气候条件、降雨状况不同,致使坡面冲沟发育和分布密度、植被覆盖状况等各不相同,这些都是边坡工程设计、施工的参考条件和基础。高度大且坡度陡的边坡必须设置防护支挡工程才能确保安全稳定,由于坡面受到雨水冲刷作用的威胁,必要时必须设置坡面防护工程。受地下水不利影响较大的边坡,必须实施排水工程才能确保稳定。

对于公路土质边坡而言,由于其土体强度相对岩石较低,边坡发生失稳的可能性较大。对于由多种土层构成的边坡,即使主要的构成成分为类似于黄土的结构,当其内部具有沿某一层面分布的软弱结构面,且该结构面具有隔水的作用时,边坡仍然极易沿着此结构面发生滑移破坏。

由于地层结构的复杂性,岩质边坡相对于土质边坡来说更为复杂,主要有以下几个原因:

(1)由于构成岩质边坡的岩石强度较高,能够承受陡峭边坡的上部荷载,因此,一般在高度上相对土质边坡更高。

(2)由于岩质边坡按结构分类可分为整体状边坡、块状边坡、层状边坡、碎裂状边坡、散体状边坡,可见岩质边坡稳定性受岩体结构影响巨大。具体而言,岩质边坡稳定性受到岩石种类及其构造结构面,特别是软弱结构面在坡体上的分布位置、产状、组合及其与边坡走向、倾向和倾角之间关系的影响显著。当软弱结构面或其组合面(线)倾向临空面,倾角缓于边坡角而大于面间摩擦角时,容易失稳破坏。当上覆硬岩、下伏软岩强度较低或受水软化时,也易发生失稳变形。

(3)岩质边坡的稳定性还受控于其风化破碎程度,同种岩层风化程度不同,所能保持的边坡高度和坡度也不同,如坚硬的花岗岩可保持高陡的边坡,但其风化壳则不能保持高陡边坡。此外,不同岩层的差异风化也影响边坡的稳定性。

(4)地下水对岩质边坡的稳定性有重要影响,特别是对软岩边坡的岩石强度影响更大。地下水的分布、水量、水力坡度及其变化,以及自然斜坡的汇水条件都对边坡稳定性有重要影响。

边坡设计时必须考虑岩体的强度、构造面、风化程度、地下水情况等,设计不同的坡形、坡率和相应的加固、防护和排水设施，才能保持边坡的稳定。

2.2.2 边坡的滑面特征及坡体特征

根据边坡的定义，边坡在开挖或填筑前是稳定的，不具有滑动面，即使坡体中存在软弱土层或软弱结构面，也不能视为滑面，这是边坡与滑坡之间的本质区别。滑坡能够根据现场钻探等手段确定滑动面的位置及其滑坡的稳定性，但由于边坡在滑移前不存在滑移面，因此，边坡的稳定性只能通过技术手段对其进行分析才能确定。根据边坡在滑移前稳定的特征，认为边坡在开挖或填筑前是不具有滑移或滑移趋势的，故在边坡滑移前不会出现坡体变形和滑移的迹象。然而，边坡在开挖或填筑后，由于原有结构受到扰动、应力平衡状态受到破坏，坡体可能出现变形与滑动迹象，甚至出现边坡失稳。从边坡滑移规模角度，由于边坡是由工程开挖或填筑引起的滑动，因此，受工程规模的控制，一般常见的公路边坡与滑坡相比通常较小。值得注意的是，由于工程开挖引发的大规模山体滑坡，如古滑坡复活等，一般称为工程滑坡，不再列入边坡的范畴之内。

2.2.3 边坡的施工特征

岩土工程的一个特点是与施工过程密切相关，即使设计合理，如果施工不当，也会导致岩土失稳、坍塌。为了减少边坡工程事故，边坡的开挖或填筑、支护等施工程序，必须科学地规划。通常只有稳定的坡体允许在不支护情况下开挖；对比较稳定的坡体采取开挖一段、支护一段的措施。施工过程采用逆作法，即从上向下进行；对很不稳定的坡体需要边开挖边支护，支护紧跟开挖或在开挖前就预先进行支护。坡体施工过程有时要求进行实时监测，以便对施工过程的安全性做出及时预报。

2.3 边坡工程地质模型

边坡工程地质模型是研究边坡破坏模式和稳定性计算的基础，一般考虑四个要素：坡体地层组成、岩体结构、地应力、地下水。地应力和地下水是工程岩体的环境要素和重要的影响因素，属于边坡岩体的赋存环境。本次研究区边坡岩体基本为形成多年的地表自然边坡，地应力及地下水影响较难明确，可以放入岩土体的有关力学参数中加以考虑。因此，对于边坡工程地质模型，主要考虑边坡坡体地层组成和岩体结构特征，按照边坡坡体地层岩性的不同，一般将边坡分为土质边坡、岩质边坡、岩土混合边坡、特殊土边坡等，以下据此构建边坡工程地质模型。

2.3.1　土质边坡工程地质模型

边坡土体的强度就是其抗剪强度，无黏性土的强度主要是指土颗粒表面之间相互滑动而产生的摩擦和颗粒间的互相咬合。黏性土的强度除颗粒间的摩擦和咬合作用外，还有黏聚力的作用。土体的强度要比其他建筑材料（如钢材、混凝土等）的强度都低得多。在各种强度理论中，摩尔-库仑强度理论最适用于土体的情况，该理论认为材料破坏是剪切破坏，在土体破坏面上的剪应力即土的抗剪强度。因此，土质边坡的破坏表现为松散堆积体的弧形转动破坏，其变形破坏往往需要一个相对较长的过程，并在雨季边坡堆积体渗水饱和时发生破坏。土质边坡工程地质模型如图2-7所示。

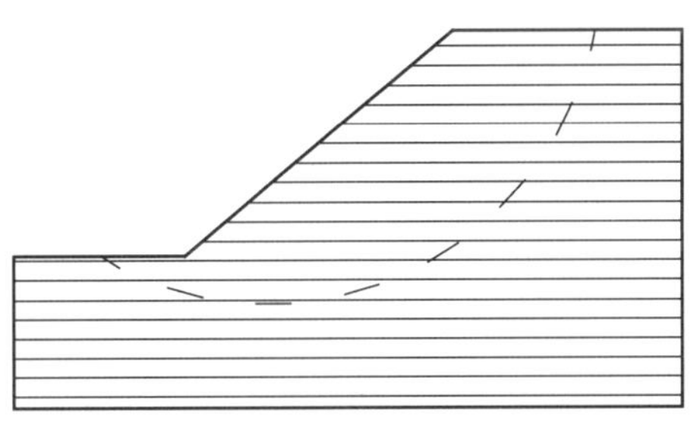

图2-7　土质边坡工程地质模型

2.3.2　岩质边坡工程地质模型

对于岩质边坡的工程地质模型，主要关注影响工程岩体变形或破坏的关键条件，其核心观点就是岩体内在结构，岩体结构基本控制岩体力学性能、岩体变形破坏和岩体稳定性。目前一般按岩体结构将岩体分为块状结构岩质边坡、层状结构岩质边坡、碎裂结构岩质边坡和散体结构岩质边坡。其中，层状结构岩质边坡可根据层面与边坡坡面的空间关系进一步划分为顺向岩质边坡、反向岩质边坡、切向岩质边坡等类型(表2-4)。

岩质边坡结构分类 表2-4

序号	边坡结构分类		岩石类型	岩体特征	边坡稳定特征
	类型	亚类			
1	块状结构岩质边坡	—	岩浆岩、中深变质岩、厚—巨厚层沉积岩,火山岩	岩体呈块状,厚层状,结构面不发育,多为刚性结构面,贯穿性软弱结构面少见	边坡稳定条件好,易形成高陡边坡,失稳形态多沿某一结构面崩塌或复合结构面滑动。滑动稳定性受结构面抗剪强度与岩石抗剪断强度控制
2	层状结构岩质边坡	顺向岩质边坡	各种厚度的沉积岩、层状变质岩和复杂多次喷发的火山岩	边坡坡面与层面同向,倾向夹角小于30°、岩体多呈互层和层间错动带,常为贯穿性软弱结构面	层面或软弱夹层,形成滑动面,坡脚切断后易产生滑动,倾角较陡时,易产生崩塌或倾倒。稳定性受坡角与岩层倾角组合关系、顺坡向软弱结构面的发育程度及强度所控制
		反向岩质边坡		边坡坡面与层面反向,倾向夹角大于150°,岩体特征同上	岩层较陡时易产生倾倒弯曲松动变形,坡脚有软弱层时,上部易拉裂,局部崩塌滑动。稳定性受坡角与岩层倾角组合、岩层厚度、层间结合能力及反倾结构面发育与否所控制
		切向岩质边坡		边坡坡面与层面斜交或垂直,倾向夹角30°~150°,岩体特征同上	易形成层面与节理组成的楔形体滑动或崩塌。层面与坡面走向夹角越大稳定性越高
3	碎裂结构岩质边坡	—	各种岩石的构造影响带、破碎带、蚀变带或风化破碎岩体	岩体结构面发育,岩体宏观的工程力学特征已基本不具备由结构面造成的各向异性	边坡稳定性较差,坡角取决于岩块间的镶嵌情况和岩块间的咬合力
4	散体结构岩质边坡	—	各种岩石的构造破碎及其强烈影响带、强风化破碎带	由碎屑泥质物夹大小不规则的岩块组成,软弱结构面发育成网	边坡稳定性差,坡角取决于岩体的抗剪强度,滑动面呈圆弧状

1)块状结构岩质边坡工程地质模型

块状结构岩质边坡是指一般由块状岩浆岩或巨厚层状岩石组成的边坡。如由花岗岩、巨厚层砾岩等组成的边坡,就局部边坡地段而言,没有层状节理分布,不具备各类层状岩石边坡的特征。通常节理裂隙也不发育,即使有节理,对于岩体的滑动也不起控制作用。此类边坡岩石较坚硬,就其组成物质而言,可视为相对均质各向同性体(图2-8)。

一般情况下,此类边坡是稳定的。边坡的稳定状况决定于节理裂隙的发育特征、边坡的形态和高度。边坡的形态不受限制,可形成直立峭壁,边坡的主要变形破坏形式是局部岩块的崩塌和岩体的松弛张裂。其次,在深切河谷高陡边坡地段,在自重作用下,可能产生深层重力剪切,从而常构成边坡的滑动带。此外,由于岩体节理裂隙一般较少发育,岩性较均一,在边坡的形成过程中,常出现典型的边坡卸荷裂隙。平直边坡,岩石常沿卸荷裂缝剥落,形成平整坡面。常出现馒头状浑圆边坡。此类边坡由于其弹性均匀性较好,岩石坚硬,且节理裂隙较少。因此,块状岩质边坡一般稳定性很好。块状结构岩质边坡工程地质模型如图2-9所示。

图2-8 块状结构岩质边坡

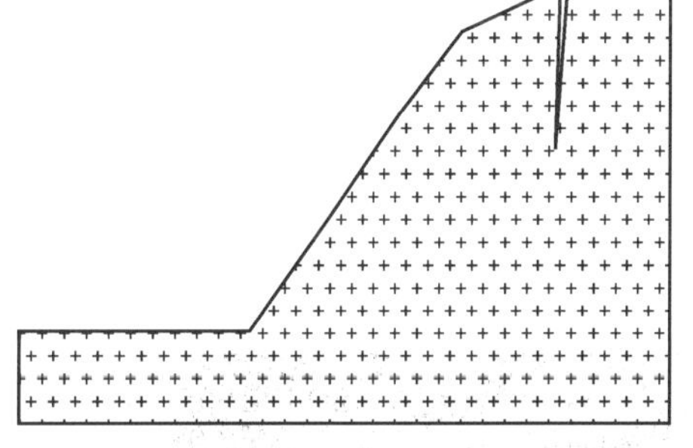

图2-9 块状结构岩质边坡工程地质模型

2)层状结构岩质边坡工程地质模型

层状结构岩质边坡中,有顺向和反向岩质边坡两类。对于顺向岩质边坡和反向岩质边坡,根据岩层倾角划分为近水平(0°~10°)、缓倾(10°~30°)、中倾(30°~60°)、陡倾(60°~90°)等四种情况。由于公路边坡开挖特点,公路路堑边坡设计中,岩质边坡坡比一般取1∶0.75~1∶0.5,最高可达1∶0.25(甚至直立坡),最低为1∶1。1∶1的坡比即为45°坡角,显然公路边坡坡角一般均大于

45°。对于顺向岩质边坡，岩层倾角低于45°时，将遭受切脚，边坡稳定性极差；岩层倾角高于45°时，设计上一般考虑将岩层倾角作为设计坡比，边坡稳定性较好。对于反向岩质边坡，岩层倾角低于45°时，边坡稳定性较好；岩层倾角高于45°时，易产生弯曲拉裂变形破坏，边坡稳定性较差。

因此，可以将45°作为岩层倾角陡、缓划分界限，按表2-5对边坡结构类型作进一步划分。这样划分不仅简单明了，而且直接赋予各类型岩质边坡稳定性相对好坏的含义，符合公路工程的特点。

顺向、反向岩质边坡划分标准　　表2-5

类别	亚类	坡面倾向与岩层倾向夹角	岩层倾角
顺向岩质边坡	中—缓外倾岩质边坡	≤30°	<45°
	中—陡外倾岩质边坡	≤30°	≥45°
反向岩质边坡	中—缓内倾反向岩质边坡	≥150°	<45°
	中—陡内倾反向岩质边坡	≥150°	≥45°

(1)近水平层状岩质边坡

该类边坡岩层近水平状(岩层层面倾角较小，一般在15°以内)或岩层层面不明显，表现为厚层状、块状等，边坡坡角相对较缓，未见明显控制性节理裂隙面(图2-10)。该类边坡现状条件下层面紧闭，整体稳定性较好，层面对边坡稳定性影响不大，基本上可近似看作均质岩体，坡体表面局部可能存在少量凸出坡面的危岩体需要清理(图2-11)。工程开挖后，边坡整体处于稳定状态，局部需要进行防护措施。

图2-10　近水平层状岩质边坡

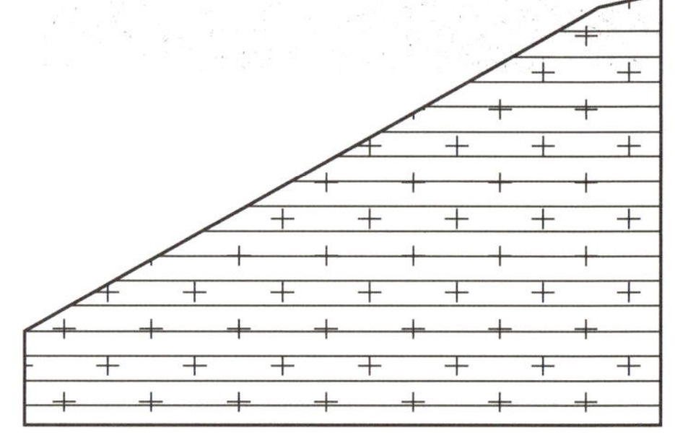

图2-11　近水平层状岩质边坡工程地质模型

(2)缓倾角顺层岩质边坡

该类边坡岩层有一定的倾角，岩层倾向(或优势结构面倾向)与边坡倾向相同(图 2-12)。该类边坡若无优势节理裂隙存在,层面对边坡破坏面(滑动面)有一定的控制作用;如果存在优势节理裂隙面,则边坡破坏主要受软弱面控制。该类边坡现状条件下整体基本处于欠稳定—潜在不稳定状态,但在工程活动影响下可能诱发边坡岩体大面积失稳,其工程地质模型如图 2-13 所示。

图 2-12　缓倾角顺层岩质边坡

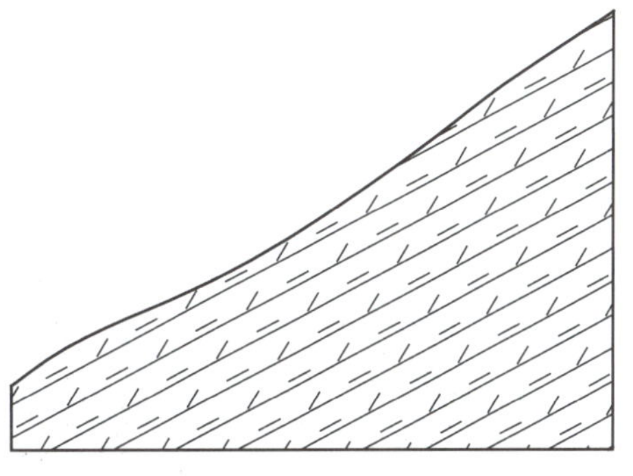

图 2-13　缓倾角顺层岩质边坡工程地质模型

该类边坡岩层面(或优势结构面)倾向与坡面倾向基本一致或接近,开挖可能导致较大范围岩体失稳,需对坡面松动危岩体进行清理后,采取强支护措施。

(3)陡倾角顺层岩质边坡

在顺层边坡中,当岩层面(或优势节理裂隙面)倾角大于坡面倾角时,软弱结构面在倾向方向(即朝向坡外)无自由临空面,岩层面(或优势节理裂隙面)一般不会导致边坡发生滑移破坏,而易发生倾倒破坏,该类边坡整体稳定性较好,局部可能发生倾倒破坏(图 2-14、图 2-15)。

图 2-14　陡倾角顺层岩质边坡

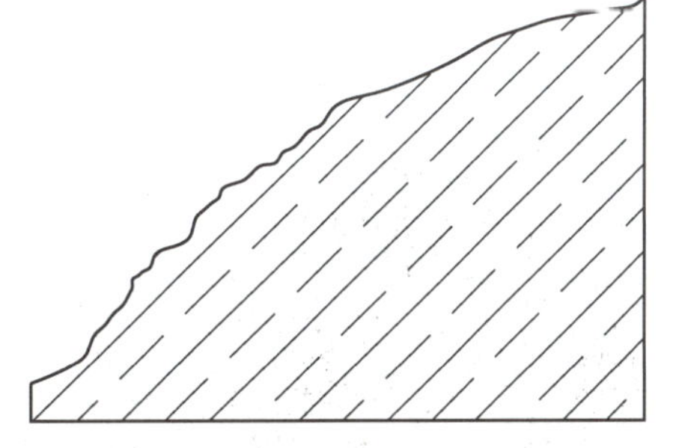

图 2-15　陡倾角顺层岩质边坡工程地质模型

自然状况下,该类边坡整体基本稳定,局部露头受风化作用影响,表面岩体破碎,存在少量凸出坡面的欠稳定岩块。公路施工对边坡整体稳定性影响不大,但存在局部欠稳定—潜在不稳定,应采取必要的支护措施。

(4)反倾向岩层边坡

该类边坡岩层倾向与边坡倾向相反,当边坡岩体中无优势节理裂隙面存在时,层面对滑动面基本无影响,或影响较小(图2-16)。如果存在顺坡向优势节理裂隙,则软弱面对于边坡破坏面起一定的控制作用。该类边坡自然工况条件下整体基本稳定,在工程活动影响下边坡岩体可能发生局部失稳(图2-17)。

图2-16　反倾向岩层边坡

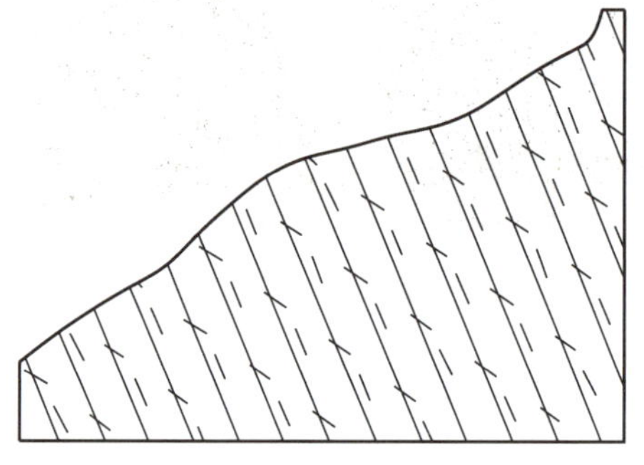

图2-17　反倾向岩层边坡工程地质模型

该类边坡天然条件下,整体处于基本稳定—稳定状态,局部露头存在欠稳定。一般工程施工对该类边坡整体稳定性影响不大,存在局部失稳。

(5)近直立状岩层边坡

该类边坡坡面近直立,现状坡面呈陡崖状(图2-18)。边坡岩体存在近直立状结构面(层面或节理裂隙面),结构面对边坡稳定起控制作用。该类边坡近直立状结构面表现为节理裂隙面,边坡岩体一般为厚层状或块状构造,层面不清晰(图2-19)。

图2-18　近直立状岩层边坡

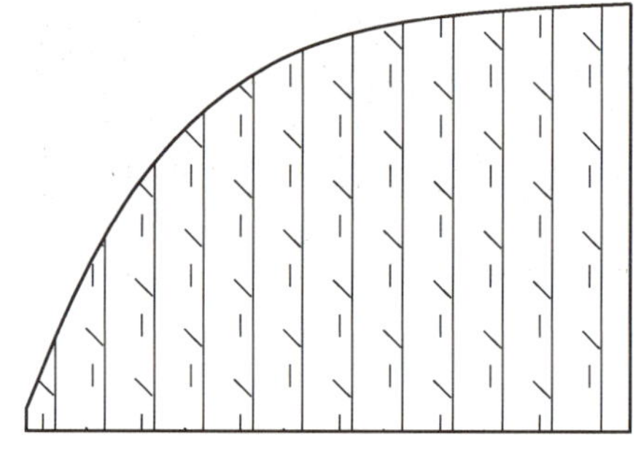

图2-19　近直立状岩层边坡工程地质模型

该类边坡自然工况条件下,坡体整体处于基本稳定—稳定状态,坡体中上部局部岩块处于欠稳定—潜在不稳定状态,在外界因素影响下局部岩体容易失稳破坏,形成崩塌。工程施工对该类边坡整体稳定性影响不大,但局部可能失稳掉块。

3)碎裂结构岩质边坡工程地质模型

碎裂结构岩质边坡是指具有强烈发育的不规则节理裂隙的各种岩石的边坡,在岩浆岩、沉积岩或变质岩地区都可能出现,特别是在断层交汇部位和严重的构造挤压部位较为常见,由于边坡上节理裂隙密集(密度一般大于5条/m),方向不定,因此,难以划分出岩体的层状结构,边坡岩体多呈相互镶嵌的碎块。从宏观上看,可视此类结构为散体,边坡的形态主要决定于节理裂隙的切割密度和组合形态。其主要变形形式为岩块崩塌、滑动。对于一些超高的碎裂结构岩石边坡,当滑动变形的规模特别巨大,而岩石碎块相对较小时,滑动变形的机制近似于松散土质边坡,滑面略呈圆弧形。此类边坡因节理裂隙发育,压缩变形大,抗渗性能差,力学强度低,因此,作为工程边坡是不利的。

碎裂结构主要为构造影响严重的破碎岩层,主要结构形状为块状,断层、断层破碎带、片理、层理及层间结构面较发育,裂隙结构面间距0.25~0.5m,一般在3组以上,由许多分离体形成(图2-20)。边坡稳定性一般较差,边坡岩体工程地质性质类似于松散土体(图2-21)。

图2-20　碎裂结构岩质边坡

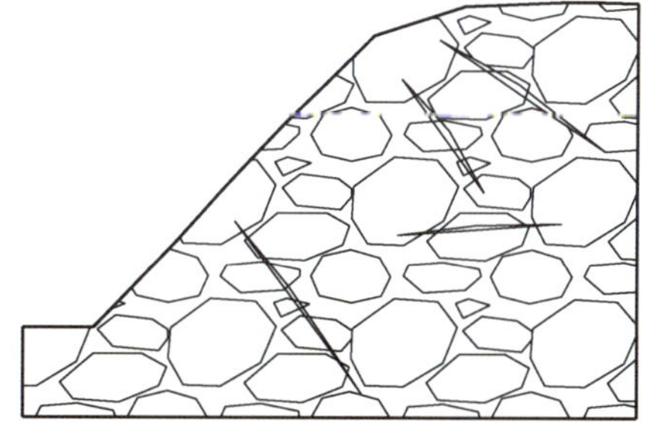

图2-21　碎裂结构岩质边坡工程地质模型

4)散体结构岩质边坡工程地质模型

散体结构岩质边坡稳定性一般较差,边坡岩体工程地质性质类似于松散土体。因此,其工程地质模型可按土质边坡考虑。

2.3.3 岩土混合边坡工程地质模型

该类边坡下部为基岩,上部为第四系覆盖层(图 2-22)。坡脚第四系覆盖层相对较厚,坡顶较薄,坡面植被发育,乔木、灌木、杂草丛生。下伏基岩多为坚硬岩体,基岩整体一般处于稳定状态,部分陡坡下伏基岩受结构面控制,处于欠稳定状态(图 2-23)。

图 2-22 岩土混合边坡

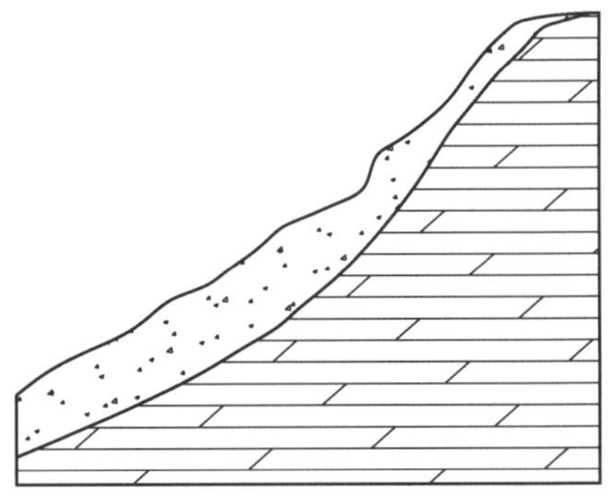

图 2-23 岩土混合边坡工程地质模型

在自然条件下,该类边坡坡角相对较缓,一般处于稳定状态。当边坡局部坡角较陡(整体约 50°),且坡体第四系覆盖层极不均匀,厚薄相差较大,下伏基岩有顺坡向节理裂隙发育时,受外界因素影响,易形成大面积滑塌。

对于公路工程,纯土质边坡较为少见,大多由坡残积土层、全强风化土层和堆填土层组成。土质边坡可以分为均质土边坡和类土质边坡两个亚类。均质土边坡常见于填土路基或路堤,其物质组成相对均匀,土层性质较为单一,坡体结构比较简单,其边坡稳定性分析计算理论和方法也相对完善和可靠;对于多数路堑边坡,由于其坡体组成物质的成因性质和结构状态等的差异和变化,坡体结构条件相对复杂。根据类土质路堑边坡的物质组成、成因机制和坡体结构特征,又可细分为坡残积土边坡、风化土边坡、崩滑堆积体边坡和复杂结构边坡。

1)坡残积土边坡

坡残积土边坡,即边坡主体由坡残积土层组成,并且根据其坡积层、残积层及下伏风化岩层的不同结构组合与特征,主要呈现以下三种工程地质模式。

(1)坡体结构由上覆坡积土层和下伏残积土层组成,坡体变形和破坏一般体现为上覆坡积层沿下伏残积层的坍滑变形和破坏。这种情况一般其接触界面倾角为25°~30°,由于其接触界面大多相对隔水,在大气降雨等因素的作用下,比较容易造成接触带附近地下水积聚,从而浸泡和软化接触带附近岩土,降低岩土强度指标,并急剧增加孔隙水压力。在边坡开挖切削坡脚支撑,致使其接触带临空暴露,极易产生上覆坡积成因岩土层沿其下伏残积层接触带的坍滑变形和破坏(图2-24)。

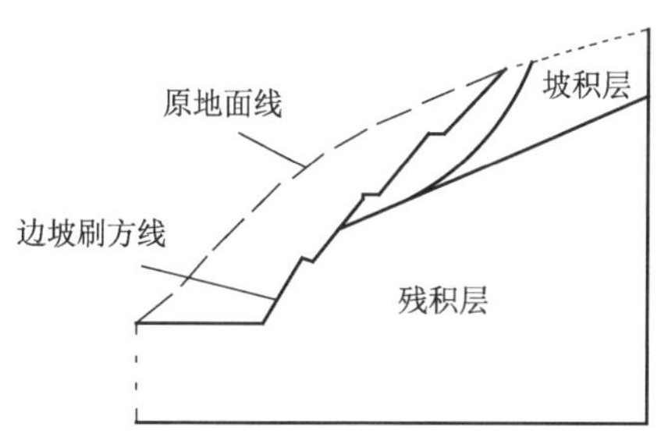

图2-24　坡残积土边坡工程地质模式(一)

(2)边坡坡面为坡残积层,其下为基岩(边坡刷方线以下),组成坡体的坡残积土层发生沿基岩顶面变形和破坏。在这种情况下,基岩顶面产状一般顺倾坡面,倾角为20°~25°,由于基岩顶面相对隔水,容易造成地下水的汇集,从而浸泡和软化接触带附近岩土,降低岩土强度指标,并急剧增加孔隙水压力。在边坡开挖切削坡脚的情况下,产生上覆坡残积土层沿其下伏基岩顶面的滑动变形和破坏(图2-25)。

(3)边坡主体由坡残积层及下部风化土层组成,由于坡残积层及风化土层的接触界面相对平缓,沿接触界面变形和破坏的可能性较小;然而,如果设计坡率较陡,或因持续暴雨作用,在防护工程不及时的情况下,容易产生局部台阶坍塌变形和破坏,甚至有可能在地下水的长期作用和影响下产生较大规模的滑动变形和破坏(图2-26)。

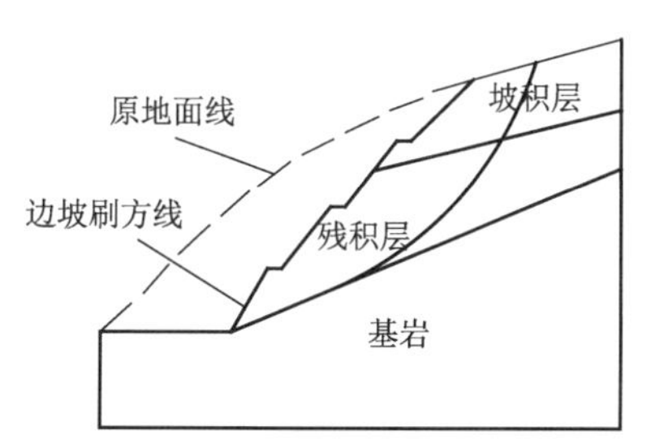

图2-25　坡残积土边坡工程地质模式(二)

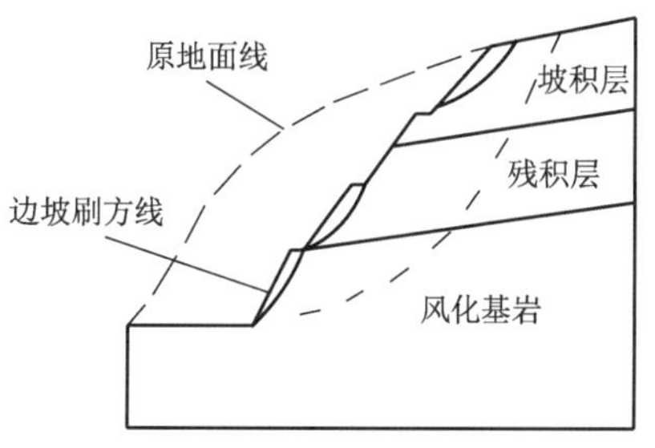

图2-26　坡残积土边坡工程地质模式(三)

2)风化土边坡

风化土边坡,即边坡主体由全强风化土层或砂土状强风化层组成,根据其坡体岩土不同风化程度和结构特征,可以归纳为以下三种工程地质模式。

(1)边坡开挖切削岩层风化壳,经常发生风化壳土层依附其下伏相对风化轻微岩层表面的滑动变形和破坏。这种情况在花岗岩地区或凝灰岩地区较为常见,特别是在花岗岩地区,由于其不均匀风化强烈,球状风化或壳状风化发育,其风化物的渗水性一般较好,在表水渗透和淋滤作用下,不均匀风化界面容易形成地下水和黏性物质的聚集,在特定的形态组合下产生变形和破坏(图2-27)。

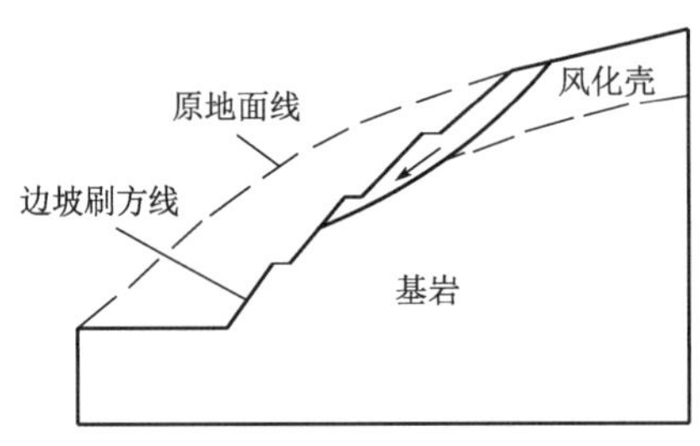

图2-27 风化土边坡工程地质模式(一)

(2)边坡主体由坡残积层及风化土层组成,局部夹强至中风化岩体,由于地质构造作用和影响,常见一些强烈风化软弱带,如果其产状倾向坡面,在边坡开挖切削坡脚支撑并致使其软弱带临空暴露的情况下,极易产生上覆风化岩土体沿其下伏基岩顶面产生较大规模的滑动变形和破坏(图2-28)。

(3)边坡主体由坡残积层及砂土状强风化层组成,由于其原岩结构面发育,常见一组或多组陡倾角和缓倾角裂面长大贯通,并存在倾向临空的缓倾角结构面,在各不利结构面的组合作用下,经常发生陡缓裂面切割块体沿其下伏缓倾角裂面的变形和破坏(图2-29)。

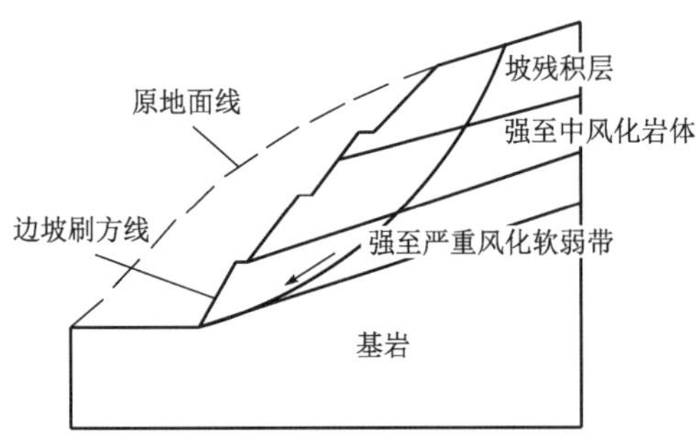

图2-28 风化土边坡工程地质模式(二)

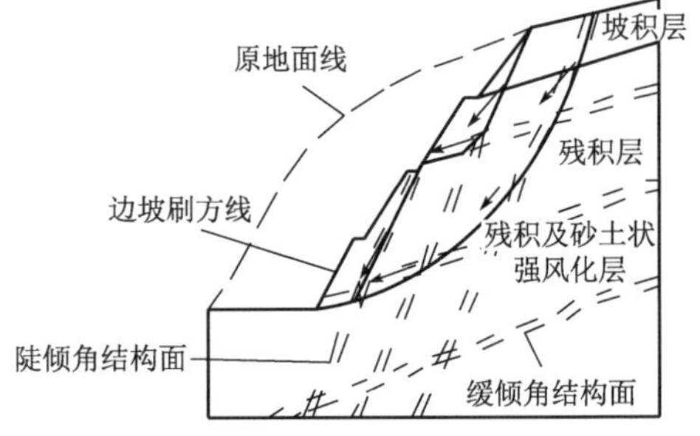

图2-29 风化土边坡工程地质模式(三)

3）崩滑堆积体边坡

崩滑堆积体边坡，即边坡主体由崩塌、滑坡或泥石流堆积体组成，根据崩塌、滑坡或泥石流成因机制、堆积形态和结构特征，可以归纳为以下三种不同的工程地质模式。

（1）边坡主体由崩坡积体组成，根据崩塌地质现象的特点与规律，崩坡积体的自然稳定坡角一般为35°～38°，在路堑边坡的开挖过程中，沿稳定坡角面的变形和破坏，或依附其堆积界面产生更大规模的滑动变形和破坏（图2-30）。

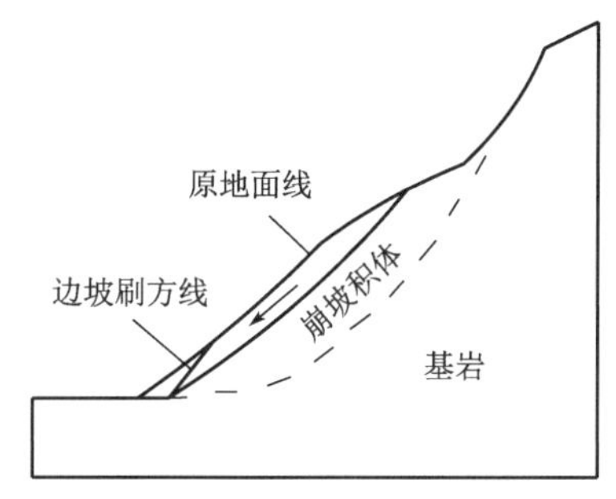

图2-30　崩滑堆积体边坡工程地质模式（一）

（2）边坡主体由滑坡堆积体组成，结合滑坡地质现象的特点与规律，在路堑边坡的开挖过程中，常因路堑开挖滑坡中下部，致使滑坡坡脚失去支撑，破坏坡体力学平衡，从而导致滑坡中前部的复活变形和破坏，如不及时采取有效的治理措施，可能会引起更大规模的滑动变形和破坏（图2-31）。

（3）边坡主体由泥石流堆积体组成，基于泥石流地质现象的特点与规律，在路堑边坡的开挖过程中，由于泥石流堆积体一般含水率普遍较高，地下水丰富，岩土强度较低，较易产生路堑边坡变形和破坏，如不及时采取有效的治理工程措施，可能会引起大规模的滑动变形和破坏，即滑坡地质病害（图2-32）。

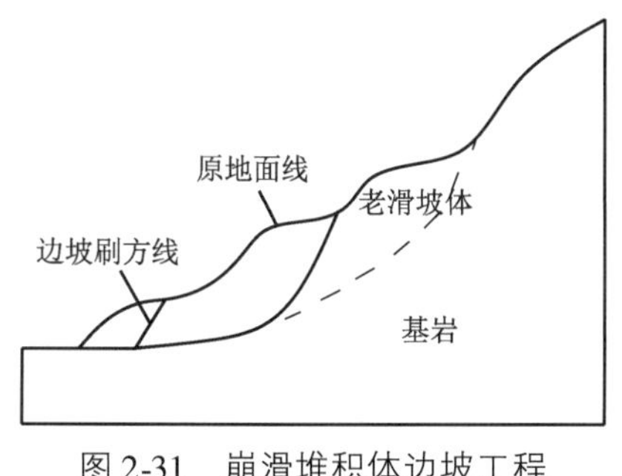

图2-31　崩滑堆积体边坡工程地质模式（二）

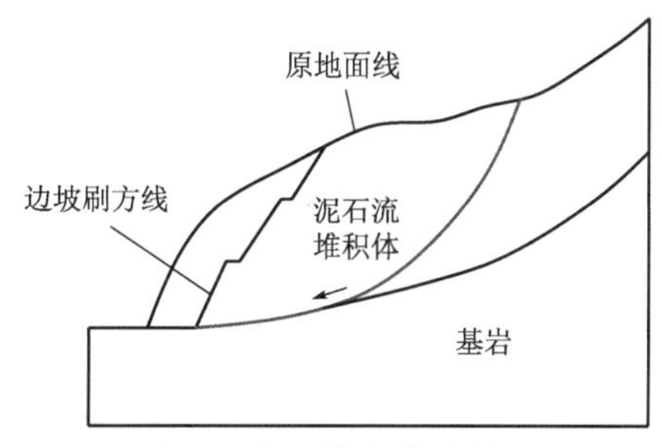

图2-32　崩滑堆积体边坡工程地质模式（三）

4)复合结构边坡

复合结构边坡是指边坡坡体结构由上述三种基本坡体结构类型复合组成的边坡,其工程地质模式相对较为复杂,包含上述两种或两种以上工程地质模式的组合和变化。

2.4 边坡破坏模式

边坡破坏模式受岩体结构、岩体的物理力学性质控制,同时也受开挖面几何特征及其施工方式影响。研究边坡稳定性的主要影响因素,分析边坡体的成因、演化过程等,从而获得边坡的可能变形破坏模式与力学机制,评价边坡的稳定性状况,并推演边坡的发展演化趋势,可以确定其可能的失稳范围,为边坡稳定性的评价及支护设计提供依据,是边坡支护设计的重点和难点。

2.4.1 近圆弧形破坏

对于土质边坡,或当边坡岩体呈散体结构或岩体破碎、岩块间有较多泥质及其他碎屑物质充填、块间并无紧密结合时,边坡沿弧形破坏面发生滑动。

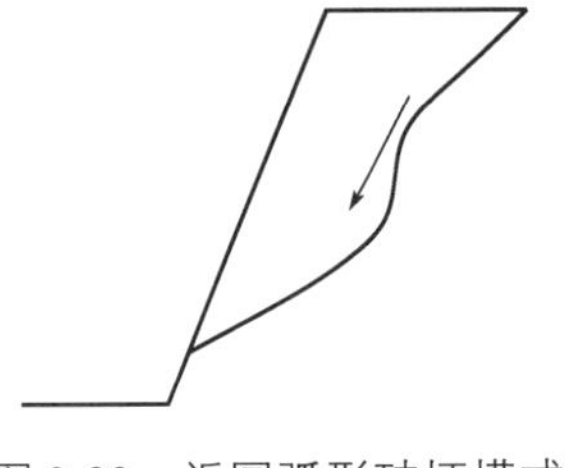

图 2-33 近圆弧形破坏模式

对于近水平岩质边坡,或层面不清晰,呈块状、厚层状的边坡,岩体近似看作均质体,失稳时边坡多沿弧形破坏面发生滑动(图 2-33)。

2.4.2 拉裂-滑移破坏

顺层边坡多发育两组以上的构造节理,层间错动面、层间软弱面、层间软弱夹层分布较多。拉裂-滑移模式主要发生在边坡岩层倾角小于边坡坡角的一类顺层边坡中。边坡岩体沿下伏软弱面向坡前临空方向滑移,并使滑移体拉裂解体。这类变形破坏模式主要受已有软弱面控制,软弱面一般为滑移面,其产状与特性决定了破坏的进程。当滑面倾角小于坡角且上覆岩体的下滑力大于滑面上的抗滑力时,滑面一旦临空,后缘将产生拉裂面,迅即下滑(图 2-34)。

2.4.3　倾倒破坏

倾倒破坏模式发生在陡立-陡倾的层状体组成的陡坡中，主要发生在斜坡前缘，陡倾的板状岩体在自重弯矩作用下，于前缘开始向临空方向作悬臂梁弯曲，并逐渐向坡内发展，即弯曲-倾倒破坏模式。该类斜坡的变形破坏是岩层在自重应力作用下作悬臂梁弯曲，使岩层发生弯曲变形，导致坡体后缘开裂，形成平行于走向的反坡台阶和槽沟，根部折断，前缘发生剪切蠕变，当坡体内折断带的剪应力超过其抗剪强度时，坡体逐渐错动下滑形成倾倒塌滑体(图 2-35)。

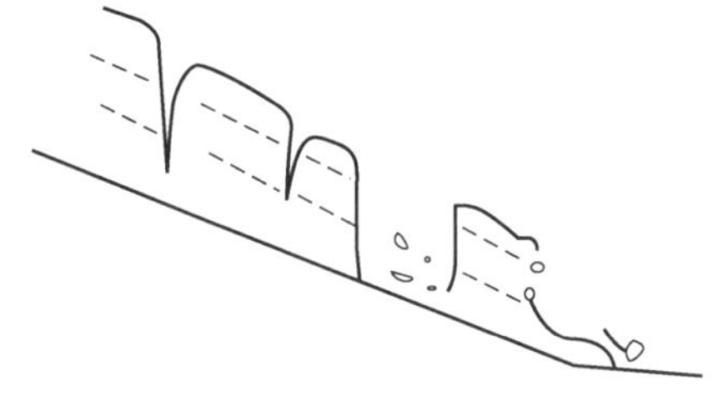
图 2-34　拉裂-滑移破坏模式

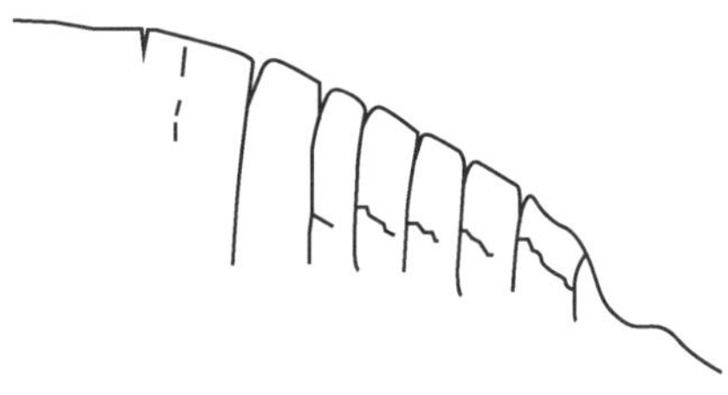
图 2-35　倾倒破坏模式

在边坡形成过程中(如河谷下切)，边坡岩体由于卸荷作用而导致“悬臂梁”发生弯曲变形，在风化作用下“悬臂梁”受拉一侧逐渐出现张拉裂隙，上部岩体因变形而对下部岩体产生附加压力，加速了下部岩体的拉裂和倾倒破坏。在该类边坡上开挖隧道或修建桥墩，不可避免地会导致边坡中部、下部岩体发生倾倒破坏，进而加速上部岩体的变形破坏。发生倾倒破坏的边坡岩体，主要发生翻滚、崩落，必然会对隧道洞口及桥墩造成危害。该类破坏模式主要针对陡倾角顺层岩质边坡。

2.4.4　崩塌破坏

崩塌是指陡峻山坡上岩块、土体在重力作用下，发生突然的、急剧的倾落运动。崩塌体与坡体的分离界面称为崩塌面，崩塌面往往就是倾角很大的不连续面，如节理、片理、劈理、层面、破碎带等，崩塌体的运动方式为倾倒、崩落(图 2-36)。

边坡坡度一般在 45°左右，表层第四系覆盖层较薄，边坡中部及上部多为裸露的强风化—中风化岩石，部分以孤石的形式凸出存在于边坡中部及上部，处于欠稳定状态。在风化作用、降雨、工程爆破、地震等因素作用下，这些呈碎裂结构的孤石可能会脱离母岩发生崩塌,在向下翻滚、崩落的过程中,重力势能转换成动能,会对公路、隧道、桥梁的运营安全造成极大威胁。该类破坏模式主要针对近直立状边坡和反倾岩质边坡。

2.4.5 滑坡

当岩体完整性较好,边坡变形破坏主要受岩体结构,特别是优势结构面控制;岩体风化程度较高或节理裂隙极为发育时,可将边坡岩体视为各向同性介质。对于这一类均质边坡,其变形往往以蠕滑为主,坡体内局部岩土体所受剪力接近其抗剪强度极限时该部分岩土体进入塑性状态,随着外界作用的增强,塑性区不断发展并贯通,由此形成贯通滑移面,边坡沿滑移面发生整体滑动(图 2-37)。

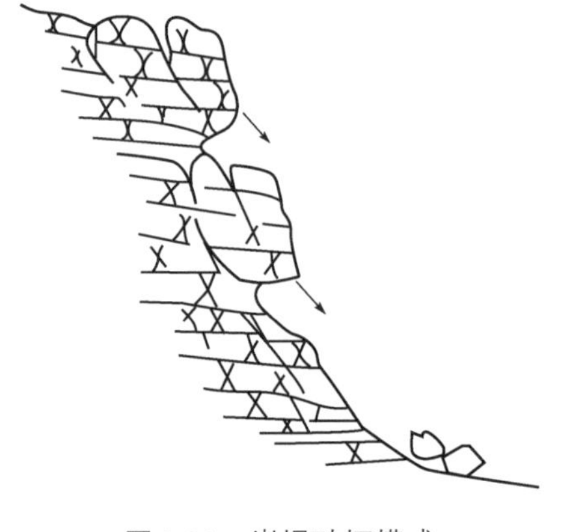

图 2-36　崩塌破坏模式

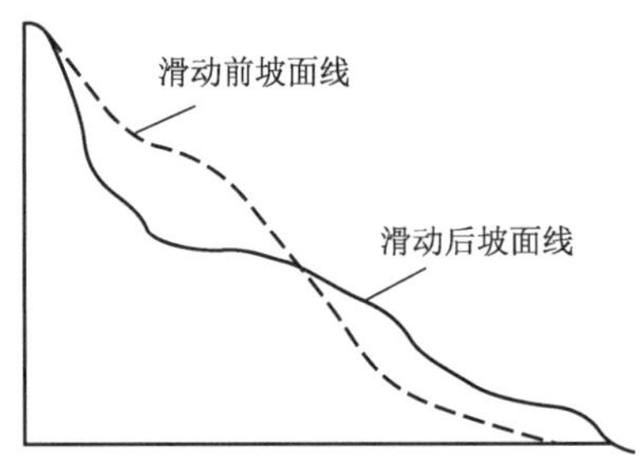

图 2-37　滑坡模式

该类破坏模式主要针对岩土混合边坡。

CHAPTER 3 | 第3章

边坡岩土体计算参数的选取方法

岩土体物理力学参数是研究地基、边坡、地下洞室围岩稳定的重要依据，它直接关系到工程使用的安全性和建设的经济性。尽管岩土力学的研究在思路、内容、方法上取得了一定的成果，但由于岩土体结构和力学性质的复杂、试验成果的局限和分散，给岩土体物理力学参数的选取带来了困难；长期以来，岩士体物理力学性质试验成果整理方法和物理力学参数取值标准也不统一。为了实现岩土力学的发展和工程应用，与岩土力学密切相关的科学技术问题和研究方法还需不断改进、提高，特别是结合工程应用的岩土力学参数分析与取值研究更是少见，尤其需要一套完整的岩土体物理力学参数研究的方法体系出现。

3.1 岩石(体)参数取值原则与方法

3.1.1 岩石(体)物理力学试验成果整理与参数取值原则

(1)岩石(体)物理力学参数取值应以试验成果为依据。试验成果的整理应按相关岩石试验规程进行。分析试验成果的代表性及可信程度，舍去不合理的离散值。按岩石(体)及结构面的层位、岩性、类别，对试验成果进行统计整理。

整理方法一般采用算术平均法(平均值、小值平均值、大值平均值)。抗剪(断)强度试验成果的整理，还需研究试件的破坏机理，分析剪应力-位移曲线图，确定破坏类型(脆塑性、弹塑性)，在应力-位移曲线上根据破坏类型选取相应的应力值(峰值、比例极限值、屈服值、残余强度值、长期强度值)，并点绘在剪应力-正应力关系图上，确定各单组试验成果的 c、φ，采用算术平均法对同一类别的岩体试验成果进行整理，或将同一类别岩体试验的剪应力、正应力点绘在关系图上，采用最小二乘法(点群中心法)、优定斜率法进行整理。

(2)岩石(体)物理力学参数取值通常分为三个步骤：

①根据试验成果分析整理得到试验标准值。

②根据建筑物地基、边坡或围岩的工程地质条件、试件的地质代表性、尺寸效应等，结合地质类比，对标准值进行调整，提出地质建议值。

③在地质建议值的基础上,结合建筑物工作条件及其他已建工程的经验确定设计采用值。在岩体地质条件相对简单的情况下,②、③两步骤可合并进行。

3.1.2 岩石的物理力学参数取值方法

(1)对均质岩石的密度、单轴抗压强度、抗拉强度、点荷载强度、弹性模量、波速等物理力学性质参数,应采用试验成果的算术平均值作为标准值,进而提出地质建议值。

(2)对非均质的、各向异性的岩体,可划分成若干小的均质体或按不同岩性分别试验取值;对层状结构岩体,应按建筑物荷载方向与结构面的不同交角进行试验,以取得相应条件下岩石的单轴抗压强度、点荷载强度、弹性模量、泊松比、波速等试验值,并应采用算术平均值作为标准值,进而提出地质建议值。

3.1.3 岩体及结构面力学参数取值方法

1)岩体变形模量试验成果整理与取值

岩体变形模量或弹性模量应根据岩体实际承受工程作用力方向和大小进行现场试验,并以压力-变形曲线上建筑物预计最大荷载下相应的变形关系为依据,按岩体类别、工程地质单元、区段或层位归类进行整理(应舍去不合理的离散值),采用试验成果的算术平均值作为标准值,根据试件的地质代表性对标准值进行调整,提出地质建议值。

(1)试验成果整理。岩体变形试验成果的整理应按下列步骤进行:

①对每一试验点的地质代表性,应从岩性、岩体结构、岩体完整程度、风化卸荷情况,围压状态、水理性质等地质条件进行复核,从岩体的总体性状判断试验点的代表性,复核工作往往需要在现场试验点进行,然后按相同岩级或岩类、相同岩性、相同工程地质单元或区段等进行归类、整理。

②根据相关试验规程要求,对每一试验点的试点制备、试验设备安装、试验方法、试验成果可靠性等进行复核,舍去可靠性差的试验成果。

③将经过上述两步复核后的同类试验点的全部单点试验成果绘制散点图或点群中图,再舍去离散度较大的单点试验成果。

(2)岩体变形模量取值。将经过上述三步复核后的同类试验点的变形模量试验成果进行算术统计,以算术平均值作为试验标准值,根据试件的地质代表性对标准值进行适当调整,提出地质建议值。鉴于岩体变形具有尺寸效应及时间效应,也可选取试验成果的小值平均值,即平均值的幅度值作为地质建议值。

2)岩体及结构面抗剪(断)强度试验成果整理与取值

(1)试验成果整理。岩体及结构面抗剪(断)强度试验成果整理应按下列步骤进行:

①对每一组内每一试件的代表性,应从岩体的岩性、岩体结构、岩体完整程度、风卸荷情况、围压状态、水理性质等,或结构面产状、宽度及其延伸范围、结构面性状类型等地质条件进行复核,从岩体、结构面的总体特征判断该组试验点的代表性,复核工作往往需要在现场试验点进行,然后应按相同岩级或岩类、相同岩性、相同工程地质单元或区段、相同结构面类型等进行归类、整理。经复核,当一组试验中各试点代表类型不同时应重新归类整理。

②根据相关试验规程要求,对每一试验点的试件制备、试验设备安装、试验方法、试验成果可靠性进行复核,舍去可靠性差的试验成果。

③对每一组内每一试件的试验成果绘制单点应力-应变(τ-ε)关系曲线,分析试件的剪切破坏机理和类型,确定比例极限强度、屈服强度、峰值强度和残余强度等强度值特征点。一般情况下,曲线上的峰值特征点较为明显。

④试验成果标准值的整理方法主要包括:

算术平均法:当采用各单组试验成果整理时,应取小值平均值作为标准值。

点群中心法:当采用同一类别岩体或结构面试验成果整理时,按确定的强度特征值,绘制剪应力-正应力(τ-σ)关系散点图,通过所有试验点的中心部位回归一条直线,取其f、c 值作为标准值。

优定斜率法:该方法同样采用同一类别岩体或结构面试验成果整理,按确定的强度特征值,绘制剪应力-正应力(τ-σ)关系散点图,根据图中点群分布的总体趋势,首先确定斜率作为f值的标准值,再根据散点的集中分布特征,确定 c 值的上限值、下限值范围,考虑到岩体强度破坏由点及面的渐进性特点及岩体试件的结构效应和尺寸效应,取下限值作为 c 值的标准值。

(2)岩体及结构面抗剪(断)强度参数取值。

①混凝土基础底面与基岩间的抗剪(断)强度参数取值。

抗剪断强度应取峰值强度,抗剪强度应取比例极限强度与残余强度二者的较小者或取二次剪(摩擦试验)峰值强度。当采用各单组试验成果整理时,应取小值平均值作为标准值;当采用同一类别岩体试验成果整理时,应取优定斜率法的下限值作为标准值。

应根据基础底面和基岩接触面剪切破坏性状、工程地质条件和岩体应力对标准值进行调整,提出地质建议值。

②岩体抗剪(断)强度参数取值。

岩体抗剪断强度应取峰值强度。

当具有整体结构、块状结构、次块状结构、镶嵌结构及层状结构的硬质岩体试件呈脆性破坏时,抗剪强度应采用比例极限强度与残余强度二者的较小者或取一次剪(摩擦试验)峰值强度;当具有块裂结构、碎裂结构的岩体,试件呈塑性破坏或弹塑性破坏时,应采用屈服强度或二次剪峰值强度。

当采用各单组试验成果整理时,应取小值平均值作为标准值;当采用同一类别岩体试验成果整理时,应取优定斜率法的下限值作为标准值。

应根据裂隙充填情况、试验时剪切破坏性状、剪切变形量和岩体地应力等因素,对标准值进行调整,提出地质建议值。

③刚性结构面抗剪(断)强度参数取值。

抗剪断强度应取峰值强度,抗剪强度应取残余强度或取二次剪(摩擦试验)峰值强度。当采用各单组试验成果整理时,应取小值平均值作为标准值;当采用同一类别结构面试验成果整理时,应取优定斜率法的下限值作为标准值。

应根据结构面的粗糙度、起伏差、张开度、结构面壁强度等因素及剪切破坏性状对标准值进行调整,提出地质建议值。

④软弱结构面抗剪(断)强度参数取值。

软弱结构面应根据岩块岩屑型、岩屑夹泥型、泥夹岩屑型和泥型四种性状类型分别取值。

抗剪断强度应取峰值强度,当试件黏粒含量大于 30% 或有泥化镜面或黏土矿物以蒙脱石为主时,抗剪断强度应取流变强度;抗剪强度应取屈服强度或残余强度。当采用各单组试验成果整理时,应取小值平均值作为标准值;当采用同一类别结构面试验成果整理时,应取优定斜率法的下限值作为标准值。

当软弱结构面有一定厚度时,应考虑厚度的影响。当厚度大于起伏差时,软弱结构面应采用软弱物质的抗剪(断)强度作为标准值;当厚度小于起伏差时,还应采用起伏差的最小爬坡角,提高软弱物质抗剪(断)强度试验值作为标准值。

根据软弱结构面的类型和厚度的总体地质特征及剪切破坏性状进行调整,提出地质建议值。

⑤边坡岩体抗剪(断)强度参数取值。

边坡岩体抗剪(断)强度试验成果整理与参数取值要求同岩体及结构面抗剪(断)强度试验成果整理与取值。

可根据边坡的稳定现状反算滑面的综合抗剪强度参数。反分析中蠕动挤压变形阶段稳定性系数可取 1.00 ~ 1.05,失稳初滑阶段稳定性系数可取 0.95 ~ 0.99。

3)岩体允许承载力取值

岩体允许承载力反映岩基整体强度,决定于岩石强度、岩体结构和岩体完整程度,以及岩体所赋存的三维应力状态,对于软质岩尚有长期强度的问题。

地基岩体允许承载力,硬质岩宜根据岩石饱和单轴抗压强度,结合岩体结构、裂隙发育程度及岩体完整性,可按 1/3 ~ 1/10 折减后确定其地质建议值,岩体完整可取大值,完整性差的岩体取小值。软质岩、破碎岩体宜采用现场载荷试验(取比例界限)确定,也可采用超重型动力触探试验或三轴压缩试验确定其允许承载力。当软质岩的天然饱和度接近 100% 时,其天然状态下的抗压强度可视为软岩的饱和单轴抗压强度,进而也可依据岩体完整程度,按 1/3 ~ 1/10 折减后确定地基岩体允许承载力的地质建议值。

3.2　岩石(体)物理力学参数经验值

当规划、预可行性研究阶段岩石(体)物理力学性质试验资料不足时,可通过工程类比,获取其经验值,并结合具体地质条件,提出地质建议值。

3.2.1　岩体物理力学参数经验值

(1)岩体力学参数经验值

根据国内水电工程勘察和施工期间进行的大量现场原位试验成果,分别对不同类型岩体力学参数进行了统计分析,并结合多年的经验总结,在《水力发电工程地质勘察规范》(GB 50287—2019)中提出了岩体抗剪(断)强度和变形经验值,见表3-1。

岩体力学参数经验值　　表3-1

岩体分类	混凝土与岩体接触面抗剪(断)强度				岩体抗剪(断)强度				变形模量
	f'	c'(MPa)	f	c(MPa)	f'	c'(MPa)	f	c(MPa)	E_0(GPa)
Ⅰ	1.50~1.30	1.50~1.30	0.90~0.75	0	1.60~1.40	2.50~2.00	0.95~0.80	0	>20.0
Ⅱ	1.30~1.10	1.30~1.10	0.75~0.65	0	1.40~1.20	2.00~1.50	0.80~0.70	0	20.0~10.0
Ⅲ	1.10~0.70	1.10~0.70	0.65~0.55	0	1.20~0.80	1.50~0.70	0.70~0.60	0	10.0~5.0
Ⅳ	0.90~0.70	0.70~0.30	0.55~0.40	0	0.80~0.55	0.70~0.30	0.60~0.45	0	5.0~2.0
Ⅴ	0.70~0.40	0.30~0.05	0.40~0.30	0	0.55~0.40	0.30~0.05	0.45~0.35	0	2.0~0.2

(2)岩体结构面力学参数经验值

岩体结构面的抗剪(断)强度参数经验值见表3-2。

岩体结构面的抗剪(断)强度参数经验值　　表 3-2

类型	抗剪(断)强度		抗剪强度	
	f'	c' (MPa)	f	c (MPa)
胶结结构面	0.80～0.60	0.25～0.10	0.80～0.60	0
无充填结构面	0.70～0.45	0.15～0.05	0.75～0.45	0
岩块岩屑型	0.55～0.45	0.20～0.10	0.50～0.40	0
岩屑夹泥型	0.45～0.35	0.10～0.05	0.40～0.30	0
泥夹岩屑型	0.35～0.25	0.05～0.01	0.30～0.25	0
泥型	0.25～0.18	0.01～0.002	0.25～0.15	0

3.2.2　边坡岩体力学参数经验值

边坡岩体力学参数即为岩质边坡稳定性分析计算所需的参数,包括边坡各类岩体的主要力学参数和作为滑动面(带)或在滑动面(带)及其他控制性结构面的抗剪(断)强度参数。边坡各类岩体力学参数经验值见表 3-1,边坡各类型结构面的抗剪(断)强度参数经验值见表 3-2。

实际工作中,还可根据边坡的稳定现状反算滑动面(带)的综合抗剪强度参数;变形岩质边坡可按稳定安全系数等于 1.05～1.00 的极限平衡条件反算综合强度参数;当变形边坡接近破坏时,可认为稳定系数等于 1.00;滑坡或已失稳岩质边坡可按安全系数计。

3.2.3　地下洞室围岩物理力学参数经验值

地下洞室各类围岩的物理力学参数经验值见表 3-3。

地下洞室各类围岩的物理力学参数经验值　　表 3-3

岩体分类	重度 γ (t/m^3)	摩擦系数 f'	黏聚力 c' (MPa)	变形模量 E_0 (GPa)	泊松比 μ	普氏系数 f_k	弹性抗力系数 K_0 (MPa/cm)
Ⅰ	≥2.7	1.50～1.30	2.2～1.8	>20	0.22～0.17	≥7	≥70
Ⅱ	2.7～2.5	1.30～1.10	1.8～1.3	20～10	0.25～0.22	7～5	70～50
Ⅲ	2.5～2.3	1.10～0.70	1.3～0.6	10～5	0.30～0.25	5～3	50～30
Ⅳ	2.3～2.1	0.70～0.50	0.6～0.3	5～1	0.35～0.30	3～1	30～5
Ⅴ	<2.1	0.50～0.35	<0.3	≤1	≥0.35	<1	<5

3.3　土体物理力学参数取值原则与方法

3.3.1　土体物理力学试验成果整理与参数取值原则

(1)土的物理力学性质参数选取应以室内试验成果为依据。当土体具有明显的各向性或工程设计有特殊要求时,应以原位测试成果为依据。

收集土体试验样品的原始结构、天然含水率,以及试验时的加载方式和具体试验方法等控制试验质量的因素,分析成果的可信程度。

试验成果可按土体类别、工程地质单元、区段或层位分类,并舍去不合理的离散值,分别用算术平均法、最小二乘法(点群中心法)等进行整理。

(2)试验成果经过统计整理后确定土体物理力学参数标准值。根据水工建筑物地基、边坡土体的工程地质条件,在试验标准值基础上提出土体物理力学参数地质建议值。根据水工建筑物荷载、分析计算工况等特点确定土体物理力学参数设计采用值。

3.3.2　土体物理力学参数取值方法

1)土体的物理水理性质参数取值方法

土体的物理水理性质参数应以试验的算术平均值作为标准值,进而提出地质建议值。

2)土体的渗透性质参数取值方法

(1)地基土渗透系数可根据土体结构、渗流状态,采用室内试验或抽水试验的大值平均值作为标准值;用于水位降落和排水计算的渗透系数,应采用试验的小值平均值作为标准值;用于供水工程计算的渗透系数,应采用抽水试验的平均值作为标准值。

(2)土体的临界比降值和破坏比降值,应通过现场与室内渗透变形试验测定。允许比降值应以土的临界水力比降为基础,除以安全系数确定。安全系数的取值,一般情况下取1.5~2.0,即流土型通常取2.0,对特别重要的工程也可取2.5;管涌型一般可取1.5。临界比降值等于或小于0.1的土体,安全系数可取1.0。

土体的允许比降值也可参照现场及室内渗透变形试验过程中,细颗粒移动逸出时的1~2级比降值选取,不再考虑安全系数。

当渗流出口有反滤层保护时,应考虑反滤层的作用,这时土体的水力比降值应是反滤层的允许比降值。

(3)在上述试验标准值基础上,根据水工建筑物地基的工程地质条件进行调整,提出地质建议值。

3)土体的承载及变形参数取值方法

(1)土体承载力特征值确定

土体承载力特征值应根据原位荷载试验获得的压力-变形曲线规定的变形值所对应的压力值确定,其最大值为比例界限值,且要求承载力特征值与极限值之比应小于0.5;也可根据土工试验成果,计算确定;或根据钻孔动力触探、标准贯入试验、静力触探试验、旁压试验等原位测试成果确定。以试验成果的算术平均值作为标准值。

①动力触探、标准贯入及静力触探原位测试值的修正。

动力触探测试成果可用于力学分层,评定土的均匀性和物理性质(状态、密实度)、土的强度、变形参数、地基承载力、单桩承载力,查明土洞、滑动面、软硬土层界面,检验地基处理效果。应用测试成果是否修正或如何修正,应根据建立统计关系时的具体情况确定。

标准贯入测试成果,根据《工程勘察通用规范》(GB 55017—2021)的规定,应按具体工程地质问题考虑是否作杆长修正或其他修正,勘察报告应提供不作修正的N值,再根据具体情况考虑是否修正或如何修正。

静力触探测试适用于软土、一般黏性土、粉土、砂土和含少量碎石的土。静力触探测试可测定土的比贯入阻力(p_s)和贯入时的孔隙水压力(u)等。

标准贯入测试锤击数N或动力触探击数$N_{63.5}$、N_{120},静力触探比贯入阻力p_s的标准值,应按式(3-1)计算:

$$N = \gamma_s \mu \tag{3-1}$$

式中，μ 为标准贯入自由落锤锤击数 N（或单孔同一层的动力探击数 $N_{63.5}$、N_{120}，静力触探比贯入阻力 p_s）的平均值；γ_s 为统计修正系数，$\gamma_s = 1 \pm \left\{\frac{1.704}{\sqrt{n}} + \frac{4.678}{n^2}\right\}\delta$，其中 δ 为变异系数，n 为数据的样本空间。

②动力触探、标准贯入及静力触探测试土的承载力特征值。

根据标准贯入锤击数、动力触探锤击数、静力触探比贯入力的标准值确定地基承载力特征值时，可查相关规范相应表格。

《建筑地基基础设计规范》（GB 5007—2011）规定：当基础宽度大于3m或埋深大于0.5时，从原位测试、经验值等方法确定的地基承载力值应进行修正，基础宽度和埋深的承载力特征值修正系数见相关规范相应条款。

（2）土体变形模量确定

土体变形模量确定，应从压缩试验的压力-变形曲线上，以建筑物最大荷载下相应的变形关系选取试验值；或按压缩试验的压缩性能，根据其固结程度选定试验值；以试验成果值的算术平均值作为标准值。对于高压缩性软土，宜以试验的压缩模量的大值平均值作为标准值。

土体变形模量确定，应从有侧胀条件下土的压力-变形曲线上，以建筑物最大荷载下相应的变形关系表示，以试验成果值的算术平均值作为标准值。

在上述试验标准值基础上，根据水工建筑物地基的工程地质条件进行调整，提出地质建议值。

4）地基土体抗剪强度参数取值方法

（1）混凝土基础底面与地基土间的抗剪强度，对黏性土地基，内摩擦角标准值可采用室内饱和固结快剪试验内摩擦角值的90%，黏聚力标准值可采用室内饱和固结快剪试验黏聚力值的20%～30%；对砂类土地基，内摩擦角标准值可采用内摩擦角试验值的85%～90%，不计黏聚力值。

（2）土的抗剪强度宜采用试验峰值的小值平均值作为标准值；当采用有效应力进行稳定分析时，对三轴压缩试验成果，采用试验的平均值作为标准值。

（3）采用总应力进行稳定分析时的标准值应符合以下要求：

①当地基为黏性土层且排水条件差时，宜采用饱和快剪强度或三轴压缩试验不固结不排水剪切强度；对软土可采用现场十字板剪切强度。

②当地基黏性土层薄而其上下土层透水性较好或采取了排水措施时，宜采用饱和固结快剪强度或三轴压缩试验固结不排水剪切强度。

③当地基土层能自由排水，透水性能良好，不容易产生孔隙水压力时，宜采用慢剪强度或三轴压缩试验固结排水剪切强度。

④当地基土采用拟静力法进行总应力动力分析时，宜采用振动三轴压缩试验测定的总应力强度。

(4)采用有效应力进行稳定分析时的标准值应符合以下要求：

①对于黏性土类地基，应测定或估算孔隙水压力，以取得有效应力强度。

②当需要进行有效应力动力分析时，地震有效应力强度可采用静力有效应力强度。

③对于液化性砂土，应测定饱和砂土的地震附加孔隙水压力，并以专门试验的强度作为标准值。

(5)对于无动力试验的黏性土和紧密砂砾等非液化土的强度，宜采用三轴压缩试验饱和固结不排水剪测定的总强度和有效应力强度中的最小值作为标准值。

(6)具有超固结性、多裂隙性和胀缩性的膨胀土，承受荷载时呈渐进破坏，宜根据所含黏土矿物的性状、微裂隙的密度和建筑物地段在施工期、运行期的干湿效应等综合分析后，选取标准值。具有流变特性的强、中等膨胀土，宜取流变强度值作为标准值；弱膨胀土、含钙铁结核的膨胀土或坚硬黏土，可以取峰值强度的小值平均值作为标准值。

(7)软土宜采用流变强度值作为标准值。对于高灵敏度软土，应采用专门试验的强度值作为标准值。

5)边坡土体的抗剪强度参数取值方法

(1)土体试样应尽量采用原状样，当原状样难以取得时，应采用模拟原状的试样，地下水浸润线以上土体采用天然原状土试验成果，地下水浸润以下土体采用饱和原状土试验成果。

(2)边坡土体的抗剪强度，直剪试验宜采用峰值强度的小值平均值作为标准值。

(3)砂类土质边坡，宜采用有效应力法进行稳定分析。抗剪强度参效可采用三轴固结排水剪强度(CD)的最小值作为标准值，或慢剪强度(S)的小值平均值作为标准值。

(4)黏性土边坡,宜采用有效应力法进行稳定性分析,抗剪强度参数可采用三轴固结排水剪强度(CD)、三轴固结不排水剪强度(CU)的最小值作为标准值,或慢剪强度(S)的小值平均值作为标准值。当采用总应力法计算时,抗剪强度参数可采用三轴固结不排水剪强度(CU)的最小值作为标准值,或固结快剪强度(CQ)的小值平均值作为标准值。

(5)具有流变特性的特殊土边坡,抗剪强度参数应采用流变强度。

(6)滑坡和大变形土体边坡的滑带,抗剪强度参数可采用扰动样的残余强度作为标准值,应注意含水率变化对土体强度的影响,采用天然或饱和含水率。

(7)按边坡稳定状态采用相应的抗剪强度参数,稳定边坡和变形边坡以峰值强度作为标准值,已失稳边坡以残余强度作为标准值。

(8)在此基础上,再结合试验点所在边坡的工程地质条件,对标准值做必要的调整作为地质建议值。

(9)可根据边坡的稳定现状反算滑面的综合抗剪强度参数。反分析中蠕动挤压变形阶段稳定性系数可取1.00~1.05,失稳初滑阶段稳定性系数可取0.95~0.99。

3.3.3 土体物理力学参数经验值

当规划、预可行性研究阶段土体物理力学性质试验资料不足时,可通过工程类比获取其经验值,并结合具体地质条件,提出地质建议值。

1)土体的物理水理性质参数经验值

各类土体的物理水理性质参数经验值见相关工程地质勘察规范相关条款。

2)土体的力学性质参数经验值

(1)土体的承载力与变形参数经验值

由于砂类土的承载力与变形参数的研究较为成熟,相关工程地质勘察规范均已列出,在此仅重点列出公路边坡稳定性分析相关的力学参数经验值。

细粒土的允许承载力 R 与孔隙比 e 的关系见表3-4,黏性土的允许承载力 R

与标准贯入击数 N 的关系见表 3-5，黏性土压缩模量经验值见表 3-6，黏性土无侧限抗压强度 q_u 与孔隙比 e 的关系见表 3-7，黏性土无侧限抗压强度 q_u 与标准贯入击数 N 的关系见表 3-8。

细粒土允许承载力 R 与孔隙比 e 的关系 表 3-4

孔隙比 e	塑性指数(I_P)								
	<10			≥10					
	液性指数(I_L)								
	0.0	0.5	1.0	0.0	0.25	0.5	0.75	1.0	1.2
	允许承载力 R(MPa)								
0.5	0.35	0.31	0.28	0.45	0.41	0.37	(0.34)	—	—
0.6	0.3	0.26	0.23	0.38	0.34	0.31	0.28	(0.25)	—
0.7	0.25	0.21	0.19	0.31	0.28	0.25	0.23	0.20	0.16
0.8	0.20	0.17	0.15	0.26	0.23	0.21	0.19	0.16	0.13
0.9	0.16	0.14	0.12	0.22	0.20	0.18	0.16	0.13	0.10
1.0	—	0.12	0.10	0.19	0.17	0.15	0.13	0.11	—
1.1	—	—	—	—	0.15	0.13	0.11	0.10	—

注：1. 本表适用于当基础宽度≤3m、埋深≤0.5m 时的地基土。
2. 表中有括号者仅供插值参考。

黏性土允许承载力 R 与标准贯入击数 N 的关系 表 3-5

标准贯入击数 N	3	5	7	9	11	13	15	17	19	21	23
允许承载力 R(MPa)	0.12	0.18	0.20	0.24	0.28	0.32	0.36	0.42	0.50	0.58	0.66

黏性土压缩模量经验值 表 3-6

土的状态	坚硬	塑性			流塑
	$I_L \leqslant 0$	硬塑 $0 < I_L \leqslant 0.25$	可塑 $0.25 < I_L \leqslant 0.75$	软塑 $0.75 < I_L \leqslant 1$	$I_L > 1$
压缩模量(MPa)	15～59	5～16			1～5

(2)土体的抗剪强度参数经验值

基础与地基土之间摩擦系数经验取值见表 3-9，黏性土和粉土抗剪强度与液性指数的关系见表 3-10。

(3)土体的渗透性参数经验值

土体的渗透性分级见表 3-11，土体渗透系数经验值见表 3-12。

黏性土无侧限抗压强度 q_u 与孔隙比 e 的关系　　表 3-7

孔隙比 e		0.5~0.6	0.6~0.7	0.7~0.8	0.8~0.9	0.9~1.0	1.0~1.1	1.1~1.2	1.2~1.3	1.3~1.4	1.4~1.5	1.8
q_u (1×10^{-2} MPa)	黏土	>30	30~18	18~12	12~8.5	8.5~6.5	6.5~5.2	5.2~4.3	4.3~3.8	3.8~3.3	3.3~3.0	2.8
	粉质黏土	25~15	15~10	10~6.5	6.5~4.2	4.2~2.7	—	—	—	—	—	—

黏性土无侧限抗压强度 q_u 与标准贯入击数 N 的关系　　表 3-8

N		1	2	4	6	8	10	12	14	16	18	20	22	24	26	28	30
q_u (1×10^{-2} MPa)	黏土	2.5	3.5	6.0	4.0	12	14	17	20	23	25	28	31	33	36	39	42
	粉质黏土	2.0	3.0	5.0	8.0	11	13	16	19	22	24	27	30	32	35	38	41

基础与地基土之间摩擦系数经验值　　表 3-9

地基土类型		摩擦系数
卵石、砾石		$0.50 < f \leqslant 0.55$
砂		$0.40 < f \leqslant 0.50$
粉土		$0.25 < f \leqslant 0.40$
黏土	坚硬	$0.35 < f \leqslant 0.545$
	中等坚硬	$0.25 < f \leqslant 0.35$
	软弱	$0.20 < f \leqslant 0.25$

黏性土和粉土抗剪强度与液性指数的关系　　表 3-10

液性指数	土类					
	黏土		粉质黏土		粉土	
	φ(°)	c(MPa)	φ(°)	c(MPa)	φ(°)	c(MPa)
≤0	22	0.10	25	0.06	28	0.02
0~0.25	20	0.07	23	0.04	26	0.015
0.25~0.5	18	0.04	21	0.025	24	0.01
0.5~0.75	14	0.02	17	0.015	20	0.005
0.75~1.0	8	0.01	13	0.01	18	0.002
>1.0	≤6	≤0.005	≤10	≤0.005	≤14	0

土的渗透性分级　　表 3-11

渗透性等级	渗透系数 K(cm/s)	土类
极微透水	$K \leqslant 10^{-6}$	黏土
微透水	$10^{-6} \leqslant K < 10^{-5}$	黏土—粉土
弱透水	$10^{-5} \leqslant K < 10^{-4}$	粉土—细粒土质砂
中等透水	$10^{-4} \leqslant K < 10^{-2}$	砂—砂砾
强透水	$10^{-2} \leqslant K < 1$	砂砾—砾石、卵石
极强透水	$K \geqslant 1$	粒径均匀的卵石、漂石

几种常见土的渗透系数　　表 3-12

土类	渗透系数 K(cm/s)	土类	渗透系数 K(cm/s)
黏土	$K < 1.2 \times 10^{-6}$	细砂	$1.2 \times 10^{-3} \sim 6 \times 10^{-3}$
粉质黏土	$1.2 \times 10^{-6} \sim 6 \times 10^{-5}$	中砂	$6 \times 10^{-3} \sim 2.4 \times 10^{-2}$
黏质粉土	$6 \times 10^{-5} \sim 6 \times 10^{-4}$	粗砂	$2.4 \times 10^{-2} \sim 6 \times 10^{-2}$
黄土	$3 \times 10^{-4} \sim 6 \times 10^{-4}$	砾砂	$6 \times 10^{-2} \sim 1.8 \times 10^{-1}$
粉砂	$6 \times 10^{-4} \sim 1.2 \times 10^{-3}$	—	—

3)特殊土的物理力学性质参数经验值

软土的类型很多,本次研究仅列出公路边坡工程涉及的软土与红黏土的物理力学参数经验值。

软土的物理力学参数经验值见表 3-13。

软土的物理力学参数经验值　　表 3-13

成因类型	天然含水率 W(%)	密度 ρ(g/cm³)	天然孔隙比 e	抗剪强度		压缩系数 $a_{0.1\text{-}0.2}$ (MPa⁻¹)	灵敏度 S_t
				φ(°)	c(kPa)		
滨海沉积软土	40 ~ 100	1.5 ~ 1.8	1.0 ~ 2.3	1 ~ 7	2 ~ 20	1.2 ~ 2.5	2 ~ 7
湖相沉积软土	30 ~ 60	1.5 ~ 1.9	0.8 ~ 1.8	0 ~ 10	5 ~ 30	0.8 ~ 3.0	4 ~ 8
河滩沉积软土	35 ~ 70	1.5 ~ 1.9	0.9 ~ 1.8	0 ~ 11	5 ~ 25	0.8 ~ 3.0	4 ~ 8
沼泽沉积软土	40 ~ 120	1.4 ~ 1.9	0.52 ~ 1.5	0	5 ~ 19	>0.5	2 ~ 10

红黏土的物理力学参数经验值见表 3-14。

红黏土的物理力学参数经验值　　　　表 3-14

指标	粒组含量(%)		天然含水率 W(%)	最佳含水率 W_{op}(%)	密度 ρ (g/cm³)	最大干密度 ρ_d (g/cm³)	比重 G_s		饱和度 S_t
	粒径 0.005 ~ 0.002 mm	粒径 <0.002 mm							
一般值	10 ~ 20	40 ~ 70	30 ~ 60	27 ~ 40	1.65 ~ 1.85	1.38 ~ 1.49	2.76 ~ 2.90		88 ~ 96
指标	孔隙比 e	液限 W_L (%)	塑限 W_P (%)	塑性指数 I_P	含水比 α_w	渗透系数 K (cm/s)	三轴剪切		无侧限抗压强度 q_u (MPa)
							φ (°)	c (MPa)	
一般值	1.1 ~ 1.7	50 ~ 100	25 ~ 55	25 ~ 50	0.5 ~ 0.8	<10^{-6}	0 ~ 3	0.05 ~ 0.16	0.2 ~ 0.4
指标	比例界限 P_0 (MPa)	压缩系数 $a_{0.1\text{-}0.2}$ (MPa^{-1})	压缩模量 E_s (MPa)	变形模量 E_0 (MPa)	自由膨胀率 δ_{ef} (%)	膨胀率 δ_{ep} (%)	膨胀压力 p_c (kPa)	体积率 δ_v (%)	线缩率 δ_s (%)
一般值	0.16 ~ 0.3	0.1 ~ 0.4	6 ~ 16	10 ~ 30	25 ~ 69	0.1 ~ 2.1	14 ~ 31	7 ~ 22	2.5 ~ 8.0

3.4　滑带土强度参数的取值方法

3.4.1　滑带土的强度特征

1)滑带土剪切破坏的基本特征

滑坡滑带土多为黏性土,剪切破坏过程如图 3-1 所示。其剪应力 τ 随剪切变形而变化。C 点强度相当于结构破坏后重塑土正常固结的峰值强度 τ_f,CD 段为剪切面上土的团粒和颗粒产生定向排列的阶段,至 D 点达到相应垂直压力下的最佳定向,强度降至残余强度 τ_r,DE 段后强度不再降低。

2)滑带土在滑坡不同部位、不同发育阶段的强度特征

滑坡的种类很多,就一般最常见的块体滑坡而言,根据滑坡的实际受力变形过程,大体可分为牵引、主滑、抗滑三段及其相应的滑带(图3-2)。滑坡发生的机理是:在一定地质条件下的坡体,由于外界因素的作用,主滑带不能保持平衡而产生蠕动变形,逐渐扩大,牵引段因前方失去支撑力而沿着拉张剪切面产生主动破坏,与主滑段共同作用,推挤抗滑段沿新生的挤压剪切面向临空面最薄弱处挤出,形成整体滑动;一旦抗滑段形成新滑面并贯通时,滑坡即开始整体滑动。随着作用因素的变化,滑坡可由等速缓慢移动进入加速剧滑阶段,经较大距离滑移后,滑坡又渐趋稳定,滑带土开始固结,滑体沉积、压密。

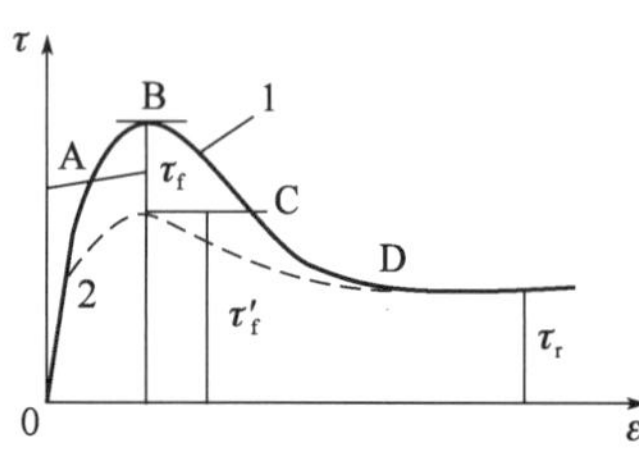

图3-1 滑带土剪切变形曲线

1-超固结土的剪切变形曲线;2-正常固结土的剪切变形曲线;A-弹性极限;B-强度极限;C-强度软化点;D-残余强度起始点

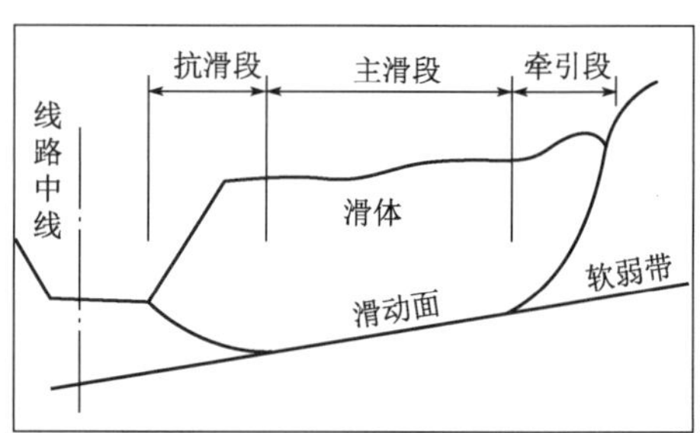

图3-2 滑坡分段基本模式

在这一过程中,滑坡的主滑段、牵引段和抗滑段受力状态是不同的。由于主滑段一般为纯剪切破坏,牵引段为张扭性的主动破坏,抗滑段则为压扭性的被动破坏,故牵引段产生主动性破坏,抗滑段产生被动性破坏,由于各段的破坏条件及滑面物质不尽相同,滑面(带)的强度指标也应不同。故用反分析法求出的代表全断面滑面(带)的平均抗剪强度值,只能看作主滑面(带)土在极限平衡状态下强度的上限值。实际整体滑面在未贯通前,主滑段有较高的强度值,但当变形发生后,其坡面形状、岩土结构和水文地质条件等都会发生不同的变化,滑带土的强度也随之变化,见表3-15。

不同部位的滑带土在不同滑动阶段的强度特征(针对首次滑动的新滑坡)

表 3-15

滑动阶段	主滑段	牵引段	抗滑段
蠕动阶段	已越过峰值强度	某些部分越过峰值强度	未破坏
挤压阶段	向软化点强度过渡	已全部越过峰值强度	开始受力,局部越过峰值强度而破坏
滑动阶段	向残余强度过渡	向残余强度过渡	已越过峰值强度向软化点强度过渡,强度向残余强度过渡
再滑动阶段	残余强度	残余强度	主要部分为残余强度
固结阶段	强度有适当恢复	—	—

从表 3-15 可知,不同部位的滑带土在不同的滑动段,其强度参数有所不同。比如对于牵引段滑带土强度,若是张开的裂缝,内无充填物的岩石顺层滑坡,强度无变化。若有充填物,则应考虑充填物与前后裂缝壁的摩擦强度。鉴于此,对滑带土强度指标的选择应采用试验结果与反算结果相结合,并依据可能出现的最不利组合条件及已有经验来选定推力计算所用的强度指标。

开展试验工作时,一般通过勘探取滑坡不同部位滑动面(带)的原状或扰动土样,模拟滑坡实际滑动过程、排水条件,选择适宜的剪切仪器(直剪仪、环剪仪、往复式剪切仪、三轴剪切仪或现场大型剪切仪等)及方法(快剪、慢剪、固结快剪、滑面重合剪和多次剪等),来得到其峰值或残余强度值。

3.4.2　滑带土强度参数的反分析法

1)反分析基本原理

反分析法的基本原理是通过对滑坡在某一特定状态下,由可测定的几何、物理量及不可测定的稳定状态评估指标,根据极限平衡理论,建立反分析模型。在滑坡实际滑面位置已经查明的情况下,建立滑坡滑动稳定性分析计算模型;通过滑坡稳定状况确定滑坡的最小稳定系数,建立滑坡稳定性分析的极限平衡方程,然后进行滑坡的强度参数 c、φ 值的反算。反分析采用的稳定性分析计算物理模型不同,得到的强度指标也不尽相同。工程上滑坡稳定性分析最常用的平面极限平衡计算方法为条分法,主要包括 Bishop 法、改进瑞典条分法、传递系数法、分块极限平衡法和简布法等。无论是反求代表全断面滑带(面)的平均抗剪强度值，还是给定部分段强度值反算主滑段的强度值（如利用工程地质类比法确定牵引段、抗滑段强度值来反算主滑带强度参数；或根据不同情况给出牵引段、抗滑段强度指标值，反算主滑带强度指标），这些均综合考虑了整个滑面（带）的各种影响因素，较有代表性。

在何种情况下滑坡主轴断面可视为极限平衡状态？坡体变形受控于坡体中软弱易滑带的剪应力和抗剪强度的对比变化，若前者大于后者，坡体将由静止开始滑动，到能量消耗殆尽时停止。若外界环境再度恶化，还可能重新滑动。因此，可视滑动前瞬间山坡原地面线的主轴断面处于第Ⅰ极限平衡状态，以此来反求滑带（面）的静摩擦强度值；对于不易恢复到滑动前瞬间山坡原地面线的滑坡，若实测为将停未停状态的，可看作滑坡主轴处于第Ⅱ极限平衡状态，以此来反求滑带（面）的动摩擦强度值。

2）传递系数法

传递系数法（TCM），又称为不平衡推力法或剩余推力法（RTM），它是我国工程技术人员创立的边坡稳定分析方法。由于该方法能够进行具有各种复杂滑动面的滑坡稳定性计算，在滑坡稳定分析和治理中得到非常广泛的应用。我国的许多国家标准、行业标准以及地方标准都将其作为推荐方法。

传递系数法有两种解法：一种是增大下滑力法（也称显式求解法）；另一种是强度折减法（也称隐式求解法）。基于强度折减法和增大下滑力法计算滑坡稳定性时，其稳定系数表达式的形式相同，见式（3-2）：

$$F_{\mathrm{s}} = \frac{\sum_{i=1}^{n-1}\left(R_i \prod_{j=i}^{n-1}\psi_j\right) + R_n}{\sum_{i=1}^{n-1}\left(T_i \prod_{j=i}^{n-1}\psi_j\right) + T_n} \tag{3-2}$$

其中，$\prod_{j=i}^{n-1}\psi_j = \psi_i\psi_{i+1}\psi_{i+2}\ldots\psi_{n-1}$；$R_i = W_i\cos\alpha_i\tan\varphi_i - c_iL_i$；$T_i = W_i\sin\alpha_i$。

但是它们的传递系数表达式略有不同，强度折减法的传递系数按式（3-3）计算：

$$\psi_i = \cos(\alpha_i - \alpha_{i+1}) - \sin(\alpha_i - \alpha_{i+1})\tan\varphi/F_{\mathrm{s}} \tag{3-3}$$

而增大下滑力法的传递系数按式（3-4）计算：

$$\psi_i = \cos(\alpha_i - \alpha_{i+1}) - \sin(\alpha_i - \alpha_{i+1})\tan\varphi \tag{3-4}$$

式中，W_i 为第 i 计算条块自重与建筑等地面荷载之和(kN/m)；c_i 为第 i 计算条块黏结强度标准值(kPa)；φ_i 为第 i 计算条块内摩擦角标准值(°)；L_i 为第 i 计算条块滑动面长度(m)；α_i 为第 i 计算条块底面倾角(°)，反倾时取负值，令 $\alpha_{n+1}=\alpha_n$；F_s 为稳定系数；R_i 为第 i 计算条块抗滑力(kN)；T_i 为第 i 计算条块下滑力(kN)。

两种解法在工程中均有应用，也各有优缺点：

(1)增大下滑力法属显式计算公式，计算较为简便；强度折减法属于隐式计算公式，需要进行迭代运算，计算较为复杂。

(2)增大下滑力法中，只是将下滑力增大 F_s 倍，而没有将垂直于下滑力方向的自重分力也增加 F_s 倍，从这一点上看增大下滑力法不符合静力平衡条件。而实际上，重力增大不仅使下滑力增大，也会使摩擦力增大，进而使抗滑力增大，因此，增大下滑力法也不符合工程实际；强度折减法符合静力平衡条件。

(3)增大下滑力法被国内很多标准所推荐，并形成了一套经过工程实践检验过的、与之对应的不同工况下的安全系数，在工程界被广泛应用。强度折减法在国内工程中应用较少，也未被列入标准。

3)反演分析步骤

(1)单一断面反分析法

对于圆弧形滑动面，如图3-3a)所示，可用力矩平衡方程，见式(3-5)：

$$W_1L_1 = W_2L_2 + cLR \tag{3-5}$$

或分条法计算力的平衡方程，见式(3-6)：

$$\sum T = \sum N\tan\varphi + cL \tag{3-6}$$

对于折线形滑面，如图3-3b)所示，可根据断面建立推力计算公式，使最后一块剩余滑坡推力为 $E_n=0$，见式(3-7)：

$$E_{i+1} = E_i\psi_i + W_i\sin\alpha_i - W_i\cos\alpha_i\tan\varphi/F_s - cL_i/F_s \tag{3-7}$$

处于极限平衡状态时，令安全系数 $F_s=1$ 和 $E_n=0$(最下面一块推力为0)。

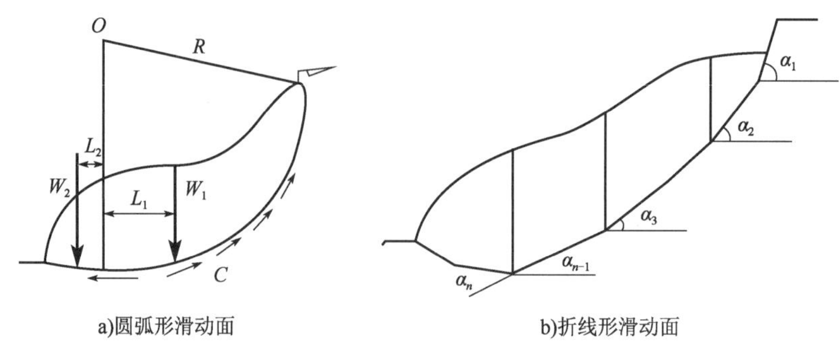

a)圆弧形滑动面　　b)折线形滑动面

图 3-3　滑坡反算断面示意图

从以上方程可以看出，一个方程中包含两个未知数，不能直接求解，常常需要假定其中变化幅度不大且容易掌握其范围的一个，来反求另一个。

圆弧形滑面是假定整个滑面上的 c、φ 值相同，这与实际情况不符。折线形滑面各段的 c、φ 值可以不同，一般用试验或其他方法先确定牵引段和抗滑段的 c、φ 值及主滑段的 c 值来反求其 φ 值。

一般 c 值的大小取决于滑带土的物质组成（主要为黏粒含量）、含水状态和滑体的厚度，变化幅度不大。日本三田刚二等人的著作中建议按滑体厚度选取 c 值。有时粗略估算可根据滑带的物质组成和含水状态作进一步的简化，即对饱和黏土假定 $\varphi=0$，求综合 c，称为综合 c 法；对滑带以岩屑、砂粒等粗颗粒为主的，则假定 $c=0$，求综合 φ，称为综合 φ 法。

（2）多断面联立方程的反算

为了能同时反求主滑段的 c 值和 φ 值，采取类似条件下两个或多个断面方程联立求解的方法，其基本条件是断面必须相似。主要包括：地质条件类似，特别是滑带土的物质组成和含水状态；运动状态和滑动过程类似；滑坡的发育阶段类似。

一般方程见式（3-8）、式（3-9）：

$$E_{1i}\psi_{1i} + W_{1i}\sin\alpha_{1i} - W_{1i}\cos\alpha_{1i}\tan\varphi/F_s - cL_1/F_s = 0 \tag{3-8}$$

$$E_{2i}\psi_{2i} + W_{2i}\sin\alpha_{2i} - W_{2i}\cos\alpha_{2i}\tan\varphi/F_s - cL_2/F_s = 0 \tag{3-9}$$

从数学意义上讲，式（3-8）、式（3-9）可以认为是由滑坡状态条件确定了的系数项和常数项的二元多次方程组。理论上讲，两个方程可以求解两个未知数，但在求解过程中将出现 $\tan\varphi$ 的高次幂函数，具体求解非常困难。滑带 c、φ 值的反分析方法是先选择一个反分析计算剖面，假定一组 c、φ，根据滑坡几何物理边界求解稳定系数，具体按以下步骤进行分析：

①假定 c_1、φ_1，按式(3-2)求解稳定系数 F_{s1}，记录 c_1、φ_1 和 F_{s1}。

②当 $F_{s1} > F_s$ 时，用 c_1、$\varphi_2 = \varphi_1 - \Delta\varphi(\Delta\varphi < 1°)$。

按式(3-2)求解稳定系数 F_{s2}，记录 c_1、φ_2 和 F_{s2}。当 $F_{s1} < F_s$ 时，用 c_1、$\varphi_2 = \varphi_1 + \Delta\varphi$ 按式(3-2)求解稳定系数 F_{s2}，记录 c_1、φ_2 和 F_{s2}。通过多次试算，可以求解出当 c_1 确定时，F_{si}在 F_s 两侧（即 $F_{si} > F_s$ 和 $F_{si} < F_s$）对应的 φ_1 和 φ_1'。

③变化 $c_2 = c_1 \pm \Delta c$（$\Delta c < 1\text{kPa}$），重复①和②可以求解出当 c_2 确定时，F_{si}在 F_s 两侧（即 $F_{si} > F_s$ 和 $F_{si} < F_s$）对应的 φ_2和 φ_2'。

④重复③，可以求解出一系列不同 c、φ 组合的 F_s 附近稳定系数 F_{si}，按线性插值法得出一系列当 $F_{si}' = F_s$ 时的 c、φ 组合，并绘制 c、φ 及稳定系数曲线。

⑤选择另外一条计算剖面，重复①到④，可以得到另外一条 c、φ 及稳定系数曲线，两条曲线交点对应的 c、φ 即为反分析得出的强度参数。

两条反算剖面确定的反分析强度参数是唯一的，当反分析剖面多于 3 条，得出的强度参数差异较小时，反分析成果较为可靠；当其差异较大时，应校核滑坡的反分析状态条件等因素，重新进行反分析，直至得到理想的强度参数。

4）反分析注意事项

(1)滑坡反分析状态

合理确定滑坡反分析的状态是反分析的重要前提条件，因为一个确定的状态可以由一个确定的评估指标来描述。通常将滑坡稳定的临界状态定为反分析的状态。临界状态是指在特定工况下滑坡的即时状态，主要包括坡面形态、地下水位、滑带形态和外荷载等因素。

(2)反分析考虑因素

地下水。地下水作用力包括动、静水压力和浮托力。通常情况下降雨是引起滑坡体稳定性变化的重要原因之一。降雨对滑坡稳定性的影响主要表现为抬高滑坡体内的地下水位。因此，反分析采用滑坡出现滑动迹象时坡体内最高水位线作为反分析的地下水位。

滑体几何边界。滑体几何边界包括地表几何形态与滑带几何形态。地表几何形态可由地形测量确定。关于滑动面的确定方法目前主要有三种：

①埋设测斜管。通过深层位移观测确定滑动面的具体位置、形状和厚度。

②钻孔取心，绘制柱状图。通过对岩心和柱状图的分析，确定滑动面的具体位置、形状和厚度。

③滑坡后由于滑动面的出、入口是已知的，根据现场调查和实践经验，假定土质边坡的滑动面为弧形，石质边坡的滑动面假定为折线形，然后进行搜索计算。

(3)稳定性评估指标

反分析稳定性评价指标主要为滑坡处于特定状态时的稳定系数。该稳定系数取值与滑坡发育阶段密切相关。滑坡发育阶段的划分主要依据其变形状态，按表3-16确定，并确定相应的反分析稳定评价指标。

滑坡稳定性评价指标　表3-16

阶段	状态	稳定系数	变形迹象
稳定变形	固结	>1.05	未见变形迹象
局部变形	蠕变挤压	1.00～1.05	前缘变形微弱
整体变形	微滑	0.90～1.00	局部坡面变形异常，陡坎处出现小型局部滑塌
	巨滑	<0.90	坡面出现鼓丘及挤压变形

3.4.3 滑带土强度参数的统计分析法

在实际工程中，由于获取某一个滑坡滑带土抗剪强度参数的值往往是少量的，且受土样在取样、运输、保管和试验中的扰动影响，导致试验结果具有离散性和不确定性。由于滑坡滑带土抗剪强度参数具有明显的地区性特征，因此，根据某一地区以往有代表性的大样本试验数据，可以对矿物与化学成分、土体特性和层位相似的滑带土进行统计分析，确定其概率分布形式，从而可以对该地区某一个滑坡的小样本数据进行优化。

1)滑带土抗剪强度参数概率分布的拟合

一个地区参数的总体分布通常是未知的，为了确定其总体分布特征，通常根据已有的资料，对数据的总体分布提出一种假设 H_0，然后在某一显著性水平 α 下用概率统计的方法对假设 H_0 进行检验。当样本容量 n 充分大($n \geqslant 50$)时，根据χ^2 检验法，将随机试验可能结果的全体分为 k 个互不相容的事件，在假设 H_0 下，计算每个事件的概率，若假设 H_0 为真，则当试验次数很大时，事件发生的频率可以近似等于其概率。统计量总是近似地服从自由度为$(k-r-1)$的分布(r为被估计的参数的个数),见式(3-10):

$$\chi^2=\sum_{i=1}^{k}\frac{(f_i-np_i)^2}{np_i} \tag{3-10}$$

式中,f_i为试验频率;p_i为估计概率。

若在假设H_0下,式(3-10)计算后有式(3-11):

$$\chi^2 \geqslant \chi_{\alpha}^2(k-r-1) \tag{3-11}$$

则在显著性水平α下拒绝H_0,反之就接受H_0。

罗冲(2005)统计了万州区1074个滑带土抗剪强度参数c和φ,其各种抗剪工况下的统计数据见表3-17。

万州区滑带土各种抗剪工况下的统计数据 表3-17

抗剪工况	参数指标	统计分布范围	统计总个数(个)	分布区间个数(个)
饱和残余值	c(kPa)	(5.0,42.0)	137	9
	φ(°)	(3.7,16.5)	116	6
饱和峰值	c(kPa)	(9.2,55.4)	129	11
	φ(°)	(5.8,30.0)	136	8
天然残余值	c(kPa)	(9.0,52.0)	117	10
	φ(°)	(5.4,26.0)	135	9
天然峰值	c(kPa)	(10.8,70.0)	161	12
	φ(°)	(7.3,37.0)	143	9

根据$f=\frac{\sum n_i}{N}$(f为某种抗剪工况下的试验频率,n_i为某种抗剪工况下第i个分布区间的数据个数,N为某种抗剪工况下总的统计个数),以区间值为横坐标,以区间值对应的频率为纵坐标,作出各种抗剪工况下的频率直方图,如图3-4、图3-5所示。根据频率直方图的分布形式,先假设H_0,然后根据式(3-7)和式(3-8)进行检验,确定是否接受H_0。现以万州区饱和峰值c的概率分布拟合为例加以说明。

根据图3-4b),可假设H_0为对数正态分布。万州区滑带土饱和峰值c的概率分布χ^2检验数据见表3-18。由$r=2$、$k=6$,取$\alpha=0.01$,可求得$\chi^2=\chi_{0.01}^2(3)$,

故接受 H_0。

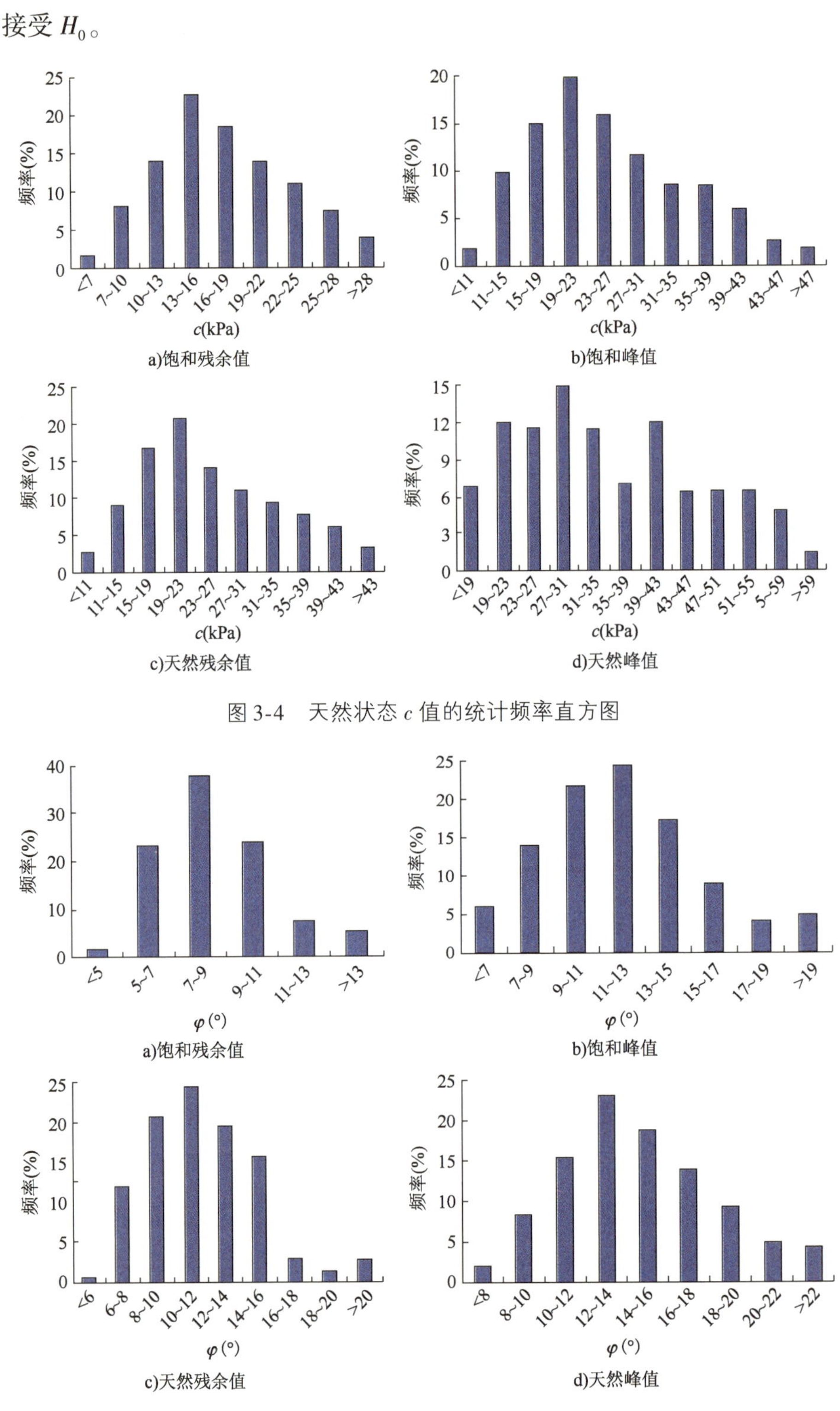

图 3-4 天然状态 c 值的统计频率直方图

图 3-5 天然状态 φ 值的统计频率直方图

万州区滑带土饱和峰值 c 的概率分布 χ^2 检验数据　表 3-18

区间号 i	饱和峰值 c(kPa)	试验频数 n(次)	试验频率 f	估计概率 p_i
1	7 ~ 11	2	0.0173	0.0148
2	11 ~ 15	12	0.0994	0.0976
3	15 ~ 19	18	0.1492	0.1514
4	19 ~ 23	24	0.1979	0.1971
5	23 ~ 27	19	0.1573	0.1588
6	27 ~ 31	14	0.1157	0.1146
7	31 ~ 35	10	0.0833	0.0861
8	35 ~ 39	9	0.0795	0.0812
9	39 ~ 43	7	0.0581	0.0563
10	43 ~ 47	3	0.0254	0.0282
11	47 ~ 51	2	0.0169	0.0152

同理,可检验并拟合出其他工况下的概率分布形式,结果见表 3-19。

万州区滑带土抗剪强度参数概率分布形式结果　表 3-19

抗剪强度工况	参数指标	分布形式	概率密度函数
天然峰值	c	对数正态分布	$f(x)=\dfrac{1}{0.443x\sqrt{2\pi}}\exp\left[-\dfrac{1}{2}\dfrac{(\ln x-3.557)^2}{0.196}\right]$
	φ	正态分布	$f(x)=\dfrac{1}{3.844\sqrt{2\pi}}\exp\left[-\dfrac{1}{2}\dfrac{(x-14.586)^2}{14.773}\right]$
饱和峰值	c	对数正态分布	$f(x)=\dfrac{1}{0.415x\sqrt{2\pi}}\exp\left[-\dfrac{1}{2}\dfrac{(\ln x-3.188)^2}{0.172}\right]$
	φ	正态分布	$f(x)=\dfrac{1}{4.518\sqrt{2\pi}}\exp\left[-\dfrac{1}{2}\dfrac{(x-12.373)^2}{20.415}\right]$
天然残余值	c	对数正态分布	$f(x)=\dfrac{1}{0.453x\sqrt{2\pi}}\exp\left[-\dfrac{1}{2}\dfrac{(\ln x-3.167)^2}{0.205}\right]$
	φ	正态分布	$f(x)=\dfrac{1}{3.403\sqrt{2\pi}}\exp\left[-\dfrac{1}{2}\dfrac{(x-11.626)^2}{11.580}\right]$

续上表

抗剪强度工况	参数指标	分布形式	概率密度函数
饱和残余值	c	对数正态分布	$f(x)=\frac{1}{0.449x\sqrt{2\pi}}\exp\left[-\frac{1}{2}\frac{(\ln x-2.782)^2}{0.201}\right]$
	φ	正态分布	$f(x)=\frac{1}{2.282\sqrt{2\pi}}\exp\left[-\frac{1}{2}\frac{(x-8.428)^2}{5.208}\right]$

可以看出,万州区滑带土抗剪强度参数 c 和 φ 的概率分布形式为:黏聚力 c 的概率分布形式为对数正态分布,而内摩擦角 φ 的概率分布形式为正态分布。此分布反映了万州区滑带土参数概率分布的总体特征和整体规律的一致性,从而为万州区某一个滑坡的小样本数据的检验和优化奠定了基础。

2)滑带土抗剪强度参数的优化

由于万州区水平地层滑坡滑带土普遍为灰白色黏土,所以表 3－19 统计出的概率密度函数作为先验函数来检算和优化万州区某一个滑坡滑带土抗剪强度参数是可行的。

Bayes 公式见式(3-12):

$$f''(\theta)=kL(\theta)f'(\theta) \tag{3-12}$$

式中,$f''(\theta)$为后验概率密度函数;$f'(\theta)$为先验概率密度函数;$L(\theta)$为似然函数;k 为归一化常数。

由于某一个滑坡滑带土的试验数据可作为似然函数,因而可以求得优化后的概率密度函数,即后验概率密度函数 $f''(\theta)$,其均值和方差分别按式(3-13)、式(3-14)计算:

$$\mu''=\frac{\mu(\sigma')^2+\mu'\sigma_2}{\sigma^2+(\sigma')^2} \tag{3-13}$$

$$(\sigma'')^2=\frac{(\sigma\sigma')^2}{\sigma^2+(\sigma')^2} \tag{3-14}$$

式中,μ、μ'、μ''分别为似然函数、先验函数和后验函数的均值;σ^2、$(\sigma')^2$、$(\sigma'')^2$ 分别为似然函数、先验函数和后验函数的方差。

下面以万州区关塘口滑坡的一组饱和残余值 φ 的数据为例来说明。

关塘口滑坡被列为三峡库区四大滑坡之一。滑坡体横宽约 800 m,纵长约

500m,高差约95m,厚度为17.0～49.1m,体积约$1280\times10^4m^3$。地形呈台阶状,表面坡度上陡下缓。上部坡度为20°～30°;下部坡度很平缓,为5°～10°。关塘口滑坡滑带土也为灰白色黏土,且分布稳定,地质剖面图如图3-6所示。饱和残余值φ的试验数据及计算结果见表3-20。

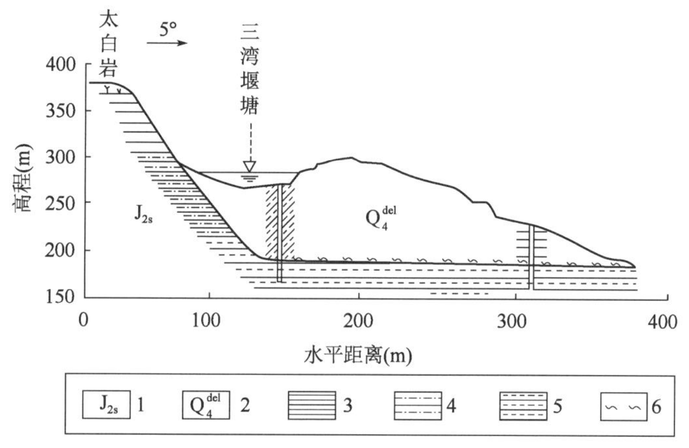

图3-6　关塘口滑坡地质剖面图

1-侏罗系沙溪庙组中统;2-第四系滑坡堆积物;3-细砂岩;4-砂质泥岩;5-泥岩;6-滑带土

关塘口滑坡饱和残余值φ的试验数据及计算结果　　表3-20

工况	样本	个数(个)	似然均值/优化后均值	似然方差/优化后方差	变异系数/优化后变异系数
饱和残余值φ	5.7、7.4、13.0、9.8、10.7、10.6、9.9	7	9.95/10.52	5.66/3.53	0.25/0.17

从表3-20可以看出,优化后关塘口滑坡饱和残余值φ的方差由5.66下降到3.53,下降了约38%;变异系数由0.25下降到0.17,下降了32%;均值由以前的9.59变成了10.52,增加了约9.7%。表明优化前数据波动大,离散性大;优化后数据更稳定和趋于真实值。因此,优化后的均值10.52也就更可靠。

本节部分内容引自罗冲《万州区滑坡滑带土抗剪强度参数概率分布拟合及其优化》一文。

3.4.4　滑带土强度参数的经验类比法

文麻高速公路典型边坡滑带土强度参数见表3-21。

文麻高速公路典型边坡滑带土强度参数统计表　　表 3-21

桩号	土的类别	含水率(%)	密度(g/cm^3)	孔隙比	压缩模量(MPa)	黏聚力c(kPa)	内摩擦角φ(°)
K120	红黏土	29.4	1.87	0.848	6.55	54.84	16.2
K122	红黏土	28.6	1.86	0.808	6.55	51.84	16.2
K126	红黏土	29.4	1.87	0.848	6.09	51.46	15.9
K94 +780	红黏土	33.27	1.86	0.957	5.82	41.34	14.66
YK108 +434	强风化粉砂质泥岩	22.95	2.04	0.65	—	17.7	16.7
ZK91 +667	强风化页岩	34.0	2.66	0.96	—	45.7	15.2
ZK108 +321	全风化粉砂质泥岩(滑带)	27.2	1.95	0.78	—	14.8	13.9
ZK108 +321	含碎石黏土(下层滑带土)	23.3	2.04	0.67	—	18.6	16.2
YK85 +850	含碎石粉质黏土(滑带)	25.6	1.93	0.75	—	12.5	13.7
YK85 +850	含碎石黏土(滑带)	25.6	1.93	0.75	—	18.5	16.7
YK88 +274	强风化泥质页岩	—	2.42	—	—	33.1	13.5
K77 +320	全风化页岩	—	1.95	—	4.4	23.0	11.0
K77 +320	全风化炭质页岩	—	1.95	—	5.78	33.1	13.5
K60 +298	强风化炭质板岩	—	2.2	—	10	40	35
ZK56 +725	全风化炭质板岩	—	1.95	—	5.78	33.1	13.5
K55 +508	全风化炭质板岩	—	1.95	—	5.78	33.1	13.5
K55 +208	全风化炭质板岩	—	1.95	—	5.78	33.1	14.8
K55 +208	粉质黏土	—	1.43	—	2.0	15.0	10
ZK53 +915	强风化炭质板岩	—	2.20	—	10.0	40.0	35.0
ZK53 +915	全风化炭质板岩	—	1.95	—	5.78	33.1	13.5
ZK53 +915	粉质黏土	—	1.83	—	4.77	25.0	14.6

3.4.5　滑带土强度参数的综合确定法

对某一滑坡而言,由于滑坡滑带土的结构已遭破坏,除了抗滑地段外,原状土峰值强度已不存在,故强度上限为扰动(重塑)土的峰值强度,下限为残余强度。因此,抗剪强度参数多是依据滑坡情况结合反算指标,在两者之间选择。

(1)作图法确定参数

依据试验及反分析法取得的指标都难代表最不利组合的滑带土强度,故需将得到的几组较可信的 c、φ 值,如图 3-7 中 a、b、c、d、e、f 点放在 c-tanφ 共轭图中,可找出 c_{max}、c_{min}和 c_{μ}(c 平均)及 tanφ_{max}、tanφ_{min}和 tanφ_{μ},进而作出二者的共轭值线(OA 线),即可将最不利组合的强度指标限定在 OA 线选取。综合考虑滑坡是沿滑动带顶面还是底面滑动,滑带中的粗颗粒若为黏性土包裹(当粗颗粒含量少于 35%,试验强度为细粒土控制),则需对比选用峰值或残余值。不同滑段选值时还需注意各滑段特征,除牵引段滑带土强度外,前部抗滑段在滑坡处于蠕动挤压阶段时,其新生滑面取峰值强度参数;处于加速滑动阶段,取残余强度参数;滑坡处于微滑动阶段或主滑段处于等速滑动时,滑带土强度取中值。

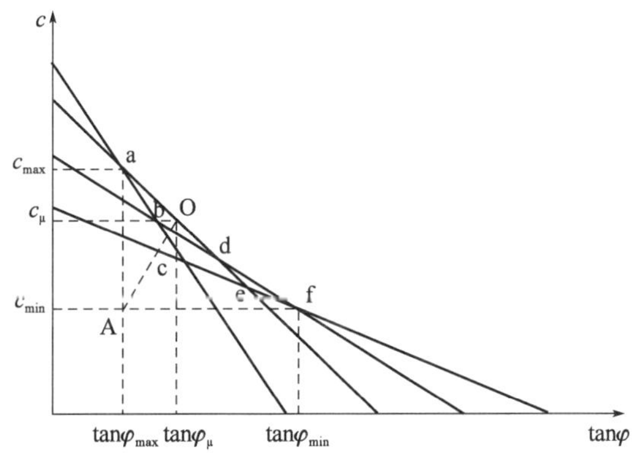

图 3-7　c-tan φ 图解法

(2)综合分析法确定参数

取得滑带土强度指标的途径有试验法和反分析法,但各有其局限性。建议结合滑坡特征进行选取,包括:

①滑坡的类型、机理、产生条件、因素和原因;

②地下水在滑坡形成中的作用大小;

③滑坡的性质,是新滑坡还是老滑坡,是牵引式滑坡还是推动式滑坡等;

④滑坡的发育阶段;

⑤使用年限内可能出现的最不利情况,以及工程修建后对最不利情况或某些因素的控制程度等综合确定。

3.5 文麻高速公路 K39 边坡滑带土强度参数的确定

3.5.1 滑带土物理性质

1)滑带土的分布特征

滑带土是影响滑坡稳定性的重要因素之一,在滑坡的运动剪切过程中,滑带土的物理力学性质和强度变化在很大程度上决定了滑坡的变形失稳过程。文麻高速公路典型滑坡多呈双层结构(图 3-8),深层和浅层滑带土具有不同的特性;并且在地下水位的影响下,不同的含水率对应滑带土的残余强度也会有所不同;根据位移监测数据可知深浅滑坡均存在不同的滑动速率。因此,综合以上因素考虑,针对浅层(图 3-9)和深层(图 3-10)不同滑带土分别取样进行相关试验。

图 3-8 滑带土取样岩心

图 3-9 浅层滑带前缘剪出口

图 3-10 深层滑带地表出露

2）矿物组成分析

根据X射线衍射测试结果，浅层和深层滑带土矿物成分均以黏土矿物为主，浅层滑带土黏土矿物占64.24%，石英碎屑占31.99%；深层滑带土黏土矿物占68.62%，石英碎屑占28.97%。石英碎屑矿物的物理性质和化学性质较为稳定，伊利石、蒙脱石等黏土矿物具有易风化、易崩解、吸水性强及吸水软化等特点，并且滑坡区域地下水位较高，较高的黏土矿物成分对滑坡的稳定性有着较大的影响。

3）物理特性

（1）颗粒级配分析

本次进行筛分试验的是深层强风化页岩和浅层粉质黏土滑带土。试验结果见表3-22，粒径累计级配曲线如图3-11所示。由颗分试验结果可知，深层和浅层滑带土平均粒径为0.51mm和0.43mm，深层和浅层滑带土颗粒级配良好。

滑带土颗分试验结果　　表3-22

粒组(mm)		<10	<5	<2	<1	<0.5	<0.25	<0.075
累计质量百分含量(%)	浅层	96.6	90.2	88.9	73.5	64.1	31.5	15
	深层	100	95.9	87.3	64.7	52.2	36.3	10.8

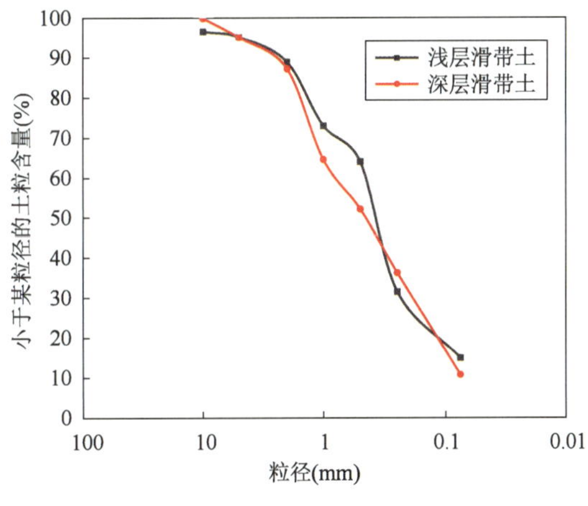

图3-11　粒径累计级配曲线

（2）物性参数

采用基础物理试验得到其颗粒级配、天然和饱和含水率、天然和饱和密度及液塑限等物理参数，见表3-23。

滑带土物性参数测试结果 表 3-23

指标	天然密度 (g/cm^3)	饱和密度 (g/cm^3)	天然含水率 (%)	饱和含水率 (%)	液限 (%)	塑限 (%)	渗透系数 (cm/s)
浅层滑带土	1.83	2.04	18.96	25.84	30.47	15.98	7.1×10^{-4}
深层滑带土	1.95	2.13	21.26	27.32	33.04	17.69	9.4×10^{-5}

3.5.2 滑带土环剪试验

1)试验原理

利用环剪仪进行土体残余强度试验有三种方法:单级剪切试验、预剪切试验和多级剪切试验。本文为考虑双层滑带在不同剪切速率和含水率条件下的残余强度特征,采用多级剪切试验。该仪器通过施加砝码实现加载和卸荷垂向压力,在试验过程中可测得扭矩 M,结合试样的内径 r_1 和外径 r_2,可计算剪切应力 τ,见式(3-15):

$$\tau=\frac{3M}{2\pi(r_2^3-r_1^3)} \tag{3-15}$$

并根据法向应力 F 和内外半径计算正应力 σ,见式(3-16):

$$\sigma=\frac{F}{\pi(r_2^2-r_1^2)} \tag{3-16}$$

在环剪试验中,不同半径对应的剪切位移不同,可根据内外半径求得平均半径 r,结合剪切速率 v 和剪切时间 t,从而计算剪切位移 s,见式(3-17)、式(3-18):

$$r=\frac{2(r_2^3-r_1^3)}{3(r_2^2-r_1^2)} \tag{3-17}$$

$$s=\frac{\pi rvt}{180} \tag{3-18}$$

根据上述剪切位移和剪切应力计算结果可绘制应力-位移曲线,再根据摩尔-库仑准则得到滑带土的残余强度指标。

2)试验方案

试样制备严格按照《公路土工试验规程》(JTG 3430—2020)的相关规定,将现场所取得原状岩心烘干,研磨,过2mm标准筛,配制成含水率分别为10%、15%及饱和状态的试样,配置过程中用搅拌器使水土充分融合,防止土体结团,并将配置好的土体于密闭桶中放置24h,使水分在土体中充分扩散。将环状土样装入环剪仪中,按对应的法向应力施加砝码并固结,直至24h内沉降位移不超过0.01mm后开始剪切。试验采用多级剪切方式,每个试样按剪切角度分为12级,每级剪切角度为30°,总剪切角度为360°,各级剪切速率见表3-24,在每一级剪切完成并固结稳定后,再进行下一级剪切。对应法向应力分为100kPa、200kPa和400kPa三个等级,共计18个样品(表3-25)。

环剪试验分级 表3-24

级数	剪切角度 (°)	剪切角速率 (°/min)	剪切速率 (mm/min)
1	30	0.03	0.12
2	30	0.06	0.25
3	30	0.09	0.37
4	30	0.12	0.49
5	30	0.24	0.98
6	30	0.3	1.23
7	30	0.6	2.45
8	30	0.9	3.68
9	30	1.2	4.90
10	30	2.4	9.80
11	30	3.0	12.25
12	30	4.5	18.38

滑带土环剪试验方案 表3-25

试样滑带	试样编号	含水率 (%)	法向应力 (kPa)
浅层滑带	Q-1-1	10	100
	Q-1-2		200
	Q-1-3		400

续上表

试样滑带	试样编号	含水率（%）	法向应力（kPa）
浅层滑带	Q-2-1	15	100
	Q-2-2		200
	Q-2-3		400
	Q-3-1	饱和	100
	Q-3-2		200
	Q-3-3		400
深层滑带	S-1-1	10	100
	S-1-2		200
	S-1-3		400
	S-2-1	15	100
	S-2-2		200
	S-2-3		400
	S-3-1	饱和	100
	S-3-2		200
	S-3-3		400

图3-12和图3-13分别为浅层和深层滑带土在不同法向应力下形成的破坏面形态。

图3-12　浅层滑带土不同法向应力剪切面（100kPa、200kPa、400kPa）

图3-13　深层滑带土不同法向应力剪切面（100kPa、200kPa、400kPa）

由图3-12和图3-13可知，在100kPa法向应力情况下的剪切破坏面滑痕较短、混乱、粗糙且相对不明显,存在分布不均的凹坑、凸起,在破坏面中可以看出剪切面具有非单一性,剪切面存在多层次;在法向应力为200kPa时,破坏面的滑痕变得更有规律、更明显,凹坑、凸起较为不明显,平行剪切方向的台阶减少;当试样在400kPa法向应力条件时,破坏面滑痕更光滑,具有明显的定向排列现象,无台阶、凹痕现象。由此表明,法向应力越大、土样剪切破坏面越明显、光滑。

3)影响因素分析

(1)含水率

根据滑带土多级剪切试验的剪切应力-位移曲线,可得出不同含水率土样随剪切速率改变时剪切应力的变化特征。图3-14～图3-16分别为含水率为10%、15%和饱和状态时,不同法向应力情况下分级剪切的应力-位移曲线。

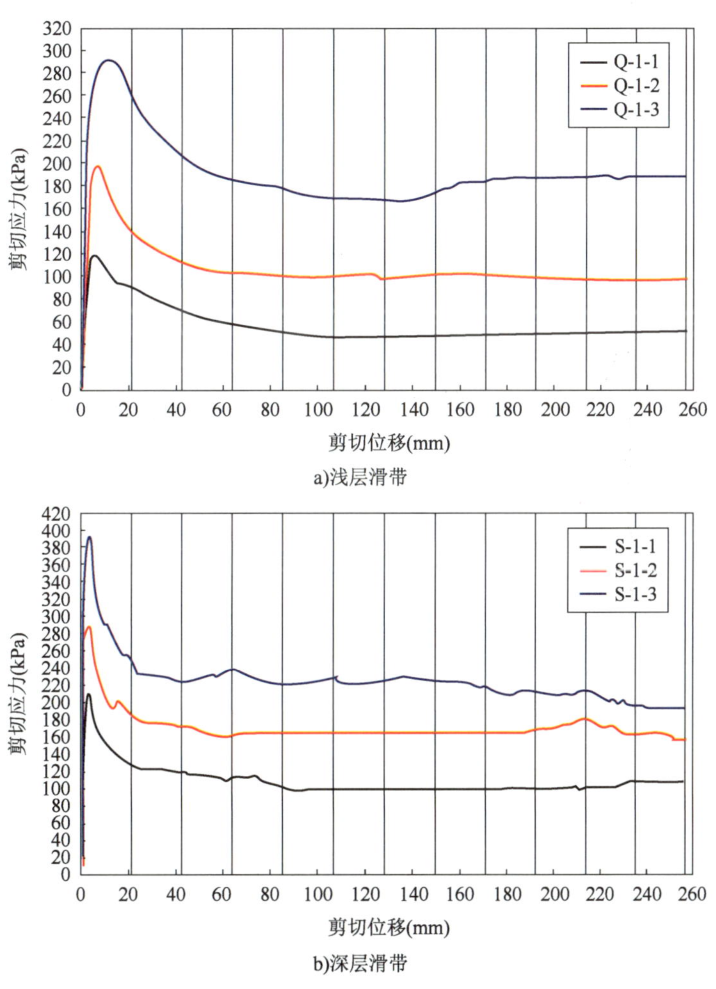

图3-14　10%含水率试样应力-位移曲线

由图 3-14 可以看出,在 10% 含水率的试样中,浅层土在剪切位移为 5 ~ 6mm 时达到峰值强度,此后,剪切应力有一定幅度的陡降,剪切位移在 6 ~ 150mm,抗剪强度与剪切速率呈负相关,此时剪切速率为 2.45mm/min;在剪切位移 150 ~ 256mm 范围内,抗剪强度与剪切速率呈正相关,同时剪切位移对剪切应力的响应不敏感。深层试样变化特征与浅层试样的变化特征大体一致,只是略显波动。

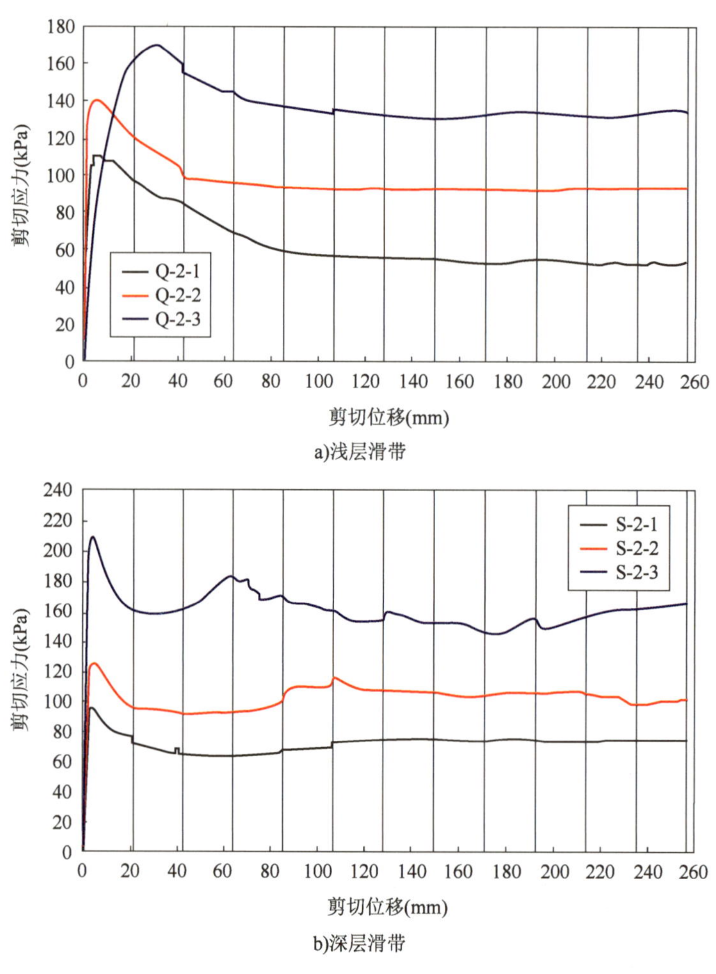

图 3-15 15% 含水率试样应力-位移曲线

由图 3-15 可以看出,在 15% 的含水率条件下,浅层土在剪切位移为 6 ~ 7mm 时达到峰值强度,在此之后,抗剪强度一直递减至剪切位移等于 160mm 处,此时剪切速率为 3.68mm/min;在剪切位移 160 ~ 256mm 范围内,剪切应力呈小幅度波动上升趋势，整体保持平稳。深层土样的变化特征与浅层土样的变化特征基本一致。

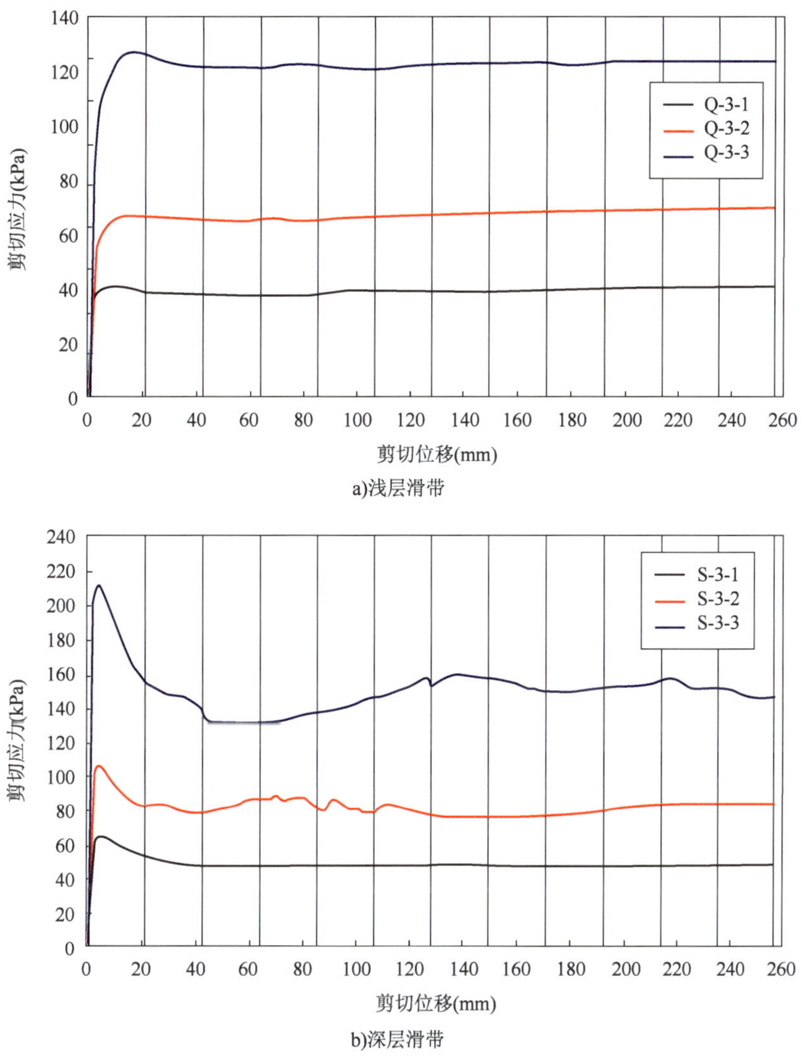

图 3-16　饱和状态试样应力-位移曲线

图 3-16 显示结果表明，浅层滑带土样在饱和状态时，试样的剪切应力对剪切速率的响应敏感度下降，当剪切速率提高时，抗剪强度的变化幅度小。应力-位移曲线均较为平稳。深层土样的变化特征与浅层土样的变化特征基本一致。

(2)法向应力

在土样残余强度处于稳定阶段时，取其作为土体在该含水率和法向应力的残余强度，并绘制不同滑带土体的峰值强度和残余强度的剪切应力、法向应力曲线，如图3-17所示。

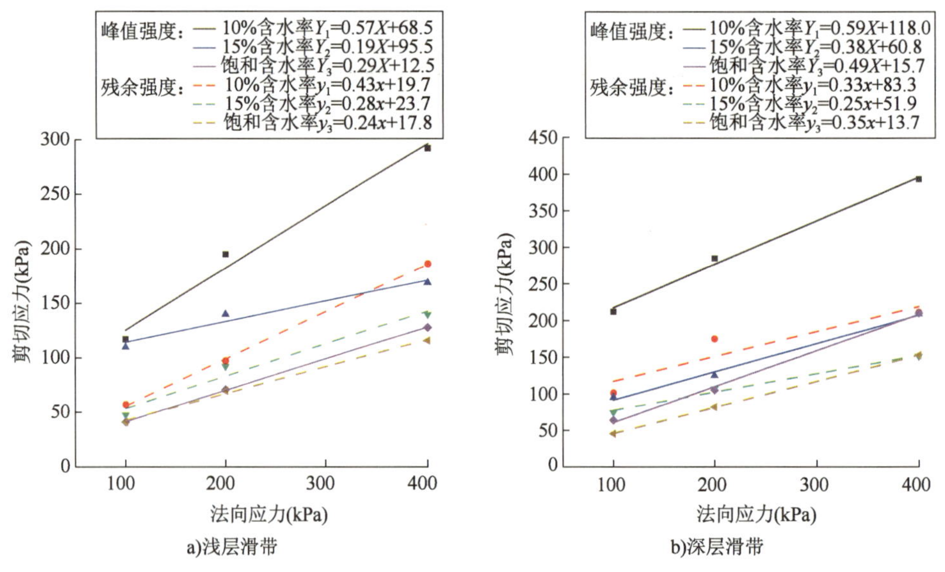

图3-17　法向应力与峰值强度、残余强度关系曲线

从图3-17中可以看出，浅层和深层滑带土体有一致性质，试样的抗剪强度与法向应力呈正相关，在100kPa、200kPa和400kPa条件下土样抗剪强度依次递增；不同剪切速率条件下，抗剪强度对剪切速率有着不同的响应。在高应力条件下，土体之间颗粒接触紧密，摩擦较大，相较于低法向应力，在剪切速率改变时，土体颗粒之间接触状态对土体强度影响更大。

(3)剪切速率

根据滑带多级剪切试验的剪切应力-位移曲线，可得出不同含水率土样在剪切速率改变时的残余强度变化，如图3-18所示。

由图3-18可知，浅层滑带土残余强度随着含水率的上升，受剪切速率的影响变小，土体的残余强度随着剪切速率的变化呈现波动—稳定—波动的趋势；深层滑带土体残余强度-剪切速率曲线特征与浅层有一定相似，均有波动—稳定—波动的趋势。浅层滑带土与深层滑带土体残余强度区别在于，中间含水率受剪切速率影响最大，此时，剪切速率的增加致使光滑的剪切面发生水分和土体的摩擦改变，剪切面的光滑程度受到了影响，而在高含水率时，剪切面湿润光滑，受剪切速率的影响较小。

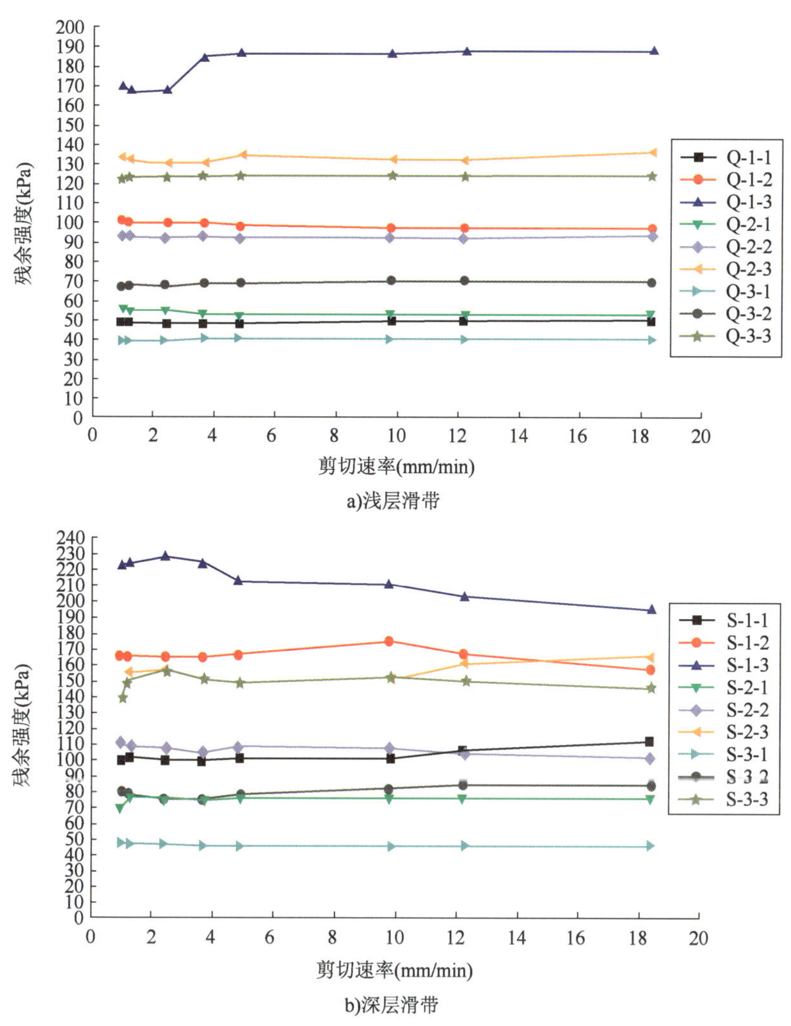

a)浅层滑带

b)深层滑带

图 3-18　残余强度与剪切速率关系曲线

4)残余强度

由试样剪切应力-位移曲线可知,在剪切速率达到0.98mm/min之后,试样逐渐达到残余强度,在土样残余强度处于稳定阶段时,取其作为土体在该含水率和法向应力的残余强度,并绘制不同滑带土体的峰值强度和残余强度的剪切应力、法向应力曲线,进而更有针对性地分析土体峰值和残余强度的 c、φ 值,见表3-26。

峰值强度和残余强度参数值　　表 3-26

滑带	含水率(%)	峰值强度		残余强度	
		黏聚力(kPa)	内摩擦角(°)	黏聚力(kPa)	内摩擦角(°)
浅层	10	68.5	29.6	19.7	23.2
	15	95.5	10.7	23.7	15.6
	饱和	12.5	16.1	17.8	13.4
深层	10	118.0	30.5	83.3	18.3
	15	60.8	20.8	51.9	14.0
	饱和	15.7	26.1	13.7	19.3

由表 3-26 可知,浅层滑带峰值强度的黏聚力和内摩擦角在低含水率和饱和状态时相较中间含水率有所下降,浅层滑带为褐红色黏土,在低含水率范围内,含水率上升时会导致一定的土体硬化效果,从而致使土体颗粒连接紧密,强度参数有小范围增加。但是相比低含水率时的土体峰值强度 68.5kPa 和残余强度 19.7kPa,饱和状态分别下降至 12.5kPa 和 17.8kPa,下降幅度为 81.7% 和 10%,高含水率对土体强度折损极大。在水位上升,滑体和滑带由干变饱和时,浅层滑带可能发生突变式滑动。

深层滑带土体的参数整体与含水率呈一定的负相关,含水率由 10% 增至饱和状态时,峰值强度黏聚力和内摩擦角由 118kPa、30.5°降至 15.7kPa、26.1°,下降幅度为 86%、14.4%,对含水率的增加相应明显。在饱和状态时,峰值强度和残余强度的黏聚力分别为 15.7kPa、13.7kPa,内摩擦角分别为 26.1°、19.3°,数值相近,残余强度相对峰值强度参数折减较少。在地下水位长期保持较高水平时,深层滑带可能会发生缓慢、长期性的蠕动滑移。

3.5.3 滑带土抗剪强度参数反演

参数反演分单参数反演法与双参数反演法。

单参数反演又分假设内摩擦角 φ、求黏聚力 c 值和假设黏聚力 c 值、求内摩擦角 φ 两种方法。

假设 c 值为未知数时,最终方程为只含一次项未知数的一元一次方程,可以直接求解。

假设 φ 为未知数时,最终方程会根据划分的条块数量产生一元高次方程,如果用 Matlab 程序直接求解析解,会得到多个实数解和虚数解,计算量庞大且耗费算力。故采用迭代法求解,根据经验的 φ 值设置迭代初值,则可以快速求出对应 φ 值。

双参数反演法,假设 c、φ 均为未知数时,最终方程会成为一个二元高次方程,只有一个方程不能求解,所以要至少两个断面,才能得到方程组求解,用计算机对二元高次方程组求解析解,同样耗费大量算力,并且会得到多组不同的实数解和虚数解,故使用牛顿二元迭代法进行两个未知数的求解。两个反算剖面确定的反分析强度参数是唯一的,当反分析剖面多于 3 个时,得出的强度参数差异较小时,反分析成果较为可靠,当其差异较大时,应校核滑坡的反分析状态条件等因素,重新反分析,直至得到理想的强度参数。

下面以文麻高速公路 K39 边坡两个典型地质剖面的参数反演为例,说明滑带土参数反演的实施过程与方法步骤。

(1)边坡几何参数

首先对潜在滑移面进行整理与条块划分,图 3-19 ~ 图 3-24 分别为 K39 边坡两个典型地质剖面、浅层、深层滑移面以及条块划分示意图。

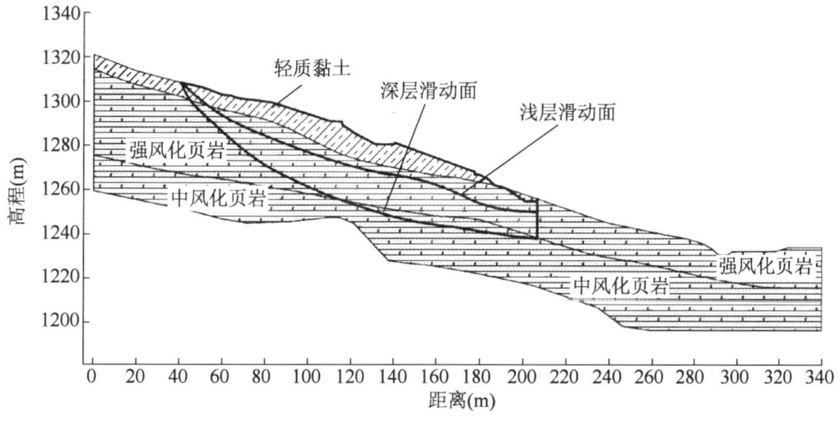

图 3-19　6—6′地质剖面

(2)单参数反演

以 6—6′断面为例,已知 6—6′断面浅层滑动面划分条块后的坐标以及断面的基本参数,土体含水率为 10%、$\gamma = 21\text{kN/m}^3$、$F_s = 1.10$。假设 c 值为 25.6kPa 时,求峰值强度下临界状态所对应的 φ 值,计算模型见表 3-27。

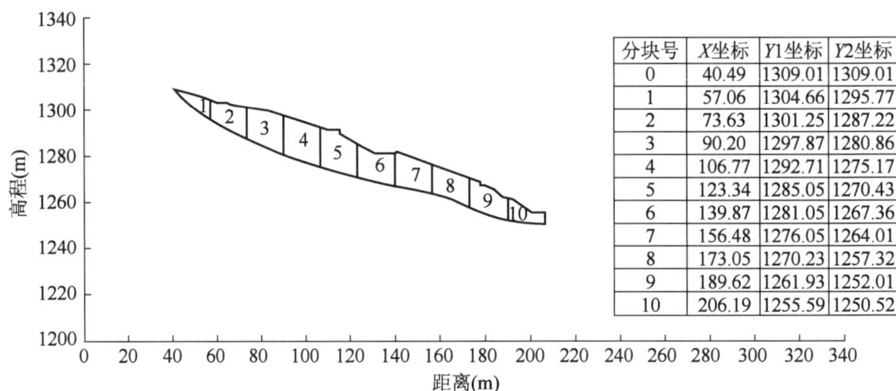

分块号	X坐标	Y1坐标	Y2坐标
0	40.49	1309.01	1309.01
1	57.06	1304.66	1295.77
2	73.63	1301.25	1287.22
3	90.20	1297.87	1280.86
4	106.77	1292.71	1275.17
5	123.34	1285.05	1270.43
6	139.87	1281.05	1267.36
7	156.48	1276.05	1264.01
8	173.05	1270.23	1257.32
9	189.62	1261.93	1252.01
10	206.19	1255.59	1250.52

图 3-20　6—6′断面浅层滑动面条块划分及坐标图

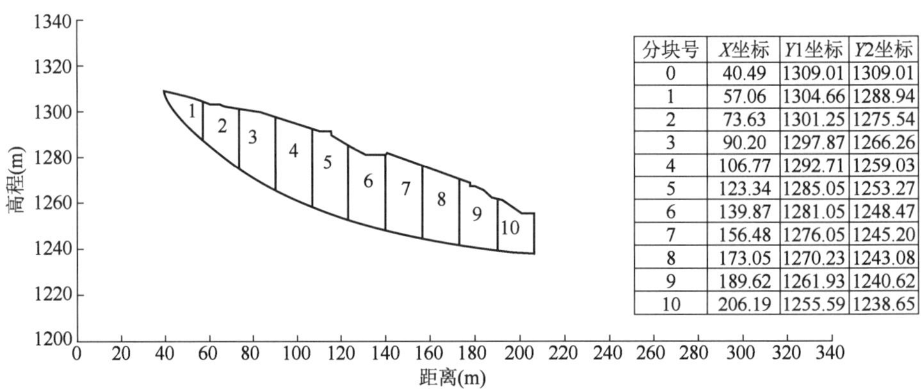

分块号	X坐标	Y1坐标	Y2坐标
0	40.49	1309.01	1309.01
1	57.06	1304.66	1288.94
2	73.63	1301.25	1275.54
3	90.20	1297.87	1266.26
4	106.77	1292.71	1259.03
5	123.34	1285.05	1253.27
6	139.87	1281.05	1248.47
7	156.48	1276.05	1245.20
8	173.05	1270.23	1243.08
9	189.62	1261.93	1240.62
10	206.19	1255.59	1238.65

图 3-21　6—6′断面深层滑动面条块划分及坐标图

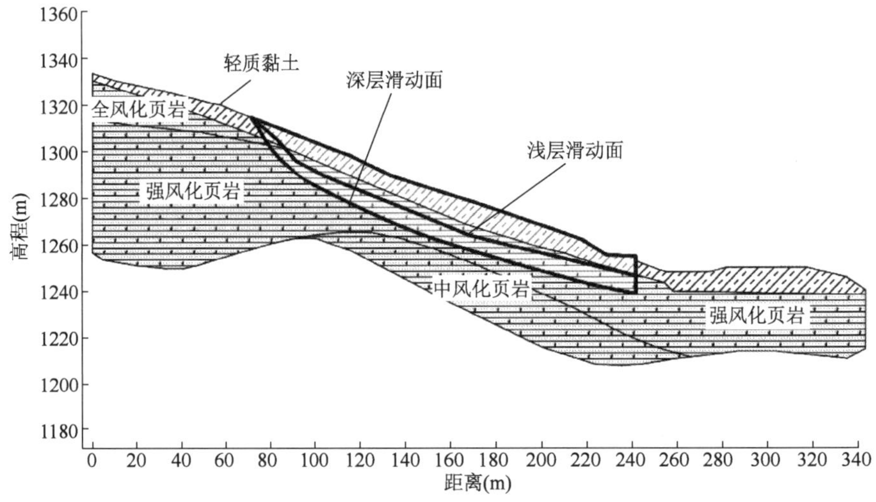

图 3-22　7—7′地质剖面

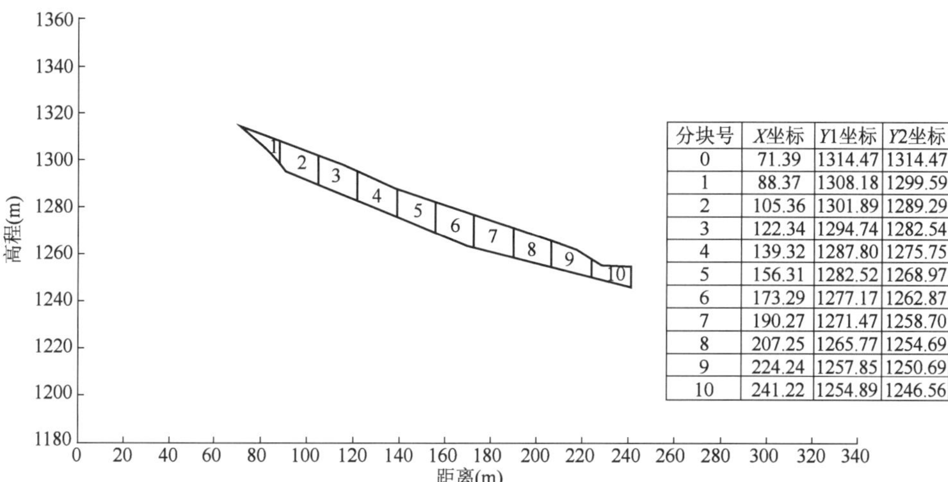

分块号	X坐标	Y1坐标	Y2坐标
0	71.39	1314.47	1314.47
1	88.37	1308.18	1299.59
2	105.36	1301.89	1289.29
3	122.34	1294.74	1282.54
4	139.32	1287.80	1275.75
5	156.31	1282.52	1268.97
6	173.29	1277.17	1262.87
7	190.27	1271.47	1258.70
8	207.25	1265.77	1254.69
9	224.24	1257.85	1250.69
10	241.22	1254.89	1246.56

图 3-23　7—7′断面浅层滑动面条块划分及坐标图

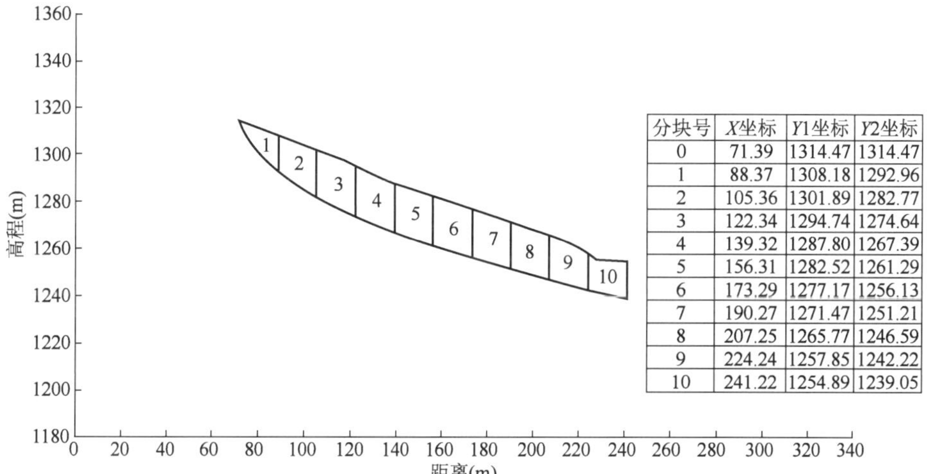

分块号	X坐标	Y1坐标	Y2坐标
0	71.39	1314.47	1314.47
1	88.37	1308.18	1292.96
2	105.36	1301.89	1282.77
3	122.34	1294.74	1274.64
4	139.32	1287.80	1267.39
5	156.31	1282.52	1261.29
6	173.29	1277.17	1256.13
7	190.27	1271.47	1251.21
8	207.25	1265.77	1246.59
9	224.24	1257.85	1242.22
10	241.22	1254.89	1239.05

图 3-24　7—7′断面深层滑动面条块划分及坐标图

$c=25.6$kPa 时反算 φ 值计算模型　　表 3-27

分块号	横坐标 X	纵坐标 $Y1$	纵坐标 $Y2$	重度 γ_i	黏聚力 c_i	内摩擦角 φ_i	滑面长 L_i	滑面倾角 α_i	Q_i	T_i	R_i	ψ_i	P_i
0	40.49	1309.01	1309.01	—	—	—	—	—	—	—	—	—	—
1	57.06	1304.66	1295.77	21	25.6	13.4	21.21	38.6	1546.7	965.52	830.51	—	231.6
2	73.63	1301.25	1287.22	21	25.6	13.4	18.65	27.3	3987.7	1828.57	1320.60	0.93	907.0
3	90.20	1297.87	1280.86	21	25.6	13.4	17.75	21.0	5400.5	1935.20	1654.11	0.97	1352.5
4	106.77	1292.71	1275.17	21	25.6	13.4	17.52	19.0	6011.2	1952.29	1801.37	0.99	1686.3

续上表

分块号	横坐标 X	纵坐标 $Y1$	纵坐标 $Y2$	重度 γ_i	黏聚力 c_i	内摩擦角 φ_i	滑面长 L_i	滑面倾角 α_i	Q_i	T_i	R_i	ψ_i	P_i
5	123.34	1285.05	1270.43	21	25.6	13.4	17.23	16.0	5595.4	1538.88	1721.32	0.99	1634.5
6	139.87	1281.05	1267.36	21	25.6	13.4	16.81	10.5	4913.6	897.23	1579.98	0.97	997.3
7	156.48	1276.05	1264.01	21	25.6	13.4	16.94	11.4	4487.4	887.19	1480.52	1.00	496.2
8	173.05	1270.23	1257.32	21	25.6	13.4	17.87	22.0	4340.9	1625.15	1415.29	1.03	881.8
9	189.62	1261.93	1252.01	21	25.6	13.4	17.40	17.8	3972.1	1212.17	1345.54	0.98	851.8
10	206.19	1255.59	1250.52	21	25.6	13.4	16.64	5.1	2608.0	233.58	1044.01	0.92	-0.2

该计算模型表明，当黏聚力 $c=25.6\text{kPa}$、内摩擦角 $\varphi=13.4°$时，最后一块条块剩余下滑力接近于0，即可以认为该断面处于临界状态。

同理，通过改变不同参数，可以计算6—6′断面不同含水率土体在峰值强度和残余强度下临界状态时对应的 c、φ 值，结果见表3-28。

6—6′断面参数反演峰值强度和残余强度参数值 表3-28

滑带	含水率(%)	峰值强度		残余强度	
		黏聚力(kPa)	内摩擦角(°)	黏聚力(kPa)	内摩擦角(°)
浅层	10	25.6	13.4	27.9	14.9
	15	31.5	11.6	23.7	11.8
	饱和	12.5	16.9	17.8	13.1
深层	10	35.7	15.7	20.9	15.6
	15	40.9	14.9	32.1	14.2
	饱和	15.7	17.7	13.7	16.3

(3)双参数反演

若要进行双参数反演，最少需要两个断面的数据才能得到二元高次方程组。每个断面分别进行单参数反演，最后可以绘制成一条线性曲线，此曲线可以表示该断面临界状态时可能的 c、φ 值，当两(或多)个断面的曲线相交于一点时，说明该点的参数值代表边坡滑移的共同特性。以6—6′断面和7—7′断面的基本参数为基础，绘制的参数曲线如图3-25所示。

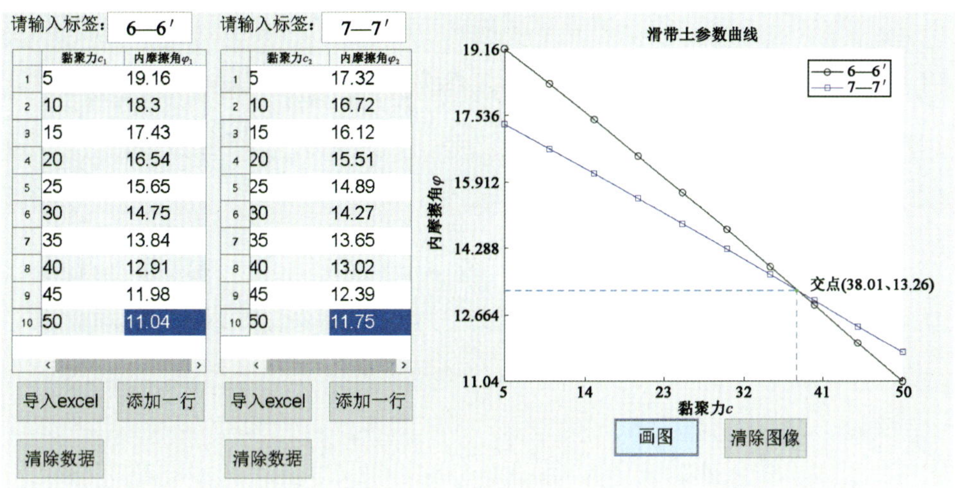

图 3-25　两断面残余强度时对应的参数曲线

当取计算参数为饱和状态时，$\gamma = 19\mathrm{kN/m^3}$、$F_s = 1.0$，进行二元迭代计算可以得出对应的 c、φ 为 $c = 38.2\mathrm{kPa}$、$\varphi = 13.3°$，与单参数反演的计算值相同。

对不同工况条件下两断面的计算结果见表 2-29。

双参数反演峰值强度和残余强度参数值　　表 3-29

滑带	含水率（%）	峰值强度		残余强度	
		黏聚力(kPa)	内摩擦角(°)	黏聚力(kPa)	内摩擦角(°)
浅层	10	12.7	18.2	11.3	16.7
	15	12.1	18.2	10.8	16.7
	饱和	11.5	18.2	10.2	16.7
深层	10	46.8	14.4	42.2	13.3
	15	44.6	14.4	40.2	13.3
	饱和	42.4	14.4	38.2	13.3

3.5.4　滑带土抗剪强度计算参数确定

对文麻高速公路 K39 边坡滑带土抗剪强度计算参数，以反演计算参数值为主，室内试验与类似工程经验为辅，考虑滑带土的物质组成、颗粒结构、含水率等因素，进行综合确定，见表 3-30。

文麻高速公路 K39 边坡滑带土抗剪强度计算参数 表 3-30

滑带	含水率(%)	峰值强度		残余强度	
		黏聚力(kPa)	内摩擦角(°)	黏聚力(kPa)	内摩擦角(°)
浅层	10	12.7	18.2	11.3	16.7
	15	12.1	18.2	10.8	16.7
	饱和	18.5	12.2	10.2	16.7
深层	10	46.8	14.4	42.2	13.3
	15	44.6	14.4	40.2	13.3
	饱和	42.4	14.4	38.2	13.3

CHAPTER 4 | 第 4 章

边坡稳定性快速评价

由于公路工程勘察设计初期时间短,工作量巨大,传统的边坡稳定性研究方法和分析手段已不再适用,必须寻求新的途径与新的思路。在勘察设计阶段,按照一定准则对边坡问题做出快速的判断决策,在施工阶段对开挖边坡进行快速准确的评价,对于优化设计方案、大幅度减少施工过程中和公路运营期间的边坡地质灾害、保障施工安全及进度,以及竣工运营安全,具有十分重大的工程实践意义。因此,无论是从国内外山区公路建设发展需求来看,还是从依托工程本身勘察、定线、方案评估的角度考虑,寻求公路边坡稳定性快速评价方法,不仅十分必要,而且刻不容缓。基于模糊数学理论的模糊综合评价法应运而生。

模糊综合评价法是目前使用最多的模糊数学应用方法之一,广泛应用于多个工程领域,受到工程界青睐。所谓综合评价,就是在全面考虑各种相关影响因素的情况下,对评判对象进行全面评价。其优点是数学模型简单,容易掌握,对多因素、多层次的复杂问题评判效果比较好。在实际工程中,由于风险因素大多具有模糊性,为了能够得到较为合理的评判结果,应采用模糊综合评价法。

边坡的地质体由于形成条件、改造作用强度差异,致使其物理力学性质复杂,就是在同一地区、同一岩体或岩组内,也会出现物理力学特性强烈的空间和时间变化性。边坡岩土体是客观存在的,本身并不具备不确定性,所谓的模糊性是由于人们对其认识能力或认识方法的主观原因造成的,因此,模糊性是对认识而言的,常常是因为一定程度上掌握但又没有完全掌握的一些规律和性质,无法把它们完全区分清楚,或按照一定的标准,它可以属于这个标准,又可以属于另一个标准。由于边坡工程地质环境和力学性质的复杂性,其描述有很多定性或半定量的,正是一些“定性”描述造成了对边坡的认识具有模糊性。

边坡稳定状态受到许多因素或变量的控制,这些因素包括边坡的岩性、岩体结构、破坏机理、强度与变形特征、潜在破坏面的几何形态、地下水压力、初始应力场、地震与爆破震动的动力效应等。边坡的稳定本质上是一个力学行为,只要搞清其初始状态和力学性能就能清晰地判断边坡的稳定状态。研究边坡及岩土工程的其他问题,其难点在于难以精确地确定这些量的大小和规律,常采用的方法就是简化,但是,一方面简化后的结果到底与实际情况有多大的偏离无法估计,另一方面简化过程通常是一种“拍脑袋”的行为,常常是“仁者见仁,智者见智”,具有较强的随意性。这与边坡岩土体的复杂特性所造成的模糊不确定性是分不开的。总的来说,边坡稳定的模糊性来源于各个影响因素的模糊性。

(1)边坡地质模型的模糊性。建立边坡地质模型是分析边坡稳定性的首要工作。地质模型的建立需要在工程地质勘察的基础上进行工程地质分类,划分不同的岩组或土类、岩体类型,其模糊性主要表现在两个方面:

①工程地质勘察的模糊性。除露头外,边坡岩土体是隐蔽、不可观察的,目前勘探手段只能了解点(勘探孔)、面(露头)等局部信息。“从岩土体内部不可直接观察这个角度讲,任何地质体都是一个‘黑箱’,也正是这个‘黑箱’特征限制了人们对地质体的正确认识,特别是定量化描述”,因此,地质工程师凭借经验和工程地质类比,推测深部岩体的地质情况带有比较强烈的主观性和模糊性。

②工程地质岩组和岩体结构的模糊性。岩组划分具有相对性,确定工程地质岩组的数目需要视工程项目的不同和研究区域范围的大小而有所不同;其次,岩组归类以定性描述为标准,造成不同的工程师对同一区域可能划分为不同的岩组,例如风化程度的判断,强风化与弱风化之间,弱风化与微风化之间很难有确定的界限。因此,被归为某一类工程地质岩组虽然在宏观上具有相似的工程地质性质和力学性质,但并不是一个确定的值,表现出一定的模糊性,岩组包括的范围越广,模糊特征越明显。岩体结构类型通常划分为整体结构、块状结构、层状结构、破碎结构和散体结构等几大类,而实际的岩体往往处于这几种类别的过渡区域,同时在一定程度上表现出两种或几种类别的性质,无法一刀切。

(2)力学参数的不确定性。合理取得边坡岩土体的力学参数指标是边坡稳定性分析关键性的基础工作。常用的方法包括室内外试验和工程地质类比等。力学参数指标反映某类工程地质岩组或岩体的力学性能,工程地质岩组划分的相对性首先就决定力学参数的模糊性,其模糊性还表现在以下几个方面:

①岩石材料的非均质性。岩石由于其形成的过程及其后期产生变形的差异性,就完整岩石来说,非均质性也很明显。

②岩体结构的相对性和尺寸效应。与岩石相比,岩体最大特点是多裂隙性。

这一特点决定了岩体与岩石有极大区别。因此,研究岩体必须研究岩体内的结构面和结构面的组合特征。但是,岩体的结构特征具有很强的相对性,随着研究范围变化,岩体变形结构特征是不同的,这种相对性无疑具有较强模糊性。

岩体材料的非均质性、非连续性及尺寸效应,造成岩体力学参数的不确定性。岩体力学参数事实上没有客观存在的唯一真值,是在一定的范围变化,岩体力学参数的模糊性同时融进了人的主观判断的模糊性和岩体客观性态的模糊性这两种因素,因此,“工程师在设计边坡防治方案时,总是面对着描述岩(土)体性质参数的不完整的、不充分的和不确定的数据”。

(3)变形破坏特征及边坡稳定的模糊性。

岩石试验曲线表明岩体的弹、塑性变形是耦联发生的,岩石受力破坏的过程是内部微裂隙不断扩展直到形成宏观破裂的过程,当应力达到峰值时,岩石并未完全失去承载力,还有一定的残余强度。与此相应,边坡的破坏过程也是渐进性的过程。很多学者研究了边坡的渐近性破坏过程,王庚荪(2000)采用接触单元模型模拟滑面上的接触摩擦状态,模拟边坡的累进性破坏过程,表明边坡的破坏是由局部破坏逐渐扩展贯通的渐进性过程,当局部应力超过岩石的强度而破坏时,应力-应变将重新调整,边坡的稳定系数随之发生变化。另一方面,岩体具有流变特征,边坡形成后,受到风化、地下水的侵蚀等作用,岩体强度不断弱化,降低边坡的稳定性。

边坡的渐进性破坏过程说明边坡的稳定状态和失稳状态是相互耦合的,从稳定状态到不稳定状态是一个逐渐过渡的过程,整体稳定中可能存在局部失稳,同样,失稳边坡在局部可能是稳定的,边坡出现裂隙和较大变形其实还具有一定的自稳能力。目前对于“破坏”还没有统一的定义,按照极限平衡法的观点,边坡的滑动面刚刚全面进入塑性状态即稳定系数等于1时,边坡为极限平衡状态,大于1为稳定,小于1为不稳定,实际这只是一种理想状态,稳定系数为0.99与1.01并无本质区别,而划分为不同的稳定状态显然不合适。采用图4-1区分边坡的稳定状态更为合理,而所谓的极限平衡状态就是稳定和失稳同处于50%可能性(隶属度)的情况。

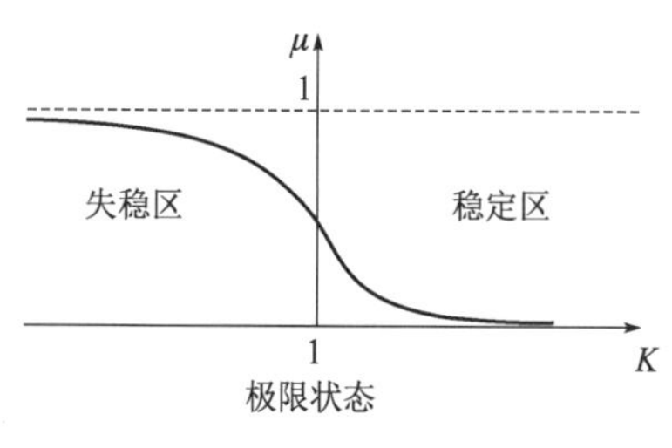

图4-1　边坡稳定状态模糊划分

4.1 模糊数学基本理论

4.1.1 模糊集合

1965 年 Zadeh 首先引入模糊集合的概念，把普通集合中的绝对隶属关系加以扩充，元素对"集合"的隶属度由只能取 0 和 1 这两个值，推广到可以取区间[0,1]中的任意数值，从而定量地刻画模糊性的事物。

如果论域 U 中的任意元素 u 对集合$\tilde{A}$的隶属度$\mu_{\tilde{A}}(u)$满足式(4-1)的要求：

$$0<\mu_{\tilde{A}}(u)\leqslant 1 \tag{4-1}$$

则隶属函数$\mu_{\tilde{A}}(u)$确定了论域 U 上的一个模糊子集$\tilde{A}$，简称模糊集$\tilde{A}$。普通集合看作模糊集合的特例，其隶属函数或特征函数见式(4-2)：

$$c(x)=\begin{cases}1 & (x=c)\\ 0 & (x\neq c)\end{cases} \tag{4-2}$$

若$\tilde{A}$为 R 上的模糊集合，且满足下列要求：

(1)对于任意 $x、y、z\in R$，且 $x\leqslant z\leqslant y$，都有 $\min\{\mu_{\tilde{A}}(x),\mu_{\tilde{A}}(y)\}\leqslant\mu_{\tilde{A}}(z)$，则称$\tilde{A}$为凸模糊集。

(2)对于任意 $\alpha\in[0,1]$，$\tilde{A}$的α截集$A_\alpha=\{x\,|\,\mu_{\tilde{A}}(x)\geqslant\alpha,x\in U\}$是有界闭区间的。

(3)$\tilde{A}$是正规模糊集，且只有唯一的 $\alpha\in R$，使得$\mu_{A}(\alpha)=1$。

则称 $\tilde{A}$为模糊数。本书所采用的模糊集都是凸模糊集。

在逻辑学上，一个概念所反映的事物的本质属性的总和称为该概念的内涵，而符合该概念的全体对象所构成的集合称为该概念的外延，确定的数学概念具有确定内涵与外延。而模糊集就是在论域上反映一个模糊概念，它的外延具有模糊性，而隶属函数或隶属向量正是对其外延的数学表达。

4.1.2 隶属函数

隶属函数是模糊数学的本质，是定量刻画模糊性事物的基础。在确定隶属函数时，总带有一定的主观性，同时又具有一定的客观性，心理物理学的大量实验表明，人的各种感觉所反映出来的心理量与外界刺激的物理量之间保持着相当严格的关系，并证明隶属函数的客观性。

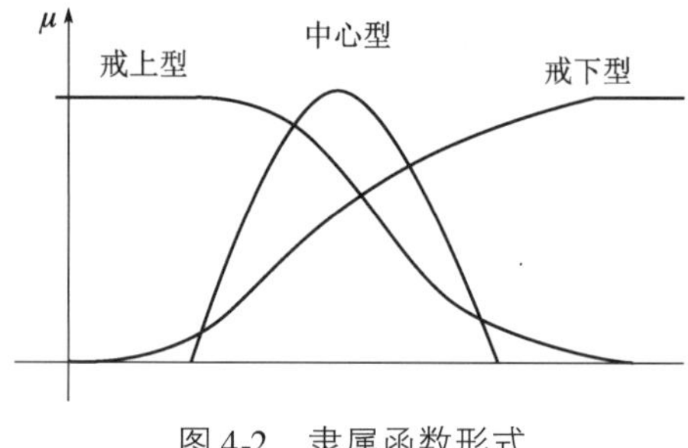

图 4-2 隶属函数形式

隶属函数确定的方法主要有模糊集值统计方法和隶属度的试验统计等方法。在实际应用中，常采用如下一些基本隶属函数形式（图 4-2）。

（1）戒上型，见式（4-3）：

$$\mu(x)=\begin{cases}1 & (x\leqslant c)\\ 1/2-1/2\sin\dfrac{\pi}{d-c}\left(x-\dfrac{c+d}{2}\right) & (c<x<d)\text{，其中 } d>c\geqslant 0\\ 0 & (x\geqslant d)\end{cases}\tag{4-3}$$

（2）戒下型，见式（4-4）：

$$\mu(x)=\begin{cases}0 & (x\leqslant c)\\ 1-e^{-k(x-c)^2} & (x>c)\text{，其中 } c\geqslant 0,k>0\end{cases}\tag{4-4}$$

（3）中心型：

①正态型，见式（4-5）：

$$\mu(x)=e^{-\left(\frac{x-a}{b}\right)^2}\quad \text{其中 } a>0,b>0\text{，简称 } N(a,b)\tag{4-5}$$

②矩形，见式（4-6）：

$$\mu(x)=\begin{cases}1 & (b\leqslant x\leqslant c)\\ \dfrac{x-a}{b-a} & (a<x<b)\\ \dfrac{d-x}{d-c} & (c<x<d)\\ 0 & (\text{其他})\end{cases}\tag{4-6}$$

当 $b=c$ 时为三参数的三角形隶属函数，进一步，当 $c-a=d-c$ 时为最简单的两参数的三角形隶属函数，见式（4-7）：

$$\mu(x)=\begin{cases}\dfrac{|x-c|}{\sigma} & (c-\sigma<c+\sigma,\sigma>0)\\ 0 & (\text{其他})\end{cases}\tag{4-7}$$

简称 $T(c,\sigma)$，c 称为中心点，σ 称为支撑宽度或模糊度。

确定隶属函数可以先根据研究问题的特征或实际工作中的经验大致确定隶属函数分布类型，然后根据其某些特征确定函数中的待定参数。

4.1.3　模糊集合运算规则

分解定理和扩展原理是模糊集合论中的两个基本定理。分解定理是普通集和模糊集的桥梁，是把模糊集论中的问题转化为普通集论问题的重要工具。扩展原理是在模糊集中对普通集运算的一种扩展，是模糊运算的基础。

分解定理，见式(4-8)：

$$\widetilde{A} = U_{\alpha \in [0,1]} A_{\alpha} = V_{\alpha \in [0,1]} (\alpha \wedge \mu_{\hat{A}}(x)) \tag{4-8}$$

其中 $\wedge$ 为取大运算符。

扩展原理，设 $f: U \to V$ 是论域 U 到论域 V 上的普通映射关系，扩展到模糊集合，有式(4-9)的关系：

$$\mu_{f(\hat{A})}(y) = \begin{cases} V_{x=f^{-1}(y)} \mu_A(x) & (f^{-1}(y) \neq \varphi) \\ 0 & (f^{-1}(y) = \varphi) \end{cases} \tag{4-9}$$

4.1.4　模糊评价基本模型

按照模糊决策理论，综合评价法大致按以下几个步骤进行：

(1) 建立影响因素集合 $U = \{u_1, u_1, \cdots, u_m\}$，抉择评语集合 $V = \{V_1, V_1, \cdots, V_m\}$。原则是既要全面，又要抓主要矛盾。这样既可以更好地模拟人的思维，又可以避免一些不必要的麻烦。

首先，对影响因素集 U 中的单因素 $u_i(i=1,2,\cdots,m)$ 做单因素评价，从因素 u_i 确定该事物对抉择等级 $V_j(j=1,2,\cdots,n)$ 的隶属度 r_{ij}，这样就得出第 i 个因素 u_i 的单因素评价集 $r_i = (r_{i1}, r_{i2}, \cdots, r_{im})$，它是抉择评语集 V 上的模糊子集。

(2) 确定影响因素的权重向量 A。按影响因素的相对重要性，依次确定影响因素的权重。一种方法是由具有权威性的专家及具有代表性的人按因素的重要程度商定；另一种方法是通过统计方法确定。记为 $A = \{a_1, a_2, \cdots, a_n\}$，$\sum_{i=1}^{n} a_i = 1$，$a_i \geqslant 0$。

(3) 建立隶属函数。根据实际情况，确定相应的隶属度公式。

(4)根据隶属函数对各个方案的各目标影响因素建立模糊评判矩阵 R,见式(4-10):

$$R=\begin{bmatrix} r_{11} & r_{12} & \cdots & r_{1n} \\ r_{21} & r_{22} & \cdots & r_{2n} \\ \vdots & \vdots & \vdots & \vdots \\ r_{m1} & r_{m2} & \cdots & r_{mn} \end{bmatrix} \tag{4-10}$$

R 即为影响因素论域 U 到抉择评语论域 V 的一个模糊关系,r_{ij} 表示因素对抉择等级的 V_j 隶属度。

(5)选择适当的算法,进行模糊综合评价。考虑多因素下的权值分配,则模糊综合评价模型见式(4-11)、式(4-12):

$$B=A\cdot R=\{b_1,b_2,\cdots,b_n\} \tag{4-11}$$

$$b_j=(a_1\otimes r_{1j})*(a_2\otimes r_{2j})*\cdots*(a_m\otimes r_{mj}) \qquad (j=1,2,\cdots,n) \tag{4-12}$$

记为模型 $M(\otimes,*)$,其中$\otimes$为广义模糊“与”运算,$*$为广义模糊“或”运算。B 称为抉择评语集 V 上的等级模糊子集,$b_j(j=1,2,\cdots,n)$为等级对 V_j综合评价所得等级模糊子集 B 的隶属度。如果要选择一个决策,则可按照最大隶属度原则选择最大的 b_j所对应的等级 V_j作为综合评价的结果。

4.1.5 多级综合评价模型

该模型是先对基层因素进行评价,然后对这些评价结果再次作高层次的模糊综合评价。其具体步骤为:

(1)将因素集 U 分为若干个子集,记为 $U=\{u_1,u_2,\cdots,u_p\}$,令第 i 个子集为 $U_i=\{u_{i1},u_{i2},\cdots,u_{ik}\}$,其中 $i=1,2,\cdots,p$,则$\sum_{i=1}^{p}k=n$。

(2)分别对每个 U_i进行综合评价。设模糊子集 U_i的模糊评价矩阵为 R_i,其因素的权向量为 A_i,则有式(4-13)的关系:

$$B_i=A_i\cdot R_i=(b_{i1},b_{i2},\cdots,b_{im}) \qquad (i=1,2,\cdots,p) \tag{4-13}$$

(3)将 $U=\{u_1,u_2,\cdots,u_p\}$ 中 U_i的综合评价结果 B_i看成是对因素集 U 中 p 个单因素进行的评价,若设总权向量为 A,则整个论域的模糊评价矩阵表达式见式(4-14):

$$R = \begin{bmatrix} B_1 \\ B_2 \\ \vdots \\ B_p \end{bmatrix} = (b_{ij})_{p \times m} \tag{4-14}$$

最终,经模糊合成运算所得的二级综合评价结果见式(4-15):

$$B = A \cdot R \tag{4-15}$$

如果对评价结果不满意,可以多次循环进行上述三个步骤,直到达到要求为止。在实际进行评价的过程中,需要考虑的因素往往比较多,因素之间的逻辑关系可能是多层次的,即有些因素是由较低层次的因素决定的,如此顺延下去。在这种情况下,多级模糊综合评价法就显现其优势,可以由低到高逐层向上进行评价,直到获得较为满意的评价结果。

直观地反映各因素的层次与逻辑关系,避免因素过杂、过多所带来的权重分配难问题,多层次模糊综合评价模型的优越性是不言而喻的。

4.2　因素筛选方法

因子选择是构建模糊综合评价指标体系的基础,影响边坡稳定性因素众多,且各因素交叉影响,只有科学合理筛选出相互独立,且能反映边坡稳定性的内、外在主要因素,才能构建既能简捷明了、易于获取数据,又能客观反映边坡稳定性特征的评价模型。

目前,因素筛选主要有相关性分析、偏相关分析、聚类分析、可靠性分析、敏感性分析和灰色关联度分析等方法。

4.2.1　指标变量的相关性分析

边坡失稳成因相对较多,且不同因素对边坡失稳的影响程度存在一定差异,因而有必要合理评价不同因素与边坡失稳间的相关性,即若某因素与边坡失稳的相关性较高,说明其对边坡失稳的影响较大;反之,说明其对边坡失稳的影响较小。相关系数法是一种统计方法,具有可信度高、易于操作等优点,适用于边坡失稳与其影响因素的相关性评价。在相关系数的求解过程中,若影响因素为 x,边坡失稳为 y,则两者的相关系数可按式(4-16)计算:

$$r = \frac{\sum (x_i - x')^2 (y_i - y')^2}{\sqrt{\sum (x_i - x')^2 \sum (y_i - y')^2}} \tag{4-16}$$

其中 x'和 y'表示平均值。

可利用式(4-16)计算得到的 r 值判断影响因素与边坡失稳之间的相关性。判据为:当 $r>0$ 时,说明评价因素对边坡失稳呈正相关,即该因素与边坡失稳的变化趋势相同;反之,说明评价因素对边坡失稳呈负相关,即该因素与边坡失稳的变化趋势相反。同时,根据 r 值的绝对值大小可判断影响因素与边坡失稳间的相关性程度,具体划分标准见表 4-1。

相关程度划分标准 表 4-1

相关等级	相关程度	分布区间	相关等级	相关程度	分布区间
Ⅰ	低度	$\|r\|<0.2$	Ⅲ	高度	$0.4\leqslant\|r\|<0.7$
Ⅱ	中度	$0.2\leqslant\|r\|<0.4$	Ⅳ	显著	$0.7\leqslant\|r\|<0.9$

通常指标变量常用的相关性分析有均匀分析法和正交试验法两种。

(1)均匀分析法。均匀设计是在正交设计的基础上,根据数论在多维数值积分中的应用原理而实现的,序列构造可以通过查询均匀设计表获取,其中每个设计表中包含 2 组不同的设计类型,分别记作 $U_n(qs)$和 $U_n^*(qs)$,其中 n 为设计试验次数,q 为变量取值范围内均匀分段的个数,s 为列的个数。两种均匀设计类型存在差别,为了防止 n 为非素数时序列结构中不存在 $n-1$ 列,将 U_n去掉最后一行来构造 U_n^*,因此,U_n^* 较 U_n更具均匀性,在应用时应优先选取。

(2)正交试验法。正交试验设计是研究多因素多水平的又一种设计方法,它是根据正交性从全面试验中挑选出部分有代表性的点进行试验,这些有代表性的点具备了"均匀分散,齐整可比"的特点,正交试验设计是分式析因设计的主要方法。

当析因设计要求的试验次数太多时,一个非常自然的想法就是从析因设计的水平组合中,选择一部分有代表性水平组合进行试验。因此,就出现了分式析因设计,但是对于试验设计知识较少的实际工作者来说,选择适当的分式析因设计还是比较困难的。例如,作一个三因素三水平的试验,按全面试验要求,须进行 3^3 = 27 种组合的试验,且尚未考虑每一组合的重复数。若按 L9(34)正交表安排试验,只需作 9 次,按 L15(37)正交表需要进行 15 次试验,显然大大减少了工作量。因而正交试验设计在很多领域的研究中已经得到广泛应用。

4.2.2 指标变量的偏相关分析

偏相关分析也称净相关分析,它在控制其他变量的线性影响的条件下分析两变量间的线性相关性,所采用的工具是偏相关系数(净相关系数)。控制变量个数为一时,偏相关系数称为一阶偏相关系数;控制变量个数为二时,偏相关系数称为二阶相关系数;控制变量个数为零时,偏相关系数称为零阶偏相关系数,也就是相关系数。利用偏相关系数进行变量间净相关分析通常要完成两步:

第一:计算样本的偏相关系数。利用样本数据计算偏相关系数,反映了两个变量间净相关的强弱程度。在分析变量 x_1 和 x_2 之间的净相关时,当控制了变量 x_3 的线性作用后,x_1 和 x_2 之间的一阶偏相关系数定义见式(4-17):

$$r_{12(3)} = \frac{r_{12} - r_{13}r_{23}}{\sqrt{1 - r_{13}^2}\sqrt{1 - r_{23}^2}} \tag{4-17}$$

第二:对样本来源的两个总体是否存在显著的净相关进行推断。

(1)提出原假设,即两总体的偏相关系数与零无显著差异。

(2)选择检验统计量。偏相关分析的检验统计量为 t 统计量,它的数学定义见式(4-18):

$$t = \frac{r\sqrt{n - q - 2}}{\sqrt{1 - r^2}} \tag{4-18}$$

式中,r 为偏相关系数;n 为样本数;q 为阶数。统计量服从 $n-q-2$ 个自由度的 t 分布。

(3)计算检验统计量的观测值和对应的概率 p 值。

(4)决策。如果检验统计量的概率 p 值小于给定的显著性水平 α,则应拒绝原假设,反之,则不能拒绝原假设。

4.2.3 指标变量的聚类分析

以所有参加分类的点作为一个样本集合 $x = \{x_1, x_2, \cdots, x_n\}$,每个元素均可有 m 个统计指标作为分类的依据。向量表示为 $x = \{x_{i1}, x_{i2}, \cdots, x_{im}\}$,这里 $x_{ij}(i = 1,2,\cdots,n; j = 1,2,\cdots,m)$ 表示第 i 个元素的第 j 项统计指标。

(1)指标标准化

将每个元素的各项统计指标标准化,常用的有相对化处理、函数化处理和标准化处理,且使处理后在[0,1]上取值。选用极差规格化处理方法,见式(4-19):

$$x_{ij}=\frac{y_{ij}-y_{i\min}}{y_{i\max}-y_{i\min}} \tag{4-19}$$

(2)建立模糊相似矩阵

确定各元素之间的相似关系,建立 X 上的模糊关系,见式(4-20):

$$R=(\gamma_{ij})n\times n \tag{4-20}$$

式中,$\gamma_{ij}\in[0,1](i,j=1,2,\cdots,n)$,表示元素 x_i 和 x_j 之间的相似程度,计算方法有很多,比如数量积法、夹角余弦法、相关系数法、指数相似系数法等。本次研究选取欧氏距离法,见式(4-21):

$$\gamma_{ij}=1-C\sqrt{\sum_k(x_{ik}-x_{jk})^2} \tag{4-21}$$

式中,$C=1/n$。

(3)聚类

聚类的方法有传递闭包法和直接聚类法两种,本文选用传递闭包法。一个模糊分类是由一个模糊等价关系确定的,由模糊数学可知,对模糊相似矩阵 S,利用求传递闭包 $t(S)$ 的方法可构造一个模糊等价矩阵。

4.2.4 指标变量的可靠性分析

由于边坡系统的复杂性与不确定性,影响边坡工程稳定性的诸多因素常常都具有一定的随机性,它们多是具有一定概率分布的随机变量,用可靠度或失效概率来描述工程的安全程度较定值安全系数更客观,更有可比性。边坡工程质量指标即边坡可靠性指标为:一是安全性,二是实用性,三是时效性。可靠性的数值度量用可靠度表示。根据当前国际上一致看法,结构的可靠度定义为:结构在规定的条件下和规定的时间内,完成预定功能的概率。边坡可靠性是评价和衡量边坡工程质量安全的综合性指标。由定义可知,对边坡稳定可靠性分析要借助于概率论和数理统计方法,首先要根据极限平衡原理建立状态方程,然后对方程中各相互独立的随机变量进行数理统计,计算其特征参数值(平均值、均方差、变异系数),还要进行统计分布检验以确定其概率分布的类型(简称概型,如正态分布、对数正态分布等)。在这些工作的基础上,按照上述研究分析计算边坡的稳定可靠度指标β,评价边坡的稳定性。

边坡在规定的条件下和规定的时间内,完成预定功能的能力是边坡可靠性的一般性定义。可靠度是边坡工程性能的数量度量指标。在规定的作用条件下和规定的使用期限内,完成预定功能使边坡处于稳定性的概率即为可靠度,也即边坡保持稳定的概率。

规定的时间,指在分析结构可靠度时考虑的各项基本变量与时间关系所取用的时间参数,即为设计基准期。它的作用是计算边坡可靠度时的参考时间坐标,即在这个时间内所计算完成预定功能的概率不会改变。规定的条件是指在正常设计、正常施工、正常使用的条件。预定功能指的是边坡在施工和试用期内出现各种作用表现稳定;在正常使用时,边坡具有良好的工作性能;边坡在正常控制维护下具有足够的耐久性;在偶然事件发生时及发生后,边坡能保持整体稳定性。以上即为边坡的安全性、实用性、耐久性。

4.2.5 边坡稳定敏感性分析

边坡失稳的产生是内外因素综合作用的结果,其产生原因具有复杂性和综合性。每个特定边坡失稳都有其主要的控制因素和关键触发因素。边坡失稳参数敏感分析就成为研究人员和广大工程技术人员关注的问题。敏感性分析就是借助对各因子的分析,然后对各因子的敏感度进行排序。实际建模时就可以剔除那些不敏感的因子,达到精简模型,提高效率的目的。目前,使用较多的是考虑参数相关性的边坡失稳敏感性分析模式,即正交设计(均匀设计)、边坡失稳计算方法(极限平衡、有限元法等)和偏最小二乘回归方法结合使用。该分析模式克服了单因素敏感性分析的缺陷,同时也考虑参数的相关性。

考虑参数相关性的边坡敏感性分析基本思想:根据实际情况确定影响边坡失稳的主要因素,给出影响因素的变化范围,按正交设计(均匀设计)选择合适的正交设计表(均匀设计表),计算相应的边坡稳定性系数,通过偏最小二乘回归法确定参数对边坡失稳的敏感性大小。

(1)确定边坡稳定敏感性分析参数及其变化范围。影响边坡失稳的因素十分复杂,一般可分为岩土体自身性质(黏聚力、内摩擦角、重度等)、水对边坡稳定的影响(浮托力、孔隙压力、渗透力、软化系数等)、地震作用(水平地震力、竖向地震力等)、地形地貌(坡高、坡比等)。人为因素体现为边坡设计、坡顶荷载等。常用参与边坡敏感分析的因素有黏聚力、内摩擦角、重度、地下水位、库水位、地震力、边坡比、坡表超载等。在确定具体参数的基础上,确定各参数的变化范围,选择一定的步长确定各因素的水平。

(2)选择适宜的均匀设计表,并进行稳定计算。根据确定的因素和水平数,选择适宜的均匀设计表安排试验,对于多因素少水平试验,一般进行重复试验,增加其自由度的敏感性。一般可使试验次数为因素数的1~3倍,计算相应试验方案的边坡稳定安全系数。

(3)利用偏最小二乘回归法确定参数敏感性排序。

4.2.6 灰色关联度分析

我国著名学者邓聚龙教授于1982年创立了灰色系统理论,经过近40年的发展,该理论已经成为一门具有相对完善的理论体系的新兴交叉性学科。它主要对某些信息缺失的小样本、贫数据,以及具有不确定性的系统进行分析研究。灰色系统的这种不确定性分析方法,目前来说最常用方法主要是概率统计和模糊数学,但两者之间也存在着差异性。概率统计主要是对大量的随机事件重复观测,发现其“随机”有统计学规律。模糊数学则不再仅仅通过“是”或“否”的一种隶属关系来定义,而是通过经验来确定一种0和1之间的一个实数的隶属程度。灰色系统理论与以上两种方法存在差异的是贫数据,它是通过对数据处理和信息加工,发现规律和可用来分析的数据。它们的侧重点是不同的,灰色系统理论着重外延明确、内涵不明确的对象。三者之间的区别见表4-2。

三种不确定性方法的比较　　表4-2

项目	灰色系统理论	概率统计	模糊数学
研究对象	贫信息不确定	随机不确定	认知不确定
基础集合	灰色朦胧集	康托尔集	模糊集
方法依据	信息覆盖	映射	映射
数据要求	任意分布	典型分布	隶属度可知
侧重	内涵	内涵	外延
目标	现实规律	历史统计规律	认知表达
特色	小样本	大样本	凭经验

根据三种方法对比结果,“边坡工程的稳定性情况”可认为是一个灰色系统的命题。其中,含有不确定理论中“灰色系统”的特点主要表现在以下方面:

(1)它指的是“边坡工程的稳定性”而不是其他的模型,所以外延明确。

(2)本身的不完善、数据有限且较难全面反映岩土体各项参数的这一贫数据,导致不清楚边坡工程稳定性具体情况,该情况属于内部数据不完整,即内涵模糊。因此,可认为边坡工程的稳定性问题符合灰色系统理论的“外延明确,内涵不明确”的基本特征,说明使用灰色系统理论进行边坡稳定性研究是可行的。

灰色关联分析是灰色系统理论运用得比较广泛的一种方法,其基本原理是根据序列曲线几何形状的相似度来衡量它们之间的关系大小,并且关联度大小与几何形状的相似度成正相关。灰色关联分析包括灰色关联公理和灰色关联度、广义灰色关联度、基于相似性视角的灰色关联度、灰色关联序、优势分析等内容。根据大量文献显示,灰色关联分析已经广泛利用灰色关联度来预测边坡稳定性,分析敏感度以及各个行业的主要影响因素,并且已经取得了良好结果。因此,笔者采用灰色关联分析的灰色关联度进行边坡稳定性分析。

灰色关联度分析的核心是计算两系统或两个因素关联性大小的关联度,它是定量描述事物之间、因素之间相互变化情况以及量度它们的关联性大小的一种分析方法。关联度的计算首先是要对原始参考数列进行无量纲标准化处理,然后计算关联系数,由此计算出关联度。在对数据进行标准化时,不同方法会导致关联度值不同。因此,分析过程中,不关注关联度值的大小,而是重点分析各个关联度值大小的排列顺序。

假设 $x_0=\{x_0(k),k=1,2,\cdots,N\}$ 为参考数列,$x_i=\{x_i(k),k=1,2,\cdots,N\},i=1,2,\cdots,m$ 为 m 个比较数列,则关联系数的计算公式见式(4-22):

$$\xi_i(k)=\frac{\min\limits_{i\in m}\min\limits_{k\in n}|x_0(k)-x_i(k)|+\rho\max\limits_{i\in m}\max\limits_{k\in n}|x_0(k)-x_i(k)|}{|x_0(k)-x_i(k)|+\rho\max\limits_{i\in m}\max\limits_{k\in n}|x_0(k)-x_i(k)|}\tag{4-22}$$

式中,$\xi_i(k)$ 为 x_i 对 x_0 在 k 时刻的关联系数;$\min\limits_{i\in m}\min\limits_{k\in n}|x_0(k)-x_i(k)|$ 为在对应的任何时刻所有序列与样本数列差值的最小绝对值;$\max\limits_{i\in m}\max\limits_{k\in n}|x_0(k)-x_i(k)|$ 为在对应的任何时刻所有序列与样本数列差值的最大绝对值;ρ 为分辨系数,一般在 0 ~ 1 之间取值,取值大小对分析结果有一定的影响。

关联度的一般表达式见式(4-23):

$$\gamma_i = \frac{1}{N} \cdot \sum_{k=1}^{n} \gamma[x_0(k), x_i(k)] = \frac{1}{N} \cdot \sum_{k=1}^{n} \xi_i(k) \tag{4-23}$$

关联系数$\xi_i(k)$值取决于x_0与x_i在各时刻的绝对值,x_0与x_i的单位不同,或空间的相对位置不同,都会对$\xi_i(k)$值产生影响,因此,在用式(4-23)计算关联系数之前,必须对原始数据作标准化处理,先得到一初始数列矩阵,然后再依次求差序列矩阵、关联系数及关联度。

灰色关联序的计算步骤如下:

(1)对母序列X_0,子序列X_i进行均值化或初值化处理,形成新序列。

(2)计算新序列的求差序列,得到$\Delta_{0i}(k)$。

(3)利用公式(4-22),求关联系数$\xi_i(k)$。

(4)利用公式(4-23),计算关联度γ_i。

(5)对关联度大小进行排序,得出结论。

4.3 指标体系构建

针对边坡稳定性评价系统具有多目标、多层次和一定复杂性的特点,在选取评价指标过程中,需要听取多位不同研究领域、不同地域专家的意见和建议,进而筛选出更具有科学性、代表性的指标,对边坡稳定性评价指标体系进行优化。对初选的指标应进行科学性测验,测试包括单体测验和整体测验。

(1)单体测验。针对每个指标测验其正确性和可行性测试,称为单体测试。所谓正确性是指指标的选取、计算方法、取值范围和内容应符合评价标准及事实。可行性是指能够为评价指标提供一种系统性、综合性的分析方法,要求指标的数据、资料的获得,指标量化都具有可行性,它应具有公正性、预见性、科学性、可靠性的特点。

(2)整体测验。整体测验是指对整个评价指标体指标的完备性、必要性及重要性进行测验。

①完备性。完备性是指对已确定的指标体系在不需要添加任何指标的情况下,能够完全地、毫无遗漏地对最终的评价目的和任务有效的反映出来,一般通过定性分析进行判断。

②必要性。必要性是指组成指标体系的所有指标从全局考虑是否都是必不可少的,无冗余现象。通常采用相关系数来进行检验。指标之间通常都存在一定的相关关系,若指标体系中存在高度相关的指标,则会影响评价结果的客观性。因此,需要对指标体系的相关性进行分析。一般可采用简单相关系数法、斯皮尔曼相关系数法等方法。

单相关系数,见式(4-24):

$$r_{ij} = \sigma_{ij}^2 / \sigma_i \sigma_j \tag{4-24}$$

式中,r_{ij}为指标 i 和指标 j 的相关系数;σ_{ij}^2为两个指标的协方差;σ_i为 i 的标准差;σ_j为 j 的标准差。

斯皮尔曼相关系数:斯皮尔曼相关系数是建立在等级的基础上计算的、反映两组变量之间联系的密切程度的统计指标,它和相关系数一样,在 -1 到 $+1$ 之间取值,其不同点在于它要求将数据变换成等级,见式(4-25):

$$R = 1 - 6\sum d^2 / (n^3 - n) \tag{4-25}$$

式中,R 为斯皮尔曼相关系数;d 为每一项样本的等级之差;n 为样本数。

③重要性。重要性是指选取具有重大价值和影响的指标,去除对评价结果无关紧要的指标。通常利用德尔菲法对初步拟出的评价指标体系进行匿名评议,确定具体指标,建立评价指标体系。如果设指标体系某层次有 m 个指标,请 n 位专家评议。对评议意见可做三个方面的统计分析:

集中程度,见式(4-26):

$$\hat{E} = \frac{1}{n}\sum_{j=1}^{5} E_j p_{ij} \tag{4-26}$$

该值反映了 n 位专家的评价期望值;E_j为第 i 个指标第 j 级重要程度的量值;p_{ij}为对第 i 个指标评为第 j 级重要程度的专家人数。

离散程度,见式(4-27):

$$\sigma_i = \sqrt{\frac{1}{n-1}\sum_{j=1}^{5} p_{ij}(E_j - \hat{E}_i)^2} \tag{4-27}$$

式中,σ_i为专家对第 i 个指标重要程度评价的分散程度。

协调程度见式(4-28)、式(4-29):

$$V_i = \frac{\sigma_i}{\hat{E}_i} \tag{4-28}$$

$$K=\frac{12}{n^2(m^3-m)}\sum_{j=1}^{m}(\hat{E}_i-\hat{E})^2 \tag{4-29}$$

式中，V_i表示专家对第 i 个指标评价的协调程度；K 为专家对一层指标整体评价的协调程度；$\hat{E}$ 为全部指标集中程度的均值，见式(4-30)：

$$\hat{E}=\frac{1}{m}\sum_{i=1}^{m}\hat{E}_i \tag{4-30}$$

简单相关系数 σ_i越小，K 越大，表示专家的意见越协调。$\hat{E}$、σ_i、K 综合分析决定是否需要进行下一轮咨询。如满足要求，依据最后一轮各指标的大小，确定评价指标体系各指标因子。

4.4 权重确定

确定影响因素指标权重的方法通常有以下几种：调查统计法、直接经验法、因素敏感度法、数理统计法以及层次分析法。由于工程环境的复杂性、不可逆性和模糊性，用精确的数学模型求取评价因素的权重难度很大，有时对工程地质、水文条件和边坡所处的环境条件分析不够而过分地相信数学模型，反而使权重不尽合理，而根据专家的经验判断，其结论相对较为可靠。层次分析法(AHP)是多位专家的经验判断结合适当的数学模型，再进一步运算确定权重，是一种较为合理、可行、新颖的系统分析方法。它强调人的思维判断在科学决策中的作用，通过一定模式使决策思维过程规范化，适于定性与定量因素相结合的决策问题，因此，本次采用层次分析法(AHP)。

4.4.1 层次分析法

层次分析法(AHP)是由美国运筹学家、匹兹堡大学萨迪等人于 20 世纪 70 年代初期提出的一种定量与定性相结合，将人的主观判断用数量形式表达和处理的方法，它将复杂问题分解成各个组成因素，又将这些因素按支配关系分组形成递阶层次结构。通过两两比较的方式确定各个因素相对重要性，然后综合决策者的判断，确定决策方案相对重要性的总的排序。层次分析法的基本方法和步骤如下：

(1)分析系统中各因素之间的关系，建立系统的递阶层次结构。

(2)对同一层次的各元素关于上一层次中某一准则的重要性进行两两比较，构造两两比较判断矩阵。

(3)由判断矩阵计算被比较元素对于该准则的相对权重。

(4)计算各层元素对系统目标的合成权重，并进行排序。

4.4.2　递阶层次结构的建立

层次结构如图 4-3 所示，一般分为三层，最上面为目标层，最下面为方案层，中间是准则层或指标层。

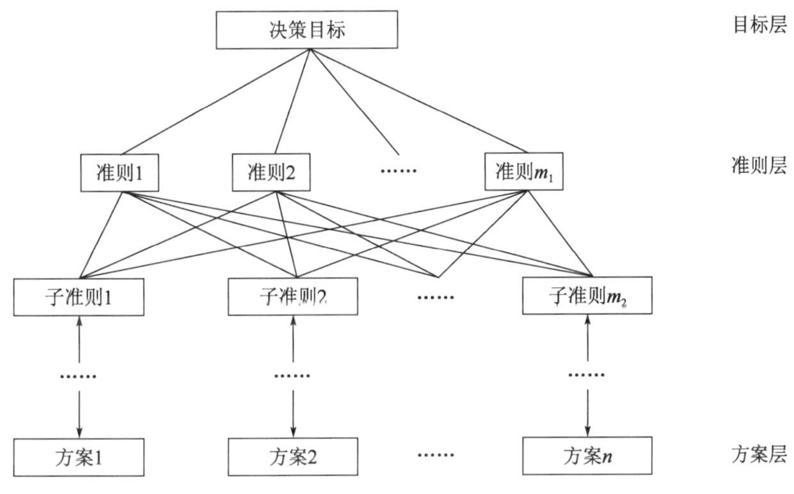

图 4-3　递阶层次结构示意图

(1)最高层：这一层次中只有一个元素，它是问题的预定目标或理想结果。

(2)中间层：这一层次包括了为实现目标所涉及的中间环节，所需要考虑的准则。该层可由若干层次组成，因而有准则和子准则之分。这一层也称为准则层。

(3)最底层：这一层次包括为实现目标可供选择的各种措施、决策方案等，因此也称为措施层或方案层。

上层元素对下层元素的支配关系所形成的层次结构称为递阶层次结构。上一层的元素可以支配下一层的所有元素，但也可能只支配其中部分元素。

注意，每一层次中各元素所支配的元素一般不超过 9 个；层次结构建立得好坏和决策者对问题的认识是否全面和深刻有很大关系。

4.4.3 构造成对比较判断矩阵

在递阶层次结构中,设上一层元素 C 为准则,所支配的下一层元素为 u_1,u_2,…,u_n。要确定元素 u_1,u_2,…,u_n对于准则 C 相对的重要性,即权重,其方法是:对于准则 C 元素 u_i和 u_j哪一个更重要,重要多少,按 1 ~9 标度对重要性程度赋值。表 4-3 中列出了 1 ~9 标度的含义。

标度的含义　表 4-3

标度	含义
1	表示两个元素相比,具有同样重要性
3	表示两个元素相比,前者比后者稍重要
5	表示两个元素相比,前者比后者明显重要
7	表示两个元素相比,前者比后者强烈重要
9	表示两个元素相比,前者比后者极端重要
2,4,6,8	表示上述相邻判断的中间值
倒数	若元素 i 与元素 j 的重要性之比为 a_{ij},则元素 j 与元素 i 重要性之比为 $a_{ij}=1/a_{ji}$

对于准则 C,n 个元素之间相对重要性的比较得到一个两两比较判断矩阵 $A=(a_{ij})_{n\times n}$。判断矩阵 A 具有 $a_{ij}>0$、$a_{ii}=1$、$a_{ji}=1/a_{ij}$等性质,则判断矩阵 A 为正互反矩阵,若判断矩阵 A 的所有元素满足$a_{ij}\cdot a_{jk}=a_{ik}$,则称 A 为一致性矩阵。

4.4.4 层次单排序及一致性检验

层次单排序:确定下层各因素对上层某因素影响程度的过程。用权值表示影响程度,先从一个简单的例子看如何确定权值。

例如,一块石头重量记为 1,打碎分成 n 个小块,各块的重量分别记为 w_1,w_2,…,w_n,则可得成对比较矩阵,见式(4-31):

$$A=\begin{bmatrix} 1 & \frac{w_1}{w_2} & \cdots & \frac{w_1}{w_n} \\ \frac{w_2}{w_1} & 1 & \cdots & \frac{w_2}{w_n} \\ \vdots & \vdots & & \vdots \\ \frac{w_n}{w_1} & \frac{w_n}{w_2} & \cdots & 1 \end{bmatrix} \tag{4-31}$$

由上面矩阵可以得到式(4-32)：

$$\frac{w_i}{w_j}=\frac{w_i}{w_k}\cdot\frac{w_k}{w_j} \tag{4-32}$$

若成对比较矩阵是一致阵,则自然会取对应于最大特征根 n 的归一影响程度的权值。若成对比较矩阵不是一致阵,萨迪等人建议用其最大特征根对应的归一化特征向量作为权向量 w,则得到式(4-33)：

$$Aw=\lambda w \tag{4-33}$$

这样确定权向量的方法称为特征根法。

n 阶互反阵 A 的最大特征根 $\lambda \geqslant n$,当且仅当 $\lambda=n$ 时,A 为一致阵。

由于 λ 连续依赖于 a_{ij},则 λ 比 n 大的越多,A 的不一致性越严重。用最大特征值对应的特征向量作为被比较因素对上层某因素影响程度的权向量,其不一致程度越大,引起的判断误差越大。因而可以用 $\lambda-n$ 数值的大小来衡量 A 的不一致程度。

定义一致性指标 CI,见式(4-34)：

$$\mathrm{CI}=\frac{\lambda-n}{n-1} \tag{4-34}$$

其中 n 是 A 的对角线元素之和,也是 A 的特征根之和。

定义随机一致性指标 RI,见式(4-35),随机构造 500 个成对比较矩阵 A_1,A_2,…,A_{500},则可得一致性指标 CI_1,CI_2,…,CI_{500}。

$$\mathrm{RI}=\frac{\mathrm{CI}_1+\mathrm{CI}_2+\cdots\mathrm{CI}_{500}}{500}=\frac{\dfrac{\lambda_1+\lambda_2+\cdots+\lambda_{500}}{500}-n}{n-1} \tag{4-35}$$

根据上述方法计算的随机一致性指标见表 4-4。

随机一致性指标 RI　　表 4-4

矩阵阶数	1	2	3	4	5	6	7	8	9	10	11	12	13	14	15
RI	0	0	0.52	0.89	1.12	1.26	1.36	1.41	1.46	1.49	1.52	1.54	1.56	1.58	1.59

一般情况下,当一致性比率 $\mathrm{CR}=\dfrac{\mathrm{CI}}{\mathrm{RI}}<0.1$ 时,认为 A 的不一致程度在容许范围之内,可用其归一化特征向量作为权向量,否则要重新构造成对比较矩阵,对 A 加以调整。

4.4.5 层次总排序及一致性检验

确定某层所有因素对于总目标相对重要性的排序权值过程,称为层次总排序。从最高层到最低层逐层进行。设 A 层 m 个因素 $A_1,A_2,\cdots,A_m$,对总目标 Z 的排序为 $a_1,a_2,\cdots,a_m$,B 层 n 个因素对上层 A 中因素为 A_j 的层次单排序为 $b_{1j},b_{2j},\cdots,b_{nj}$ $(j=1,2,\cdots,m)$。B 层的层次总排序为:

$$B_1:a_1b_{11}+a_2b_{12}+\cdots a_mb_{1m}$$

$$B_2:a_1b_{21}+a_2b_{22}+\cdots a_mb_{2m}$$

$$\cdots$$

$$B_n:a_1b_{n1}+a_2b_{n2}+\cdots a_mb_{nm}$$

即 B 层第 i 个因素对总目标的权值为 $\sum_{j=1}^{m}a_jb_{ij}$。

设 B 层 $B_1,B_2,\cdots,B_n$ 对上层(A 层)中因素 $A_j(j=1,2\cdots m)$ 的层次单排序一致性指标为 CI_j,随机一致性指为 RI_j,则层次总排序的一致性比率按式(4-36)确定:

$$\mathrm{CR}=\frac{a_1\mathrm{CI}_1+a_2\mathrm{CI}_2+\cdots+a_m\mathrm{CI}_m}{a_1\mathrm{RI}_1+a_2\mathrm{RI}_2+\cdots+a_m\mathrm{RI}_m} \tag{4-36}$$

当 $\mathrm{CR}<0.1$ 时,认为层次总排序通过一致性检验。到此,根据最下层(决策层)的层次总排序做出最后决策。

4.4.6 正互反阵最大特征值和特征向量实用算法

用定义计算矩阵的特征值和特征向量相当困难,特别是阶数较高时。成对比较矩阵是通过定性比较得到的比较粗糙的结果,对它的精确计算是没有必要的,寻找简便的近似方法,常用的计算方法有幂法、和法与根法,因和法较为简便,在此仅介绍特征值的和法计算步骤:

(1)将 A 的每一列向量归一化,得 $\widetilde{w}_{ij}=a_{ij}/\sum_{i=1}^{n}a_{ij}$;

(2)对 $\widetilde{w}_{ij}$ 按行求和,得 $\widetilde{w}_i=\sum_{j=1}^{n}\widetilde{w}_{ij}$;

(3)归一化 $\widetilde{w}=(\widetilde{w}_1,\widetilde{w}_2,\cdots,\widetilde{w}_n)^{\mathrm{T}}$ 得 $w=(w_1,w_2,\cdots,w_n)^{\mathrm{T}}$,其中 $w_i=\widetilde{w}_i/\sum_{i=1}^{n}\widetilde{w}_i$;

(4)计算 Aw;

(5)计算 $\lambda=\frac{1}{n}\sum_{i=1}^{n}\frac{(Aw)_i}{w_i}$,即为最大特征值的近似值,$w$ 为对应特征值的权向量。

4.5　隶属度的确定

通常情况下,用隶属函数来描述模糊集,因此,首要的任务是建立跟模糊集相适应的隶属函数。客观地讲,现实中可能存在契合的隶属函数,但对于同一个模糊集,不同的人由于其认识的局限性和差异性,可能建立出不同的隶属函数,也就是说同一模糊集的隶属函数并不唯一。但是与客观情况接近应该是它们共同的特点,在实践中会被不断地修正和完善。即使是基于主观认识确定隶属函数,其结果依然不失科学性与客观规律性。通常,确定隶属函数方法有以下三种:

(1)推理法

这种方法是根据模糊集的特性建立隶属函数。在论域已确定的情况下,首要的任务是规定其中隶属度为 0 或 1 的元素,然后再充分考虑隶属函数的形状与性质,最终确定选定模糊集的隶属函数表达式。

(2)模糊统计法

这里取较为稳定的隶属频率值作为隶属度。如果做 n 次试验,那么x_0隶属于 A 的频率 = ($x_0\in A^*$ 的次数)/n,其中 A 表示模糊集,A^* 为 A 的经典集。隶属频率随着 n 的不断增加逐渐稳定,则可取此稳定值作为 x_0 对 A 的隶属度。

(3)模糊分布

模糊分布适用于模糊集论域为实数集且其中某些函数带有参数的情况,在进行参数选择时要考虑模糊集的性质、实际情况,甚至要结合试验作出假设。模糊分布比较常见的形式有正态分布、岭形分布、梯形分布或半梯形分布、矩形分布或半矩形分布、抛物线分布、三角形分布等。本节仅介绍模糊分布法确定模糊集的隶属函数。

按指标取值性质分为定性指标(离散型)和定量指标(连续型)。对于连续型指标则可以根据指标特性，取下列三种形式之一来表示：

①经济型见式(4-37)：

$$A(x)=\begin{cases}1 & (x\leqslant a_1)\\ \dfrac{1}{2}-\dfrac{1}{2}\sin\dfrac{\pi}{a_2-a_1}\left(x-\dfrac{a_1+a_2}{2}\right) & (a_1<x\leqslant a_2)\\ 0 & (x>a_2)\end{cases}\tag{4-37}$$

②效益型见式(4-38)：

$$A(x)=\begin{cases}0 & (x\leqslant a_1)\\ \dfrac{1}{2}+\dfrac{1}{2}\sin\dfrac{\pi}{a_2-a_1}(x-\dfrac{a_1+a_2}{2}) & (a_1<x\leqslant a_2)\\ 1 & (x>a_2)\end{cases}\tag{4-38}$$

③中间型见式(4-39)：

$$A(x)=\begin{cases}0 & (x\leqslant -a_2)\\ \dfrac{1}{2}+\dfrac{1}{2}\sin\dfrac{\pi}{a_2-a_1}(x-\dfrac{a_1+a_2}{2}) & (-a_2<x\leqslant -a_1)\\ 1 & (-a_1<x\leqslant a_1)\\ \dfrac{1}{2}-\dfrac{1}{2}\sin\dfrac{\pi}{a_2-a_1}(x-\dfrac{a_1+a_2}{2}) & (a_1<x\leqslant a_2)\\ 0 & (x>a_2)\end{cases}\tag{4-39}$$

对于定性指标，可按一定准则作数量化处理，本节采用分级法评定模糊矩阵 R，即将因素分成 5 个等级：优(0.9)、良(0.7)、中(0.5)、差(0.3)、劣(0.1)，并按赋值标准给出评定值。再根据指标特性选用下列梯形隶属函数：

①经济型见式(4-40)：

$$A(x)=\begin{cases}1 & (x<a)\\ \dfrac{b-x}{b-a} & (a\leqslant x\leqslant b)\\ 0 & (b<x)\end{cases}\tag{4-40}$$

②效率型见式(4-41)：

$$A(x)=\begin{cases}0 & (x<a)\\ \dfrac{x-a}{b-a} & (a\leqslant x\leqslant b)\\ 1 & (b<x)\end{cases} \tag{4-41}$$

③中间型见式(4-42)：

$$A(x)=\begin{cases}0 & (x<a)\\ \dfrac{x-a}{b-a} & (a\leqslant x<b)\\ 1 & (b\leqslant x<c)\\ \dfrac{d-x}{d-c} & (c\leqslant x<d)\\ 0 & (d\leqslant x)\end{cases} \tag{4-42}$$

这样，只要确定了指标的类型、隶属度函数形式及指标变化影响区域，就可根据上述方法很容易得出其隶属度的量化值。

苏永华等的研究成果表明，对于连续型变量，隶属函数的选择并不影响最终评判等级。因此，建议采取一种更为简便且通用的方法，即将各连续变量取值范围划分为五个区间，每个区间按对边坡稳定性有利与否分为对应的5个等级，每个等级又折算成50～100的分值，对应关系见表4-5。然后根据实际调查值，按式(4-43)～式(4-47)计算各变量的隶属度值。

边坡稳定性等级量化标准　　表4-5

评价等级	m	Q
Ⅰ	1	90～100
Ⅱ	2	80～90
Ⅲ	3	70～80
Ⅳ	4	60～70
Ⅴ	5	50～60

注：m为对应的评判等级。

$$U_1=\begin{cases}0 & (Q<85)\\ (Q-85)/10 & (85\leqslant Q<95)\\ 1 & (Q\geqslant 95)\end{cases} \tag{4-43}$$

$$U_2=\begin{cases}0 & (Q<75\text{ 或 }Q>95)\\(Q-75)/10 & (75\leqslant Q\leqslant 85)\\(95-Q)/10 & (85<Q\leqslant 95)\end{cases}\tag{4-44}$$

$$U_3=\begin{cases}0 & (Q<65\text{ 或 }Q>85)\\(Q-65)/10 & (65\leqslant Q\leqslant 75)\\(85-Q)/10 & (75<Q\leqslant 85)\end{cases}\tag{4-45}$$

$$U_4=\begin{cases}0 & (Q<55\text{ 或 }Q>75)\\(Q-55)/10 & (55\leqslant Q\leqslant 65)\\(75-Q)/10 & (65<Q\leqslant 75)\end{cases}\tag{4-46}$$

$$U_5=\begin{cases}1 & (Q<55)\\(65-Q)/10 & (55\leqslant Q<65)\\0 & (Q\geqslant 65)\end{cases}\tag{4-47}$$

式中,Q 为按表 4-18 方法换算后的评分值。

4.6 土质路堑边坡稳定性快速评价方法

4.6.1 土质路堑边坡快速评价思路

(1)根据地质调查,确定是否存在滑移特征:

①滑坡体:地裂缝、地变形、建筑物破坏,漏、涌、冒水等;

②滑坡要素:滑坡体、滑坡周界、滑动面、裂缝、影响带等。

(2)若能判定滑动面,直接用极限平衡法进行评定。

(3)若不能判定,则选择模糊综合评价法进行评价。

4.6.2 评价指标

根据本章关于土质路堑边坡的因素分析,结合模糊综合评价法的描述思路,将土质路堑边坡的评价指标进行分级与量化,分别见表 4-6 和表 4-7。

土质(类土质)路堑边坡稳定性评价的两级指标　　表4-6

一级指标		二级指标	
编号	名称	编号	因素名称
T1	坡体特征	T11	坡角(坡率)
		T12	坡高
		T13	坡长
T2	地质条件	T21	土体的地质成因
		T22	黏聚力
		T23	内摩擦角
		T24	重度(天然、饱和)
T3	环境因素	T31	冻融(含水率、降雨量、地下水)
		T32	地震烈度
		T33	边坡开挖状况(级数)

土质(类土质)边坡稳定性的影响因子量化表　　表4-7

编号	因素名称	自然值(级)	量化值	决策属性
T11	坡角(坡率)	1:1.25	38.7	Ⅰ(稳定)
		1:1.0	45	Ⅱ(基本稳定)
		1:0.75	53	Ⅲ(潜在不稳定)
		1:0.5	63.4	Ⅳ(欠稳定)
		1:0.4	68.2	Ⅴ(不稳定)
T12	坡高(相对最低开挖面)	≤5	≤5	Ⅰ(稳定)
		5~8	5~8	Ⅱ(基本稳定)
		8~12	8~12	Ⅲ(潜在不稳定)
		12~15	12~15	Ⅳ(欠稳定)
		≥15	≥15	Ⅴ(不稳定)
T13	坡长	≤50	≤50	Ⅰ(稳定)
		50~100	50~100	Ⅱ(基本稳定)
		100~200	100~200	Ⅲ(潜在不稳定)
		200~300	200~300	Ⅳ(欠稳定)
		≥300	≥300	Ⅴ(不稳定)
T21	土体的地质成因(类别、状态)	很有利	0.9	Ⅰ(稳定)
		有利	0.7	Ⅱ(基本稳定)
		一般	0.5	Ⅲ(潜在不稳定)
		不利	0.3	Ⅳ(欠稳定)
		很不利	0.1	Ⅴ(不稳定)

续上表

编号	因素名称	自然值(级)	量化值	决策属性
T22	黏聚力(kPa)	>40	>40	Ⅰ(稳定)
		26~40	26~40	Ⅱ(基本稳定)
		18~25	18~25	Ⅲ(潜在不稳定)
		10~17	10~17	Ⅳ(欠稳定)
		<10	≤10	Ⅴ(不稳定)
T23	内摩擦角(°)	≥32	≥32	Ⅰ(稳定)
		26~32	26~32	Ⅱ(基本稳定)
		19~25	19~25	Ⅲ(潜在不稳定)
		10~18	10~18	Ⅳ(欠稳定)
		≤10	≤10	Ⅴ(不稳定)
T24	重度	≤16	≤16	Ⅰ(稳定)
		16~18	16~18	Ⅱ(基本稳定)
		18~20	18~20	Ⅲ(潜在不稳定)
		20~24	20~24	Ⅳ(欠稳定)
		≥24	≥24	Ⅴ(不稳定)
T31	冻融(含水率、降雨量、地下水)	很有利	0.9	Ⅰ(稳定)
		有利	0.7	Ⅱ(基本稳定)
		一般	0.5	Ⅲ(潜在不稳定)
		不利	0.3	Ⅳ(欠稳定)
		很不利	0.1	Ⅴ(不稳定)
T32	地震烈度	≤4.0	≤4.0	Ⅰ(稳定)
		4.0~5.0	4.0~5.0	Ⅱ(基本稳定)
		5.0~6.0	5.0~6.0	Ⅲ(潜在不稳定)
		6.0~7.0	6.0~7.0	Ⅳ(欠稳定)
		≥7.0	≥7.0	Ⅴ(不稳定)
T33	边坡开挖状况(级数)	一级	0.9	Ⅰ(稳定)
		二级	0.7	Ⅱ(基本稳定)
		三级	0.5	Ⅲ(潜在不稳定)
		四级	0.3	Ⅳ(欠稳定)
		五级	0.1	Ⅴ(不稳定)

4.6.3 因子权重

土质边坡各因子的权重见表4-8~表4-11。

土质边坡一级指标构成的判断矩阵及计算结果　　表4-8

编号	T1	T2	T3	W	一致性检验
T1	1	3/5	3/7	0.2000	$\lambda_{max}=3.0$,CI=0.0
T2	5/3	1	5/7	0.3333	RI=0.52,CR=0.0
T3	7/3	7/5	1	0.4666	CR<0.1,通过检验

土质边坡二级指标构成的判断矩阵及计算结果(一)　　表4-9

编号	T11	T12	T13	W	一致性检验
T11	1	3/7	3/5	0.1999	$\lambda_{max}=3.0$,CI=0
T12	7/3	1	7/5	0.4666	RI=0.52
T13	5/3	5/7	1	0.3333	CR=0,通过检验

土质边坡二级指标构成的判断矩阵及计算结果(二)　　表4-10

编号	T21	T22	T23	T24	W	一致性检验
T21	1	3/5	3/7	3/5	0.1500	$\lambda_{max}=4.0$
T22	5/3	1	5/7	5/5	0.2500	CI=0.0
T23	7/3	7/5	1	7/5	0.3500	RI=0.89
T24	5/3	5/5	5/7	1	0.2500	CR=0.0

土质边坡二级指标构成的判断矩阵及计算结果(三)　　表4-11

编号	T31	T32	T33	W	一致性检验
T31	1	5/3	5/7	0.3333	$\lambda_{max}=3$,CI=0
T32	3/5	1	3/7	0.2000	RI=0.52
T33	7/5	7/3	1	0.4667	CR=0,通过检验

4.7　岩质边坡稳定性快速评价方法

4.7.1　岩质边坡稳定性快速评价流程

边坡稳定性快速评价遵循系统工程地质分析原理,在对边坡工程地质条件准确认识的基础上,定性分析边坡稳定性的影响因素及其相互作用对边坡稳定性的影响程度,遵循系统性、代表性和可操作性原则,选择评价指标,建立评价指标体系,采用定性分析与半定量分析方法相结合的稳定性评价方法,对边坡稳定性作出快速判断。可见,边坡稳定性快速评价指标体系的建立是快速评价的基础。

采用关系矩阵法研究评价指标的相互作用关系,考虑评价指标相互作用的评价指标权重值和评价指标重要程度,据此建立边坡稳定性快速评价的研究思路。快速评价流程如图4-4所示。

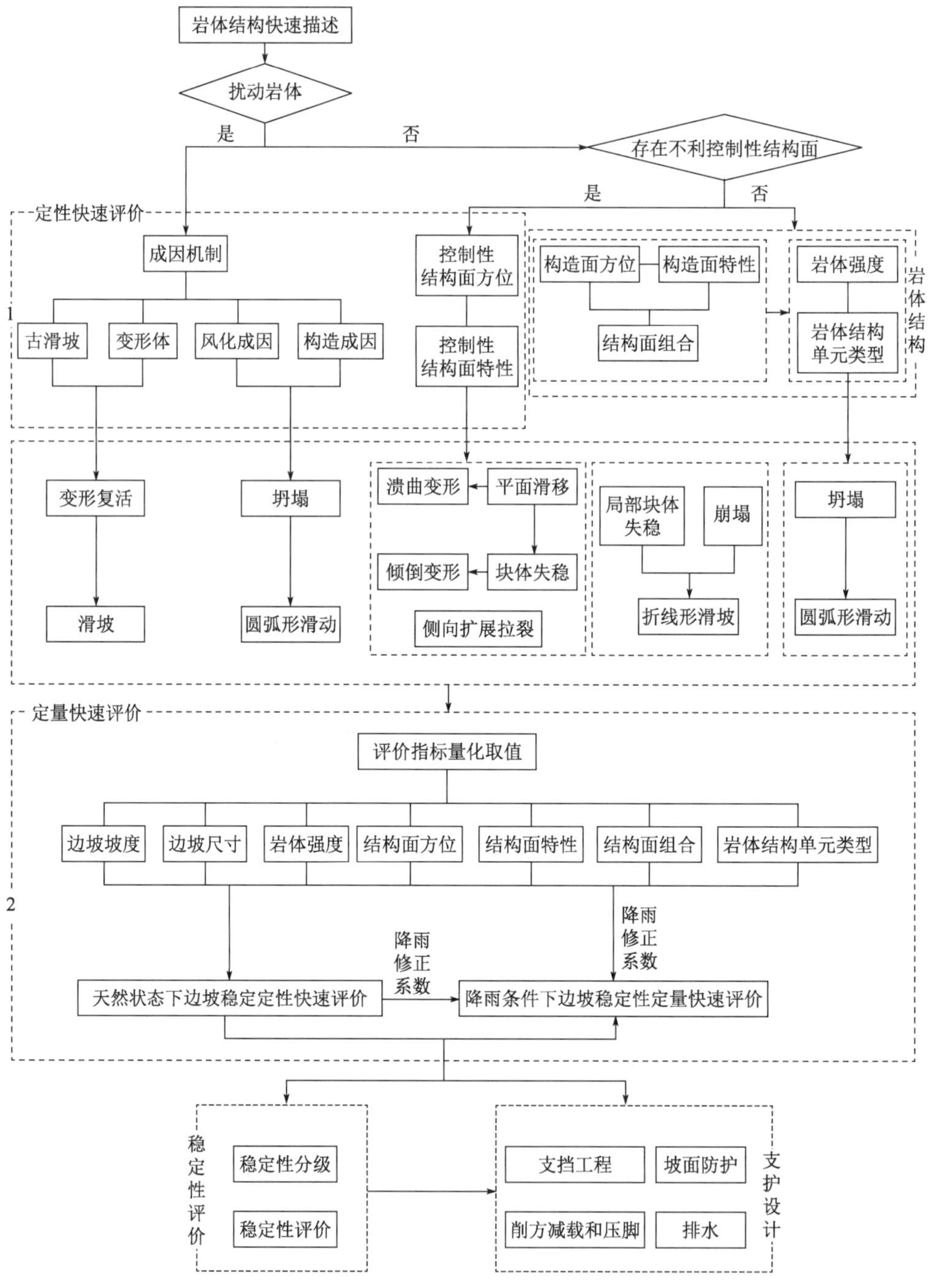

图4-4　岩质边坡稳定性快速评价流程

4.7.2　岩质边坡稳定性影响因子

一般岩质边坡稳定性影响因子归纳见表4-12。

岩质边坡稳定性评价的两级指标　　表4-12

一级指标		二级指标	
编号	名称	编号	名称
Y1	坡体特征	Y11	坡形
		Y12	坡角(坡率)
		Y13	坡高
Y2	地质条件	Y21	岩体结构
		Y22	坡面与主要结构面的产状关系
		Y23	岩体单轴抗压强度
		Y24	风化程度
Y3	环境因素	Y31	冻融(含水率、降雨量、地下水)
		Y32	地应力
		Y33	边坡开挖状况
		Y34	边界条件

4.7.3　权重确定

确定边坡稳定性影响因子权重见表4-13～表4-16。

岩质边坡二级指标构成的判断矩阵及计算结果(一)　　表4-13

编号	Y11	Y12	Y13	W	一致性检验
Y11	1	3/7	3/5	0.2000	$\lambda_{max}=3$,CI=0
Y12	7/3	1	7/5	0.4667	RI=0.52
Y13	5/3	5/7	1	0.3333	CR=0,通过检验

岩质边坡二级指标构成的判断矩阵及计算结果(二)　　表4-14

编号	Y21	Y22	Y23	Y24	W	一致性检验
Y21	1	5/5	5/3	5/3	0.312	$\lambda_{max}=4$
Y22	5/5	1	5/3	5/3	0.312	CI=0
Y23	3/5	3/5	1	3/3	0.188	RI=0.89
Y24	3/5	3/5	3/3	1	0.188	CR=0,通过检验

岩质边坡二级指标构成的判断矩阵及计算结果(三)　　表 4-15

编号	Y31	Y32	Y33	Y34	W	一致性检验
Y31	1	5/7	5/3	5/4	0.2632	$\lambda_{max}=4$, CI = 0
Y32	7/5	1	7/3	7/4	0.3684	RI = 0.89
Y33	3/5	3/7	1	3/4	0.1579	CR = 0,通过检验
Y34	4/5	4/7	4/3	1	0.2105	—

岩质一级指标构成的判断矩阵及计算结果　　表 4-16

编号	Y1	Y2	Y3	W	一致性检验
Y1	1	4/3	4/3	0.4000	$\lambda_{max}=3$, CI = 0
Y2	3/4	1	1	0.3000	RI = 0.52, CR = 0
Y3	3/4	1	1	0.3000	CR < 0.1,通过检验

4.7.4 分级标准及隶属度确定

各因素隶属函数值见表 4-17 ~ 表 4-29。

岩质边坡坡面形态评价因素(Y11)分级　　表 4-17

分级	坡面形态(滑坡)	分数	隶属度(专家法)				
			Ⅰ	Ⅱ	Ⅲ	Ⅳ	Ⅴ
一级	坡面纵横向均凹,缓—陡坡地形	9	0.7	0.2	0.1	0.0	0.0
二级	坡面纵横向均平直,缓—陡坡地形	7	0.2	0.7	0.1	0.0	0.0
三级	冲沟不发育,坡面纵向外凸或平直,横向平直状陡坡地形	5	0.0	0.2	0.6	0.2	0.0
四级	冲沟发育,坡面纵向外凸,横向平直状缓坡地形	3	0.0	0.1	0.3	0.5	0.1
五级	等高线紊乱,同源双沟发育,坡面纵向外凸或S形,横向台阶状缓坡地形	1	0.0	0.0	0.1	0.4	0.5

岩质边坡开挖坡角评价因素(Y12)分级　　表 4-18

分级	坡角(°)	等级分值 Q_J	实测分值 Q_S	隶属度(三角函数)				
				Ⅰ	Ⅱ	Ⅲ	Ⅳ	Ⅴ
一级	20 ~ 30	85 ~ 100	$85+(30-X)\times15/10$	式(4-43)*	式(4-44)	式(4-45)	式(4-46)	式(4-47)
二级	30 ~ 45	75 ~ 95	$75+(45-X)\times20/15$	式(4-43)	式(4-44)	式(4-45)	式(4-46)	式(4-47)
三级	45 ~ 60	65 ~ 85	$65+(60-X)\times20/15$	式(4-43)	式(4-44)	式(4-45)	式(4-46)	式(4-47)
四级	60 ~ 70	55 ~ 75	$55+(70-X)\times20/10$	式(4-43)	式(4-44)	式(4-45)	式(4-46)	式(4-47)
五级	70 ~ 90	55 ~ 65	$55+(90-X)\times10/20$	式(4-43)	式(4-44)	式(4-45)	式(4-46)	式(4-47)

注:* 表示此项隶属函数值由该式进行计算,下同。

岩质边坡开挖高度评价因素（Y13）分级　　表 4-19

分级	开挖高度（m）	等级分值 Q_J	实测分值 Q_S	隶属度（三角函数）				
				Ⅰ	Ⅱ	Ⅲ	Ⅳ	Ⅴ
一级	0～10	85～100	$85+(10-X)\times15/10$	式(4-43)*	式(4-44)	式(4-45)	式(4-46)	式(4-47)
二级	10～20	75～95	$75+(20-X)\times20/10$	式(4-43)	式(4-44)	式(4-45)	式(4-46)	式(4-47)
三级	20～30	65～85	$65+(30-X)\times20/10$	式(4-43)	式(4-44)	式(4-45)	式(4-46)	式(4-47)
四级	30～40	55～75	$55+(40-X)\times20/10$	式(4-43)	式(4-44)	式(4-45)	式(4-46)	式(4-47)
五级	40～60	55～65	$55+(60-X)\times10/20$	式(4-43)	式(4-44)	式(4-45)	式(4-46)	式(4-47)

岩质边坡岩体结构评价因素（Y21）分级　　表 4-20

分级	岩体结构	分数	隶属度（专家法）				
			Ⅰ	Ⅱ	Ⅲ	Ⅳ	Ⅴ
一级	整体结构	9	0.7	0.2	0.1	0.0	0.0
二级	块状结构	7	0.2	0.7	0.1	0.0	0.0
三级	层状结构	5	0.0	0.2	0.6	0.2	0.0
四级	碎裂结构	3	0.0	0.1	0.3	0.5	0.1
五级	散体结构	1	0.0	0.0	0.1	0.4	0.5

岩质边坡坡面与结构面组合关系评价因素（Y22）分级　　表 4-21

分级	坡面与结构面组合关系	分数	隶属度（专家法）				
			Ⅰ	Ⅱ	Ⅲ	Ⅳ	Ⅴ
一级	反倾	9	0.7	0.2	0.1	0.0	0.0
二级	斜切（走向夹角大于45°）	7	0.2	0.7	0.1	0.0	0.0
三级	斜切（走向夹角小于45°）	5	0.0	0.2	0.6	0.2	0.0
四级	顺层且结构面倾角小于坡面角	3	0.0	0.1	0.3	0.5	0.1
五级	顺层且结构面倾角大于坡面角	1	0.0	0.0	0.1	0.4	0.5

岩质边坡岩性评价因素（Y23）分级　　表 4-22

分级	岩性	分数	隶属度（专家法）				
			Ⅰ	Ⅱ	Ⅲ	Ⅳ	Ⅴ
一级	坚硬岩	9	0.7	0.2	0.1	0.0	0.0
二级	较坚硬岩	7	0.2	0.7	0.1	0.0	0.0
三级	较软岩	5	0.0	0.2	0.6	0.2	0.0
四级	软岩	3	0.0	0.1	0.3	0.5	0.1
五级	极软岩	1	0.0	0.0	0.1	0.4	0.5

岩质边坡风化程度评价因素(Y24)分级　　表 4-23

分级	风化程度	分数	隶属度(专家法)				
			Ⅰ	Ⅱ	Ⅲ	Ⅳ	Ⅴ
一级	未风化	9	0.7	0.2	0.1	0.0	0.0
二级	微风化	7	0.2	0.7	0.1	0.0	0.0
三级	中等(弱)风化	5	0.0	0.2	0.6	0.2	0.0
四级	强风化	3	0.0	0.1	0.3	0.5	0.1
五级	全风化	1	0.0	0.0	0.1	0.4	0.5

岩质边坡地下水评价因素(Y31)分级　　表 4-24

分级	地下水	分数	隶属度(专家法)				
			Ⅰ	Ⅱ	Ⅲ	Ⅳ	Ⅴ
一级	完全干燥	9	0.7	0.2	0.1	0.0	0.0
二级	湿润	7	0.2	0.7	0.1	0.0	0.0
三级	潮湿	5	0.0	0.2	0.6	0.2	0.0
四级	淋水	3	0.0	0.1	0.3	0.5	0.1
五级	涌水	1	0.0	0.0	0.1	0.4	0.5

岩质边坡降雨强度评价因素(Y31)分级　　表 4-25

分级	降雨强度(mm/d)	等级分值 Q_J	实测分值 Q_S	隶属度(三角函数)				
				Ⅰ	Ⅱ	Ⅲ	Ⅳ	Ⅴ
一级	0~20	85~100	$85+(20-X)\times15/20$	式(4-43)*	式(4-44)	式(4-45)	式(4-46)	式(4-47)
二级	20~50	75~95	$75+(50-X)\times20/30$	式(4-43)	式(4-44)	式(4-45)	式(4-46)	式(4-47)
三级	50~100	65~85	$65+(100-X)\times20/50$	式(4-43)	式(4-44)	式(4-45)	式(4-46)	式(4-47)
四级	100~150	55~75	$55+(150-X)\times20/50$	式(4-43)	式(4-44)	式(4-45)	式(4-46)	式(4-47)
五级	150~200	55~65	$55+(200-X)\times10/50$	式(4-43)	式(4-44)	式(4-45)	式(4-46)	式(4-47)

岩质边坡冻融状态评价因素(Y31)分级　　表 4-26

分级	冻融深度(m)	分数	隶属度(专家法)				
			Ⅰ	Ⅱ	Ⅲ	Ⅳ	Ⅴ
一级	0~0.5	9	0.7	0.2	0.1	0.0	0.0
二级	0.5~1.2	7	0.2	0.7	0.1	0.0	0.0
三级	1.2~1.8	5	0.0	0.2	0.6	0.2	0.0
四级	1.8~3.0	3	0.0	0.1	0.3	0.5	0.1
五级	3.0~5.0	1	0.0	0.0	0.1	0.4	0.5

岩质边坡地应力评价因素(Y32)分级　　表4-27

分级	地应力比 $m=\sigma_c/\sigma_{max}$	分数	隶属度(专家法)				
			Ⅰ	Ⅱ	Ⅲ	Ⅳ	Ⅴ
一级	$m>7$	9	0.7	0.2	0.1	0.0	0.0
二级	$7\geqslant m>6$	7	0.2	0.7	0.1	0.0	0.0
三级	$6\geqslant m>5$	5	0.0	0.2	0.6	0.2	0.0
四级	$5\geqslant m>4$	3	0.0	0.1	0.3	0.5	0.1
五级	$m\leqslant 4$	1	0.0	0.0	0.1	0.4	0.5

岩质边坡开挖状况评价因素(Y33)分级　　表4-28

分级	开挖状况	分数	隶属度(专家法)				
			Ⅰ	Ⅱ	Ⅲ	Ⅳ	Ⅴ
一级	自然边坡	9	0.7	0.2	0.1	0.0	0.0
二级	预裂爆破	7	0.2	0.7	0.1	0.0	0.0
三级	光面爆破	5	0.0	0.2	0.6	0.2	0.0
四级	一般或机械开挖	3	0.0	0.1	0.3	0.5	0.1
五级	普通爆破	1	0.0	0.0	0.1	0.4	0.5

岩质边坡边界条件评价因素(Y34)分级　　表4-29

分级	边坡边界条件(不良地质,或深层软弱层,侧向约束)	分数	隶属度(专家法)				
			Ⅰ	Ⅱ	Ⅲ	Ⅳ	Ⅴ
一级	无不良地质,两侧约束强	9	0.7	0.2	0.1	0.0	0.0
二级	无不良地质,两侧约束弱	7	0.2	0.7	0.1	0.0	0.0
三级	古滑坡,岩堆,岩溶,采空区	5	0.0	0.2	0.6	0.2	0.0
四级	(古滑坡或岩溶或采空区)+两侧约束弱	3	0.0	0.1	0.3	0.5	0.1
五级	深部软弱夹层	1	0.0	0.0	0.1	0.4	0.5

4.8　岩土混合边坡

岩土混合边坡的破坏模式非常复杂,特别是对于公路岩土混合边坡,由于规模较大,岩土参数、土层结构面、岩层结构面与破碎带在空间上的复杂关系等因素的限制,使得岩土混合边坡破坏模式也变得非常复杂。根据国内现有的关于公路岩土混合坡稳定性评价方面的研究成果,目前岩土混合边坡的稳定性评价是建立在岩土混合坡破坏模式判定的基础上进行的。根据现有研究成果,岩土混合边坡的破坏模式主要分为三大类:沿土层内部破坏、沿岩土接触面破坏和沿岩层内部破坏。其中沿土层内部破坏模式采用与路堑边坡相同的评价模式,沿岩层内部破坏采用与岩质边坡相同的评价模式。本节重点讨论沿岩土接触面破坏的边坡。

4.8.1 混合质边坡评价指标体系

以往的指标体系分类都是根据因素特性划分一级指标,通过构建一简单土坡进行单因素分析,对比 GEO-SLOPE 软件和以往模糊评判计算结果,发现随着单个因素的变化,安全系数变化较大,但模糊评判计算结果没有明显的变化,显然是不合理的。另外,研究发现当最终评价集中两个及以上大小接近的元素时,使用最大隶属度原则确定评判等级具有局限性,建议使用加权平均法。为此,提出按照影响因素的重要性程度进行指标体系划分的关键因素法,结合加权平均法进行稳定性评价,同时还考虑工程开挖对边坡整体稳定性的影响。

按照因素筛选方法,结合现有文献研究成果,将岩土混合边坡的评价指标分为以下四类:

(1)关键指标(YT1):坡度、边坡高度、综合摩擦系数、接触面倾角;

(2)重要指标(YT2):有效降雨量、地下水状况、滑带土组成、滑带土厚度、地震烈度;

(3)一般指标(YT3):基岩岩性、接触面形状、植被覆盖率;

(4)开挖因素(YT4):开挖高度、开挖坡率。

4.8.2 分级标准及隶属度确定

各因素分级标准及隶属度值见表 4-30 ~ 表 4-43。

混合质边坡坡角评价因素(YT11)分级 表 4-30

分级	边坡角(°)	等级分值 Q_J	实测分值 Q_S	隶属度(三角函数)				
				Ⅰ	Ⅱ	Ⅲ	Ⅳ	Ⅴ
一级	20 ~ 30	85 ~ 100	$85+(30-X)\times15/10$	式(4-43)*	式(4-44)	式(4-45)	式(4-46)	式(4-47)
二级	30 ~ 45	75 ~ 95	$75+(45-X)\times20/15$	式(4-43)	式(4-44)	式(4-45)	式(4-46)	式(4-47)

续上表

分级	边坡角(°)	等级分值 Q_J	实测分值 Q_S	隶属度(三角函数)				
				Ⅰ	Ⅱ	Ⅲ	Ⅳ	Ⅴ
三级	45～60	65～85	65+(60－X)×20/15	式(4-43)	式(4-44)	式(4-45)	式(4-46)	式(4-47)
四级	60～70	55～75	55+(70－X)×20/10	式(4-43)	式(4-44)	式(4-45)	式(4-46)	式(4-47)
五级	70～90	55～65	55+(90－X)×10/20	式(4-43)	式(4-44)	式(4-45)	式(4-46)	式(4-47)

混合质边坡自然高度评价因素(YT 12)分级　　表4-31

分级	开挖高度(m)	等级分值 Q_J	实测分值 Q_S	隶属度(三角函数)				
				Ⅰ	Ⅱ	Ⅲ	Ⅳ	Ⅴ
一级	0～10	85～100	85+(10－X)×15/10	式(4-43)*	式(4-44)	式(4-45)	式(4-46)	式(4-47)
二级	10～20	75～95	75+(20－X)×20/10	式(4-43)	式(4-44)	式(4-45)	式(4-46)	式(4-47)
三级	20～30	65～85	65+(30－X)×20/10	式(4-43)	式(4-44)	式(4-45)	式(4-46)	式(4-47)
四级	30～40	55～75	55+(40－X)×20/10	式(4-43)	式(4-44)	式(4-45)	式(4-46)	式(4-47)
五级	40～60	55～65	55+(60－X)×10/20	式(4-43)	式(4-44)	式(4-45)	式(4-46)	式(4-47)

混合质边坡岩性评价因素(YT13)分级　　表4-32

分级	综合摩擦系数	分数	隶属度(专家法)				
			Ⅰ	Ⅱ	Ⅲ	Ⅳ	Ⅴ
一级	0.8～1.0	9	0.7	0.2	0.1	0.0	0.0
二级	0.6～0.8	7	0.2	0.7	0.1	0.0	0.0
三级	0.4～0.6	5	0.0	0.2	0.6	0.2	0.0
四级	0.2～0.4	3	0.0	0.1	0.3	0.5	0.1
五级	0.0～0.2	1	0.0	0.0	0.1	0.4	0.5

混合质边坡接触面坡角评价因素(YT14)分级　　表4-33

分级	接触坡角(°)	等级分值 Q_J	实测分值 Q_S	隶属度(三角函数)				
				Ⅰ	Ⅱ	Ⅲ	Ⅳ	Ⅴ
一级	20～30	85～100	85+(30－X)×15/10	式(4-43)*	式(4-44)	式(4-45)	式(4-46)	式(4-47)
二级	30～45	75～95	75+(45－X)×20/15	式(4-43)	式(4-44)	式(4-45)	式(4-46)	式(4-47)
三级	45～60	65～85	65+(60－X)×20/15	式(4-43)	式(4-44)	式(4-45)	式(4-46)	式(4-47)
四级	60～70	55～75	55+(70－X)×20/10	式(4-43)	式(4-44)	式(4-45)	式(4-46)	式(4-47)
五级	70～90	55～65	55+(90－X)×10/20	式(4-43)	式(4-44)	式(4-45)	式(4-46)	式(4-47)

混合质边坡降雨强度评价因素(YT21)分级 表4-34

分级	降雨强度(mm/d)	等级分值 Q_J	实测分值 Q_S	隶属度(三角函数)				
				Ⅰ	Ⅱ	Ⅲ	Ⅳ	Ⅴ
一级	0~20	85~100	$85+(20-X)\times15/20$	式(4-43)*	式(4-44)	式(4-45)	式(4-46)	式(4-47)
二级	20~50	75~95	$75+(50-X)\times20/30$	式(4-43)	式(4-44)	式(4-45)	式(4-46)	式(4-47)
三级	50~100	65~85	$65+(100-X)\times20/50$	式(4-43)	式(4-44)	式(4-45)	式(4-46)	式(4-47)
四级	100~150	55~75	$55+(150-X)\times20/50$	式(4-43)	式(4-44)	式(4-45)	式(4-46)	式(4-47)
五级	150~200	55~65	$55+(200-X)\times10/50$	式(4-43)	式(4-44)	式(4-45)	式(4-46)	式(4-47)

混合质边坡地下水评价因素(YT22)分级 表4-35

分级	地下水	分数	隶属度(专家法)				
			Ⅰ	Ⅱ	Ⅲ	Ⅳ	Ⅴ
一级	完全干燥	9	0.7	0.2	0.1	0.0	0.0
二级	湿润	7	0.2	0.7	0.1	0.0	0.0
三级	潮湿	5	0.0	0.2	0.6	0.2	0.0
四级	淋水	3	0.0	0.1	0.3	0.5	0.1
五级	涌水	1	0.0	0.0	0.1	0.4	0.5

混合质边坡滑带土组成评价因素(YT23)分级 表4-36

分级	滑带土组成[含石率(%)及块石级配]	分数	隶属度(专家法)				
			Ⅰ	Ⅱ	Ⅲ	Ⅳ	Ⅴ
一级	60~70,优	9	0.7	0.2	0.1	0.0	0.0
二级	50~60,良	7	0.2	0.7	0.1	0.0	0.0
三级	40~50,一般	5	0.0	0.2	0.6	0.2	0.0
四级	30~40,较差	3	0.0	0.1	0.3	0.5	0.1
五级	20~30,差	1	0.0	0.0	0.1	0.4	0.5

混合质边坡滑带土厚度评价因素(YT24)分级 表4-37

分级	滑带土厚度(m)	分数	隶属度(专家法)				
			Ⅰ	Ⅱ	Ⅲ	Ⅳ	Ⅴ
一级	0~0.5	9	0.7	0.2	0.1	0.0	0.0
二级	0.5~1.2	7	0.2	0.7	0.1	0.0	0.0
三级	1.2~1.8	5	0.0	0.2	0.6	0.2	0.0
四级	1.8~3.0	3	0.0	0.1	0.3	0.5	0.1
五级	>3.0	1	0.0	0.0	0.1	0.4	0.5

混合质边坡地震烈度评价因素(YT25)分级 表4-38

分级	地震烈度	分数	隶属度(专家法)				
			Ⅰ	Ⅱ	Ⅲ	Ⅳ	Ⅴ
一级	Ⅴ	9	0.7	0.2	0.1	0.0	0.0
二级	Ⅵ	7	0.2	0.7	0.1	0.0	0.0
三级	Ⅶ	5	0.0	0.2	0.6	0.2	0.0
四级	Ⅷ	3	0.0	0.1	0.3	0.5	0.1
五级	Ⅸ	1	0.0	0.0	0.1	0.4	0.5

混合质边坡基岩岩性评价因素(YT31)分级 表4-39

分级	基岩岩性	分数	隶属度(专家法)				
			Ⅰ	Ⅱ	Ⅲ	Ⅳ	Ⅴ
一级	硬岩	9	0.7	0.2	0.1	0.0	0.0
二级	较硬岩	7	0.2	0.7	0.1	0.0	0.0
三级	较软岩	5	0.0	0.2	0.6	0.2	0.0
四级	软岩	3	0.0	0.1	0.3	0.5	0.1
五级	极软岩	1	0.0	0.0	0.1	0.4	0.5

混合质边坡接触面形态评价因素(YT32)分级 表4-40

分级	坡面形态(滑坡)	分数	隶属度(专家法)				
			Ⅰ	Ⅱ	Ⅲ	Ⅳ	Ⅴ
一级	中部凸形	9	0.7	0.2	0.1	0.0	0.0
二级	中部凹形	7	0.2	0.7	0.1	0.0	0.0
三级	上陡下缓	5	0.0	0.2	0.6	0.2	0.0
四级	上缓下陡	3	0.0	0.1	0.3	0.5	0.1
五级	平缓形	1	0.0	0.0	0.1	0.4	0.5

混合质边坡植被覆盖率评价因素(YT33)分级 表4-41

分级	植被覆盖率(%)	分数	隶属度(专家法)				
			Ⅰ	Ⅱ	Ⅲ	Ⅳ	Ⅴ
一级	80~90	9	0.7	0.2	0.1	0.0	0.0
二级	60~80	7	0.2	0.7	0.1	0.0	0.0
三级	50~60	5	0.0	0.2	0.6	0.2	0.0
四级	30~50	3	0.0	0.1	0.3	0.5	0.1
五级	10~30	1	0.0	0.0	0.1	0.4	0.5

混合质边坡开挖高度评价因素(YT 41)分级 表 4-42

分级	开挖高度(m)	等级分值 Q_J	实测分值 Q_S	隶属度(三角函数)				
				Ⅰ	Ⅱ	Ⅲ	Ⅳ	Ⅴ
一级	0~10	85~100	$85+(10-X)\times15/10$	式(4-43)*	式(4-44)	式(4-45)	式(4-46)	式(4-47)
二级	10~20	75~95	$75+(20-X)\times20/10$	式(4-43)	式(4-44)	式(4-45)	式(4-46)	式(4-47)
三级	20~30	65~85	$65+(30-X)\times20/10$	式(4-43)	式(4-44)	式(4-45)	式(4-46)	式(4-47)
四级	30~40	55~75	$55+(40-X)\times20/10$	式(4-43)	式(4-44)	式(4-45)	式(4-46)	式(4-47)
五级	40~60	55~65	$55+(60-X)\times10/20$	式(4-43)	式(4-44)	式(4-45)	式(4-46)	式(4-47)

混合质边坡开挖坡角评价因素(YT42)分级 表 4-43

分级	边坡角(°)	等级分值 Q_J	实测分值 Q_S	隶属度(三角函数)				
				Ⅰ	Ⅱ	Ⅲ	Ⅳ	Ⅴ
一级	20~30	85~100	$85+(30-X)\times15/10$	式(4-43)*	式(4-44)	式(4-45)	式(4-46)	式(4-47)
二级	30~45	75~95	$75+(45-X)\times20/15$	式(4-43)	式(4-44)	式(4-45)	式(4-46)	式(4-47)
三级	45~60	65~85	$65+(60-X)\times20/15$	式(4-43)	式(4-44)	式(4-45)	式(4-46)	式(4-47)
四级	60~70	55~75	$55+(70-X)\times20/10$	式(4-43)	式(4-44)	式(4-45)	式(4-46)	式(4-47)
五级	70~90	55~65	$55+(90-X)\times10/20$	式(4-43)	式(4-44)	式(4-45)	式(4-46)	式(4-47)

4.8.3 权重确定

评价指标权重仍然使用专家打分法,各级指标的权重见表4-44~表4-48。

混合质边坡一级指标构成的判断矩阵及计算结果 表 4-44

编号	YT1	YT2	YT3	YT4	W	一致性检验
YT1	1	7/5	7/3	7/7	0.3182	$\lambda_{max}=4$
YT2	5/7	1	5/3	5/7	0.2272	CI=0
YT3	3/7	3/5	1	3/7	0.1363	RI=0.89
YT4	7/7	7/5	7/3	1	0.3182	CR=0,通过检验

混合质边坡二级指标构成的判断矩阵及计算结果(一) 表 4-45

编号	YT11	YT12	YT13	YT14	W	一致性检验
YT11	1	5/3	5/3	5/7	0.2778	$\lambda_{max}=4$
YT12	3/5	1	3/3	3/7	0.1667	CI=0
YT13	3/5	3/3	1	3/7	0.1667	RI=0.89
YT14	7/5	7/3	7/3	1	0.3889	CR=0,通过检验

混合质边坡二级指标构成的判断矩阵及计算结果(二)　　表4-46

编号	YT21	YT22	YT23	YT24	YT25	W	一致性检验
YT21	1	5/3	5/5	5/3	5/7	0.2174	$\lambda_{max}=5$
YT22	3/5	1	3/5	3/3	3/7	0.1304	CI = 0
YT23	5/5	5/3	1	5/3	5/7	0.2174	RI = 1.12
YT24	3/5	3/3	3/5	1	3/7	0.1304	CR = 0
YT25	7/5	7/3	7/5	7/3	1	0.3043	通过检验

混合质边坡二级指标构成的判断矩阵及计算结果(三)　　表4-47

编号	YT31	YT32	YT33	W	一致性检验
YT31	1	5/7	5/3	0.3333	$\lambda_{max}=3$
YT32	7/5	1	7/3	0.4666	CI = 0, RI = 0.52
YT33	3/5	3/7	1	0.1999	CR = 0,通过检验

混合质边坡二级指标构成的判断矩阵及计算结果(四)　　表4-48

编号	YT41	YT42	W	一致性检验
YT41	1	0.5	0.5	$\lambda_{max}=2$, CI = 0
YT42	0.5	1	0.5	RI = 0, CR = 0 < 0.1,通过检验

4.9　快速评价法在文麻高速公路中的应用

边坡稳定性分析是判断边坡是否失稳,是否需要加固及采取何种防护措施的主要依据,是边坡工程中最基本的问题,也是边坡工程设计与施工中最难和最迫切需要解决的问题之一。但是由于边坡地形地质条件复杂,岩土体力学性质不确定和周边环境模糊多变等因素影响,要想准确地判断边坡的稳定性实非易事;此外,山区高等级公路工程建设还具有路线长,跨越地质地貌单元较多、边坡数量巨大、从勘察设计到施工周期较短等特点,难以全面深入地了解沿线工程地质条件及工程地质问题,必须寻求新的途径与新的思路。在勘察设计阶段,按照一定准则对边坡问题做出快速判断,在施工阶段对开挖边坡进行快速准确评价,对于优化设计方案、大幅度减少施工过程中和公路运营期间的边坡地质灾害、保障施工安全及进度,以及竣工运营安全,具有十分重大的工程实践意义。正因如此,以模糊综合评价法为主的边坡稳定性快速评价方法应运而生。

4.9.1 边坡稳定性快速评价工作流程

(1)边坡岩土体类型判断。

根据野外地质调绘,辅以少量物探、钻探等勘察手段,结合区域地质资料,地形地貌特征、覆盖层厚度、植被发育、地下水、基岩出露情况等信息,初步判定构成边坡体的岩土类型及岩性特征。

(2)选择评价方法。

①岩质边坡:

结构面控制型边坡:赤平极射投影法、SMR 法、边坡岩体质量评价法(CSMR 法和 TSMR 法)、[BQ]岩体质量评价法、平面或滑楔体极限平衡计算法。

无控制性结构面边坡:SMR 法、[BQ]岩体质量评价法、圆弧形法、简化 Bishop 法、剩余推力法和模糊综合评价法。

②土质边坡:圆弧形法、简化 Bishop 法、剩余推力法和模糊综合评价法。

③岩土混合质边坡:剩余推力法和模糊综合评价法。

(3)收集模型计算(边坡)评价参数。

(4)模型计算。

(5)快速评价结论及建议。

4.9.2 工程案例 1:K77 左侧深挖高边坡

G5615 天保至猴桥高速公路天保至文山段(麻栗坡至文山段)TJ-4 合同段 K77 + 320.169 ~ K77 + 145.169 左侧深挖高边坡位于牛场坪村附近,测设长度 175m,路线从半山腰处通过。中心挖深 22.63m,最大挖方高度 31.40m。

1)工程地质条件

(1)地形地貌

场区总体属低中山构造侵蚀地貌区,以斜坡地形为主,总体地势北低南高,斜坡自然坡度为 20° ~ 35°,局部地段呈陡壁状,线址区最高点地面高程约 1227m,最低点约 1216m,相对高差约 11m。坡面植被发育,多为杂草、松林、灌木丛等。

(2)地层岩性

据地面调查及钻探揭露,场地地层划分为2个地层单元:第四系全新统残坡积(Q_4^{el+dl})、泥盆系下统坡脚组(D_1p)炭质页岩地层,地层特征及分布如下:

第四系全新统残坡积(Q_4^{el+dl}):粉质黏土,棕红色、黄褐色,硬塑状,普遍含碎砾石成分,夹少量角砾,粒径为2~20mm,约占15%;切面稍有光泽。无摇振反应,干强度高,韧性中等。土体多呈土柱状,表层见植物根系。该层厚度为0~1.2m,主要分布于斜坡平缓地带。

泥盆系下统坡脚组(D_1p)炭质页岩:

全风化炭质页岩:灰黑色,全风化,主要由炭质及黏土矿物组成,原岩结构与构造已破坏,尚可辨析,钻孔岩芯多呈碎屑、砂土状,该层局部夹风化不均匀的强风化页岩碎块,块径为2~5cm。钻孔揭露厚度为0~1.90m,该层场区均有分布。

强风化炭质页岩:灰黑色,中风化,主要由硅质及黏土矿物组成;泥质结构;薄片状构造,局部地段泥化严重,钻孔岩芯破碎,多呈碎屑状,少量碎块状,块径为2~5cm,实测重型圆锥动力触探试验击数为20~23击,统计修正平均击数为19击。钻孔揭露厚度为30.1~35.6m,该层未揭穿。该层为场地下伏地层,在场地较陡处有出露。岩层产状176°∠47°左右。该层场区均有分布。

(3)地质构造与地震

地质构造:根据区域地质资料、地表测绘及钻探揭露显示,线址区岩层单斜,构造简单,无断裂构造通过,区域上地壳整体稳定。

地震:据邻近工点牛场坪1号大桥钻孔波速测试各岩土层等效剪切波速值:场地覆盖层平均等效剪切波波速 $v_{se}=223.5\text{m/s}$;根据场地实测剪切波速,场区覆盖层厚度介于5~50m,场地土类型为中软土—坚硬土或软质岩石,判定场地类别为Ⅱ类。

根据《中国地震动参数区划图》(GB 18306—2015)、《建筑抗震设计规范》(GB 50011—2010),场地位于西畴县莲花塘乡境内,抗震设防烈度为Ⅵ度,设计基本地震动峰值加速度为0.05g,分组为第一组,地震动反应谱特征周期为0.35s。

(4)水文地质条件

地表水:勘察期间场区未见地表水分布。

地下水：场地属低中山构造侵蚀地貌，高山谷深，总体以斜坡沟谷地形为主，属干旱—半干旱区，勘察期间测得混合稳定地下水水位埋深14.70～15.80m。根据区域水文地质资料，结合调查访问结果显示，勘察场地存在的地下水类型主要为第四系松散岩类孔隙水、基岩裂隙水。

第四系松散岩类孔隙水：该类型地下水主要赋存于第四系残坡积粉质黏土内，该含水介质透水性弱，富水性差，为弱透水层。该含水层主要接受大气降水垂直入渗补给，并缓慢下渗补给下伏含水层。

基岩裂隙水：该类型地下水主要赋存于岩体构造裂隙及风化裂隙内，表层的强风化带节理裂隙发育，岩体破碎，是良好的含水介质，富水性及透水性均较好，有利于地下水径流形成及排泄，勘察区总体处于斜坡中下部，降雨时入渗至强风化带的地下水能及时沿裂隙下渗向深处排泄，不易富集形成稳定的地下水位；深部中等风化带岩体总体较完整，富水性逐渐减弱，局部裂隙较发育段受降雨下渗影响可能赋存大量地下水。

2）岩土工程地质条件与评价

（1）岩土物理力学性质评价

粉质黏土（Q_4^{el+dl}）：可塑状态，压缩系数平均值为0.36MPa^{-1}，压缩模量平均值为4.88MPa，具中等压缩性。液限指数平均值约为32.5%，属中液限土层，含少量碎砾石成分，物理力学性质受含水率及碎石粒径变化影响较大。桩周土摩阻力标准值[q_{ik}]=70kPa，承载力基本容许值[f_{a0}]=230kPa。土石等级为Ⅱ级普通土，路堑开挖段雨季土层较厚区易引发边坡失稳等不良地质。

全风化炭质页岩：该层岩体层厚较小，钻探揭露风化层厚度为0～1.90m，局部地段富含石英矿物，差异风化明显，局部夹风化不均匀的强风化炭质页岩碎块。该层物理力学性质较差。桩周土摩阻力标准值[q_{ik}]=60kPa，承载力基本容许值[f_{a0}]=200kPa。土石等级为Ⅲ级硬土，在大气降雨的作用下，孔隙水压力增大，边坡自重增加，边坡极易失稳。

强风化炭质页岩：该层岩体层厚度大，钻探揭露风化层厚度为30.10～35.60m，未揭穿，局部地段富含石英矿物，差异风化明显，加之该层裂隙极为发育，为地下水储存、径流、排泄通道，故裂隙发育段水蚀、泥化现象严重，多以碎裂状结构为主，偶见散体状结构。该层物理力学性质较差，其承载力随泥化程度增加而降低。桩周土摩阻力标准值[q_{ik}] = 100kPa,承载力基本容许值[f_{a0}] = 320kPa。土石等级为Ⅳ级软石,在一定坡率下不易发生滑动,边坡相对稳定。

与工程有关的岩土层设计参考值见表4-49。

K77 +320 边坡岩土层设计参数建议值 表4-49

地质成因	岩土编号	岩土名称	状态或风化程度	岩土体重度(kN/m³)	土体抗剪强度标准值		压缩模量 a_{1-2}(MPa)	承载力基本容许值[f_{a0}](kPa)	基底摩擦系数 μ	土、石开挖等级	建议坡率
					c(kPa)	φ(°)					
Q_4^{el+de}	(5)2	粉质黏土	硬塑	19.0	22.7	13.4	4.88	230	0.25	Ⅱ	1:1.25
D_1p	(9)1	炭质页岩	全风化	19.5*	33.10*	13.5*	5.78*	200	0.3	Ⅲ	1:1.25
	(9)2	炭质页岩	强风化	22.0*	40.0*	35*	10.0*	320	0.5	Ⅳ	1:1.00

注:带*的数据为经验值或附近工点的试验数据。

(2)地基土均匀性

勘察区岩层单斜、构造简单,区内地基土种类较少,根据工程地质剖面图,结合横断面图,路堑边坡开挖后场地地基土层主要为强风化炭质页岩地层,其地层分布稳定,岩土层性状变化不大,均匀性好,故可判定为均匀地基。

(3)场地及地基稳定性评价

场地地震烈度为Ⅵ度,新构造运动不强烈,未见断裂构造通过,场地稳定。场地内一般斜坡上覆第四系覆盖层厚度小,下伏为强风化炭质页岩地层,地基稳定,适宜修筑路基。

整个场地未见拉裂、位移、变形等迹象,斜坡在自然条件下整体稳定。

3)路堑边坡稳定性快速评价

路基所跨斜坡总体坡度为20°~45°,局部陡坎,表层为厚度不大的残坡积层,下伏为厚度较大的炭质页岩地层。斜坡较缓处被开垦为耕地,较陡处则植被较发育,以乔、灌木为主。

根据前述工程地质条件,将K77 +320边坡定性为岩土混合边坡。定性评价选用模糊综合评价法。按4.8节建立两级评价指标体系,对离散型变量采用梯形隶属函数,连续型变量采用岭形函数确定各评价指标的隶属度,计算结果见表 4-50。

K77 +320 边坡评价指标隶属度取值 表 4-50

编号	指标名称	自然值(级)	分值	隶属度				
				Ⅰ	Ⅱ	Ⅲ	Ⅳ	Ⅴ
YT11	坡度	35°	88	0.3	0.7	0.0	0.0	0.0
YT12	坡高	31.4m	72	0.0	0.0	0.7	0.3	0.0
YT13	综合摩擦系数	0.5	5	0.0	0.2	0.6	0.2	0.0
YT14	接触面倾角	35°	88	0.3	0.7	0.0	0.0	0.0
YT21	有效降雨量	100 ~ 150mm/h	75	0.0	0.0	1.0	0.0	0.0
YT22	地下水	涌水	1	0.0	0.0	0.1	0.4	0.5
YT23	滑带土含石率	30% ~40%	3	0.0	0.1	0.3	0.5	0.1
YT24	滑带土厚度	1.2 ~ 1.8m	5	0.0	0.2	0.6	0.2	0.0
YT25	地震烈度	Ⅵ	7	0.2	0.7	0.1	0.0	0.0
YT31	基岩岩性	软岩	3	0.0	0.1	0.4	0.5	0.0
YT32	坡面形态	上陡下缓	3	0.0	0.1	0.3	0.5	0.1
YT33	植被覆盖率	50% ~60%	5	0.0	0.2	0.6	0.2	0.0
YT41	开挖高度	31.4m	72	0.0	0.0	0.7	0.3	0.0
YT42	开挖坡度	1∶1.25	38.7	0.0	0.8	0.2	0.0	0.0

根据各因子隶属度,形成隶属度矩阵 R,查表 4-44 ~ 表 4-48 得各因子权重,形成权重向量 A。采取 $M(\cdot,+)$ 模型对模糊评判集 $B = A \cdot R$ 进行计算,多级模糊评价集的结果为:

$$R1 = \begin{bmatrix} 0.3 & 0.7 & 0.0 & 0.0 & 0.0 \\ 0.0 & 0.0 & 0.7 & 0.3 & 0.0 \\ 0.0 & 0.2 & 0.6 & 0.2 & 0.0 \\ 0.3 & 0.7 & 0.0 & 0.0 & 0.0 \end{bmatrix}, R2 = \begin{bmatrix} 0.0 & 0.0 & 1.0 & 0.0 & 0.0 \\ 0.0 & 0.0 & 0.1 & 0.4 & 0.5 \\ 0.0 & 0.1 & 0.3 & 0.5 & 0.1 \\ 0.0 & 0.2 & 0.6 & 0.2 & 0.0 \\ 0.2 & 0.7 & 0.1 & 0.0 & 0.0 \end{bmatrix}$$

$$R3=\begin{bmatrix}0.0 & 0.1 & 0.4 & 0.5 & 0.0\\0.0 & 0.1 & 0.3 & 0.5 & 0.1\\0.0 & 0.2 & 0.6 & 0.2 & 0.0\end{bmatrix},R4=\begin{bmatrix}0.0 & 0.0 & 0.7 & 0.3 & 0.0\\0.0 & 0.8 & 0.2 & 0.0 & 0.0\end{bmatrix}$$

$$B1=A1\cdot R1=[0.2778\ 0.1667\ 0.1667\ 0.3889]\begin{bmatrix}0.3 & 0.7 & 0.0 & 0.0 & 0.0\\0.0 & 0.0 & 0.7 & 0.3 & 0.0\\0.0 & 0.2 & 0.6 & 0.2 & 0.0\\0.3 & 0.7 & 0.0 & 0.0 & 0.0\end{bmatrix}$$

$$=[0.200\ 0.500\ 0.217\ 0.083\ 0.00]$$

$$B2=A2\cdot R2=[0.2174\ 0.1304\ 0.2174\ 0.1304\ 0.3043]\begin{bmatrix}0.0 & 0.0 & 1.0 & 0.0 & 0.0\\0.0 & 0.0 & 0.1 & 0.4 & 0.5\\0.0 & 0.1 & 0.3 & 0.5 & 0.1\\0.0 & 0.2 & 0.6 & 0.2 & 0.0\\0.2 & 0.7 & 0.1 & 0.0 & 0.0\end{bmatrix}$$

$$=[0.061\ 0.261\ 0.404\ 0.187\ 0.087]$$

$$B3=A3\cdot R3=[0.3333\ 0.4666\ 0.1999]\begin{bmatrix}0.0 & 0.1 & 0.4 & 0.5 & 0.0\\0.0 & 0.1 & 0.3 & 0.5 & 0.1\\0.0 & 0.2 & 0.6 & 0.2 & 0.0\end{bmatrix}$$

$$=[0.00\ 0.120\ 0.393\ 0.440\ 0.047]$$

$$B4=A4\cdot R4=[0.5\ 0.5]\begin{bmatrix}0.0 & 0.0 & 0.7 & 0.3 & 0.0\\0.0 & 0.8 & 0.2 & 0.0 & 0.0\end{bmatrix}=[0.0\ 0.4\ 0.45\ 0.15\ 0.0]$$

$$B0=A\cdot B=[0.3182\ 0.2272\ 0.1363\ 0.3182]\begin{bmatrix}0.200 & 0.500 & 0.217 & 0.083 & 0.000\\0.061 & 0.261 & 0.404 & 0.187 & 0.087\\0.000 & 0.120 & 0.393 & 0.440 & 0.047\\0.00 & 0.400 & 0.450 & 0.150 & 0.000\end{bmatrix}$$

$$=[0.072\ 0.232\ 0.249\ 0.192\ 0.027]$$

由最大隶属度准则，可以判断文麻高速公路 K77 + 320 路堑边坡稳定性等级为Ⅲ级，在综合考虑降雨、开挖、地震等因素影响下处于潜在不稳定状态。

4)结论及建议

(1)基本结论

深挖路堑段未见有地质构造发育的迹象,无滑坡、崩塌、泥石流等不良地质作用发育,场地较稳定。整个斜坡坡表未见拉裂、位移、变形等迹象,斜坡在自然条件下整体稳定。

该段路线主要穿越斜坡位置,全线以全挖方的方式通过,根据工程地质剖面图,结合横断面图可以看出,中心最大挖方高度约22.63m,路堑边坡开挖后场地左侧将形成最大高约31.40m的路堑边坡。开挖后边坡侧壁主要为粉质黏土及全、强风化炭质页岩地层。地表水入渗后,于岩土界面赋存,使其软化,降低其抗剪强度,易产生滑塌,故上部土体的稳定性较低;炭质页岩岩体强风化层厚度大,局部地段富含石英矿物,差异风化明显,加之该层裂隙极为发育,为地下水储存、径流、排泄通道,故裂隙发育段水蚀、泥化现象严重,多以碎裂状结构为主,偶见散体状结构。

若支护不当或选择放坡比例不当或在极端天气(暴雨、地震)、外界不利因素(施工震动等)作用下可能出现滑坡、坍塌等,引起边坡失稳破坏。同时强风化炭质页岩属于极软岩,遇水极易软化蚀变。因此,建议对边坡采取相应支护措施(格构+镶嵌片石或绿化等),工程建设过程中建议对场地进行合理分台,避免高陡边坡的形成,并合理设计确定稳定坡率、及时做好边坡的支挡和削坡工作,做好防护、种植草皮,以及坡顶、坡面的截水防渗工作,尽量避免雨季施工。

(2)防治措施建议

①高边坡建议开挖坡比按1:0.75~1:1.25进行开挖,高度大于10m的堑坡,应采用多级放坡,每级高6.0~10.0m,并设置不小于2.0m宽的碎落平台。

②边坡应分段开挖,边开挖边支护,开挖分段长度不宜大于10m,并采用逆作法施工,以免大面积开挖产生滑坡。

③为防止面流冲刷边坡,设计时应做好边坡竖向排水措施,在边坡碎落平台处做好横向排水措施,坡顶设置截排水措施。

④坡内设置泄水孔等疏、排水系统,以沟的形式排泄地下水,塑料盲沟出口段宜加塑料管引出地下水,防止冲刷边坡。

⑤放坡开挖后边坡处于欠稳定状态,建议采用锚杆支护,坡脚修建护脚墙。

⑥在边坡开挖过程中产生的岩石和弃渣主要为炭质页岩,炭质页岩遇水浸泡极易软化蚀变,不宜作为路基填料。若采用其作为路基填料,应防止雨淋和遇水浸泡,后期运营过程中也不得受地下水位的浸泡影响,以避免造成强度的降低。边坡开挖产生的弃渣对环境会造成一定的影响,必须注意的是弃渣不能随意堆放在冲沟内,以免人为造成泥石流等地质灾害。

4.9.3 工程案例2:K88段右侧高边坡

1)工程概况

拟建的 YK88 +274.997 ~ YK88 +370.997 段右侧高边坡坡位于云南省文山市追栗街镇三家村南侧约 1.3km,路线走向方位角 122°,近直线型展布。根据设计提供的 1:2000 地形图及路线纵断面图,该段高边坡工点的总长约为 96m,轴线最大挖方高度为 19.9m,位于 YK88 +330.997 处。根据剖面,YK88 +330.997 处原地面高程为 1251.24 ~1275.63m,设计高程为 1238.86m,按设计道路高程施工后,其最大挖方高度可达 19.9m,形成的右侧路堑坡高 32.82m。

(1)地形地貌

高边坡工点区属滇东南岩溶山区,喀斯特(峰林谷地)地貌区,周边峰顶高程约 1514.89m,四周切割不剧烈,拟建高边坡为跨越斜坡中上部。自然坡度为 25° ~35°,植被较丰富,主要为经济作物(甘蔗地及玉米地)、林地及少量杂草。路基区位于文山追栗街镇三家村南侧约 1.3km,两侧斜坡均有机耕道通往,交通运输条件一般。

(2)地质构造

根据区域地质资料显示,拟建路线区域上位于云南山字型与广西山字型构造之间,应力集中,区域地质构造现象较为复杂。根据构造形迹的组合规律和它们所反映出来的地壳运动方式和方向,拟建路线区域为文山巨型环状旋扭构造,由一系列向北西及北突出的弧形褶皱的断裂组成,旋扭中心在马关的八布一带。此外,区域内新构造运动颇为活跃,主要表现为阶地与洪积扇发育、深切河曲与山地的抬升、地震活动频繁等;新构造运动主要表现为差异性、间歇性、不均一性、继承性及更新性等特征。综合收集到的相关资料分析,线路区属非全新活动断裂，加之上述构造大多与拟建路线呈高角度斜交或垂直相交，故对拟建路线影响较小。

路基区出露基岩为泥盆系下统翠峰山组（D_1c）泥质页岩，产状为216°∠19°。

（3）地层岩性

根据地质调绘和钻探资料，路基区覆盖层为第四系残坡积成因（Q^{el+dl}）的粉质黏土，下伏基岩为泥盆系下统翠峰山组（D_1c）泥质页岩。地层岩性特征如下：

①粉质黏土（Q^{el+dl}）：钻孔揭露层厚3.5～4.2m，坡面均有分布。褐黄色，可塑状，以黏粒为主，含5%～15%砾石颗粒，砾径为2～5mm，呈次棱角状，可塑状，稍湿，韧性中等，干强度高，浸水后膨胀，失水后易龟裂，表层见植物根系。

②强风化泥质页岩（D_1c）：钻孔揭露层厚17.5～25.5m，棕黄色，浅灰色，主要由黏土矿物组成，含长石、石英，泥质结构，薄层状构造，页理发育，岩心破碎，清水钻进岩心多呈碎块状，岩质极软。

③强风化泥质页岩（D_1c）：钻孔未揭穿，棕黄色，浅灰色，主要由黏土矿物组成，含长石、石英，泥质结构，薄层状构造，页理发育，岩心破碎，清水钻进岩心多呈碎块状、短柱状，岩质软。岩心采取率约80%～88%。

（4）水文地质条件

地表水：拟建路线通过区域地表水系发育一般，属红河水系盘龙河流域。路线区域内的主要河流有南山河及其众多支流水系。路线沿线冲沟分布较多。路基区地表水系一般发育，主要为大气降水形成的暂时性地表面流，地表水断面流量受降雨量控制，主要顺坡及冲沟向低洼处排泄，部分沿裂隙下渗补给地下水。

盘龙河：盘龙河全长253km，发源于红河州蒙自三道沟，经砚山县从西北向中南贯穿文山腹地，后流经西畴、马关、麻栗坡，出境后交泸江汇红河，最终流至海南北部湾海域。河流流域面积约6497km^2。据相关水文观测站资料表明，盘龙河支流得厚河年最大流量37.9m^3/s，最小流量0.38m^3/s，多年平均流量6.27m^3/s；盘龙河集水面积3406.4km^2，地表水年径流量25.2亿m^3，年径流系数0.57，年径流模数 23.49L/s · km^2;地下水年径流量 12.37 亿 m^3,年径流系数 0.61,年径流模数 14.33L/s · km^2;盘龙河多年平均水量由上游至下游增大,上游为 20 万 ~30 万 m^3/km^2,下游为 50 万 ~60 万 m^3/km^2,汛期平均流量 54.3m^3/s,枯水期平均流量 11.5m^3/s,洪峰多发生在每年 7—8 月,最大洪峰流量为 445m^3/s,枯水期最小流量为 1.35L/s。

地下水:路基区地下水主要有第四系松散岩(土)类孔隙水及基岩裂隙水。

第四系松散岩(土)类孔隙水:主要分布于第四系松散岩(土)体的孔隙中,多以孔隙潜水形式出现。该类型孔隙水动态变化、水化学特征不稳定,季节性变化明显,径流途径一般较短;主要接受大气降水及地表水补给。

基岩裂隙水:该类型水能及时沿裂隙下渗向深处排泄,不易富集形成稳定的地下水位;深部中等风化带岩体总体较完整,地下水主要赋存于岩体构造裂隙及风化裂隙内,表层的强风化带节理裂隙发育,岩体破碎,是良好的含水介质,富水性及导水性均较好,有利于地下水的径流及排泄,勘察区总体处于斜坡中部,降雨时入渗至强风化带的地下,富水性逐渐减弱,局部裂隙较发育段受降雨下渗影响可能形成大量地下水。勘察期间内,钻孔内有水,总体而言,场地地表水较发育,地下水较发育。

(5)地震烈度

根据现行的《建筑抗震设计标准》(GB 50011—2010)、《中国地震动参数区划图》(GB 18306—2015)、《云南省地震动峰值加速度区划图》(1∶400 万)及《云南省地震动反应谱特征周期区划图》(1∶400 万),古木镇抗震设防烈度为Ⅵ度,设计基本地震动峰值加速度为 0.05g,分组为第三组,地震动反应谱特征周期为 0.45s,由于路基构筑物为一般构筑物,因此,建议按照Ⅵ度进行抗震设防。

2)工程地质条件评价

(1)岩土体的工程地质特征

粉质黏土:黄褐色,呈可塑状,韧性中等,干强度高,浸水后膨胀,失水后易龟裂,承载力基本容许值$[f_{a0}]$ =80kPa,摩阻力标准值$[q_{ik}]$ = 50kPa,土石工程分级为Ⅱ级普通土。

强风泥质化页岩:棕黄色,浅灰色,主要由黏土矿物组成,含长石、石英,泥质结构，薄层状构造，页理发育，岩心破碎，承载力基本容许值$[f_{a0}]$ = 280kPa，摩阻力标准值$[q_{ik}]$ = 140kPa，土石工程分级为Ⅳ级软石。

中风化泥质页岩：棕黄色，浅灰色，主要由黏土矿物组成，含长石、石英，泥质结构，薄层状构造，页理发育，岩心破碎，承载力基本容许值$[f_{a0}]$ = 600kPa，摩阻力标准值$[q_{ik}]$ = 200kPa，土石工程分级为Ⅳ级软石。

(2)岩体基本质量等级

根据钻探情况，结合岩石单轴抗压试验成果及云南地区经验：强风化泥质页岩天然单轴抗压强度标准值为2.85MPa，为遇水易软化的极软岩，岩体基本质量等级为Ⅴ级。中风化泥质页岩天然单轴抗压强度标准值为13.08MPa，饱和单轴抗压强度标准值为8.76MPa，软化系数为0.66，为遇水易软化的软岩，岩体基本质量等级为Ⅳ级。

(3)岩土层设计参数建议值

根据场区各岩土层特征，按《公路路基设计规范》(JTG D30—2015)及《建筑边坡工程技术规范》(GB 50330—2013)综合确定路基区各地基土层设计参数，见表4-51。

K88 + 274 边坡岩土层设计参数建议值 表4-51

层号	岩土名称	状态或风化程度	岩土体重度 (kN/m³)	土体抗剪强度标准值		承载力基本容许值 $[f_{a0}]$ (kPa)	摩阻力标准值 $[q_{ik}]$ (kPa)	基底摩擦系数 μ	土、石开挖等级
				c (kPa)	φ (°)				
①-1$_1$	粉质黏土	可塑	19.3	42.26	14.59	80	50	0.25	Ⅱ
②-1	泥质页岩	强风化	23.4	—	—	280	140	0.30	Ⅳ
②-2	泥质页岩	中风化	24.3	—	—	600	200	0.40	Ⅳ

3)路堑边坡稳定性快速评价

根据前述工程地质条件，将K88 + 274边坡定性为岩土混合边坡。定性评价选用模糊综合评价法。按4.8节建立两级评价指标体系，对离散型变量采用梯形隶属函数，连续型变量采用岭形函数确定各评价指标的隶属度，计算结果见表4-52。

K88 +274 边坡评价指标隶属度取值　　表 4-52

编号	指标名称	自然值(级)	分值	隶属度				
				Ⅰ	Ⅱ	Ⅲ	Ⅳ	Ⅴ
YT11	坡度	35°	88	0.3	0.7	0.0	0.0	0.0
YT12	坡高	32.82m	71	0.0	0.0	0.7	0.3	0.0
YT13	综合摩擦系数	0.6	7	0.2	0.7	0.1	0.0	0.0
YT14	接触面倾角	25°	92.5	0.75	0.25	0.0	0.0	0.0
YT21	有效降雨量	120mm	67	0.0	0.0	0.2	0.8	0.0
YT22	地下水	淋水	3	0.0	0.1	0.3	0.5	0.1
YT23	滑带土含石率	30%	3	0.0	0.1	0.3	0.5	0.1
YT24	滑带土厚度	1.2 ~ 1.5m	5	0.0	0.2	0.6	0.2	0.0
YT25	地震烈度	Ⅵ	7	0.2	0.7	0.1	0.0	0.0
YT31	基岩岩性	软质岩	3	0.0	0.1	0.3	0.5	0.1
YT32	坡面形态	上陡下缓	5	0.0	0.2	0.6	0.2	0.0
YT33	植被覆盖率	70%	7	0.2	0.7	0.1	0.0	0.0
YT41	开挖高度	32.82m	71	0.0	0.0	0.6	0.4	0.00
YT42	开挖坡度	1:1.25	84	0.0	0.9	0.1	0.0	0.0

根据各因子隶属度，形成隶属度矩阵 R，查表 4-44 ~ 表 4-48 得各因子权重，形成权重向量 A。采取 M(·，+)模型对模糊评判集 $B - A \cdot R$ 进行计算，多级模糊评价集的结果为：

$$B0 = A \cdot B = [0.3182\ 0.2272\ 0.1363\ 0.3182]\begin{bmatrix} 0.375 & 0.325 & 0.233 & 0.067 & 0.000 \\ 0.061 & 0.274 & 0.256 & 0.374 & 0.034 \\ 0.040 & 0.267 & 0.399 & 0.260 & 0.033 \\ 0.00 & 0.450 & 0.350 & 0.20 & 0.000 \end{bmatrix}$$

$$= [0.140\ 0.225\ 0.236\ 0.155\ 0.015]$$

由最大隶属度准则，可以判断文麻高速公路 K88 +274 路堑边坡稳定性等级为Ⅲ级，在综合考虑降雨、开挖、地震等因素影响下处于潜在不稳定状态。

4)结论及建议

(1)基本结论

①路基段地貌属于滇东南岩溶山区,喀斯特(峰林谷地)地貌区,现状未见崩塌、滑坡、泥石流等不良地质现象。

②场地内地层以第四系残坡积成因(Q^{el+dl})的粉质黏土,下伏基岩以泥盆系下统翠峰山组(D_1c)泥质页岩为主,钻探未揭穿,层位稳定,场地整体现状稳定,适宜路基通过。

③根据《建筑抗震设计标准》(GB 50011—2010)和《中国地震动参数区划图》(GB 18306—2015),本区设计地震分组为第三组,地震基本烈度值为Ⅵ度,设计基本地震动峰值加速度为0.05g,地震动反应谱特征周期为0.45s。

④该工点区位地表水、地下水对混凝土结构、钢筋混凝土结构中的钢筋具微腐蚀性。场地内地基土对混凝土结构、钢筋混凝土结构中钢筋及钢结构均具微腐蚀性。

⑤路基区主要地质问题为溶蚀现象发育及隐伏的岩溶问题,未见滑坡、崩塌、泥石流等不良地质现象,较适宜修筑路基。

(2)建议

①建议路基构筑物按照Ⅵ度进行抗震设防。

②人工边坡条件下,在暴雨、地震的作用下,岩土体可能出现零星掉块现象,甚至沿不利结构面向下滑动造成边坡失稳,应做好支护、防排水措施。

③挖方高边坡段应提前做好支护或锚固等措施,增强开挖边坡的稳定性;开挖过程中应及时清理松动的碎石,建议采用分级放坡方式开挖成坡,放坡坡率宜根据坡高及边坡岩体分类确定;边坡开挖应逐段、逐层进行,不要一次挖到设计线,沿边坡预留厚度30~50cm一层,待路堑挖完后,再削去预留部分,并以浆砌花格网护坡封闭。建议开挖坡率见表4-53。

K88+274 边坡开挖坡率建议值 表4-53

层号	岩土名称	土、石开挖等级	边坡坡率建议值
①-1_1	粉质黏土	Ⅱ	1:1.5
②-1	泥质页岩	Ⅳ	1:1.25
②-2	泥质页岩	Ⅳ	1:0.75~1:1

④路基施工宜在旱季进行，特别应避开降雨集中的暴雨季节，并做好截排水设施建设，如路基底部修筑排水涵洞，坡顶设截水沟、坡面设泄水孔、坡脚设排水沟。

4.9.4　典型边坡稳定性评价

文麻高速公路全线长74.8km，相对高差350m，大小边坡工点近200个，若对每一边坡进行详细建模计算、分析评价其稳定性，不仅费时费力，而且没有必要。因此，采用模糊综合评价，以达到快速筛选的目的。具体操作步骤如下：

(1)现场调查测绘，收集整理工程地质资料，包括地形地貌、地层岩性、地质构造、平均降雨量、覆盖层厚度、植被发育情况、地震设防烈度、基岩面产状、边坡自然高度与开挖高度等。

(2)根据现场调查资料分析，将边坡分为土质边坡、岩质边坡和混凝土质边坡三种类型。

(3)对应不同类型边坡，填写评价因子表，对于无法确定的因子，默认取中间值，即第三等级分值。

(4)根据因子的连续性(或离散性)特征确定因子分值，对于离散型因子，可直接查表求得隶属度，对于连续型因子按公式计算隶属度。

(5)取二级因子权重与二级因子隶属度，按模糊运算法则，计算一级因子的隶属度矩阵。

(6)计算一级因子的评判属性列阵。

(7)根据最大隶属度准则，获取边坡稳定性等级。

据此方法将全线200多工点，筛选出三级以上的边坡约80个，典型路堑边坡稳定性快速评价结果见表4-54。

根据文麻高速公路边坡的调查分析评价结果，用经典的剩余推力法、瑞典条分法计算上述80个工点，由计算结果可知，除个别工点外，绝大多数工点结果都相吻合。这说明了本书的模糊综合评价法具有一定的可靠性、实用性和科学性，可应用于类似边坡的稳定性分析。

表 4-54

文麻高速公路典型边坡稳定性快速评价结果

序号	桩号	边坡类型	T11*/Y11/YT11	T12/Y12/YT12	T13/Y13/YT13	YT14	T21/Y21/YT21	T22/Y22/YT22	T23/Y23/T23	T24/Y24/YT24	YT25	T31/Y31/YT31	T32/Y32/YT32	T33/Y33/YT33	Y34	YT41	YT42	评价结果	
																		模糊综合评价	计算 F_s
1	K120 +106.086 ~ K120 +226.086	混合	10 ~ 20	42.18	0.5	25°	120	淋水	16.667	1.2	Ⅵ	软岩	上陡下缓	茂密	—	42	38	Ⅲ级	1.02
2	K122 +826.080 ~ K122 +886.080	混合	10 ~ 20	17.97	0.6	25°	120	淋水	16.667	1.5	Ⅵ	软岩	上缓下陡	茂密	—	18	38	Ⅲ级	1.02
3	K126 +346.080 ~ K126 +506.080	混合	10 ~ 20	32.09	0.5	25°	120	淋水	16.480	1.5	Ⅵ	较软岩	上陡下缓	茂密	—	32	38	Ⅲ级	1.03
4	K0 +700 ~ K1 +000	混合	25 ~ 35	37.9	0.6	30°	120	涌水	16.480	1.8	Ⅵ	软岩	上缓下陡	发育	—	38	38	Ⅳ级	1.01
5	CK0 +500 ~ CK0 +620	混合	25 ~ 35	31.53	0.6	35°	120	潮湿	16.480	2.5	Ⅵ	软岩	上陡下缓	发育	—	32	38	Ⅲ级	1.02
6	ZK91 +667.897 ~ ZK91 +727.897	混合	34 ~ 45	33.03	0.6	35°	120	潮湿	16.05	2.6	Ⅵ	较软岩	上缓下陡	玉米地	—	33	38	Ⅲ级	1.03
7	K94 +780.461 ~ K94 +879.461	混合	35 ~ 45	35.79	0.5	35°	120	涌水	15.35	2.8	Ⅵ	软岩	上陡下缓	发育	—	36	38	Ⅲ级	1.03
8	K96 +725.461 ~ K96 +884.661	混合	35 ~ 45	43.65	0.5	35°	120	涌水	15.35	2.6	Ⅵ	软岩	上缓下陡	茂密	—	44	38	Ⅲ级	1.02
9	K115 +958.586 ~ K116 +146.086	混合	10 ~ 15	46.79	0.6	15°	120	涌水	16.183	2.5	Ⅵ	较软岩	上陡下缓	茂密	—	47	38	Ⅳ级	1.01
10	K115 +958.586 ~ K116 +146.086	混合	10 ~ 15	48.31	0.6	15°	120	涌水	16.183	2.4	Ⅵ	软岩	上缓下陡	茂密	—	48	38	Ⅲ级	1.02

续上表

序号	桩号	边坡类型	T11*/Y11/YT11	T12/Y12/YT12	T13/Y13/YT13	YT14	T21/Y21/YT21	T22/Y22/YT22	T23/Y23/T23	T24/Y24/YT24	YT25	T31/Y31/YT31	T32/Y32/YT32	T33/Y33/YT33	Y34	YT41	YT42	评价结果	
																		模糊综合评价	计算 F_s
11	K117+046.086~K117+206.086	混合	25~35	31.5	0.6	28°	120	涌水	19.410	2.6	Ⅵ	软岩	上陡下缓	发育	—	32	38	Ⅲ级	1.03
12	K117+376.086~K117+526.086	混合	25~35	31.92	0.5	28°	120	涌水	19.410	2.4	Ⅵ	较软岩	上缓下陡	较发育	—	32	38	Ⅲ级	1.03
13	K117+356.086~K117+506.086	混合	25~35	34.94	0.5	28°	120	淋水	19.410	2.5	Ⅵ	软岩	上陡下缓	较茂密	—	35	38	Ⅲ级	1.05
14	YK106+844.163~YK106+964.163	混合	25~35	44.24	0.5	28°	120	淋水	16.12	2.2	Ⅵ	软岩	上缓下陡	较发育	—	44	38	Ⅳ级	1.01
15	YK111+048.630~YK111+088.630	混合	25~35	31.41	0.6	28°	120	淋水	19.410	1.8	Ⅵ	软岩	上陡下缓	较发育	—	32	38	Ⅲ级	1.05
16	ZK111+066.376~ZK111+146.376	混合	25~35	34.92	0.6	28°	120	潮湿	19.410	1.9	Ⅵ	较软岩	上缓下陡	较发育	—	35	38	Ⅲ级	1.04
17	K91+667.897~ZK91+727.897	混合	35~45	33.03	0.6	36°	120	潮湿	16.050	1.8	Ⅵ	软岩	上陡下缓	玉米地	—	33	38	Ⅲ级	1.05
18	ZK110+666.376~ZK110+786.376	混合	25~35	35.10	0.6	28°	120	潮湿	15.900	1.6	Ⅵ	较软岩	上缓下陡	茂密	—	35	38	Ⅲ级	1.04
19	YK85+850.997~YK85+939.997	混合	25~35	55.59	0.6	28°	120	淋水	15.333	1.8	Ⅵ	软岩	上陡下缓	较发育	—	56	38	Ⅲ级	1.05
20	YK88+274.997~YK88+370.997	混合	25~35	32.32	0.6	28°	35	潮湿	15.100	1.9	Ⅵ	软岩	上缓下陡	较发育	—	33	38	Ⅲ级	1.05

注：* T11 为因子编号。

CHAPTER 5 | 第5章

边坡稳定性计算方法

在边坡稳定性研究领域,众多计算方法各具特色,形成了一个多维度的技术谱系。边坡稳定性的分析方法大致可分为定性分析法、定量分析法和不确定性分析法。定性分析法依赖于直观判断和经验,它考量边坡的尺寸、形态、地质构造及环境因素等,为边坡稳定性提供了一种初步的评估,虽然操作简便,但局限在于无法给出边坡稳定性的定量指标。

定量分析法又分为极限平衡法和数值分析法,目前边坡工程设计、施工与安全评估,主要选用定量分析法。极限平衡法作为该领域的经典计算方法,其独到之处在于将潜在滑动的岩土体理想化为刚体,通过确定滑动面并据此建立力和力矩的平衡方程,进而计算出边坡的安全系数。这种方法能够提供定量的安全系数评估,是工程实践中广泛使用的方法。数值分析法的代表是有限元强度折减法,这是一种融合了有限元法数值模拟技术与强度折减思想的高级分析方法。它通过逐步减小材料的强度参数,模拟边坡在荷载递增或材料强度递减条件下的响应行为,直至达到临界状态,从而评估边坡的稳定性。

本章选择有限元强度折减法和极限平衡法对边坡稳定性进行深入分析。这一选择基于它们在评估边坡稳定性方面的科学性、准确性,以及在工程实践中的广泛应用。通过这两种方法的结合运用,为边坡稳定性分析提供更加全面和深入的理解。

随着计算机技术逐渐发展,各种数值模拟软件层出不穷。主流的软件有PLAXIS、ABAQUS、GeoStudio 和 FLAC 3D 等。本章选取 FLAC 3D 为有限元强度折减法做边坡案例,选 GeoStudio 为极限平衡法做边坡案例。

边坡稳定性受到多种内在和外在因素的共同影响,其中内在因素涉及地质结构、土体物理性质、材料力学特性,以及水文地质条件等,外在因素包括降雨、地震活动、人类活动及地形地貌等。在这些影响因素中,降雨因其直接增加土体孔隙水压力,导致土体饱和、改变边坡形态,以及可能引发的滑坡和泥石流等地质灾害,对边坡稳定性构成了显著的影响。因此,这里重点探讨降雨对边坡稳定性的作用机制,通过数值模拟方法评估降雨条件下边坡的安全状况。

5.1　降雨的基本概念

降水是指在大气中冷凝的水汽以不同方式下降到地球表面的天气现象。降雨是降水的一种形式。

5.1.1　降水要素

降水是自然界中水循环的重要组成部分,对气候、生态、水资源管理及农业生产等都有着重要的影响。准确描述和测量降水现象,对于科学研究和实际应用至关重要。

降水的基本要素包括降水量、降水历时、降水时间、降水强度和降水面积。

(1)降水量

降水量是指在一定时间内,从大气中降落到地面的水分总量,通常以毫米(mm)为单位。它是衡量降水事件大小的直接指标,可以通过雨量计等仪器进行测量。降水量可以是瞬时的,也可以是累积的,累积降水量通常用于描述一段时间内的总降水。

(2)降水历时

降水历时指的是一次降水事件从开始到结束的持续时间。这个参数对于了解降水事件的持续性和对地表径流、土壤侵蚀等的影响具有重要意义。降水历时可以通过记录降水开始和结束的时间来确定。

(3)降水时间

降水时间是指降水发生的具体时刻或时间段。这个要素有助于了解降水事件的分布特征,对于农业灌溉、城市排水设计等具有指导意义。降水时间可以通过气象观测站的记录获得。

(4)降水强度

降水强度是指单位时间内的降水量,通常以毫米/小时(mm/h)为单位。它反映了降水的集中程度,与降水量和降水历时共同决定了降水对地表和水文地质的影响。降水强度的测量可以通过雨量计实现,也可以通过雷达等遥感技术进行估算。

(5)降水面积

降水面积是指一次降水事件影响的地理范围。这个参数对于评估降水对区域水资源、农业生产和洪水灾害的影响至关重要。降水面积可以通过气象卫星图像、地面观测网络等手段进行监测和分析。

(6)降水中心

降水中心是指在一次降水事件中,降水量最大的区域。这个概念有助于识别降水分布的不均匀性,对于洪水预警、水资源调配和农业灌溉规划等具有重要意义。降水中心通常通过分析降水量的地理分布图来确定。

5.1.2 降雨特征曲线

降雨特征曲线是一组用于描述降雨事件特性的图形工具,包括降雨量过程曲线(显示降雨量随时间的动态变化),降雨量累积曲线(反映一定时间内降雨量的总和)、降雨强度历时曲线(揭示降雨强度随时间的持续情况)、降雨量等值线(表示具有相同降雨量值的区域连线,用于分析降雨的空间分布),以及平均深度与面积曲线(描述特定降雨量下覆盖面积与降雨深度的关系)。

(1)降雨量过程曲线

降雨量过程曲线是水文学中用于描述降雨量随时间变化的图形,它通过横轴表示时间,纵轴表示降雨深度,来展示一个降雨事件的开始、持续、峰值强度及结束,见表5-1和图5-1所示。这种曲线不仅能够反映降雨的累积量,还能揭示降雨强度的动态变化,对于洪水预测、水资源管理、水文模型校准,以及城市排水设计等具有重要的应用价值。

每小时平均降雨量　　表5-1

时段	13:00:00—14:00:00	14:00:00—15:00:00	15:00:00—16:00:00	16:00:00—17:00:00
某站平均降雨量(mm)	5.72	43.74	12.46	0.92

(2)降雨量累积曲线

降雨量累积曲线是一种将降雨事件中随时间累积的降雨量以图形方式展示的工具,它通过在时间轴上累加每个时间点的降雨深度,形成一条随时间上升的曲线，见表5-2和图5-2所示。这种曲线能够直观地显示降雨的总量及其随时间的增长趋势。

四小时累积降雨量　　表5-2

时段	13:00:00	14:00:00	15:00:00	16:00:00
降雨量(mm)	5.72	43.74	12.46	0.92
累积降雨量(mm)	5.72	49.46	61.92	62.84

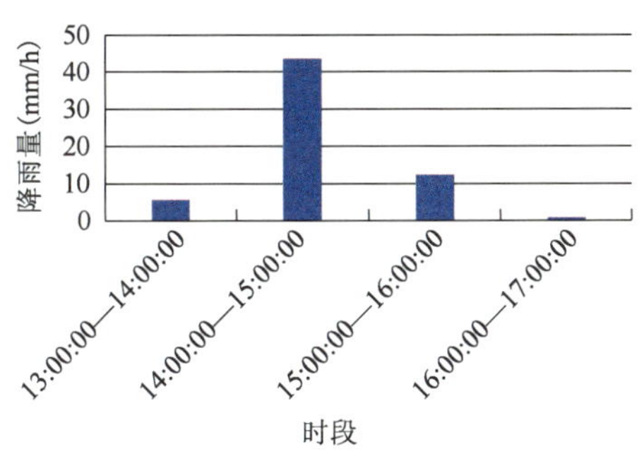

图5-1　降雨量过程图

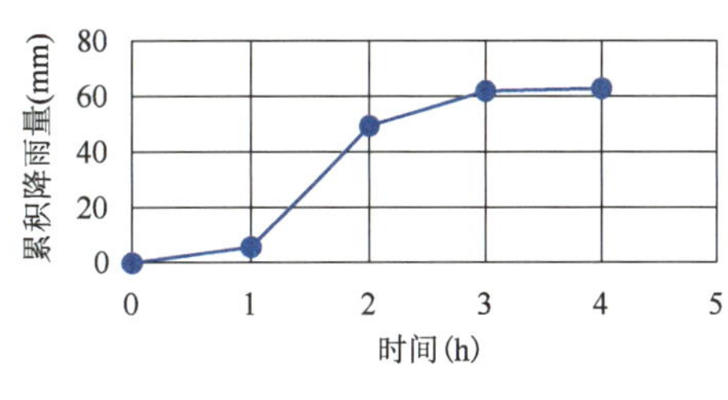

图5-2　降雨量累积曲线

(3)降雨强度历时曲线

降雨强度历时曲线是一种图形工具，它通过在横轴上表示时间，在纵轴上表示降雨强度，来展示降雨事件中最大平均雨强与历时的关系曲线，如图5-3所示。这种曲线对于分析降雨的集中程度、持续性以及对地表径流和洪水风险的影响至关重要。通过降雨强度历时曲线，可以识别降雨事件的高峰期和持续期。

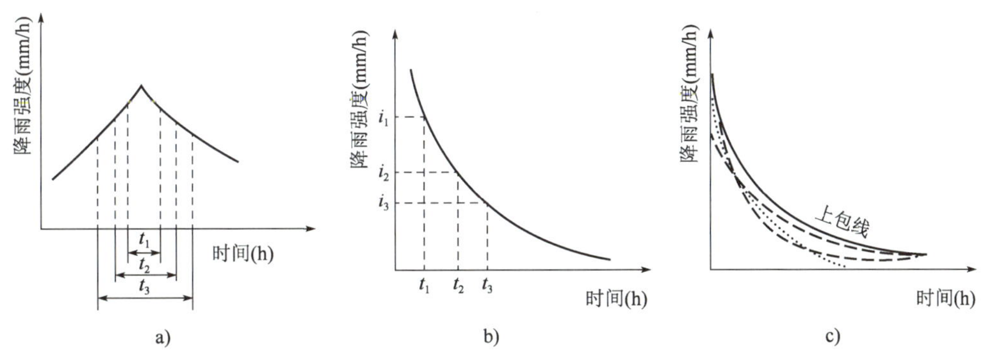

图5-3　降雨强度历时曲线

不同场降雨因降雨过程不同，因而降雨强度历时曲线也不同，一般取其上包线作为降雨强度历时曲线。

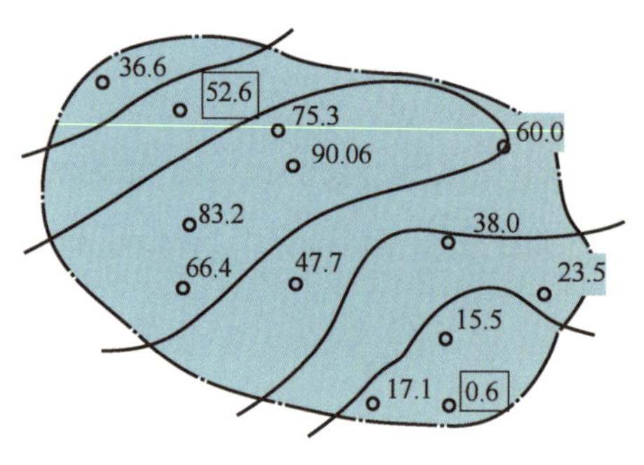

图 5-4　降雨量等值线

(4)降雨量等值线

降雨量等值线是一种在地图上通过连接降雨量相同的点来形成等雨量线的图形,用于直观展示特定时间或降雨事件中降雨的空间分布特征,如图 5-4 所示。这种图示能够帮助人们了解降雨在不同地区的强度和范围。

5.1.3　降雨模型

(1)基本公式

暴雨强度公式(5-1)用于描述在一定时间内降雨的强度,以帮助预测和评估降雨对地表径流、洪水风险和水资源管理的影响。

$$q = \frac{167A_1(1 + c\lg P)}{(t + b)^b} \tag{5-1}$$

式中,q 为设计暴雨强度(L/s);P 为设计重现期(年);t 为降雨历时(min);A_1、c、b 为地方参数,通过统计学方法确定。

该式用于估算在给定重现期 P 和降雨持续时间 t 下的暴雨强度 q。暴雨强度是指在单位时间内降落到地面上的降雨量,是水文分析和洪水预测中的一个关键参数。由于降雨模式受地理位置、气候条件和地形等因素的影响,该公式中的系数可能需要根据特定地区的降雨数据进行校准,以确保计算结果的准确性。

(2)云南省降雨强度计算公式

云南省主要市、县(市、区)降雨强度(2022 年)统计计算公式见表 5-3。

云南省主要市、县(市、区)降雨强度计算公式　　表 5-3

所在城市	降雨强度(L/s·hm²)	所在城市	降雨强度(L/s·hm²)
昆明	$q = \frac{1226.623(1 + 0.958\lg P)}{(t + 6.714)^{0.648}}$	会泽	$q = 167 \times \frac{14.5304 + 11.7604\lg P}{(t + 18.1057)^{0.8216}}$
玉溪	$q = \frac{2870.528(1 + 0.633\lg P)}{(t + 14.742)^{0.818}}$	元江	$q = 167 \times \frac{8.0911 + 5.565\lg P}{(t + 10.5976)^{0.6592}}$

续上表

所在城市	降雨强度（L/s·hm²）	所在城市	降雨强度（L/s·hm²）
普洱	$q=\frac{4578.897(1+0.737\lg P)}{(t+16.905)^{0.880}}$	泸西	$q=167\times\frac{8.9337+5.6949\lg P}{(t+14.2965)^{0.6442}}$
丽江	$q=\frac{317(1+0.958\lg P)}{t^{0.45}}$	蒙自	$q=167\times\frac{22.8645+19.5817\lg P}{(t+17.272)^{0.9087}}$
下关	$q=\frac{1534(1+1.035\lg P)}{(t+9.86)^{0.762}}$	屏边	$q=167\times\frac{19.2087+7.8591\lg P}{(t+13.6641)^{0.8206}}$
腾冲	$q=\frac{4342(1+0.96\lg P)}{t+13P^{0.09}}$	文山	$q=167\times\frac{11.0924+8.3534\lg P}{(t+7.0995)^{0.7685}}$
昭通	$q=\frac{4008(1+0.667\lg P)}{t+12P^{0.08}}$	元谋	$q=167\times\frac{10.6015+8.272\lg P}{(t+12.7706)^{0.7719}}$
沾益	$q=\frac{2355(1+0.654\lg P)}{(t+9.4P^{0.157})^{0.806}}$	楚雄	$q=167\times\frac{111.1808+64.7034\lg P}{(t+37.0189)^{1.1829}}$
开远	$q=\frac{995(1+1.15\lg P)}{t^{0.58}}$	景东	$q=167\times\frac{12.2537+8.7846\lg P}{(t+13.5698)^{0.7706}}$
广南	$q=\frac{977(1+0.641\lg P)}{t^{0.57}}$	澜沧	$q=167\times\frac{22.2085+11.1919\lg P}{(t+17.8713)^{0.8501}}$
江城	$q=167\times\frac{10.9982+4.6884\lg P}{(t+13.9701)^{0.6053}}$	香格里拉	$q=167\times\frac{5.6022+12.0922\lg P}{(t+9.0305)^{0.93}}$
景洪	$q=167\times\frac{8.607+4.3843\lg P}{(t+9.0431)^{0.6294}}$	维西	$q=167\times\frac{3.8363+9.9879\lg P}{(t+9.3124)^{0.8}}$
勐腊	$q=167\times\frac{5.2073+2.5183\lg P}{(t+3.8823)^{0.4902}}$	贡山	$q=167\times\frac{4.4833+4.1394\lg P}{(t+11.5012)^{0.7503}}$
耿马	$q=167\times\frac{113.8157+81.003\lg P}{(t+35.7771)^{1.2088}}$	泸水	$q=167\times\frac{6.7943+5.4834\lg P}{(t+12.91)^{0.6941}}$
临沧	$q=167\times\frac{23.2147+14.1804\lg P}{(t+18.9287)^{0.9223}}$	大理	$q=167\times\frac{15.2038+13.3359\lg P}{(t+13.469)^{0.88}}$
保山	$q=167\times\frac{28.8251+34.3716\lg P}{(t+29.4015)^{1.0973}}$	瑞丽	$q=167\times\frac{12.2196+5.2805\lg P}{(t+12.0083)^{0.7255}}$
华坪	$q=167\times\frac{7.7707+6.6034\lg P}{(t+9.9923)^{0.6576}}$	德钦	$q=167\times\frac{24.751+28.0716\lg P}{(t+24.803)^{1.1671}}$

5.1.4 降雨的分析方法

降雨的分析方法可以基于不同的原理进行分类。常见的分析方法有:

(1)雨量计法

雨量计法是一种测量降雨量的科学方法,通过测量雨滴落入一个固定面积的接收器所形成的液体体积来测量降雨量,通常以毫米为单位。接收器是一个圆柱体,顶部有一个开口,连接到一个玻璃或塑料容器中。雨量计的测量精度取决于其接收器的形状和大小,以及雨滴的大小和速度。

常用的雨量计有漏斗式雨量计、翻斗式雨量计。

漏斗式雨量计:具有一个圆锥形的漏斗,开口朝下,雨滴通过漏斗的开口进入一个量杯。量杯容积较小,需要在雨滴入量杯时计时和记录。

翻斗式雨量计:由一个框架、瓶子、一个小漏斗、滤网和一个翻斗组成。雨水通过漏斗进入瓶子,当水量达到一定水平时,翻斗会翻转,触发记录机械,并将数据打印出来或存储到存储芯片中。

(2)降水-流量法

降水-流量法,也称为水文流量法,是一种通过测量特定流域或集水区出口处的水体流量来间接估计该区域降水量的方法。这种方法的核心假设是,在理想状态下,忽略蒸发、渗透、人类活动等其他水文过程的影响,流域内的降水量将等同于流出该流域的水量。具体实施时,通常会在流域的出口处设置水文站,利用流量计等仪器连续监测水流的流量和流速,结合流域的几何特征和水文参数,计算出流域的总径流量。随后,通过时间累积或平均,可以得到整个降水期间的总降水量估计值。

(3)雷达降水估算法

利用天气雷达观测资料推算降水的方法。天气雷达可以探测到降水粒子,基于雷达回波信号的特性,可以分析降水的强度、位置和分布。雷达降水估算面临的挑战包括雷达的波束阻挡、异常回波(如地物回波、昆虫回波)、雷达系统校准的不均匀性等。解决这些挑战需要复杂的数据处理技术和算法。

(4)卫星遥感法

卫星遥感法分析降雨的原理是通过卫星搭载的遥感仪器测量地球表面反射

或辐射的电磁波,获取云层、大气水汽含量等信息。利用这些信息,结合降水与遥感观测参数之间的反演算法,可以估计降雨的强度和分布。该方法能够提供全球范围内的降雨监测,具有高时空分辨率,尤其适用于地面观测站点稀少的地区。通过多传感器数据融合,可以提高降雨监测的精度和可靠性。尽管存在一些误差和挑战,但卫星遥感法已成为分析和监测降雨的重要工具,广泛应用于气象预报、水文研究、农业生产和灾害管理等领域。

(5)气象站观测法

气象站观测法分析降雨主要依赖于自动气象站的组成和工作原理。自动气象站是一种能够自动收集和传递气象信息的观测装置,它能够自动探测多个气象要素,无须人工干预,即可自动生成报文,定时向中心站传输探测数据。

通过安装在气象站的雨量传感器,实时感应降雨量的变化并将其转换为电信号。这些信号随后由数据采集器进行采样、处理和存储,然后通过供电系统和传输系统将数据发送至中心站进行进一步分析。中心站的微机接收到数据后,进行线性化和定标处理,将工程量转换为实际的降雨量,从而实现对降雨情况的准确监测和分析。这一过程无须人工干预,能够全天候自动运行,为气象预报和相关领域提供实时、准确的数据支持。

这些方法可以单独或组合使用,以提供更全面的降水分析结果,从而为气象、水文等领域的研究和预测提供重要的参考依据。

5.1.5　我国年降雨量及时空分布

我国的降雨量具有显著的地理分布特征,多年平均降雨量根据不同区域有所不同:中部地区为648mm,全陆地区域为800mm,而亚洲陆地区域为740mm。为了更好地理解降雨量的地理分布,将全国划分为五种气候区:

多雨区:年降雨量超过1600mm,降雨日数达到160d。

湿润区:年降雨量在800~1600mm,降雨日数在120~160d。

半湿润区:年降雨量在400~800mm,降雨日数为80~100d。

半干旱区:年降雨量在200~400mm,降雨日数为60~80d。

干旱区:年降雨量少于200mm,降雨日数少于60d。

此外,降雨量的年内分配也呈现明显的季节性差异。

长江以南的地区，降雨主要集中在3—6月或4—7月，这4个月的降雨量可占全年降雨量的50%～60%。

华北和东北地区，降雨主要集中在6—9月，占全年降雨量的70%～80%，尤其是7—8月降雨量最大。

四川、云南及青藏高原东部，降雨同样集中于6—9月，占比约为70%～80%。

新疆西部地区由于受西风气流的影响，水汽来源包括大西洋和北冰洋，虽然降雨量较少，但分布较为均匀。至于降雨量的年际变化，我国各地的降雨量年际变化较大，且常常会出现连续几年偏多或偏少的情况。年降雨量越小的地区，其年际变化幅度越大。不同地区的年际变化幅度可以用最大与最小降雨量的比值来表示，例如西北地区大于8倍，华北地区为3～6倍，东北地区为3～4倍，南方地区为2～3倍，西南地区则小于2倍。这种年际变化对于水资源的规划和管理具有重要意义，需要通过长期观测和分析来准确把握降雨模式。

5.2 降雨对边坡稳定性的影响

地处青藏高原东南部的云南地区，地势由北向南呈阶梯状下降，并与纬度降低的方向一致，具有高纬度与高海拔结合、低纬度与低海拔相一致的特点，这加剧了云南南北之间的天气气候差异。云南受南亚季风和东亚季风的共同影响，气候复杂，雨季主要是每年的5—10月，雨季降雨占全年降雨量的85%，具有独特的气候特征，容易出现多单点性和区域性大雨和暴雨，并有“无灾不成年”之说。强降雨是云南地区主要的灾害性天气之一。云南文山地区2023年降雨量如图5-5所示。

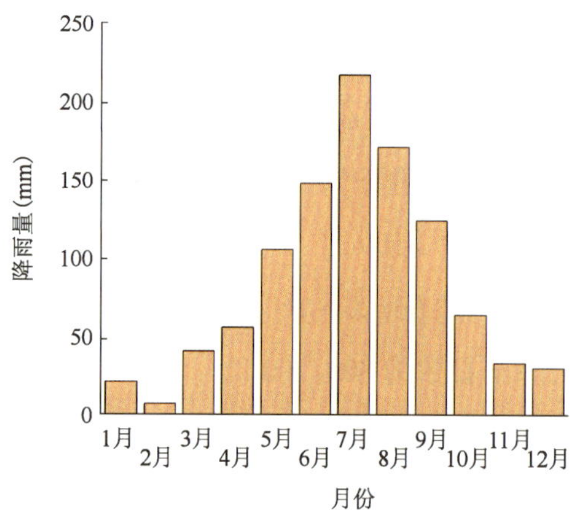

图5-5　2023年文山地区降雨情况

滑坡是全世界每年都会发生的毁灭性自然地质灾害，往往会造成巨大的破坏和生命财产损失。通过调查可知,滑坡破坏通常是由于斜坡角度超过斜坡饱和土体的临界角度。强降雨将增加斜坡内的孔隙水压力,从而减少有效应力,进而降低土体的抗剪强度,导致斜坡发生破坏。一旦斜坡的一块区域发生破坏,其他区域的斜坡就很难保持稳定状态,并且可能发生渐进式滑动。通过孔隙水压力与滑坡之间的关系可知,如果斜坡暴露在高强度降雨中,不排水土层的破坏几率会大大增加,这也会进一步导致滑坡的发生。

公路边坡是影响公路正常使用的一个重要因素,而降雨是引发滑坡的主要因素之一。降雨可以增加土体湿度、引起土体侵蚀、加速地表径流等,从而加剧山地地貌的退化和滑坡的发生。为保证公路正常使用,对公路边坡稳定性进行评价尤为重要。

5.2.1　渗透作用与边坡稳定性

(1)降水入渗的一般规律

降水入渗过程通常指降水从地表进入土体非饱和带,又从非饱和带渗入饱和带的过程。降水入渗过程可用图5-6表示,图中 abc 线为一定含水率的土体在降水条件下入渗率随时间变化的过程曲线。当降水强度小于地表非饱和带土体的渗吸能力时,降水全部渗入地下,此时入渗率为图中 ab 段所示;随着降水的持续,土体表层含水率逐渐增加,直到达到某一稳定值;当降水强度大于地表非饱和带土体的入渗能力时,降水量一部分转化为地表径流或积水,另一部分渗入地下,入渗率为图中 bc 段所示,入渗率由高迅速降低,一直降到等于饱和土的导水率 K。这两个阶段的交点(图中 b 点)为积水点。渗入地下的水量又有两个去向:一部分水量储存在地下水面以上土层的孔隙中,超过土体持水率部分的水渗入、补给地下水,地面附近土体所持水分以蒸发的方式直接转化为大气水。

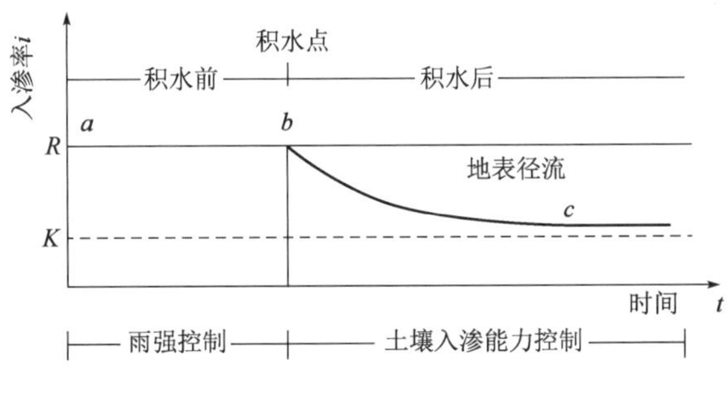

图5-6　降水入渗过程

(2)影响斜坡降水入渗的因素

影响斜坡降水入渗的因素可以从斜坡本身的性质、降水及蒸发等方面来考虑。从斜坡方面来讲,主要的影响因素包括组成斜坡岩土体的渗透性质、斜坡坡度、斜坡表面植被覆盖程度、斜坡体上裂隙的分布情况、斜坡体岩土体的毛细水等;从降水方面来讲,主要有降水强度、降水类型、降水历时等;从蒸发方面来讲,主要是地面蒸发强度及历时。降水和蒸发主要是通过影响斜坡体内的水量分布来影响斜坡的稳定性,是外在因素,斜坡本身的性质是内因,最主要的内因是岩土体的渗透性。一般滑坡在雨强很大时才具有群发性,从前面的分析可以看出:在这种情况下,进入滑坡内的水量多少主要取决于岩土体的入渗能力,即渗透系数的大小。对于饱和土体来说,一般可以认为渗透系数是一个常量;而对于非饱和土体,其变化范围是很大的,通常有 3 ~ 5 个数量级。非饱和土的渗透系数是体积含水率的函数,而体积含水率又是孔隙水压力的函数,故渗透系数是孔隙水压力的间接函数。黏性土典型的基质吸力与渗透系数、基质吸力与体积含水率之间的关系曲线如图 5-7 和图 5-8 所示。

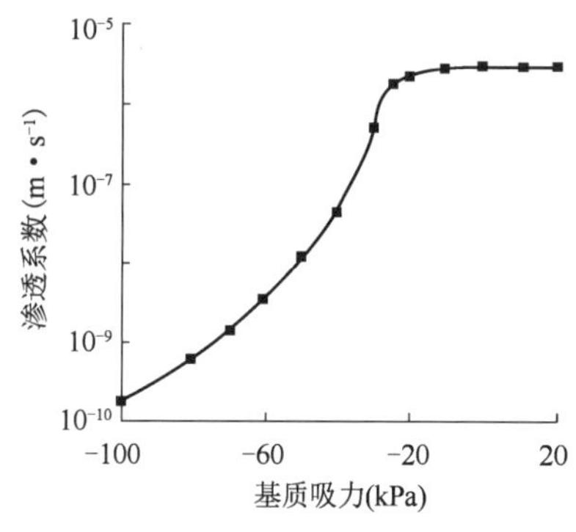

图 5-7　黏性土基质吸力与渗透系数关系曲线

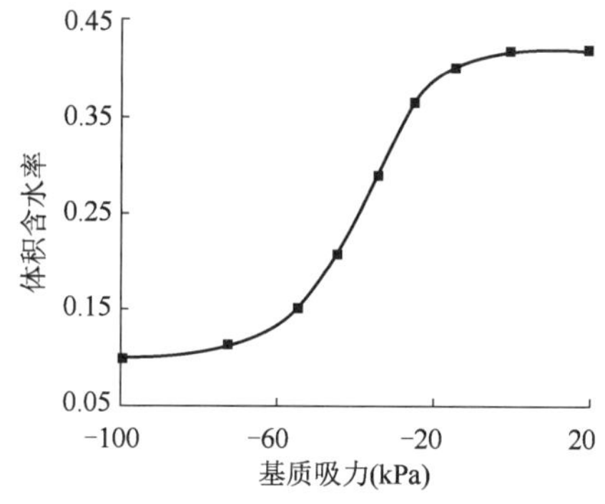

图 5-8　黏性土基质吸力与体积含水率关系曲线

从图中可以看出,随着体积含水率的增加,基质吸力迅速降低,同时渗透系数迅速增加,当体积含水率增加到饱和时,基质吸力减小到 0,渗透系数等于饱和土体的渗透系数。

(3)滑坡群发性与降水之间的统计关系

大量的统计调查资料表明,每当强降水发生时,会很容易诱发滑坡的群发。很多学者应用统计方法得出不同地方诱发滑坡群发的临界降雨强度。例如,成都龙泉山地区,1981 年 7 月 13 日雨强 262.7mm/d,诱发大量滑坡;当天,三台县南部及射洪县北部雨强达 160mm/d,未发生滑坡,而 9 月 2 日雨强达 278.9mm/d,便发生 300 多处滑坡;7 月 2 日荣昌县暴雨强度为 253mm/d,发生滑坡 33 处;遂宁县暴雨强度达 199.4mm/d,也未产生滑坡。

1982 年 7 月,川东暴雨期间,云阳县境内共发生大中型滑坡 76 处,基本上都发生在 7 月 16 日,从该天暴雨强度分布情况看,滑坡基本出现在雨强大于 200mm/d 的地区。由此,成都地质学院撰文将 200mm/d 作为四川盆地暴雨滑坡的临界强度。

在浙江省,1999 年 9 月 4 日受台风降雨影响,永嘉县降雨强度达 292.5mm/d,引发了该县境内 83 处滑坡;1997 年 8 月 18 日磐安县境内受台风影响,暴雨强度达 220mm/d,引发 11 处滑坡。2003 年通过对浙江省 1980 年以来的滑坡事件的统计分析,把降水强度 150mm/d 作为滑坡高危险发生的阈值。

由以上统计可知,不同的地区有不同的临界降雨值,一旦降雨量达到该值,滑坡就会大量发生,然而滑坡一般由黏性土组成,其饱和渗透系数一般为 10^{-6} m/s 数量级,渗透性低,如果仅考虑土体本身的渗透性,则边坡对降水入渗并不十分敏感,这与宏观观察结果有很大的出入。

根据浙江省的统计资料,随日降水强度的增大,滑坡发生滞后于降雨的时间在缩短:当降雨强度为 25 ~ 75mm/d 时,滑坡的滞后时间较长,一般为 3 ~ 8d;当降雨强度增大,达到 75 ~ 150mm/d 时,滑坡的滞后时间一般为 1 ~ 2d;当降雨强度达到 150mm/d 以上时,滑坡常常在降雨当日发生。雨强越大,滑坡发生的滞后性越短,这表明雨强越大,渗入滑坡体的降水越多,基质吸力减小越快,滑坡的稳定性降低越快。而由前述土体渗透系数与降水历时之间的关系可知,当降雨强度达到积水点之后,入渗率逐渐降低至饱和土体的渗透系数,其他过强的降雨则转化为地表径流(对斜坡来说,由于存在一定坡度,地表一般不会有积水,不存在有压渗透),雨强的增大不会相应地增加入渗量。这两者之间存在矛盾。

斜坡的破坏过程是变形长期积累的过程,在滑坡整体发生前一般会有比较显著的变形,尤其在斜坡中后部的受拉区变形量比较大,会产生一系列拉张裂隙,裂隙的产生增加了降水入渗的垂向通道;在降水较小时,这些通道对降水入渗的贡献不大,一旦降水强度大于地表积水点,就会产生地表径流,地面汇集的雨水将沿通道快速流入滑坡体内,由于裂隙内的积水会产生有压渗透,大大增加降水入渗量,斜坡体的含水率将迅速增加,基质吸力大幅度降低,土体的抗剪强度减小,边坡的稳定性降低,就会在较短时间内发生破坏。

(4)降雨引起的地下水位变化与边坡应力分布

降雨对地下水位的影响是导致边坡稳定性发生变化的重要因素之一。地下水位的升降不仅直接影响边坡土体的孔隙水压力,还会间接影响土体的有效应力分布,进而影响边坡的稳定性。

降雨是地下水主要补给源之一,地下水位变化主要与降水、地质条件及水位初始状态等因素密切相关。但同时,降雨入渗补给滑坡体内,会影响地下水位涨落变化,而地下水位变化又与滑坡变形具有较强关联性,因此,把地下水位作为滑坡变形破坏的关键预警判据是可靠的。当地下水位上升到一定临界范围时,滑坡体发生剧烈位移变形;而当地下水位下降至一定临界范围时,滑坡变形趋势明显减弱。

地下水位变化对边坡孔隙水压力的影响。降雨渗透到地下后,部分水被土壤颗粒吸附,形成孔隙水,而另一部分则继续下渗到较深的地下层,这导致边坡土体内孔隙水压力的增加。当地下水位升高时,孔隙水压力也随之增加,从而使得土体内的有效应力减小。这种减小的有效应力会导致土体的抗剪强度下降,从而增加边坡发生滑动和破坏的风险。

地下水位变化对边坡土体应力状态的影响。地下水位的变化还会影响土体的应力分布。当地下水位升高时,孔隙水压力增加,有效应力减小,土体的抗剪强度降低,因而会导致土体的应力状态发生变化。通常情况下,地下水位升高会导致边坡上部土体的有效应力减小,从而使得边坡上部的抗剪强度降低,边坡的稳定性受到影响。而在地下水位下降的情况下,则相反。

地下水位变化对边坡变形的影响。地下水位的变化也会影响边坡的变形特征。当地下水位升高时,孔隙水压力的增加会导致土体的有效应力减小,从而增加土体的压缩性和变形性,可能导致边坡的变形加剧。而地下水位下降则会减小孔隙水压力,使土体的有效应力增加,从而减缓边坡的变形过程。

(5)降雨强度与边坡失稳风险的关系

降雨强度是引发边坡失稳的主要因素之一,其与边坡失稳风险密切相关。

降雨强度的大小、持续时间和分布特征都会对边坡稳定性产生影响。

降雨强度是指单位时间内雨水的降落量,较大的降雨强度会导致较大的径流和入渗量,进而使边坡土体内的孔隙水压力增加。当孔隙水压力增加到一定程度时,会降低土体的抗剪强度,从而增加边坡发生滑坡的风险。何文华通过水槽试验,模拟不同降雨强度(40、70、100mm/h)、坡角(45°~55°)和土体初始含水率(5%~12%)下的滑坡现象,得出了滑坡破坏速度与降雨强度成正比变化,降雨强度越大,滑坡破坏速度越快的结论。

降雨持续时间是指降雨事件的持续时间长短。持续时间较长的降雨会使边坡土体受到长时间的水分浸润,孔隙水压力持续增加,土体的抗剪强度逐渐降低,从而增加了边坡发生失稳的概率。特别是在连续降雨的情况下,边坡的稳定性更容易受到影响。总体上边坡安全系数随着降雨强度和降雨历时的增大而减小,孔隙水压力随着降雨强度和降雨历时的增大而增大。

降雨分布特征指降雨在空间上的分布情况,包括降雨的均匀性、集中性和强度分布。不均匀的降雨分布会导致土体表面产生局部积水,增加边坡发生局部滑动的可能性。同时,降雨的集中性和强度分布也会影响边坡土体的水分入渗速率,进而影响孔隙水压力的变化,加剧边坡的失稳风险。

为了更准确地评估降雨强度对边坡失稳风险的影响,通常需要结合数值模拟和实地监测进行分析。数值模拟可以模拟不同降雨条件下边坡的水文响应和稳定性变化,为边坡工程设计提供科学依据;实地监测可以获取真实的降雨数据和边坡变形数据,验证数值模拟结果的准确性,并及时发现边坡稳定性的变化情况,为灾害防治提供重要参考。

5.2.2 降雨诱发边坡失稳的机制分析

根据《降水量等级》(GB/T 28592—2012)可知,降雨量按24h或12h两个时间段进行划分。当区域内24h降雨量不小于50mm或12h降雨量不大于30mm时,可定义为暴雨。在暴雨作用下,公路边坡容易出现侵蚀、落石、滑塌等病害,其作用机理总结如下:

(1)地下水渗流

公路边坡岩土体是多孔隙的三相结构,在暴雨天气下,地表径流会沿着坡体表面孔隙渗入坡体内部。在此过程中,雨水渗流产生动水压力,冲刷边坡表层土。当冲刷力大于土体抗剪强度时,边坡表层会产生滑移破坏。同时,降雨入渗会持续补给地下水,使地下水位高度增加。如果边坡岩土体内部岩土体的"亲水性"矿物较多,岩土体会因吸水而增加自身重量,滑动面以上的滑体下滑力增大,从而降低边坡稳定性。

(2)岩土体软化

雨水渗入边坡岩土体内部后短时间内难以排出,会使岩土体因长期浸泡而软化或崩解,从而降低边坡岩土体的抗剪强度,严重的可能导致边坡整体失稳破坏。

(3)基质吸力

边坡岩土体处于非饱和状态,在降雨入渗期间,其负孔隙水压力增大,基质吸力减小。基质吸力越小,岩土体抗剪强度越小,边坡也越不稳定。

王恭先在《滑坡机理概论》中提出了边坡失稳机理的概念,"一定地质构造的斜坡,在各种因素作用下从稳定状态变化到失稳滑动,再达到新的稳定状态或永久稳定(死亡)整个过程动态变化的物理学本质和规律"。王恭先认为滑坡是由两个方面的因素共同作用的结果,包括形成条件和诱发条件:形成条件是指边坡固有的、相对稳定的、不会发生剧烈变化的边坡本身的地质地貌特征;诱发条件是指非边坡固有的、相对不稳定的、外界施加于边坡的、有可能发生剧烈变化的人为或者自然因素。滑坡的形成是由一定的成因造成的,是经历一定过程的,而滑坡机理则是研究滑坡失稳过程中动态变化的力学性质及其规律性。因此,研究滑坡机理和滑坡成因是紧密相连的。

研究边坡失稳机理,对于滑坡灾害的预测、治理和防治工作具有重要意义,国内外学者针对边坡的特点,从不同角度出发,做过不少研究。黄润秋通过对大型滑坡的研究和分析,总结归纳了我国大型滑坡的发生机制,研究结果表明,典型的滑坡机制包括近水平岩层的"平推式"模式、滑移—拉裂—剪断"三段式"模式、"挡墙溃决"模式、顺倾边坡岩层的蠕滑(弯曲)—剪断模式、反倾边坡岩层大规模倾倒变形模式等。

降雨型滑坡主要以浅层滑坡为主,降雨引起坡面浅层含水率迅速升高,形成的饱和区将软化和削弱土体强度,诱发浅层滑坡。坡面浅层产生的饱和区是导致斜坡浅层破坏的主要原因。随着数值计算技术的发展,边坡稳定性数值演化分析得以不断实现。

降雨形成饱和区过程复杂,特别在考虑边坡入渗过程中的边界效应,即在底部边界排水较差时,较小的降雨强度持续时间足够长,底部水位抬升,斜坡浅层仍能形成饱和区。饱和区的成形涉及降雨强度、土体渗透系数的动态变化,但目前缺少获取饱和区临界降雨条件的有效方法。

研究发现,降雨过程中土体表层渗透系数与降雨强度存在定量关系,基于此,提出了以土体饱和度表征降雨强度的计算方法,并以土体表层饱和度首次达到饱和度 0.9 后、表层饱和度持续稳定在 0.9 ± 0.005 内为土体表面产生饱和区的临界判据,计算出饱和区产生的临界降雨强度与时间,通过创新性构建的饱和区降雨强度-时间临界曲线模型,实现对饱和区产生的临界降雨阈值的判定。

含不透水基岩的土体纵向含水率剖面如图 5-9 所示。

在入渗过程中仅表面浅层土体才能达到饱和,其余土体介于饱和与非饱和之间,土体饱和度 0.9 以上区域近似为饱和区。

典型非饱和土入渗过程如图 5-10 所示。

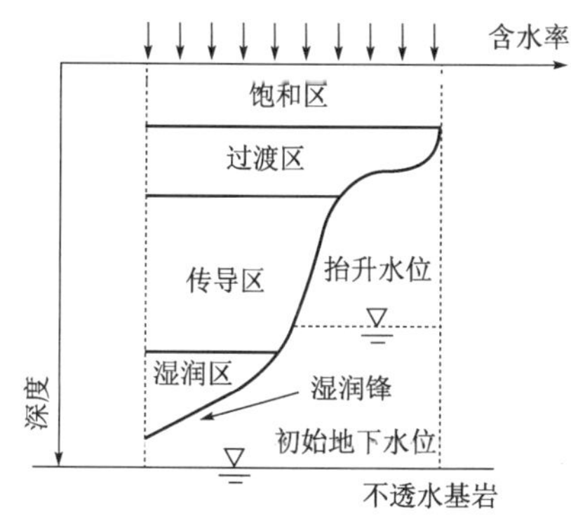

图 5-9　含不透水基岩的土体纵向含水率剖面

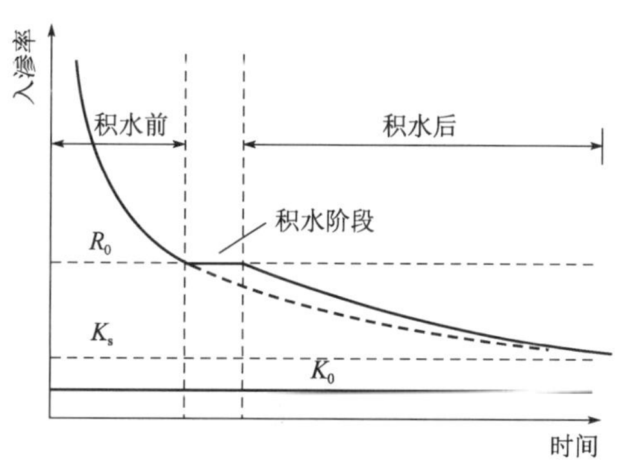

图 5-10　典型非饱和土入渗过程

当降雨强度 $q \leqslant K_s$ 时,土体表面入渗率 K_0 与降雨强度相等,即土体表面的渗透系数等于降雨强度。因此,以土体饱和(饱和度 0.9)对应渗透系数作为降雨强度(渗透系数与降雨强度同量纲,均为 m/s),一定降雨时间后,土体表面饱和度将趋近饱和值并保持稳定,此时的降雨强度为临界降雨强度。当降雨强度低于临界降雨强度时,土表面渗透系数将低于临界降雨强度值,即表面含水率低于对应饱和含水率,土表面将无饱和区产生(不考虑渗流边界效应)。

降雨引起的饱和度变化机理。降雨作用下,雨水渗入边坡土体中,填充了土壤孔隙空间,使得土体饱和度逐渐增加。随着降雨持续时间的增加和降雨量的积累,土体中的孔隙水压力逐渐增大,使得土体内部的孔隙水与孔隙空气的比例发生变化,从而引起土体饱和度的变化。当土体达到饱和状态时,孔隙水压力达到最大值,土体抗剪强度降低,易发生滑坡等地质灾害。

影响降雨引起的饱和度变化的因素。降雨引起的边坡土体饱和度变化受多种因素的影响,主要包括降雨强度、降雨持续时间、土壤类型、边坡坡度和地形地貌等。降雨强度越大、持续时间越长,土体受水分浸润和渗透的程度越深,饱和度变化越明显。土壤类型的不同也会影响土体对水分的渗透性和保水性,从而影响饱和度的变化。此外,边坡的坡度越大、地形地貌越险峻,土体受雨水冲刷和侵蚀的程度越严重,饱和度变化越剧烈。

案例:文麻高速公路 K46 边坡在不同降雨量下的饱和度变化

文麻高速公路 K46 边坡全貌如图 5-11 所示。分析 K46 边坡在不同降雨条件下的饱和度变化,模拟不同降雨强度(500mm 和 250mm)和持续时间(3、6、12、24h)对边坡的影响。分析降雨作用下边坡的饱和度变化,特别是最先饱和的位置和全局饱和情况。

图 5-11　文麻高速公路 K46 边坡滑坡全貌

模型材料共分为三组,分别为粉质黏土、含碎石粉质黏土、泥质页岩。模型 x 方向长 203m,y 方向宽 109m,高度 28 ~ 112m。

模型计算参数采用本书第3章介绍的方法确定。一般通过样本试验、现场原位测试、参数反演分析和类似工程经验,综合确定。K46边坡简化计算参数见表5-4。

岩土体强度参数　　表5-4

地层	重度(kN/m^3)(天然/饱和)	黏聚力(kPa)(天然/饱和)	内摩擦角(°)(天然/饱和)
粉质黏土	18.7/19.1	27.1/20	20/16
含碎石粉质黏土	19.4/20.4	22/13	18/15
泥质页岩	23/25	45/2	27

数值模拟特征结果如图5-12~图5-23所示。

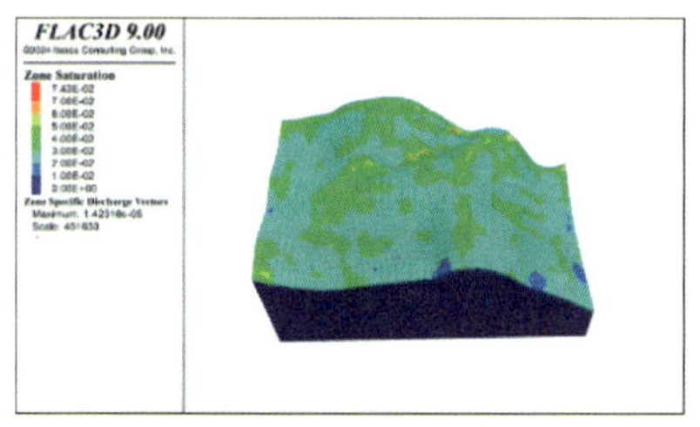

图5-12　250mm每天降雨3h全局

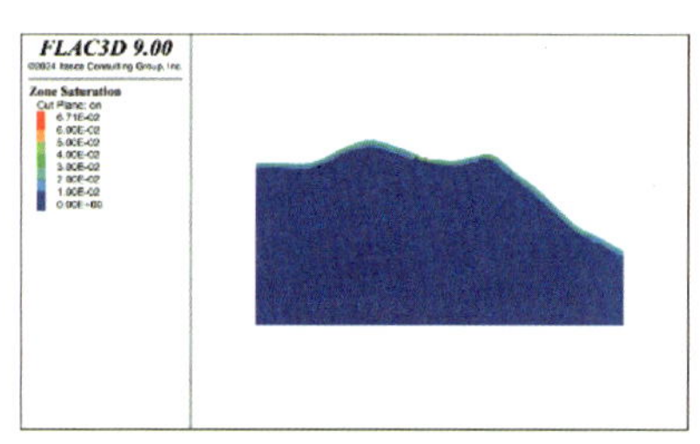

图5-13　250mm每天降雨3h

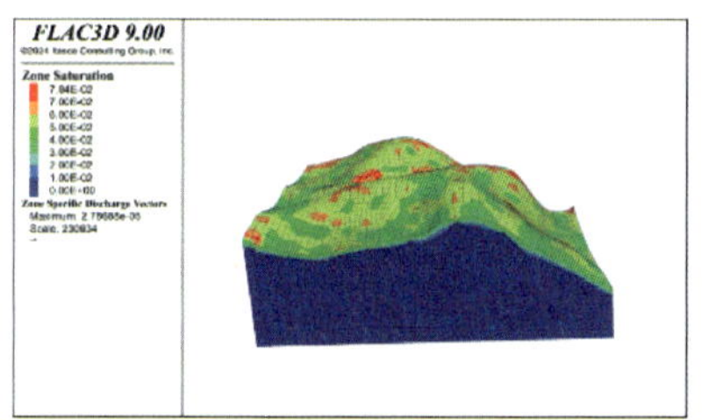

图5-14　250mm每天降雨6h全局

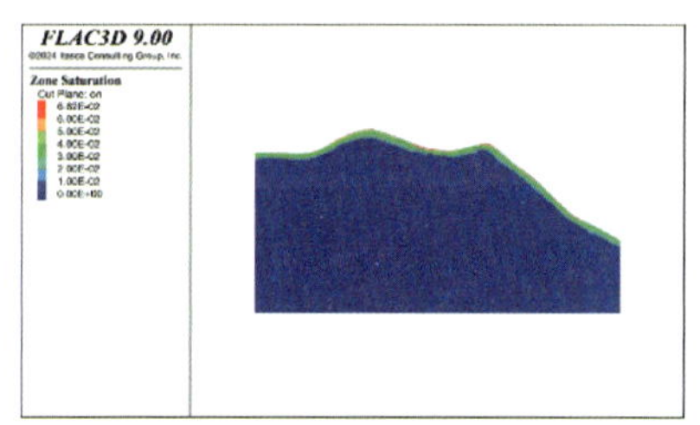

图5-15　250mm每天降雨6h

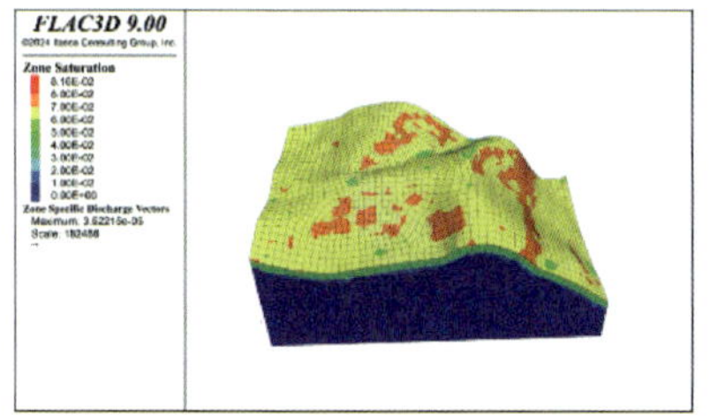

图5-16　250mm每天降雨12h全局

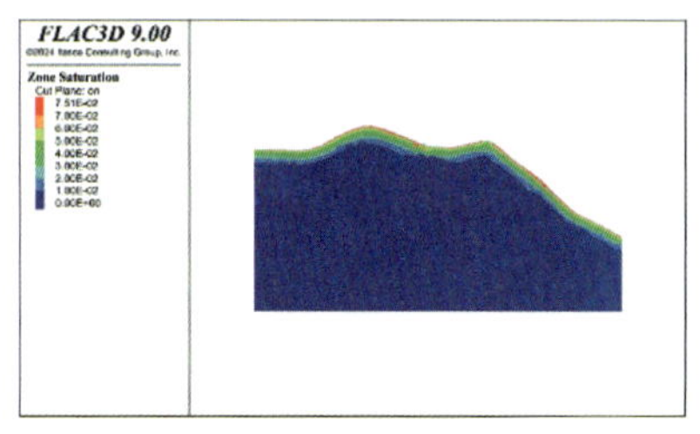

图5-17　250mm每天降雨12h

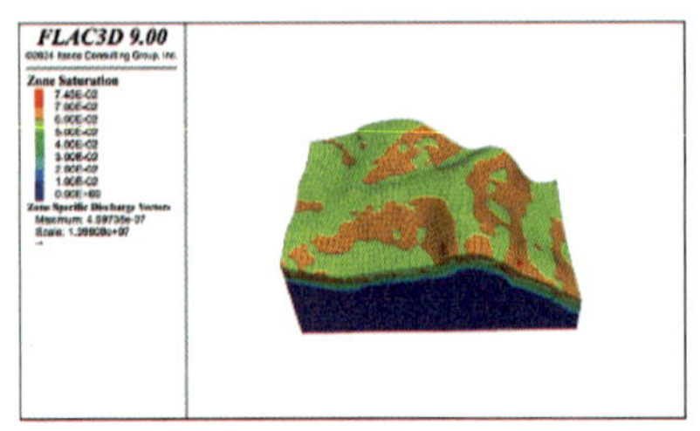

图 5-18　250mm 每天降雨 24h 全局

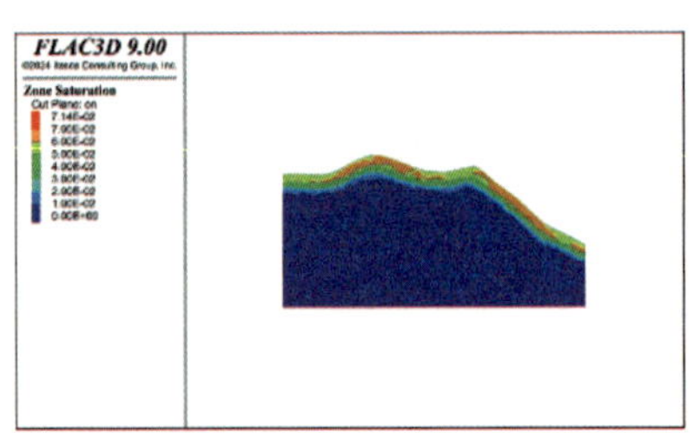

图 5-19　250mm 每天降雨 24h

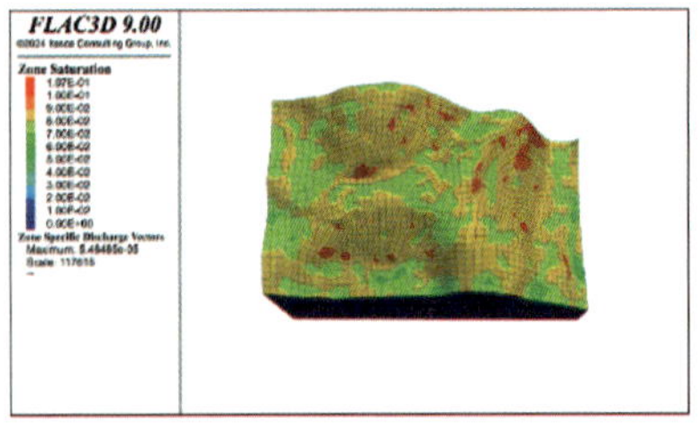

图 5-20　500mm 每天降雨 6h 全局

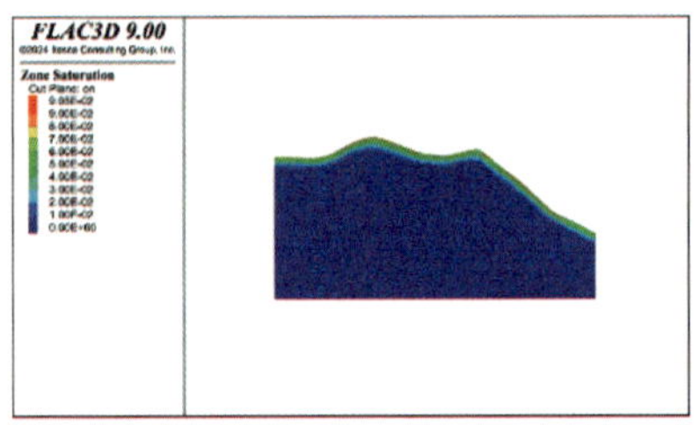

图 5-21　500mm 每天降雨 6h

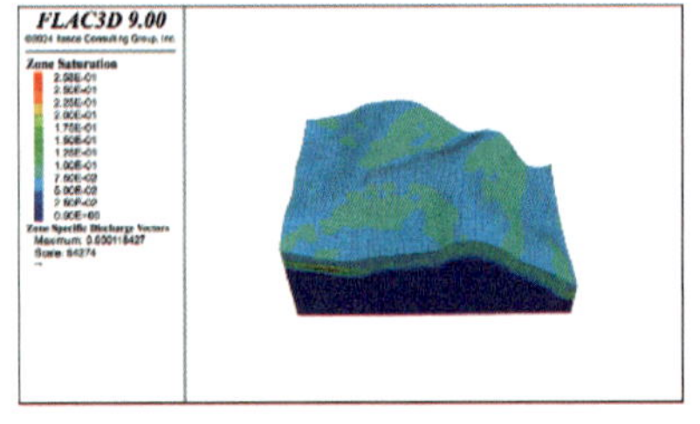

图 5-22　500mm 每天降雨 24h 全局

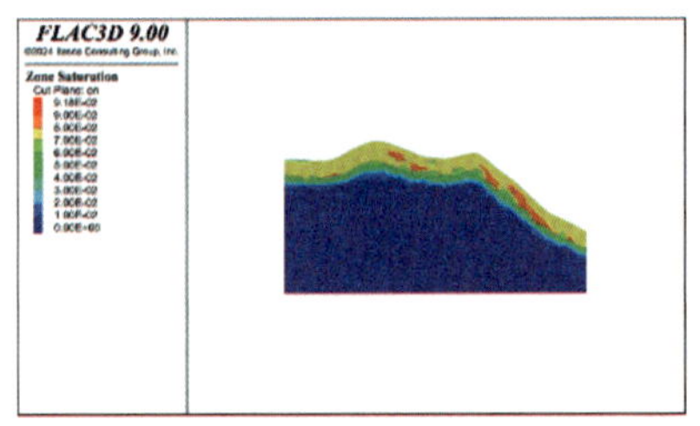

图 5-23　500mm 每天降雨 24h

从图 5-12 ~ 图 5-23 中可以看出，降雨型滑坡主要以浅层滑坡为主。通过模拟不同降雨强度（500mm 和 250mm）和持续时间（3、6、12、24h）对边坡的影响，观察边坡表面的饱和度情况，可以确定最先饱和的位置，如图 5-24 所示，该位置发生滑坡的风险较高，需要采取防护措施加以预防。

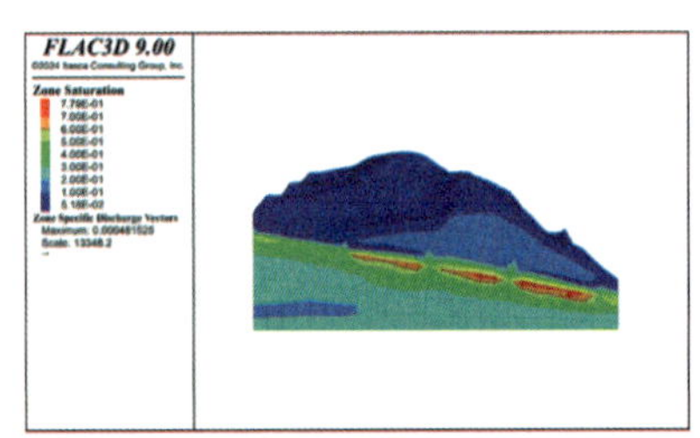

图 5-24　降雨作用下最先饱和位置交界处

（4）降雨过程中动水压力对边坡稳定性的影响

降雨引发边坡失稳的重要外力因素之一是其作用下形成的动水压力对边坡稳定性产生的影响。

动水压力形成机理。降雨作用下，雨水渗入土体孔隙中，填充土体孔隙，形成孔隙水压力。随着降雨的持续,孔隙水压力逐渐增大,形成动水压力。动水压力是土体孔隙水的压力所引起的,当孔隙水压力超过土体自重和抗剪强度时,会导致边坡土体失稳,发生滑坡等地质灾害。

影响动水压力的因素。动水压力的大小受到多种因素的影响,主要包括降雨强度、降雨持续时间、土体类型、边坡坡度和地形地貌等。降雨强度越大、持续时间越长,土体受水分浸润和渗透的程度越深,动水压力越大。土壤类型的不同也会影响土体对水分的渗透性和保水性,从而影响动水压力的大小。此外,边坡的坡度越大、地形地貌越险峻,土体受雨水冲刷和侵蚀的程度越严重,动水压力越剧烈。

边坡稳定性的响应。动水压力对边坡稳定性的影响主要体现在两个方面:一是增加了边坡土体的重力,使得土体受力情况复杂化;二是降低了土体的抗剪强度,导致边坡土体的抗剪能力减弱。当动水压力超过了土体的抗剪强度时,边坡土体就会发生滑动,造成边坡失稳。

降雨是引发滑坡、泥石流等地质灾害的主要诱因之一,其强度、持续时间以及地形地质条件等因素都会影响灾害的发生和规模。

5.3　流固耦合计算

5.3.1　渗流基本概念

假设流体具有以下性质:

(1)流动时所受的阻力与真实水流相同。

(2)流量、压力或水头均与真实水流相同。

满足以上条件的假想流体称为渗流,其占据的空间区域称为渗流场,由多孔介质固体骨架和空隙构成。表征渗流运动特征的物理量主要有渗流量 Q、渗流速度 v、压强 p、水头 H 等。

根据上述渗流运动要素和时间的关系,可以将渗流分为稳定渗流和非稳定渗流。实际上,地下水不断得到补给和排泄,严格地讲,所有的渗流都是非稳定的,稳定运动只是一种暂时的平衡状态,当地下水位变化不大时,可以作为稳定渗流考虑。稳定渗流模型具有简单且计算量小的特点,在工程中有着广泛的运用。

根据地下水运动方向与空间坐标轴的关系,可把渗流分为一维流、二维流和三维流。必须指出,地下水运动的维数和选取的坐标系有关。如在轴对称条件下,选用直角坐标系则为三维运动,选用柱坐标系则变为二维运动。

根据渗流场的不同,可将渗流分为饱和渗流和非饱和渗流。由于含水率的不同,地下水一般可分为非饱和带和饱和带。在非饱和带中孔隙空间的一部分充填了水,其余部分充填了空气,水分和空气的相对分量也是变化的,由于存在毛孔压强,故非饱和带空隙中水的压力小于大气压力;非饱和带的下部是毛细带,在毛细带中介质的孔隙逐步被水饱和,但其中水的压力仍然小于大气压力,可视为非饱和带;水压力等于大气压力的界面称为自由面,是饱和带和非饱和带的分界面。

根据顶板是否存在隔水层,地下水又可以分为承压水和潜水。承压水含水层的水头高于它的顶板;潜水的顶部是自由水面,即潜水面,其压力等于大气压力。

5.3.2 渗流基本方程

(1)达西定律

地下水渗流理论是基于达西定律发展起来的。法国科学家达西(Darcy)在装有均质砂土滤料的圆柱形筒中做了大量试验,于 1856 年提出了如式(5-2)、式(5-3)的关系式:

$$Q = K \cdot A \cdot \frac{H_1 - H_2}{L} = K \cdot A \cdot J \tag{5-2}$$

$$v = \frac{Q}{A} = A \cdot J \tag{5-3}$$

式中,Q 为渗流量;v 为渗流速度;H_1 和 H_2 为通过砂样前后的水头;L 为砂样沿水流方向的长度;A 为试验圆筒的横截面积;K 为渗透系数;J 为水力坡度。

式(5-2)和式(5-3)称为达西定律。它指出渗流速度 v 与水力坡度 J 的线性关系,故又称为线性渗透定律。

达西定律适用条件为:均质等温不可压缩流体(ρ 为常数)在均质各向同性

多孔介质中的渗流；地下水低速运动，即 Reynolds 数为 1～10 时，黏滞力占优势的层流运动。自然界中地下水运动多服从达西定律。

(2)渗流连续性方程

在渗流分析中，假定水是不可压缩的均质连续介质，根据质量守恒定律，流入与流出闭合单元体区域的液体质量相等。

假设在充满液体的渗流区，在渗流场中任取一空间微分平行六面体(图 5-25)，设 $P(x,y,z)$ 为六面体的中心，取一无限小的平行六面体(各边长度为 Δx、Δy、Δz，且和坐标轴平行)作为均衡单元体。

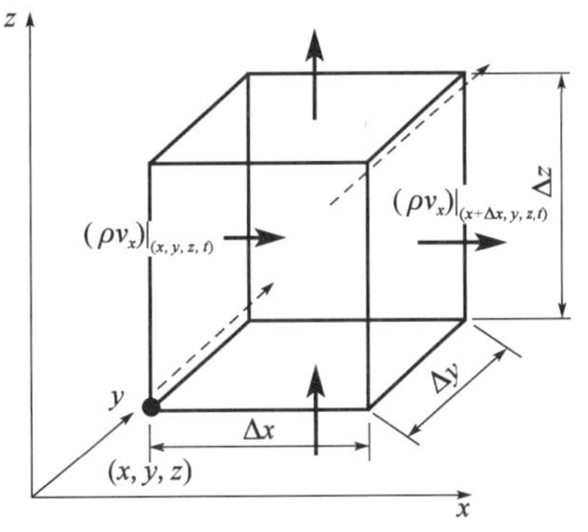

图 5-25 渗流区中的单元体

P 点沿坐标轴方向的渗流速度分量为 v_x、v_y、v_z，液体的密度为 ρ，单位时间内通过垂直于坐标轴方向单位面积的水流质量分别为 ρv_x、ρv_y、ρv_z。

在均衡体内，液体所占体积为 $n\Delta x\Delta y\Delta z$，其中 n 为孔隙度，则单元体内液体质量为 $\rho n\Delta x\Delta y\Delta z$，那么在 Δt 时间内，单元体内液体质量的变化量为 $\frac{\partial}{\partial t}[\rho n\Delta x\Delta y\Delta z]\Delta t$。在连续流条件下，由质量守恒定律可得式(5-4)：

$$\left[\frac{\partial(\rho v_x)}{\partial x}+\frac{\partial(\rho v_y)}{\partial y}+\frac{\partial(\rho v_z)}{\partial z}\right]\Delta x\Delta y\Delta z=\frac{\partial}{\partial t}[\rho n\Delta x\Delta y\Delta z] \tag{5-4}$$

式(5-4)称为渗流的连续性方程。具体应用上，为了简化计算，往往假设只有垂直方向上有压缩或膨胀，或将 Δx、Δy、Δz 都视为常数。把地下水看成不可压缩的均质液体，即密度 ρ 为常数；同时，假设含水层骨架不可压缩，则 n 和 Δx、Δy、Δz 都保持不变，式(5-4)右端项为零，则有式(5-5)：

$$\frac{\partial(v_x)}{\partial x}+\frac{\partial(v_y)}{\partial y}+\frac{\partial(v_z)}{\partial z}=0 \tag{5-5}$$

式(5-5)表示稳定流的连续性方程。连续性方程是研究地下水运动的基本方程，各种研究地下水运动的微分方程都是根据连续性方程和反映动量守恒定律的方程建立起来的。

(3)渗流基本微分方程见式(5-6):

$$K_x \frac{\partial^2 H}{\partial x^2} + K_y \frac{\partial^2 H}{\partial y^2} + K_z \frac{\partial^2 H}{\partial z^2} = 0 \tag{5-6}$$

式(5-6)为稳定渗流的基本微分方程。若渗流介质为各向同性材料,且渗透系数 K 为常数($K_x = K_y = K_z =$ 常数),式(5-6)变为式(5-7):

$$\frac{\partial^2 H}{\partial x^2} + \frac{\partial^2 H}{\partial y^2} + \frac{\partial^2 H}{\partial z^2} = 0 \tag{5-7}$$

式(5-7)为稳定渗流的拉普拉斯方程。

式(5-7)只包含一个未知数,结合边界条件就有定解。虽然该式是稳定渗流的微分方程,但对于不可压缩介质和流体的非稳定流,也可以进行瞬时稳定场的计算。

若令函数 $\varphi = -K \cdot H$,其中 φ 为渗流场的流速势函数,K 为介质的渗透系数,H 为渗流场的水头函数。式(5-7)可以转化为式(5-8):

$$\frac{\partial^2 \varphi}{\partial x^2} + \frac{\partial^2 \varphi}{\partial y^2} + \frac{\partial^2 \varphi}{\partial z^2} = 0 \tag{5-8}$$

如此,求解渗流的问题就转化为求解一定边界条件下的拉普拉斯方程问题,求出渗流场的水头函数,进而求取渗流场中任意点的流速和渗透压强。

(4)渗流微分方程定解条件

定解条件包含初始条件和边界条件。求解非稳定渗流问题,同时需要初始条件和边界条件;求解稳定渗流问题只需边界条件。

①第一类边界条件(Dirichlet 条件)。

若在某一部分边界(设为 S_1 或 Γ_1)上,各点在每一时刻的水头都是已知的,则这部分边界就称为第一类边界或给定水头的边界,边界条件表示为式(5-9)或式(5-10):

$$H(x,y,z,t)\big|_{S_1} = \varphi_1(x,y,z,t),(x,y,z) \in S_1 \tag{5-9}$$

$$H(x,y,t)\big|_{\Gamma_1} = \varphi_2(x,y,t),(x,y) \in \Gamma_1 \tag{5-10}$$

式中,$H(x,y,z,t)$ 和 $H(x,y,t)$ 分别表示在三维和二维条件下边界段 S_1 和 Γ_1 上点(x,y,z)和(x,y)在 t 时刻的水头;$\varphi_1(x,y,z,t)$ 和 $\varphi_2(x,y,t)$ 分别是 S_1 和 Γ_1 上的已知函数。注意,给定水头边界不一定就是定水头边界。

②第二类边界条件(Neumann 条件)。

当知道某一部分边界(设为 S_2 或 Γ_2)单位面积的流量 q 时,称为第二类边界或给定流量的边界。对各向同性介质相应边界条件表示为式(5-11)或式(5-12):

$$K\frac{\partial H}{\partial n}\Big|_{S_2}=q_1(x,y,z,t)\ (x,y,z)\in S_2 \tag{5-11}$$

$$T\frac{\partial H}{\partial n}\Big|_{\Gamma_2}=q_2(x,y,t)\ (x,y)\in \Gamma_2 \tag{5-12}$$

式中,n 为边界 S_2 或 Γ_2 的外法线方向;q_1 和 q_2 为已知函数,分别表示 S_2 上单位面积和 Γ_2 上单位宽度的侧向补给量。

相对隔水边界为此类边界最常见,此时侧向补给量 $q=0$。上述两个表达式都可简化为式(5-13):

$$\frac{\partial H}{\partial n}=0 \tag{5-13}$$

③第三类边界条件。

若在某段边界 S_3 或 Γ_3 上,H 和 $\frac{\partial H}{\partial n}$ 的线性组合有如式(5-14)的关系,则该边界条件称为第三类边界条件或混合边界条件。

$$\frac{\partial H}{\partial n}+\alpha H=\beta \tag{5-14}$$

式中,α、β 为已知函数。

下面以不考虑入渗补给的地下水向井中的稳定运动(图 5-26)为例,具体说明边界条件的含义。

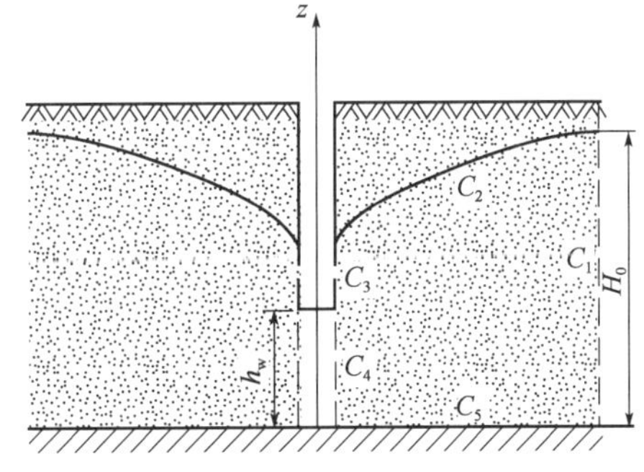

图 5-26　渗流区边界条件示意图

在上游边界 C_1 上,由于水头均假设等于 H_0,所以有式(5-15)所示的边界条件:

$$H\big|_{C_1}=H_0 \tag{5-15}$$

浸润线 C_2 上,压强等于大气压,测压管高度等于零,C_2 上任何一点的水头(H^*)应等于该点的纵坐标值(z),见式(5-16):

$$H^*\big|_{C_2}=z \tag{5-16}$$

同时,浸润线又是一条流线,所以有式(5-17)所示的边界条件:

$$\frac{\partial H^*}{\partial n}\Big|_{C_2}=0 \tag{5-17}$$

渗出面 C_3 上，压强也等于大气压强，故有式(5-18)的关系：

$$H\big|_{C_3}=z \tag{5-18}$$

井壁 C_4 上，边界条件见式(5-19)：

$$H\big|_{C_4}=h_w \tag{5-19}$$

隔水边界 C_5 上，边界条件见式(5-20)：

$$\frac{\partial H}{\partial n}\Big|_{C_5}=0 \tag{5-20}$$

对于非稳定渗流问题，情况相似，只是边界条件中有关的值都是时间的函数而已。

初始条件就是给定某一时刻（通常表示为 $t=0$）的渗流区内各点的水头值，见式(5-21)或式(5-22)：

$$H(x,y,z,t)\big|_{t=0}=H_0(x,y,z),(x,y,z)\in D \tag{5-21}$$

$$H(x,y,t)\big|_{t=0}=H_0'(x,y),(x,y)\in D \tag{5-22}$$

式中，H_0、H_0' 为 D 上的已知函数。

通过延长计算时间，可减弱初始条件对计算结果的影响，初始时间、初始状态可任意指定。

5.3.3 流固耦合计算理论

水在边坡土体中渗流会形成渗流场，边坡土体受荷载和渗流的影响产生变形，会形成应力场，两场相互作用和影响并最终达到平衡的过程即为流固耦合。两介质之间的相互作用是其最重要的特征，具体表现为岩土体在流体载荷作用下的变形会对应力场产生影响，而变形反过来又会影响渗流场，改变流体载荷的分布和大小。

(1)渗流场与应力场的相互作用

①渗流场对应力场的影响。

自然界中的岩土体都存在孔隙和空隙，而非完全处于密实状态，地下水由于水头差的作用会在岩土体的孔隙中发生渗流运动，进而对岩土体产生物理和化学两个方面的影响。渗流产生的化学影响主要体现为软化和溶解岩土体骨架，从而降低岩土体的强度。由于化学影响十分复杂,已经超出了渗透力学的研究范畴,因此,本书的研究重点在于渗流产生的物理影响。

由水力学理论可知,连续介质的渗流体积力与水力坡度成正比,具体表达见式(5-23)~式(5-27):

$$\begin{cases} f_x = \gamma_w J_x = -\gamma_w \dfrac{\partial H}{\partial x} \\ f_y = \gamma_w J_y = -\gamma_w \dfrac{\partial H}{\partial y} \\ f_z = \gamma_w J_z = -\gamma_w \dfrac{\partial H}{\partial z} \end{cases} \tag{5-23}$$

$$f = \sqrt{f_x^2 + f_y^2 + f_z^2} \tag{5-24}$$

$$\theta_1 = \text{arctg}\frac{f_x}{f} \tag{5-25}$$

$$\theta_2 = \text{arctg}\frac{f_y}{f} \tag{5-26}$$

$$\theta_3 = \text{arctg}\frac{f_z}{f} \tag{5-27}$$

式中,f 为渗流体积力;γ_w 为水的重度;f_x、f_y、f_z 为渗流体积力沿 x、y、z 三个方向的分力;θ_1、θ_2、θ_3 为 f 与 f_x、f_y、f_z 之间的夹角;J_x、J_y、J_z 为 x、y、z 三个方向的水力坡降。

八节点三维空间单元的形函数与水头值存在如式(5-28)的关系:

$$H = [N]\{H\}^{\mathrm{T}} \tag{5-28}$$

式中,$[N]$为形函数,$[N] = [N_1 \quad N_2 \quad \cdots \quad N8]$;$\{H\}^{\mathrm{T}}$ 为水头值,$\{H\}^{\mathrm{T}} = \begin{Bmatrix} H_1 \\ \cdots \\ H_8 \end{Bmatrix}$。

则得到式(5-29):

$$\begin{cases} \dfrac{\partial H}{\partial x} = \left[\dfrac{\partial N_1}{\partial x} \quad \dfrac{\partial N_2}{\partial x} \quad \cdots \quad \dfrac{\partial N_8}{\partial x}\right]\{H\}^{\mathrm{T}} \\ \dfrac{\partial H}{\partial y} = \left[\dfrac{\partial N_1}{\partial y} \quad \dfrac{\partial N_2}{\partial y} \quad \cdots \quad \dfrac{\partial N_8}{\partial y}\right]\{H\}^{\mathrm{T}} \\ \dfrac{\partial H}{\partial z} = \left[\dfrac{\partial N_1}{\partial z} \quad \dfrac{\partial N_2}{\partial z} \quad \cdots \quad \dfrac{\partial N_8}{\partial z}\right]\{H\}^{\mathrm{T}} \end{cases} \tag{5-29}$$

将(5-29)代入式(5-23)中可得式(5-30)：

$$\begin{cases} f_x = -\gamma_w \dfrac{\partial H}{\partial x} = -\gamma_w \left[\dfrac{\partial N_1}{\partial x} \quad \dfrac{\partial N_2}{\partial x} \quad \cdots \quad \dfrac{\partial N_8}{\partial x} \right] \{H\}^T \\ f_y = -\gamma_w \dfrac{\partial H}{\partial y} = -\gamma_w \left[\dfrac{\partial N_1}{\partial y} \quad \dfrac{\partial N_2}{\partial y} \quad \cdots \quad \dfrac{\partial N_8}{\partial y} \right] \{H\}^T \\ f_z = -\gamma_w \dfrac{\partial H}{\partial z} = -\gamma_w \left[\dfrac{\partial N_1}{\partial z} \quad \dfrac{\partial N_2}{\partial z} \quad \cdots \quad \dfrac{\partial N_8}{\partial z} \right] \{H\}^T \end{cases} \tag{5-30}$$

式中渗流体积力f_x、f_y、f_z的作用点为单元形心，转化为单元等效节点荷载，见式(5-31)：

$$\{F\} = \int [N]^T \{f_x \quad f_y \quad f_z\}^T \mathrm{d}x\mathrm{d}y\mathrm{d}z \tag{5-31}$$

②应力场对渗流场的影响。

地下水通过渗流作用会产生渗流体积力，即水荷载，当作用于岩土体介质时，其应力场和位移场均会发生改变，应力场和位移场的变化又会导致岩土体介质的孔隙率和孔隙比发生改变。然而，孔隙率和孔隙比又是岩土体介质渗透系数的两个重要影响因素，当二者发生变化时，岩土体的渗透系数势必也会发生改变，进而对地下水在岩土体介质中的渗透速率产生影响，即渗流场发生改变。因此，应力场对渗流场影响的实质是改变了岩土体中的孔隙分布情况，即通过改变渗流特性影响渗流场。

结合达西定律，渗透系数可改写为式(5-32)：

$$K = K_0 \frac{\rho g}{\mu} = K_0 \frac{\gamma_w}{\mu} = K_0 \frac{g}{v} \tag{5-32}$$

式中，K为渗透系数；K_0为渗透率；μ为流体的黏度；v为运动黏滞系数。

岩土体等多孔介质渗透性能的影响因素，主要来源于流体的性质和岩土体骨架的性质。其中流体的性质主要包括流体密度和黏度两个参数，而岩土体骨架的性质主要由渗透率体现。影响渗透率的指标主要有孔隙率大小、颗粒的形状和大小、平均传导率等。其中，孔隙率对渗透率产生的影响最明显。一般情况下，渗透率还会随孔隙率的增大而不断增大。研究表明，岩土体等多孔介质的渗透系数或渗透率还可被表示成孔隙率或孔隙比的函数。

(2)流固耦合模型

①渗流场影响应力场数学模型，见式(5-33)：

$$\begin{cases}\dfrac{\partial}{\partial x}\left[K(\sigma,p)\dfrac{\partial H}{\partial x}\right]+\dfrac{\partial}{\partial x}\left[K(\sigma,p)\dfrac{\partial H}{\partial y}\right]=0,(x,y)\in\Omega\\ H(x,y)=H_1(x,y),(x,y)\in\Gamma_1\\ K(\sigma,p)\dfrac{\partial H}{\partial n_2}=q,(x,y)\in\Gamma_2\\ H(x,y)=y,K(\sigma,p)\dfrac{\partial H}{\partial n_3}=0,(x,y)\in\Gamma_3\end{cases}\tag{5-33}$$

式中：K为渗透系数；σ、p为K的影响参数；H为形函数；q为流量；n_2为边界Γ_2的法线方向；n_3为边界Γ_3的法线方向。

②应力场影响渗流场数学模型，见式(5-34)～式(5-36)：

$$\begin{cases}[L]\{\sigma\}+\{f\}+\{X\}=0,(x,y)\in\Omega\\ \{\varepsilon\}=[B]\{\delta\},(x,y)\in\Omega\\ \{\sigma\}=[D]\{\varepsilon\}=[D][B]\{\delta\},(x,y)\in\Omega\\ [n]\{\sigma\}=\{\bar{t}\},(x,y)\in S_\sigma\\ \{u\}=\{\bar{u}\},(x,y)\in S_M\end{cases}\tag{5-34}$$

$$[L]=\begin{bmatrix}\dfrac{\partial}{\partial x} & 0 & \dfrac{\partial}{\partial y}\\ 0 & \dfrac{\partial}{\partial x} & \dfrac{\partial}{\partial y}\end{bmatrix}\tag{5-35}$$

$$[n]=\begin{bmatrix}n_x & 0 & n_y\\ 0 & n_x & n_y\end{bmatrix}\tag{5-36}$$

式中，$[L]$为微分算子矩阵；$[n]$为面力边界S_σ法线方向的方向余弦矩阵；$\{f\}$为渗流场的水头分布函数；$\{X\}$为节点外荷载矩阵；$\{u\}$为位移场；$[B]$为应力插值矩阵；$[D]$为弹性矩阵；S_σ为已知面力边界；$\bar{t}$为已知面力边界S_σ上的面力分布，也为水头分布$H(x,y)$的函数；S_M为位移边界；$\{\bar{u}\}$为位移边界S_M上的位移矢量。

③渗流场与应力场耦合有限元模型，联立渗流场与应力场相互影响模型的方程组，得到耦合场有限元模型，见式(5-37)：

$$\begin{cases}[K]\{H\}+\{f\}=0\\ \{\sigma\}=[D]\{\varepsilon\}=[D][B]\{\delta\}\\ [M]\{\delta\}=\{X\}+\{F\}\end{cases}\tag{5-37}$$

式中，$[K]$为渗透系数相关矩阵；$\{f\}$为渗流场水头分布函数；$\{H\}$为形函数；$\{F\}$为渗透力矩阵；$[M]$为整体刚度矩阵；$\{X\}$为节点外荷载矩阵。

5.4 基于 GeoStudio 极限平衡分析方法

5.4.1 GeoStudio 软件特点

GeoStudio 系统软件是由著名的加拿大岩土软件开发商 GEO-SLOPE 公司在 70 年代开发的面向岩土、采矿、交通、水利、地质、环境工程等领域开发的一套仿真分析软件，是全球最知名的岩土工程分析软件之一。作为优秀的岩土工程设计分析软件，GeoStudio 目前已经为上百万科学研究人员、工程技术人员、教育工作者以及学生提供了无与伦比的帮助。GeoStudio 是一套专业的岩土工程和环境岩土工程仿真分析软件，它包括以下八个专业软件：

- SLOPENW(边坡稳定性分析软件)；
- SEEPNWV(地下水渗流分析软件)；
- SIGMAVW(应力变形有限元分析软件)；
- QUAKENWV(动力响应分析软件)；
- TEMP/WV(地下热传递分析软件)；
- CTRANNW(污染物运移分析软件)；
- AIR/W(水-气两相流分析软件)；
- VADOSENW(地表环境下非饱和区漆流分析软件)。

图 5-27 为 GeoStudio 有限元建模过程。

建立降雨入渗边坡模型主要涉及应力计算模块(SIGMA/W)和渗流计算模块(SEEP/W)。图 5-28 为模型计算流程。

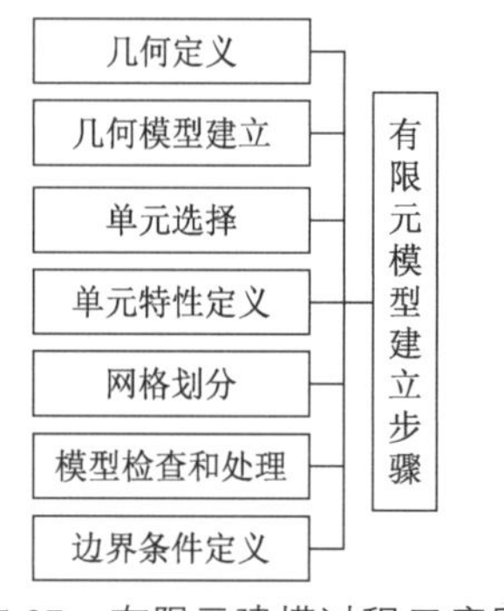

图 5-27 有限元建模过程示意图

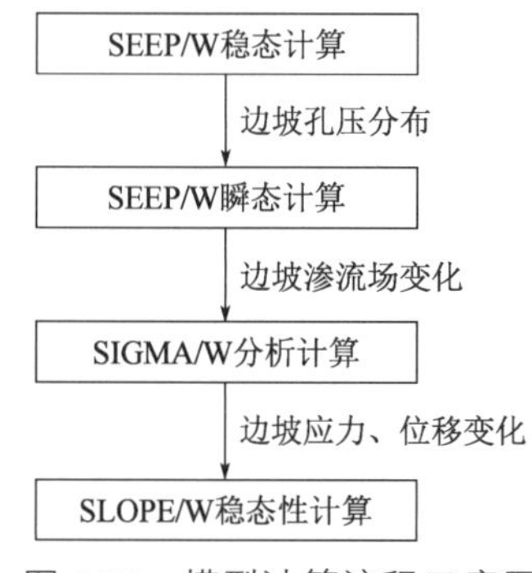

图 5-28 模型计算流程示意图

5.4.2　基于 GeoStudio 的极限平衡分析法

岩土边坡稳定性评估的极限平衡分析方法在岩土工程领域已经应用了几十年。将潜在滑动体离散成垂直条块的思想,在 20 世纪早期被提出并成为岩土工程领域最早的数值分析技术。

Fellenius 法是第一个发展的方法,其计算模式如图 5-29 所示。该方法忽略所有条间力,而仅仅满足力矩平衡。在没有计算机时这一方法非常重要。

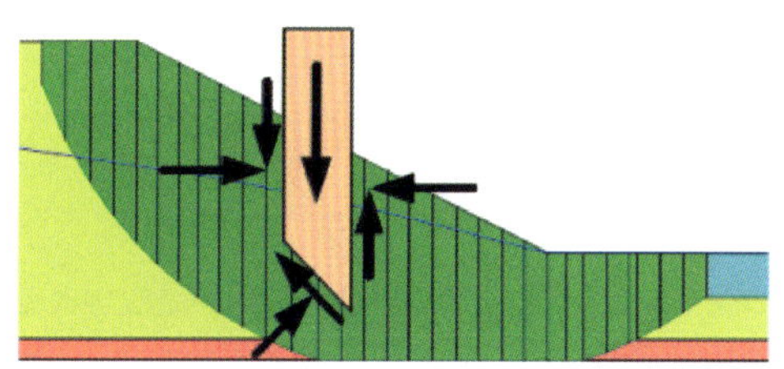

图 5-29　滑坡体的土条离散和土条力

后来 Bishop 提出的方法包括了条间法向力,但是忽略了条间切向力。同时,Bishop 简化法仅仅满足力矩平衡。这种方法的重要意义在于包含了条间法向力,安全系数方程变成非线性,计算过程中要求迭代。Janbu 简化法类似于 Bishop 简化法,都只包括条间法向力而忽略条间切向力。Bishop 简化法和 Janbu 简化法的不同之处在于,Janbu 简化法仅仅满足水平向的法向力而不满足力矩平衡。

计算机的出现使得处理计算过程中的迭代步骤成为可能,这也使得包含所有的条间力和所有的静态平衡条件的方程的解更加精确,数学意义更加严密。Morgenstern-Price 法和 Spencer 法就是这样的两种方法。

SLOPE/W 使用的方法及其满足的静态平衡条件列于表 5-5。表 5-6 列举了包含的条间力的种类与条间切向力和法向力之间的假设关系。

满足的静态平衡　　表 5-5

方法	力矩平衡	静力平衡
常规或 Fellenius 法	是	否
Bishop 简化法	是	否
Janbu 简化法	否	是
Spencer 法	是	是

续上表

方法	力矩平衡	静力平衡
Morgenstern-Price 法	是	是
美国陆军工程师团法-1	否	是
美国陆军工程师团法-2	否	是
Lowe-Karafiath 法	否	是
Janbu 常规方法	是(土条)	是
Sarma 法	是	是

条间力的性质和关系 表 5-6

方法	条间正应力(E)	条间剪应力(X)	X/E 的结果或 X-E 的关系
常规或 Fellenius 法	否	否	没有条间力
Bishop 简化法	是	否	水平力
Janbu 简化法	是	否	水平力
Spencer 法	是	是	常数
Morgenstern-Price 法	是	是	变量,用户函数
美国陆军工程师团法-1	是	是	从坡顶到坡角直线的斜率
美国陆军工程师团法-2	是	是	土条顶部地面的斜率
Lowe-Karafiath 法	是	是	地面和土条斜率的平均值
Janbu 常规方法	是	是	应用推力线和力矩平衡
Sarma 法	是	是	$X=C+E\tan\varphi$

5.4.3 极限平衡方程

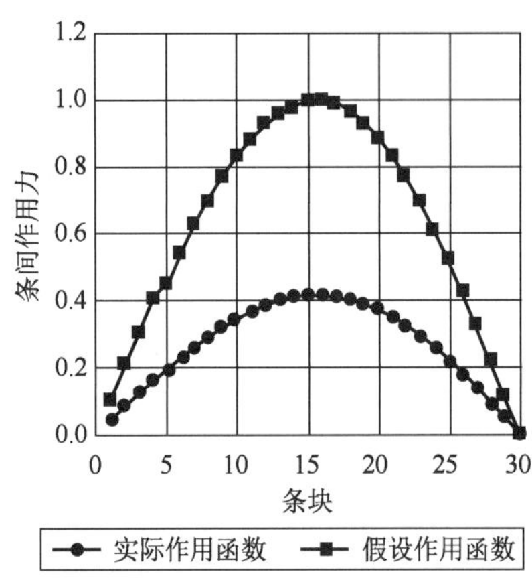

图 5-30 典型半正弦方程

常用的极限平衡方法里的条间剪应力可以用一个方程表示,这个方程是 Morgenstern 和 Price 于 1965 年提出来的,其数学表达式见式(5-38):

$$X=E\lambda f(x) \tag{5-38}$$

式中,$f(x)$为函数;λ 为函数所用的百分数(小数形式);E 为条间法向力;X 为条间切向力。

图 5-30 表示典型的半正弦方程,上部曲

线表示实际指定的函数,下部曲线表示所使用函数,两个曲线之间的比例是 λ,$\lambda=0.43$ 在土条 10 中,$f(x)=0.83$,假设 $E=100\text{kN}$,$\lambda=100\times0.43\times0.83=35.74\text{kN}$,$\arctan(35.7/100)=19.6°$,则条间力作用合力的方向是自水平线倾斜 19.6°。极限平衡方程中的一个关键点就是如何定义条间作用力。

考虑力矩平衡的安全系数方程见式(5-39):

$$F_{\text{m}}=\frac{\sum c'\beta R+(N-\mu\beta)R\tan\varphi'}{\sum Wx-\sum Nf\pm\sum Dd}\tag{5-39}$$

考虑水平作用力平衡的安全系数方程见式(5-40):

$$F_{\text{f}}=\frac{\sum c'\beta\cos\alpha+(N-\mu\beta)\tan\varphi'\cos\alpha}{\sum N\sin\alpha-\sum D\sin\omega}\tag{5-40}$$

式中,c' 为有效黏聚力;φ' 为有效内摩擦角;μ 为孔隙水压力;N 为条块底部法向力;W 为条块重量;D 为线荷载;β、R、x、f、d、ω 为几何参数;α 为土体底部倾斜角。

根据竖向力平衡,可得条块底部正应力 N,见式(5-41):

$$N=\frac{W+(X_{\text{R}}-X_{\text{L}})-\dfrac{c'\beta\sin\alpha+\mu\beta\sin\alpha\tan\varphi'}{F}}{\cos\alpha+\dfrac{\sin\alpha\tan\varphi'}{F}}\tag{5-41}$$

当 N 代替安全系数方程中的力矩时,$F=F_{\text{m}}$,当 N 代替安全系数方程中的力时,$F=F_{\text{f}}$,分析土坡稳定性时,常以 m_{α} 作为方程中的分母,土体底部正应力可由作用在土体上的条间剪应力 X_{R}、X_{L} 得到,因此,条块底部正应力的计算不同于其他方法。根据计算条间剪应力的不同分为很多种不同的方法。

常用的极限平衡方程法中,计算 F_{m} 和 F_{f} 时引入了 λ 值,由此可得如图 5-31 所示的 F_{m}、F_{f} 和 λ 的关系曲线。

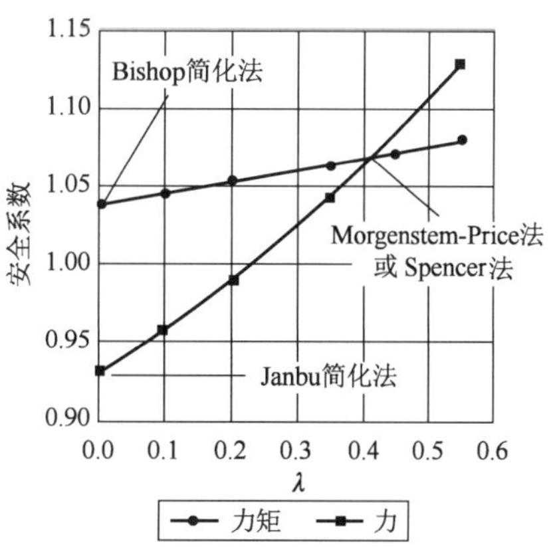

图 5-31 安全系数与 λ 关系

表 5-5 和表 5-6 所列的 Bishop 简化法忽略了条间剪应力,并且只满足力矩平衡。在常用的极限平衡方法中,忽略条间剪应力,即 $\lambda=0$。因此,在图 5-31 中 $\lambda=0$ 处,Bishop 简化法的安全系数和力矩曲线重合。Janbu 简化法同样也不考虑条间剪应

力且只满足力的平衡，因此，在图5-31中，$\lambda=0$时，Janbu简化法的安全系数和力的曲线重合。

Spencer法和Morgenstern-Price法中安全系数由两条曲线在图5-31中的交点决定，该点的安全系数同时满足力矩平衡和力的平衡。无论Spencer法或Morgenstern-Price法，交点的安全系数都由条间作用力函数决定。

5.4.4 极限平衡分析法的工程应用

文麻高速公路K39边坡左侧为四级高边坡，如图5-32和图5-33所示。

图5-32 文麻高速公路K39边坡

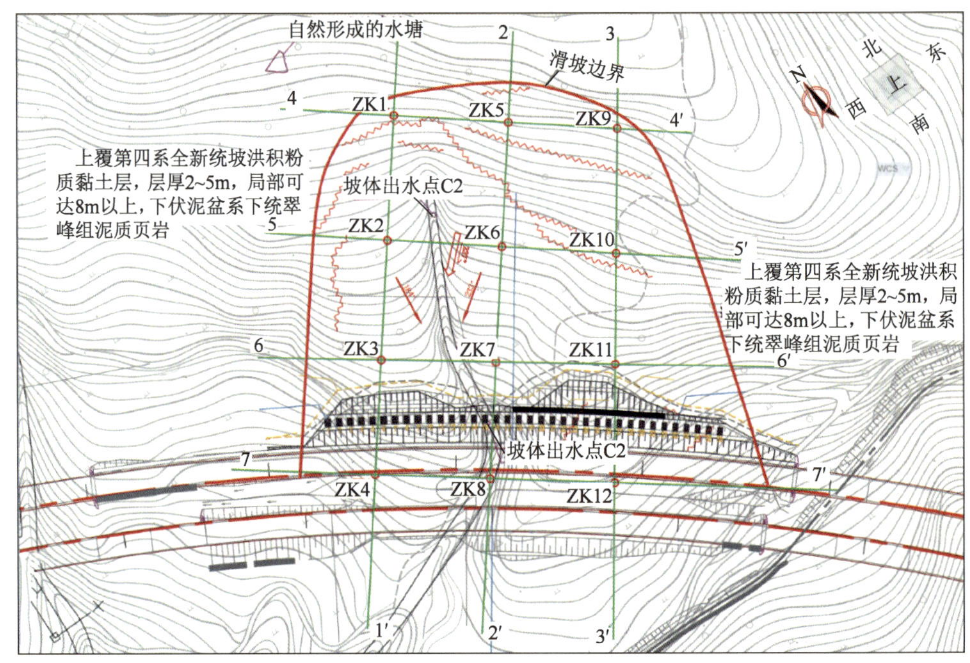

图5-33 K39边坡处治平面布置图

建立边坡稳定性数值计算分析模型，如图 5-34 所示。计算时，分为不考虑降雨和考虑降雨两种工况，采用 Morgenstern-Price 法进行稳定性计算。

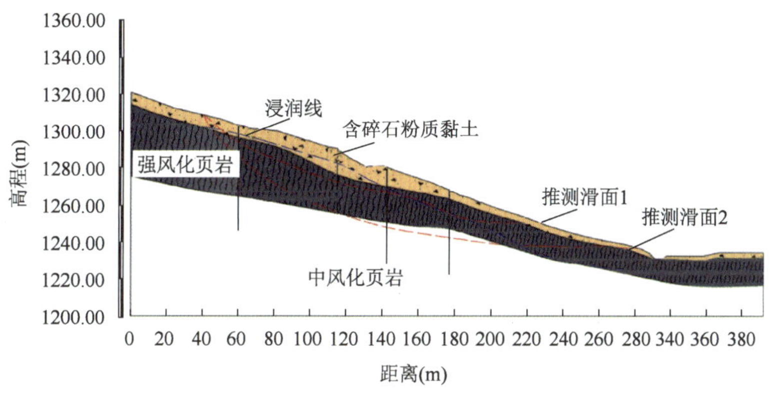

图 5-34　计算分析模型

(1)几何模型

模型材料共分为三组，分别为粉质黏土、含碎石粉质黏土、泥质页岩。模型长 262m、宽 20m、高 106m。

(2)计算参数

模型计算参数采用本书第 3 章介绍的方法确定。一般通过样本试验、现场原位测试、参数反演分析和类似工程经验，综合确定。K39 边坡简化计算参数见表 5-4。

(3)计算结果分析

为了全面评估不同防护措施对 K39 边坡治理效果的影响，研究过程中设计了一系列模拟实验。首先，模拟边坡在天然状态下的最小安全系数和滑动面，以作为基准参考。随后，通过模拟边坡开挖过程，对比开挖前后的安全系数，从而评估支护措施的必要性。

若分析结果表明边坡确实需要支护，将依次引入不同的支护方案：挡墙方桩支护、挡墙方桩与圆桩组合支护，以及结合排水措施的综合支护方案。对于每一种支护方案，对比其对边坡最小安全系数及滑动面。

此外，考虑到降雨是影响边坡稳定性的重要因素，还将模拟降雨条件下的相同实验流程，包括在降雨工况下模拟天然状态和开挖状态下的边坡，以及评估不同支护方案在降雨条件下的效果。通过模拟分析，可以更准确地判断各种支护措施的有效性，并为 K39 边坡的治理提供科学、合理的建议。具体操作如下：

通过 GeoStudio 中 SEEP/W 模块对天然状态的渗流场进行模拟，获得边坡内地下水位。然后，将结果导入 SLOPE/W 模块进行坡体稳定性计算，从而实现边坡稳定性的流固耦合计算。计算结果所图 5-35 所示。

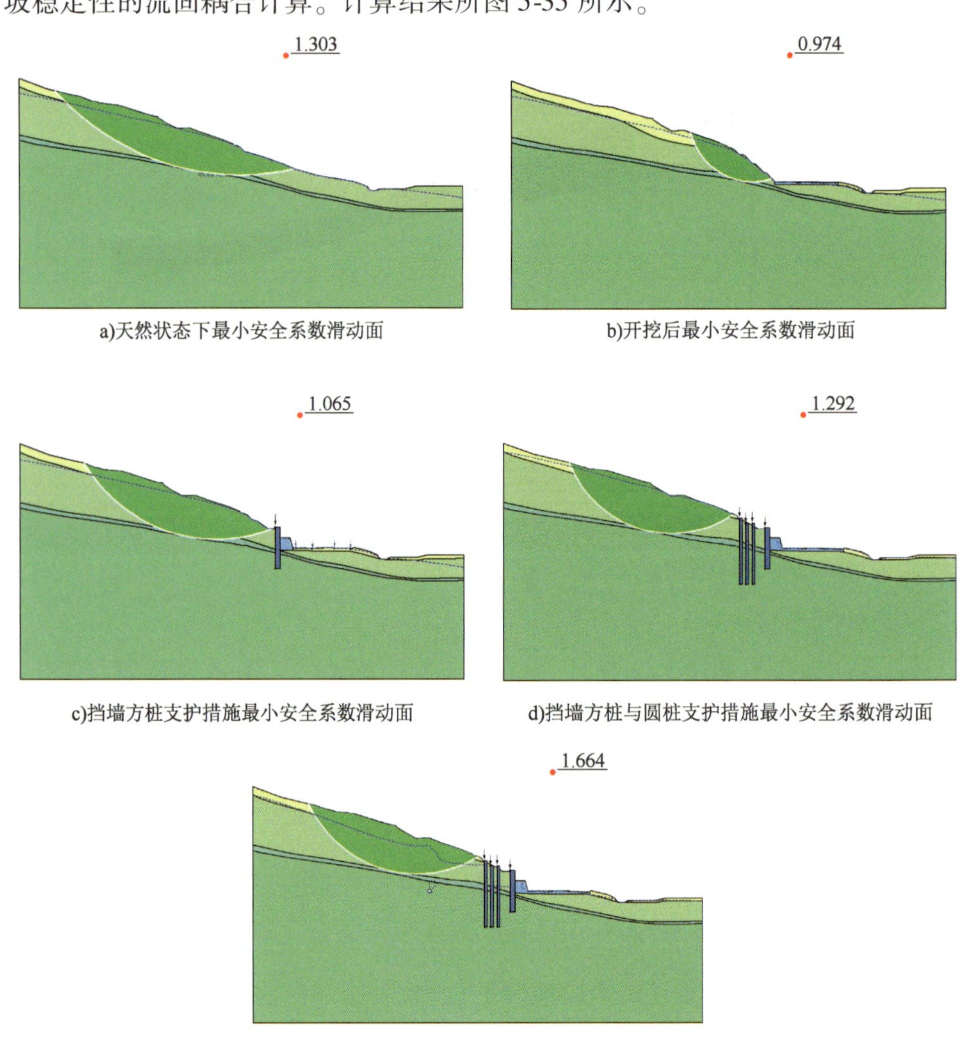

a)天然状态下最小安全系数滑动面

b)开挖后最小安全系数滑动面

c)挡墙方桩支护措施最小安全系数滑动面

d)挡墙方桩与圆桩支护措施最小安全系数滑动面

e)排水措施结合挡墙方桩与圆桩支护措施最小安全系数滑动面

图 5-35　不考虑降雨条件下 K39 边坡各工况稳定性计算结果

通过上述模拟，获得天然状态下的各种工况稳定性系数。在不考虑降雨的情况下，该边坡的天然工况最小安全系数为 1.303，处于稳定状态，如图 5-35a）所示。然而，当模拟边坡开挖后，观察到最小安全系数显著下降至0.974，表明开挖后该边坡已经处于不稳定状态，如图 5-35b）所示。这一显著的下降明确指出了采取支护措施的必要性。

进一步的模拟分析显示，在不考虑经济效益的前提下，挡墙方桩支护方案

[图 5-35c)]在提升边坡稳定性方面效果相对较差,其最小安全系数仅提升至 1.065。相比之下,挡墙方桩与圆桩支护方案[图 5-35d)]和排水措施结合挡墙方桩与圆桩支护方案[图 5-35e)]均展现出了更为显著的治理效果。具体而言,这两种方案的最小安全系数分别提升至 1.292 和 1.664,显著高于单一挡墙方桩支护方案。

通过 GeoStudio 中 SEEP/W 模块对坡体内地下水浸润线进行常水头的稳态模拟。考虑降雨条件下,在坡表添加降雨水头进行瞬态模拟。根据文山地区历年气象资料,该地区最大日降雨量约为 200mm。分析降雨条件下各工况的边坡稳定性,计算结果如图 5-36 和表 5-7 所示。

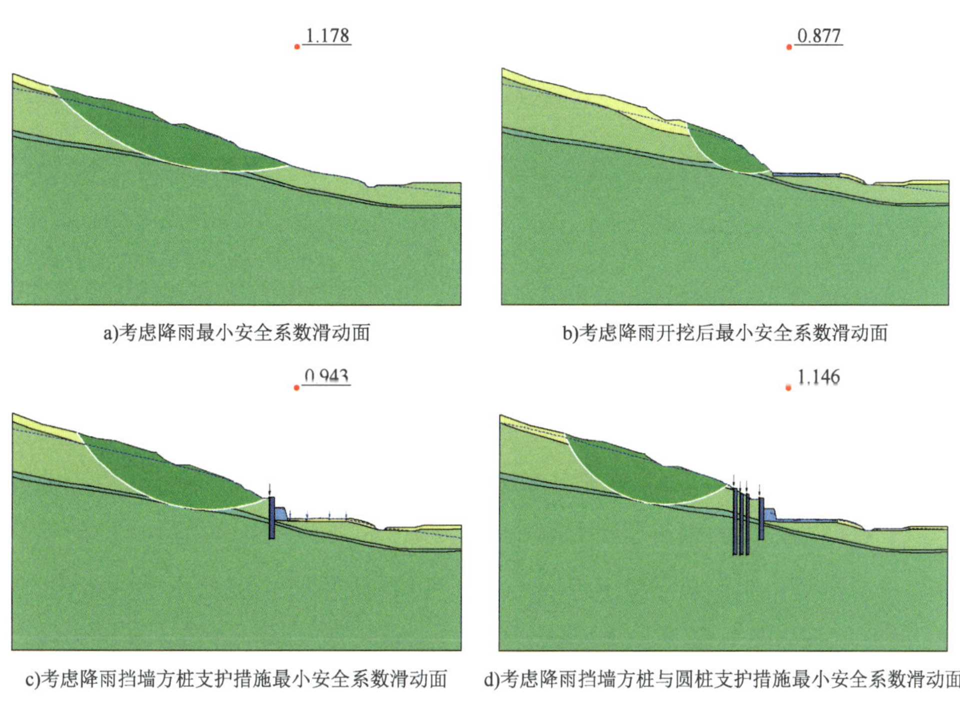

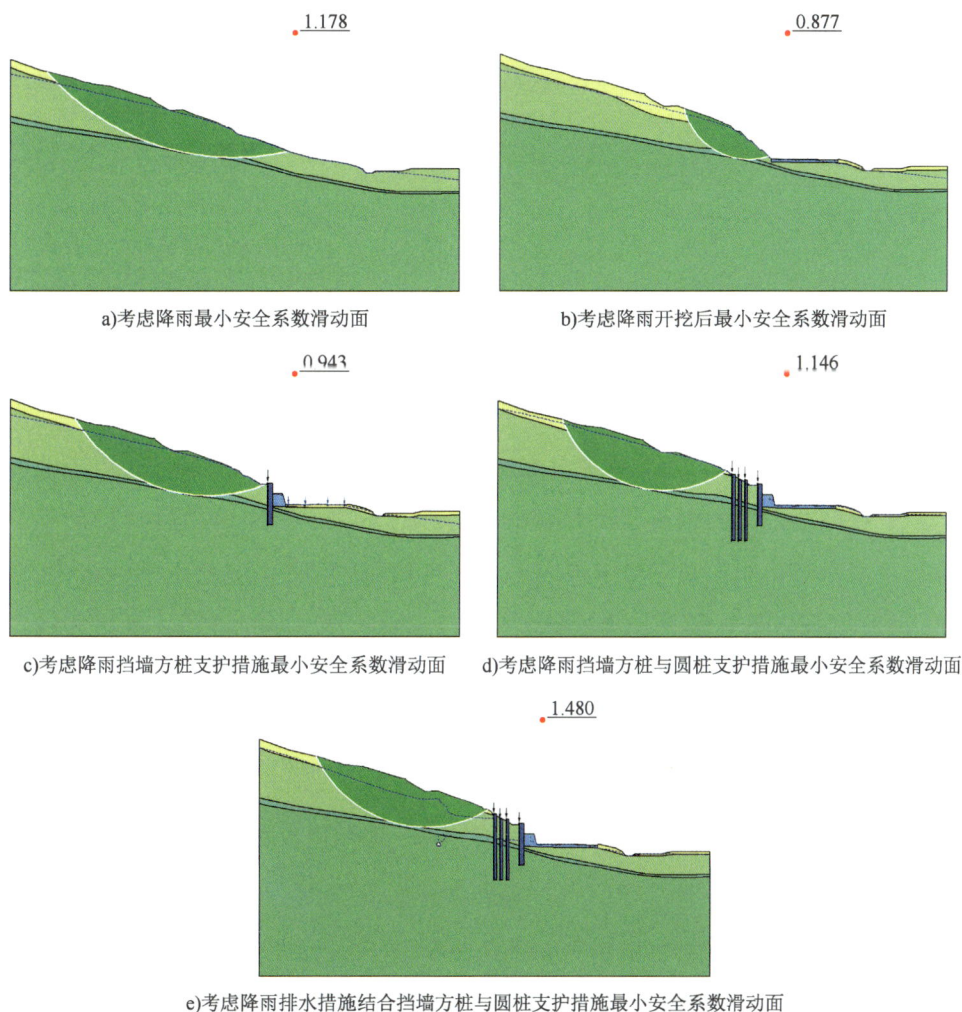

a)考虑降雨最小安全系数滑动面

b)考虑降雨开挖后最小安全系数滑动面

c)考虑降雨挡墙方桩支护措施最小安全系数滑动面

d)考虑降雨挡墙方桩与圆桩支护措施最小安全系数滑动面

e)考虑降雨排水措施结合挡墙方桩与圆桩支护措施最小安全系数滑动面

图 5-36　考虑降雨条件下 K39 边坡各工况稳定性计算结果

在降雨状态下，边坡的最小安全系数为1.178，这一结果在图5-36a)中有体现。然而，当模拟边坡开挖后，观察到最小安全系数显著下降至0.877，如图5-36b)所示。最小安全系数均小于天然工况下。挡墙方桩支护方案[图5-36c)]在提升边坡稳定性方面效果相对较差，其最小安全系数仅提升至0.943，但仍然处于不稳定状态。挡墙方桩与圆桩支护方案[图5-36d)]和排水措施结合挡墙方桩与圆桩支护方案[图5-36e)]均展现出了更为显著的治理效果。具体而言，这两种方案的最小安全系数分别提升至1.146和1.480，显著高于单一挡墙方桩支护方案。

由图5-36和表5-7可知，在圆形抗滑桩、方桩、挡墙的加固作用下，产生深层滑坡的风险较小，主要可能沿粉黏土与中风化页岩交界面产生滑移，并在抗滑桩桩顶位置产生剪切口。同时，排水措施对边坡安全稳定的影响较大，地下水通过排水隧洞渗流后，滑坡体范围减小，安全系数有了较大提升。

各工况下稳定性计算结果 表5-7

工况	原始坡	开挖后	挡墙+方桩	挡墙+方桩+圆桩	挡墙+方桩+圆桩+排水
天然状态	1.303	0.974	1.065	1.292	1.664
考虑降雨	1.178	0.877	0.943	1.146	1.48

对比考虑和不考虑降雨两种情况的不同工况，无论是否考虑降雨，该边坡的天然、开挖两个工况的稳定状态是相同的。而对于采取挡墙和方桩支护措施的工况，不考虑降雨时该边坡处于基本稳定，考虑降雨后该边坡处于不稳定状态，所以边坡的治理应考虑一定的安全储备。在设置挡墙、方桩、圆桩三种措施的工况中，两种情形的安全系数分别为1.292和1.146，在降雨时该边坡处于基本稳定状态，但边坡的安全储备量不够。在三种支护措施的基础上，加上排水措施后，两种情况边坡的最小安全系数分别为1.664和1.480，边坡处于稳定状态，在采取综合治理措施后，该边坡的稳定性与天然状态相比有了明显提升。

对比有无排水的分析结果可知，考虑降雨情况下，在设置三种支护措施、不采取排水措施时，边坡安全系数为1.146，处于基本稳定状态；采取排水措施后安全系数为1.480，稳定性得到显著提高。设置排水措施对该边坡的稳定性提升效果明显。

5.5　强度折减法在边坡稳定性分析中的应用

5.5.1　强度折减法的基本原理

强度折减法由 Zienkiewicz 等人于 1975 年首次提出，之后众多学者又进行了不断发展与完善，使其成为边坡稳定性分析中最常用的分析法。强度折减法是在外荷载保持不变的情况下，将土体的强度参数（黏聚力和内摩擦角）进行折减，从而得到新的强度参数，通过不断增大折减系数 F_r，直至边坡达到极限平衡状态，此时对应的折减系数即为边坡的安全系数，用公式表达见式(5-42)：

$$\begin{cases} c' = \dfrac{c}{F_r} \\ \varphi' = \operatorname{arc} \dfrac{\tan\varphi}{F_r} \end{cases} \tag{5-42}$$

式中，c、c'分别为折减前后的黏聚力；φ、φ'分别为折减前后的内摩擦角；F_r为折减系数。

判断边坡是否达到临界破坏的评价标准主要有以下 3 种：

(1)以有限元数值计算是否收敛作为评价标准，与采用的有限元算法有关；

(2)以特征点是否出现位移突变作为评价标准，与特征点选取有关；

(3)以是否形成连续的塑性贯通区作为评价标准。

不同评价标准有着不同的优缺点，且计算所得的边坡安全系数也有所不同。研究表明，数值计算不收敛与土体破坏准则息息相关，且复杂的计算模型、边界条件的施加、土体的网格单元划分等有限元问题也均可能导致计算的不收敛。计算不收敛并不表示边坡达到了极限平衡状态，且一定伴随边坡失稳现象的发生，而计算收敛也并不表示边坡偏安全。因此，不能将数值计算是否收敛作为边坡失稳的唯一判据；位移突变评价标准主要受特征点选取的限制，在边坡失稳过程中，不同特征点的突变点及其所确定的边坡安全系数均有所不同，且目前还没有统一的认识；而塑性区贯通受剪应变计算和发展规律的限制，只能作为边坡失稳判断的必要不充分条件。相比于其他两种标准,采用位移突变评价标准与极限平衡法计算所得的边坡安全系数误差最小。因此,本书的后续分析主要以位移突变作为边坡失稳的评价标准。

强度折减法具有以下优点:能够考虑边坡的复杂形状和材料非线性特性,适用于各种实际工程情况;通过数值计算,可以得到边坡的应力场、位移场以及破坏滑动面的详细信息,有助于深入了解边坡的破坏机理和稳定性状况;可以与其他分析方法(如极限平衡法)相互验证和补充,提高分析的准确性和可靠性。

然而,强度折减法也存在一定的局限性:对于大型复杂的边坡工程,计算需要大量的计算资源和时间,可能导致分析效率较低。有限元强度折减法的计算结果受到多种因素的影响,如模型精度、边界条件、材料参数等,因此,需要谨慎处理这些因素的不确定性。

强度折减法在岩土工程领域具有广泛的应用前景。随着计算机技术的不断发展和有限元方法的不断完善,该方法的计算效率和精度将得到进一步提高。同时,随着对边坡破坏机理和稳定性评估方法的深入研究,强度折减法将与其他分析方法相结合,形成更加完善和准确的边坡稳定性评估体系。

5.5.2 强度折减法的实施步骤与关键技术

(1)边坡模型的建立与网格划分

一个完整的边坡数值计算模型需考虑多个方面,一般包括:

①地形地貌的模拟:根据边坡的实际地形地貌,利用 CAD 或三维建模软件构建边坡的三维模型。这一过程中,需要确保模型的几何形状符合边坡的形态,精细度能满足计算要求,并且真实反映边坡的实际状况。

②材料特性的定义:在模型建立过程中,需要根据边坡的实际土体性质,定义各种材料的属性,包括土体的密度、弹性模量、泊松比、黏聚力、内摩擦角等参数。这些参数将直接影响有限元分析的准确性,因此,必须根据实际情况进行精确设定。

③支撑结构的考虑:如果边坡存在支撑结构,如挡墙、锚杆等,也需要在模型中予以考虑。这些支撑结构对边坡的稳定性起着重要作用,因此,必须准确模拟

其几何形状和材料特性。

④网格划分是有限元分析的关键步骤，直接影响分析结果的准确性和计算效率。

网格类型的选择：根据边坡模型的几何特点和计算精度要求，选择合适的网格类型。通常，四边形或六面体网格适用于规则形状的边坡模型，而三角形或四面体网格则适用于复杂地形或不规则形状的边坡模型。

⑤网格密度的确定：网格密度是影响分析结果准确性的重要因素。过密的网格会增加计算量，但可能提高计算精度；而过疏的网格虽然计算量较小，但可能导致分析结果不准确。因此，在确定网格密度时，需要在计算精度和计算效率之间进行权衡。

⑥网格质量的控制：网格质量对有限元分析的稳定性和收敛性具有重要影响。在网格划分过程中，需要避免出现过大的网格畸变或扭曲，以确保分析结果的准确性。

⑦边界条件的处理：在网格划分完成后，需要对模型的边界条件进行处理。这包括设定模型的约束条件、加载条件以及边界条件等。这些条件的设定应根据实际情况进行，以确保有限元分析结果的准确性。

通过以上步骤，可以建立符合实际情况的边坡模型并进行网格划分，为后续的有限元强度折减分析提供基础。

(2)材料本构模型的选取与参数设置

材料本构模型的选取与参数设置是至关重要的一环，直接决定了模拟结果的准确性和可靠性。

边坡稳定性分析，选取本构模型时应遵循的几个原则：

①符合实际材料特性：所选本构模型应能够反映边坡土体的实际力学特性，如弹塑性、黏弹性等。

②计算效率与精度：在满足精度要求的前提下，应尽量选择计算效率较高的本构模型，以减少计算成本。

③模型参数的易获取性：所选本构模型的参数应易于通过实验或现场测试获取，以便进行准确的模拟分析。

在边坡稳定性分析中，常用的本构模型包括弹性模型、弹塑性模型、黏弹性模型等。

弹性模型:弹性模型是最简单的本构模型,它假设材料在受力后能够完全恢复原状。弹性模型适用于描述边坡土体的初始应力状态,但在描述边坡失稳过程中的塑性变形时显得力不从心。

弹塑性模型:弹塑性模型结合了弹性模型和塑性模型的特点,能够描述材料在受力过程中的弹性变形和塑性变形。常用的弹塑性模型有摩尔-库仑模型、德鲁克-普拉格模型等。这些模型能够较好地反映边坡土体的力学特性,适用于边坡稳定性分析。

黏弹性模型:黏弹性模型考虑了材料的黏滞性,能够描述材料在长时间受力下的变形行为。对于具有明显黏滞性的边坡土体,如软土、黏土等,黏弹性模型能够提供更准确的模拟结果。

在确定了本构模型后,需要进行参数设置。参数设置的方法主要包括实验测定、经验公式和数值反演等。以下是参数设置时需要注意的几个问题:

参数的准确性:参数的准确性直接影响模拟结果的可靠性。因此,在进行参数设置时,应尽可能通过实验测定或现场测试获取准确的参数值。

参数的敏感性分析:不同参数对模拟结果的影响程度可能不同。为了了解各参数对模拟结果的影响程度,需要进行参数的敏感性分析,以便在参数调整时有所侧重。

参数的调整与优化:在实际应用中,由于实验条件、测试方法等因素的限制,获取的参数值可能存在一定误差。因此,在模拟过程中可能需要对参数进行适当调整和优化,以得到更符合实际情况的模拟结果。

有限元强度折减法的实施步骤与关键技术涉及复杂力学计算和边坡稳定性分析。

(3)强度折减过程与收敛准则的确定

强度折减过程是强度折减法中的核心环节,其主要目的是通过逐步降低坡体材料的抗剪强度,模拟边坡在逐渐增大的荷载作用下的响应,直至边坡发生失稳破坏。这一过程可以细分为以下几个步骤:

①初始应力场计算:在重力作用下,对边坡模型进行初始应力场计算。这一步骤有助于了解边坡在未受外部荷载作用时的应力状态。

②选择强度折减系数:根据工程经验和实际情况,选择一个合适的初始折减系数 F_s。这个系数可以根据边坡的稳定性要求、历史数据或类比工程来确定。

③将折减后的强度参数输入模型中,进行数值计算。计算过程中,需要关注边坡的应力分布、位移变化以及塑性区的发展情况。

④判断收敛性:根据计算的结果,判断计算是否收敛。如果计算收敛,说明当前折减系数下的边坡处于稳定状态;如果计算不收敛,说明边坡已经发生破坏或接近破坏状态。

⑤调整折减系数:如果计算收敛,则逐渐增大折减系数,重复进行有限元计算,直到找到使计算不收敛的最小折减系数 F_s。这个折减系数就是边坡的最小稳定安全系数。

⑥分析破坏滑动面:根据有限元计算的结果,分析边坡的破坏滑动面。破坏滑动面是边坡在剪切破坏时形成的滑动边界,对于评估边坡的稳定性和制定加固措施具有重要意义。

此外,对于某些复杂的边坡工程,可能还需要结合其他辅助手段来评估计算的收敛性和稳定性,如观察边坡的变形趋势、分析应力分布特征等。这些手段可以为收敛准则的确定提供更全面、更准确的依据。

(4)计算结果的后处理与稳定性评价

有限元强度折减法的实施步骤与关键技术中,计算结果的后处理与稳定性评价是至关重要的一环。在利用强度折减法对边坡进行稳定性分析后,需要对计算结果进行后处理,以提取关键信息,进而对边坡的稳定性进行评价。

计算结果的后处理是提取和分析模拟数据的关键步骤,主要包括以下几个方面:

①数据提取:首先,从有限元分析软件中导出计算结果,包括应力、应变、位移等关键数据。这些数据通常以云图、等值线图或数据表格的形式呈现,便于观察和分析。

②云图与等值线分析:利用软件自带的后处理功能,生成边坡的应力、应变和位移云图及等值线图。这些图形能够直观地展示边坡在不同折减系数下的应力分布、变形趋势,以及潜在滑动面的位置。

③数据曲线绘制：根据提取的数据，绘制边坡的应力、应变和位移随折减系数变化的曲线图。这些曲线图能够反映边坡在强度折减过程中的力学响应，有助于判断边坡的稳定性状态。

在完成计算结果的后处理后，需要对边坡的稳定性进行评价。稳定性评价主要依据以下两个方面：

①安全系数：安全系数是衡量边坡稳定性的重要指标。通过有限元强度折减法，可以得到边坡的最小稳定安全系数。该系数反映了边坡在达到极限破坏状态时的抗剪强度与实际抗剪强度之比。当安全系数大于 1 时，认为边坡是稳定的；当安全系数小于 1 时，则认为边坡处于不稳定状态。需要注意的是，安全系数的确定需要综合考虑多种因素，如计算精度、模型简化、材料参数等。

②破坏模式与滑动面：通过观察云图、等值线图和数据曲线，可以分析边坡的破坏模式和滑动面的位置。破坏模式通常表现为边坡的局部剪切破坏或整体滑动破坏，而滑动面则是边坡在失稳过程中形成的潜在滑动区域。这些信息对于评估边坡的稳定性以及制定相应的加固措施具有重要意义。

此外，在进行稳定性评价时，还需要注意以下几点：

结果的验证与校准：由于有限元分析过程中存在一定的简化和假设，因此，需要对计算结果进行验证和校准。这可以通过与实验结果、现场观测数据或其他分析方法的结果进行对比来实现。

多因素综合分析：边坡的稳定性受多种因素影响，如地质条件、气候条件、人类活动等。因此，在进行稳定性评价时，需要综合考虑这些因素对边坡稳定性的影响。

不确定性分析：由于边坡工程中的不确定性因素较多，如材料参数的离散性、边界条件的复杂性等，因此，需要对计算结果进行不确定性分析。这有助于了解边坡稳定性的可靠度，以及可能存在的风险。

5.5.3 强度折减法的应用案例与效果分析

(1) FLAC 3D 介绍

FLAC 3D 是一款专业的岩土工程分析软件，用于三维模拟和解决复杂的岩土工程问题。它基于拉格朗日有限差分方法，通过在三维空间中划分网格点和区域（即用于评估诸如应力和应变等物理现象变化的最小几何单元）来模拟物理域，这些网格点和区域都具有唯一的标识符。软件提供了多种网格生成方式，包括使用基本形状、拉伸和借助第三方工具进行高级网格生成，这样可以灵活调整和塑造网格以适应被模拟对象的形状。FLAC 3D 广泛应用于土体、岩石、混凝土等材料的动态分析和模拟中，适合处理诸如边坡、大坝、隧道等民用工程挑战，以及开采、爆破和稳定性分析等应用。

（2）数值模拟模型建立

在进行数值模拟模型的建立时，FLAC 3D 软件以其卓越的后处理计算能力在边坡地质模型分析中独树一帜。然而，FLAC 3D 在前处理建模方面的能力相对较弱，因此，通常需要借助外部软件来辅助完成建模工作，然后再将模型导入 FLAC 3D 进行分析。Rhino 和 CAD 等图形处理软件因其强大的建模功能，经常用于这一过程。

Rhino，这款被昵称“犀牛”的三维建模工具，以其全面的 NURBS 建模功能和流畅的建模体验而广受推崇。它能够创建高精度的三维模型，这些模型随后可以被导出供 FLAC 3D 使用。

下面以 Rhino 图形处理软件为例，说明 FLAC 3D 建模基本步骤：

①首先在 AutoCAD 中将地形剖面中除地形线以外的线条元素删除，另存为 DXF 格式，以便下一步在 Rhino 软件中对地形线的处理；

②将上一步保存的 DXF 文件导入 Rhino 软件中，将地形线进行拉伸转化为地形面；

③使用平面加盖功能使地质面成为地质体；

④将地质体组合进行网格划分转换输出为 *.f3grid 格式导入 FLAC 3D 运行计算。

算例 1：文麻高速公路 K39 边坡稳定性计算与分析评价

K39 边坡典型地质剖面如图 5-37 所示，计算模型如图 5-38 所示。

（1）几何模型

模型材料共分为三组，分别为粉质黏土、含碎石粉质黏土、泥质页岩。模型长 262m、宽 20m、高 106m。网格密度为 1.5m。

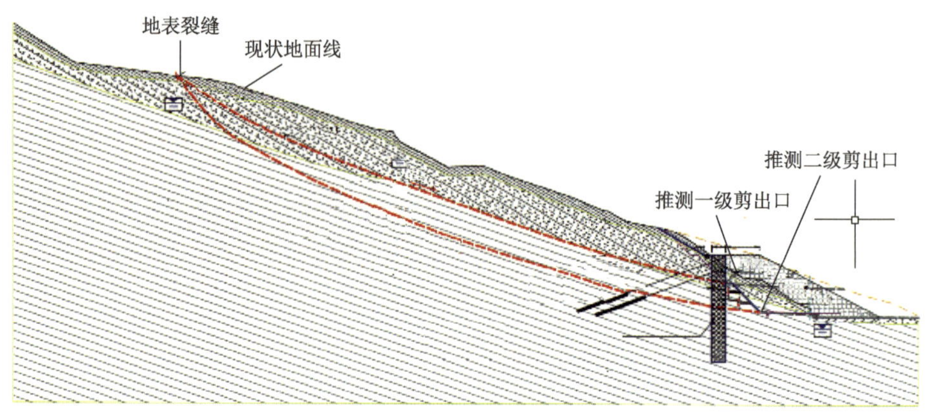

图 5-37　K39 边坡典型地质剖面

(2)计算参数

模型计算参数采用本书第 3 章介绍的方法确定。一般通过样本试验、现场原位测试、参数反演分析和类似工程经验,综合确定。K39 边坡简化计算参数见表 5-4。

(3)数值模拟特征结果分析

①应力分布特征。

图 5-39 为 K39 边坡典型剖面 1—1 最大主应力分布云图。

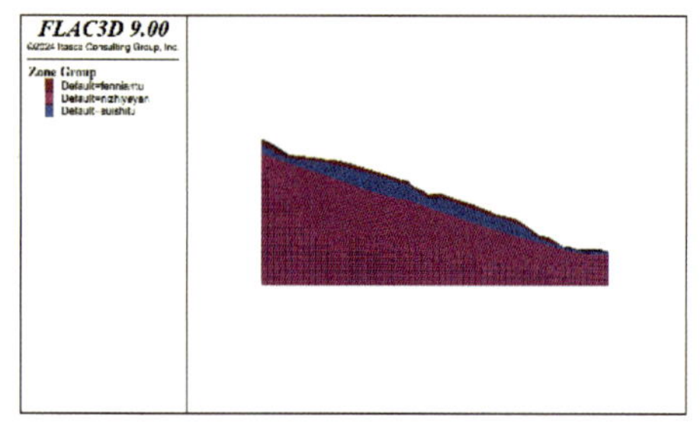

图 5-38　模型及分组示意图

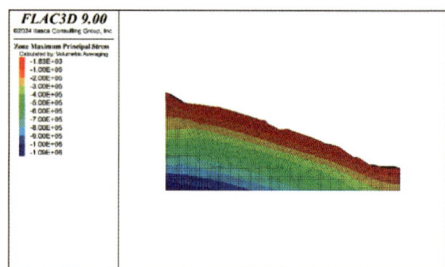

图 5-39　K39 边坡典型剖面 1—1 最大主应力云图

从应力分布特征来看,应力近乎呈层状分布,主要是由于该区域的地质构造特征,地质层相对较连续,没有差异断层分布。

②变形破坏特征。

最大剪切应变带可以指示边坡潜在破坏面所在位置和形态。图 5-40 和图 5-41 分别为 K39 边坡典型剖面 1—1 最大剪应变增量云图和塑性区域分布图。从图 5-40 最大剪应变增量云图分布特征来看,存在两条明显剪应变增量增大区域,剪应变增量的分布范围较大且部分向上扩大贯通。从图 5-41 塑性区观察到两个明显剪切塑性区,其中下部剪切塑性区已经贯通形成剪切滑移带故该边坡稳定性较差。

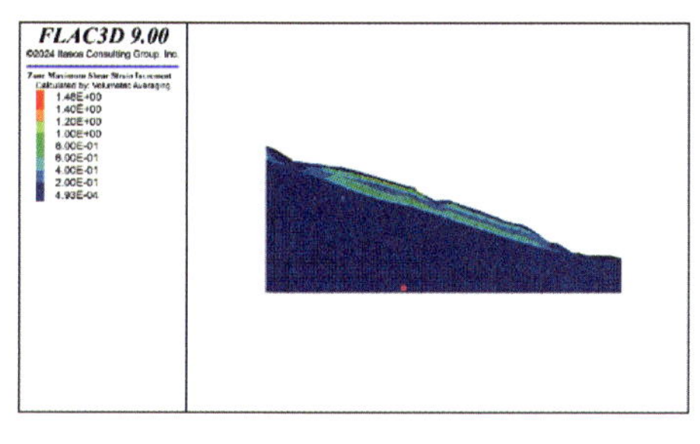

图 5-40　K39 边坡典型剖面 1—1 最大剪应变增量云图

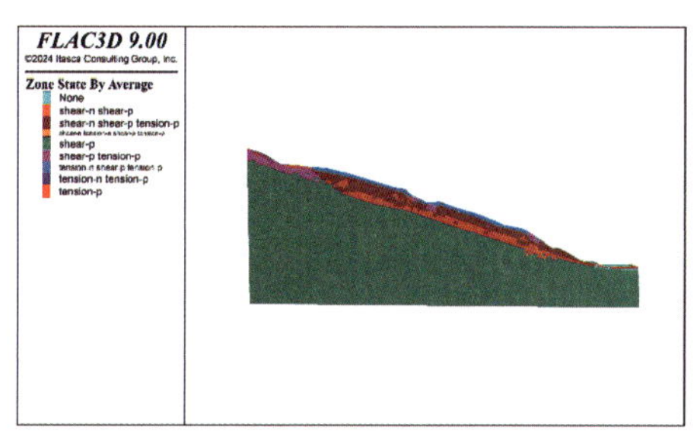

图 5-41　K39 边坡典型剖面 1—1 塑性区域示意图

③稳定性系数。

当折减系数 K 小于 1.35 时，最终能够收敛于无穷小值，意味着边坡依然能够维持自稳状态；不过，当 $K=1.36$ 时，测点速度无法收敛，且随 K 增加发散趋势愈发强烈。也就是说，当强度折减系数超过 1.35 后，边坡内进入破坏状态，并同时产生无法收敛的运动位移。因此，可确定该边坡的安全系数为 1.35。

算例 2：文麻高速公路 K46 边坡稳定性计算

文麻高速公路 K46 边坡为挖方深路堑边坡。其变更设计前工程地质剖面如图 5-42 所示。

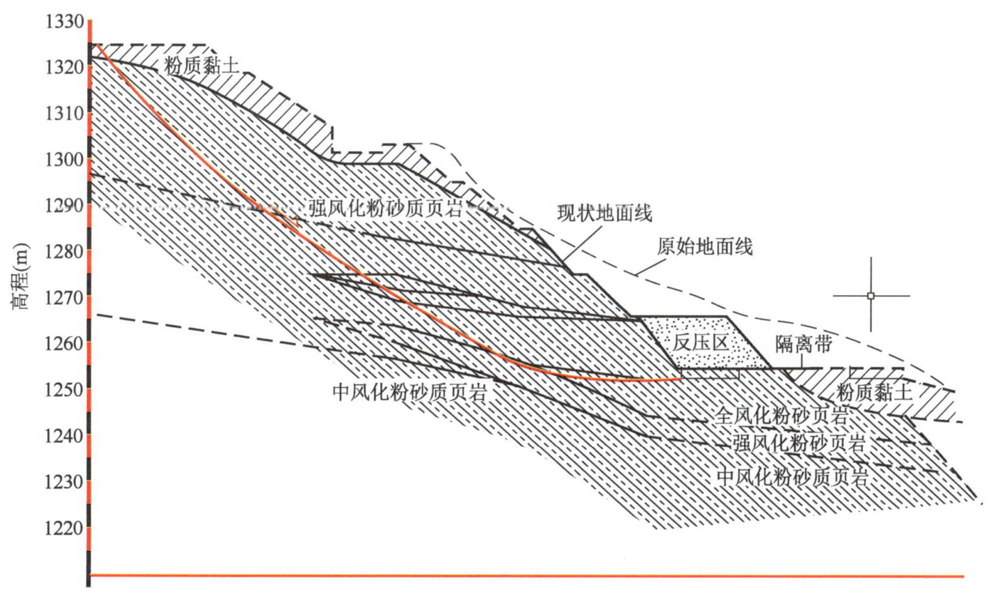

图 5-42　K46 边坡工程地质剖面图

(1)计算模型

选取 K46 边坡典型断面,边坡由粉质黏土、砂质页岩、强风化粉砂质页岩、全风化粉砂质页岩组成。模型长 388m、宽 20m、高 228m、最低 81m,使用 FLAC 进行建模,如图 5-43 所示。

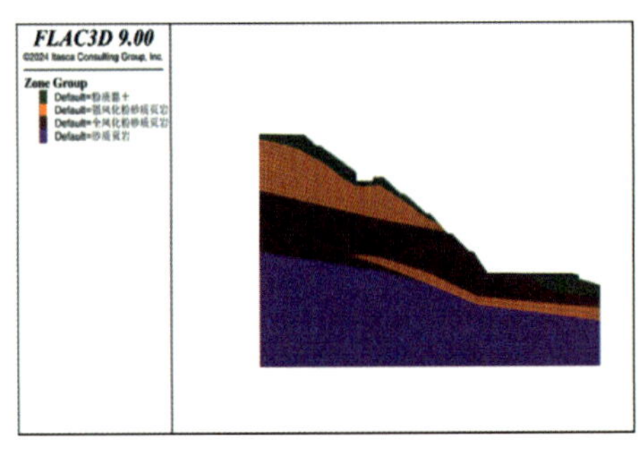

图 5-43　K46 边坡计算模型图

(2)计算参数

模型计算参数采用本书第 3 章介绍的方法确定。一般通过样本试验、现场原位测试、参数反演分析和类似工程经验,综合确定。K46 边坡简化计算参数见表 5-8。

K46 边坡岩土体计算参数　　表 5-8

地层	重度(kN/m^3)(天然/饱和)	黏聚力(kPa)(天然/饱和)	内摩擦角(°)(天然/饱和)
粉质黏土	18.5/19.5	27.5/21	20.5/16.2
含碎石粉质黏土	19.8/20.5	22.2/13.5	15.8/15.2
粉砂质页岩	24/26	45/0	27.5

(3)计算结果分析

模拟主要分析 K46 边坡开挖后的安全性,主要对比分析天然状态下和降雨状态下的边坡应力分布特征、剪切变形特征和稳定性,判断危险位置及是否需要支护手段。

①应力分布特征。

所选边坡段理想化为均值、连续、各向同性的土层,因此,初始应力场可只考虑填土自重应力的影响。在自重作用下的初始应力场与位移分布情况如图 5-44 ~ 图 5-53 所示。

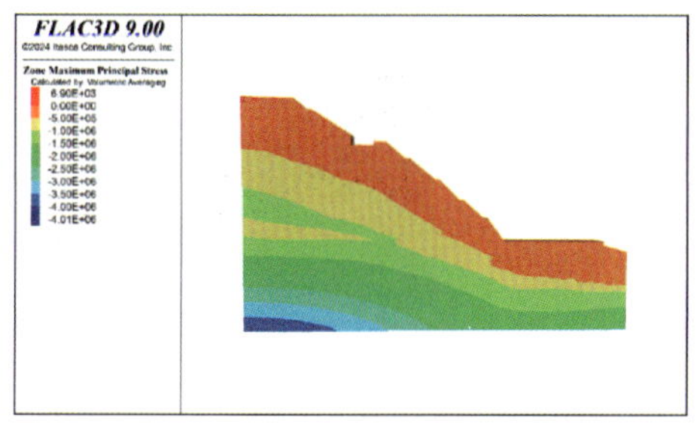

图 5-44　天然状态最大主应力

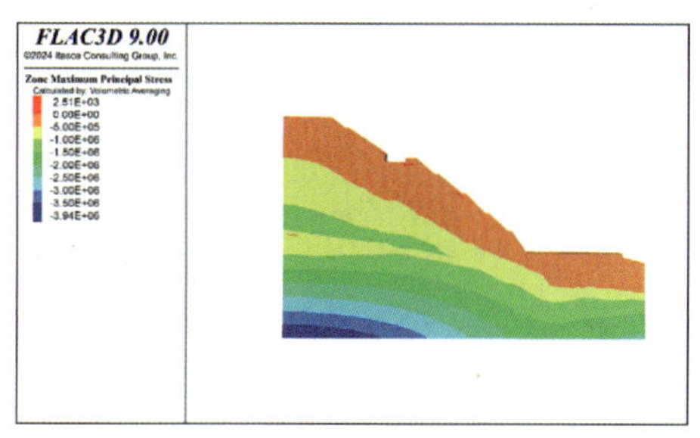

图 5-45　降雨状态最大主应力

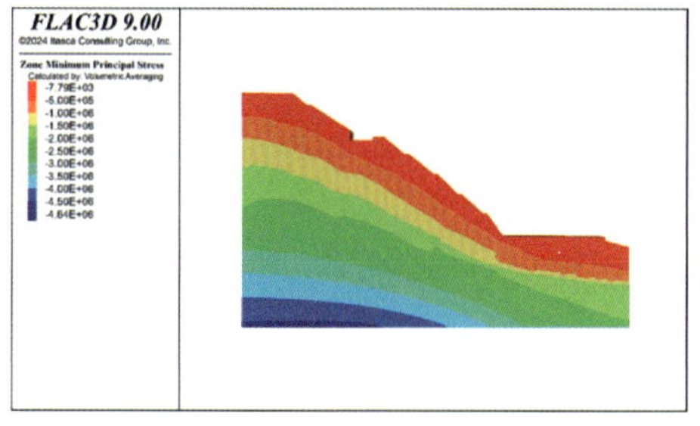

图 5-46　天然状态最小主应力

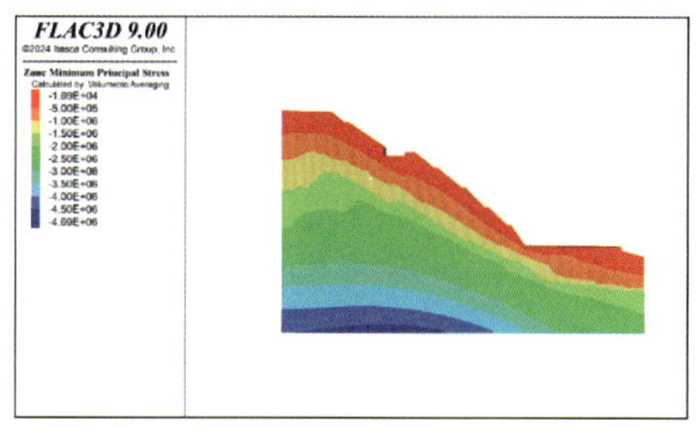

图 5-47　降雨状态最小主应力

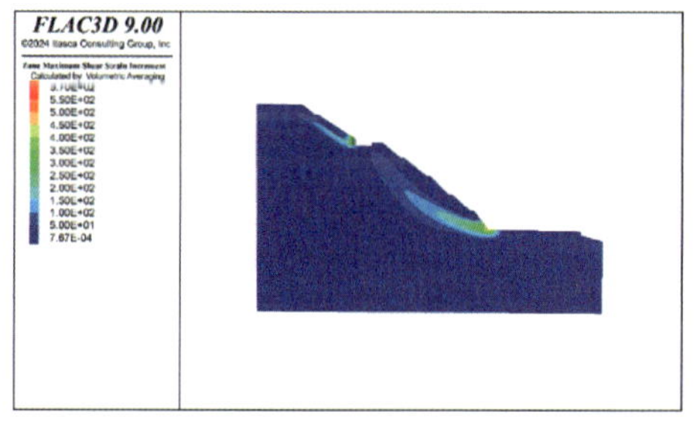

图 5-48　天然状态剪应变增量 1

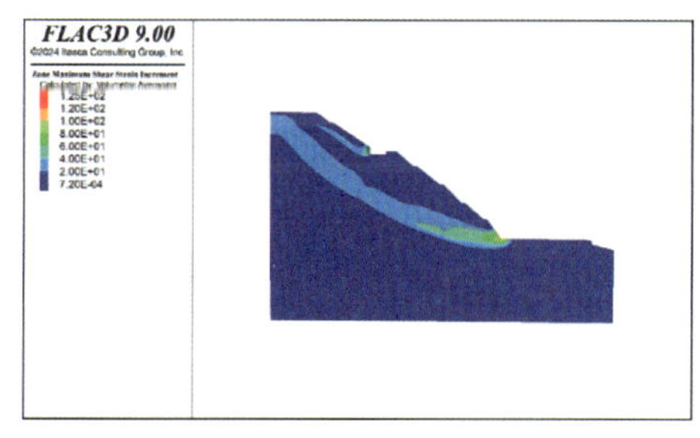

图 5-49　天然状态剪应变增量 2

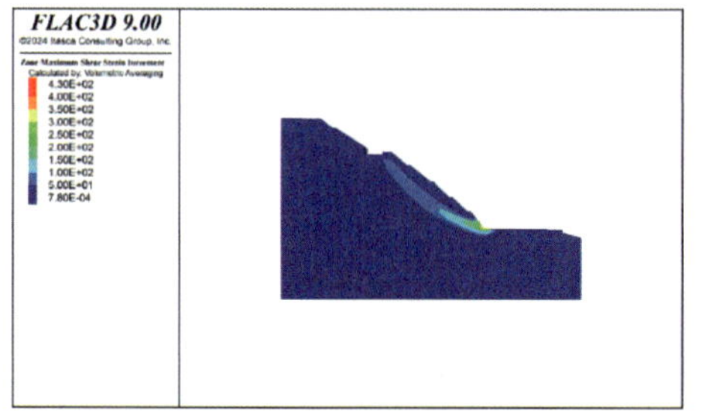

图 5-50　降雨状态剪应变增量 1

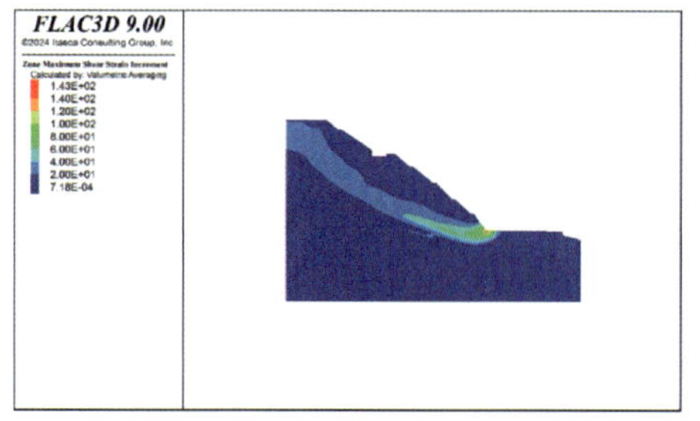

图 5-51　降雨状态剪应变增量 2

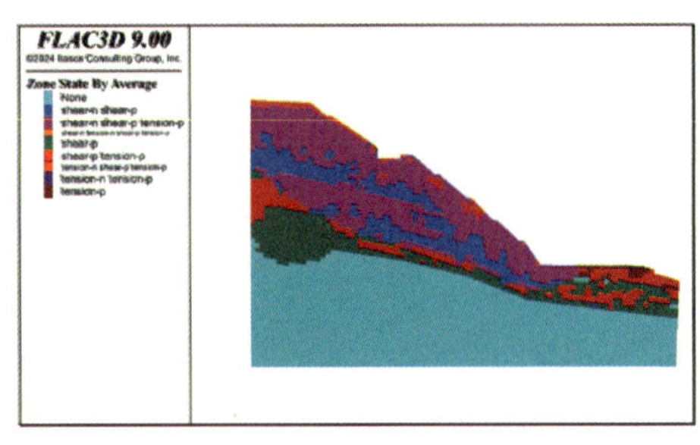

图 5-52　天然状态塑性区

图 5-53　降雨状态塑性区

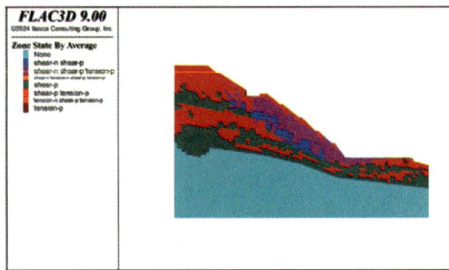

竖直方向应力自上而下逐渐增强,上半部分土体应力大于下部应力。这是因为竖向应力的主要成因是土体自重。随着填土高度的增加,上部土体粉质沙土较多,承受的竖向应力逐渐增大。

②剪切变形分析。

通过 FLAC 强度折减法搜索到两个滑动面,可知边坡破坏主要有两种情况,两种情况均有剪应变增大区域,从剖面的最大剪应变增量云图分布特征来看,存在一条明显剪应变增大区域,剪应变增量的分布范围较大且部分向上扩大贯通。剪应变贯通区域右侧岩体容易发生滑坡。一是下部坡体局部贯通,可能导致下部整体滑落,如图 5-48、图 5-50 所示。二是上下滑坡下整体贯通破坏,可能导致整个坡体破坏滑落,如图 5-49、图 5-51 所示。

③稳定性分析。

由 FLAC 可查看边坡在降雨状态和天然状态下的塑性区,如图 5-52、图 5-53 所示。shear-*n* 代表正向最大剪切应力准则,表示材料在正向最大剪切应力达到某一阈值时发生失稳。shear-*p* 代表反向最大剪切应力准则,表示材料在反向最大剪切应力达到某一阈值时发生失稳。“组合”是将正向和反向最大剪切应力准则进行组合,表示材料在正向和反向最大剪切应力均达到某一阈值时发生失稳。

K46 边坡在天然状态下的安全系数为 0.8,表明在天然状态下开挖就会失稳。然而,在降雨工况下,其安全系数只有 0.48,这意味着存在较大的滑坡风险。在降雨时,地表水分增加,土壤受到润湿并失去一部分强度,从而容易发生失稳和滑坡现象。因此,针对 K46 边坡的降雨工况风险,很有必要采取相应的加固措施,以确保边坡的可靠性和安全性。

CHAPTER 6 | 第6章

公路边坡治理新技术

在修建山区公路时,目前可用于边坡治理的技术相对较多,但在运用具体治理技术时,很难查到这些技术的优缺点、适用性等,往往只能凭借设计人员的经验来判断治理技术的好坏,如何实现合理的运用和取得最优治理效果,受到多种因素的影响,很难选择最好的治理措施。同时,在选取边坡病害治理方案上,没有完整统一的标准和系统适用的指南,各地往往习惯于一种或几种治理方案的运用,没有综合考虑方案的比选,择取更合理的治理方案。

近年来,随着边坡处治技术研究的进一步深入,在实际工程运用中可供选择的治理技术也愈加丰富。边坡工程治理开始更多地强调因地制宜、综合治理,保证边坡治理后稳定安全。随着山区公路建设大规模展开,工程中遇到的高、陡巨型边坡越来越多,影响因素也更加复杂,因此,对边坡的处治技术要求也越来越高。在保障公路运营安全的同时,一些过去常用的处治技术,现在已不能满足高、陡复杂边坡工程的治理需要,研究新的处治技术势在必行。

当前,针对边坡处治方案决策方法的研究还比较少,国内外文献还未见有效的研究成果。因此,对边坡处治技术的特性和边坡处治方案的决策方法进行研究,是当前非常必要的工作。

本章将对文麻高速公路建设中广泛使用的加固技术进行介绍。

6.1 边坡治理技术分类

6.1.1 国际分类

国际岩土学会将边坡处治技术按处理方式分为改变几何形态、排水、支挡结构和内部加固等四类,见表6-1。

边坡治理方法分类(国际岩土学会) 表6-1

1 改变滑坡的几何形态
(1)从滑坡的滑动区搬出物质(可用轻型材料代替); (2)在滑坡抗滑区增加物质(反压或填土); (3)减缓斜坡坡度

续上表

2　排水
(1)地表排水,把水排到滑坡区外(集水沟或管); (2)充填渗水材料(粗卵砾石或土工合成纤维)的浅沟或深沟排水; (3)粗粒材料的支撑盲沟排水; (4)用泵抽水或自流排水的垂直孔群(小直径)排水; (5)重力排水的垂直井群(大直径)排水; (6)地下水平孔群或垂直孔群排水; (7)隧洞、廊道或坑道排水; (8)真空排水; (9)虹吸排水; (10)电渗排水; (11)种植植物
3　支挡结构
(1)重力式挡墙; (2)框架式挡墙; (3)笼式挡墙; (4)被动式桩、墩和沉井; (5)现浇的钢筋混凝土挡墙; (6)聚合物或金属条或片的加筋挡土结构; (7)粗粒材料的支撑扶壁(盲沟)(力学作用); (8)岩石边坡的固定网; (9)岩石崩塌的减缓和阻止系统(拦石的沟、平台、栅栏和墙); (10)抗冲刷的保护性岩石或混凝土块
4　坡体内部加固
(1)岩石锚杆; (2)微型桩群; (3)土钉; (4)锚杆(预应力的或非预应力的); (5)注浆; (6)岩石或石灰/水泥柱; (7)热处理; (8)冻结; (9)电渗锚杆; (10)种植植物(根系的力学作用)

6.1.2 国内分类

国内边坡处治技术起步较晚,其研究也经历了几个阶段。具体可追溯到20世纪50年代,当时我国边坡处治技术主要采用地表排水、填土反压、清方减载、运用抗滑挡墙及采取浆砌片(块)石做坡面防护等措施。后来的工程实践表明,采用地表排水、填土反压、清方减载等技术仅能使边坡暂时保持稳定状态,如果长期受到外界因素影响、外部条件发生变化,边坡依然会发生失稳甚至整体破坏。因此,早期的边坡治理技术并不成熟。

20世纪60年代,在我国铁路建设中,抗滑桩技术第一次被应用到边坡治理中,并取得了良好治理效果,随后多条铁路建设中抗滑桩技术逐渐被推广使用。20世纪70年代,我国边坡治理逐步形成"以抗滑桩支挡为主,以清方减载、工程排水为辅"的边坡综合治理技术。

1975年,由铁道部颁布的《铁路工程技术规范》强调边坡治理应贯彻综合治理、一次根治的理念,将支挡作为其中重要的一部分,各种排水技术及各型挡墙作为推荐技术,抗滑桩技术作为新技术被推荐使用。1985年发布的《铁路路基设计规范》(TBJ 1—1985)对边坡治理强调以支挡为主、考虑综合整治的理念。随着我国经济建设步伐的加快,国内边坡病害治理研究也日益广泛深入,各种处治技术均得到了相应发展。

20世纪80年代末期,由于锚固技术理论研究的深入,以及凿岩机械研发取得突破性进展,锚喷防护技术在我国开始被大量采用。锚喷技术的采用为高边坡提供了一种施工快速、简便、安全的处治手段,因此,在当时很快得到了广泛应用。同时,对于排水,研究人员也有了新的认识,把排水作为主要措施,并结合抗滑桩、预应力锚索抗滑支挡技术对边坡进行综合整治。如在整治南昆铁路八渡车站巨型滑坡时,采用地表与地下排水技术、锚索和锚索桩支挡的综合治理措施,取得成功。

20世纪90年代后,压力注浆技术和框格锚杆(锚索)结构开始受到重视,并广泛应用于边坡治理工程。此阶段强调边坡内部加固,特别是边坡深层加固技术得到深入研究,并运用在大型高边坡深层加固工程中,取得了非常好的治理效果。

迄今为止,国内对边坡治理方法还没有统一的分类,经分析研究,边坡治理工程措施可大致归纳为坡率法、支挡、锚固、注浆和排水五大类，各类治理方法及其特点见表6-2。

边坡治理方法分类（国内）及其特点　　表6-2

类型		作用机理	优缺点	适用条件	应用状况及前景
坡率法		按一定的坡率、设分级平台将边坡刷方到稳定边坡。在治理后部减重、在前部反压	施工简单，机械化程度高。但对原有自然边坡植被和环境破坏较大	低矮平坦的边坡或少量刷方不会引起边坡病害的地带。具有减重和反压条件	进行工程建设最原始的一种方法
刚性支挡	抗滑挡墙	靠墙底摩阻力和墙前被动土压力平衡边坡破坏力，利用自身重量或部分土体保持墙体稳定	施工简便，只需劳力，不需机械，取材容易，大多为石料和少量水泥，个别用混凝土代替。需跳槽开挖，施工不当会造成坍塌，抗滑能力有限	边坡病害破坏较浅，破坏力不大的较矮边坡	是我国20世纪50年代常用的抗滑支挡结构，为适应地形地质条件演绎出了多种断面形式，今后会逐渐减少应用
	抗滑桩	侧向受荷，将边坡破坏力通过桩身传递到下部锚固段，由锚固段的桩周抗力来平衡，类似于一种悬臂受力结构	桩位可灵活设置，可集中设置在滑体的某一部位。可单独使用或与其他结构联合使用，施工安全；施工过程中可验证地质资料。外露式影响环境美观，一般截面较大	适用于松散、软弱、地下水丰富而不易产生锚固力或对锚索有腐蚀作用的地层；外露式的抗滑桩在路堑高边坡防治中不宜采用	20世纪60年代开始，该方法就是治理大型滑坡的主要措施，目前应用仍较广泛
	锚索桩	上端类似铰支，下端类似弹性固结的梁式结构，由锚索拉力和桩身抗力抵抗边坡破坏力	与抗滑桩相比，施工较复杂。机械化程度高，工期短，节约材料，成本低	适用于变形位置在路基面以下较深的路堑边坡或桥隧地段深层滑动，在路基面以上时要与其他措施比较；外露式的不宜采用；不易形成锚固力和对锚索有腐蚀作用的地层不宜采用	20世纪80年代以来，应用相当广泛

续上表

类型		作用机理	优缺点	适用条件	应用状况及前景
刚性支挡	预应力抗滑桩	与普通抗滑桩相同，桩身采用预应力钢筋混凝土	与普通抗滑桩相比，桩截面更小。节约材料。施工方便，桩身变形小，桩体变位小	适用于桩身弯矩较大的情况，对桩长和截面控制设计的桩没有优势	目前正在开发中；有一定的应用前景
柔性支挡	锚杆框架	框架对坡体起框箍作用，锚杆锚于稳定岩体中，靠锚固力提供抗滑力，灌浆对岩体强度有一定加固作用	结构轻盈，机械化程度高。框架（地梁）内可绿化，但钢筋锚杆的锚固力有限，可采用自上而下的分层施工法，对边坡的扰动小	适用于多级路堑边坡和自然斜坡的浅层变形加固，变形体的厚度一般不超过10m。变形破坏力不宜太大	可以代替土钉墙、挂网喷浆及抗滑挡墙。在能产生锚固力和不腐蚀钢筋的浅层路堑边坡、城市建筑边坡的加固中具有优势，可广泛应用
	锚索框架	框架起框箍作用，锚索锚于深层岩体中，提供较大抗滑力，预应力改善了边坡岩体的受力状态	框架地梁可贴刷方边坡施工，框架内覆土植草，较缓的土质边坡可镶嵌在边坡内，可直接植草。可分层施工，减少扰动。施工机械化程度高	适用于加固变形位置在路基面以上或较浅的路堑边坡或自然边坡的深层变形，可加固具有较大变形破坏力的边坡	可代替外露的抗滑桩、锚索桩，应用广泛
锚固	压浆锚固	注浆提高岩体强度，压浆柱中插入钢筋笼，起抗滑销键作用	结构轻盈，机械化程度高，柱顶用框架连接，框架内可绿化。对原有边坡扰动小	适用于滑动较浅的风化破碎岩石、坡残积土等滑坡	目前已有成功应用案例，在浅层变形和范围较大的边坡加固中具有应用前景
注浆	竖向钢花管注浆	注浆加固了岩体的强度，钢花管和灌浆体构成微型桩，起抗滑作用	施工机械化程度高，安全性好，可控制注浆的深度和注浆量，可在破裂面位置多注浆。注浆工艺先进。可恢复植被	适用于变形范围较大的残积、坡洪积及岩石滑坡、浅层坍塌体的加固	对软弱结构带比较清楚的变形体加固具有明显优势。目前已有许多成功应用案例，可推广应用

续上表

类型		作用机理	优缺点	适用条件	应用状况及前景
注浆	多次注浆钢管框架	集锚固机理和注浆机理于一体,既提高岩土体的强度,又提供了抗滑力	技术先进,安全可靠,机械化程度高,结构轻盈,美观,可恢复植被	对于软弱结构带位置难于摸清和会发生变形的松弛变形体加固效果明显;特别适用于软弱破碎岩体的一级边坡加固	已在多条高速公路推广应用,具有较好的应用前景
排水措施	仰斜疏干孔	机械成孔,孔内安放透水的滤管将地下水引出	施工机械化程度高,孔位布置灵活,单孔排水能力有限,布设群孔效果较好	对面状分布、鸡窝状承压的地下水使用效果好,对线状分布的地下水效果欠佳	目前应用广泛
	边坡渗漏	挖沟槽填渗水材料,把地下水集中排除	施工简单,取材容易,易坍塌,排浅层水彻底	适用于浅层地下水的排除	应用广泛
	支撑渗漏	沟槽控制在滑面以下,既有排水作用又有抗滑作用	沟槽较深时施工困难,治理浅层变形效果明显	适用于浅层变形的治理	以往铁路部门应用较多,沟槽超过4.0m时不宜采用,目前应用较少
	截排水盲洞	靠洞顶以上渗井、渗管形成截水帷幕,把水集中在洞中排除	排水效果好,施工难度较大,需找准地下水位,风险较大	适用于排除深层大量的地下水	过去铁路部门应用较多,目前应用较少,地下水对边坡病害起控制作用,应提倡使用

6.2 坡率法

坡率法是指控制边坡高度和坡度,无须对边坡整体进行加固而达到自身稳定的一种边坡设计方法。坡率法是一种比较经济、施工方便的方法,当工程条件许可时,应优先采用坡率法。坡率法适用于整体稳定条件下的岩层和土层,在地下水位低且放坡开挖时不会对相邻建筑物产生不利影响的条件。有条件时可结合坡顶刷坡卸载、坡脚填压的方法使用。

边坡减载措施主要包括削顶减载和削坡减载两种方式。削顶减载方式是将边坡上部一定区域范围内的边坡土体或岩体削掉,以降低边坡体的有效高度;削坡减载方式是将边坡坡度通过削坡去土的形式逐渐放缓。这两种边坡减载措施都能有效减小引起边坡可能发生滑坡破坏的下滑力。减载时应尽量减少对周围环境的影响,并避免出现新的地质灾害。

土质边坡高度超过 10m 或岩质边坡高度超过 20m 放坡时,须设置马道,马道宽一般为 2.0~2.5m,沿马道设置横向排水沟。

对于由边坡前缘失稳引起的牵引式滑坡破坏,可通过在坡体前缘加载反压,有效增加抗滑坡体部分自身土重,使容易失稳的滑坡体获得新的稳定平衡。

反压加载措施适用性较广,在滑坡体前方进行反压可对滑坡进行有效治理:

(1)当为大型多级滑坡时,需要注意反压体对各个滑面的控制。

(2)当滑坡体内地下水较多时,在反压体下部设置排水措施。

(3)反压体的密实度应大于或等于 0.85。

坡率法可与锚杆(索)或锚喷支护、护面墙等联合应用,形成组合边坡,或与植被护坡联合使用,以美化环境。当不具备全高放坡条件时,上段可采用坡率法,下段可采用支护结构,以稳定边坡。

6.3　支挡技术

6.3.1　抗滑挡墙

挡墙是应用最早的边坡加固防护措施。挡墙的主要作用为抗滑，主要有仰斜式重力挡墙和衡重式重力挡墙。挡墙的作用原理主要是靠墙底摩阻力和墙前被动土压力来平衡墙后土压力或滑坡推力，利用自身重量或部分土体提供抗倾力矩。为使其作用效果更有效和适应特定的地形地质条件，发展出各式各样的断面形式。关于传统挡墙的设计原则，可参考相关规范，其计算理论较为成熟。抗滑挡墙的一般断面形式如图6-1所示。

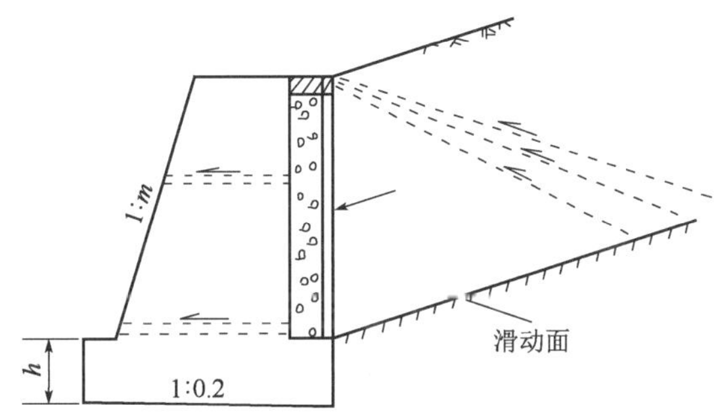

图6-1　抗滑挡墙断面示意图

随着科技的发展，将锚杆(索)与挡墙结合形成锚杆(索)挡墙，主要靠锚固在滑面以下的稳定岩体中的锚杆(锚索)的抗拔力来平衡下滑力，现阶段锚杆(索)挡墙已可应用于软岩或土层边坡治理。

挡墙适用于滑体松散的浅层滑坡，要求有足够的施工场地和材料供应，坡顶无重要建(构)筑物。其优点是可以就地取材，施工方便，有一定的抗滑力；缺点是本身重量大，对下部边坡的稳定不利，施工工作量较大。

常用的挡墙类型及适用范围见表6-3。

常用挡墙类型及适用范围　　表 6-3

序号	挡墙类型	结构示意图	特点	适用范围
1	重力式		依靠墙自重承受土压力、保持平衡;一般用浆砌片石砌筑,缺乏石料地区可用混凝土;形式简单,取材容易,施工简便,经济性好;当地基承载力低时,可在墙底设钢筋混凝土板,可减薄墙身,减少开挖量	低墙(土质边坡10m,岩质边坡12m)、地质条件较好、有石材地区
2	半重力式		用混凝土灌注,在墙背布设少量钢筋;墙趾展宽或基底设凸榫以减薄墙身、节省圬工	地基承载力低,缺乏石料地区
3	悬臂式	立臂 墙趾板 墙踵板	采用钢筋混凝土,由立臂、墙趾板、墙踵板组成,断面尺寸小;墙身过高时,下部弯矩大,钢筋用量大	石料缺乏地区、地基承载力低地区,墙高不宜超过6m
4	扶壁式	墙面板 扶臂 墙趾板 墙踵板	由墙面板、墙趾板、墙踵板、扶壁组成;采用钢筋混凝土	石料缺乏地区,挡墙高小于6m的土质边坡,较悬臂式经济
5	锚杆式	锚杆 肋柱 挡土板	由肋柱、挡土板、锚杆组成,靠锚杆的拉力维持挡墙的平衡	一般地区岩质或土质边坡加固工程,可采用单级或多级,在多级墙的上下级墙体之间应设宽度不小于2m的平台,每级墙高不宜大于6m,总高度宜控制在18m以内;需减少开挖的地区、石料缺乏地区

续上表

序号	挡墙类型	结构示意图	特点	适用范围
6	锚定板式	墙面板 拉杆 锚定板	结构特点与锚杆式相似,只是拉杆的端部用锚定板固定于稳定区;填土压实时,拉杆易弯,产生次应力	缺乏石料的大型填方工程
7	加筋土式	墙面板 拉条	由墙面板、拉条及填土组成,结构简单、施工方便,对地基承载力要求较低	适用于大型填方工程,可采用单级或多级,单级高度不宜大于10m,当墙高超过10m或地震烈度为Ⅷ度及以上地区时,应作特别设计
8	桩板式	墙面板 板桩	深埋的桩间用挡土板拦挡土体;桩可用钢筋混凝土桩、钢板桩,低墙或临时支撑可用木板桩;桩上端可自由,也可锚定	适用于一般地区、浸水地区和地震区的路堑和路堤,也可用于滑坡等地质灾害的治理

6.3.2　单排抗滑桩

单排抗滑桩是边坡加固防护常见的工程措施之一,通常采用钢筋混凝土结构,利用钢筋混凝土构件抵抗弯剪作用,以阻止边坡岩土体下滑。

在边坡稳定性条件较差的情况下,当土坡失衡、滑坡问题较为严重,采用排水、削坡等补救措施不能完全治理,且相关条件合适时,采用单排抗滑桩治理边坡,往往具有施工简单、速度快、工程量小、投资省等优点,同时单排抗滑桩可以和其他边坡治理措施灵活地配合作用,在工程实际中已经得到了广泛应用。在预应力锚固技术应用于边坡加固之前,大截面人工挖孔单排抗滑桩一直是治理大、中型滑坡的主要手段。单排抗滑桩典型截面如图 6-2 所示。

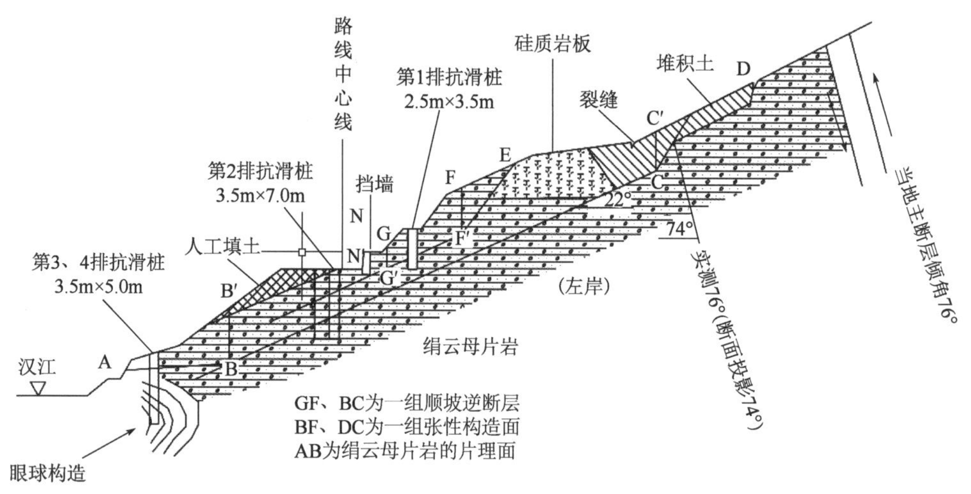

图 6-2　单排抗滑桩典型截面

一般认为抗滑桩设计应遵循下列原则:

(1)抗滑桩可用于不稳定边坡和滑坡、加固不稳定山体,以及加固其他特殊路基。

(2)抗滑桩宜选择在滑体厚度较薄、推力较小、锚固段地基强度较高及有利于抗滑的位置设置,桩的平面布置、桩间距、桩长和截面尺寸等应综合考虑确定,保证滑坡体不越过桩顶或从桩底和桩间滑动,达到安全可靠、经济合理,并与周围景观相协调。

(3)抗滑桩应采取动态设计和信息化施工。抗滑桩设计应根据桩基开挖过程中揭示的地质情况和边坡变形监测信息,及时核实地质勘察结论,校核和完善抗滑桩设计。必要时,应补充地质勘察。

为优化传统抗滑桩在抵抗大型滑坡时可能造成桩身长度或弯矩过大的现象,提出了锚索抗滑桩,锚索抗滑桩具有抗滑桩的特点,且比抗滑桩能承受更大的土体压力或滑坡推力;桩顶加了锚索后可使埋入土体的桩长缩短,适用于边坡开挖后土体压力或滑坡推力很大的情况。

6.3.3　双排抗滑桩加固技术

双排抗滑桩支护结构一直广泛应用于基坑支护结构,近年来,双排抗滑桩在很多边坡加固工程中得到了成功应用,取得了显著的经济效益和社会效益。双排抗滑桩支护结构、支护形式也在不断变化和发展,在传统双排抗滑桩支护结构的基础上,衍生出类似于双排抗滑桩结合的门式桩、h 型桩、双排抗滑桩结合多层连续梁等多种新型双排抗滑桩边坡支护形式,均在边坡工程中有所应用,取得了不错的效果。

但双排抗滑桩支护结构计算理论尚不够完善,甚至出现计算理论落后于实际应用的情况(如双排抗滑桩与单排抗滑桩形成的多级支护结构已在实际边坡工程中得到了成功应用,但没有相关计算理论和计算软件支持),而且各地对双排抗滑桩支护结构的计算规定也不尽相同,使用的计算模型和理论有所区别。总之,双排抗滑桩支护结构设计计算理论还有待进一步研究和发展。

从本质上说,双排抗滑桩支护结构计算理论源自单排抗滑桩,均是依靠自身刚度来承担侧向土体压力来维持整个受力体系的平衡。在传统计算理论(主要是弹性抗力法)的基础上,双排抗滑桩支护结构计算理论所面临并需解决的问题,首先是前、后排桩及连梁形成的支护结构采用何种计算模型才能较为准确地反映双排抗滑桩的受力性状;其次是如何模拟前、后排桩之间的桩间土在受力过程中所发挥的作用;最后是针对在传统双排抗滑桩支护结构的基础上衍生出来的新型双排抗滑桩支护结构的计算理论完善和发展问题。

(1)双排抗滑桩的特点

与单排悬臂桩相比,双排抗滑桩有如下优点:

①双排抗滑桩通过钢筋混凝土灌注桩、冠梁及连梁形成空间门式结构体系,整体刚度较大,相比悬臂式抗滑桩能更好地控制变形。

②双排抗滑桩为超静定支护结构,能调整自身内力适应复杂多变的外荷载环境。

③双排抗滑桩与土相互作用时,土拱效应明显,使桩侧土压力空间分布发生改变,增强支护作用效果。

④桩间土与双排抗滑桩协调变形,改变桩间土侧压力分布,增强桩土共同作用效果。

(2)双排抗滑桩的平面及剖面布置形式

双排抗滑桩由两排悬臂式抗滑桩及连梁组成,在平面布置上形式较多,常见的形式如图 6-3 所示。

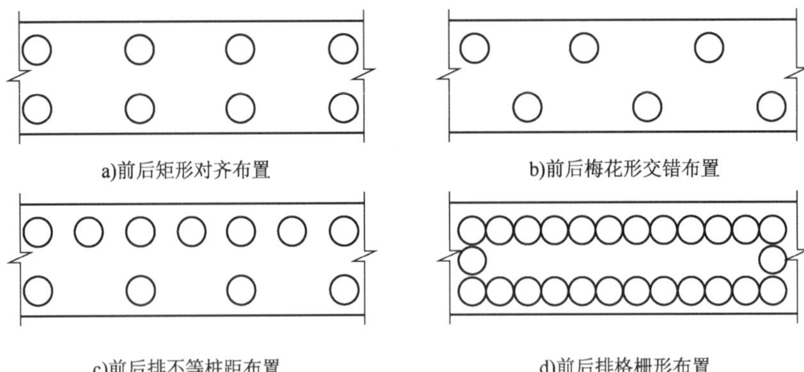

图 6-3　双排抗滑桩常见桩型布置形式

双排抗滑桩自身刚度主要受排桩间距、桩长、桩径及连梁结构形式的影响。双排抗滑桩剖面形式较灵活，连梁结构形式不同，直接影响整个支护体系的刚度，常有四种连接方式，如图 6-4 所示。

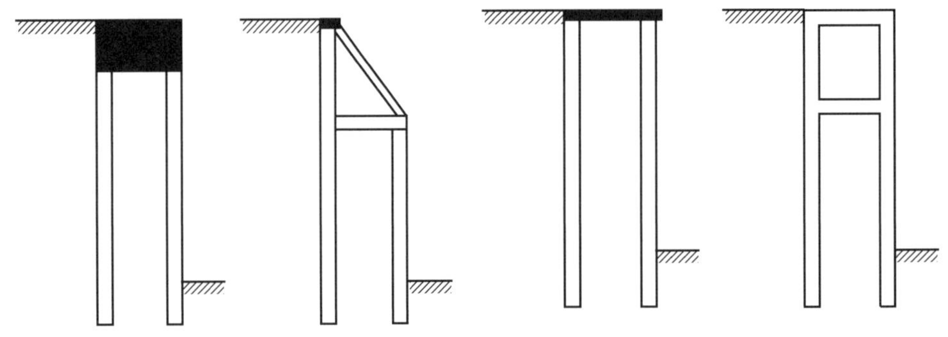

图 6-4　双排抗滑桩常见连接形式

(3)双排抗滑桩的受力及变形特点

双排抗滑桩本质上是一种悬臂支挡结构，在连梁的作用下，桩体内力及变形与单排悬臂桩的内力及变形有显著的差异。通常单排悬臂桩最大位移发生在桩顶，双排抗滑桩与单排悬臂桩相比能够明显地控制桩顶位移，单排抗滑桩与双排抗滑桩在稳定中风化岩石中位移几乎为零，为桩体提供的抗力作用主要来自于稳定岩层。

双排抗滑桩内力分布图形与单排悬臂桩不同，受水平连梁影响前排桩和后排桩桩顶处的弯矩不再为零，而有一定的负弯矩；双排抗滑桩在边坡开挖面以上弯矩为负，开挖面以下同单排悬臂桩分布一致，弯矩为正，正弯矩均在桩进入中等风化层位置处达到最大值；双排抗滑桩弯矩最大值不到单排悬臂桩的一半，说明双排抗滑桩受力更合理。

6.4 锚固技术

锚固技术可分为普通型和预应力型。普通型(无预应力型)锚固技术主要是利用主筋材料及注浆体的抗剪力来提高坡体的稳定性;预应力型锚固技术主要是利用预应力在滑面的分力,即垂直滑面的正压力增大滑体的摩擦力及利用平行于滑面的向上分力来平衡滑坡的下滑力,不考虑钢绞线提供的抗剪力。

预应力锚杆锚固段位置应位于滑面以下的稳定地层中,预应力锚杆的承压结构应根据岩土体性质和承载力确定,宜采用钢筋混凝土框架或地梁。其坡面应采取防止表土被雨水冲刷、局部溜塌的措施。对于软岩、风化岩地层,宜采用压力分散性锚杆。

随着岩土工程技术的发展,预应力锚固技术得到越来越广泛的应用,预应力锚索加固岩体边坡的优越性在于能为节理岩体边坡、断层、软弱带等提供一种强有力的"主动"支护手段,是所有传统非预应力的"被动"支护所无法达到的。由于其预应力大,锚固深度可控,具有其他锚固手段所不具备的优点。

锚固技术往往与其他技术结合,这样更能发挥其抵抗水平下滑力的特点。

6.4.1 预应力锚杆(索)挡墙

锚杆(索)挡墙分为肋柱式与板壁式两种。其中,肋柱式墙体主要由竖向肋柱及柱后挡土板组成,通过锚固工程对肋柱作用,使肋柱与挡土板形成有效的结合体;板壁式主要由现浇的整体式面板或薄壁挡墙与锚固工程结合,形成整体受力来平衡滑坡推力。

加筋土挡墙属于柔性防护工程,适用于具有一定膨胀性的边坡加固工程。其主要由土工格栅、土工格室这类加筋体与填料组成,通过加筋体与填料的有机组合抵抗滑坡的下滑力。这类挡墙的主要优点在于柔性加筋体支护结构对滑坡进行支挡的同时,也实现对膨胀土的"保湿防渗"及防止风化的作用。加筋体结构允许边坡产生一定的变形,可释放开挖边坡的大部分应力和膨胀,非常适用于具有一定膨胀性的潜在滑坡治理。

6.4.2 锚杆框架加固技术

(1)锚杆的特点

所谓锚杆框架,就是将锚杆群按一定方式布设在边坡上,锚杆深入到稳定岩体,通过锚杆向岩体内灌浆,提高岩体的强度,同时增强岩体对锚杆的锚固力,依靠该锚固力提供对坡体的抗力,框架将锚杆联结在一起,形成对坡体的框箍作用(图6-5)。

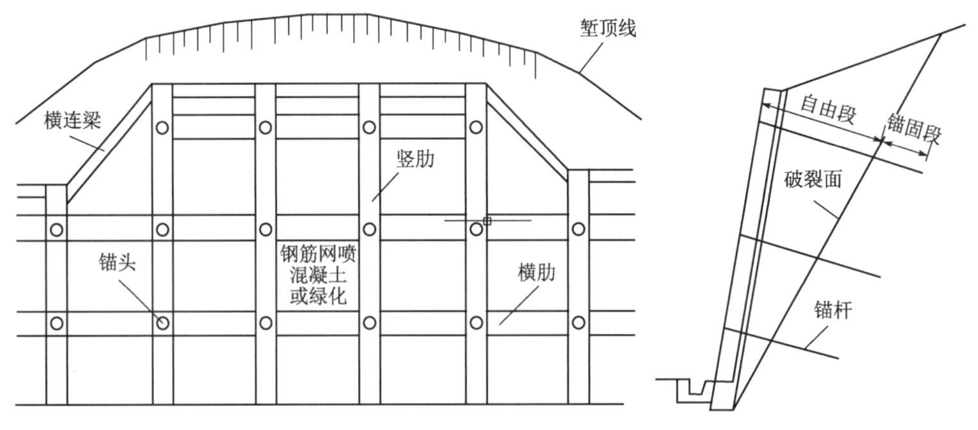

图6-5 锚杆框架示意图

锚杆框架的特点是结构轻盈,机械化施工程度高,框架(地梁)内可植草绿化,但钢筋锚杆的锚固力有限,可采用自上而下的分层施工法,从而减小对边坡的扰动。该技术适用于多级路堑边坡和自然斜坡的浅层变形加固,变形体的厚度一般不超过10m,变形破坏力不宜太大。它可以代替土钉墙、挂网喷浆及抗滑挡墙。适宜在能产生锚固力和不腐蚀钢筋的浅层路堑边坡使用。在城市建筑中是一种常用的边坡加固措施。

锚杆的抗拔作用力又称锚杆的锚固力,是指锚杆的锚固体与岩土体紧密结合后抵抗外力的能力,或称抗拔力,它除了跟锚固体与孔壁的黏结力、摩擦角、挤压力等因素有关外,还与地层岩土的结构、强度、应力状态和含水情况,以及锚固体的强度、外形、补偿能力和耐腐蚀能力有关。许多资料表明,锚杆孔壁周边的抗剪强度由于地层土质不同、埋深不同,以及灌浆方法不同而有很大的变化和差异。对于锚杆(索)抗拔的作用机理可从其受力状态进行分析,图6-6表示一个灌浆锚杆(索)中的砂浆锚固段,如将锚固段的砂浆作为自由体,其受力机理如下:

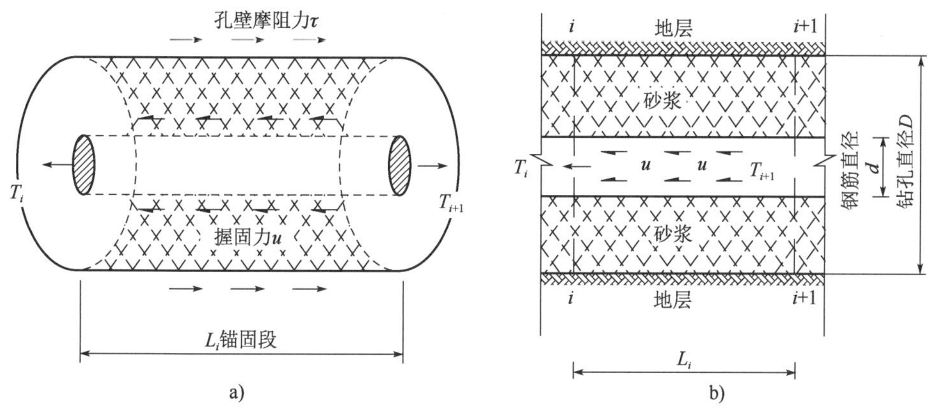

图6-6　灌浆锚杆(索)锚固段的受力状态

当锚固段受力时,拉力首先通过钢拉杆周边的握固力(u)传递到砂浆中,然后再通过锚固段钻孔周边的地层摩阻力(τ)传递到锚固的地层中。因此,钢拉杆如受到拉力作用,除了钢筋本身需要有足够的截面面积(A)承受拉力外,锚杆(索)的抗拔作用还必须同时满足以下三个条件:

①锚固段的砂浆对于钢拉杆的握固力需能承受极限拉力;

②锚固段地层对于砂浆的摩擦力需能承受极限拉力;

③锚固土体在最不利的条件下仍能保持整体稳定性。

以上第①和②是影响灌浆锚杆(索)抗拔力的主要因素。

(2)框架的作用与特点

锚杆框架中的框架分布于坡面上,也称格构,一般是利用现浇钢筋混凝土或预制预应力混凝土,交接处与锚杆连接。框架一般与公路环境美化相结合,在框格之内种植花草可以达到美观的效果。其主要作用是将边坡坡体的剩余下滑力或土压力、岩石压力分配给格构节点处的锚杆,然后通过锚杆传递给稳定地层,从而使边坡坡体在由锚杆提供的锚固力作用下处于稳定状态。因此,就格构本身来讲,它仅仅是一种传力结构,而加固的抗滑力主要由格构节点处的锚杆提供。

框架有方形、菱形、人字形和弧形四种形式。方形和菱形格构水平间距均应小于5.0m,人字形和弧形格构水平间距均应小于4.5m。钢筋混凝土格构断面设计应采用简支梁法进行弯矩计算,并采用类比法校核。一般断面高×宽不小于300mm×250mm。框架格构纵向钢筋应采用ϕ14mm以上的螺纹钢筋,箍筋应

采用 ϕ6mm 以上的钢筋。格构混凝土强度等级不应低于 C25。

锚杆框架治理坡体坡度一般不大于 70°，当边坡高于 30m 时，应设置马道。为了保证锚杆框架加固的稳定性，锚杆应采用 ϕ25～40mm 的Ⅱ级螺纹钢加工，长度一般为 4m 以上，全黏结灌浆，并与格构钢筋笼点焊连接。若岩土体较为破碎和易溜滑时，可采用锚管加固，锚管用 ϕ50mm 架管加工，全黏结灌浆，注浆压力一般为 0.5～1.0MPa，同样应与格构钢筋笼连接牢固。ϕ50mm 架管设计拉拔力可采用 100～140kN，锚杆均应穿过潜在滑动面，格构应每隔 10～25m 宽度设置伸缩缝，缝宽 2～3cm，填塞沥青麻筋或沥青木板。

6.4.3 预应力锚索(杆)框架

预应力锚索框架也称锚索格构或格构锚固，将锚杆框架中的普通钢筋锚杆换成预应力锚索后，就变成预应力锚索框架(图 6-7)，预应力可深入更深的岩层，与框架一起形成对坡体更大的框箍作用。格构锚固是一种利用浆砌块石、现浇钢筋混凝土或预制预应力混凝土形成的格构进行坡面防护，并利用锚索固定支点的综合支护措施。它是一种将格构梁护坡与锚固工程相结合的支挡结构，既能保证深层加固又可兼顾浅层护坡，具有结构物轻、材料省、施工安全快速、后期维护方便，以及可与其他措施结合使用的特点。

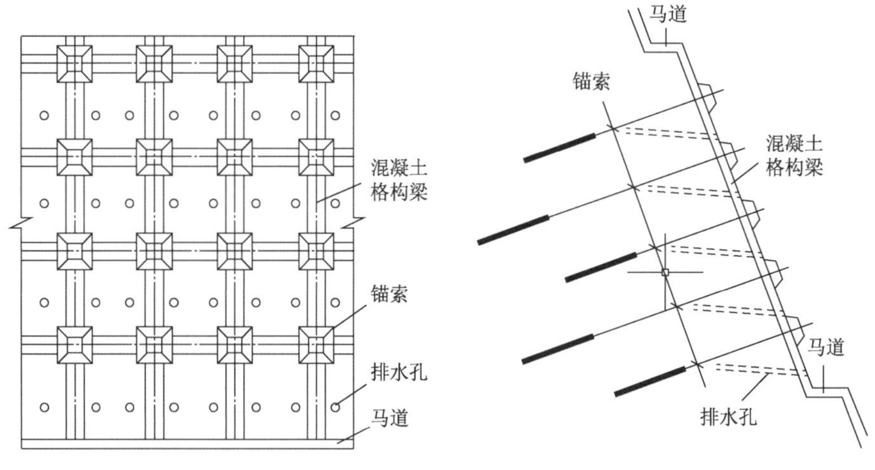

图 6-7　典型锚索格构示意图

该方法适用于各类边坡，在浅层稳定性差但整体稳定性较好的边坡中采用较多，也可在坡度较大的边坡整治中采用。混凝土格构应能在边坡表面上保持其自身稳定,并与所布置的锚杆或锚索相连接。多用来保护土质边坡、松散堆积体滑坡或其他不稳定边坡的浅表层坡体,增强坡体的整体性,防止坡体的风化。格构中间往往用于种草,以减少地表水对坡面的冲刷,减少水土流失,从而达到护坡和美化环境的目的。

(1)预应力锚索

预应力锚索的特点是能够充分利用岩土体自身强度和自承能力,大大减轻了结构自重,节省工程材料,是高效和经济的加固技术,具有以下特点:

①具有一定的柔性。锚索是一种细长受拉杆状构件,柔度较大,具有柔性可调的特点,用于加固岩土体时能与岩土体共同作用,充分发挥两者的能力。

②深层加固。预应力锚索的长度,可根据工程需要确定,加固深度可达数十米。

③主动加固。通过对锚索施加预应力,能够主动控制岩土体变形,调整岩土体应力状态,有利于岩土体的稳定性。预应力锚索结构在岩土体及被加固建筑物产生变形之前就发挥作用,与挡墙、抗滑桩等支挡结构在岩土体变形后才发挥作用的被动受力状态有着本质的区别。

④随机补强、应用范围广。预应力锚索既可对有缺陷或存在病害的既有建筑物、支挡结构进行加固补强,又可在新建工程中显示其独特的功能,具有应用范围广的特点。

⑤施工快捷灵活。预应力锚索施工采用机械化作业,具有工艺灵巧、施工速度快、工期短、施工安全等特点,用于应急抢险更具有独特优势。

⑥经济性好。预应力锚索既可单独使用,充分利用岩土体自身强度,从而节省大量工程材料;同时可与其他结构物组合使用,改善其受力状态,节省大量的人力,具有显著经济效益。

(2)框架梁

对于框架梁,可将锚拉点锚索预应力简化为在纵横梁节点处施加一个集中荷载,按节点处挠度相等的条件,将锚索预应力分配到各自梁上,将框架梁拆成若干根纵梁、横梁,然后按一般的条形弹性地基梁,即锚索地梁进行计算。该方法由于考虑了节点处变形协调及重叠地梁面积的应力修正,计算较为烦琐。

在实际应用中,一般采用纵横梁使用相同截面尺寸的方式,节点荷载可近似

按纵横梁间距来分配到两个方向的梁上,按反梁法进行锚索框架梁内力计算。其基本假定条件如下:

①将坡面反力视为作用在框架上的荷载,把锚索作用点看作支座,将框架梁作为倒置的交叉梁格体系来进行计算。

②认为整个框架梁为刚性,假定坡面反力呈均匀直线分布,将横梁和纵梁看成相互独立的连续梁。

③将锚索力简化成在框架梁节点处施加一个集中荷载,按照同一节点处挠度相等的原理,可以通过叠加原理将锚索力分别分配到各自梁上,然后按照一般的条形弹性地基梁进行计算。

④由于纵、横梁采用相同的截面尺寸,节点荷载可近似按纵横梁间距来分配到两个方向的梁上,不必考虑计算较为烦琐的节点处变形协调及重叠框架梁面积的应力修正。

⑤设计中可忽略梁自重对其内力的影响。

(3)预应力锚索框架特点

该方法的特点是框架地梁可贴刷方边坡施工,框架内可覆土植草,较缓的土质边坡还可镶嵌在边坡内,可直接植草。可分层施工,减少扰动。施工机械化程度高,适宜加固变形位置在路基面以上,或较浅的路堑边坡,或自然边坡的深层变形,可加固具有较大变形破坏力的边坡,适用于能产生锚固力和对钢筋无腐蚀的地层,变形位置在路基面以下较浅,或在路基面以上的深层变形破坏,可代替外露的抗滑桩、锚索桩,应用比较广泛。

将锚索的锁定头设置在钢筋混凝土条形梁上与锚索结合加固边坡,此种结构形式也称为锚索地梁。该结构是利用施加于锚索上的预应力,通过锚索地梁传入稳定地层内,起到加固边坡的作用,具有受力均匀、整体受力效果较好等特点,适合于加固地基承载力较低或较松散的边坡。地梁之间的防护可根据边坡具体情况,采用浆砌片石、喷锚网或植被防护。

预应力锚索地梁的受力分析,应考虑张拉阶段和工作阶段。张拉阶段预应力锚索的张拉力是主动作用于地梁上的力,它迫使岩土体变形,使岩土体产生被动抗力并作用于地梁上。张拉阶段完成后,锚索张力、土体抗力保持相对平衡,但在工作阶段土体的变形将破坏这种平衡,此时地基反压力则主要是来自地梁下岩体变形挤压地梁而形成的主动岩体压力。由于这两个阶段受力模式不同，在设计预应力锚索地梁时，应分别验算张拉阶段和工作阶段的内力，以确保地梁的安全使用。

铁道科学研究院于1994年将这一结构应用于深圳市罗（芳）沙（头角）公路西岭山边坡的加固，随后在深圳市罗芳山庄边坡加固、黄贝岭坡体滑坡治理、蛇口月亮湾别墅（图6-8）等边坡加固和滑坡治理中得到了应用。随着我国交通事业的发展，高等级公路边坡病害问题尤为突出，预应力锚索框架在公路高边坡的治理中发挥了越来越重要的作用。与此同时，在其他如冶金、水利、市政建设等行业也得到了广泛应用和推广。

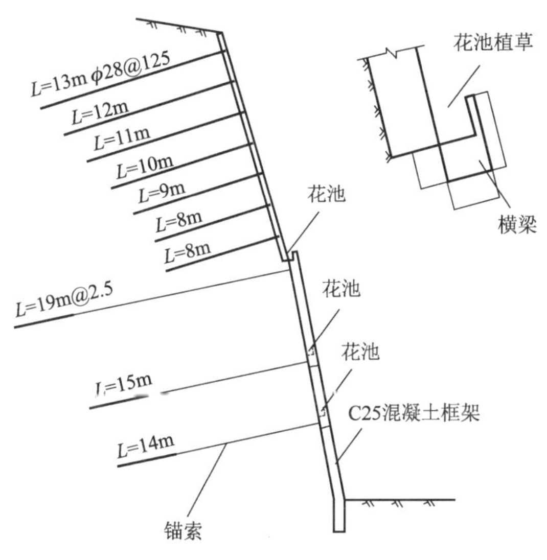

图6-8　深圳蛇口月亮湾别墅边坡加固

2000年，铁道科学研究院将预应力锚索框架成功用于高陡边坡的加固，京珠高速公路粤境南段K155左侧边坡总高度40余米，边坡体岩土大多为强风化呈砂土状的泥岩夹粉砂岩，一级边坡局部夹灰岩，原设计方案在一级平台设锚索抗滑桩一排，桩长20余米，悬臂10m，桩自路基面以上7m高度范围内为浆砌片石挡墙，上部3.0m高度范围内为挡土板，施工对原边坡扰动大，工期长，造价高。后将一级边坡加固改为58排预应力锚索框架结构，缩短了工期，降低了造价，美化了环境，成为京珠高速公路粤境段高边坡加固的一个示范工程。

预应力锚索改为普通钢筋锚杆即成为锚杆框架，在边坡破坏力较小和变形体深度不大的情况下，采用锚杆框架比预应力锚索框架有优势，如图6-9所示。

图 6-9　京珠高速公路粤境南段 K155 预应力锚索框架

6.4.4　预应力锚索抗滑桩

普通抗滑桩是一种悬臂结构，用于治理大型和特大型滑坡时截面尺寸较大的情况。20 世纪 80 年代，铁道科学研究院研究了在桩顶加预应力锚索的结构，即预应力锚索抗滑桩，如图 6-10 所示。通过理论分析、模型试验，结合工程实践，不断完善设计理论和方法。在一般情况下，预应力锚索抗滑桩较普通抗滑桩节约投资 20% ~30% 。

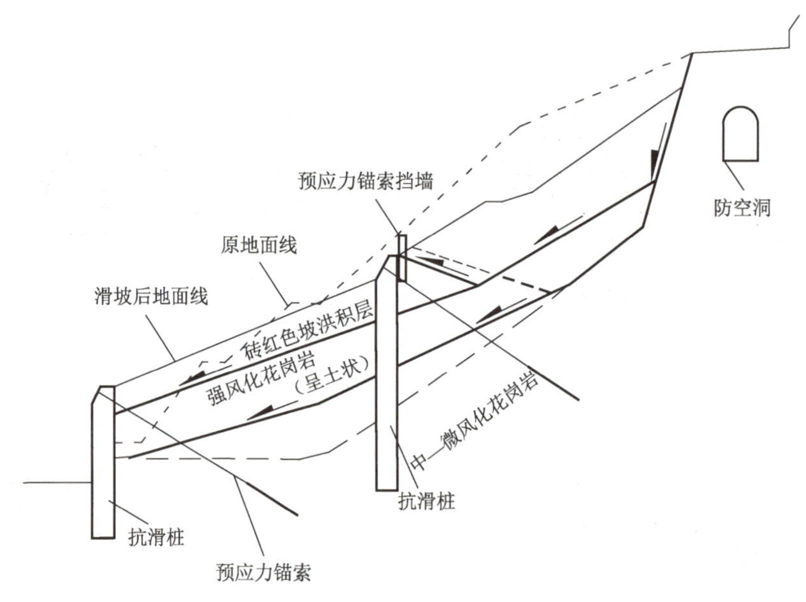

图 6-10　预应力锚索抗滑桩示意图

6.4.5　可调索力技术

预应力锚索抗滑桩是一种采用锚索和桩共同受力来抵抗滑坡推力的复合受力结构。因其能改善桩的受力特性，控制桩顶位移，优化支护结构几何参数，从而降低工程造价、加快施工进度等特点，近年来在大型边坡特别是滑坡治理中，得到了广泛的应用。但是在施工和运行期，锚索预应力不可避免地出现损失，而锚索有效预应力控制是关系加固工程成败的重要因素。

受可回收锚固技术的启发，笔者所在课题组联合中交第二公路勘察设计研究院有限公司岩土工程公司率先在广州增从项目中引入可调索力锚拉抗滑桩技术。其主要装置与实现原理如下：

(1)索力调整装置

如图 6-11 所示，在普通锚索锚固端增设一带外螺纹的可调式锚板，一个转换钢垫板[图 6-11a)]和一个可调式锚板匹配的螺母[图 6-11b)]。初始张拉时按普通锚索张拉方法张拉到设计张力并锁定，不封锚，盖好保护罩即可[图 6-11c)]。当需补偿张拉时，开启保护罩，按图 6-11d)安装连接套、反力撑脚和千斤顶。在张拉过程中，锚索在千斤顶作用下外伸，可调式锚板随之与转换钢垫板产生间隙，此时反向旋转螺母，移向垫板直到与垫板压紧为止。反之，当需要减小张拉力时，将螺母的方向正向旋转到设计位置即可。拆卸张拉设备，即可实现索力双向调整功能。

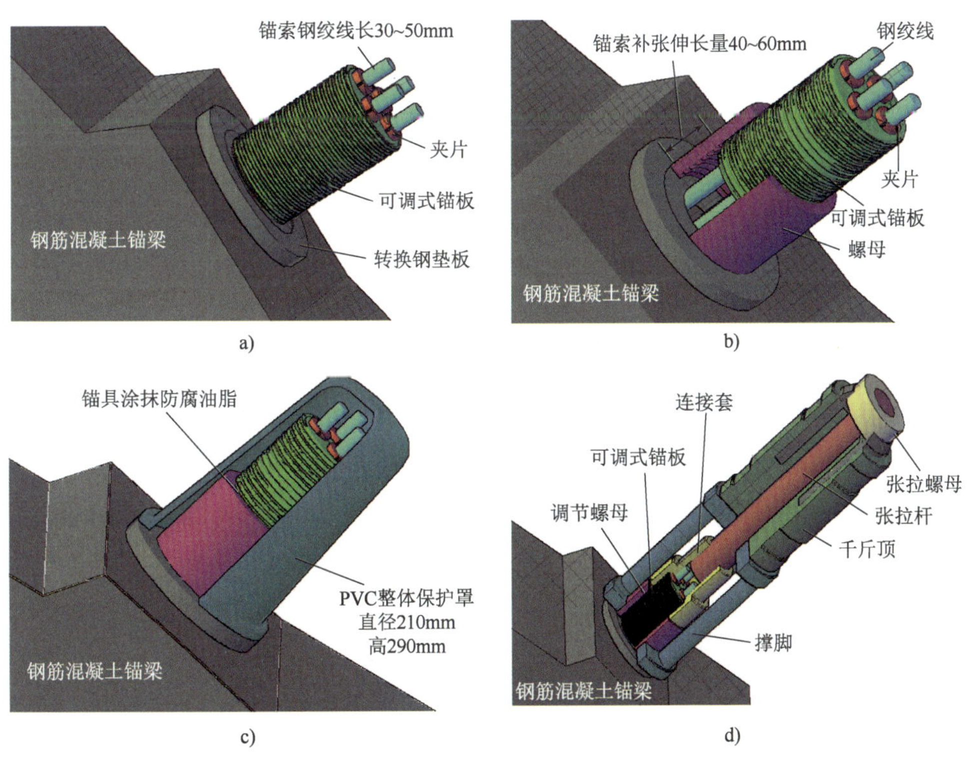

图 6-11　可调索力锚固装置效果图

(2)索力张拉步骤

①在常规锚垫板上加装转换钢垫板,安装可调式锚板及夹片。

②按常规方式进行锚索张拉、锁定。

③切除多余钢绞线,留长 30 ~ 50mm。

④二次补偿张拉时,安装调节螺母并下旋,贴紧转换钢垫板。

⑤依次安装连接套、张拉杆、撑脚、千斤顶和张拉螺母。

⑥补张拉到设计索力,可调式锚板在补张拉时外移,同时下旋螺母。

⑦旋紧螺母密贴垫板,千斤顶卸压,完成索力转换。

⑧拆除补张拉机具,完成锚索的二次补偿张拉。

⑨锚具涂抹油脂防腐,加装整体保护罩。

(3)应用效果

广东某山区高速公路 K8 + 160 ~ K8 + 515 右侧为深厚土层路堑边坡,坡高 30 ~ 40m。原设计边坡分为 4 级,每级 10m。在施工过程中及运营初期边坡出现过滑塌,分别于 2011 年 6 月和 2013 年 9 月进行过两次边坡治理。2014 年 5 月 23 日的特大暴雨后(降雨量达到 500mm/d),边坡出现局部开裂、坡面隆起或局部滑塌,高速公路内侧路面局部隆起变形,边坡上方山体出现开裂、错台、自然山坡局部滑塌、潜在深层整体滑移的风险。针对锚拉桩在治理深厚土层边坡工程中预应力损失大、蠕变稳定时间长、常规二次补偿张拉难于实施的问题,治理设计时引入了可调索力装置。

支护方案:人工挖孔锚拉抗滑桩,设在一级坡顶处。抗滑桩采用 C30 混凝土,截面尺寸为 1.5m × 2.0m ~ 2.0m × 3.0m,桩长 25 ~ 35m,桩间距均为 6m,多数桩底未入基岩。桩顶以下 1.5m、3.0m 处设两道锚索,锚索采用 6ϕ15.24mm 钢绞线,锚具采用新型可调索力锚固装置。锚索长 30 ~ 40m,锚固段 12m,岩层为全风化泥质砂岩或泥质页岩。第一道锚索入射角采用 20°,设计索力 F_{N1} = 1000kN,第二道锚索入射角采用 25°,设计索力 F_{N2} = 800kN。二、三、四级坡采用钢筋混凝土锚索框架,框架梁尺寸为 400mm × 400mm,C30 混凝土,间距 3m × 3m。

监测方案:坡体表面位移监测点 24 个,测斜管 7 孔,土压力盒 15 支,桩内钢筋应力计30支,锚索测力计6支。自2014年9月开始,随施工进度分别安装埋设,随后按规范频率进行监测记录。

预应力损失与补张拉:2014年9月安装锚索测力计,并按规范超张拉10%进行锁定,因可调索力锚具自身具备防护装置,可不用混凝土封锚。截至2015年8月,锚索索力分别下降至600~700kN,桩顶位移4~5cm,因此,开启锚索端头封盖,重新张拉到原设计拉力,桩顶位移有部分恢复。通过补偿张拉后,预应力很快趋于稳定,截至2017年7月,预应力损失基本稳定在3%~5%范围内。桩顶位移变化趋势分析表明,桩顶位移与锚索预应力密切相关。当锚索预应力损失30%~48%时,桩顶水平位移逐渐增加至40.5~49.5mm。当补偿张拉预应力时,桩顶分别回移25.3mm和31.3mm。预应力因蠕变、松弛等过程完成而稳定时,桩顶位移分别残留13.2mm和17.2mm。这可解释为边坡开挖治理后,坡体土层经各种自然营力作用固结,强度与变形特性有所提高,预应力补偿张拉至设计值时,桩顶中心并不能恢复至初始位置(水平位移为零)。

结果表明,对于深厚土层边坡,后期预应力补偿张拉可挽回25%~45%的预应力损失,桩顶位移减少50%~60%,进而大幅度提高抗滑桩的治理效果。另外,可调索力锚拉装置可实现锚索预应力任意时间、多次补偿张拉功能,为提高锚拉桩抗滑效果创造条件,值得推广应用。

6.5 注浆加固技术

注浆法是利用钻机将带有喷嘴的注浆管钻进滑体内预定位置后,以高压将浆液压入滑体内或从喷嘴喷射出来,冲击破坏土体。浆液凝固后,便在土中或破碎带中形成固结体。该方法不仅具有加固质量好、可靠性高、止水防渗、防止砂土液化、降低土的含水率和减少支挡结构上滑体压力的特点,而且还具有不影响邻近建筑物、不对周围环境产生危害、不影响滑体上的建筑物和道路交通等特点。典型工程断面如图6-12所示。

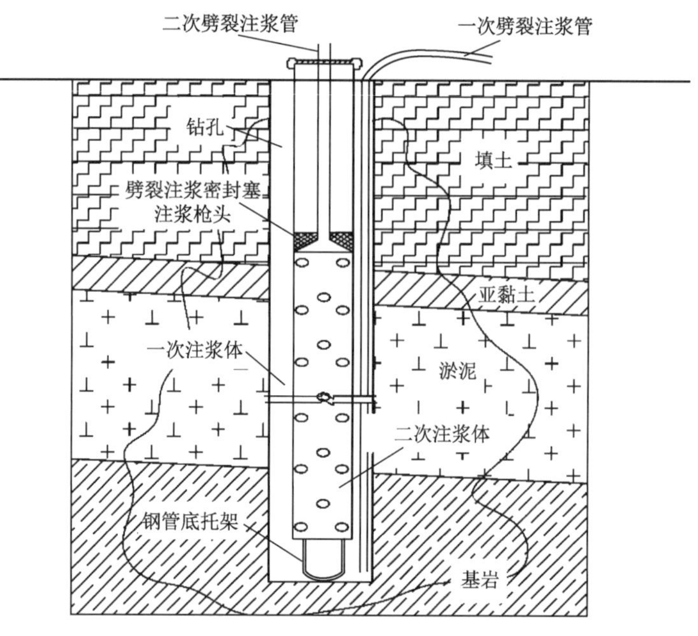

图 6-12　注浆加固典型工程断面

6.5.1　微型桩坡体加固技术

微型桩是小直径的桩，桩体主要由压力灌注的水泥浆、水泥砂浆或细石混凝土与加筋材料组成。依据其受力要求，加筋材可分为钢筋、钢棒、钢管或型钢等。微型桩可以是竖直或倾斜，或排或交叉网状配置，交叉网状配置的微型桩由于其桩群形如树根状，故也被称为树根桩或网状树根桩，日本简称为 RRP 工法。

《建筑桩基技术规范》(JGJ 94—2008)把直径或边长小于 250mm 的灌注桩、预制混凝土桩、预应力混凝土桩、钢管桩、型钢桩等称为小直径桩，规范将桩身截面尺寸小于 300mm 的压入(打入、植入)小直径桩纳入微型桩的范围。《建筑地基处理技术规范》(JGJ 79—2012)纳入了目前我国工程界应用较多的树根桩、小直径预制混凝土方桩与预应力混凝土管桩、注浆钢管桩以及加筋水泥土桩等。

微型桩按桩型、施工工艺，可分为树根桩、预制桩、注浆钢管桩等。树根桩适用于淤泥、淤泥质土、黏性土、粉土、砂土、碎石土及人工填土等地层。预制桩适用于淤泥、淤泥质土、黏性土、粉土、砂土和人工填土等地层中。注浆钢管桩适用于淤泥质土、黏性土、粉土、砂土和人工填土等地层。

微型桩是一种在滑坡治理工程中受到广泛关注的新技术，早期主要用于地基加固，将其用于边坡加固和滑坡防治只有20多年的历史。微型桩的桩径一般为90～300mm，钻机成孔后在钻孔中放入钢筋、型钢或钢管，在钻孔中灌入混凝土或水泥砂浆成桩。微型桩的主要特点：施工机具小，适用于狭窄的施工作业区；对土层适用性强；施工振动、噪声小；桩位布置灵活，可以布置成竖直桩，也可以布置成斜桩；施工速度快，周期短；将其用于抢险工程，可以收到高效、快速的效果；与同体积灌注桩相比，承载能力强。正因如此，微型桩近年来在中小型滑坡治理工程中得到了越来越多的应用，并取得了一些成功的经验，实践证明，它有可能成为滑坡灾害防治中的一种重要技术。由于微型桩是一种柔性桩，单桩的水平承载能力非常有限，因此，在滑坡治理工程中一般布置成群桩，并在桩顶用混凝土梁或板进行连接，共同承受滑坡推力的作用，所以也称其为微型组合抗滑桩。

微型桩一般按照以下四种方式进行分类：

(1)按照使用的加筋材料分：锚筋桩(钢筋桩)、钢管桩、劲型桩、钢筋钢管组合桩。

(2)按照桩顶连接形式分：单桩、平面刚架桩、空间刚架桩、顶板联结式微型桩。

(3)按照桩的排列形式分：垂直排列微型桩、斜向排列微型桩(树根桩)、组合排列微型桩。

(4)按照桩的施工方法分：钻孔灌注微型桩、挤排法微型桩。

6.5.2　树根桩

树根桩实际上是一种小直径(通常为100～250mm)的钻孔灌注桩。20世纪30年代由意大利Fondedile公司首创。由于树根桩所形成的桩基形状如同“树根”(图6-13)而得名。树根桩利用小型钻机按设计直径，钻进至设计深度，然后放入钢筋笼，同时放入灌浆管，注入水泥浆或水泥砂浆，结合碎石集料成桩。

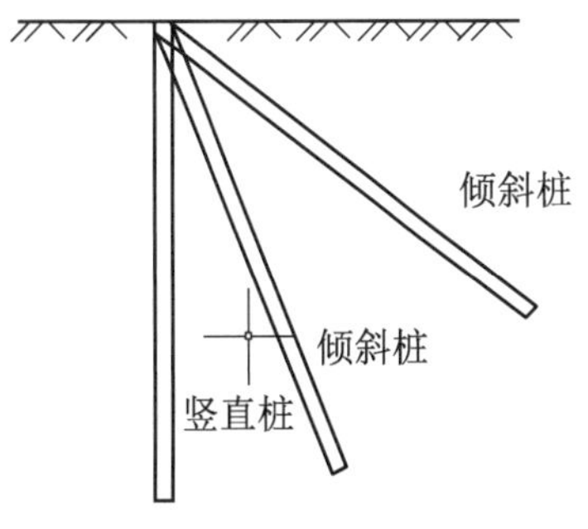

图6-13　树根桩示意图

树根桩可以根据需要，做成垂直的，即直桩型；也可以是倾斜的，即斜桩型，多束树根桩形成网状结构的斜桩型。树根桩可以是单根的，也可以是成束的；可以是端承桩，也可以是摩擦桩。

树根桩在处理地基基础的不均匀沉降和承载力的问题上得到了广泛应用，但是，在处理边坡的稳定性方面的应用却相对较少，作为一种支挡结构形式，目前无论是国家标准，还是行业标准，基本上都未纳入。

树根桩作为一种支护结构形式，具有直径小、施工机具轻便、投入少等特点；竖向树根桩能提供土层所不能提供的承载能力，斜向树根桩能提供侧向抗力。竖向和斜向树根桩能在土质边坡的支护中充分发挥其优势，做到“少花钱，多办事”，起到事半功倍的作用，将来一定会在边坡支护结构形式中占有一席之地。

树根桩的直径宜为150～300mm，桩长不宜超过30m，新建建筑工程桩的布置宜采用直桩型或斜桩网状布置。树根桩的单桩竖向承载力可通过单桩静载荷试验确定。当无试验资料时，可按相关公式估算。当采用水泥浆二次注浆工艺时，桩侧阻力宜乘以1.2～1.4的系数。

树根桩桩身材料混凝土强度应不小于C25，灌注材料可用水泥浆、水泥砂浆、细石混凝土或其他灌浆料，也可用碎石或细石充填再灌注水泥浆、水泥砂浆。树根桩主筋不应少于3根，钢筋直径不应小于12mm，且宜通长配筋。

对高渗透性土体或存在地下洞室可能导致的胶凝材料流失，以及施工和使用过程中可能出现桩孔变形与移位，造成微型桩的失稳与扭曲时，应采取土层加固等技术措施。

树根桩桩位平面允许偏差宜为±20mm；桩身垂直度允许偏差应为±1%。土层中采用钻机成孔，可采用天然泥浆护壁，遇粉细砂层易塌孔时应加套管。

树根桩用钢筋笼宜整根吊放。分节吊放时，钢筋搭接焊缝长度双面焊不得小于5倍钢筋直径，单面焊不得小于10倍钢筋直径。施工时，应缩短吊放和焊接时间；钢筋笼应采用悬挂或支撑的方法，确保灌浆或浇注混凝土时的位置和高度。在斜桩中组装钢筋笼时，应采用可靠的支撑和定位方法。

灌注施工时，应采用间隔施工、间歇施工或增加速凝剂掺量等措施，以防止相邻桩孔移位和窜孔。当地下水流速较大，可能导致水泥浆、砂浆或混凝土影响灌注质量时，应采用永久套管、护筒或其他保护措施。

在风化或有裂隙发育的岩层中灌注水泥浆时,为避免水泥浆向周围岩体大量流失,应进行桩孔测试和预灌浆。

当通过水下浇注管或带孔钻杆或管状承重构件浇注混凝土或水泥砂浆时,水下浇注管或带孔钻杆的末端应埋入泥浆中。浇注过程应连续进行,直到顶端溢出浆体的黏稠度与注入浆体一致时为止。

通过临时套管灌注水泥浆时,钢筋的放置应在临时套管拔出之前完成,套管拔出过程中应每隔2m施加灌浆压力。采用管材作为承重构件时,可通过其底部进行灌浆。

当采用碎石或细石充填再注浆工艺时,填料应经清洗,投入量不应小于计算桩孔体积的0.9倍,填灌时应同时用注浆管注水清孔。一次注浆时,注浆压力宜为0.3~1.0MPa,由孔底使浆液逐渐上升,直至浆液泛出孔口再停止注浆。第一次注浆浆液初凝时,方可进行二次及多次注浆,二次注浆水泥浆压力宜为2~4MPa。注浆结束后,灌浆管中应充满水泥浆并维持灌浆压力一定时间。拔除注浆管后应立即在桩顶填充碎石,并在1~2m范围内补充注浆。

树根桩采用的灌注材料应具有较好的和易性、可塑性、黏聚性、流动性、自密实性。当采用管送或泵送混凝土或砂浆时,应选用圆形集料;集料的最大粒径不应大于纵向钢筋净距的1/4,且不应大于15mm。对水下浇注混凝土配合比,水泥含量应不小于375kg/m^3,水灰比宜小于0.6。水泥浆的配制,应符合《建筑地基处理技术规范》(JGJ 79—2012)的规定,水泥宜采用普通硅酸盐水泥,水灰比不宜大于0.55。

6.5.3 注浆钢管桩

注浆钢管桩单桩承载力的设计计算应符合现行有关标准的规定;当采用二次注浆工艺时,桩侧摩阻力特征值取值可乘以1.3的系数。钢管桩施工可采用静压、植入等方法。

注浆钢管桩水泥浆的配合比应采用经认证的计量装置计量,材料掺量符合设计要求。选用的搅拌机应能够保证搅拌水泥浆的均匀性;在搅拌槽和注浆泵之间应设置存储池,并应进行搅拌,以防止浆液离析和凝固。

注浆钢管桩水泥浆灌注应缩短桩孔成孔和灌注水泥浆之间的时间间隔。注浆时,应采取措施保证桩长范围内完全灌满水泥浆。灌注方法应根据注浆泵和注浆系统合理选用,注浆泵与注浆孔口距离不宜大于30m。当采用桩身钢管进行注浆时,可通过底部一次或多次灌浆;也可将桩身钢管加工成花管进行多次灌浆。采用花管灌浆时,可通过花管进行全长段多次灌浆,也可通过花管及阀门进行分段灌浆,或通过互相交错的后注浆管进行分步灌浆。

6.6 治理方法的选择

当边坡经稳定性评价计算后确定为不稳定,或稳定性系数不能满足安全要求时,必须采取一定的支护措施对其进行支护或加固处理,以保证工程安全。在山区公路边坡工程中,边坡支护和加固方法研究是边坡治理工程的重点。

一般边坡的支护设计均遵循四个步骤:

(1)场地岩土工程勘察及调查,包括场地工程地质、水文地质勘察,周围环境的调查。

(2)分析边坡在各个工况下稳定性及其可能出现的破坏模式。

(3)确定边坡支护形式,根据边坡可能出现的破坏模式,初步拟定可选取的支护结构形式。

(4)最后通过技术可行性、经济合理性及工期等方面对比,综合确定边坡的最终支护形式。

6.6.1 边坡支护设计原则

边坡支护设计遵循以下原则:

(1)正确认识的原则

不同的边坡其性质也千差万别,因此,不同边坡加固防护方案中控制性因素也有所不同,需根据边坡可能发生的变形破坏模式,选择优先考虑的因素,进而选择合理的支护治理方案。

(2)综合治理的原则

对边坡的治理,除针对主要因素采取主要工程措施消除或控制其影响外,应同时考虑环境保护、绿化、美观等因素。

(3)技术可行、经济合理的原则

结合边坡的具体地形、地质条件和保护对象的重要性,提出多个预防和治理方案进行比选,其措施应是技术先进、耐久可靠、方便施工、就地取材,在保证预防和治理滑坡的前提下尽量节约投资。

(4)科学施工的原则

再好的设计若无科学且高质量的施工,也不能有效预防和治理滑坡。在对边坡的治理过程中,为防止施工不当引起滑动,要求基槽开挖分批分段跳槽开挖,挖好一段、砌筑一段,及时恢复支撑力。不允许全面开挖和大拉槽施工,以免造成二次滑坡。

(5)动态设计、动态施工的原则

滑坡是较复杂的地质现象,尤其是大型复杂的滑坡,由于多种条件和因素的限制,仅仅通过勘察很难摸清和掌握滑坡各部分的真实情况,因此,在边坡加固和防护工程中,应利用施工开挖进一步查清滑坡的情况和特征,从而据实调查和变更设计。

(6)加强防滑工程维修保养的原则

边坡工程设计施工完成后应随时注意维修和保养,使其处于良好的工作状态,发挥应有的作用,防止其失效。

6.6.2　边坡工程安全等级

《建筑边坡工程技术规范》(GB 50330—2013)按照边坡工程损坏后可能造成的破坏后果(危及人的生命、造成经济损失、产生不良社会影响)的严重性、边坡类型和边坡高度等因素,将边坡安全等级分为三级(表6-4)。

边坡工程安全等级　　表6-4

边坡类型		边坡高度	破坏后果	安全等级
岩质边坡	岩体类型为Ⅰ或Ⅱ类	高度大于或等于30m	很严重	一级
			严重	二级
			不严重	三级

续上表

<table>
<tr><th colspan="2">边坡类型</th><th>边坡高度</th><th>破坏后果</th><th>安全等级</th></tr>
<tr><td rowspan="5">岩质边坡</td><td rowspan="5">岩体类型为Ⅲ或Ⅳ类</td><td rowspan="2">高度大于 15m 小于 30m</td><td>很严重</td><td>一级</td></tr>
<tr><td>严重</td><td>二级</td></tr>
<tr><td rowspan="3">高度大于或等于 15m</td><td>很严重</td><td>一级</td></tr>
<tr><td>严重</td><td>二级</td></tr>
<tr><td>不严重</td><td>三级</td></tr>
<tr><td colspan="2" rowspan="5">土质边坡</td><td rowspan="2">高度大于 10m 小于 15m</td><td>很严重</td><td>一级</td></tr>
<tr><td>严重</td><td>二级</td></tr>
<tr><td rowspan="3">高度大于或等于 10m</td><td>很严重</td><td>一级</td></tr>
<tr><td>严重</td><td>二级</td></tr>
<tr><td>不严重</td><td>三级</td></tr>
</table>

6.6.3 边坡治理方案的影响因素分析

不稳定边坡的治理与防护方案选择目前尚无统一的标准，大多由设计人员根据边坡的具体工程地质、环境地质条件与业务要求，与治理目标综合确定，考虑的因素也是因工程而异。本书归纳总结的影响山区公路边坡治理方案的主要因素如下：

(1)场地环境：场地是否允许放坡、坡顶有无重要建(构)筑物。

(2)物质组成：岩质边坡、土质边坡，还是岩土混合质边坡。

(3)边坡高度：土质边坡不大于 15m，岩质边坡不大于 30m。

(4)安全等级：根据《建筑边坡工程技术规范》(GB 50330—2013)，将边坡安全等级分为一、二、三级，见表 6-4。

(5)设置部位：路肩、路堤、路堑、滑坡。

(6)地基性质：土质地基、岩质地基。

(7)地面坡度：平缓、较陡。

(8)所在地区：一般地区、浸水地区，还是需考虑地震作用地区。

6.6.4 稳定状态与适宜的治理措施分析

为进一步将边坡治理方案决策程序化，本书根据边坡评价的五种稳定状态，总结出每种状态下合理的治理和防护措施，见表 6-5。

边坡稳定状态与治理防护措施　　　　表 6-5

序号	边坡等级	边坡稳定状态	治理措施	防护方法
1	Ⅰ级	稳定	岩石锚喷、柔性防护系统（SNS）主动防护网、SNS 被动防护网、重力式挡墙、半重力式挡墙、石笼式挡墙、锚杆框架、坡率法、锚索地梁、锚索格构	混凝土骨架护坡、铺草皮、植草或喷播植草、湿法喷播、客土喷播、干砌片石护坡、浆砌片石护坡、挂网锚喷护坡、喷射混凝土护坡
2	Ⅱ级	基本稳定	重力式挡墙、半重力式挡墙、衡重式挡墙、石笼式挡墙、槽形挡墙、土钉墙、岩石锚喷、锚杆框架、坡率法、SNS 主动防护网、SNS 被动防护网	混凝土骨架护坡、铺草皮、植草或喷播植草、湿法喷播、客土喷播、干砌片石护坡、浆砌片石护坡、挂网锚喷护坡、喷射混凝土护坡
3	Ⅲ级	潜在不稳定	重力式挡墙、半重力式挡墙、衡重式挡墙、石笼式挡墙、槽形挡墙、土钉墙、岩石锚喷、锚杆框架、坡率法、SNS 主动防护网、SNS 被动防护网、锚索格构、抗滑桩、桩墙结构、短卸荷板挡墙、钢花管注浆	混凝土骨架护坡、铺草皮、植草或喷播植草、湿法喷播、客土喷播、混凝土骨架护坡、铺草皮、植草或喷播植草、湿法喷播、客土喷播
4	Ⅳ级	欠稳定	重力式挡墙、半重力式挡墙、衡重式挡墙、石笼式挡墙、槽形挡墙、土钉墙、岩石锚喷、锚杆框架、坡率法、SNS 主动防护网、SNS 被动防护网、锚索格构、抗滑桩、桩墙结构、短卸荷板挡墙、桩墙结构、钢花管注浆	混凝土骨架护坡、铺草皮、植草或喷播植草、湿法喷播、客土喷播、浆砌片石骨架护坡、混凝土骨架护坡、混凝土空心块植物防护、锚杆钢筋混凝土格构、喷射混凝土护坡

续上表

序号	边坡等级	边坡稳定状态	治理措施	防护方法
5	Ⅴ级	不稳定	重力式挡墙、半重力式挡墙、衡重式挡墙、石笼式挡墙、槽形挡墙、土钉墙、岩石锚喷、锚杆框架、坡率法、SNS主动防护网、SNS被动防护网、锚索格构、抗滑桩、桩墙结构、锚定板挡墙、桩基托梁挡墙、桩基悬臂式挡墙、桩基扶壁式挡墙、椅式桩或框架桩、钢花管注浆、加筋土挡墙	混凝土骨架护坡、铺草皮、植草或喷播植草、湿法喷播、客土喷播、混凝土骨架护坡、混凝土空心块植物防护、锚杆钢筋混凝土格构、喷射混凝土护坡、挂网锚喷护坡、干砌片石护坡、浆砌片石护坡

6.6.5 支挡结构类型与适用条件分析

经分析研究，参考《工程地质手册》（第五版），《公路路基设计规范》（JTG D30—2015）、《公路滑坡防治设计规范》（JTG/T 3334—2018）、《铁路路基支挡结构设计规范》（TB 10025—2019）、《滑坡防治工程勘查规范》（GB/T 32864—2016）、《滑坡防治设计规范》（GB/T 38509—2020）、《建筑边坡工程技术规范》（GB 50330—2013）等，对边坡支挡形式及其适用的地质环境进行分析，详见表6-6。综合表6-4、表6-5和表6-6，支挡结构类型及其适用条件见表6-7。

6.6.6 治理结构形式选择

1）治理结构形式初选

（1）先根据边坡物质组成、边坡高度、破坏后果的严重性按表6-4确定边坡安全等级。

（2）按边坡稳定性评价状态，从表6-5中选择适宜的支挡形式，结合表6-6、表6-7选择适宜的3～5种方案。

边坡支挡形式及其适用的地质环境

表 6-6

序号	ZDJG（支挡结构）	代码	结构示图	BPHJ（边坡环境）	WZZC（物质组成）	BPGD（边坡高度）	AQDJ（安全等级）	SZWZ（设置位置）	DJXZ（地基性质）	DMPD（地面坡度）	SZDQ（所在地区）
1	重力式挡墙	ZD01	1:n 1:0.2 h 滑动面	场地允许，坡顶无重要建（构）筑物	土质边坡、岩质边坡、岩土混合边坡	土质边坡，$H \leqslant 10m$；岩质边坡，$H \leqslant 12m$	一、二、三级	路堤、路堑、半堤半堑	土质地基、岩质地基	平缓	一般地区
2	半重力式挡墙	ZD02	墙面 墙背 后趾 前趾 基础 墙踵	适用于不宜采用重力式挡墙的、地下水位较高或较软弱的地基	土质边坡	土质边坡，$H \leqslant 10m$	一、二、三级	路堤、路堑、半堤半堑	土质地基、岩质地基	平缓	一般地区

续上表

序号	ZDJG（支挡结构）	代码	结构示图	BPHJ（边坡环境）	WZZC（物质组成）	BPGD（边坡高度）	AQDJ（安全等级）	SZWZ（设置位置）	DJXZ（地基性质）	DMPD（地面坡度）	SZDQ（所在地区）
3	衡重式挡墙	ZD03		填方区	土质边坡	土质边坡，$H \leqslant 10m$	一、二、三级	路堤、路堑、半堤半堑	土质地基、岩质地基	平缓	一般地区
4	石笼式挡墙	ZD04		填方区	土质边坡	土质边坡，$H \leqslant 10m$	一、二、三级	路堤	土质地基、岩质地基	平缓、陡峭	一般地区

续上表

序号	ZDJG（支挡结构）	代码	结构示图	BPHJ（边坡环境）	WZZC（物质组成）	BPGD（边坡高度）	AQDJ（安全等级）	SZWZ（设置位置）	DJXZ（地基性质）	DMPD（地面坡度）	SZDQ（所在地区）
5	悬臂式挡墙	ZD05		填方区	土质边坡	土质边坡，$H \leqslant$ 10m	一、二、三级	路堤	土质地基、岩质地基	平缓、陡峭	一般地区
6	扶壁式挡墙	ZD06		填方区	土质边坡	土质边坡，$H \leqslant$ 10m	一、二、三级	路堤、半堤半堑	土质地基	平缓	一般地区

续上表

序号	ZDJG（支挡结构）	代码	结构示图	BPHJ（边坡环境）	WZZC（物质组成）	BPGD（边坡高度）	AQDJ（安全等级）	SZWZ（设置位置）	DJXZ（地基性质）	DMPD（地面坡度）	SZDQ（所在地区）
7	槽形挡墙	ZD07	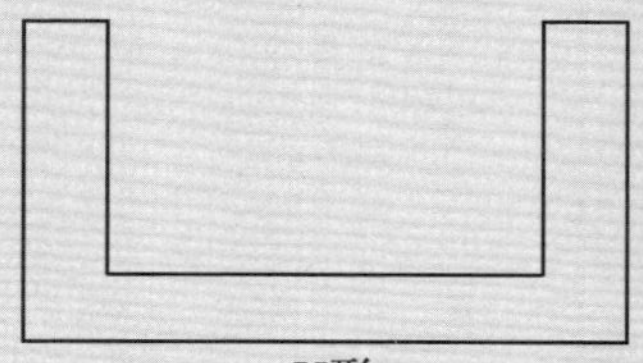 U形	地下水位较高的路堑及放坡条件受到限制的路堑或路堤地段	土质边坡	边墙悬臂高度不宜大于8m，顶宽不宜小于0.3m。当墙高超过8m时，应与其他措施配合使用	二、三级	路堤、路堑	土质地基	平缓、陡峭	一般地区、浸水地区
8	加筋土挡墙	ZD08	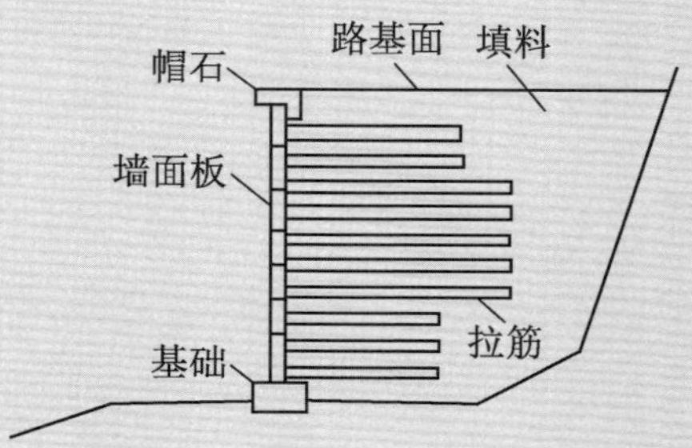 帽石 路基面 填料 墙面板 拉筋 基础	填方区	土质边坡	单级，$H\leqslant10m$	二、三级	路堤	土质地基	平缓、陡峭	一般地区

续上表

序号	ZDJG（支挡结构）	代码	结构示图	BPHJ（边坡环境）	WZZC（物质组成）	BPGD（边坡高度）	AQDJ（安全等级）	SZWZ（设置位置）	DJXZ（地基性质）	DMPD（地面坡度）	SZDQ（所在地区）
9	土钉墙	ZD09	土钉体；面层；被加固岩土体；钢筋	一般地区和地震地区土质及破碎软弱岩质路堑地段	土质边坡、破碎软弱岩质边坡	$H \leq 10$m	一、二、三级	路堑	土质地基	平缓、陡峭	一般地区
10	岩石锚喷	ZD10	设计边坡；锚杆锚头弯折并与钢筋网焊接；开挖边坡；喷射C20混凝土，厚10cm；ϕ12~20mm锚杆	岩性较差、易风化、强度低的岩石边坡；岩层硬、风化强、节理发育的岩质边坡	岩质边坡	Ⅰ类岩质边坡，$H \leq 30$m；Ⅱ类岩质边坡，$H \leq 30$m；Ⅲ类岩质边坡，$H \leq 15$m	二、三级	路堑	岩质地基	较陡	一般地区

续上表

序号	ZDJG（支挡结构）	代码	结构示图	BPHJ（边坡环境）	WZZC（物质组成）	BPGD（边坡高度）	AQDJ（安全等级）	SZWZ（设置位置）	DJXZ（地基性质）	DMPD（地面坡度）	SZDQ（所在地区）
11	锚定板挡墙	ZD11	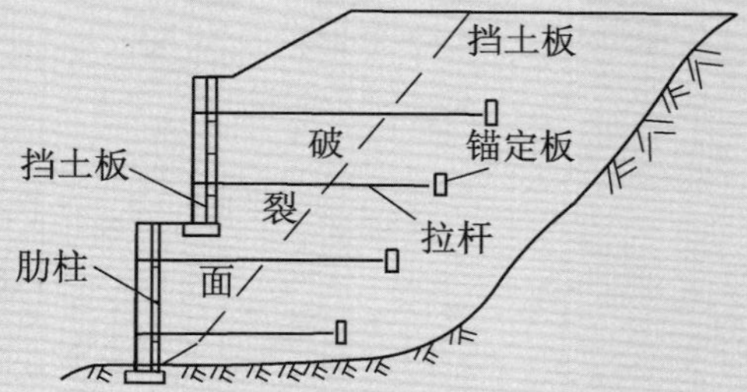 挡土板 锚定板 拉杆 破裂面 挡土板 肋柱	填方区	土质边坡	单级，$H \leqslant 6\text{m}$；双级，$H \leqslant 10\text{m}$	一、二、三级	路堤	土质地基	平缓	一般地区
12	锚杆框架	ZD12	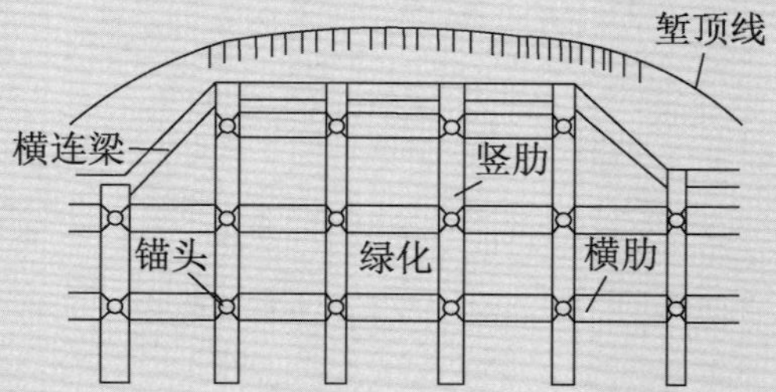 堑顶线 横连梁 竖肋 锚头 绿化 横肋	能产生锚固力和不腐蚀钢筋的浅层路堑边坡	岩质边坡	单级，$H \leqslant 8\text{m}$；多级，$H \leqslant 18\text{m}$	一、二、三级	路堑	土质地基、岩质地基	较陡	一般地区、浸水地区

续上表

序号	ZDJG（支挡结构）	代码	结构示图	BPHJ（边坡环境）	WZZC（物质组成）	BPGD（边坡高度）	AQDJ（安全等级）	SZWZ（设置位置）	DJXZ（地基性质）	DMPD（地面坡度）	SZDQ（所在地区）
13	锚索格构	ZD13	混凝土格构梁 排水孔 排水孔 马道	一般地区和地震地区的边坡及滑坡	土质边坡、岩质边坡	—	一、二、三级	路堑	土质地基、岩质地基	较陡	一般地区、浸水地区
14	锚索地梁	ZD14		高陡岩质边坡	岩质边坡	—	一、二级	路堑	土质地基、岩质地基	较陡	一般地区、浸水地区

续上表

序号	ZDJG（支挡结构）	代码	结构示图	BPHJ（边坡环境）	WZZC（物质组成）	BPGD（边坡高度）	AQDJ（安全等级）	SZWZ（设置位置）	DJXZ（地基性质）	DMPD（地面坡度）	SZDQ（所在地区）
15	抗滑桩	ZD15	抗滑桩 滑动面	一般地区、浸水地区和地震地区	土质边坡、岩质边坡	桩悬臂段长度不宜大于12m	一、二、三级	路堑	土质地基、岩质地基	平缓、较陡	一般地区、浸水地区
16	锚拉桩	ZD16	地面线 滑坡体 张拉段 抗滑桩 锚索 锚固段	一般地区、浸水地区和地震地区	土质边坡、岩质边坡	—	一、二、三级	路堑	土质地基、岩质地基	较陡	一般地区、浸水地区

续上表

序号	ZDJG（支挡结构）	代码	结构示图	BPHJ（边坡环境）	WZZC（物质组成）	BPGD（边坡高度）	AQDJ（安全等级）	SZWZ（设置位置）	DJXZ（地基性质）	DMPD（地面坡度）	SZDQ（所在地区）
17	桩墙结构	ZD17	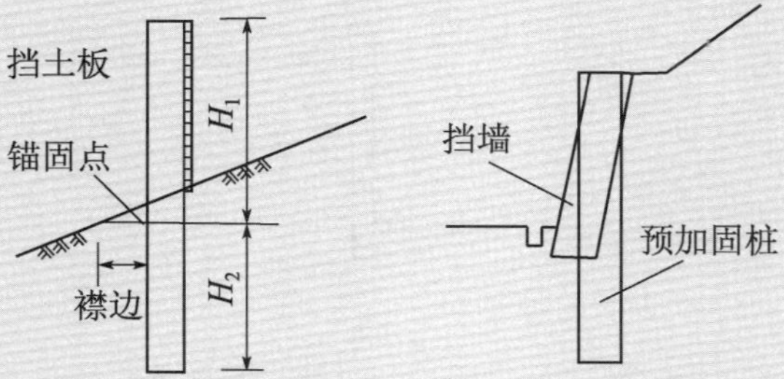 挡土板 锚固点 襟边 H_1 H_2 a)桩板式挡墙 挡墙 预加固桩 b)桩及桩间式挡墙	填方区	土质边坡	桩悬臂段长度不宜大于12m	一、二、三级	路堤	土质地基、岩质地基	平缓、较陡	一般地区、浸水地区
18	桩基托梁挡墙	ZD18	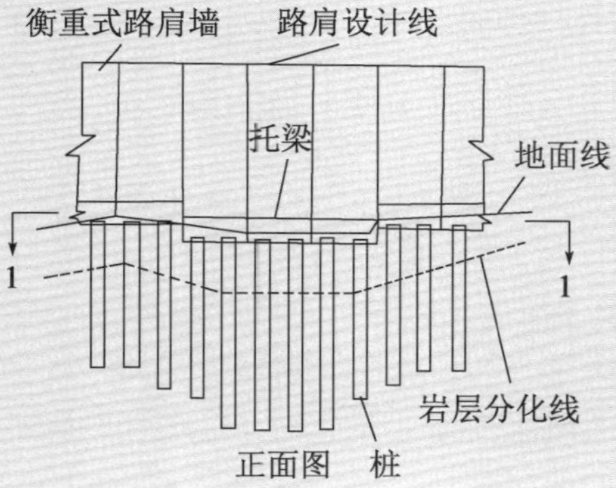 衡重式路肩墙 路肩设计线 托梁 地面线 1 1 岩层分化线 桩 正面图	斜坡或地基承载力较低的路堤地段	土质边坡	—	一、二、三级	路堤	土质地基、岩质地基	平缓、较陡	一般地区、浸水地区

续上表

序号	ZDJG（支挡结构）	代码	结构示图	BPHJ（边坡环境）	WZZC（物质组成）	BPGD（边坡高度）	AQDJ（安全等级）	SZWZ（设置位置）	DJXZ（地基性质）	DMPD（地面坡度）	SZDQ（所在地区）
19	桩基悬臂式挡墙	ZD19	悬臂段 底板 内桩 外桩	一般地区、地震地区、浸水地区	土质边坡	悬臂长度≤15m	一、二、三级	路堤、路堑、半堤半堑	土质地基、岩质地基	平缓、较陡	一般地区、浸水地区
20	桩基扶壁式挡墙	ZD20	地面 填土 桩基 桩基	填方区	土质边坡	悬臂长度≤15m	一、二、三级	路堤、半堤半堑	土质地基、岩质地基	平缓、较陡	一般地区、浸水地区

续上表

序号	ZDJG（支挡结构）	代码	结构示图	BPHJ（边坡环境）	WZZC（物质组成）	BPGD（边坡高度）	AQDJ（安全等级）	SZWZ（设置位置）	DJXZ（地基性质）	DMPD（地面坡度）	SZDQ（所在地区）
21	椅式桩或框架桩	ZD21	椅式桩 滑动面	一般地区、地震地区、浸水地区	土质边坡、岩质边坡	悬臂长度≤15m	一、二、三级	路堤、路堑、半堤半堑	土质地基、岩质地基	平缓、较陡	一般地区、浸水地区
22	短卸荷板挡墙	ZD22	上墙 短卸荷板 下墙	填方区	土质边坡	墙高宜为6～12m	一、二、三级	路堤	地基承载力较高的路肩地段	平缓	一般地区

续上表

序号	ZDJG（支挡结构）	代码	结构示图	BPHJ（边坡环境）	WZZC（物质组成）	BPGD（边坡高度）	AQDJ（安全等级）	SZWZ（设置位置）	DJXZ（地基性质）	DMPD（地面坡度）	SZDQ（所在地区）
23	坡率法	ZD23	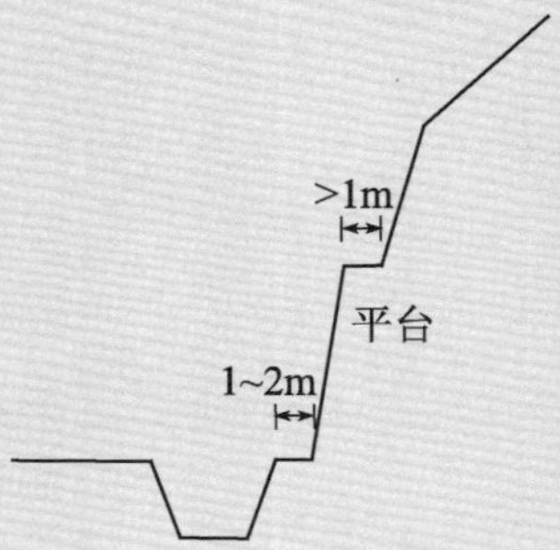	坡顶无重要建（构）筑物，有放坡条件	土质边坡、岩质边坡	土质边坡，$H \leqslant 10m$；岩质边坡，$H \leqslant 25m$	一、二、三级	路堤、路堑、半堤半堑	土质地基、岩质地基	平缓	不良地质段，地下水发育区、软塑及流塑状土时不应采用
24	钢花管注浆	ZD26	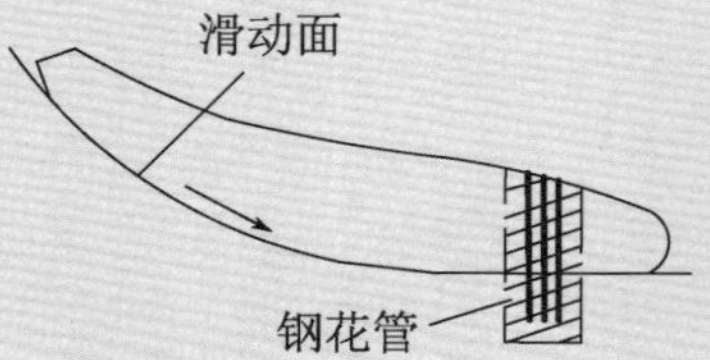	土质及破碎软弱岩质路堑地段	土质边坡、破碎软弱岩质边坡	—	二、三级	路堑	土质地基、岩质地基	平缓	含水率大的崩坡积、残坡积等软黏土滑坡

支挡结构类型及其适用条件

表 6-7

序号	ZDJG（支挡结构）	代码	结构示图	BPHJ（边坡环境）		WZZC（物质组成）			BPGD（边坡高度）				AQDJ（安全等级）			SZWZ（设置位置）			DJXZ（地基性质）		DMPD（地面坡度）					SZDQ（所在地区）		
				允许放坡	不允许放坡	岩质边坡	土质边坡	岩土混合边坡	低边坡	中高边坡	高边坡	超高边坡	一级	二级	三级	路堤	路堑	滑坡	岩质	土质	缓坡	中等坡	陡坡	急坡	倒坡	一般地区	浸水地区	地震作用地区
1	重力式挡墙	ZD01	1:n h 1:0.2 滑动面	●	★	▲	★	●	★	●	▲	▲	▲	●	★	★	●	●	●	★	★	●	▲	▲	▲	★	●	▲
2	半重力式挡墙	ZD02	墙面 墙背 后趾 前趾 基础 墙踵	▲	★	▲	★	▲	●	★	●	▲	▲	●	★	★	●	●	●	★	★	●	▲	▲	▲	▲	★	●

续上表

序号	ZDJG（支挡结构）	代码	结构示图	BPHJ（边坡环境）		WZZC（物质组成）			BPGD（边坡高度）				AQDJ（安全等级）			SZWZ（设置位置）			DJXZ（地基性质）		DMPD（地面坡度）					SZDQ（所在地区）		
				允许放坡	不允许放坡	岩质边坡	土质边坡	岩土混合边坡	低边坡	中高边坡	高边坡	超高边坡	一级	二级	三级	路堤	路堑	滑坡	岩质	土质	缓坡	中等坡	陡坡	急坡	倒坡	一般地区	浸水地区	地震作用地区
3	衡重式挡墙	ZD03	上墙 衡重台 下墙 墙踵 前趾 基础	▲	★	▲	★	●	★	●	●	▲	▲	●	★	★	●	▲	●	★	★	●	▲	▲	▲	★	▲	▲
4	石笼式挡墙	ZD04	*A* *B*	▲	★	▲	★	▲	★	★	▲	▲	▲	★	★	★	●	●	★	●	★	★	●	▲	▲	★	●	▲

续上表

序号	ZDJG（支挡结构）	代码	结构示图	BPHJ（边坡环境）		WZZC（物质组成）			BPGD（边坡高度）				AQDJ（安全等级）			SZWZ（设置位置）			DJXZ（地基性质）		DMPD（地面坡度）					SZDQ（所在地区）		
				允许放坡	不允许放坡	岩质边坡	土质边坡	岩土混合边坡	低边坡	中高边坡	高边坡	超高边坡	一级	二级	三级	路堤	路堑	滑坡	岩质	土质	缓坡	中等坡	陡坡	急坡	倒坡	一般地区	浸水地区	地震作用地区
5	悬臂式挡墙	ZD05	立壁 墙趾板 墙踵板 凸榫	▲	★	▲	★	▲	●	★	●	▲	★	★	★	★	▲	●	●	★	★	★	●	▲	▲	★	★	●
6	扶壁式挡墙	ZD06	墙面板 墙趾板 扶壁 墙踵板	▲	★	▲	★	▲	●	★	●	▲	★	★	★	★	▲	●	●	★	★	★	●	▲	▲	★	★	●

续上表

序号	ZDJG（支挡结构）	代码	结构示图	BPHJ（边坡环境）		WZZC（物质组成）			BPGD（边坡高度）				AQDJ（安全等级）			SZWZ（设置位置）			DJXZ（地基性质）		DMPD（地面坡度）					SZDQ（所在地区）		
				允许放坡	不允许放坡	岩质边坡	土质边坡	岩土混合边坡	低边坡	中高边坡	高边坡	超高边坡	一级	二级	三级	路堤	路堑	滑坡	岩质	土质	缓坡	中等坡	陡坡	急坡	倒坡	一般地区	浸水地区	地震作用地区
7	槽形挡墙	ZD07	U形	▲	★	▲	★	▲	●	★	●	▲	●	★	★	★	▲	●	●	★	★	★	●	▲	▲	★	★	●
8	加筋土挡墙	ZD08	帽石、路基面、填料、墙面板、拉筋、基础	▲	★	▲	★	▲	★	★	★	▲	▲	★	★	★	▲	▲	●	★	★	★	▲	▲	▲	★	●	●

续上表

序号	ZDJG（支挡结构）	代码	结构示图	BPHJ（边坡环境）		WZZC（物质组成）			BPGD（边坡高度）				AQDJ（安全等级）			SZWZ（设置位置）			DJXZ（地基性质）		DMPD（地面坡度）					SZDQ（所在地区）		
				允许放坡	不允许放坡	岩质边坡	土质边坡	岩土混合边坡	低边坡	中高边坡	高边坡	超高边坡	一级	二级	三级	路堤	路堑	滑坡	岩质	土质	缓坡	中等坡	陡坡	急坡	倒坡	一般地区	浸水地区	地震作用地区
9	土钉墙	ZD09	土钉体；面层；被加固岩土体；钢筋	▲	★	▲	★	▲	★	★	●	▲	★	★	★	▲	★	▲	▲	★	★	★	●	▲	▲	★	▲	▲
10	岩石锚喷	ZD 10	设计边坡；锚杆锚头弯折并与钢筋网焊接；开挖边坡；喷射C20混凝土，厚10cm；ϕ12~20mm锚杆	●	★	★	▲	▲	★	★	●	▲	▲	★	★	▲	★	▲	★	▲	★	★	▲	▲	▲	★	●	●

续上表

序号	ZDJG（支挡结构）	代码	结构示图	BPHJ（边坡环境）		WZZC（物质组成）			BPGD（边坡高度）				AQDJ（安全等级）			SZWZ（设置位置）			DJXZ（地基性质）		DMPD（地面坡度）					SZDQ（所在地区）		
				允许放坡	不允许放坡	岩质边坡	土质边坡	岩土混合边坡	低边坡	中高边坡	高边坡	超高边坡	一级	二级	三级	路堤	路堑	滑坡	岩质	土质	缓坡	中等坡	陡坡	急坡	倒坡	一般地区	浸水地区	地震作用地区
11	锚定板挡墙	ZD11	挡土板 挡土板 破 锚定板 裂 拉杆 肋柱 面	▲	★	▲	★	▲	★	★	●	▲	★	★	★	★	▲	▲	▲	★	★	★	●	▲	▲	★	●	▲
12	锚杆框架	ZD12	横连梁 堑顶线 竖肋 锚头 绿化 横肋	▲	★	★	●	●	▲	★	★	●	★	★	★	▲	★	●	★	★	▲	●	★	★	▲	★	★	●

续上表

序号	ZDJG（支挡结构）	代码	结构示图	BPHJ（边坡环境）		WZZC（物质组成）			BPGD（边坡高度）				AQDJ（安全等级）			SZWZ（设置位置）			DJXZ（地基性质）		DMPD（地面坡度）					SZDQ（所在地区）		
				允许放坡	不允许放坡	岩质边坡	土质边坡	岩土混合边坡	低边坡	中高边坡	高边坡	超高边坡	一级	二级	三级	路堤	路堑	滑坡	岩质	土质	缓坡	中等坡	陡坡	急坡	倒坡	一般地区	浸水地区	地震作用地区
13	锚索格构	ZD13	混凝土格构梁 排水孔 排水孔 马道	▲	★	★	★	★	▲	★	★	●	★	★	★	▲	★	★	★	★	▲	●	★	★	▲	★	★	●
14	锚索地梁	ZD14		▲	★	★	●	●	▲	●	★	★	★	★	★	▲	★	★	★	★	▲	●	★	★	▲	★	★	★

续上表

序号	ZDJG（支挡结构）	代码	结构示图	BPHJ（边坡环境）		WZZC（物质组成）			BPGD（边坡高度）				AQDJ（安全等级）			SZWZ（设置位置）			DJXZ（地基性质）		DMPD（地面坡度）					SZDQ（所在地区）		
				允许放坡	不允许放坡	岩质边坡	土质边坡	岩土混合边坡	低边坡	中高边坡	高边坡	超高边坡	一级	二级	三级	路堤	路堑	滑坡	岩质	土质	缓坡	中等坡	陡坡	急坡	倒坡	一般地区	浸水地区	地震作用地区
15	抗滑桩	ZD15	抗滑桩 滑动面	▲	★	★	★	★	●	★	★	★	★	★	★	●	★	★	★	★	●	●	★	★	●	★	★	★
16	锚拉桩	ZD16	地面线 滑坡体 锚索 张拉段 锚固段 抗滑桩	▲	★	★	★	★	▲	★	★	★	★	★	★	●	★	★	★	★	▲	●	★	●	▲	★	★	★

续上表

序号	ZDJG（支挡结构）	代码	结构示图	BPHJ（边坡环境）		WZZC（物质组成）			BPGD（边坡高度）				AQDJ（安全等级）			SZWZ（设置位置）			DJXZ（地基性质）		DMPD（地面坡度）					SZDQ（所在地区）		
				允许放坡	不允许放坡	岩质边坡	土质边坡	岩土混合边坡	低边坡	中高边坡	高边坡	超高边坡	一级	二级	三级	路堤	路堑	滑坡	岩质	土质	缓坡	中等坡	陡坡	急坡	倒坡	一般地区	浸水地区	地震作用地区
17	桩墙结构	ZD17	挡土板 锚固点 襟边 H_1 H_2 a)桩板式挡墙 挡墙 预加固桩 b)桩及桩间式挡墙	▲	★	▲	★	●	●	★	★	★	★	★	★	★	★	★	★	★	▲	●	★	●	▲	★	★	★
18	桩基托梁挡墙	ZD18	衡重式路肩墙 路肩设计线 托梁 地面线 1 1 岩层分化线 桩 正面图	▲	★	▲	★	●	▲	●	★	●	★	★	★	★	★	★	▲	★	▲	★	★	●	▲	★	★	★

续上表

序号	ZDJG（支挡结构）	代码	结构示图	BPHJ（边坡环境）		WZZC（物质组成）			BPGD（边坡高度）				AQDJ（安全等级）			SZWZ（设置位置）			DJXZ（地基性质）		DMPD（地面坡度）					SZDQ（所在地区）		
				允许放坡	不允许放坡	岩质边坡	土质边坡	岩土混合边坡	低边坡	中高边坡	高边坡	超高边坡	一级	二级	三级	路堤	路堑	滑坡	岩质	土质	缓坡	中等坡	陡坡	急坡	倒坡	一般地区	浸水地区	地震作用地区
19	桩基悬臂式挡墙	ZD19	底板 悬臂段 内桩 外桩	▲	★	▲	★	●	▲	●	★	●	★	★	★	★	★	★	▲	★	▲	★	★	●	▲	★	★	★
20	桩基扶壁式挡墙	ZD20	地面 填土 桩基 桩基	▲	★	▲	★	●	▲	●	★	●	★	★	★	★	★	★	▲	★	▲	★	★	●	▲	★	★	★

续上表

序号	ZDJG（支挡结构）	代码	结构示图	BPHJ（边坡环境）		WZZC（物质组成）			BPGD（边坡高度）				AQDJ（安全等级）			SZWZ（设置位置）			DJXZ（地基性质）		DMPD（地面坡度）					SZDQ（所在地区）		
				允许放坡	不允许放坡	岩质边坡	土质边坡	岩土混合边坡	低边坡	中高边坡	高边坡	超高边坡	一级	二级	三级	路堤	路堑	滑坡	岩质	土质	缓坡	中等坡	陡坡	急坡	倒坡	一般地区	浸水地区	地震作用地区
21	椅式桩或框架桩	ZD21	椅式桩 滑动面	▲	★	▲	★	●	▲	●	★	●	★	★	★	★	★	★	▲	★	▲	★	★	●	▲	★	★	★
22	短卸荷板挡墙	ZD22	上墙 短卸荷板 下墙	▲	★	▲	★	●	★	●	●	▲	▲	●	★	★	●	▲	●	★	★	●	▲	▲	▲	★	▲	▲
23	坡率法	ZD23	>1m 平台 1~2m	★	▲	★	★	★	★	★	▲	▲	★	★	★	●	★	●	★	★	★	★	▲	▲	▲	★	★	★

续上表

序号	ZDJG（支挡结构）	代码	结构示图	BPHJ（边坡环境）		WZZC（物质组成）			BPGD（边坡高度）				AQDJ（安全等级）			SZWZ（设置位置）			DJXZ（地基性质）		DMPD（地面坡度）					SZDQ（所在地区）		
				允许放坡	不允许放坡	岩质边坡	土质边坡	岩土混合边坡	低边坡	中高边坡	高边坡	超高边坡	一级	二级	三级	路堤	路堑	滑坡	岩质	土质	缓坡	中等坡	陡坡	急坡	倒坡	一般地区	浸水地区	地震作用地区
24	SNS主动防护网	ZD24	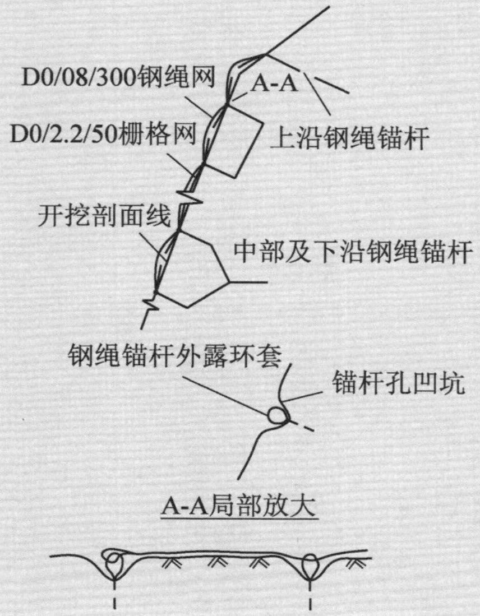 D0/08/300钢绳网 A-A D0/2.2/50栅格网 上沿钢绳锚杆 开挖剖面线 中部及下沿钢绳锚杆 钢绳锚杆外露环套 锚杆孔凹坑 A-A局部放大	▲	▲	★	▲	▲	▲	●	★	★	★	★	★	▲	★	★	★	▲	●	★	★	★	★	★	★	★

续上表

序号	ZDJG（支挡结构）	代码	结构示图	BPHJ（边坡环境）		WZZC（物质组成）			BPGD（边坡高度）				AQDJ（安全等级）			SZWZ（设置位置）			DJXZ（地基性质）		DMPD（地面坡度）					SZDQ（所在地区）		
				允许放坡	不允许放坡	岩质边坡	土质边坡	岩土混合边坡	低边坡	中高边坡	高边坡	超高边坡	一级	二级	三级	路堤	路堑	滑坡	岩质	土质	缓坡	中等坡	陡坡	急坡	倒坡	一般地区	浸水地区	地震作用地区
25	SNS被动防护网	ZD25	上拉锚绳 上拉锚杆 钢柱 柔性网 格栅 坡面线 基座 基础 地脚螺栓锚杆	▲	▲	★	▲	▲	▲	●	★	★	★	★	★	▲	★	★	★	▲	●	★	★	★	★	★	★	★
26	钢花管注浆	ZD26	滑动面 钢花管	▲	★	★	★	★	★	★	●	▲	●	★	★	▲	★	●	★	★	★	★	★	●	▲	★	★	★

注：“★”表示非常适用，“●”表示一般适用，“▲”表示不适用。

2)治理结构形式优选

根据边坡稳定性进行选择,从技术可行的角度定性选择3~5个可行方案后,对初选结果进行优选排序。优选排序也涉及多种方法,本书主要考虑技术因素、经济因素和环保因素等三个方面,选用模糊综合评价法进行方案优选。具体应用时可根据用户需求进一步修改完善。

(1)因子分析及量化

各因子分级量化分别见表6-8~表6-10。

技术因素分级　　表6-8

优先排序	技术条件	分数
1	技术先进、工期短、施工方便,安全、质量易于保证	8~10
2	技术先进、效果一般,工期、安全、质量可保证	6~8
3	一般常用技术、效果一般,工期、安全、质量可保证	4~6
4	一般常用技术、效果一般,工期、安全、质量尚可	2~4
5	一般常用技术,效果、工期、安全、质量难以保证	2

经济因素分级　　表6-9

优先排序	投资规模	分数
1	相对成本低,投资返本周期短	8~10
2	相对成本适中,投资返本周期短	6~8
3	相对成本偏高,投资返本周期短	4~6
4	相对成本偏高,投资返本周期长	2~4
5	相对成本高,投资返本周期长	2

环保因素分级　　表6-10

优先排序	环境条件	分数
1	视觉、景观宜人,环保、节能	8~10
2	视觉、景观一般,植被、水土尚好	6~8
3	视觉、景观与环境不协调,破坏植被、水土少量流失	4~6
4	影响森林保护、自然保护区	2~4
5	严重影响文物或重要的森林保护、自然保护区	2

(2)权重确定

运用层次分析法计算影响因子权重,见表6-11,其中Y1、Y2、Y3分别代表技术因素、经济因素和环保因素。

层次分析法确定权重 表6-11

因素	Y1	Y2	Y3	W	一致性检验
Y1	1	4/3	4/3	0.4000	$\lambda_{max}=3.0$,CI=0.0
Y2	3/4	1	1	0.3000	RI=0.52,CR=0.0
Y3	3/4	1	1	0.3000	CR<0.1,通过检验

(3)构造判断

技术、经济、环保等因素在各个支挡结构中的隶属度 r_{ij} 由用户根据边坡的具体情况整理确定,各等级隶属度之和应为1。

(4)模糊逻辑运算

模糊逻辑运算选择模式:$b_j=\sum_{j=1}^{m} w_i r_{ij}$,$(j=1,2,\cdots,n)$,其中,$w_i$ 为各因素的权重;r_{ij} 为各因素对应的隶属度。

(5)优先排序

模糊逻辑运算的结果为对应初选方案个数的向量,按元素值的大小进行排序,即为边坡治理方案推荐排序。

CHAPTER 7 | 第7章

公路边坡排水、防护技术

水是边坡失稳的重要影响因素，据资料统计，我国的边坡失稳事故中90%以上与地表水及地下水有关。因此，边坡工程应采取排除坡面水、地下水和减少坡面水下渗等多种措施进行排水。边坡工程排水应以“截、排和引导”为原则，坡面排水、地下排水与减少坡面水下渗措施统一考虑，并形成相辅相成的排水、防渗体系。

边坡的处治与加固、滑坡的治理往往需要进行大量的挖方、填方，会形成大量的裸露边坡。裸露边坡会带来一系列环境问题，如水土流失、滑坡、泥石流、局部小气候的恶化及生物链的破坏等。《建筑边坡工程技术规范》(GB 50330—2013)规定，边坡整体稳定但其坡面岩土体易风化、剥落或有浅层崩塌、滑落及掉块时，应进行坡面防护；对欠稳定的或存在不良地质因素的边坡，应先进行边坡治理后再进行坡面防护与绿化。

7.1 边坡排水措施类型及特点

边坡排水工程可分为地表排水和地下排水两大类型。地表排水包括坡体内的地表排水和坡体外的地表排水，主要形式有截水沟、排水沟、跌水与急流槽等。坡体内的地表排水的设置原则为防渗、汇集和尽快引出；坡体外的地表排水应使所有的水不流入坡体内，故以拦截、引离为原则。

治理地下水的原则是“可疏而不可堵”。应根据水文地质条件，特别是坡体地下水的分布类型、补给来源及方式，合理采用拦截、疏干、排引等排水措施，达到“追踪寻源，截断水流，降低水位，晾干土体，提高岩土抗剪强度，稳定边坡”的目的。

7.1.1 边坡表面截排水技术

边坡坡面截排水设施的布设应充分利用地形和天然水系，形成完善的排水系统，并做好进出口位置的选择和处理，使水流顺畅，不出现堵塞、溢流、渗漏、淤积、冲刷、冻结等，以免造成对路基、路面和毗邻地带的危害。地表排水设施主要由各种沟和管组成，它们分别承担一定汇水面积范围内地表水的汇集和排泄功能,并将各项设施组合成一个将地表水顺畅汇集、拦截和排引到路界外的系统。

当边坡体上存在地表水体,且必须保留时,应进行防渗处理,并与拟建排水系统相接。设置地表排水系统来排除地表水,对治理各类边坡工程都是适用的,合适的地表排水设施,特别是对于软弱岩层或易受侵蚀的岩层,能够改善由于地表水作用引起的斜坡稳定性降低问题。常见的地表排水措施为设置截水沟、排水沟。图7-1为文麻高速公路K46坡脚排水沟。

图7-1 文麻高速公路K46坡脚排水沟

边坡表面截排水措施可以分为排水沟、截水沟、急流槽、跌水等形式。

1)排水沟

排水沟运用广泛,几乎所有的边坡工程中都需要用到排水沟(图7-2)。排水沟的设计要考虑防冲刷和防淤堵的要求,可以通过改变排水沟设置的方向来调整水流速度。排水沟的形状一般设计为矩形,有时也设计成梯形或U形。为防止水流进入水渠等自然河沟中冲刷排水沟端部,排水沟端部往往加设一道隔水墙。

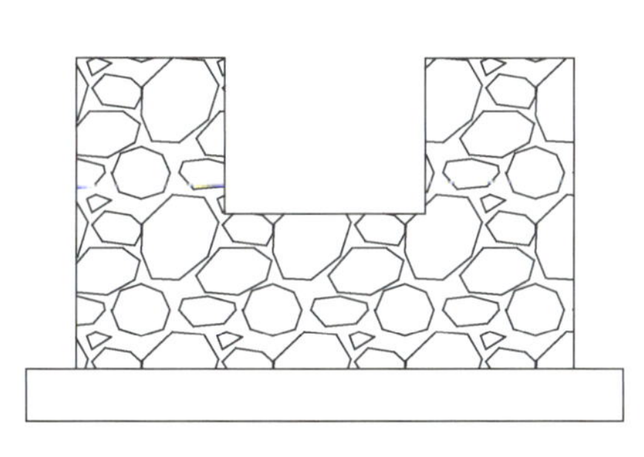

a)示意图

b)实景图

图7-2 典型边坡排水沟

一般来说,可以通过改变排水沟设置方向来调整水流速度,对于水流速度不大于2m/s的排水沟,可以采用圆弧弯曲的方法来改变水流的方向,圆弧半径不应小于3倍的排水沟宽度;对于流速大于2m/s的水流,可以通过增大圆弧的半径来实现；为了不使水面溢出，也可通过给出足够高的出水高度来实现排水沟方向的改变。此外，还可考虑将排水渠做成台阶式（也称多级跌水），此时需考虑因紊流导致的超高。

2）截水沟

截水沟是一种重要的防洪排水工程设施，用于拦截地表径流并将其有效排放，以减少对边坡和土地的侵蚀和损害。在地质条件复杂、陡峭的山区公路工程中，合理设置截水沟对于保障道路安全和稳定具有重要意义。截水沟需要结合地形、地质条件和工程需求等因素进行设置。

当边坡上方地表径流量较大时，应设置拦截地表径流的截水沟（图7-3）。截水沟应结合地形和地质条件沿等高线布置，将拦截的水顺畅地排向自然沟谷或水道。如果滑坡体界线基本明确，应在滑坡体周界外设置截水沟。

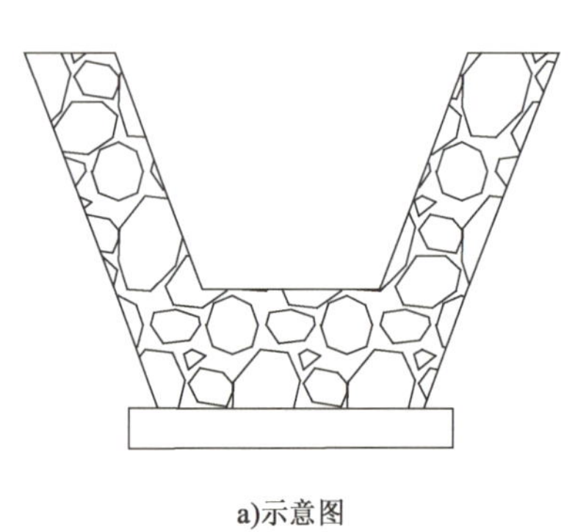

a)示意图

b)实景图

图7-3　典型边坡截水沟

对于设在路面的截水沟，通常设在路堑坡顶5m或路堤坡脚2m以外。《公路排水设计规范》（JTG/T D33—2012）规定，截水沟坡度为1∶1.0～1∶1.5；沟底宽度和沟的深度不宜小于0.5m。地质或土质条件差，有可能产生渗漏或变形时，应采取相应的防护措施。截水沟长度以200～500m为宜；超过500m时，可在中间适当位置处增设泄水口，由急流槽或急流管分流排引。当自然边坡较缓时，宜采用梯形截水沟；当山体陡峭时，宜采用矩形截水沟。截水沟的流水一般通过急流槽汇入边沟、排水沟或自然沟渠中。对于多级挖方边坡，每级边坡的平台均应设置平台截水沟，平台截水沟一般有上凸式和下凹式两种设计，上凸式在高速公路中较为常用。平台截水沟常通过急流槽、接水沟将水引至边沟或截水沟中。

截水沟在山区公路工程中的设置需要考虑的因素非常多，包括地形、地质、工程需求等，以确保其稳定性和有效性。只有合理设置截水沟，才能更好地保障公路工程的安全和稳定。

3）急流槽

急流槽是集中排泄路面积水、挖方边坡流水的重要措施（图7-4）。一般包括路堤急流槽、截水沟接边沟的路堑急流槽、截水沟接排水沟的急流槽等。

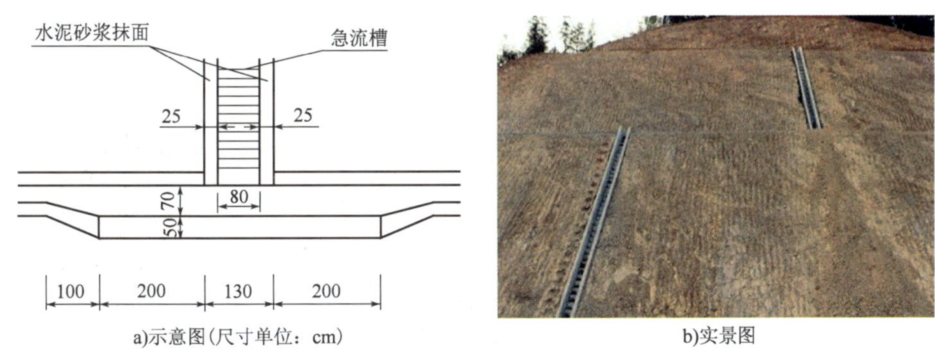

a)示意图（尺寸单位：cm）　　b)实景图

图7-4　典型急流槽

急流槽可采用由浆砌片石铺砌的矩形横断面或由混凝土预制件铺筑的矩形横断面。浆砌片石急流槽的槽底厚度为0.2～0.4m，槽壁厚0.3～0.4m。混凝土急流槽的厚度可为0.2～0.3m。槽顶应与两侧斜坡表面齐平。槽深最小0.2m，槽底宽最小0.25m。槽底每隔2.5～5.0m应设置一个凸榫，嵌入坡体内0.3～0.5m，以避免槽体顺坡下滑。

当急流槽纵坡陡于1∶1.5时，宜采用金属管，管径至少为20cm。各节急流管用管桩锚固在坡体上，其接口应做防水连接，以免管内水流渗漏而冲刷坡面。急流槽或急流管的进水口与沟渠泄水口之间做成喇叭口式连接，变宽段应有至少15cm的下凹，并做铺砌防护。急流槽或急流管的出水口处应设置消能设施，可采用混凝土或石块铺筑的消力坪或消力池。

路堤急流槽一般用于路面集中排水的情形。非超高段和超高段内侧路面的水通过路缘带汇集到急流槽中，而超高段外侧路面排水先汇集到中央分隔带的集水井中，然后通过横向排水管流入超高段外侧的急流槽中。路堤急流槽一般设置间距为30～50m。路堤急流槽尺寸一般为35cm×40cm（深×宽），壁厚25～30cm，底部铺砌25cm，沟壁和沟底铺砌均采用M7.5级浆砌片石，沟底一般设置厚10cm砂垫层。为了增加急流槽的稳定性，应每隔1～2m设置一道防滑平台，平台宽不小于60cm。为了减小水流的冲刷，沿槽身每隔1m设置一道消力坎，坎高10cm。在纵坡较大路段，急流槽入水口宜采用不对称弧形，并设置低凹区；在纵坡小的路段，急流槽入水口宜采用对称弧形。

4）跌水

跌水为人工排水沟渠的特殊形式，用于陡坡地段，沟底纵坡可达100%，是山区路基及边坡排水常见的结构物（图7-5）。由于纵坡大、水流湍急、冲刷作用严重，所以跌水必须用浆砌块石或混凝土砌筑，且应埋设牢固。

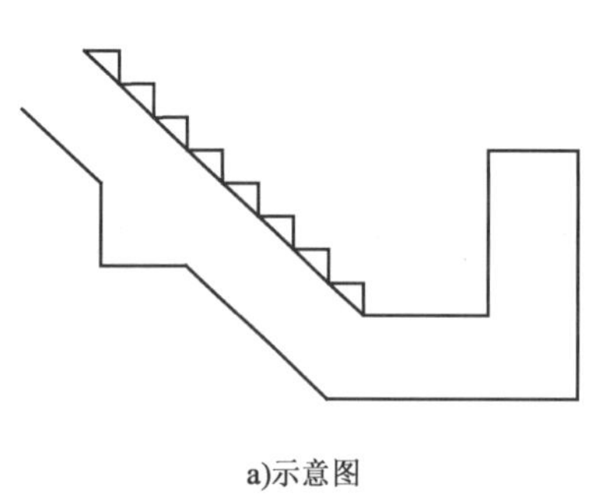

a）示意图

b）实景图

图7-5　典型跌水

"跌水"在排水中通常指的是一种下沉式结构，用于控制水流速度和减少水流冲击，通常被用在管道、水渠或其他排水系统的设计中。跌水的设计可以减缓水流速度，防止水流冲刷土壤或排水系统结构，同时还可以减少水流的喷溅和飞溅，对防止土壤侵蚀、保护排水系统和周围环境都非常重要。在排水工程中，跌水通常被设置在水流将进入下游的位置，以确保水流的平稳流动和有效排放。跌水的设计需要考虑水流量、水流速度、水流高度，以及周围环境等因素，以保证达到减速和稳定水流的效果。

7.1.2　边坡体内排水技术

边坡体内排水措施可以分为渗沟、盲沟、排水孔、集水井等形式。

1）渗沟

当边坡地下水丰富，路堑边坡有可能滑动时，在坡脚砌筑一个渗沟，可以起到排水和支撑坡体的作用（图7-6）。渗沟按作用的不同，可分为三种：支撑渗沟兼起排除和疏干滑坡体内地下水的作用；边坡渗沟可以疏干并支撑边坡，阻止坡面径流和减轻坡面冲刷；截水渗沟可以拦截地下水，并将其排出坡体外。渗沟适用于浅层地下水的排除。

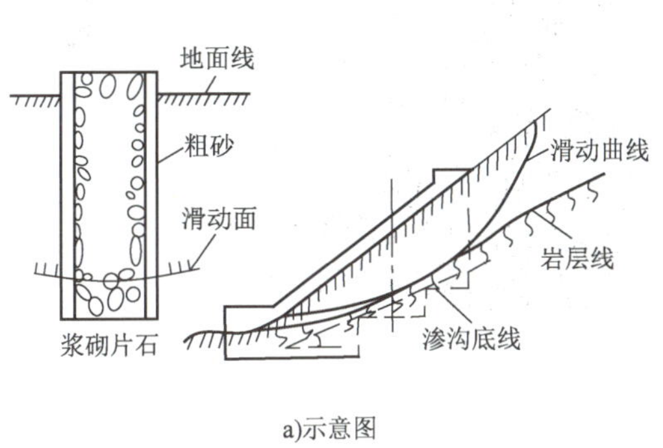

a)示意图

b)实景图

图7-6　典型渗沟

2）盲沟

盲沟利用其透水性将地下水汇集到沟内，并沿沟排至指定地点，其水力特性属于紊流（图7-7）。盲沟类型包括乱石盲沟、多孔管（花管）盲沟、无砂管盲沟和瓦管盲沟等，应根据当地材料、岩土体性质等进行选择。盲沟适用于一定深度的地下排水。

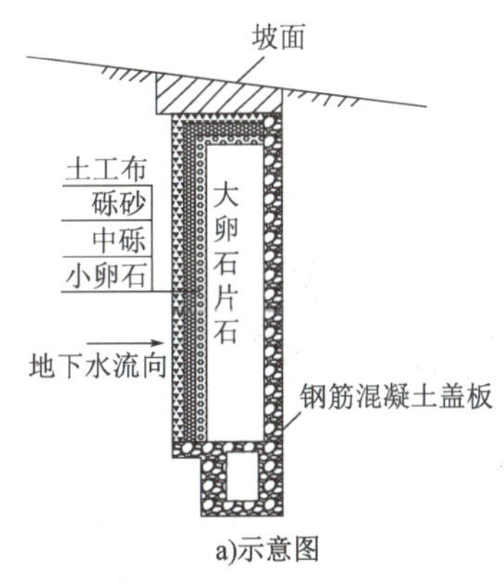

a)示意图

b)实景图

图7-7　典型盲沟

3）排水孔

排水孔是采用小直径的排水管伸至边坡地下水富集部位或潜在滑动面处，在边坡体内排除深层地下水的方法（图7-8）。排水孔的长度根据地下水位置确定,一般会根据边坡渗水情况成群布置,由仰斜式排水孔排出的水应引入路堑边沟排出边坡范围。

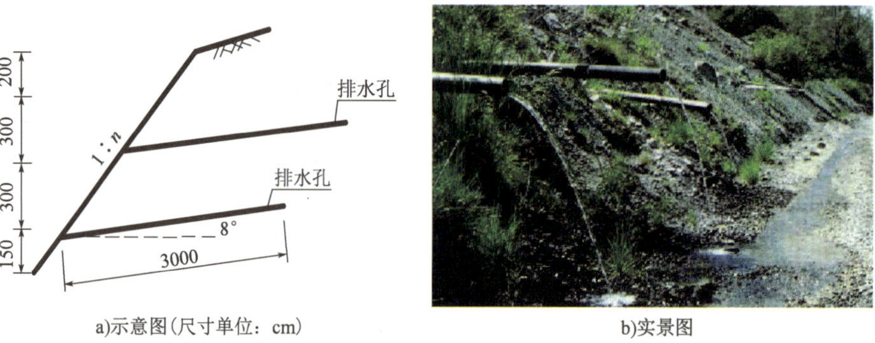

a)示意图(尺寸单位:cm)　　b)实景图

图 7-8　典型排水孔

排水孔施工简单、快速,且可以控制较大范围的地下水,其布置方式主要包括:通过坡面(包括挡墙面)打排水孔;与地下排水廊道(排水洞)或抽水井相连。排水孔对边坡内存在面状分布、鸡窝状等承压的地下水使用效果好,对线状分布的地下水效果欠佳。

4)集水井

当通过排水孔汇集的地下水不能依靠重力排出坡外时,可采用集水井,将附近地下水汇集到井中,并采用附有浮动开关的水泵将水排至地表(图 7-9)。集水井一般适用于地下水深度较小,且土层为粗粒土层或渗水量小的黏土层。

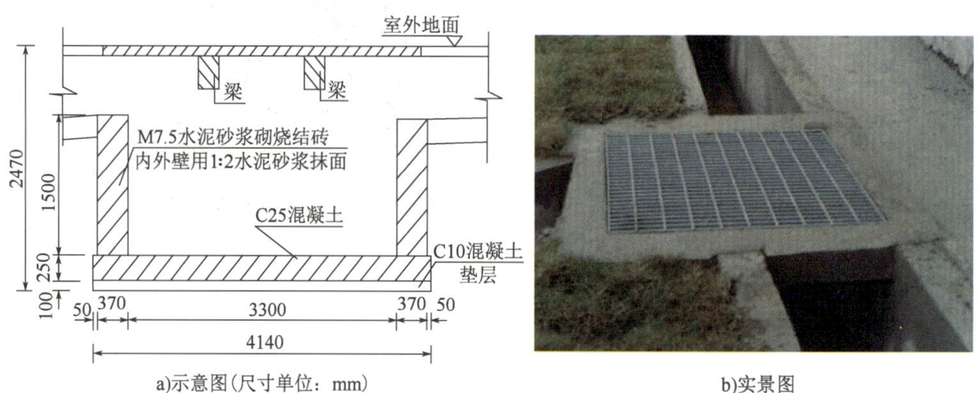

a)示意图(尺寸单位:mm)　　b)实景图

图 7-9　典型集水井

7.2　水平钻孔坡体深部排水技术

水平钻孔的设置位置和数量应视地下水分布的情况和地质条件而定，钻孔一般上倾6°～15°，所以，水平钻孔排水也称仰斜式排水孔排水。其孔径大小一般不受流量控制，主要取决于施工机具和孔壁加固材料，通常孔径为数十毫米至100mm以上。由于其孔径较小，集水能力较弱，若不是汇集来自透水性很强的砾石层的地下水，则排水效果不好。因此，要排除来自透水性弱的地层中的地下水，就必须采用100mm以上的大孔径钻孔。水平钻孔排水可单独使用，也可与砂井、竖孔、竖向集水井等联合使用。与砂井或竖孔联合使用时，用砂井或竖井汇集滑坡体内的地下水，用平孔连砂井或竖孔把水排出；与竖向集水井联合使用时，可在其井壁上设置短的水平钻孔，使附近的地下水汇集到集水井中，再在坡面上设置水平钻孔，使竖向集水井中的集水流到滑坡体外，这样可以减小水平钻孔的尺寸，降低工程造价。

滑坡灾害发生频率高、危害性大，是给人民生命财产安全造成重大损失的地质灾害之一。众多滑坡事故及现场研究表明，水是诱发滑坡的重要因素。在水的侵蚀软化作用下，岩土强度持续降低，沿岩土结合面、软弱结构面逐渐发育形成贯通性滑移面，并逐渐产生滑动。滑坡处治主要有以下思路：一是支挡加固，为边坡提供足够抗滑外力，阻止滑体进一步产生位移；二是疏排水，通过截排水沟、排水孔等措施疏排地表、地下水，增大有效应力，保障土体抗剪强度。在地下水位高、降雨丰富地区，若仅采用挡墙、抗滑桩、锚索-框格梁等支挡措施治理边坡，则仅能从外部力学平衡角度提供一定的抗滑力，而无法提高坡体自稳能力。大量工程案例表明，仅依靠强支挡而忽视地下水的疏排，则难以控制斜坡的变形。因此，应坚持治坡先治水的理念，采取必要且有效的排水措施疏排地下水，提升坡体自稳能力。常见的边坡地下水排水措施主要有排水隧洞、排水孔、集水井、盲洞等。其中，仰斜式排水孔具有施工便捷、工期短、造价低、排水效果较好等特点，被广泛应用于公路边坡、矿山边坡、库岸边坡等的排水工程中。

仰斜式排水孔采用小直径的排水管在坡体内排除覆盖层孔隙水与基岩裂隙

水(图7-10),可以快速疏干地下水,提高岩(土)体抗剪强度,防止边坡失稳,并减少对岩(土)体的开挖,加快工程进度和降低造价。目前,仰斜式排水孔作为路基边坡、建筑边坡地下水疏排的有效方式之一,已被写入相关标准中,对孔径、布置形式、仰斜角度等进行了明确。

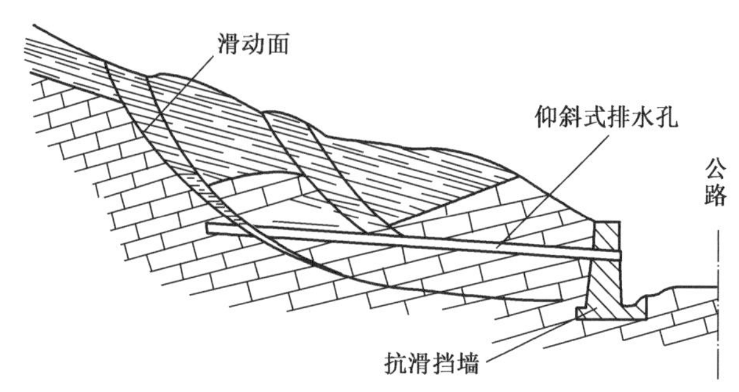

图7-10　仰斜式排水孔典型剖面

7.2.1　排水孔结构

仰斜式排水孔的排水管可以是实管,仅管口进水;也可以是管身带孔的花管,整个花管段都可以集排水。仰斜式排水孔往往成群布置,钻孔密度和深度主要取决于含水层层数、厚度、水量大小。当存在多含水层时,应与集水井、排水隧洞联合使用。在滑坡中应用时,排水孔的布设方向需与主滑动方向一致,避免滑坡变形或滑动时被错断,导致排水失效。深层仰斜式排水孔主要用于伸入含水层、地下水富集部位或斜坡潜在滑动面土层以排出孔隙水与基岩裂隙水,提高土体抗剪强度。仰斜式排水孔主要由两部分组成,一是钻机钻孔后形成的圆形岩土孔,二是插入圆形土孔中的排水管。

1)岩土孔

岩土孔是通过钻机以一定倾斜角度在斜坡土体内钻孔施工形成的孔洞。直径一般为75~150mm,仰斜角度一般为6°~15°,长度视地下水埋深、含水层厚度等确定。

2)排水管

排水管是在岩土孔施工完成后,插入其中,起防塌、排水作用的管材。目前,工程上采用的排水管主要由外包透水土工布的PVC花管构成(图7-11)。但由于土工布防淤堵能力较差,造成一定时期过后排水管淤堵严重,难以再发挥排水效果。随着研究的不断深入、技术的不断革新,多种结构形式的防淤堵排水管已在工程中得到应用,如硬式透水管、软式透水管、双层曲纹网状透水管及其与土工织物的组合结构。

图 7-11　文麻高速公路 K46 边坡中使用的排水管

仰斜式排水孔施工过程中,为保证施工质量,需要克服以下难点:一是塌孔,当遇到强风化页岩、千枚岩等遇水急剧软化、泥化的岩石时,钻进过程中极易产生塌孔、卡钻问题,因此,在施工时需要特别注意观察渣土情况,及时采取套管跟进方式施工,并采用偏心钻头和螺旋钻杆钻进;二是排水孔位置偏差,开孔时,采取低速、低风压、低压力钻进破土方式,以确保正位开孔。

7.2.2　排水孔参数及要求

排水孔的参数设计是综合考虑地质、地形、水文、施工经济性等因素的综合设计过程。主控原则是孔长及空间位置的设计应确保排水孔伸入浸润线以下或含水层中,在已查明的泉眼、冲沟附近应增加布设排水孔。在考虑施工经济性与便利性的基础上,孔径及倾角应满足《公路路基设计规范》(JTG D30)、《公路排水设计规范》(JTG/T D33)、《公路滑坡防治设计规范》(JTG/T 3334)、《建筑边坡工程技术规范》(GB 50330)等标准的规定。

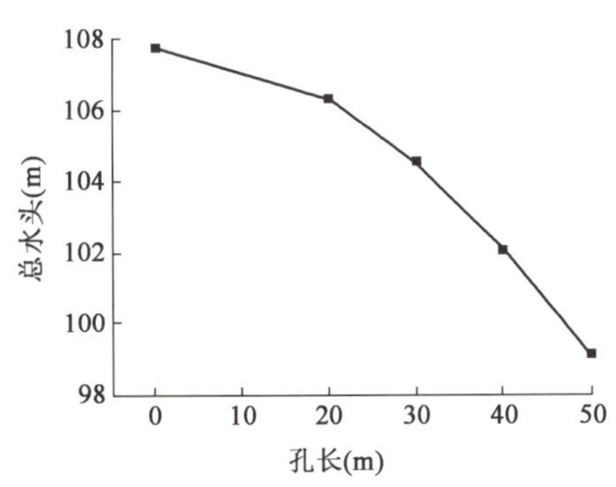

图 7-12　同一点孔长-总水头变化曲线

1)孔长

排水孔在坡体内起到集水与排水功能。因此,钻孔越长,排水孔的集水范围就更大,越有利于集水。根据坡体内同一高程点的观测数据可知,随着孔长的增加,总水头显著降低(图 7-12)。

从图 7-12 可以看出,增加孔长可增强排水孔疏排水效果。此外,在同一岩土层中,由于受到不同程度地质营力、人类活动等影响,岩土已成为各向异性体,因此,地下水的分布具有离散性与随机性。在无法确定水在非均匀介质中的分布情况时,通常可增加孔长以增大水进入排水孔的概率。此外,还可借助多个边坡剖面的水位监测数据,绘制地下滑坡区域地下水位线,并借助计算机辅助绘图系统确定排水孔长度,确保排水孔伸至水位线以下或含水层。富水地质体发育区域,可先采用大地电磁仪探明地下水的分布,再进行排水孔的参数设计。

2)孔径

仰斜式排水孔大多采用潜孔钻机施工。常规潜孔钻机孔径范围为 80～250mm。《公路滑坡防治设计规范》(JTG/T 3334—2018)规定,排水孔直径宜为 75～150mm。同时,钻头直径越大,所需轴推力越大,钻机回转速度越小,导致施工效率低,经济性差。根据现有文献资料可知,孔径变化对排水效果的影响极小(图 7-13)。

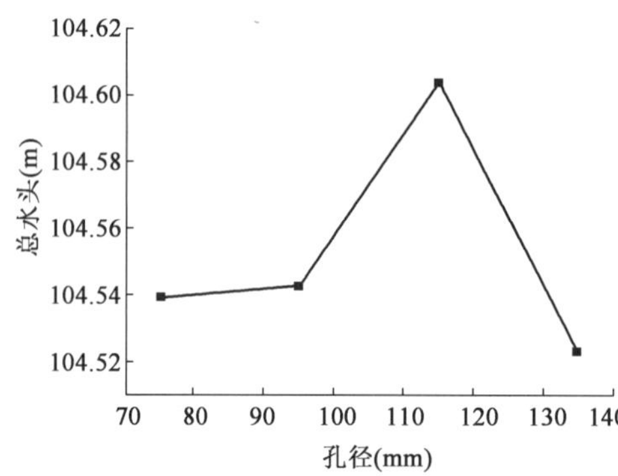

图 7-13　同一点孔径-总水头变化曲线

因此,设计排水孔孔径时,并非越大越有益。工程现场实施时,应根据岩土性质、坡体富水状态,以及工程经验类比确定。当地下水量大,岩土体遇水软化程度低时,可设计大孔径;反之,则应采用小孔径。

3)孔倾角

《公路路基设计规范》(JTG D30—2015)、《公路滑坡防治设计规范》(JTG/T 3334—2018)规定,仰斜式排水孔孔倾角不宜小于 6°,含水层粉细砂颗粒较多时不宜大于 15°。孔倾角的设置是为了确保地下水进入孔内以后,能够在自重作用下自由排出坡体。根据相关文献资料可知,增大孔倾角对提升排水效果的影响很小(图 7-14)。因此,在实际工程实施过程中,一般将孔倾角设置为 6°即可。

4)空间位置

空间位置指排水孔在边坡三维立体空间中的位置。当孔长、孔倾角确定后,再设计确定排水孔在坡面的开孔位置,即可完全确定排水孔的空间布置。相关研究显示，排水孔埋设高程越高，排水孔的排水降压效果反而降低，安全系数反而减小（图7-15）。水往低处汇集，越往高处，岩土体中含水率与孔隙水压力越小，进入排水孔中的水也相应减少。

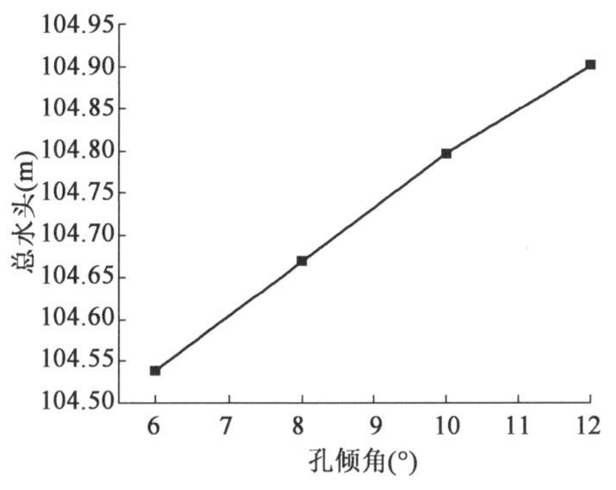

图7-14　同一点孔倾角-总水头变化曲线

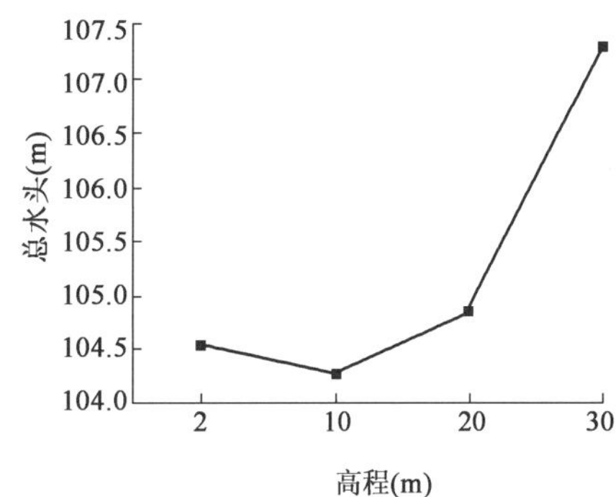

图7-15　同一点高程-总水头变化曲线

从图7-15可知，随着排水孔布设高程增加，总水头先逐渐下降，然后上升。表明在坡体一定深度范围内，高程增加有利于排水，但高程过高，排水孔未伸至浸润线以下或在含水层以外，排水效果便会急剧下降。因此，一般将孔位设置于边坡坡脚，并确保钻孔后可伸至浸润线以下或已查明的含水层中。此外，泉眼出露或冲沟发育的区域多为地下水汇集区，因此，当通过地质勘察发现存在明显泉眼出露或常年冲沟时，也可在相应位置增加布设排水孔，排水孔孔长、孔倾角则应满足以下要求：

（1）仰斜式排水孔可用于引排滑坡内的地下水，长度应确保穿过含水层、地下水富集部位或潜在滑动面，并宜根据滑坡地下水情况成群布置。

（2）可根据水位监测、地勘时水位初见情况、岩土体干湿程度、土岩交界面综合确定水位、含水层，必要时采取瞬变电磁法探明地下水分布。

（3）仰斜式排水孔孔倾角不宜小于6°，含水层粉细砂颗粒较多时不宜大于15°；间距宜为2～3m，并宜按梅花形布置；在地下水较多或有大股水流处，应加密设置。特别注意，孔倾角不可出现反倾，开孔、钻进时应采用便携式坡度仪检测复核。

（4）排水孔钻孔直径宜为75～150mm，孔内应设置透水管。透水管直径宜为50～100mm，材料宜选用软式透水管、硬式透水管、盲管、双层透水管等。

（5）仰斜式排水孔排出的水宜引入排水沟予以排除，其最下一排的出水口应高于地面或排水沟设计水位顶面，且不应小于200mm。

总之，排水孔长度与布设高程是影响排水孔排水降压效果的主控因素。在边坡含水层深度范围内，边坡排水效果随着排水孔长度、布设高程的增加呈非线性增加。排水孔孔径、孔倾角的增减对排水效果影响极小，不是排水孔排水降压效果的控制因素。而且，随着排水孔孔倾角的增大，可能引起排水孔排水降压能力降低。因此，在设计排水孔孔径与孔倾角时，主要考虑工程经济性与施工便利性即可。进行排水孔孔长、布设高程设计时，应先查明坡体含水层位置，再进行参数设计与施工，务必确保排水孔进入含水层或浸润线以下位置。

7.3 集水井排水技术

集水井一般适用于地下水深度较小，且土层为粗粒土层或渗水量小的黏土土层。

当通过排水洞和排水孔汇集的地下水不能依靠重力自动排出坡外时，可以考虑采用集水井。在滑坡体外的相对稳定区域，选择地下水最集中的位置，设置直径大于3.5m的竖井，并在井壁上设置短的水平钻孔，一般为2～3层，使附近的地下水汇集到井中，可以采用附有浮动开关的水泵把水排到地表。

集水井的深度一般为15～30m。在不稳定的区域设置集水井时，集水井应达到比滑动面浅的部位；在稳定的区域或滑坡区域外，集水井应达到基岩，并深入基岩2～3m。

在分布有地下水系的地区，要考虑集水井的安全问题，集水井最好选在坚硬的地基上，不能过分依靠井壁来汇集涌水，而应依靠水平钻孔来集水，这样比较安全。

集水井在边坡排水工程中的应用主要是为了收集和排放边坡内部或周围的地表水，减少水流对边坡的侵蚀和损害，保持边坡的稳定性。集水井在边坡排水工程中的作用如下：

(1)收集地表水：边坡容易受地表水的侵蚀，尤其是在降雨较多的地区。通过设置集水井，可以收集边坡上的地表水，避免水流直接冲刷边坡，减少边坡的侵蚀风险。

(2)降低地下水位:在一些地质条件复杂的地区,地下水位上升可能导致边坡稳定性问题。集水井可以帮助排水,降低地下水位,减少地下水对边坡的影响,从而提高边坡的稳定性。

(3)排放积水:在边坡排水工程中,集水井可以作为排水系统的重要组成部分,将收集到的水流导入排水管道或渠道,并排放到指定位置,避免水体在边坡内部滞留积聚,引发边坡滑坡等安全问题。

集水井通常与排水管道、渠道、排水沟等其他排水设施结合使用,共同构建边坡排水系统。通过合理设置和布置集水井,可以实现整个排水系统的高效运行和边坡的有效排水。

7.4 排水隧洞排水技术

排水隧洞是人工开挖的地下隧洞,通常在隧洞周围布置一定深度的排水孔,形成一个有效降低地下水位的排水系统,可以有效截排地下水,降低边坡内部地下水位(图 7-16)。排水隧洞排水遵循防、截、排、堵相结合的原则,对集中排除边坡深层地下水效果好,但施工技术要求高,存在一定的风险。在目前的边坡工程排水中,很少使用这种排水方法,但随着技术的不断进步,以及随着将来更大型公路边坡的出现,这种方法有其发展的前景。该技术适用于排除深层大量的地下水。

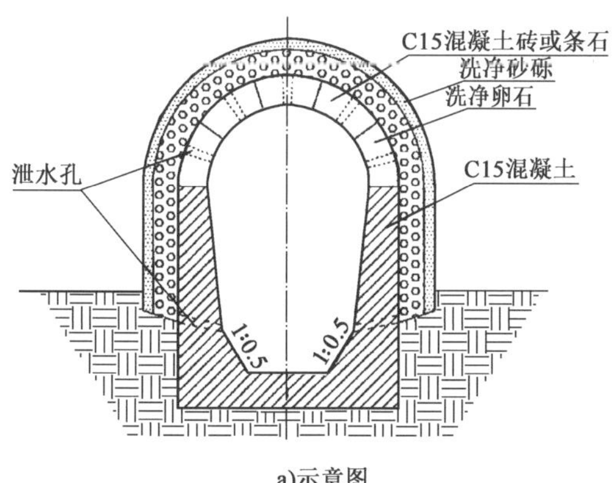

a)示意图

b)实景图

图 7-16 典型排水隧洞

排水隧洞主要用于截排或引排滑面附近埋深较大的地下水。对于滑面以上的其他含水层,可在排水隧洞顶上设置若干渗井或渗管将水引进。对于排水隧洞以下的承压含水层,可在排水隧洞底部设置渗水孔将水引进洞内予以排出。当基岩内或基岩面附近分布大量的地下水时,采用排水隧洞是可靠有效的排水方法,其维修也方便。

7.4.1 排水隧洞的布置

排水隧洞适用于地下水埋藏较深(大于15~30m)、含水层分布规律、水量较大且多位于滑动面附近,为造成滑坡体滑动的主要因素的滑动区。修筑排水隧洞,一方面可截断地下水流、疏干滑坡体,以增加滑坡体稳定性;另一方面可避免明挖太深而引起的施工困难。排水隧洞目前在国内应用较多。

应尽量避免在活动的土体中开挖排水隧洞。排水隧洞洞身应置于滑动面以下的稳定地层内,洞身设置方向应垂直于地下水流方向,出口应置于滑坡体以外的稳定区域。排水隧洞可事先按衬砌断面分块预制,边掘进边拼装衬砌,这种施工既快捷、节省,又安全、可靠,是一种行之有效的方法。

把排水隧洞与集水井连接起来,集水井可作为除淤口,或将排水隧洞用作集水井的排水孔。当地下水沿着滑坡区外明显的路线流入滑坡区时,可在地下水流入滑坡区前,就用排水隧洞将其截断并加以排除。

7.4.2 排水隧洞的设计原则

排水隧洞造价较高,施工养护也较困难,位置不易布置准确,采用时需要特别慎重。一般在地表排水工程修筑后,仍不能制止滑坡体滑动,滑坡滑带附近地下水是流动的且滑坡移动主要是因水量增大等原因时,才考虑修排水隧洞。排水隧洞设计前,必须收集详细、准确的工程地质、水文地质资料。根据地质勘探掌握地下水的活动规律和地质情况,做出综合剖面和横断面地质图,并进行多种方案比选后,才能进行设计和修建,否则,很难取得预期的效果。

设计时,首先要分析滑坡体各层水的联系,如水流的位置、性质(流速、流向和流量)和相互补给关系。通常需要重复进行钻探与电探工作,并绘出各水层的水位等高线图。如系堆积层沿基岩顶面滑动，则须绘出基岩顶面等线图；如系岩层滑动，则须绘出滑坡床等高线图。

设计时，可以先在地质平面图上确定排水隧洞平面位置，并根据地下水埋藏情况和地质纵断面及横断面，定出排水隧洞纵断面位置；为了控制排水隧洞洞身的平面位置，在勘探时可每隔 40 ~ 60m 打一个钻孔，并每隔 20 ~ 30m 加设一个电探点，或尽可能在排水隧洞施工中先开挖竖井（渗井），根据渗井及竖井开挖后的情况，进一步调整隧洞的纵断面位置。

排水隧洞的横断面，应根据地下水埋藏深度、排水要求、建筑材料、结构形式、施工和检查维修方便等确定，其宽度不宜小于 1.2m，高度不宜小于 1.6m。

在排水隧洞平面转折处、纵坡由陡变缓处及中间适当位置应设置检查井，其间距一般为 100 ~ 120m。

7.4.3 排水隧洞的类型

排水隧洞按其作用可分为截水隧洞、排水廊道、疏干隧洞三种。

1）截水隧洞

当查明补给滑坡的地下水来源是在滑坡体以外的上方或一侧时，应在地下水流入滑坡体前设置截水隧洞截断。一般截水隧洞布置在滑坡体以外，其轴线应大致与地下水流向垂直，其底部应低于隔水层顶面最少 0.5m。若截水隧洞布置在滑坡后部滑动面之下，其开挖顶线必须切穿含水层不小于 0.5m，即切穿隔水的滑动带，且衬砌顶拱必须低于滑动面 0.5m。

2）排水廊道

当滑坡体内有封闭式积水时，可设排水廊道将其排出。这种排水廊道穿过正在活动的滑坡体时，应全部埋于滑动面或可以发展为滑动面的土体下部不小于 0.5m。穿过滑坡稳定部分时，排水廊道应低于含水层底面不小于 0.5m，直接排出积水。

3）疏干隧洞

一般在老滑坡尚处于稳定状态，而滑坡头部有土中水活动，湿润、软化头部抗滑土体,削弱滑坡的抗滑能力时,可平行滑动方向设置疏干隧洞群,洞内回填片石,以疏干滑体。这种疏干隧洞底部应置于滑动面以下不小于0.5m。若潮湿土体厚度较大,可于洞顶设渗井、渗管等,以增大疏干范围。

7.4.4 排水隧洞的断面形式

排水隧洞的断面形式有拱形、鹅卵形及梯形三种。一般采用砖、石及混凝土衬砌。

1)拱形断面

拱形排水隧洞的拱圈多为圆弧形,边墙内、外直立或呈斜坡,如图7-16所示。

当排水隧洞埋在较好的岩层中,强度系数$f=2\sim4$时,采用拱形断面,其边墙可用C15混凝土或M10浆砌片石筑成直墙式;顶部可以采用C15混凝土预制块拼装或整体灌注。排水隧洞的横断面宽度一般为1.0~1.5m,高度为1.6~1.8m。

2)鹅卵形断面

鹅卵形排水隧洞的衬砌断面受力条件好、衬砌厚度小,在风化破碎岩层及堆积层中,当岩层强度系数$f=1.5$时,均可使用,如图7-17所示,并采用带有泄水孔的C15混凝土块拼装砌筑,厚度为20cm,其横断面的宽度为1.2~1.5m,高度为1.6~1.7m。这种排水隧洞的特点是能承受较大的压力,但是施工比较复杂。

当岩层松散,强度系数f小于1.5时,衬砌断面应加厚,但加厚一般不超过0.4m。

3)梯形断面

梯形断面一般为拼装式钢筋混凝土结构(图7-18),适用于松散地层,其最大优点是可以预制构件,随挖随撑,一次性完成施工。

为了保证排水隧洞洞身的稳定,基底必须设在滑动面以下的基岩或稳定地层中。当含水层较多,且被不透水层分隔时,视当地地质及水文地质状况,排水隧洞可埋在最低一层,也可埋在水量最大的一层。当上层还有地下水时,为了加强排水隧洞疏干土体的作用,则可在排水隧洞顶采用钻孔、渗井或渗管收集上层地下水,经由隧洞排出。一般在隧洞顶部和两侧都留有泄水孔,可用于集水。孔的大小和孔外的反滤层,都按地下水渗入的流量、流速分层设计。底凹槽主要起排水作用,凹槽的深度视当地的地下水流量而定,一般为0.4~0.5m。

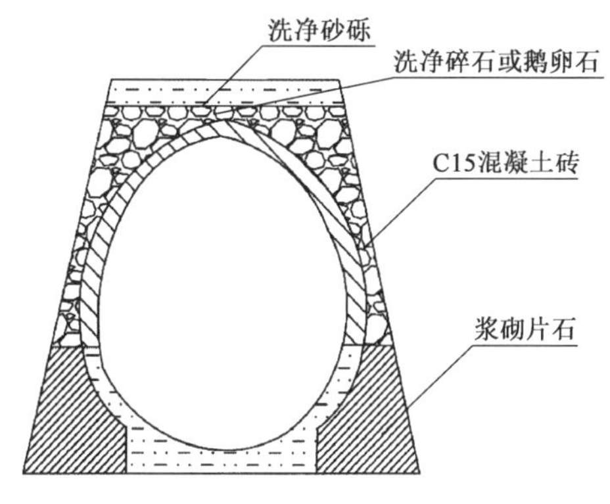

图7-17 鹅卵形断面排水隧洞示意图

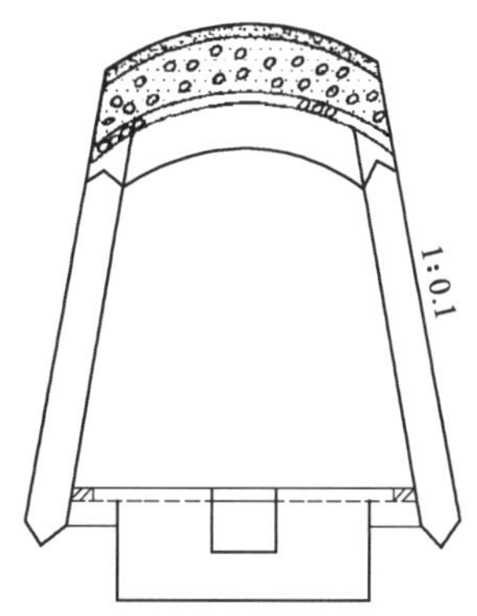

图7-18 梯形断面排水隧洞示意图

当滑坡床以下有承压水补给滑坡面时,可以在隧洞下加渗管,引水入隧洞内排走。

排水隧洞也可修建在坡体内,但整个隧洞需要在滑动面以下,其深度视滑坡堆积体的岩土状况而定。当隧洞受地形限制或因排水需要,必须设置在不太稳定的地层内或滑坡体内时,为了避免土体滑移破坏隧洞,在初期可采用木质临时隧洞,待滑动体稳定后再改为永久性衬砌。

当山坡地下水埋藏情况复杂时,有时单靠修建一条排水隧洞不能把所有的地下水都排出,因此,在地下水流多,含水率紊乱的地方,往往还要修建支洞。一般情况下,先修好主洞,当经过观测证明在主洞附近尚有较大的水流需要引入隧洞内排除时,应沿着这些支流由外向内修建支洞。支洞可修成T形、Y形或叉形。支洞的断面可采用与主洞一样的尺寸,也可采用较小的尺寸。

7.4.5 渗井、渗管

当排水隧洞顶上滑坡体内有一层或数层地下水时,可设渗井或渗管将地下水汇入隧洞中排出。渗井、渗管的间距根据集水半径设计,一般约10~15m设置一处渗管,每隔20~30m设置一处渗井。渗管利用带孔的铁管、钢管或塑料管放入钻孔中,四周回填粗砂、砾石等渗水填料。渗井、渗管连接于隧洞上侧或直接连接于隧洞顶。

渗管施工比较简便，但是由于管径小、集水效能不大，而且易被淤塞，故不常采用。渗井采用支撑施工，从地面向下开挖，达到隧洞顶后再逐层填充，并随填随拆除支撑，渗井与隧洞连接处应特别加固，以防隧洞承压过大导致破坏。

根据现场调查发现，渗井、渗管一般渗水不多，排水效果不佳，尚有待进一步研究和改进。

7.4.6 排水隧洞的排水能力计算

排水隧洞的断面不受水流量的控制，主要取决于施工和养护的方便，并考虑节约成本。但一般排水隧洞的断面都较大，因此，其排水能力不需计算即能满足滑坡体地下水排除量的要求。需计算时，可参照无压力式涵洞的计算方法。

7.5 边坡截排水方案选择

7.5.1 边坡排水方案影响因素

边坡排水方案选择主要考虑以下因素：

(1)地层岩性(DCYX)：黏土、碎石土、填土、无黏性土。

(2)排水类型(PSLX)：承压水、潜水、包气带水、地表水。

(3)排水量(PSL)：大、中、小。

(4)边坡坡度(BPPD)：1∶1.25、1∶1、1∶0.75、1∶0.5。

(5)边坡高度(BPGD)：超高、高、中高、低。

7.5.2 边坡排水措施适用条件分析

边坡工程应采取排除坡面水、地下水和减少坡面水下渗等多种措施进行排水，排水应以“截、排和引导”为原则，统筹考虑坡面排水、地下排水与减少坡面水下渗措施，并形成相辅相成的排水、防渗体系，见表7-1。

排水措施及其适用条件

表 7-1

序号	PSCS		结构示图	DCYX	PSLX	PSL	BPPD
	排水措施	代码		地层岩性	排水类型	排水量	边坡坡度
1	排水沟	PS1		土层	地表水	大	缓
2	截水沟	PS2		土层	地表水	大	缓
3	急流槽	PS3	水泥砂浆抹面 急流槽	岩、土	地表水	中	陡

续上表

序号	PSCS		结构示图	DCYX	PSLX	PSL	BPPD
	排水措施	代码		地层岩性	排水类型	排水量	边坡坡度
4	跌水	PS4		岩、土	地表水	大	陡
5	渗沟	PS5	地面线 粗砂 滑动面 浆砌片石 滑动曲线 岩层线 渗沟底线	岩、土	地下水	小	缓、陡
6	盲沟	PS6	坡面 土工布 砾砂 中砾 小卵石 大卵石(片石) 地下水流向 钢筋混凝土盖板	岩、土	地下水	中	缓、陡

续上表

序号	PSCS		结构示图	DCYX	PSLX	PSL	BPPD
	排水措施	代码		地层岩性	排水类型	排水量	边坡坡度
7	排水隧洞	PS7	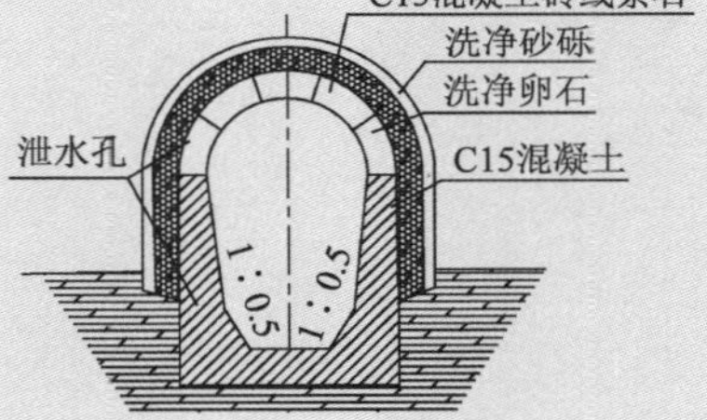 C15混凝土砖或条石 洗净砂砾 洗净卵石 泄水孔 C15混凝土 1:0.5 1:0.5	岩、土	地下水	大	缓、陡
8	排水孔	PS8	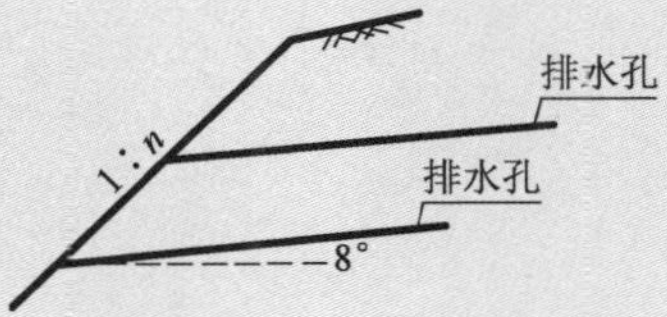 排水孔 排水孔 1:n 8°	岩、土	地下水	中	缓、陡
9	集水井	PS9	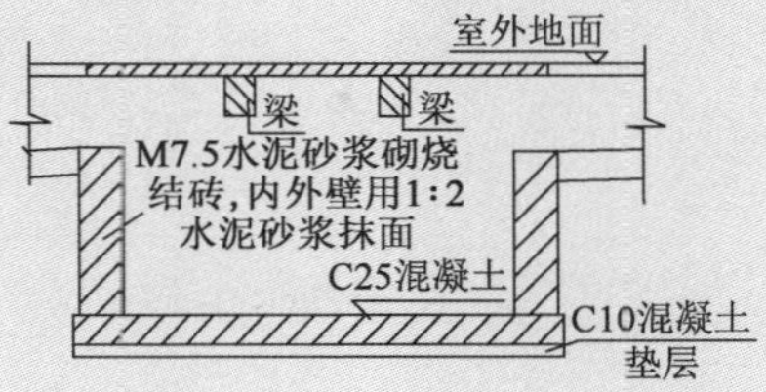 室外地面 梁 梁 M7.5水泥砂浆砌烧结砖，内外壁用1:2水泥砂浆抹面 C25混凝土 C10混凝土垫层	岩、土	地表水、地下水	大	缓

7.6 文麻高速公路 K39 滑坡立体排水系统

7.6.1 K39 滑坡水文地质分区

K39 +400 滑坡区水文地质单元的划分,依据现场对地形地貌、河流水系、地质构造、含水岩组、岩溶发育状况、岩溶水赋存、补径排条件的调查,结合水化学、同位素分析结果进行。滑坡区主体位于盘龙江水系东北部,区内主要河流为盘龙江和大河的分支向阳河。一级水文地质单元以盘龙江、大河分水岭为隔水边界,以盘龙江为排水边界,划分为三个一级水文地质单元;二级水文地质单元以区域性河流为主,主要以区域性分水岭为边界,部分区域性河流起到单元隔离作用。具体划分如图 7-19 所示。

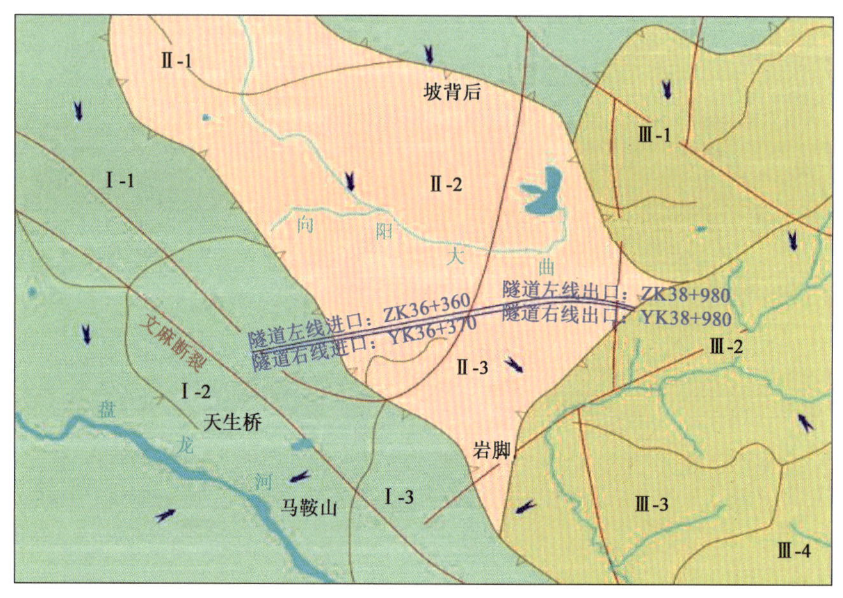

图 7-19 滑坡区水文地质分区图

盘龙江水系所在的水文地质单元(Ⅰ),整体地势南高北低,东北以盘龙江、大河的分水岭为隔水边界,该水文地质单元的排水边界为盘龙江,地下水整体流向为由北向南径流，该水文地质单元的补给来源主要是大气降水，单元内大面积的岩性分布为灰岩，夹有少量泥岩、泥灰岩。单元内部构造变形复杂多样，褶皱、断裂发育，主要构造为西北走向的文麻断裂。地下水多沿断裂构造形迹流动，以泉的形式在溪沟处排出地表。根据区内二级分水岭特点，进一步划分出3个二级水文地质单元。

向阳河所在水文地质单元（Ⅱ），整体地势南高北低，以向阳河为排水边界。主要接受大气降水的补给，由南北两侧向中部向阳河的径流方向为该水文地质单元内地下水径流的大体方向。区内发育岩性与水文地质单元（Ⅰ）相近；区内有断层数条。根据单元内区域性河流特点，将该单元进一步划分为3个二级水文地质单元。

7.6.2　滑坡立体排水系统布设

K39+400滑坡目前采用"抗滑桩支挡+坡面框架锚杆+原挡墙钢轨桩加固+地表排水及地下深层泄水管及集水井排水、支撑渗沟、渗井排水"等综合处治措施（图7-20），具体排水措施如下。

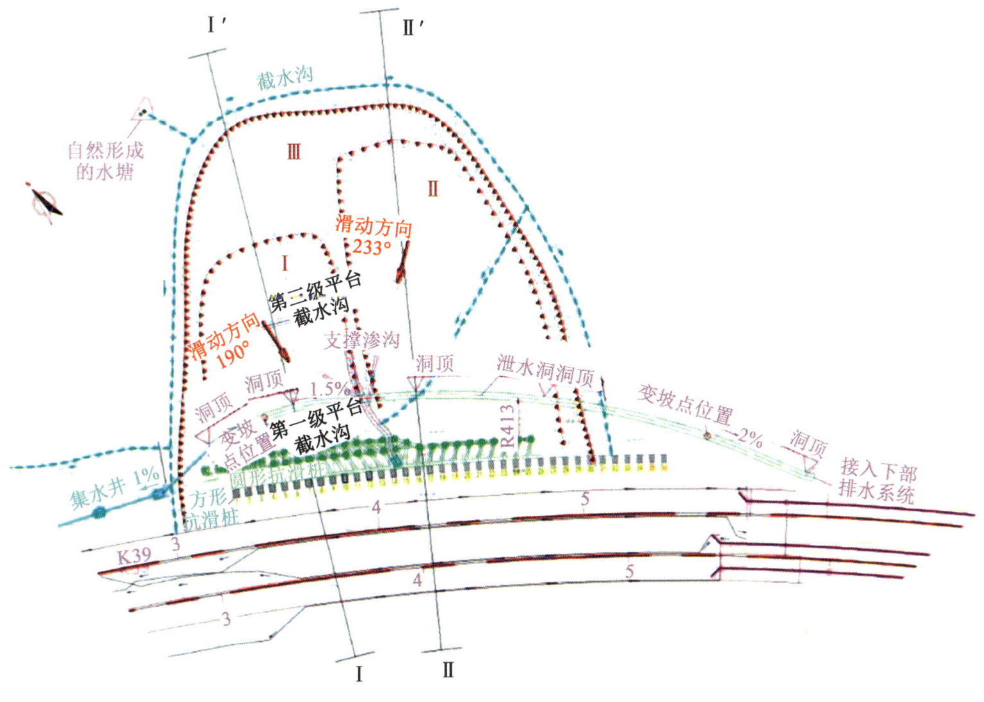

图7-20　立体排水系统平面图

1)地表排水

(1)2号支撑渗沟:在14号和15号方桩之间的2号冲沟处设置干砌片石支撑渗沟,支撑渗沟的宽度为3.5m,纵向长度为63m,开挖深度为1.9~6.0m。支撑渗沟上部接截排水沟,下部接集水井,集水井中的水采用排水管排至公路暗涵。

(2)1号支撑渗沟:在1号冲沟(K39+170)处设置干砌片石支撑渗沟,支撑渗沟的宽为1.5m,纵向长度为55m,开挖深度为0~1.5m。坡底开挖成台阶状,台阶宽度为1m,台阶向外倾斜坡度为4%。

(3)截排水沟:在坡顶设置截水沟将坡顶现有水塘的水及雨水截排至两侧冲沟及路基排水沟,截水沟采用C20素混凝土梯形截水沟。在抗滑桩顶设置C20素混凝土矩形排水沟。

(4)跌水:在截水沟的最低处设置竖向流水槽(跌水),跌水位置视现场情况和实际地形确定。在跌水坡顶处设置沉淀池和集水池,在跌水坡脚设置消能池。截排水沟要求坡度大于0.2%。

2)地下排水

(1)深层泄水孔:在已有方桩(4号~17号)前挡墙坡面、已有抗滑桩挡板处及上部坡面处打设ϕ150mm深层泄水孔,深层泄水孔水平间距6m,在挡墙及抗滑桩挡板处竖向布置3排。在西侧边坡坡面(K39+300~K39+420)布置4排泄水孔。泄水孔深度为30m,坡度为10%。深层泄水孔采用ϕ150mm钻孔。

(2)AB段集水井:K39+000~K39+100路基北侧边坡AB段深部排水采用集水井,集水井水平间距为30~40m,深度为11.0~11.6m。集水井位于地下水位以下部位四周设置排水钢花管,钢花管采用长度6m、15m交错布置,在每个侧墙上布置2根钢花管,每个断面共布置8根钢花管,钢花管竖向间距为1m。集水井之间采用D1000mm、厚度为100mm的Ⅲ级钢筋混凝土排水管顶管连通,排水纵坡为1%。

(3)CD段集水井:K39+175~K39+300路基北侧边坡CD段深部排水采用集水井,集水井水平间距为30m,深度为14.6~15.8m。集水井位于地下水位以下部位四周设置排水钢花管，钢花管采用长度 6m、15m 交错布置，在每个侧墙上布置 2 根钢花管，每个断面共布置 8 根钢花管，钢花管竖向间距为 1m。集水井之间采用 *D*1000mm、厚度为 100mm 的Ⅲ级钢筋混凝土排水管顶管连通，排水纵坡为 1%。

2018 年 12 月，K39 滑坡左侧高边坡出现开裂，随后进行第一期治理工作。在边坡顶部设置截水沟，同时在每一级放坡平台上开挖相应的平台截水沟；为防止降雨入渗坡体，在所有平台和 K39 滑坡中间的冲沟范围内均在硬化层的底部设置宽度不小于 1.0m、高度不小于 0.6m 的盲沟，盲沟底部及侧面采用防水土工布包裹。另外，在第一级边坡设置深层导水孔排除坡体内地下水，单根排水管长度约为 10m。排水处治平面图如图 7-21 所示。

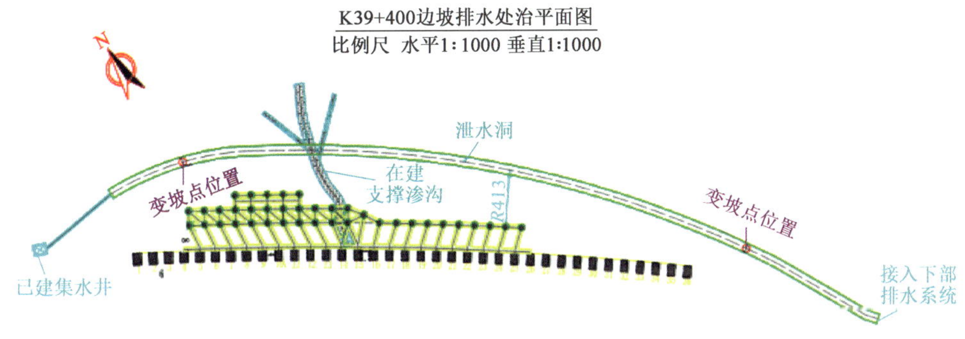

图 7-21　排水处治平面图

在一期边坡治理工程施工之后，现场的工程地质调查结果和坡体、防治结构监测数据显示，坡体仍然在持续变形，后缘裂缝在原来的基础上继续扩大，同时在已施加的防治结构上出现大量的裂纹和整体偏移现象。2022 年 3 月，K39 + 400 滑坡采用“抗滑桩支挡 + 坡面框架锚杆 + 原挡墙钢轨桩加固 + 地表排水及地下深层泄水管及集水井排水、支撑渗沟、渗井排水”等综合处治措施。该方案从 2022 年 2 月开始施工，因施工工序及桩的施工工艺等原因，坡体前缘泄水孔的排水效果并不理想。据监测及现场反馈，坡体前缘的地下水在现阶段已持续抬高，且坡体前缘已施工的方桩及挡墙的变形数据持续加大，对已施工的方桩及挡墙极为不利。综合分析，使用泄水洞来降低水位能够有效提高滑坡稳定性（图 7-22、图 7-23）。

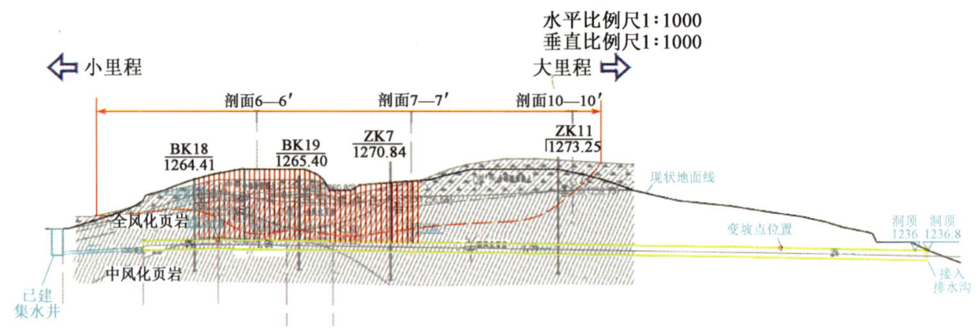

图 7-22　全段泄水洞纵断面图

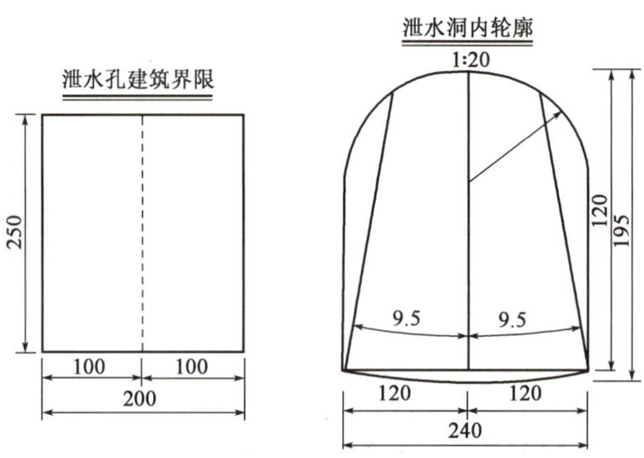

图 7-23　内轮廓设计图（尺寸单位：cm）

7.6.3　边坡深层仰斜式排水孔

工程建设中有多种不同形式的降排水技术，应用较为广泛的有轻型井点降水、喷射井点降水、集水井降水和排水孔降水。排水孔是疏排边坡裂隙水、潜水、承压水，降低地下水位的有效措施之一。

相关研究结果表明，排水孔长度比孔径对排水效果影响更为明显。在排水孔的设计、施工过程中，排水孔特征参数主要涉及孔长、孔径、孔倾角、布设高程、孔间距等。本节采用 GeoStudio 中 SEEP/W 和 SLOPE/W 模块作为分析工具，以 K39 滑坡为分析背景，分别建立了渗流场与稳定性分析模型，对比分析在不同排水孔参数条件下的仰斜式排水孔排水效果。

1）对比分析方案设计

K39 滑坡中仰斜式排水孔设计长度为 30m，孔倾角为 6°，孔径为 75mm，孔排数为2排,排距为3m。排水孔长度、孔径、孔倾角、布设高程作为单个孔的主要特性参数,是影响单孔排水效果的主控因素。因此,本节以K39边坡仰斜式排水孔设计参数为基础,以排水孔长度、孔径、孔倾角、布设高程为自变量,设计了14种排水参数的组合方案,见表7-2。

布设参数方案　　表7-2

方案	孔长(m)	孔径(mm)	孔倾角(°)	布设高程(m)
1	20	75	6	2
2	30	75	6	2
3	40	75	6	2
4	50	75	6	2
5	30	95	6	2
6	30	115	6	2
7	30	135	6	2
8	30	75	8	2
9	30	75	10	2
10	30	75	12	2
11	30	75	6	10
12	30	75	6	20
13	30	75	6	30
14	0	0	0	0

2)排水降压效果的结果对比

(1)孔长度影响分析。

基于单一变量的原则,分别设置了20m、30m、40m、50m长度的排水孔,采用SEEP/W模块分别进行了地下水渗流场的模拟分析,总水头、孔隙水压力的计算对比结果如图7-24所示。

由分析数据可知,排水孔长$L=20$m、30m、40m、50m时,各观测点处的总水头降幅分别为0.87~1.67m、2.17~3.28m、4.07~5.14m、6.17~6.96m,总水头下降率由1.5%提高至6.9%;孔隙水压力降幅分别为8.54~16.39kPa、21.33~32.19kPa、39.93~50.39kPa、60.48~68.25kPa,孔隙水压力下降率由1.8%提高至7.9%。

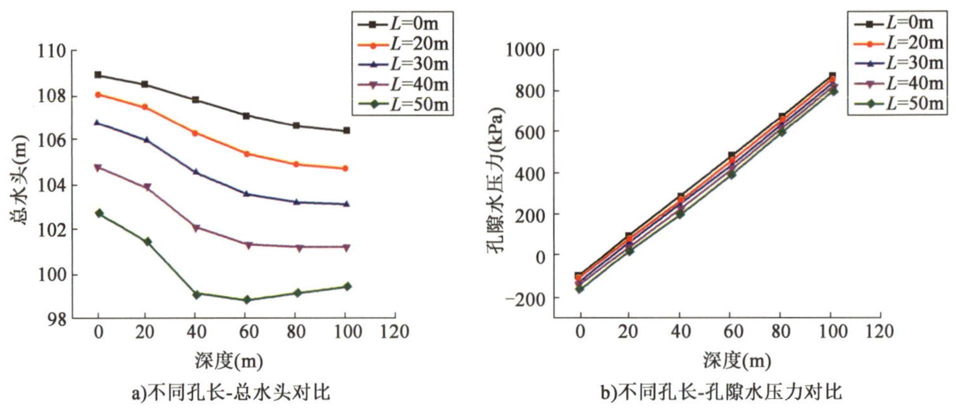

a)不同孔长-总水头对比　　b)不同孔长-孔隙水压力对比

图 7-24　孔长对排水效果的影响对比曲线

分析结果表明，随着排水孔长度的增加，边坡总水头、孔隙水压力均产生不同程度的降低，排水孔长度越长，排水降压效果越好。以深度 40m 为界，随着排水孔长度的增加，上部总水头降低幅度显著增加，下部总水头降低幅度逐渐减小。这表明，在坡体一定深度范围内，排水孔长度越长，越有利于疏排地下水。

(2)孔径影响分析。

基于控制单一变量的原则，分别设置了 75mm、95m、115mm、135mm 孔径的排水孔，采用 SEEP/W 模块分别进行了地下水渗流场的模拟分析，总水头、孔隙水压力的变化曲线如图 7-25 所示。

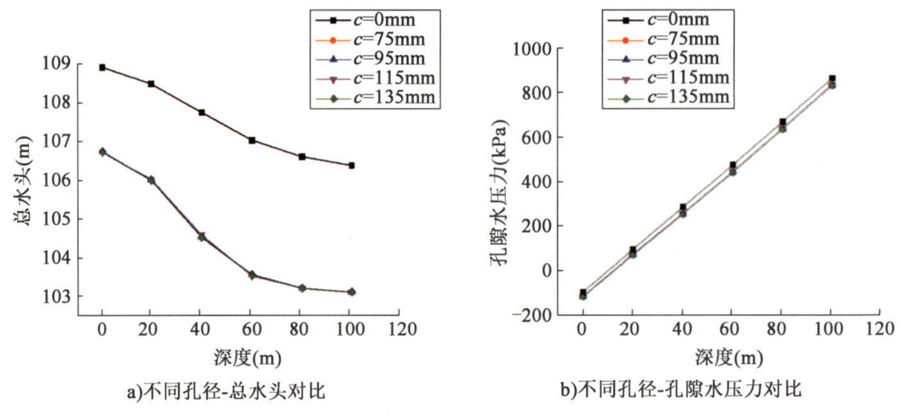

a)不同孔径-总水头对比　　b)不同孔径-孔隙水压力对比

图 7-25　孔径对排水效果的影响对比曲线

由分析数据可知，排水孔孔径 c = 75mm、95mm、115mm、135mm 时，各观测点处的总水头降幅分别为 2.17 ~ 3.28mm、2.17 ~ 3.27m、2.19 ~ 3.27m、2.19 ~ 3.29m，总水头下降率由 3.08% 增长至 3.09%；孔隙水压力降幅分别为 21.33 ~ 32.19kPa、21.31 ~ 32.16kPa、21.59 ~ 32.21kPa、21.52 ~ 32.29kPa，孔隙水压力下

降率保持在3.72%。

数据与对比曲线表明,布设排水孔能够起到降低水头与孔隙水压力的效果,且对20~60m深度范围内裂隙水的疏排效果最为明显。但增大排水孔孔径,总水头下降率、孔隙水压力下降率均无明显变化,因此,增大孔径无法有效提升排水孔的排水降压效果。

(3)孔倾角影响分析。

基于控制单一变量的原则,分别设置了6°、8°、10°、12°孔倾角的排水孔,并分别建立了渗流分析模型进行了坡内地下水渗流计算。总水头、孔隙水压力的变化曲线如图7-26所示。

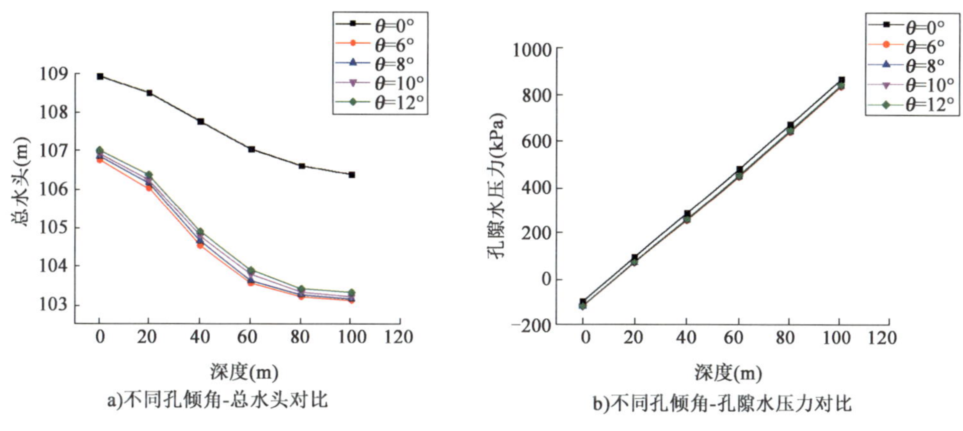

图7-26 孔倾角对排水效果的影响对比曲线

由分析数据可知,排水孔的倾角 $\theta=6°$、8°、10°、12°时,各观测点处的总水头降幅分别为2.17~3.28m、2.07~3.23m、2.01~3.17m、1.91~3.06m,总水头下降率由3.08%降至2.88%;孔隙水压力降幅分别为21.33~32.19kPa、20.32~29.56kPa、19.75~28.04kPa、18.83~25.06kPa,孔隙水压力下降率由3.72%降至2.89%。

上述分析表明,具有一定倾角的排水孔的设置能够起到降低水头与孔隙水压力的效果。但增大排水孔的倾角不仅难以提升排水孔的排水效果,反而会产生负面效果。排水孔作为疏排深层裂隙水、潜水、承压水的有效措施,孔倾角过大会使含水层中有效管径减少,从而导致排水降压能力降低。因此,通过增大孔倾角来提升排水孔的排水功效不具有可行性。

(4)布设高程影响分析。

基于控制单一变量的原则,以一级坡前挡墙底为高程起算点,分别于2m、

10m、20m、30m 位置布设排水孔,并分别建立了渗流分析模型进行了坡内地下水渗流计算。总水头、孔隙水压力的变化曲线如图 7-27 所示。

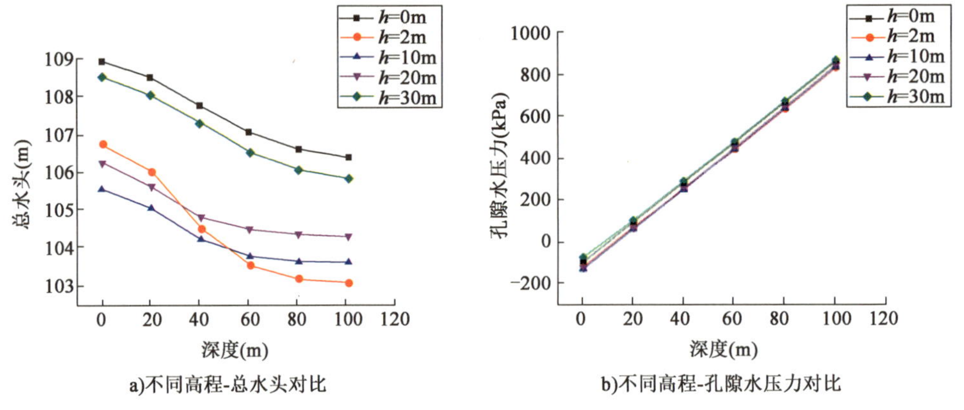

图 7-27　布设高程对排水效果的影响对比曲线

由分析数据可知,排水孔布设高程 $h = 2\text{m}$、10m、20m、30m 时,各观测点处的总水头降幅分别为 2.17 ~ 3.28m,2.92 ~ 2.74m,2.67 ~ 2.08,0.40 ~ 0.55,总水头下降率由 3.08% 降至 0.51%;孔隙水压力降幅分别为 21.33 ~ 32.19kPa、32.87 ~ 26.94kPa、26.20 ~ 20.47kPa、-23.53 ~ -4.41kPa,孔隙水压力下降率由 3.72% 降至 -0.51%。

综合分析数据与图 7-28 可知,高程 2m 的曲线在埋深 20 ~ 60m 内的斜率最大,且跨过了另外 2 条曲线,表明在此深度范围内,低高程排水孔的排水效果最好。因此,在一定深度范围内,布设高程越低,越靠近坡脚,对疏排下伏页岩区内的地下水越有利,反之,则如高程 30m 对应曲线所示,排水孔主要起疏排表层覆土内孔隙水的作用。

上述分析结果表明:

(1)排水孔长度与布设高程是影响排水孔排水降压效果的主控因素。在一定长度和高程范围内,边坡排水效果随着排水孔长度、布设高程的增加呈非线性增加。

(2)排水孔孔径、孔倾角的增减对排水效果影响极小,不是排水孔排水降压效果的控制因素。而且,随着排水孔倾角的增大,可能引起排水功效降低。因此,在设计排水孔孔径与孔倾角时,主要考虑工程经济性与施工便利性即可。

(3)在本书依托工程中,地下水主要为下伏页岩区内裂隙水,岩层介于地表以下 20 ~ 60m。因此,在本案例中随着孔长、布设高程的增加,两者对深度 60m

以下范围的影响逐渐减小。说明在进行排水孔孔长、布设高程设计时,应当先查明坡体含水层位置,再进行参数设计与施工。

7.6.4　深层仰斜式排水孔施工质量控制要点

1)施工工艺流程

深层仰斜式排水孔施工工艺流程如图7-28所示。

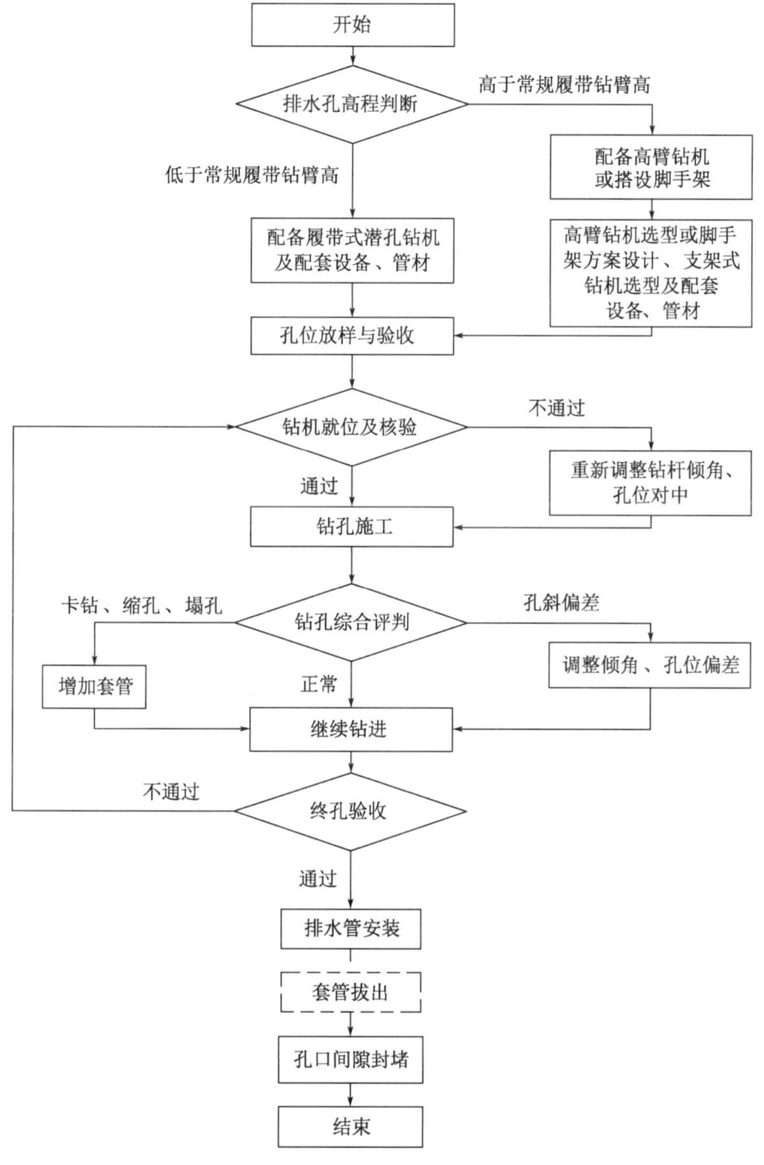

图7-28　深层仰斜式排水孔施工工艺流程

2）一般要求

（1）加强测量的精度控制和复核，确保钻机的安装和角度、轴线偏差尺寸精度满足设计文件要求。

（2）每一步施工工序都要制定相应的施工实施细则，指导施工。

（3）严格执行材料、设备进场的复核验收工作程序，确保材料和设备合格。加强施工过程的试验与检验，确保各种试验的有效性和准确性，按要求制定试验取样的项目、频率和流程。认真把好质量关，用数据和分析图表配合和指导现场施工。保证施工中的资料完整、齐全，做好各项资料的收集、保存、归档工作，各种质量记录齐全、规整、清晰且符合要求。

3）施工过程控制要点

（1）测量放样时，确保孔位高程正确，施工开孔前进行孔位复核。

（2）孔倾角不可出现反倾，开孔时技术人员务必旁站，采用便携式坡度仪进行钻杆仰斜角度测量、校准、复核。

（3）孔长要满足设计文件要求，排水孔接近完成时，要经技术人员验收后，才可停止钻进（数钻杆、验长度）。

（4）排水管安装长度应与孔长相匹配，前后两段管材之间的连接确保紧密，孔口间隙务必封堵，避免将带有进水孔的一侧管壁贴近孔底安放。

7.6.5 排水效果评价

在滑坡处理中设置了方形抗滑桩及重力式挡墙，回填修补地表裂缝并设置排水沟，初步控制了滑坡的变形。2022 年上半年，滑坡前缘导水管和挡墙泄水孔被泥浆堵塞，滑坡内部地下水位逐年抬升，如果不及时有效地降低地下水位，坡体可能出现新一轮的加速变形，甚至失稳。因此，研究如何在快速排出滑坡内部地下水的同时，提高滑坡稳定性显得尤为迫切。相关研究表明，我国很大一部分的滑坡根据其自身水位地质条件，采用了不同形式的排水洞，如福建的华安水电厂滑坡、湖北的大石板滑坡、广西的天生桥二级水电站滑坡等，既有效降低了滑坡内部地下水位高度，又提高了坡体稳定性。

因此,为降低 K39 滑坡的地下水位高度,并截断补给,达到抑制滑坡变形、提高整体稳定性的目的,在坡体内部布设了排水洞。滑坡深部排水措施包括竖井抽水、垂直孔排水、水平排水洞等,K39 滑坡自西向东地形坡度明显,因此,选择垂直于滑向的水平深层排水洞对滑坡进行排水治理,将地下水截排至东侧低谷。

1)滑坡立体排水系统控制下渗流场分布与控水效果

(1)计算模型

采用 GeoStudio 软件 SEEP 模块、SLOPE 模块和 SIGMA 模块模拟降雨、水位升降下 K39 滑坡的渗流、应力和稳定性问题,研究排水作用对 K39 滑坡稳定性的影响。模型考虑在饱和-非饱和渗流计算中,选用 SEEP/W 中提供的 Fredlund-Xing 经验曲线及饱和状态参数,来确定非饱和岩土体积含水率和渗透系数与基质吸力的函数关系。

①几何模型。

排水洞渗流场数值计算模型如图 7-29 所示。

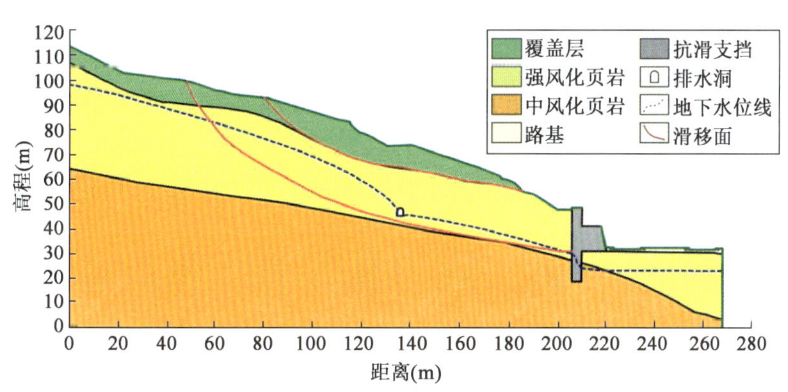

图 7-29 K39 滑坡排水洞渗流场数值计算模型

②计算参数的确定。

对 BK17 钻孔原状土样取样,根据室内试验结果和相关文献资料,模型各部分参数见表 7-3,并以 1—1′为计算截面,建立计算模型。依据滑坡地质结构特性,对模型进行合理概化,从滑坡物质组成和渗透差异角度将滑坡模型分为四个部分:覆盖层、强风化页岩、中风化页岩和抗滑支挡。

滑坡模型参数　　表 7-3

岩土类型		覆盖层	强风化页岩	中风化页岩	抗滑支挡
重度 (kN/m³)	天然	18	19	—	23
	饱和	20	21	23	24
弹性模量 (MPa)		91.43	1.4×10^4	2.1×10^4	3×10^4
泊松比		0.21	0.25	0.22	0.20
φ (°)	天然	19	21	—	—
	饱和	16	17	24	50
c (kPa)	天然	20	22	—	—
	饱和	13	16	452	3000
饱和渗透系数 (cm/s)		7.1×10^{-4}	9.4×10^{-4}	3.4×10^{-6}	隔水
		5.2×10^{-4}	8.8×10^{-4}	3.1×10^{-6}	

③边界条件。

根据钻孔观测，地下水稳定水位埋深在7.3～8.9m，研究区域的渗流场仅存在稳定的地下水补给，不存在如河流水位升降等情况，因而模型内仅采用定水头边界。同时，由于挡墙排水管堵塞，模拟时考虑坡脚处支挡结构不排水。

(2)滑坡渗流场分布及控水效果

根据自然条件下坡体的渗流场分布，模拟区域内几乎所有基岩(泥质页岩)都位于地下水位之下，而覆盖层有一部分在地下水位之下。由图7-30可知，设置排水洞后，地下水位明显下降，降到最低值大约需要240d。孔隙水压力等值线和地下水位水浸润线近似平行，其量值随着深度的增加而不断增大。此后，仅有部分地下水存在于深层滑坡土体内，滑坡体前缘基本处于非饱和状态，有效降低了滑坡的下滑力；对于浅层滑坡，由于地下水位下降，不会使上部覆盖层形成“坐船”现象，有效降低了滑坡复活风险；对于深层滑坡，绝大部分滑坡体都处于非饱和状态，在模拟过程中考虑左侧边坡地下水位定水头为98m稳定补给的最不利情况，因此，在实际工况中上游地下水位比模拟情况下地下水位更低，地下水位对深层滑坡影响更小，且深层滑坡被水位浸润深度小于4m，此时滑坡前缘土体处于低含水率状态，强度参数较大，能有效控制土体的隆起和滑坡的运动。

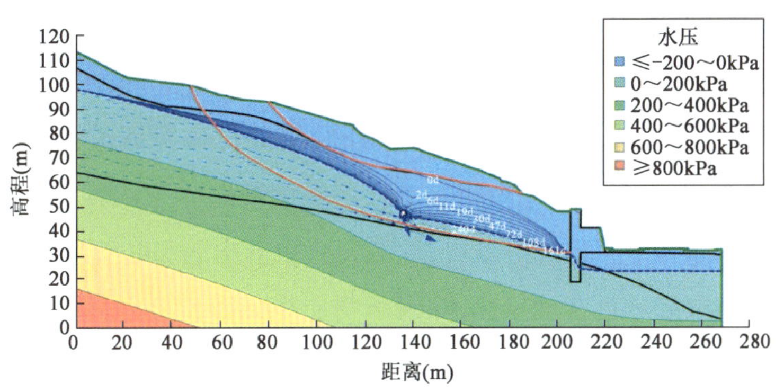

图 7-30 排水条件下边坡渗流场

(3)暴雨工况下排水效果分析

降雨是地下水补给的重要来源,可以重新激活原本处于休眠或部分活动状态的滑坡体。因此,考虑降雨对于排水洞排水效果的影响是不可忽略的一部分。根据历年气象资料,文山地区最大日降雨量约为 200mm。为了充分考虑降雨入渗和极端暴雨对滑坡的影响,在坡表添加降雨水头进行瞬态模拟,降雨水头为 200mm/d,连续降雨 10d。

由图 7-31 可知,在连续降雨 10d 后,地表水逐渐入渗补给到地下水位面,使得地下水位有小幅度上升。在设置排水洞后,极端暴雨对补给地下水作用不大,滑坡体中下部地下水位基本没有变化,只有滑坡后缘涨幅相对较大,这是由于距离排水洞较远,对降低地下水位作用相对较小。在深层滑坡中地下水增量很小,主要集中在强风化页岩部位,对滑坡复活的影响较小。

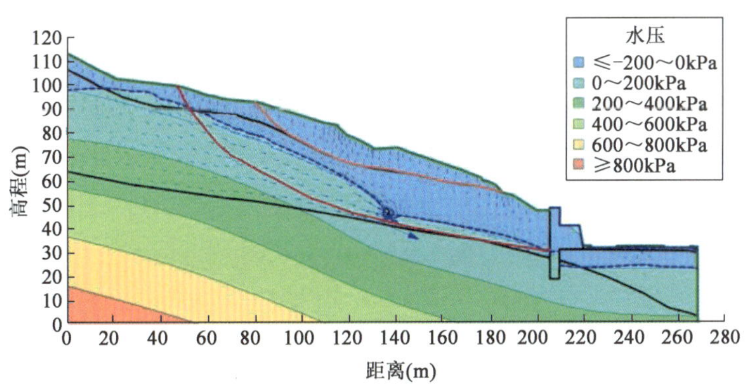

图 7-31 排水条件下深层滑坡稳定性

2)不同排水方案下多期次复合滑坡变形与稳定性评价

采用 SEEP/W 提供的 Fredlund 渗透系数函数估计方法,通过体积含水率函数和饱和渗透系数来预测非饱和渗透系数。

(1)数值模型的建立

根据现场勘测资料和钻孔资料可知,浅层滑坡滑体为残坡积层,分布范围广,透水性较强,滑床为红褐色粉质黏土。深层滑带滑体为残坡积层、黑色强风化泥质页岩,滑床为中风化泥质页岩,滑带长期处于地下水位以下。依据滑坡地质结构特性,对模型进行合理概化,从滑坡物质组成和渗透差异角度,将滑坡模型分为四个部分:覆盖层、强风化页岩、中风化页岩和抗滑支挡,并根据钻孔水位监测数据绘制水位线,在 GeoStudio 中建立滑坡模型,如图 7-32 所示。

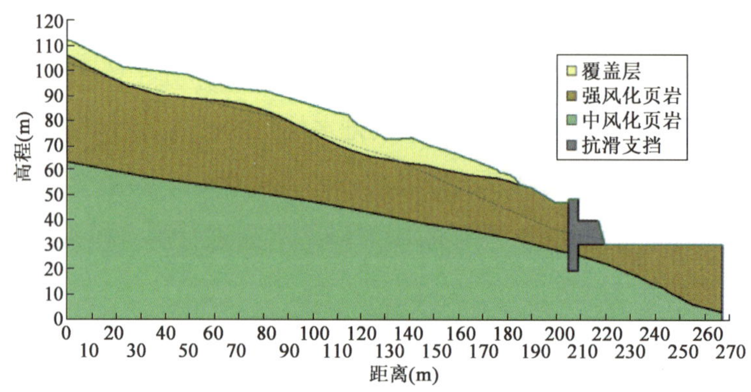

图 7-32　滑坡模型

(2)计算参数

在基于 SEEP/W 的渗流分析中,基本边界条件包括两类,即流量型边界条件和定水头边界条件。研究区域的渗流场仅存在稳定的地下水补给,不存在如河流水位升降等情况,因而模型内仅采用定水头边界。模型长 265m,高 115m,高程范围为 1198 ~ 1270m,左侧水头高程为 1250m,右侧水头为 1180m。根据室内试验结果和相关文献资料,模型各部分参数见表 7-4。

岩土体物理力学参数　　表 7-4

岩土类型	重度(kN/m^3)		φ(°)		c(kPa)		饱和渗透系数(cm/s)
	天然	饱和	天然	饱和	天然	饱和	
覆盖层	18	20	19	16	20	13	7.1×10^{-4}
强风化页岩	19	21	21	17	22	16	9.4×10^{-5}
中风化页岩	23(饱和)		24(饱和)		452(饱和)		3.4×10^{-6}
抗滑支挡	23	24	50(饱和)		3000(饱和)		—

(3)计算结果分析

采用2m×2m的矩形排水洞,对地下水进行排泄,降低地下水浸润线的高程。分别对滑坡深、浅层滑面进行边坡渗流场和稳定性评价的数值模拟计算,分析排水洞不同埋深对地下水位线的影响,以及最终对边坡稳定性的影响。排水洞设在坡体中部平台的正下方,其埋设方案分别为距坡表10m、15m、20m和25m。

根据滑坡的双层滑动面,建立了二维滑坡模型。根据钻孔揭示水位绘制初始水位线,并固定左侧坡体后侧的水头高度,通过改变滑坡的进出口来分别设置浅层滑坡和深层滑坡,并分别计算在不同排水条件下深、浅层滑坡稳定性系数,如图7-33~图7-42所示。

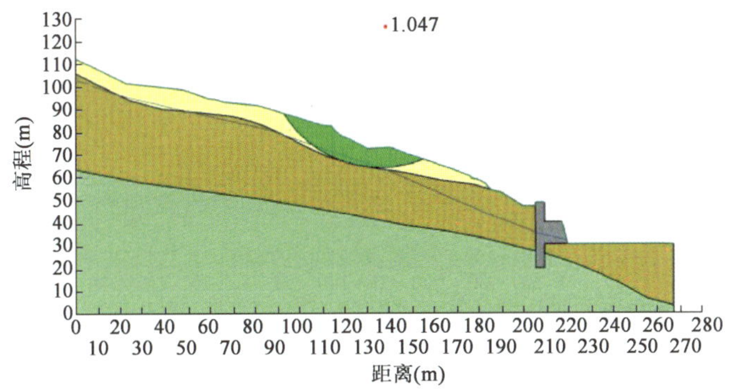

图7-33 未设置排水洞浅层滑动面计算结果

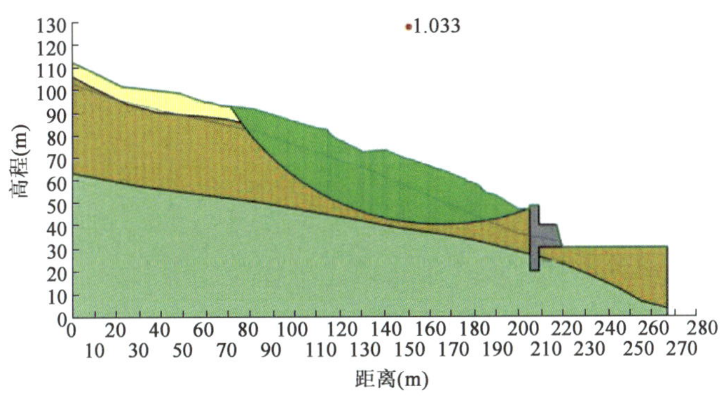

图7-34 未设置排水洞深层滑动面计算结果

由图7-33和图7-34可知,在未设置排水洞时,滑坡中部覆盖层有一部分浸润在地下水位以下,浅层滑带底部介于覆盖层和强风化页岩之间饱和土体,稳定性系数为1.047;深层滑带底部在中强风化页岩界面上方,滑坡出口在前缘抗滑支挡设施左侧,形成圆弧状滑动,稳定性系数为1.033。此时深、浅层滑坡稳定系数均处在临界状态,但由环剪试验结果可知,深层滑带土的性质导致其易发生蠕滑,滑体中后部形成下推力形成圆弧滑动面,致使前缘土体隆起。

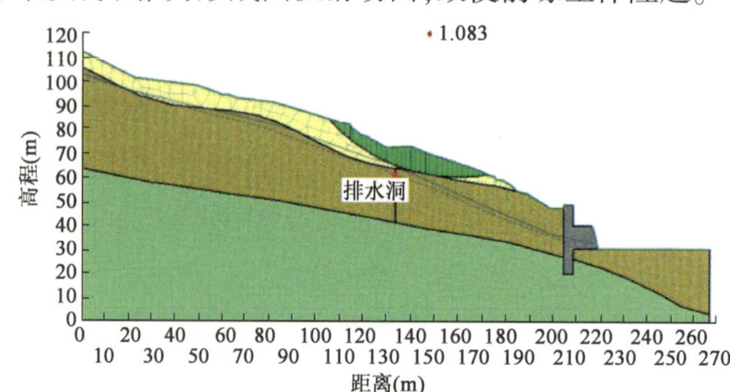

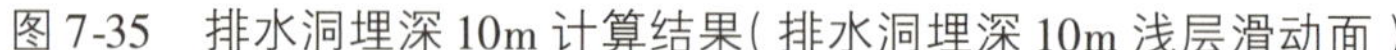
图 7-35　排水洞埋深 10m 计算结果(排水洞埋深 10m 浅层滑动面)

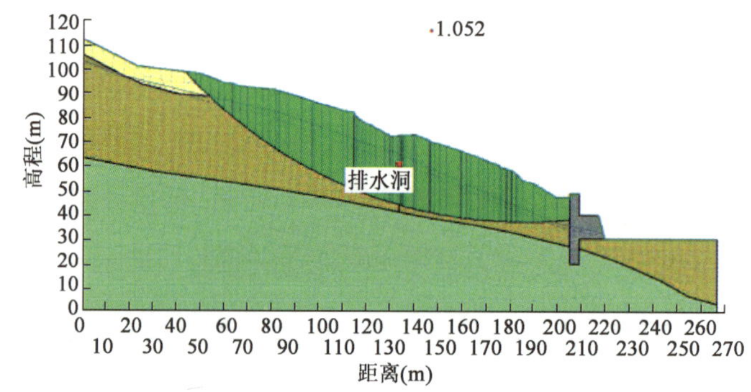

图 7-36　排水洞埋深 10m 计算结果(排水洞埋深 10m 深层滑动面)

由图 7-35 和图 7-36 可知,排水洞埋深设置为 10m 时,浅层滑坡稳定性系数为 1.083,处于基本稳定状态,相比未设置排水措施增加 3.4%(表 7-5),此时水位线在滑带之下,滑体深度降低,下滑力降低,且更加靠近前缘剪出口;深层滑坡稳定性系数为 1.052,处于基本稳定状态,增加了 1.9%,此时滑坡右侧出口在抗滑支挡中部,滑体中部有一半以上浸润在水位线之下,抗滑措施会限制滑坡的水平滑移,但是坡体仍然会挤压前缘土体造成滑坡的运动。

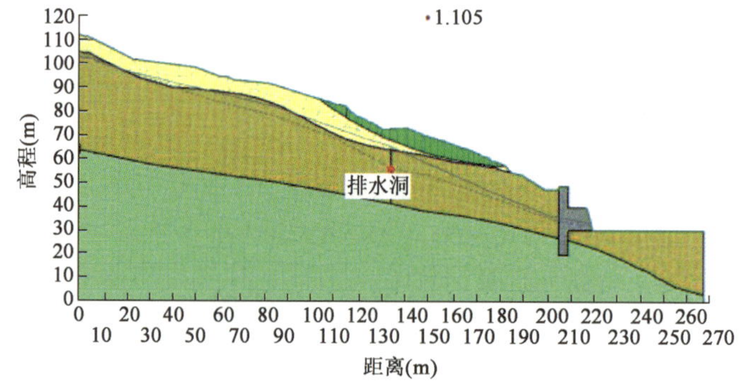

图 7-37　排水洞埋深 15m 计算结果(排水洞埋深 15m 浅层滑动面)

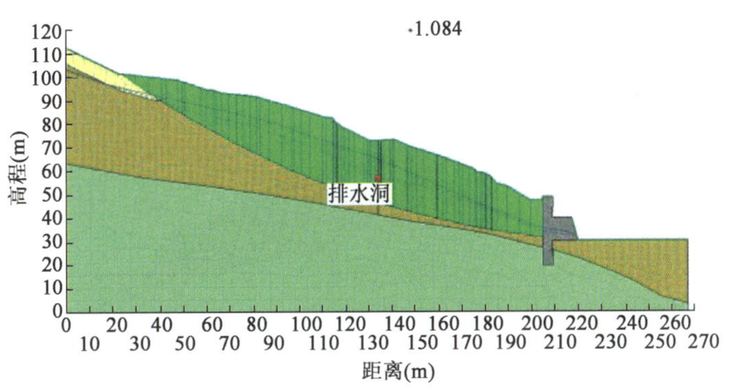

图 7-38　排水洞埋深 15m 计算结果(排水洞埋深 15m 深层滑动面)

由图 7-37 和图 7-38 可知,排水洞埋深设置为 15m 时,水位线几乎全部在覆盖层以下,浅层滑坡深度很浅,主要为中部平台右侧堆填土体沿基覆界面滑移,稳定性系数为 1.105,处于基本稳定状态,相比无排水洞增加 5.5%(表 7-5);深层滑坡稳定性系数为 1.084,相比无排水洞增加 4.9%,处于基本稳定状态,此时滑体有不到一半的部分在水位线以下。

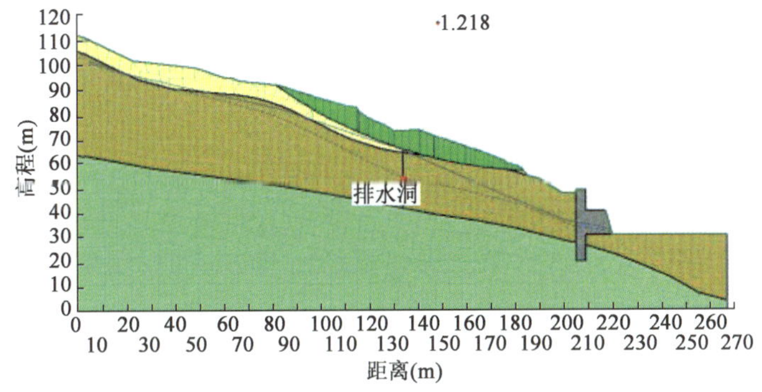

图 7-39　排水洞埋深 20m 计算结果(排水洞埋深 20m 浅层滑动面)

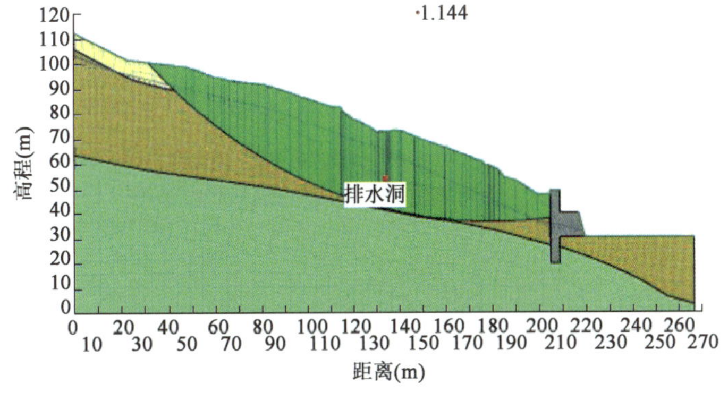

图 7-40　排水洞埋深 20m 计算结果(排水洞埋深 20m 深层滑动面)

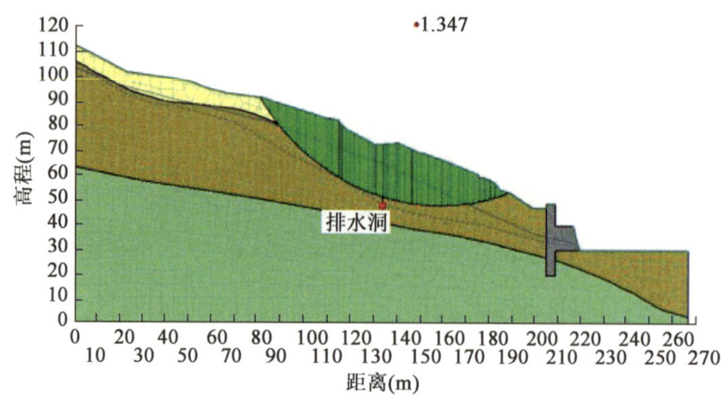

图 7-41　排水洞埋深 25m 计算结果(排水洞埋深 25m 浅层滑动面)

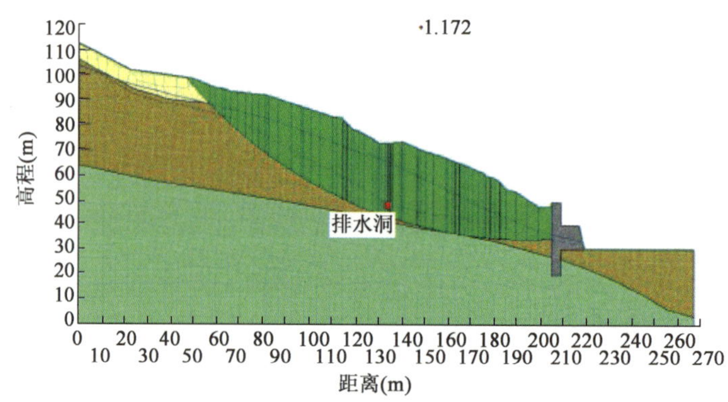

图 7-42　排水洞埋深 25m 计算结果(排水洞埋深 25m 深层滑动面)

由图 7-39～图 7-42 可知,排水洞埋深增加至 20m 时,浅层滑坡稳定性系数为 1.218(表 7-5),增加 16.4%,进入稳定状态;深层滑坡稳定性系数为 1.144,增加 10.7%,处于基本稳定状态,滑体有 1/3 左右处于水位线之下。排水洞埋深增加至 25m 时,浅层滑坡稳定性系数为 1.347,增加 28.6%;深层滑坡稳定性系数为 1.172,增加 17.9%,此时深、浅层滑坡均为稳定状态,且深层滑坡被水位浸润深度小于 4m,滑坡前缘土体处于低含水率状态,抗滑强度较大,能有效控制土体的隆起和滑坡的运动。

不同埋深下排水洞对滑坡稳定性系数的影响　　表 7-5

排水洞埋深(m)		0	10	15	20	25
高程(m)		1265	1260	1250	1255	1240
稳定性系数	浅层滑带	1.047	1.083	1.105	1.218	1.347
	深层滑带	1.033	1.052	1.084	1.144	1.172

7.6.6 多期次复合滑坡立体排水优化方案

使用排水洞来降低水位能够有效提高滑坡稳定性,这有两方面原因:第一,由于地下水位的降低,滑动体的重力和下滑力减小;第二,部分滑移带从饱和状态变为非饱和状态,抗剪强度提高。从不同深度滑带稳定性系数对排水洞埋深响应情况来看,浅层滑坡的稳定性始终优于深层滑坡,这是因为浅层滑坡滑体下滑力小,同时,浅层滑带滑动面角度较缓倾。

浅层滑体发生滑动位移后,对地表影响较大,多呈地裂缝、地表排水沟破坏等现象,在控制地下水位的同时,也需要回填地裂缝,保持地表导水正常进行,避免雨水进一步集中入渗。深层滑坡滑动面较深,除了后缘拉裂,还对前缘现有支挡设施有较大的下推力,导致挡墙和抗滑桩底部地面推移、隆起,因此,坡体内至挡墙的导水管需要避免堵塞。

由前文计算结果可知,未设置排水洞进行降水时,除部分覆盖层外,滑体整体都位于地下水水位线以下,水的渗流,以及水对岩土体的软化作用,大大降低了边坡稳定性。当在地下水水位线以下设置排水洞时,浸润线由光滑的曲线形变成以排水洞为折点的折线形。排水洞埋深越深,浸润线折点高程越低,地下水水位线也随之下降,滑体位于水位线以下的部分也越小,坡体的稳定性系数不断上升。当排水洞埋深超过 15m 时,浅层滑坡进入稳定状态;当排水洞埋深超过 20m 时,深层滑坡进入稳定状态。此外,排水洞埋深增至 20m 时,稳定性增长率最大。因此,为保证边坡长期稳定,需要在坡体内增设排水洞以排泄地下水,设在浅层滑坡中部平台下方,最优埋深为 20 ~ 25m。

7.7 边坡防护方法分类及技术特点

边坡整体稳定,但其坡面岩土体易风化、剥落或有浅层崩塌、滑落及掉块等,影响边坡坡面的耐久性或正常使用,或可能威胁到人身和财产安全,以及无法满足边坡环境保护要求时,应进行坡坡面防护。

坡面防护工程一般可分为工程防护、生态防护和柔性防护系统(SNS)三大类，其中工程防护类型包括砌石护坡、护面墙防护、喷射混凝土防护等；生态防护类型包括植草防护、铺草皮防护、植树防护、三维植被网防护、挖沟植草防护、土工格室防护、骨架植物防护、混凝土空心块植物防护、锚杆钢筋混凝土格构植物防护与绿化等；柔性防护系统（SNS）分主动防护系统和被动防护系统。在实际工程中，经常将生态防护与工程防护相结合，建立既稳固安全又有生态效应的防护结构体系。

边坡防护应根据当地气候、水文、地形、地质条件及筑路材料分布情况，采取工程防护和生态防护相结合的综合措施，并与周围环境景观相协调。

路基坡面防护工程应设置在稳定的边坡上，当土质和气候条件适宜时，宜采用生态防护，当生态防护的坡面有可能产生冲刷时，应设置浆砌片石或水泥混凝土骨架；对完整性较好、稳定性强、微/未风化硬质岩石边坡，可不做防护。

7.7.1 生态防护技术

近年来，结合大量基础设施的建设，研究人员对边坡植物恢复技术开展了较多的研究。如针对边坡的植被防护，已提出了有机材喷播、挂网喷播、植被混凝土等防护与绿化方法；对植物的种植提出了基本要求；对草、乔灌木等植物的合理配置，生态群落的合理布置，生态防护与边坡支护结构物的关系等也开展了一些有益的探索。

对于道路与铁路交通建设而言，路堑边坡是环境艺术设计的“面”，桥梁、隧道、立体交叉、沿线附属设施是环境艺术设计的“点”。环境艺术设计应包括生态设计、视觉设计、空间设计、情感设计和文化设计等主要因素，应充分体现可持续发展的设计理念。吸收当地民族文化精髓的道路、铁路及其环境艺术、生态工程的建设，其本身可以形成一条极具观赏价值的旅游大通道，又可对当地已有的和未开发的旅游资源产生积极的影响。

生态护坡的显著功能包括：

（1）护坡功能。植被的深根有锚固作用，浅根有加筋作用。

（2）防止水土流失。植被能降低坡体孔隙水压力，截留降雨，削弱溅蚀，防止土粒流失。

（3）改善环境。植被能恢复被破坏的生态环境，减少噪声和光污染，保障行车安全,促进有机污染物的降解,净化空气,调节小气候。

1)生态护坡的主要方法

(1)植草或喷播植草

喷播植草绿化护坡一般适用于3m以下土质路堤边坡或坡度不陡于1∶1、坡高不大于3m的土质路堑边坡。植草防护典型设计图如图7-43所示。

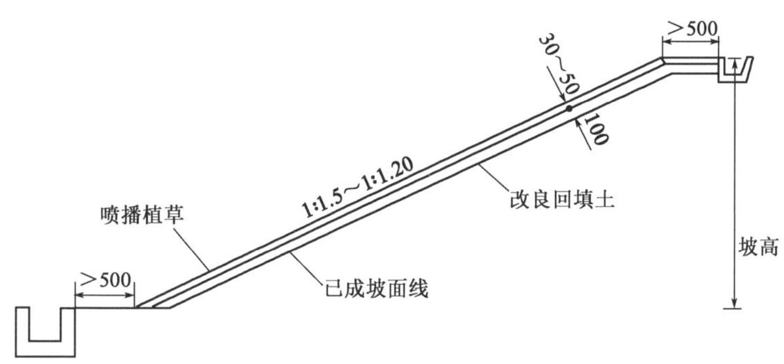

图7-43 植草防护典型设计图(尺寸单位:mm)

植草护坡的混合物一般由草种、木纤维、保水剂、胶黏剂、肥料、染色剂、水等组成,其材料配合比一般是每平方米用水4000mL、纤维200g、胶黏剂(纤维素)3~6g,保水剂、肥料及草种视具体情况而定。

坡面植物选用原则为:适应当地气候条件;适应当地土壤条件(包括水分、pH值、土壤性质);抗逆性强(包括抗旱性、抗热性、抗寒性、抗贫瘠性、抗病虫害性等);易成活,叶茎矮,根系发达,生长迅速,能在短期内覆盖坡面;适应粗放管理,能生产适量种子;种子易得且成本合理。

(2)铺草皮

铺草皮是一种较常用的护坡绿化技术,是将事先培育好的生长优良、健壮的草坪,用平板或起草坪机铲起,运输至需要绿化的坡面,按照一定规格重新铺植,使坡面迅速形成草坪。铺草皮护坡具有成坪时间短、护坡见效快、施工季节限制少、前期管理难度小等特点。铺草皮一般适用于各类自身稳定的土质边坡和强风化岩质边坡,其坡度一般不超过1∶1.0,坡高一般不超过10m。草皮应具有优良的抗逆性。草皮块厚度为20~30mm,草皮可切成长×宽为300mm×300mm大小的方块。铺草皮植物的选用原则与植草护坡一样。铺草皮植物防护典型设计图如图7-44所示。

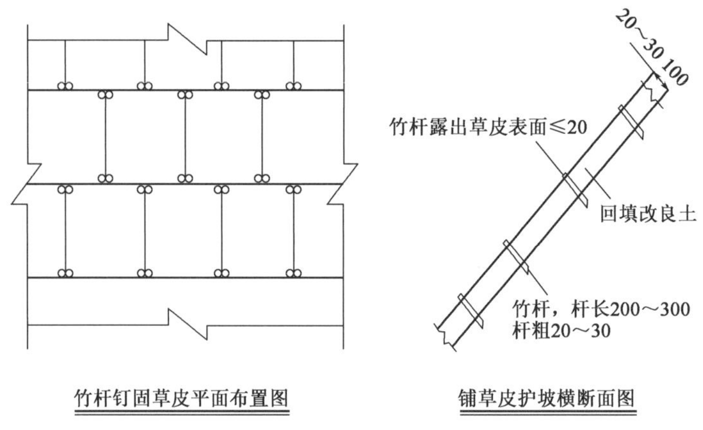

图 7-44　铺草皮植物防护典型设计图（尺寸单位:mm）

铺草皮适用于需要快速绿化且坡度缓于 1∶1.0 的土质边坡和严重风化的软质岩石边坡;草皮应选择根系发达、茎矮叶茂耐旱草种,不宜采用喜水草种,严禁采用生长在泥沼地的草皮。

（3）种植灌木

种植灌木一般可辅以乔木、草本、花卉及藤本植物,以保持四季常绿,并丰富边坡植物的色彩和层次。种植灌木宜用于坡度缓于 1∶1.5 的边坡,灌木品种应选用适合当地气候和土壤条件,根系发达、枝叶茂盛,并能迅速生长的低矮灌木。常用的灌木品种有紫穗槐、夹竹桃、黄荆、野蔷薇、山楂等,以及能迅速生长且根深枝密的低矮灌木类（图 7-45）。

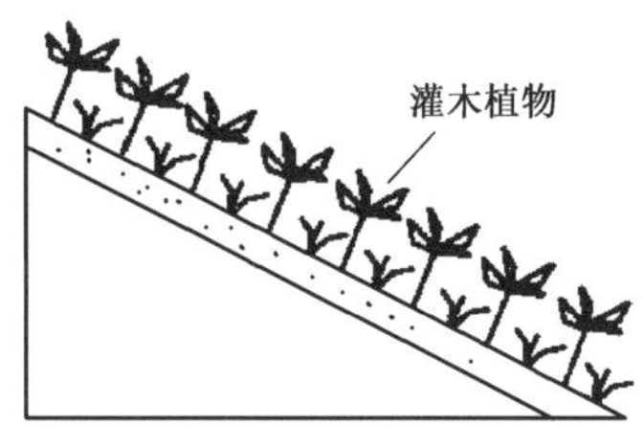

图 7-45　种植灌木防护示意图

种植灌木一般适用于土质边坡或全风化岩石边坡,边坡高度不宜过高,一般不超过 10m。对经常浸水、盐渍土及经常干涸的边坡,不宜采用。

灌木的分布形式有梅花形、斜列形、斜线形和方格形四种,防护效果以梅花形最佳,斜列形次之。在选用斜线形和方格形时,带间应种草防护。

一般栽灌木的坑深为 0.25m,直径为 0.2m。应在当地植树季节栽种。

（4）湿法喷播

湿法喷播也称液压喷播、水力播种等,是利用液态播种原理,先将植物种子（草种、花种或树种）或植物体的一部分（芽、根、茎等可以发芽的部位）经过处理后,放入水中,并配以一定比例的专用配料（如肥料、色素、木纤维覆盖物、黏合剂、保水剂、土壤改良剂等),通过喷播机的搅拌,利用高压泵体将其喷播在需要种植植物的地方,从而形成植被。

湿法喷播适用于土质边坡、土夹石边坡、严重风化岩石且坡度缓于1:0.5的挖方和填方边坡,坡高一般不大于4m(图7-46)。

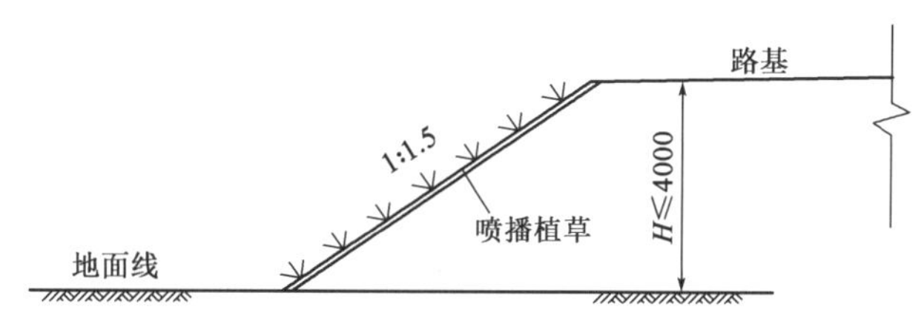

图7-46 典型湿法喷播防护示意图(尺寸单位:mm)

由于喷浆中含有黏合剂、保水剂、肥料和纤维等成分,因而具有良好的附着力,在土表形成半渗透的保湿表层,可大大减少水分的蒸发,为种子发芽和幼苗生长提供水分,尤其是纤维胶体与土表黏合,使种子和幼苗遇风、降雨、浇水等不会冲失,具有良好的固种保苗作用。另外,覆盖物一般染成绿色,喷播后很容易检查是否已播种及漏播情况。

(5)客土喷播

客土喷播技术是将普通喷播技术中作为载体的水更换成了特定比例的客土、纤维、保水剂、缓释肥混合基质,并混入相应比例的种子进行喷播。客土喷播主要针对石质边坡,通过打锚杆、挂铁丝网、喷播有机基材和草籽、覆盖无纺布直至养护绿化等程序,使边坡快速实现生态防护(图7-47)。

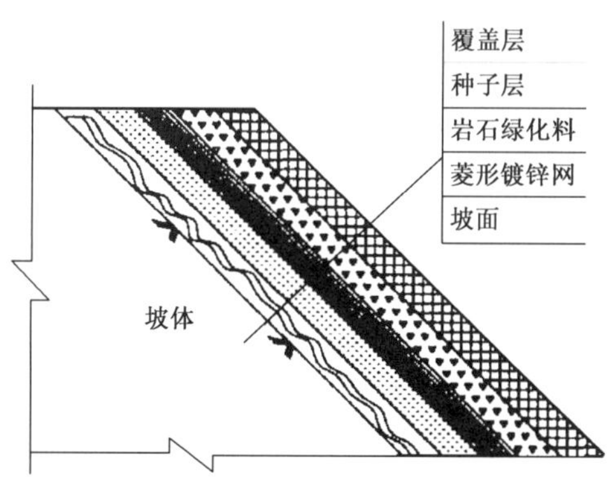

图7-47 客土喷播防护示意图

该方法适用于风化岩石、土壤较少的软质岩石、养分较少的土壤、硬质土壤，植物立地条件差的高大陡坡面和受侵蚀显著的坡面；当坡度陡于1∶1.0时，宜设置挂网或混凝土格构。

喷播基材(客土)是保证喷播成功的重要因素。一般常用泥炭土作为喷播的材料，可和木纤维按一定的配比混合使用，比单用纯木纤维具有更优良的附着和保水性能，可在土壤层较薄处，甚至风化岩的坡面进行喷播，一般喷播厚度在10～20cm。与传统的直接种植和普通喷播技术相比，其优势在于：

①不仅适用于土质边坡，也适用于完全没有基质留存的、较缓的石质边坡，适用范围更广；

②相对于普通喷播，提前改良的基质为植被提供了基础，复绿速度相对较快，形成的群落也具有更好的稳定性；

③基质性质统一，复绿效果均匀，景观效果较好；

④相对于直接种植复绿，客土喷播同样具有机械化、高效率等特点。

客土喷播施工工艺总体较为简单，只要做好坡体修整、喷播混合物处理、均匀喷播、科学养护四项关键操作，即能较好地完成客土喷播。

2)生态护坡方案选择

(1)生态防护应遵循的原则

在进行植物防护时应遵循安全、生态、美观、经济的原则。

安全性：符合公路交通安全功能要求，发挥稳固坡面、保持水土的作用。

生态性：植物选择遵循适地适树原则，植物配置遵循生物多样性原则。

美观性：突出植物群落的规模效应、动态韵律和季相变化，达到景观与生态的和谐统一。

经济性：降低施工及后期养护成本，宜就地取材。

(2)生态防护时应注意的问题

①植草的最小土层厚度应不小于0.15m，灌木最小土层厚度不小于0.30m。

②喷混植生的厚度不宜小于0.10m，种植土、纤维、缓释营养肥料、黏合剂、保水剂等混合材料配合比应通过试验确定。

③骨架植物防护时，可采用拱形、人字形或方格形浆砌片石或水泥混凝土

骨架，也可采用多边形水泥混凝土空心块，在骨架内植草或喷播植草。多雨地区的骨架宜增设拦水带和排水槽。风化破碎的岩石挖方边坡，可在骨架中增设锚杆。

对公路边坡进行防护，应充分考虑边坡稳定、环境保护和综合效应，保护路基边坡表面免受雨水冲刷，减缓温差与温度变化的影响，防止和延缓软岩土表面的风化、破碎、剥蚀演变过程，从而保护路基的整体稳定性。要使工程对环境的影响程度降到最低，并谋求人工构造物与自然环境相协调。同时，综合防光、防眩、防烟、诱导驾驶人视线、改善景观等进行边坡防护与绿化，提升防护工程的综合效益。具体坡面防护类型及其适用条件见表7-6。

防护类型及其适用条件　　表7-6

防护类型	植草或喷播植草	铺草皮	种植灌木	湿法喷播	客土喷播
物质组成	土质边坡	土质边坡，岩石边坡	土质边坡，全风化岩石边坡	土质边坡，全风化岩石边坡	风化岩石、土壤较少的软质岩石
风化程度	土层	强风化	全风化	全风化	强风化
坚硬程度	土层	土层，软、极软	土层，极软	土层，极软	土层，极软
边坡坡度	≤1:1	≤1:1	≤1:1.5	≤1:0.5	≤1:1
边坡高度（m）	$H \leq 3$	$H \leq 10$	$H \leq 10$	$H \leq 4$	$H \leq 10$
环保等级	高	高	高	高	高

7.7.2　工程防护

工程防护主要包括土钉支护、挂网喷护、干砌片石护坡、浆砌片石护坡和护面墙。

1）土钉支护

以土钉作为主要受力构件的边坡支护技术，支护体系由密集的土钉群、被加固的原位土体、喷射混凝土面层和必要的防水系统组成。

土钉支护亦称土钉墙。其施工过程为：

(1)先锚后喷:挖土到土钉位置,打入土钉后,挖第二层土,再打第二层土钉,如此循环到最后一层土钉施工完毕。喷射第一次混凝土,厚50mm,随即进行锚固,然后喷射第二次混凝土,厚50mm。

(2)先喷后锚:挖土到土钉位置下一定距离,铺钢筋网,并预留搭接长度,喷射混凝土至一定强度后,打入土钉。挖第二层土到第二层土钉位置下一定距离,铺钢筋网,与上次钢筋网上下搭接好,同样预留钢筋网搭接长度,喷射混凝土,打第二层土钉。如此循环直至基坑全部深度均完成支护。

其施工特点包括:施工设备较简单;比用挡土桩锚杆施工简便;施工速度较快,节省工期,造价较低。

土钉支护可用于硬塑或坚硬的黏土、胶结或弱胶结的粉土、沙土、砾石、软岩和风化破碎岩层等路堑边坡的临时支护和永久支护。在腐蚀性地层、膨胀土、软黏土、土质松散、地下水较发育及存在不利结构面的边坡,不宜采用土钉支护。

永久性土钉支护应根据坡体内地下水分布情况设置完善的排水设施。

永久性土钉支护的边坡坡面设计应有利于边坡植物生长,并与周围环境相协调。

土钉支护应采取动态设计和信息化施工,土钉支护边坡的水平位移不得超过边坡高度的0.3%。必要时,应对支护工程采取加固措施。

2)挂网喷护

挂网喷护是靠锚杆、钢筋网和混凝土层共同工作来提高边坡岩土的结构强度和抗变形刚度,减小岩土体侧向变形,增强边坡的整体稳定性。适用于岩性较差、强度较低、易于风化的岩石边坡;或虽为坚硬岩层,但风化严重、节理发育、易受自然力影响导致大面积碎落,以及局部小型崩塌、落石的岩质边坡;或岩质边坡因爆破施工,造成大量超爆,破坏范围深入边坡内部,路堑边坡岩石破碎、松散,极易发生落石、崩塌的边坡防护。

挂网喷护设计应符合下列要求:

(1)喷护材料可采用砂浆或水泥混凝土,喷浆防护厚度不宜小于50mm,喷射混凝土防护厚度不宜小于80mm。

(2)锚杆挂网喷浆或喷射混凝土的喷护厚度不应小于0.10m,且不应大于

0.25m，钢筋保护层厚度不应小于20mm。

(3)喷护坡面应设置泄水孔和伸缩缝。

(4)应结合碎落台和边坡平台种植攀缘植物。

3)干砌片石护坡

干砌片石可就地取材，节省运费，从而降低了造价，经济性好。取材时，应选用强度大、无风化、表面密度大、吸水率小，耐水性高的石料。施工技术含量低，非常简便，因此，经常用于边坡防护。

干砌片石砌筑时应注意的问题：

(1)干砌片石的规格设计无要求时，其块重不应小于25kg，干砌片石护坡厚度不宜小于0.25m。

(2)干砌片石护坡时，护坡面应定向铺设，层层压茬，结合平稳，不应有通缝。

(3)砌石长边不能与坡面平行。

4)浆砌片石护坡

可用于坡度不陡于1:1.25的土质或岩石边坡。浆砌片石与干砌片石护坡有些类似，但浆砌片石需要大量的水泥和人力，施工难度稍大，造价也较高。由于浆砌片石对施工的要求较高，因此，在施工时应注意以下问题：

(1)浆砌片石护坡厚度不宜小于0.25m，并应设置伸缩缝和泄水孔。铺砌层下应设置沙砾或碎石垫层，厚度不宜小于0.10m。

(2)砌石时，必须进行测量放线，沿坡面每5~10m设一排木桩，桩上标明砌石设计高度，纵横、对角线挂线，作为砌石标准，以控制砌石断面。

(3)浆砌片石砌筑前应将石块清洗干净，并保持湿润状态，浆砌片石护面应用坐浆法铺设，砌缝砂浆饱满，并勾缝。

(4)砌筑时应上下交错，内外搭接，块石嵌紧，不得有通缝。

(5)施工应从基座开始，由下而上分层砌筑。

(6)砌筑过程和完毕后必须洒水养护。

(7)砌石表面必须整齐美观。

5)护面墙防护

可用于坡度不陡于1:0.5的土质和易风化剥落的岩石边坡防护。护面墙的选择应根据边坡地质条件确定,窗孔式护面墙防护的边坡不应陡于1∶0.75;拱式护面墙适用于边坡下部岩层较完整,而上部需要防护的路段,边坡应缓于1∶0.5。

护面墙的单级护坡高度不宜大于10m,并应设置伸缩缝和泄水孔。护面墙基础应设置在稳定的地基上,冰冻地区应埋置在路基冻结深度以下不小于0.25m。护面墙前趾应低于边沟铺砌的底面。

6)工程防护应注意的其他问题

(1)当公路边坡沿河修建时,应做好护坡的防冲刷措施。

(2)工程防护要做好防渗措施,并与排水工程相结合。

7.7.3 柔性防护系统(SNS)

柔性防护系统(SNS)于1995年由瑞士引入我国,目前已成功应用于水电、铁路、矿山等领域的边坡安全防护中。按其受力特征分为主动防护系统与被动防护系统。

1)主动防护系统

主动防护系统主要由锚杆、支撑绳、钢绳网、格栅网组成,通过固定在锚杆或支撑绳上并施以一定预紧力的钢丝绳网和格栅网对整个边坡形成连续支撑,其预紧力作用使系统紧贴坡面并阻止局部岩土体移动,或在发生较小移动后,将其裹缚于原位附近,从而实现其主动防护功能,如图7-48和图7-49所示。

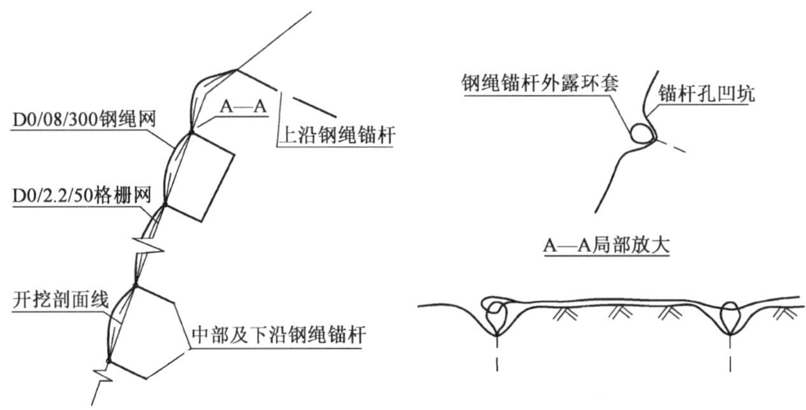

图7-48 主动防护系统支撑绳安装示意图

主动防护网的开放性较好，地下水可自由排泄，避免了由于地下水压力的升高而引起的边坡失稳问题；该系统除对边坡稳定有一定的贡献外，还能抑制边坡遭受进一步的风化剥蚀，且对坡面形态无特殊要求，不破坏和改变坡面原有地貌形态和植被条件。其开放性特征也给将来实施人工坡面绿化保留了必要条件。绿色植物能够在开放的空间上自由生长，植物根系的固土作用与坡面防护系统结为一体，从而抑制坡面水土流失，反过来又保护了地貌和坡面植被，实现了最佳边坡防护和环境保护。

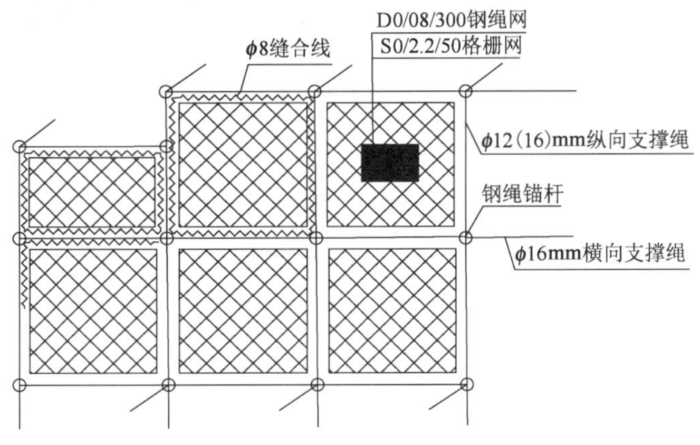

图7-49　主动防护系统标准布置图

该系统的显著特点是对坡面形态无特殊要求，不破坏或改变原来的地貌形态和植被生长条件，广泛用于非开挖自然边坡，对破碎坡体浅表层防护效果良好。

2)被动防护系统

被动防护系统主要用丁拦截碎石滑落，整个系统由钢丝绳网、环形网、减压环等组成。整个系统的变形协调能力较强，支撑绳安装和系统标准布置如图7-50和图7-51所示。

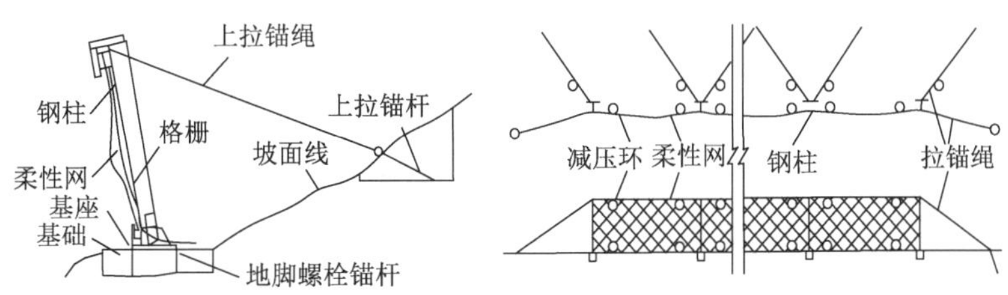

图7-50　被动防护系统支撑绳安装示意图

图 7-51 被动防护系统标准布置图

这种防护结构的突出特点是不破坏原有的地貌形态和植被生长条件，在一般地质条件下都可以解决边坡的稳定性问题，同时兼顾生态环境。

7.8 防护方案的选择

边坡防护主要起到保护边坡表面的作用，使坡体表面和坡体内部免受雨水的破坏，减缓湿度及温差变化带来的影响，并能起到阻止或延缓软坡体表面进一步风化、剥蚀的作用。

对公路边坡进行坡面防护是边坡工程常用的方法。对坡体基本稳定，坡面存在风化、侵蚀病害的公路边坡进行坡面防护，既能满足边坡稳定要求，防止风化或外界因素进一步破坏，又能起到使公路线形美观的作用；对不稳定的边坡进行坡面防护可以保证边坡的稳定，改善岩土体的强度和相关参数，从而达到稳定。

选择边坡防护方案时应根据当地气候、水文、地形、地质条件及筑路材料分布情况，采取工程防护和植物防护相结合的综合措施，并与周围环境景观相协调。

路基坡面防护工程应设置在稳定的边坡上，当土质和气候条件适宜时，宜采用植物防护，当植物防护的坡面有可能产生冲刷时，应设置浆砌片石或水泥混凝土骨架；对完整性较好、稳定性弱、微/未风化硬质岩石边坡，可不做防护。

7.8.1　边坡防护方案影响因素

在选择边坡防护方案时，应分析各种影响因素在边坡稳定中所起的作用，有重点地考察和分析起主导作用的因素。通常边坡防护方案选择主要考虑以下影响因素：

(1)物质组成：岩质、土质、混合质，特殊岩质。

(2)风化程度：未风化、微风化、中风化、强风化、全风化。

(3)坚硬程度：坚硬、较坚硬、较软、软、极软岩。

(4)边坡坡度：1∶1.25，1∶1，1∶0.75，1∶0.5。

(5)边坡高度：超高、高、中高、低。

(6)环保等级：一级(景区、生态重点保护区)、二级(高速公路、一级公路)、三级(一般公路)。

7.8.2　坡面防护措施及适用条件

对公路边坡进行防护，应充分考虑边坡稳定、环境保护和综合效应，以保护路基边坡表面免受雨水冲刷，减缓温差与温度变化的影响，防止和延缓软岩土表面的风化、破碎、剥蚀演变过程，从而保护路基的整体稳定性。应使工程对环境的扰乱程度降到最低，并谋求人工构造物与自然环境相协调。同时综合防光、防眩、防烟、诱导驾驶人视线、改善景观等目的进行边坡防护与绿化，充分发挥防护工程的综合效益。参考《工程地质手册(第五版)》，《公路路基设计规范》(JTG D30—2015)、《公路滑坡防治设计规范》(JTG/T 3334—2018)、《铁路路基支挡结构设计规范》(TB 10025—2019)、《滑坡防治工程勘查规范》(GB/T 32864—2016)、《滑坡防治设计规范》(GB/T 38509—2020)、《建筑边坡工程技术规范》(GB 50330—2013)等标准，对边坡防护方法及其适用条件进行归纳，详见表7-7。

防护类型及其适用条件

表 7-7

序号	FHLX		结构示图	WZZC	FHCD	JYCD	BPPD	BPGD	HBDJ
	防护类型	代码		物质组成	风化程度	坚硬程度	边坡坡度	边坡高度（m）	环保等级
1	植草或喷播植草	FH1		土质边坡	土层	土层	≤1∶1	$H\leqslant3$	高
2	铺草皮	FH2		土质边坡，岩石边坡	强风化	土层，软、极软	≤1∶1	$H\leqslant10$	高
3	种植灌木	FH3	灌木植物	土质边坡，全风化岩石边坡	全风化	土层，极软	≤1∶1.5	$H\leqslant10$	高

续上表

序号	FHLX		结构示图	WZZC	FHCD	JYCD	BPPD	BPGD	HBDJ
	防护类型	代码		物质组成	风化程度	坚硬程度	边坡坡度	边坡高度(m)	环保等级
4	湿法喷播	FH4	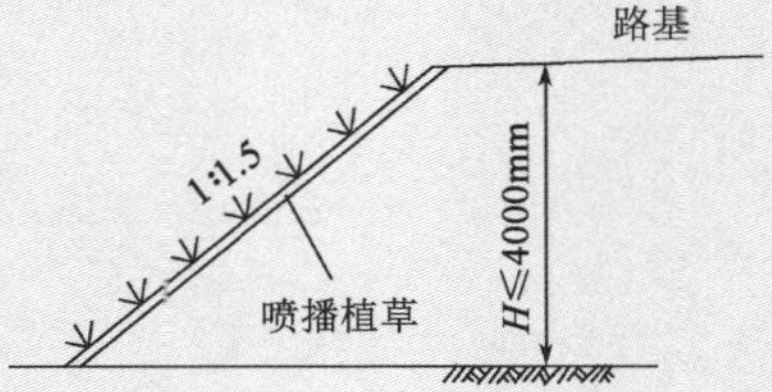 路基 1:1.5 喷播植草 $H \leqslant 4000mm$	土质边坡，全风化岩石边坡	全风化	土层，极软	≤1∶0.5	$H \leqslant 4$	高
5	客土喷播	FH5	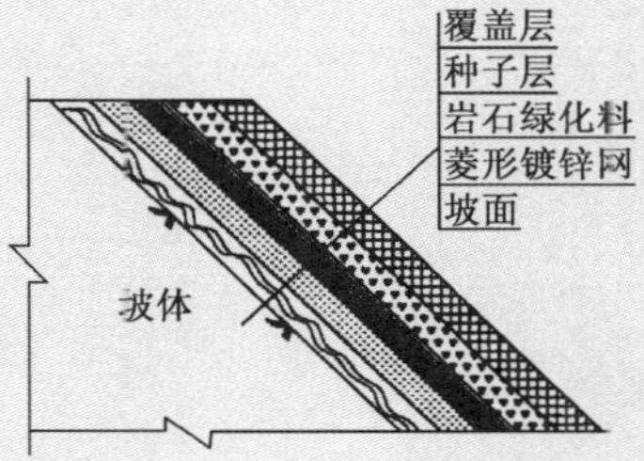 覆盖层 种子层 岩石绿化料 菱形镀锌网 坡面 坡体	风化岩石，土壤较少的软质岩石	强风化	土层，极软	≤1∶1	$H \leqslant 10$	高
6	骨架植物（浆砌片石）	FH6		土质边坡，全风化的岩石边坡	全风化	土层，极软	≤1∶1.0	$H \leqslant 10$	中

续上表

序号	FHLX		结构示图	WZZC	FHCD	JYCD	BPPD	BPGD	HBDJ
	防护类型	代码		物质组成	风化程度	坚硬程度	边坡坡度	边坡高度（m）	环保等级
7	骨架植物（混凝土）	FH7		土质边坡，全风化的岩石边坡	全风化	坚硬、较坚硬、较软岩	≤1:0.75	$H\leqslant10$	中
8	骨架植物（混凝土空心块）	FH8	平台	土质边坡，全风化的岩石边坡	全风化	坚硬、较坚硬、较软岩	≤1:0.75	$H\leqslant10$	中
9	骨架植物（锚杆钢筋混凝土格构）	FH9		土质边坡，全风化的岩石边坡	全风化	坚硬、较坚硬、较软岩	≤1:0.75	$H\leqslant10$	中

续上表

序号	FHLX		结构示图	WZZC	FHCD	JYCD	BPPD	BPGD	HBDJ
	防护类型	代码		物质组成	风化程度	坚硬程度	边坡坡度	边坡高度（m）	环保等级
10	护坡（喷射混凝土）	FH10	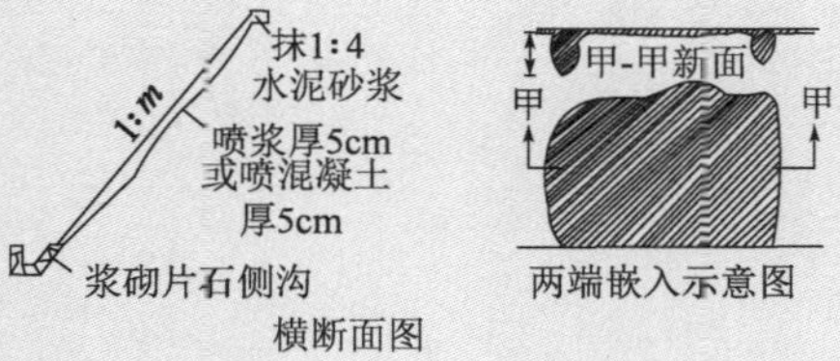 1:m 抹1:4水泥砂浆 喷浆厚5cm或喷混凝土厚5cm 浆砌片石侧沟 横断面图 甲-甲新面 甲 甲 两端嵌入示意图	易风化，但风化程度尚未达到强风化的岩石路堑边坡	全一强风化	坚硬、较坚硬、较软岩	≤1∶0.5	$H\leq10$	低
11	护坡（挂网锚喷）	FH11	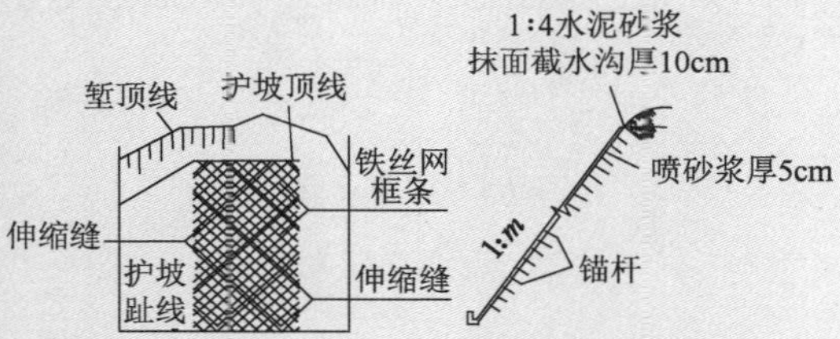 堑顶线 护坡顶线 铁丝网框条 伸缩缝 护坡趾线 伸缩缝 1:4水泥砂浆抹面截水沟厚10cm 喷砂浆厚5cm 1:m 锚杆	风化破碎、节理裂隙较发育或较高陡的岩石路堑边坡	强风化	坚硬、较坚硬、较软岩	≤1∶0.5	$H\leq10$	低
12	护坡（干砌片石）	FH12	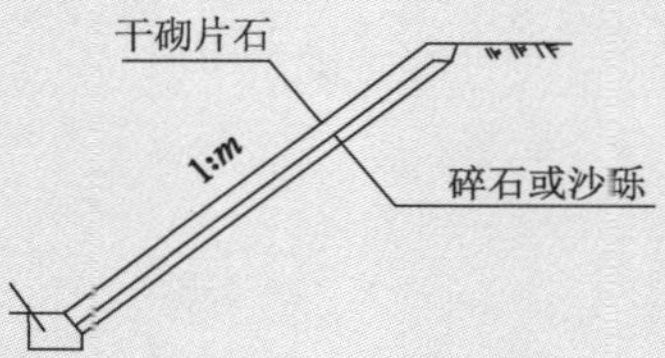 干砌片石 1:m 碎石或沙砾	易受表水冲刷的土质路堤边坡	土层	坚硬、较坚硬、较软岩	≤1∶1.25	$H\leq15$	低

续上表

序号	FHLX		结构示图	WZZC	FHCD	JYCD	BPPD	BPGD	HBDJ
	防护类型	代码		物质组成	风化程度	坚硬程度	边坡坡度	边坡高度（m）	环保等级
13	护坡（浆砌片石）	FH13	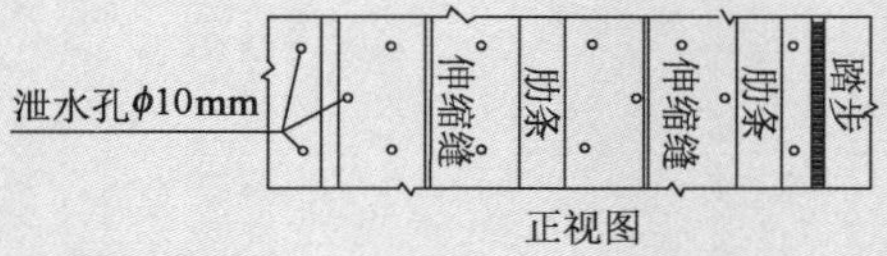 泄水孔ϕ10mm 伸缩缝 肋条 伸缩缝 肋条 踏步 正视图	易风化的岩石边坡和土质边坡	强风化	坚硬、较坚硬、较软岩	≤1∶1	H≤15	低
14	护面墙（浆砌）	FH14	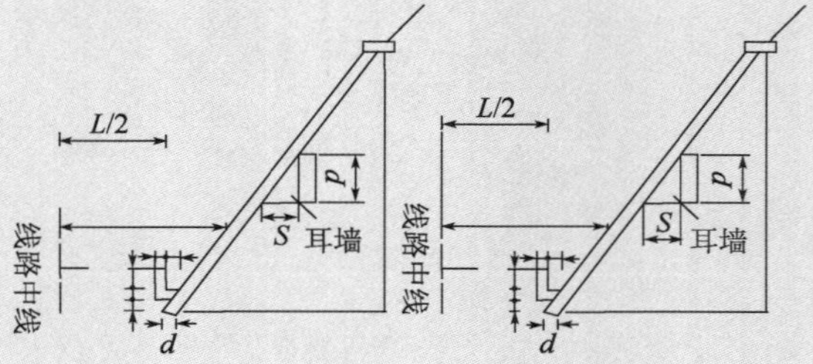 $L/2$ 线路中线 d S 耳墙 d $L/2$ 线路中线 d S 耳墙 d	软质岩层和较破碎岩石的挖方边坡，以及坡面易受侵蚀的土质边坡	强风化	软、极软	≤1∶0.5	H≤10	低
15	护面墙（混凝土）	FH15	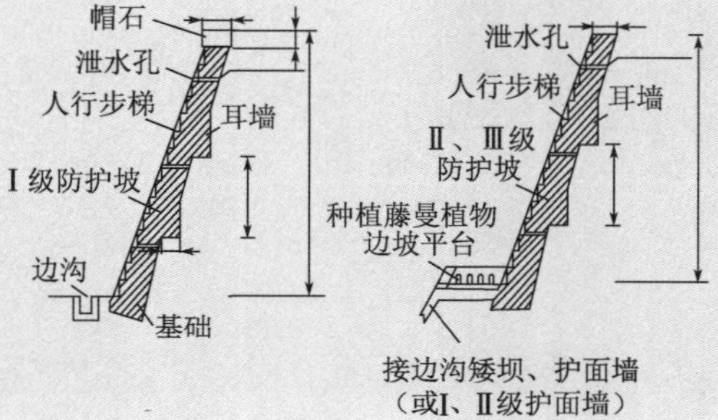 帽石 泄水孔 人行步梯 耳墙 Ⅰ级防护坡 边沟 基础 泄水孔 人行步梯 耳墙 Ⅱ、Ⅲ级防护坡 种植藤蔓植物边坡平台 接边沟矮坝、护面墙（或Ⅰ、Ⅱ级护面墙）	土质边坡，破碎岩石边坡	强风化	土层，极软	≤1∶0.5	H≤10	低

CHAPTER 8 | 第8章

公路边坡监控量测技术

8.1 概述

近年来,高速公路边坡滑坡灾害引发的交通事故频繁发生。公路边坡滑坡灾害造成的后果不容小觑,轻则阻断交通,重则造成重大经济损失和人员伤亡。为达到安全施工与行车的目的,在施工期间应对高陡路堑边坡建立边坡监测系统。监测信息用于指导施工,同时可将监测成果作为动态设计的依据。高陡路堑边坡采用“分级开挖,逐级支护”的原理进行施工,因高陡路堑开挖坡面大,结构受力复杂,对结构设计和施工都提出了很高的要求。现场监控量测是监视边坡围岩稳定、判断边坡防护设计是否合理及施工方法是否正确的一种手段,也是保证高边坡防护安全施工、提高经济效益的重要条件,同时为施工中可能的工程变更提供科学依据。因此,在施工过程中必须进行现场监控量测,以便及时掌握边坡在施工过程中的动态和防护结构的稳定状态,提供有关高边坡施工的全面、系统信息资料,以便及时调整防护参数;通过对量测数据的分析和判断,对边坡防护体系的稳定状态进行监控和预测,并据此制定相应的施工措施,以确保边坡岩体的稳定,以及防护结构的安全。高陡路堑边坡监控量测的目的如下:

(1)通过施工和环境监测进行信息反馈及预测预报,优化施工组织设计,指导现场施工,确保高边坡施工的安全,保障工程项目的社会、经济和环境效益。

(2)掌握边坡岩土体动态和防护结构的工作状态,利用量测结果指导施工,增加施工的安全可靠性。

(3)及时预测和反馈,预测事故和险情,以便及时采取措施,防患于未然,指导施工顺利进行。

(4)验证防护结构形式、防护参数的合理性,评价防护结构、施工方法的合理性及其安全性,确定合理的防护时间。

(5)为修改优化设计提供数据,为调整施工方法提供依据。

(6)积累量测数据,总结经验,为未施工边坡的设计和施工提供工程类比依据;为节省工程投资,提高公路高边坡的设计和施工水平提供科学依据和技术保证。

然而,目前公路路堑边坡工程造价较低,容易忽视监测项目的设计与施工,监测及信息反馈工作较为烦琐,在实际开展过程中管理环节容易出现漏洞等,导致边坡监测工作存在以下不足:

(1)监测工作量大,监测人员工作环境较为危险,特别是在恶劣天气期间无法进行监测。

(2)监测频次相对较低,无法实现对边坡稳定状态的不间断监测。

(3)监测工作对边坡施工有一定干扰,不便进行边坡施工期监测。

(4)长期监测时,监测费用较高。

山区公路边坡工程潜在危险因素多,需要进行必要的监测,但因人工监测条件限制而无法大量开展。因此,针对边坡动态施工安全管理的实际需要,研究简便、经济、可靠的边坡监测方法非常必要。

8.1.1　公路边坡监测阶段

高边坡与滑坡监测可以按施工期、试运营期(即交工后2年或至竣工验收)和运营期三个阶段分为施工安全监测、工程效果监测和运营安全监测。

高边坡与滑坡施工安全监测的目的在于:准确了解高边坡防护加固或滑坡治理工程施工期间坡体变形动态;及时分析高边坡与滑坡稳定状态;指导施工作业,保障施工安全;为设计变更与优化提供可靠的依据。

高边坡与滑坡工程效果监测的目的在于:搜集高边坡防护加固或滑坡治理工程交工后坡体变形特点、结构应力状态和环境因素变化等;验证坡体变形状态转化、结构受力水平与设计参数变化;评估坡体与结构的稳定状态,检验工程效果。

高边坡与滑坡运营安全监测的目的在于:掌握高边坡与滑坡在运营期间的坡体变形活动状态、结构应力变化规律等;分析高边坡与滑坡稳定状态,预测其发展趋势,评估安全风险,保障运营安全;为维修养护提供管养对策建议。

8.1.2　公路边坡监测的内容与方法

监测方法应根据边坡监测等级、监测项目、监测阶段、地质环境条件、实施条件、施工组织计划等因素选取,应按简易方便、快速、连续、直观、经济等原则综合确定,可按照表8-1选择监测内容与监测方法。

边坡监测内容、项目、方法和目的 表 8-1

监测项目	监测内容	监测方法与仪器	监测目的
地表位移	水平位移	大地测量法、GNSS、摄影测量、InSAR、激光测量等	掌握地表和支护结构水平位移发展情况
	竖向位移	水准测量、三角高程测量、GNSS、InSAR 等	掌握地表支护结构竖向位移发展情况
深部位移	深部水平位移	滑动式测斜仪、固定式测斜仪、阵列式测斜仪等	掌握坡体深部水平位移,确定滑动面位置,掌握坡体的变形速率,判定滑动方向,评估工程加固效果
裂缝	裂缝宽度、张开、位错	简易监测法、机测法、自动化监测法	了解裂缝的发展情况
地下水动态	地下水位	采用测绳、万能表等进行人工观测;自动化水位计	获得地下水的动态变化特点,评估排水措施的有效性,分析变形成因机制
	孔隙水压力	孔隙水压力计等	
降雨量	降雨强度、累计降雨量	人工雨量器、翻斗式雨量计、承重式雨量计等	获取边坡区域降雨量,分析降雨对路堑边坡稳定性的影响
锚索(杆)内力	锚索预应力、锚索(杆)应力	锚索测力计、应变计等	观测锚索(杆)应力动态变化,评估锚索的长期工作性能
支挡结构应力	支挡结构物表面应力、钢筋内力	应力计、应变计等	观测支挡结构的内力动态变化,评估支挡结构的长期工作性能

宜采用多种组合监测方法,以便相互验证、校验监测数据。

在满足精度要求的前提下,宜采用 GNSS 静态相对定位测量、摄影测量、InSAR、三维激光扫描等手段监测地表位移。

下列路堑边坡工程宜实施远程自动化监测:

(1)监测等级为一级的边坡;

(2)潜在滑动面为硬性结构面且安全系数较小的边坡;

(3)需开展应急监测的边坡;

(4)规模较大且危害等级达到严重或很严重的边坡。

8.1.3　公路边坡监测等级及监控标准

1)路堑边坡监测等级

路堑边坡监测等级应根据失稳后危害严重程度和稳定性类型综合确定,可按照表8-2确定。

路堑边坡监测等级分级标准　　表8-2

稳定性类型	很严重	严重	较严重	一般
Ⅰ	三级	三级	三级	四级
Ⅱ	一级	二级	三级	四级
Ⅲ	一级	一级	二级	三级
Ⅳ	一级	一级	二级	二级

注:对于已发生明显变形的边坡,监测等级应提高1级。

2)路堑边坡危害严重程度

应根据路堑边坡所在区域构筑物的重要性确定危害严重程度,可按照表8-3确定。

路堑边坡危害严重程度　　表8-3

危害对象	路堑边坡规模					
	$H<30(20)$ m		$30(20)$ m $\leqslant H<60(40)$ m		$H\geqslant 60(40)$ m	
	高速公路、一级公路	二级及二级以下公路	高速公路、一级公路	二级及二级以下公路	高速公路、一级公路	二级及二级以下公路
路堑	一般	一般	较严重	一般	严重	一般
桥梁	较严重	一般	严重	较严重	很严重	严重
隧道口	严重	较严重	很严重	严重	很严重	严重
在$(1\sim4)H$范围内的重要建(构)筑物	严重	较严重	很严重	严重	很严重	严重

注:括号内表示土质路堑边坡的高度。

对于二元结构(土石混合)边坡,如果破坏模式属于可能沿着基岩顶面或土体内部滑动,划归土质边坡;破坏模式为在岩体内部发生滑动的,划归岩质边坡;当无法辨别时,按土质边坡考虑。

对于构筑物范围,可参照《高速公路路堑高边坡工程施工安全风险评估指南》(交安监发〔2014〕266 号),老滑坡区、特别软弱的结构面取大值,无结构面取小值,其他取中间值。

当计算力学参数经确认可靠时,应根据现行《公路路基设计规范》(JTG D30)、《公路工程抗震规范》(JTG B02)计算路堑边坡的最小安全系数,稳定性类型按表 8-4 确定。

路堑边坡稳定性类型(安全系数法)　　表 8-4

阶段	稳定性类型	最小安全系数					
		正常工况		非正常工况Ⅰ		非正常工况Ⅱ	
		高速公路、一级公路	二级及二级以下公路	高速公路、一级公路	二级及二级以下公路	二级及二级以上公路	三级、四级公路
施工安全	Ⅰ	>1.30	>1.20	>1.20	>1.15	>1.15	>1.10
	Ⅱ	1.21~1.30	1.11~1.20	1.11~1.20	1.11~1.15	1.11~1.15	1.06~1.10
	Ⅲ	1.05~1.20	1.05~1.10	1.05~1.10	1.05~1.10	0.95~1.10	0.95~1.05
	Ⅳ	<1.05	<1.05	<1.05	<1.05	<0.95	<0.95
防治效果和运营安全	Ⅰ	>1.45	>1.35	>1.35	>1.30	>1.30	>1.20
	Ⅱ	1.36~1.45	1.26~1.35	1.26~1.35	1.21~1.23	1.26~1.30	1.11~1.20
	Ⅲ	1.20~1.35	1.15~1.25	1.10~1.25	1.05~1.20	1.15~1.25	1.05~1.10
	Ⅳ	<1.20	<1.15	<1.10	<1.05	<1.15	<1.05

注:1. 最小安全系数是指边坡整体稳定性系数中的最小值。
2. 正常工况、非正常工况Ⅰ、非正常工况Ⅱ参照现行《公路路基设计规范》(JTG D30)。
3. 当正常工况、非正常工况Ⅰ、非正常工况Ⅱ判别的稳定性类型不一致时,应以最不利情况判别稳定性类型。

当确实难以辨认计算力学参数的可靠性,或难以准确进行稳定性计算时,可根据开挖采用的坡形坡度、岩体的完整程度、结构面产状、水文地质条件综合确定施工阶段岩质路堑边坡的稳定性,可按表 8-5 执行。

对于(类)土质路堑边坡,当 $\Delta\alpha < 10°$ 时,为Ⅱ类;当 $10° \leqslant \Delta\alpha < 15°$ 时,为Ⅲ类;当 $\Delta\alpha \geqslant 15°$ 时,为Ⅳ类。地下水发育或边坡较高时,稳定性类型应降低 1 档。

当路堑边坡控制性结构面为顺倾且存在软化夹层时，除应按照表 8-5 判别稳定性类型之外，还应按照以下要求判定：

（1）当结构面倾角 $\beta \leqslant 10°$或$\beta \geqslant 35°$时，为Ⅱ类；

（2）当结构面倾角 $10° < \beta < 35°$时，为Ⅲ类；

（3）当判别得到的稳定性类型不同时，取较低类。

施工阶段岩质路堑边坡稳定性类型（工程地质法）　　表 8-5

稳定性类型	坡形坡度	岩体基本质量等级	结构面产状	水文地质条件
Ⅰ	$\Delta\alpha < 5°$	Ⅰ	外倾结构面或外倾不同结构面组合倾角大于边坡角度	地下水位埋藏深，对边坡的影响小
Ⅱ	$5° \leqslant \Delta\alpha < 10°$	Ⅰ	外倾结构面或外倾不同结构面组合倾角大于边坡角度	地下水位埋藏深，对边坡的影响小
	$\Delta\alpha < 5°$	Ⅱ	外倾结构面或外倾不同结构面组合倾角大于边坡角度	地下水位埋藏深，对边坡的影响小
	$\Delta\alpha < 5°$	Ⅰ	外倾结构面或外倾不同结构面组合倾角大于边坡角度	地下水位埋藏较深，对边坡的影响较小
Ⅲ	$\Delta\alpha < 5°$	Ⅰ	外倾结构面或外倾不同结构面组合倾角大于边坡角度	地下水位埋藏深，对边坡的影响较小
	$\Delta\alpha < 5°$	Ⅲ或Ⅳ	结构面无明显规律	地下水位埋藏深，对边坡的影响小
	$5° \leqslant \Delta\alpha < 15°$	Ⅱ或Ⅲ	外倾结构面或外倾不同结构面组合倾角大于边坡角度	地下水位埋藏浅，对边坡的影响较大
	$5° \leqslant \Delta\alpha < 15°$	Ⅱ	外倾结构面或外倾不同结构面组合倾角小于边坡角度	地下水位埋藏较深，对边坡的影响较小
	$\Delta\alpha \geqslant 15°$	Ⅲ	外倾结构面或外倾不同结构面组合倾角大于边坡角度	地下水位埋藏较深，对边坡的影响较小

续上表

稳定性类型	坡形坡度	岩体基本质量等级	结构面产状	水文地质条件
Ⅳ	$\Delta\alpha \geqslant 15°$	Ⅲ	外倾结构面或外倾不同结构面组合倾角大于边坡角度	地下水位埋藏浅，对边坡的影响大
	$\Delta\alpha \geqslant 15°$	Ⅲ	外倾结构面或外倾不同结构面组合倾角小于边坡角度	地下水位埋藏较浅，对边坡的影响较小
	$10° \leqslant \Delta\alpha < 15°$	Ⅲ或Ⅳ	结构面无明显规律	地下水位埋藏浅，对边坡的影响大

注：1. 外倾结构面是指结构面倾向与坡向夹角小于30°的结构面。
2. $\Delta\alpha$—路堑边坡超过所在自然稳定斜坡比拟坡度值。
3. 结构面包括岩土分界面、软弱夹层、岩层面、控制性节理面等。
4. 岩体基本质量分级应根据现行《工程岩体分级标准》(GB/T 50218)确定。
5. 其他未规定情况可参照执行或采用安全系数法。

当确实难以辨认计算力学参数的可靠性，或难以准确进行稳定性计算时，防治效果和运营阶段路堑边坡稳定性可参照表8-6和表8-7确定。

治理工程级别评定 表8-6

适宜性	良好	较好	较差	差	危险
适宜	1级	1级	2级	3级	4级
较适宜	1级	1级	2级	3级	4级
较不适宜	1级	2级	3级	4级	4级
不适宜	2级	3级	3级	4级	4级

注：加固结构措施可参照《边坡病害及治理工程效果评价》评价。

防治效果和运营阶段路堑边坡稳定性类型（工程地质法） 表8-7

施工阶段稳定性类型	1级	2级	3级	4级
Ⅰ	Ⅰ	Ⅰ	Ⅲ	Ⅳ
Ⅱ	Ⅰ	Ⅱ	Ⅳ	Ⅳ
Ⅲ	Ⅰ	Ⅱ	Ⅳ	Ⅳ
Ⅳ	Ⅱ	Ⅱ	Ⅳ	Ⅳ

8.1.4　公路边坡监测流程与技术要求

1）公路边坡监测流程

公路边坡监测流程如图 8-1 所示。

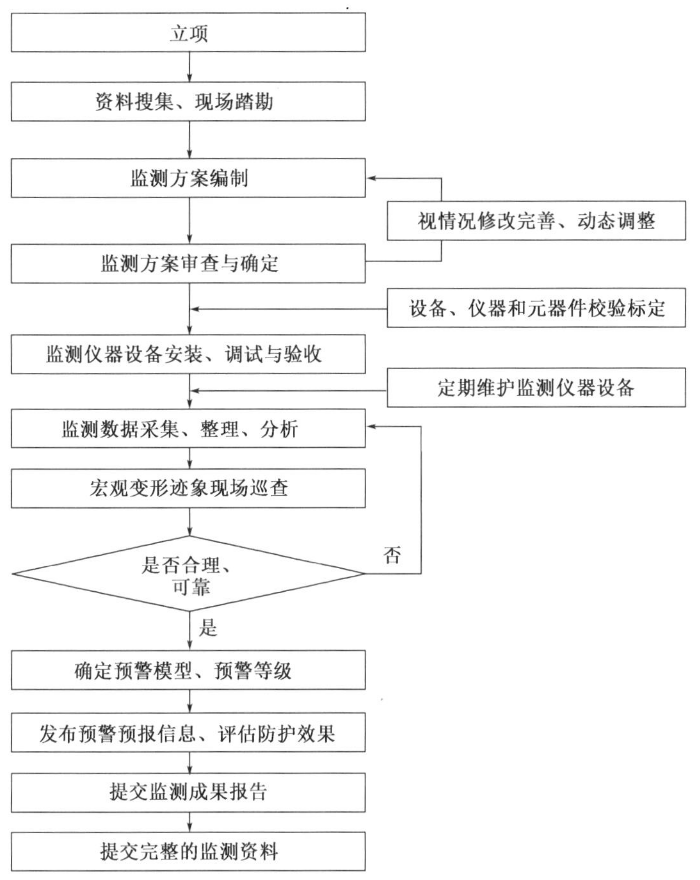

图 8-1　公路边坡监测流程

2）边坡监测技术要求

（1）施工安全监测应由施工单位组织实施，防治效果监测应由项目建设单位组织实施，运营安全监测应由管养单位组织实施。

（2）防治效果监测和施工安全监测形成的结论性报告应纳入工程竣工验收范围。

（3）路堑边坡监测应委托具有类似监测项目监测经验的单位实施，负责人近 3 年内应承担过相关监测项目不少于 1 项。

(4)路堑边坡监测应由监测单位编制专业监测方案,并应经过委托单位组织论证后实施。

(5)当监测对象发生重大变化时,应视需要调整监测方案。

(6)路堑边坡监测过程中仪器设备、人员和方法应相对固定,确需更换时,须做好数据和监测流程的交接工作。

(7)施工安全监测,应及时整理分析监测数据,及时掌控路堑边坡的稳定状态和发展趋势。

(8)防治效果监测,应依据路堑边坡的变形、防护结构应力监测数据,及时评估反馈防护工程的加固效果。

(9)运营安全监测,宜优先布设远程自动化位移监测点。

(10)施工安全监测、防治效果监测、运营安全监测阶段宜布置永久性监测点。

(11)在监测过程中,建设方、施工方、运营方应协助监测单位保护监测点和监测设施。

(12)监测仪器、设备和元器件应符合以下要求:

①应具有长期稳定性和可靠性,能适应复杂的气候环境条件,抗腐蚀能力强,受温度、风、水、雷电、振动等影响小;

②宜可拆卸、可回收、便于更换维修,埋设至地下的深部位移自动化监测仪器应具有自检功能;

③监测仪器应经过校准,校准记录和标定资料等齐全,在校准有效期内使用;

④应按时维护监测设备仪器,每个月不少于1次;

⑤自动化监测仪器宜具有自检、自校功能,应至少3个月进行一次人工检查、校正;

⑥使用寿命不应低于监测周期;

⑦当监测结果显示异常时,应立即现场调查宏观变形迹象,及时评价和验证监测结果的合理性和可靠性,发布预警预报信息;

⑧监测实施过程和结束后,应由相关单位人员组成验收组,依据监测方案对监测仪器设备和成果报告进行评价验收。

8.2　边坡监控基础理论

8.2.1　全站仪测量方法原理

1)极坐标法

极坐标法是在已知点上设站,依据测站上的已知方向,观测已知方向与待测点方向的水平角与距离,从而确定等测点平面位置的测量方法。

如图 8-2 所示,设 AB 为已知控制点或已定出的直线,其坐标(x_A,y_A),(x_B,y_B)为已知。在一已知点上设站,以另一个已知点为定向点,测定 AP 边的方位角 β 与 AP 边的距离 D_{AP},即可按式(8-1)计算测点的坐标。

$$\begin{cases} x_P = x_A + D_{AP}\cos\alpha_{AP} \\ y_P = y_A + D_{AP}\sin\alpha_{AP} \end{cases} \tag{8-1}$$

其中,$\alpha_{AB} = \tan^{-1}\left(\frac{y_B - y_A}{x_B - x_A}\right)$;$\alpha_{AP} = \beta - \alpha_{AB}$。

2)前方交会法

全站仪前方交会测量是将仪器架设在已知点上,通过测量角度和距离来确定未知点。已知 A、B 两点坐标分别为(x_A,y_A)、(x_B,y_B),求 P 点的坐标。待求数据 P 点的坐标(x_P,y_P)为观测数据,为确定 P 点的位置,全站仪分别安置在 A、B 两点,根据观测得到的$\angle A$、$\angle B$ 和距离 S_{AP}、S_{BP},全站仪内置程序自动进行 P 点坐标计算,并显示在屏幕面板,如图 8-3 所示。

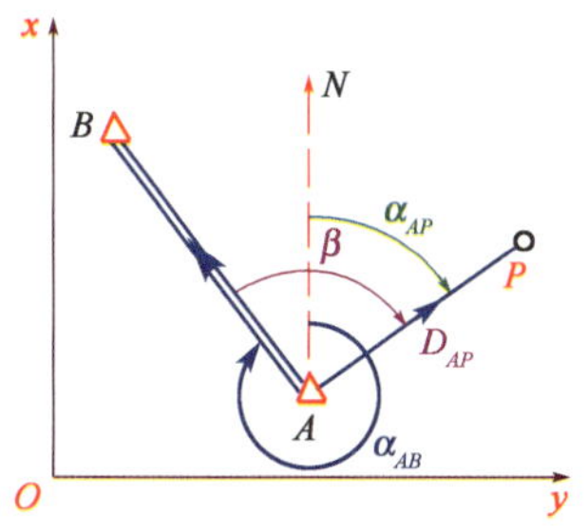

图 8-2　全站仪极坐标法原理

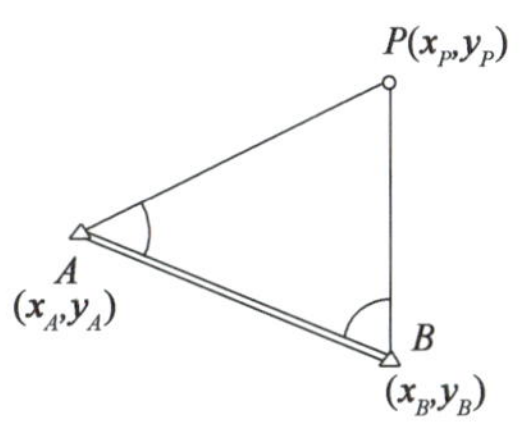

图 8-3　全站仪前方交会法原理

3) 自由设站法

全站仪自由设站测量是将仪器架设在未知点 P 上(P 点为临时测站),通过观测临时测站至已知点 A、B 或再多一个 C 点的距离(已知点距离在输入坐标时仪器进行自动计算)及 P 点与已知点 A、B 的夹角。全站仪内置程序自动计算临时测站的坐标,并作为测站,然后进行监测点的观测,如图 8-4 所示。

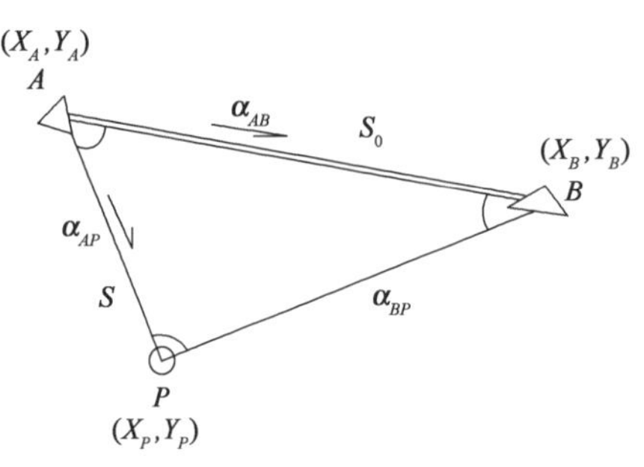

图 8-4　全站仪自由设站法原理

8.2.2　卫星定位静态测量原理

1) 卫星定位技术

卫星定位技术是指人类利用人造地球卫星确定测站点位置的技术。卫星大地测量就是利用人造地球卫星为大地测量服务的一门学科,其主要内容是在地面上观测人造地球卫星,通过测定卫星位置来完成大地测量任务,如测定地面点的相对位置、测定地球的形状和大小。

如图 8-5 所示,A、B、C 为已精确测定站坐标的已知点,D 为待定点;S_1、S_2、S_3 为同时测定的三颗卫星。A、B、C、D 点与卫星 S_1、S_2、S_3 间的距离可按式(8-2)和式(8-3)分别求得:

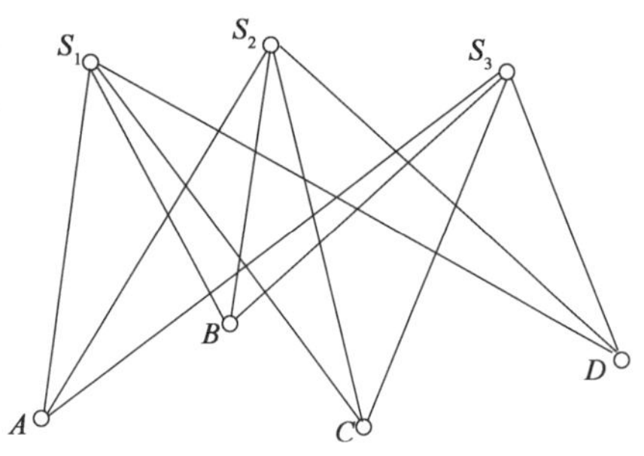

图 8-5　卫星定位原理图

$$
\begin{cases}
D_{ai} = \sqrt{(x_{si} - x_a)^2 + (y_{si} - y_a)^2 + (z_{si} - z_a)^2} \\
D_{bi} = \sqrt{(x_{si} - x_b)^2 + (y_{si} - y_b)^2 + (z_{si} - z_b)^2} \\
D_{ci} = \sqrt{(x_{si} - x_c)^2 + (y_{si} - y_c)^2 + (z_{si} - z_c)^2}
\end{cases}
\quad (i = 1,2,3) \tag{8-2}
$$

$$
D_{di} = \sqrt{(x_{si} - x_d)^2 + (y_{si} - y_d)^2 + (z_{si} - z_d)^2} \quad (i = 1,2,3) \tag{8-3}
$$

先根据 A、B、C 三个已知点确定 S_1、S_2、S_3 三颗卫星的瞬时坐标;再由 S_1、S_2、

S_3 的位置求出 D 点的坐标。显然，D 与 A、B、C 的坐标属于同一坐标系统。

卫星定位技术具有如下优点：

(1)测站间无须通视。常规定位方法中的“测站间必须保持通视”被卫星定位技术中的“与某些天体保持通视”所取代，后者的要求很容易满足，而且测站间距也很容易扩展到数千公里。

(2)数学模型简单且能同时确定点的三维坐标。只要求解两组方程就可以求得待定点 D 的三维坐标，不涉及地球重力场，也无须在椭球面上进行复杂的运算。

(3)易于实现全天候的观测。卫星导航定位系统中广泛采用微波作为测距信号，在风、雪、雨、雾的天气里照样可以正常地传播和接收，从而实现全天候观测。

(4)在长距离上仍可获得高精度的定位结果。利用空间定位技术进行相对定位时，其观测值精度与测站间的间距基本无关，只要数据处理的模型足够精确，尽可能地消除观测值中所含各种误差，则即使在数千公里的长边上仍能获得厘米级甚至毫米级的定位精度。

2)GPS 测量技术

GPS 定位的基本原理是以 GPS 卫星至用户接收机天线之间的距离(或距离差)为观测量，根据已知的卫星瞬时坐标，利用空间距离后方交会，确定用户接收机天线所对应的观测站的位置。

(1)GPS 定位的方式

GPS 定位的方式有多种，可依据不同的分类标准作如下划分：

按照参考点位置的不同，可分为绝对定位和相对定位。绝对定位又称单点定位，即直接确定观测站在协议地球坐标系中相对于地球质心的位置，可认为是以地球质心为参考点；相对定位则是在协议地球坐标系中，确定观测站与某一地面参考点的相对位置。

按照接收机运动状态的不同，可分为静态定位和动态定位。静态定位是指在定位过程中，接收机处于静止状态，严格地讲，静止状态只是相对的，通常只要接收机相对于周围点未发生位移，或在观测期内变化极其缓慢以致可以忽略，就被认为是处于静止状态；动态定位是指在定位过程中，接收机处于运动状态。

(2)GPS 静态定位原理

在定位过程中，接收机的位置是固定的，处于静止状态，这种定位方式称为静态定位,根据参考点的位置不同,静态定位又包含绝对定位与相对定位两种方式。绝对定位(或单点定位)以卫星与观测站之间的距离(距离差)观测量为基础,根据已知的卫星瞬时坐标,来确定观测站的位置,其实质就是测量学中的空间距离后方交会,如图 8-6 所示。由于卫星钟与接收机钟难以保持严格同步,所测站星距离均包含了卫星钟与接收机钟不同步的影响,故习惯称之为伪距。卫星钟差可以根据导航电文中给出的钟差参数加以修正,而接收机钟差通常难以准确确定。

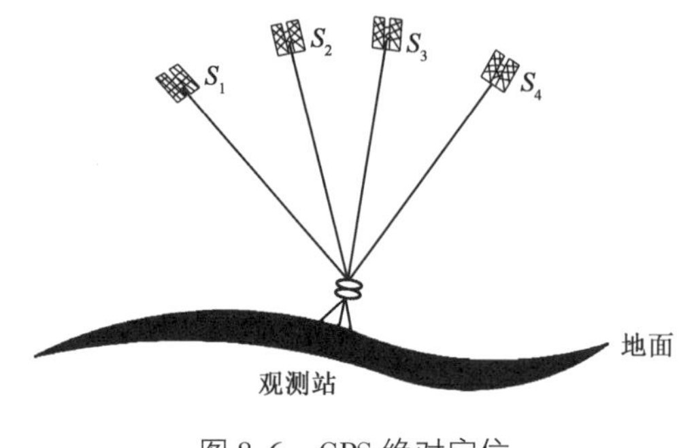

图 8-6　GPS 绝对定位

一般将接收机钟差作为未知参数,与观测站的坐标一并求解。因此,进行绝对定位时,在一个观测站至少需要同步观测 4 颗卫星才能求出观测站的三维坐标,与接收机钟差 4 个未知参数。

在接收机处于静止状态的情况下,用以确定观测站绝对坐标的方法称为静态绝对定位。这时,由于可以连续地测定卫星至观测站的伪距,所以可获得充分的多余观测量,相应地可提高定位精度。但是,单点定位并没有其他测站的同步观测数据可以比较,大气折光、卫星钟差等误差项就无法通过同步观测量的线性组合加以消除或削弱,只能依靠相应的模型来修正。因此,静态绝对定位目前只能达到厘米级精度。这样的精度可以为相对定位的观测站提供比较精确的起始坐标,主要用于大地测量等专业测量领域。

静态相对定位,就是将多台 GPS 接收机安置在不同的观测站上,保持各接收机固定不同步观测相同的 GPS 卫星,以确定各观测站在 WGS-84 坐标系中的相对位置或基线向量的方法,如图 8-7 所示,即是相对定位最基本的情况。

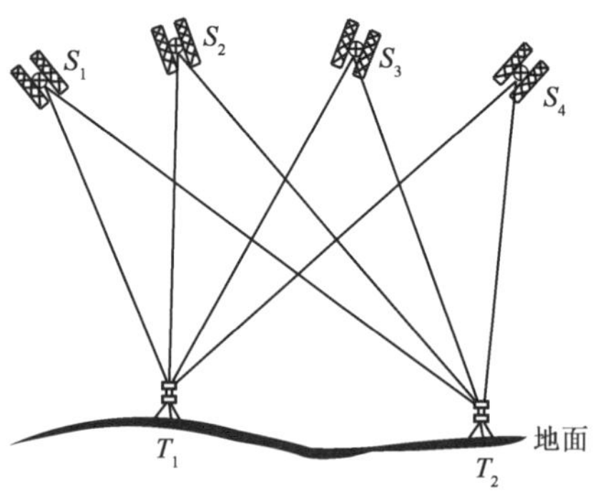

图 8-7　GPS 相对定位

在两个观测站或多个观测站同步观测相同卫星的情况下,卫星轨道误差、卫星钟差、接收机钟差、电离层折射误差和对流层折射误差等,观测量的影响具有一定的相关性,所以,利用这些观测量的不同组合进行相对定位,便可有效地消除或削弱上述误差的影响,从而提高相对定位的精度。静态相对定位一般采用载波相位观测量作为基本观测量,这一定位方法是目前 GPS 定位中精度最高的一种方法,广泛应用于大地测量、精密工程测量、地球动力学研究等领域。

8.2.3　测斜仪工作原理

1)滑动式测斜仪的监测方法

滑动式测斜仪如图 8-8 所示。

深部位移监测斜管埋入稳定地层,管底位移设为0,管口水平位移增量的总和为Δ_n,按式(8-4)计算:

$$\Delta_n = \sum_{i=1}^{n} l_i \sin x_i \tag{8-4}$$

式中,Δ_n为各量测分段位移增量的总和,单位为毫米(mm);l_i为各量测分段长度,单位为米(m),通常为仪器标准的量测长度0.5m;x_i为各量测分段长度范围内测斜管倾斜角度,单位为度(°)。

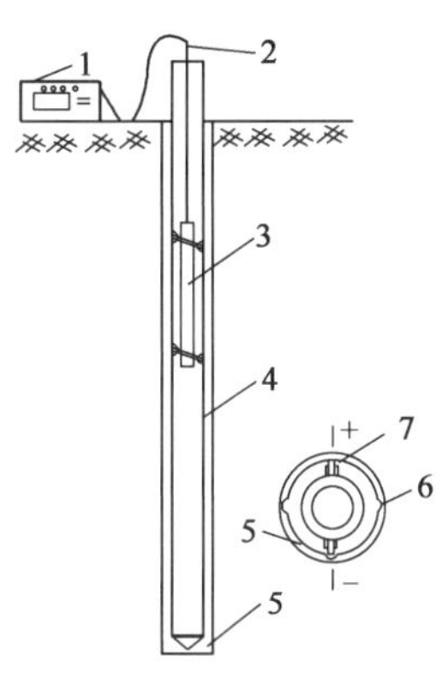

图 8-8　滑动式测斜仪

1-读数仪;2-传输电缆;3-测斜探头;4-测斜管;5-孔壁回填;6-导向槽;7-导向轮

在测斜管两端都有水平位移的情况下,就需要实测管口的水平位移值Δ_0,并向下推算各测点的水平位移值Δ,计算方法见式(8-5):

$$\Delta = \Delta_0 - \sum_{i=1}^{n} l_i \sin x_i \tag{8-5}$$

式中,Δ_0为监测管孔口的水平位移值,单位为毫米(mm)。

测斜管可以测单向位移,也可以测双向位移。

2)滑动式测斜仪测量侧向位移

连接测头和测读仪,检查密封装置、电池充电量,仪器工作正常时将测头缓慢放入测斜管底部。

测量自孔底开始,自下而上沿导槽全长每隔一定距离(通常为0.5~1.0m)测读一次,每次测量时,应将测头稳定在某一位置上。整个高度测量完毕后,将测头旋转180°插入同一对导槽，按以上方法再测量一次，两次测量的测点应在同一位置上。如果测量数据有疑问，应及时补测。

观测的技术要点如下：

(1)测斜仪探头预先率定，数据采集仪、电缆等预先检查合格。

(2)尽量采用同一人、同一仪器观测同一测斜孔，且将电缆放置在同一槽口处观测。

(3)每次观测时，先将探头放入测斜管底5～10min，待探头接近管内温度后再量测。

(4)每个监测方向均应进行正反两次量测；同一轴线正反向读数偏差不得大于规定要求（一般不大于20），偏差过大时应进行复测，复测后偏差仍过大时应停止观测，寻找原因并及时纠正。

(5)观测时及时做好记录，检查合格后方可收线。

3)固定式测斜仪的监测方法

固定式测斜仪采用石英挠性加速度计为敏感元件，当传感器探头相对于地球重心方向产生倾角θ时，由于重力作用，传感器中敏感元件相对于铅锤方向摆动一个角度，通过高灵敏的石英换能器将此角度转换成信号，经过分析处理，直接在液晶屏上显示被测点的水平位移量Δ_x值，如图8-9所示。

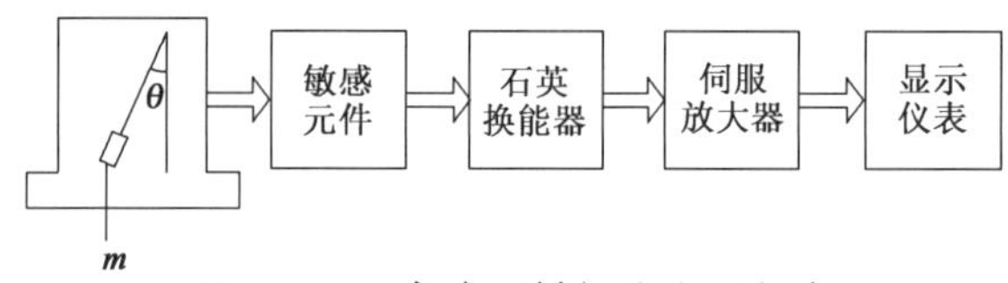

图8-9　固定式测斜仪的监测方法

将初次测量的位移数据作为基准点，以后每次再测量的数据与初始值相减，所得差值即为该点土体水平位移值$\Delta_x = X_{测} - X_{初}$。

8.3　边坡监控方案设计

对于一个具体的边坡（滑坡），如何针对其特征，如地形地貌、变形机理、地质环境、工程背景等，选择可行的监测技术、方法，确定较为理想的监测方案，合理布置测点，是监测工作的核心。需进行各监测方案的比较，使监测工作做到技术上保证、经济上可行、实施时安全、数据上可靠,并避免选择单方面追求高精度、自动化、多参数而脱离工程实际需要的监测方案。

8.3.1　监测设计原则

(1)深入了解工程地质背景及工况,确定边坡的主要滑动或变形方向、可能的滑动深度与范围,按照光学、机械和电子的先后顺序选择设备,以保证测试精度和成果的可靠性。

(2)监测应目的明确、突出重点。边坡工程施工和运行期监测的主要目的在于确保工程的安全。边坡的安全监测以边坡岩(土)体整体稳定性监测为主,兼顾局部滑动体稳定性监测。由于过大变形是岩(土)体破坏的主要形式,因此,地表和深部变形监测是安全监测的重点。岩石边(滑)坡中存在的不利结构面常常是引起边(滑)坡破坏的主要内在因素。因此,岩石边(滑)坡监测的重点对象是岩体中的结构面,监测点应放在这些对象上,或测孔应穿过这些对象等。开挖和水的作用是影响边(滑)坡稳定的主要外因,因此,施工期的质点振动速度、加速度监测,运行期的渗流、渗压监测是必要的。当边(滑)坡范围大,需布置多个监测断面时,应区分重要和一般断面,重要断面的监测项目和监测仪器的数量应多于一般断面。

(3)应监测边坡性状变化的全过程。监测应贯穿工程活动(施工、加固、运行)的全过程,做到及时埋设、及时观测、及时整理分析监测资料和及时反馈监测信息。“四个及时”中任何一个环节的不及时,不仅会使监测工作效率降低或失去意义,甚至会给工程带来不可弥补的影响,或造成人民生命财产的重大损失。要实现监测全过程,或利用已有预埋仪器,或施工开挖前完成必要的监测设施布设,开挖下一个边坡台阶前完成上一个台阶的监测设施布设。

(4)施工期和运行期安全监测应相结合、相衔接。施工期监测设计应和运行期监测设计一样,纳入工程设计的工作范围,作为工程设计的一部分。即施工期安全监测实施前应进行监测设计,然后按设计实施。施工期监测设施能保留作为运行监测的应尽量保留;运营期监测设施也兼顾用于以后施工过程的监测。

(5)布置仪器力求少而精。仪器数量应在保证实际需要的前提下尽可能减少;采用的仪器应有满足工程要求的精度和量程,精度和量程应根据工程的阶段、岩(土)体的特性等确定;专门用于施工期监测的仪器,精度要求可稍低,也可采用简易的仪器；运营期监测仪器要求较高（特别是长期稳定性）；坚硬岩体变形小时，应采用精度高、量程小的仪器，半坚硬、软弱或破碎的岩体可采用精度较低、量程较大的仪器。

(6)安全监测常以仪器量测为主，以人工巡视、宏观调查为辅。力求仪器量测与人工巡查相结合，仪器量测尽量以人工量测为主，重点部位应减少自动化监测；即使进行自动化监测的仪表，也应同时进行人工测量，以便做到确保重点，万无一失。

(7)避免或减少施工干扰。施工干扰（如爆破、车辆通行、出渣、打钻等）是施工监测中一大难题，应尽量避免。为此，应尽量利用勘探孔、排水洞预埋仪器进行监测，以便于保护；施工活动应各方充分沟通，进行文件会签；应尽量采用抗干扰能力强的仪器；应加强仪器观测房、观测孔孔口的保护，保护设施力求牢靠。

(8)监测设计应留有余地。监测过程中可能存在一些不确定的因素，如地质条件不完全清楚，随施工开挖可能发现一些地质缺陷，原设计时未预计到的不稳定岩体，可能出现设计中未能考虑到的问题，此时便应根据实际需要修改和补充设计。临时设计时应考虑到这些因素，在监测项目、仪器数量和经费概算上留有余地。

8.3.2 监测设计所需基础资料

编制监测方案之前，应搜集路堑边坡工程地质勘察资料、施工图设计资料、施工安全总体和专项风险评估报告、专项施工方案、施工组织设计、施工工艺、施工进度等资料，并开展现场踏勘。

工程地质勘察资料搜集内容应包括地形地貌、地层岩性、地质构造、坡体结构、物质组成、潜在失稳范围和深度、气象条件、汇水面积、地表水及地下水情况等，图件应包括工程地质平面图、工程地质横剖面等；当资料不足时，应开展必要的补充地质勘察工作。

施工图设计资料搜集内容应包括路堑边坡的开挖坡度、防护加固措施等，图件应包括防护加固措施设计平面图、立面图、横剖面等。

现场踏勘应完成以下工作：

(1)结合地质勘察资料，查明路堑边坡地质条件；

(2)查明边坡的施工状态、历史变形情况、目前变形情况、周边构筑物分布

情况、周边道路通行情况等;

(3)查明当地区域自然稳定斜坡的坡度;

(4)路堑边坡工程已有监测措施、监测数据;

(5)确定拟监测项目现场实施的可行性;

(6)了解相邻工程的设计和施工情况。

8.3.3 监测方案的主要内容

公路边坡监测方案宜包含如下内容:

(1)工程概况;

(2)地质环境条件和周边建筑物分布情况;

(3)施工图设计情况和施工状态;

(4)已有监测措施和监测数据;

(5)主要风险、监测等级、相关文件标准;

(6)监测目的和阶段;

(7)监测内容和项目;

(8)基准点、工作基点和监测点布设平面图和剖面图;

(9)监测点的布设流程与保护措施;

(10)监测方法和精度;

(11)监测周期和监测频率;

(12)监测预警反馈机制;

(13)预警、异常情况应对措施;

(14)现场巡查内容和制度;

(15)监测人员的配备和分工;

(16)监测仪器设备及标定要求;

(17)监测设备安装的进度安排。

8.3.4 监测项目的选择

路堑边坡监测应根据监测目的、设计等级、监测阶段,按表8-8和表8-9选取监测项目。

边坡监测类型适用范围　　表 8-8

监测等级	边坡监测适用性		
	施工安全监测	防治效果监测	运营安全监测
一级	√	√	√
二级	√	√	△
三级	√	△	○
四级	√	○	×

注:"√"表示应做;"△"表示宜做;"○"表示视情况选做;"×"表示可不做。

边坡监测项目　　表 8-9

监测阶段	监测等级	监测项目						
		地表位移	深部位移	裂缝	支护结构物位移	地下水动态	降雨量	结构应力
施工安全监测	一级	√	√	√	√	○	√	√
	二级	√	√	√	△	○	○	△
	三级	√	○	√	○	○	○	○
	四级	√	×	√	○	×	○	×
防治效果监测	一级	√	√	√	√	○	△	√
	二级	√	○	√	√	○	○	√
	三级	△	×	√	△	×	○	√
	四级	△	×	√	×	×	○	△
运营安全监测	一级	√	△	√	△	○	△	√
	二级	√	○	√	○	○	△	△
	三级	△	×	√	○	○	○	△
	四级	△	×	√	×	×	○	×

注:1."√"表示应做;"△"表示宜做;"○"表示视情况选做;"×"表示可不做。
2.结构应力包括锚固结构应力、支挡结构应力。
3.裂缝包括建筑物裂缝、地表裂缝。
4.当周边重要建筑物(桥墩、高压铁塔、工业厂房等)受到影响时,应与其产权单位或个人沟通协调后对其位移、裂缝实施监测。

8.3.5 监测仪器的布设

1)边坡工程变形监测系统

(1)常规监测

边坡工程变形监测仪器种类较多,仪器的特性与精度也不尽相同,可按仪器特性与技术要求进行安装并测试。主要的监测方法包括大地测量法、地面摄影测量法、裂缝观测法和机电测量法。

①大地测量法。

大地测量法是指以垂线为参照系的各种测量方法。常用的大地测量仪器主要有经纬仪、水准仪、视准仪、电磁波测距仪和摄影经纬仪等。

优点:由于这类方法基本上不受量程的限制,可监测边坡变形的全过程。

缺点:不便于自动化遥测。

主要的测量方法包括视准线法、前方交会法(前方交会分为测角交会、测边交会和测边测角交会三种)、边角网法(边角网包括三角网、三边网和测边测角网三种)、水准测量法和三角高程测量法。

②地面摄影测量法。

地面摄影测量法的精度主要取决于 Y 距(又称纵距)及摄影仪的焦距。一般来说,Y 距越小精度越高;焦距越长精度越高。因此,用地面摄影测量法开展边坡变形监测时,应根据边坡变形量的大小及 Y 距远近,选用适当的摄影仪。较大的滑体,Y 距一般都比较大,因此,最好在相邻测次间的变形量大于 0.1m 时才使用这种方法。由于摄影相片记录了大量的地面信息,应对变形各阶段的相片进行地面摄影测量,以便获取监测区必要的地理信息。

③裂缝观测法。

裂缝观测的主要任务是观测相对变形,即缝的张合变化和上下错动。

一般在裂缝的两边埋设标桩,桩顶安装测量标志,直接测量两标志之间的距离(缝小时,用游标卡尺测量;缝大时,可用钢尺或电波测距仪测量)即可测出裂缝的张合变化。用水准仪测量两标志之间的高差即可得出裂缝两边上下的错动值。

④机电测量法。

机电测量法就是利用机械和电学原理进行变形监测。

常用的机电测景仪器主要有激光准直仪和变位计(钻孔测斜仪、多点位移计、渗压计和声发射仪等)。

优点:能够进行自动化监测。

缺点:量程一般不大,不能监测边坡变形发展的全过程;对环境要求较高,必须建立防护(防日光直接照射、防潮)和保护(避免人为破坏)设施,才能保证监测工作正常开展。

(2)GPS 监测网

全球卫星定位系统(GPS)的基本网由基准点、基本点组成。

基准点是进行长期连续观测的永久性 GPS 卫星观测站。每个基准点中均应配有双频 GPS 接收机、气象元素传感器、数据通信设备及微型计算机。

基本点是 GPS 基本网的主体,在这些点上进行定期复测时应按 GPS 测量中的最高标准进行。

采用 GPS 定位技术进行边坡变形监测量有以下优点:

①观测不受气候条件限制,可进行全天候监测;

②可同时进行平面位移及垂直位移监测;

③可进行长期连续监测,不会遗漏危险的变形信息;

④从数据采集、数据处理到数据分析、管理全过程易于实现全自动化。

采用 GPS 定位技术进行边坡变形监测具有以下不足:

①监测点的数量很多,如果全部进行长期连续自动化监测,需要大量的 GPS 接收机;

②GPS 接收机等设备在野外无人看守的房间内,安全难以得到保证。

(3)自动化监测网

边坡,特别是滑坡的自动化监测,国内外都有成熟的设备和技术。自地理信息系统(GIS)和 GPS 应用于边坡监测以来,自动化监测技术又有了很大发展。

在 GIS 的支持下,融 GPS、遥感及常规监测手段于一体,可建立完整的变形监测系统。

(4)监测断面的选择

①边(滑)坡的监测断面通常选在地质条件差、变形大、可能破坏的部位,如有断层、裂隙、危岩体存在的部位,或边坡坡度大、稳定性差的部位,或结构上有代表性的部位,或分析计算的典型部位。

②当需布置多个监测断面时,断面宜有主要断面和次要断面之分,根据地质条件的好坏、边坡坡度的大小、结构上的代表性等选定。

③重要断面布置的监测项目和仪器应比次要断面的多,自动化程度比次要断面高,且同一监测项目宜平行布置,如大地测量和钻孔倾斜仪、多点位移计同时布置,以保证成果的可靠性。

④按断面布置的监测点,以监控边(滑)坡的整体稳定性为主,兼顾局部的稳定性。

(5)监测点的布置

①大地测量变形监测的布置。

大地测量变形监测布置的原则如下:

a)监测网点是高程工作基点,是进行水平位移和垂直位移监测的工作基点。监测网点应设在稳定的位置,远离滑坡体。

b)监测网点的数量在满足控制整个滑坡范围的条件下不宜过多;图形强度应尽可能高,确保监测网点坐标误差不超过 ±2 ~ ±3mm。

c)滑坡体上监测点的布置应突出重点、兼顾全面,尽可能在滑坡前后缘、裂缝和地质分界线等处设点。当滑坡上还有深部位移(如钻孔测斜仪、多点位移计等)测孔(点)时,也应尽量在这些测孔(点)附近设点,以便相互比较、印证。

d)监测点应布置在稳定的基础上,避免在松动的表层上建点,且测点数宜尽量少,以减少工作量,缩短观测时间。

e)监测垂直位移的水准点应布置在滑坡体以外,并与监测网点的高程系统统一。

②变形监测网的布置。

为满足监测网点的三维坐标中误差不超过 ±2 ~ ±3mm 的要求,可以选择两种方案:

方案一:建立满足 XY 坐标精度要求的平行监测网,配合建立满足点位高程精度要求的精密水准网。

方案二:建立满足点位三维坐标精度要求的三维网。

当地形起伏大或交通不方便、进行精密水准观测有困难时,宜采用方案二。

③水平位移监测点的布置。

水平位移测点布置通常采用如下方法:

a)视准线法。

视准线法是在垂直于滑坡滑动的方向上,沿直线布设一排观测点,两端的观测点为监测网点,中间的观测点为监测点。以两端的观测点为基准,观测计算中间的观测点顺滑坡滑动方向的位移。其优点是观测工作量小、计算简单,缺点是要求地形适合以下条件:滑坡两侧都适合布置监测网点;监测网点之间要互相能通视;从监测网点能观测到视准线上所有的测点。

b)联合交会法。

以角后方交会法为主、以角侧方交会法为辅,两者相结合的方法称为联合交会法。

监测点上设站,均匀地观测周围 4 个监测网点,计算监测点坐标的观测方法为角后方交会法。其优点是只需在监测点上(无须在监测网点上)设站观测;在同一滑坡上的不同监测点可同时施测而互不干扰;观测精度较高。该法的缺点是:要求观测人员素质好;观测工作量大;监测网点分布要均匀,否则会影响监测点的精度。

实际上,受地形所限,不一定所有监测点都能均匀地观测到周围 4 个监测网点。为此,需要以角侧方交会法为辅,以提高监测点的精度。所谓角侧方交会法,是在少数监测网点上设站观测监测点的一种方法。

采用联合交会法,大多数测点可设在监测点上,无须过江或爬高山;少数监测点可通过选择最有利的监测网点实施角侧方交会法来提高观测精度。

c)边交会法。

边交会法是以两个以上的监测网点为基准,观测这些监测网点到某测点的距离与高差。该法观测方便、精度高、可实现观测自动化。但这种方法要求到监测网点的交通要方便。

d)角前方交会法。

角前方交会法是在两个以上的监测网点上设站,观测某一个监测点,求取该监测点坐标的一种方法。该法的优点是观测人员只需在监测网点上设站观测,不需要上滑坡体。因此,这种方法特别适合于滑坡快要发生,观测人员不便于上滑坡进行监测的情况。在交通不便、观测距离太远、图形条件不好时则不适用。

以上四种方法的优缺点归纳于表8-10。

水平位移监测点布置方法比较　　表8-10

布置方法	测点布置	优缺点	适用条件
视准线法	沿垂直滑坡滑动方向布点,两端点为监测网点,中间为监测点	优点是观测工作量小。缺点是要求滑坡两侧宜布置网点、网点间能通视、从网点上能看到视准线上所有网点	不适用于范围大、狭长的滑坡或滑坡任何一侧找不到稳定基点的滑坡
联合交会法	监测点上设站为主,在少数网点上设站为辅	优点是观测精度高、速度快。缺点是要求观测人员素质高,工作量稍大,网点分布要均匀	适用于监测网点交通不方便,监测点交通方便的滑坡
边交会法	以两个以上监测网点为基准,观测这些网点到某一监测点的距离与高差	优点是观测方便、精度高。缺点是要求测距仪精度高、交通方便	适用于交通方便的监测点
角前方交会法	在两个以上的监测网点上设站,观测某一个监测点	优点是无须去监测点上设站,因而临滑前也可观测。缺点是观测距离远,精度受影响	适用于监测点交通不便和滑坡临滑前

④垂直位移监测点的布置。

基点的设置。基点分为基准点(水准基点、检测基点)和工作基点两类。

基准点:为高程起始数据的原点,也是检测工作基点稳定性的依据,常设在边坡的影响区之外,要求点位稳定可靠。基准点应在施工前或施工初期埋设。基准点应成组设置,每组不得少于3个水准标石。

工作基点:为建筑物定期观测垂直位移的起始点,点位应相对稳定,且靠近边坡,定期用基点对其检测,遇有异常情况,应随时检测。工作基点通常成组(2~3

点）布设，每组不宜少于 2 个标石。

垂直位移监测点布置常用大地测量法，其一是水准测量法，其二是测距高程导线法。

a）水准测量法。

此法直观性好、精度高，适用于较平坦的地区。当比高大的时候，设站很多，工作量大；当滑坡体的横断面沿等高线走，比高不大时，水准测量测线沿横断面布置较为合适。

也可采用如下方案：先按三维网建立监测网点的高程，然后以观测横断面的两端或一端为工作基点观测该横断面监测点高差的变化，各横断面水准点的稳定性则用监测网点检查，以形成既能测出垂直变形的相对变化量，又能测出绝对垂直变形量的观测方案。

b）测距高程导线法。

测距高程导线是测定两点之间的距离和高度角，以计算两点之间高差的方法。该方法的优点是可以直接确定相互通视的网点的高差，缺点是要求仪器精度高、观测人员素质好。对于规模大、沿滑动方向窄长且比高大、沿横断面的两端布置水准点困难的边坡和滑坡，宜采用测距高程导线法。采用这种方法时，通常以高程工作某点为基准，采用附合、闭合和支线等组成测线。为保证精度，应尽量使相邻两点间的比高小、距离短。

c）水准测量法和测距高程导线法的联合方法。

对于建筑物多（如居民区）、通公路的边（滑）坡，可以以高程工作基点为基准，采用附合或闭合的方式组成一条混合测线。如沿公路布设观测水准线，用测距高程导线连测建筑物上的监测点，二者相互衔接。

⑤地表裂缝监测的布置。

地表裂缝的张合和位错常用测缝计、收敛计 、钢丝位移计和位错计监测，位错计可布置成单向、双向或三向。

地表裂缝监测仪器一般跨裂缝、断层、夹层、层面等布置。仪器或选择在边坡马道、斜坡或滑坡的地表，或排水洞、监测支洞裂缝等出露的地方。

⑥深部水平位移监测的布置。

深部水平位移监测的有效仪器有钻孔测斜仪，其布置方法为：

a)人工边坡。

在滑动面尚未出现时，应采用活动式钻孔测斜仪；当出现滑动面以后，方可在滑动面的上下安装固定式钻孔测斜仪。

钻孔测斜仪布置在边坡监测断面的各级马道上。上一个钻孔孔底应达到下一个相邻钻孔的孔口高程。

钻孔通常铅直布置。但当边坡较缓时，钻孔也可靠边坡坡面方向呈斜孔布置，但偏离铅直线不宜太大（10°～15°），以防其量程损失过多。

深部水平位移监测孔宜与大地水平变形测点靠近布置，以便相互比较、印证。

b)天然滑坡。

天然滑坡的监测断面一般为一个，主要控制滑坡的整体稳定。

钻孔测斜仪的钻孔首先要控制滑坡的前缘和后缘。因此，在前后缘至少各布置一个钻孔。埋设仪器的钻孔宜尽量利用地质勘探钻孔，以节约费用。

宜在地质分析、理论计算等预测的基础上，将前后缘之间的钻孔布置在变形大、可能发生破坏的部位，或者地质上有代表性的地段。

随着滑坡的发展，也可能出现一些事先未能预计到的情况（如裂缝、塌方），根据这些新情况，视需要可补充测孔。

监测钻孔应穿过潜在滑动面，钻至稳定的基岩。

⑦沿钻孔轴向位移监测网的布置。

沿钻孔轴向位移监测常采用多点位移计。无论人工边坡，还是天然滑坡，都可布置多点位移计，其中，人工边坡布置多点位移计较为常见。

多点位移计测点远不及钻孔测斜仪多，钻孔测斜仪每0.5m一个测点，而多点位移计在同一钻孔中一般仅4～6个测点。但多点位移计可远距离测量，便于监测自动化。

多点位移计一般布置在有断层、裂隙、夹层或层面出露的边坡坡面。多点位移计钻孔常水平略向上呈5°～10°的仰角（为便于灌浆，有时也采取5°～10°的俯角）。钻孔孔底应穿过要监测的软弱结构面。

除特别重要的工程外，多点位移计与钻孔测斜仪一般不重复布置。

2)其他监测点布置

(1)渗流监测布置

地下水是影响边（滑）坡稳定的主要外因之一。渗流监测的布置方法可根据具体情况确定：

①选择边坡坡高最高处的山顶或不同高程的马道上打深钻孔，进行地下水长期观测。钻孔应钻至含水层底板以下。

②在监测断面与各排水洞交会处，各布置1个测压管进行重点监测。此外，利用排水洞按一定间距布置一些测压管，进行一般监测。

③当布置有钻孔测斜仪时，可在每个钻孔测斜仪钻孔的孔底布置渗压计。

(2)降雨量及地表径流监测

①采用雨量计进行降雨量监测；

②利用坡顶截水沟的坡面排水向布置量水堰。

(3)排水量监测

①在排水洞、交通洞口处设置量水堰。

②选择典型排水孔，采用容积法监测排水孔的排水量。

(4)江水水位监测

江水水位变化会影响边坡的稳定，江水水位的监测将为边坡稳定性计算提供科学依据。

江水水位变化数据一般通过在边坡的坡脚靠近江边处设立水位标尺监测得到，也可取自附近水文站测得的水位资料。

(5)加固效果监测的布置

加固效果监测依据加固措施决定。对边坡的加固措施有锚杆、预应力锚杆、抗滑桩、阻滑键(锚固洞)等。各项监测的布置方法如下：

①锚杆监测。

为监测系统锚杆或加强锚杆的受力状态，要进行锚杆应力监测。监测仪器常采用锚杆应力计。

锚杆监测常选择有代表性的地段(如不同岩层)和各种形式的锚杆(如不同长度、大小)抽样进行。用作监测的每根锚杆宜布置3～5个测点，以便了解锚杆受力状态和加固的效果，以及应力沿锚杆的分布规律。

锚杆监测的数量根据工程需要及经费情况确定，一般为锚杆总数的3%～5%，或根据工程实际需要确定。

②预应力锚杆监测。

用预应力锚杆加固边坡或滑坡，有扰动岩体少、施工灵活、速度快、干扰少且处于主动受力状态等优点，故被工程广泛采用。

预应力锚杆监测是对各种吨位的锚杆抽样进行的。监测锚杆的数量根据工程的需要、工程的重要性和经费的承受能力确定，一般按 3% ~5% 抽样进行监测。每个典型地质地段或每种锚杆至少应监测 1 ~2 根。

对进行长期监测的锚杆，应在锚杆的孔口端安装一支锚杆测力器，以监测锚固力随时间的变化。

③抗滑桩监测。

a）为了掌握抗滑桩的加固效果和受力状态，常采用钢筋计、压应力计进行监测。

b）监测仪器布置在受力最大、最复杂的滑动面附近。

c）沿桩的正面和背面受力边界面和桩的不同高程布置压应力计，分别监测正面的下滑力和背面岩土体的抗力大小及其分布。

d）在抗滑桩正面可能滑动面附近的混凝土受力方向上埋设钢筋计，以求得最大（危险）应力值。钢筋计宜埋在主滑面附近。

④渗压监测。

渗压监测与边坡加固措施相配合，往往要对边（滑）坡采取排水措施，排水措施有排水洞、排水沟和排水孔等。为检验排水效果，常采用渗压计、地下水位观测孔、量水堰等进行长期监测。

⑤巡视检查。

仪器监测是边（滑）坡监测的主要手段，但由于经费和技术等原因，仪器监测通常有限，不可能覆盖整个边（滑）坡。因此，作为仪器监测的补充，进行人工现场巡视检查是十分必要的，并应列入设计、监测报告。

巡视设计应包括以下方面：

a）巡视检查包括日常巡查、年度巡查和遇有险情的临时巡查，应根据施工期、运行期具体需要组织开展；

b）巡视检查的频度应根据 a）的不同情况制定，正常情况下巡视间隔大，施工期、雨期（汛期）、遇险情时加密；

c)根据a)组织有关的人员参加巡视检查,参加人员应熟悉工程情况且具有一定的专业经验;

d)除对边(滑)坡进行普遍巡视外,应重点察看前后缘、主要断裂出露处和监测设施;

e)察看地表的裂缝发生和发展情况、岩体的坍塌情况、地下水的渗出和变化情况,以及监测设施有无损坏情况等;

f)巡视检查要建立制度,认真记录。

8.3.6 监测频次

监测频次与监测阶段、边坡安全等级有关:

1)施工安全监测

(1)施工安全监测周期应与施工期一致。

(2)施工过程宜24h监测1次,发现变形迹象宜12h监测1次,变形活跃期宜跟踪监测。

(3)连续雨天施工时宜12h监测1次,且应适时跟踪监测和巡查。

2)防治效果监测

(1)防治效果监测周期应与施工安全监测周期相衔接,起于路堑边坡防治工程交工验收时,当监测项目数值稳定,且经历至少1个水文年后,可停止监测。

(2)正常情况下,宜每15d监测1次,当多次监测到的数值不再发生变化后可每月监测1次。

(3)连续降雨、暴雨、监测项目异常时,应加密监测频率,直至监测项目数值不再发生变化为止。

3)运营安全监测

(1)运营安全监测周期应与防治效果监测周期相衔接,起于工程运营,当监测项目数值稳定,且经历至少1个水文年后,可停止监测。

(2)确定稳定时可每月监测1次,连续降雨、暴雨、监测项目异常时,应加密监测频率,直至监测项目数值不再发生变化为止。

在下列情况下，应提高监测频率，直至变形趋于稳定1年后方可停止：

(1)边坡区域存在不良地质。

(2)监测数据变化较大或者变化速率加快。

(3)开挖后未及时防护。

(4)长时间连续降雨、边坡区域周边大量积水。

(5)边坡出现管涌、渗漏或流沙等现象。

(6)支护结构出现裂缝。

(7)邻近建筑物突发位移或严重开裂。

(8)边坡区域发现宏观变形迹象。

(9)出现其他影响边坡及周边环境安全的异常情况。

当有危险事故征兆时，应采用非接触监测方式实时跟踪监测。

8.4　监测资料的分析与反馈

8.4.1　监测资料整理的内容

(1)观测原始资料有两种提供形式：

表格形式：按统一的正规表格在现场用铅笔填写、记录。

U盘形式：在计算机上将观测原始资料输入U盘，以便通过相应的软件在计算机上进行资料整理。

(2)原始观测数据的检验和物理量计算。

(3)绘制各种物理量变化曲线。要通过监测物理量的空间分布和随时间的变化，考察边坡的性状和变化，即通过整理各种物理量沿不同深度、不同方向的分布曲线和物理量随时间变化的过程曲线反映边坡的性状和变化。

位移(变形)曲线。岩土边坡破坏的主要形式是变形，所以位移监测是岩土边坡监测中最重要的监测项目。需要整理的位移(变形)曲线较多。常用的钻孔测斜仪、多点位移计在边坡深部位移监测中整理的曲线通常如下：

(1)位移-深度曲线，即位移随深度的变化(分布)曲线。位移又有累计位移与相对位移之分。累计位移，即计算点相对孔底不动点的位移。根据钻孔测斜仪的测量原理,将每次测量值由孔底至计算点逐段累计得出,得到累计位移。相对位移,指计算点每次相对该点的初始值的位移变化值。钻孔测斜仪每次测量是沿相互正交的两对槽分别测量的,这两个正交方向用A、B分别表示,通常以A方向表示顺边坡的方向,B方向表示顺河流的方向。两者的合成位移方向则是实际的位移方向。

钻孔测斜仪的位移-深度曲线有合成累计位移-深度曲线、A方向相对位移-深度曲线、B方向相对位移-深度曲线、合成相对位移-深度曲线。从相对位移-深度曲线上很易发现滑动面的出现;相对位移没有做逐段累计计算,因此,包含较少系统误差。

(2)位移-时间过程曲线。使用位移-时间过程曲线是反映边坡发展趋势和影响因素的较好方式。对于多点位移计,常绘制各测点的位移-时间过程曲线,以了解不同深处位移的大小及变化趋势。

(3)位移方向-深度曲线。位移方向随深度的变化曲线用于考察边坡位移的性状。

(4)渗压-时间曲线。用渗压计可以测量地下水的渗透压力,通过压力值可以求出地下水位。

(5)锚索(杆)应力-时间曲线。

(6)开合度-时间曲线。利用测缝计可以测量边坡上的裂缝、断层、夹层等的开合和位错。

(7)水位-时间曲线。

(8)监测成果表。监测成果除用成果曲线表示外,常用表格形式给出。表格形式根据分析的需要给出,一般不给出一个孔按不同孔深逐点的位移,因为每0.5~1.0m一个测点会使测值太多;另外,位移随深度的变化从位移-深度曲线已可一目了然。按分析的目的和需要可整理出如下成果表:

①监测仪器埋设情况表。包括仪器名称、生产厂家、仪器(或测点)编号、测点位置(或坐标)、埋设时间以及备注等。对同一类监测仪器可按不同测孔(测点)列出,也可以把不同类仪器列在同一个表上。当仪器种类测点(孔)多的时候,可采用前一种形式;当同一种仪器较少时,可采用后者。

②监测仪器数量统计表。为了展示一个工程不同部位、不同种类仪器,可以

用仪器数量统计表表示。

③监测成果统计表和分析表。当同一类仪器同一测点(孔)成果较多时,可以给出一定时间内测值的最大值或变化幅度。有时按不同高程、不同监测断面给出监测成果,从中可以得出不同高程、不同断面岩体的稳定性。

8.4.2 监测成果曲线的解释

边坡监测中,位移的监测是最重要的项目之一。在高边坡、滑坡监测中,钻孔测斜仪监测是最有效、最普通的方法。钻孔测斜仪监测的资料丰富,对一个100m深的钻孔和0.5m长的测量探头而言,每观测一次要记录约800个观测数据,可以整理出约600个位移值(A、B两个方向和合成位移各200个)。利用计算机和相应的程序,可以整理出大量的位移曲线。现以钻孔测斜仪监测成果曲线为例,说明如何解释各种曲线。

(1)稳定位移曲线。

稳定位移曲线的"稳定"是指相对稳定而言,位移并非一成不变,但这种位移变化的特点一是呈缓慢的蠕变,二是呈起伏变化。造成起伏变化的主要外因,常常是降雨过程引起的地表水和地下水位的变化、施工开挖的影响以及地震等。外因可能导致瞬时或暂时的位移突变(包括滑动、出现滑动面),但外因一旦消失,位移随即趋于稳定。所有这些位移-深度曲线都认为是稳定曲线。

当然,判断位移曲线是否稳定不能只从位移-深度曲线着眼,还应当由位移-时间过程曲线、渗压变化、地表宏观调查等综合分析判断。

(2)滑动位移曲线。这里所指的"滑动"曲线,是指边(滑)坡出现了滑动面的曲线。通常这个滑动"面"是以具有一定厚度的滑动"带"的形式出现。滑动面自出现起,其形状、位置一直稳定不变。

(3)岩(土)体整体移动曲线。

(4)水影响曲线。

(5)灌浆不密实曲线。

(6)爆破影响曲线。

(7)相对位错曲线。可以从相对位移-深度曲线看出错动的产生和发展过程。

(8)钻孔埋深不足曲线。

(9)岩土体松散曲线。

(10)周期性变化过程曲线。

(11)位移方向-深度曲线。

8.4.3 监测资料的分析内容

根据监测资料进行边(滑)坡稳定性分析是一个十分复杂的问题,它涉及多方面的因素,如边(滑)坡的地形、工程地质及水文地质方面的历史和现状,天然(如降雨、地震)和人为活动(如施工开挖、建房加载)等的影响。稳定性分析方法包括地质分析、模型试验、数值计算及图解法等。

1)相对稳定的判识

当位移-深度曲线呈稳定状态,且位移-时间过程曲线没有明显位移持续增长,只随时间起伏变化时,应考虑边(滑)坡处于相对稳定状态。

2)出现潜在滑动破坏危险的判识

(1)当位移-深度曲线呈滑动曲线状态,表明边(滑)坡已出现滑动和滑动面,则应考虑未来可能失稳,并且出现滑动破坏。

(2)从图上可以确定滑动面位置、滑动带厚度、滑动位移的大小、滑动平均速率和滑动方向等。

(3)应根据钻孔柱状图或地质剖面图查明滑动面的性质(浅层或深层;沿断层或层面,还是沿堆积层与基岩交界面等)。

3)滑动发展的趋势性分析

当滑动面出现后,可以进行以下趋势性分析:

(1)绘制滑动面或地表处的位移-时间过程线,看位移是否持续增长,呈起伏变化或趋于稳定。

(2)绘制不同时间-相对位移曲线,看相对位移是急剧变化还是缓慢变化。

(3)绘制不同时间位移方向-深度曲线,看位移方向是急剧变化还是缓慢变化或不变。

(4)在上述分析的基础上,结合累积位移-深度曲线对边(滑)坡体的形态特征做出初步判断。

4)影响因素分析

经常遇到的影响因素有:

(1)对于天然滑坡,在某种情况下(如雨季或蓄水)位移明显增大,甚至出现滑动面,但随后(如雨季后)位移又趋于稳定甚至递减,且往往呈周期起伏状态。

(2)对于人工边坡,施工开挖可能导致滑动面的出现,施工完成后位移即趋稳定。

鉴于以上两种情况反映的客观现象,在采用深部位移曲线判识边(滑)坡体稳定性时,一定要综合考虑地质、水文及人为活动等因素的影响,避免因出现偶然(或暂时)现象而做出关于边(滑)坡体失稳的错误判断。在比较深刻地掌握了边(滑)坡体各种综合信息的基础上,应用位移曲线对其作判断才是切实可行的。如果滑动面位移持续增长,相对位移和位移方向急剧变化,则应根据实测位移用其他方法进行安全预测预报工作。

5)允许临界位移(或速率)值的确定

滑动面位移(或速率)多大是安全的?这个允许临界值很难确定,对不同边(滑)坡不能一概而论。在监测过程中,前面已经达到(发生)过且表现为相对稳定状态的位移(速率)量,一般可以借鉴作为未来允许达到的安全界限。

6)位移反分析

反分析方法的基本思想是根据现场监测资料,通过严格的力学分析计算,对所采用的基本物理力学参数进行调整,使之更符合具体工程实际。反分析方法是建立确定性和混合性模型的基础性工作,也是进行有效的安全预测和反馈分析的前提条件。

8.4.4 边坡工程的安全预报和反馈

1)安全预报的内容

边坡的安全预报包括以下几方面的内容:

(1)预报边坡滑塌的时间。

(2)预报边坡滑塌的范围(或方量),包括滑坡长、宽和深。

(3)预报边坡滑塌的速度,特别是预报边坡是否属于高速滑坡。

(4)预报滑坡引起的江水涌浪高度和影响的范围(距离)。

一般情况下,最重要的是滑坡发生时间的预报。因为知道了时间,就可以在滑坡前采取撤离措施,避免损失。在没有特别说明时,安全预报一般是指滑坡时间的预报。

2)安全预报的标准

可以根据以下物理量进行预报:

(1)边坡位移(或变形)的大小。

(2)渗透压力的大小。

(3)抗滑桩或预应力锚杆受力的大小。

(4)岩体声发射次数的多少。

目前,采用最广泛的方法是依据边坡位移大小来进行预报。预报用的位移,通常是取自边坡后缘拉裂缝的位移或滑动面的位移。滑动面的位移通常取自钻孔测斜仪测出的滑动面位移或利用边坡中竖井揭露的滑动面上直接测定的位移。

安全预报标准或允许临界(位移)值是很难确定的,要用一个位移允许值来适应各种边坡更是不可能的。因为边坡的稳定性受边坡本身的形态、边界条件、岩性、岩层产状、岩土体构造、环境、荷载作用的影响。在有监测资料时,先前已经达到(发生)过且表现为相对稳定状态的位移(或速率)值,在条件没有明显变化的情况下,一般可以作为随后(未来)允许达到的一种安全界限。上述采用位移的“先验法”得出允许临界值的方法同样可以用于渗压、抗滑桩或预应力锚索的荷载,以及声发射等临界值的确定。

3)安全预报和反馈模型

预报模型:①斋藤道孝法;②灰色预报模型 GM(1,1);③BP 神经网络模型;④统计回归模型。

预报方法:①图解法;②调查法。

即使滑坡有仪器监测，人工现场巡查也是不可少的，因为受设备条件限制，能布置仪器的地方不多，必须采用定期或不定期的人工巡查进行补充。如果将仪器监测视为“点”，则人工巡查可视为“面”，点面应该相互结合。人工巡查的目的在于及时捕捉滑坡前的征兆，对滑坡的发展趋势做出粗略的判断，这些前兆包括：

(1)滑坡坡面或滑坡上的建筑物出现裂缝，裂缝不断加宽(或闭合)、延长、增多。

(2)坡面上地表水沿裂缝很快漏失，或者边坡上的渠道水流大量流失。

(3)坡下地下水水位和水质发生变化，边坡前缘原有泉水干涸，出现新的泉水点，水井水位突然变化。

(4)滑坡前缘的湿地增多，表明滑坡活动加剧，滑带渐渐连通。

(5)边坡岩石发出响声，甚至冒气(看上去像冒烟)。

(6)滑坡前缘出现局部崩塌或石块崩落。

4)高速滑坡的判据

产生高速滑坡至少有如下几个条件：

(1)高速滑坡通常产生于完整边坡的第一次滑动，斜坡失稳前经历了长期的变形过程，黏性土(或岩体)渐进性破坏是失稳的主要原因。

(2)高速滑坡的滑面由三段组成，滑面中部(或其他部位)存在有阻滑作用的锁固段，锁固被剪断时呈突发性的脆性破坏，并释放很大的能量。

(3)滑坡的前缘存在碎屑流，塌滑土体后缘与破裂壁之间存在高速滑动后形成的巨大凹槽。

5)边坡工程的监测反馈

(1)监测简报。这是一种常用的快捷反馈方式，可以用定期或不定期发出简报的形式，将监测对象的情况、出现的问题、工作意见或建议及时通报有关各方。施工期一般1～2周一次，特殊情况下加密；运行期一般1～2个月一次，汛期加密。

(2)年度结果报告。

(3)监测成果综合分析报告。

①监测资料要根据建筑物的特点，选取典型部位的资料加以分析，以反映具有某些(种)特点的建筑的工作形态，并判断是否合理。

②分析资料时，要注意建筑物是在哪些(种)荷载作用下(如水位、温升、温降、地震等)进行观测所取得的资料，与相应设计工况下的设计计算值(或模型试验值)进行对比分析，以判断建筑物的稳定性。

③对于采取了工程加固措施的部位，应根据该部位的监测资料分析其是否发挥了预期的作用，以校核设计。

④安全监测资料应尽可能做到系统、准确，以便全面反映各主要建筑物的状况。在遇到紧急情况时，通过口头、电话、电报及时通报。

8.5 文麻高速公路 K39 边坡监测系统

8.5.1 工程概况

文山至麻栗坡高速公路 K39 + 400 左侧边坡滑坡地质灾害治理涉及桩号为 ZK39 + 300 ~ ZK39 + 580。该处滑坡位于路线左侧，以开挖路基形式通过，坡面采用格构护坡，设计高程位于滑坡体下部，切坡高度最大约 32.0m。以 ZK39 + 420 处的冲沟为界，分为东西两处边坡，各级边坡分级高度均为 8m，坡度均为 1:1。

西侧边坡前缘高程约为 1240m(路面)，后缘高程约为 1310m，相对高差为 70m，平面上纵向长 175m，横向宽 70m。由于边坡已经开挖为四级边坡，坡面呈折线坡，滑坡体积约为 $21.3 \times 10^4 m^3$；东侧边坡前缘高程为 1240m，后缘高程为 1314m，平面上纵向长 180m，平均宽度 90m，在平面上呈圈椅状。边坡前缘开挖为二级边坡，坡面呈折线坡，坡面后面呈直线形，不稳定斜坡体积约为 $20.0 \times 10^4 m^3$，如图 8-10 和图 8-11 所示。

根据工程地质调绘及钻探揭露，地覆盖层为第四系全新统崩坡积(Q_4^{col+dl})含砾粉质黏土，下伏基岩为泥盆系下统翠峰山组(D_1c)泥质页岩。各岩土层工程地质基本特征及分布范围分述如下。

图 8-10　文麻高速公路 K39 滑坡全貌

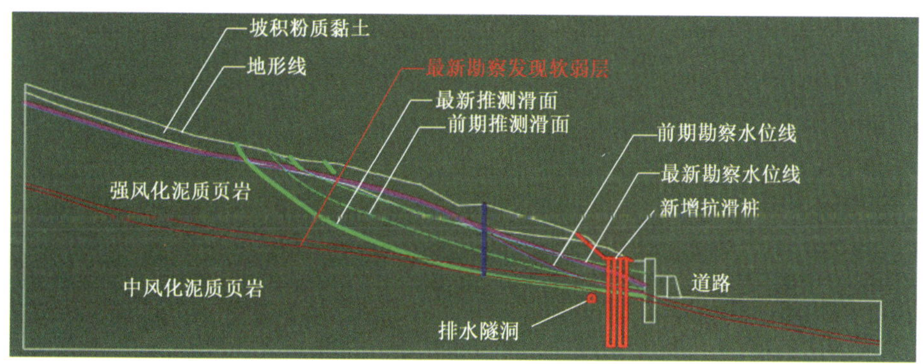

图 8-11　文麻高速公路 K39 滑坡地质剖面要素

1）第四系全新统崩坡积（Q_4^{col+dl}）

含砾粉质黏土：红褐色，可塑状—硬塑状，黏手，干强度及韧性中等，含约 5%～20%的页岩砾石、碎石，直径约为 2～50mm，为残坡积成因。该层揭露厚度为 1.1～22.5m，广泛分布于地表，为斜坡体覆盖层的主要组成物质之一。

2）泥盆系下统翠峰山组（D_1c）

页岩：薄层状构造，以黏土矿物为主，部分夹炭质页岩，岩芯极破碎，呈碎块状、土状，质软。揭露厚度为 3.0～39.5m，为不稳定斜坡体的"致灾"地层。

灰岩：灰色，裂隙较发育，溶孔与溶隙不发育，质硬。主要分布在香坪山隧道、坡体后缘水泥路内侧出露。

根据地质调绘,边坡西侧中风化页岩大面积出露,地层产状为280°~336°∠48°~80°,上部岩层出现弯曲折裂现象,倾角变化较大;边坡东侧为一山脊,岩层产状为309°~352°∠20°~40°,产状变化较小。在西侧边坡开挖后坡面上页岩产状为180°~230°∠15°~26°,和区域产状明显不一致,主要原因是岩层倾角较陡,上部岩体在构造、自重作用下沿软弱面发生弯曲-折裂变形。

边坡区域地表水主要为东西两侧边坡之间的冲沟及坡后缘水塘。地下水十分发育,为基岩裂隙水,赋存于页岩、灰岩层中,以及松散层孔隙水,赋存于角砾粉质黏土中。根据钻孔观测,地下水位埋深为7.3~8.9m。

地下水的补给主要为区域后缘岩溶洼地、岩溶槽谷汇水,大部分沿着岩溶管道由北向南进入香坪山隧道所在山体,部分沿构造裂隙流入边坡区,由于裂隙不均匀分布,沿构造裂隙在坡体上点状分布。

K39滑坡自上而下主要涉及粉质黏土、含碎石的粉质黏土,以及全风化页岩、中风化页岩。

8.5.2 监测主要依据

(1)《公路滑坡防治设计规范》(JTG/T 3334—2018)。

(2)《工程测量标准》(GB 50026—2020)。

(3)《建筑边坡工程技术规范》(GB 50330—2013)。

(4)《建筑变形测量规范》(JGJ 8—2016)。

(5)《国家一、二等水准测量规范》(GB/T 12897—2006)。

(6)《建筑与桥梁结构监测技术规范》(GB 50982—2014)。

(7)《岩土工程仪器基本参数及通用技术条件》(GB/T 15406—2007)。

(8)相关资料及合同文件。

(9)勘察、设计及业主相关文件。

8.5.3 监测目的及主要内容

1)监测目的

自K39滑坡开始变形以来,为了查明不稳定斜坡病害的影响范围、深度及形成机制等，加强对滑坡变形特征的认识，为防治效果评价提供依据，保证公路长期运营安全，施工过程中陆续在滑坡体和防治结构上布置了一系列的监测点，以便后续对滑坡区域的地表变形、深部位移，以及地下水位、降雨等数据进行监测、整理、分析。其主要目的包括：

(1)通过对边坡进行监测，辅助判断边坡稳定性，为动态设计治理方案的制定及运营管理提供数据支撑。

(2)通过对桥梁墩台进行监测，进一步查明桥梁墩台的累计偏移、沉降情况及变形机理，以客观了解桥梁的安全状态，确保桥梁运营期的安全。

(3)监测数据和资料，按照安全预警位移阈值发出报警信息，既可以对安全和质量事故做到防患于未然，又可以对潜在的安全和质量隐患做到心中有数。

2)监测工作内容

依据现场工程特点，针对“三家1号大桥及K39+400边坡病害”变形特征，整个监测区域从下面7个方面展开相关监测工作：

(1)地表变形监测：针对不稳定斜坡若干主断面进行布点监测。

(2)抗滑桩顶监测：针对K39+400边坡抗滑桩顶布点监测。

(3)挡墙顶监测：针对K39+400边坡挡墙顶进行布点监测。

(4)深部位移监测：选取部分补勘钻孔、抽芯桩孔，对边坡、抗滑桩进行深部测斜。

(5)桥梁变形监测：针对“三家1号大桥”的部分墩台、护栏、伸缩缝等进行变形监测。

(6)水位监测：针对关键部位的补勘孔、抽芯孔进行水位监测。

(7)现场巡查：对桥梁结构、边坡抗滑支挡结构、排水系统等进行踏勘巡视，掌握结构变形外观表现。

8.5.4 监测布置

根据现场巡查特点，为方便设计使用及分析，沿用勘察报告中对整个工程区域的工程地质分区(图8-12)与区域断面的划分。针对性地对分区进行布置并安装如下监测点(孔)。

图 8-12　文麻高速公路 K39 滑坡工程地质分区

监测Ⅰ区:4 个地表变形监测点,编号 BP1#、BP2#、BP12#、BP13#;3 对路面裂缝测点,编号 L1-1′~L3-3′;3 个坡体深部测斜孔,编号 BK01、BK03、BK04;4 处墩台监测点,编号 ZQD0#、YQD0#、YQD1#、YQD2#;1 个坡体水位监测孔,编号 BK03。

监测Ⅱ区:1 个坡体深部测斜孔,编号 BK13。

监测Ⅲ区:13 个地表变形监测点,编号 BP03~BP11、BP14~BP17;6 对边坡裂缝测点,编号 1-1′~6-6′;42 个方形抗滑桩顶监测点,编号 Z1#~Z36#、QJ7#、QJ17#、QJ27#、GNSS03、GNSS05、GNSS06;8 个挡墙监测点,编号 D1~D8;15 个深部测斜孔,编号 BK08、BK10、BK11、BK14、BK17、BK21 ~ BK24、ZHSK01、ZHSK02、ZHSK03、Z07、Z12、Z19;6 个水位监测孔,坡体水位监测孔,编号 BK11、BK17、BK24,抗滑桩抽芯孔水位监测孔,编号 Z07、Z12、Z19;1 个降雨量监测计,编号 ZHSK01-YL。

另外,在反压区布置 1 个深部测斜孔,编号 BK26。

各区监测点和监测对象详见表 8-11。

文麻高速公路 **K39** 边坡监测点(孔)布置统计表　　表 8-11

<table>
<tr><th colspan="2">分区</th><th>监测点</th><th>监测孔</th><th>监测内容</th><th>目的</th><th>备注</th></tr>
<tr><td rowspan="2">Ⅰ区</td><td>除Ⅰ-1区</td><td>边坡:BP01</td><td>BK01、BK03</td><td>地表变形监测,深部位移监测,水位监测,现场巡查</td><td>判断后缘山体是否变形</td><td></td></tr>
<tr><td>Ⅰ-1区</td><td>边坡:BP02、BP12、BP13;
路面裂缝:L1-1′、L2-2′、L3-3′;
墩台:ZQD0#,YQD0#~YQD2#</td><td>BK04</td><td>地表变形监测,深部位移监测,桥梁变形监测,现场巡查</td><td>监测0号台右侧坡主滑断面</td><td>路面裂缝(后期停测)</td></tr>
<tr><td>Ⅱ区</td><td>—</td><td>—</td><td>BK13</td><td>深部位移监测,现场巡查</td><td>判断后缘山体是否变形</td><td></td></tr>
<tr><td>Ⅲ区</td><td>除Ⅲ-1区和Ⅲ-2区</td><td>边坡:BP03、BP04、BP10、BP11、BP14、BP15、BP16、BP17;
桥面:QZ4H-1、QZ4H-2;
墩台:ZQD2#、YQD3#、YQD4#、YQD6#</td><td>BK11、BK14、BK21~BK23</td><td>地表变形监测,深部位移监测,桥梁变形监测,水位监测,现场巡查</td><td>判断后缘山体、桥梁是否变形</td><td>QZ4H-1、QZ4H-2左幅桥面4号伸缩缝右侧</td></tr>
<tr><td rowspan="2">Ⅲ区</td><td>Ⅲ-1区</td><td>边坡:BP05、BP06、BP07、BP08、BP09、GNSS01、GNSS02、GNSS04、ZHSK01-YL;
抗滑桩:Z1#~Z36#、QJ7#、QJ17#、QJ27#、GNSS03、GNSS05、GNSS06、YZ1~YZ4(圆桩);
挡墙:挡墙顶D1#~D8#(挡墙底Dd-1~Dd-5);
路肩:LJ1~LJ3;
边坡裂缝:1-1′~6-6′</td><td>边坡:BK17、BK24、ZHSK01~ZHSK03;抗滑桩:Z07、Z12、Z19</td><td>地表变形监测,深部位移监测,抗滑桩变形监测,挡墙监测,水位监测,现场巡查</td><td>监测结构物位移、倾角</td><td>ZHSK01-YL(自动化降雨量监测计);ZHSK01、ZHSK02、ZHSK03(自动化水位监测孔)</td></tr>
<tr><td>Ⅲ-2区</td><td>墩台:YQD5#</td><td>BK08、BK10</td><td>桥梁变形监测,深部位移监测,现场巡查</td><td>监测右幅5号墩变形</td><td></td></tr>
<tr><td>反压区</td><td>—</td><td>—</td><td>BK26</td><td>深部位移监测,现场巡查</td><td>监测反压体变形</td><td>根据实际情况增加</td></tr>
</table>

8.5.5 监测方法

1)常用仪器设备

本项目中主要采用的设备有全站仪、GNSS系统、自动化倾角监测设备、测斜仪、水位计及其相应的读数仪(接收、采集仪)等,其性能参数见表8-12。

主要设备类型及其性能参数统计表 表8-12

设备名称	型号	性能参数
全站仪	天宝S9	S9机器人,0.5″,2500m
振弦式读数仪	葛南	频率400~6000Hz,模数160~36000F,精度±0.1
测斜仪	CX-3C	ϕ28mm,导轮间距为500mm;测量精度为±0.01mm/500mm,分辨率±2s
GNSS系统	GNSS自动位移传感器	支持GPS/北斗/GLONASS;精度:水平$\pm(2.5\text{mm}+1\times10^{-6}D)$,高程$\pm(5\text{mm}+1\times10^{-6}D)$
自动化倾角监测设备	一体化倾角计	量程:0~180°
水位计	—	测量深度50m;最小读数1mm
伸缩缝巡测设备	钢尺	固定钢尺,测量伸缩缝两侧偏移伸缩情况

2)监测内容

(1)地表变形监测

K39滑坡范围内共设有两个监测剖面,监测剖面方向与滑坡主滑方向一致。地表变形监测的主要仪器为GNSS和全站仪。

在K39滑坡范围外设置基准点BP3,其余全站仪监测点主要布置于6—6′主剖面上,沿剖面6—6′从后至前依次布置监测点BP6、BP5、BP7和BP15。在剖面7—7′前缘右侧布置BP8、BP9和BP10三个监测点,负责监测滑坡右侧地表变形情况。监测点BP15和BP10位于高速公路附近,可以有效掌握公路地表变形情况。

为提高地表变形监测的精度,在剖面6—6′的后缘、中部和前缘分别布置

GNSS 监测点 01、02 和 03，在剖面 7—7′的后缘和前缘布置监测点 GNSS04 和 GNSS05，其中监测点 GNSS03 和 GNSS05 同时位于滑坡的防护结构上，可以监测结构的变形特征。在滑坡前缘的防治结构上布置监测点 GNSS06，以便全面地掌握滑坡变形信息。

(2)深部位移监测

K39 滑坡主要采用钻孔测斜的方式进行深部位移监测，在滑坡的主剖面方向上主要布置有 5 个深部监测孔，分别为 BK22、BK16、BK17、BK23 和 BK24。其中 BK17、BK22、BK23、BK24 孔为深部测斜孔，BK17 和 BK24 分别位于两侧边坡中部位置，BK22 和 BK23 孔分别位于 K39 滑坡整体后缘裂缝后方。除此之外，在滑坡前侧公路和滑坡左侧边缘外设置监测点 BK21 和 BK11，作为基准值。

(3)地下水位和降雨监测

由于 K39 滑坡为复合型滑坡，变形特征较为复杂，其影响因素主要为高水位和降雨导致的滑坡岩土体的物理力学性质降低。因此，考虑环境因素影响，将水位和降雨作为主要监测因素。在监测体系中，测斜仪在很大程度上可以同时满足深度位移和水位高度的监测需要，初步选择 BK03、BK04、BK10、BK11、BK17、BK26 作为水位监测孔。同时，在 K39 滑坡两个主剖面中部分别布置两个智能监测点：ZHSK01 和 ZHSK03，可以用于滑坡体不同部位水位的监测。

(4)防治结构监测体系

在一期边坡治理工程施工之后，现场的工程地质调查结果和坡体、防治结构监测数据显示，坡体仍然在持续变形，后缘裂缝在原来的基础上继续扩大，同时在已施加的防治结构上出现大量的裂纹和整体偏移现象。为及时控制坡体变形，对 K39 滑坡拟采用“抗滑桩支挡 + 坡面框架锚杆 + 地表排水及地下深层泄水管及集水井排水 + 支撑渗沟渗井排水”等综合处治措施。同时，对防治结构进行变形监测，以便及时调整防治措施。

8.5.6　监测频率和预警控制指标

1)监测频率

监测项目与监测频率见表 8-13。

监测项目与监测频率　表 8-13

监测项目	监测频率		
	应急处治期/变形加剧	变形放缓	正常运营期
人工地表变形监测	1~2 次/d	2~3 次/周	1 次/7 周
地表自动化地表	1 次/24h(高精度解算)		
深部变形监测	2 次/周	1 次/周	1 次/15d

注:雨季可适当加大频率;若地表位移速率大于 2mm/d(变形加剧),则加大监测频率。

上述监测频率为正常情况下的监测频率。通过监测发现斜坡变形出现异常时,根据实际情况加大监测频率;另外,在暴雨后应及时进行监测。

2)监测预警控制指标

根据类似地质条件相关资料等,综合拟定该边坡变形预警等级及其指标,见表 8-14。

预警等级及其指标　表 8-14

指标值	加强观测(较稳定)	Ⅲ级警报(欠稳定)	Ⅱ级警报(不稳定)	Ⅰ级警报(临滑阶段)
连续 3d 水平或竖直变形速率 v(mm/d)	$v<2$	$2\leqslant v<5$	$5\leqslant v<10$	$v\geqslant 10$

注:当监测中出现下列情况之一时,应按Ⅰ级警报管理:

(1)抗滑挡墙、桥梁墩柱出现较大开裂、平移或者倾覆大变形。

(2)边坡坡体深部、桥梁墩柱出现较大开裂、坍塌。

(3)坡表、桥梁墩柱和深部位移变形时态曲线长时间没有变缓的趋势。

8.5.7 K39 滑坡变形结果分析

1)地表变形

K39 滑坡地表布置了 6 个 GNSS 监测点,其中 GNSS01、GNSS02、GNSS03 位于滑坡西侧边坡,GNSS04、GNSS05、GNSS06 位于滑坡东侧边坡。

2022 年 7 月 30 日至 2022 年 8 月 23 日的地表位移监测和沉降量监测,如图 8-13 和图 8-14 所示。由图可以看出,截至 2022 年 8 月 23 日,坡体累计位移和沉降量总体呈现持续增大的趋势,可以看出滑坡的整体变形仍在发生;监测点 GNSS03、GNSS05 和 GNSS06 的变形数据较大,监测点位于坡体前缘,累计位移最大达到

8.79mm。这表明一期防治措施未能有效控制坡体变形,滑坡仍然处于缓慢变形状态。对比滑坡东西两侧监测点的曲线趋势,可以看出监测点 GNSS01、GNSS02、GNSS03 的数据波动幅度更大,变形更为明显。

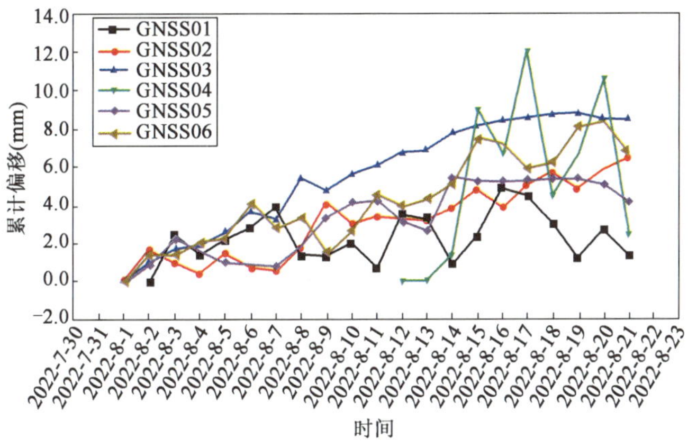

图 8-13　GNSS 监测点累计偏移曲线

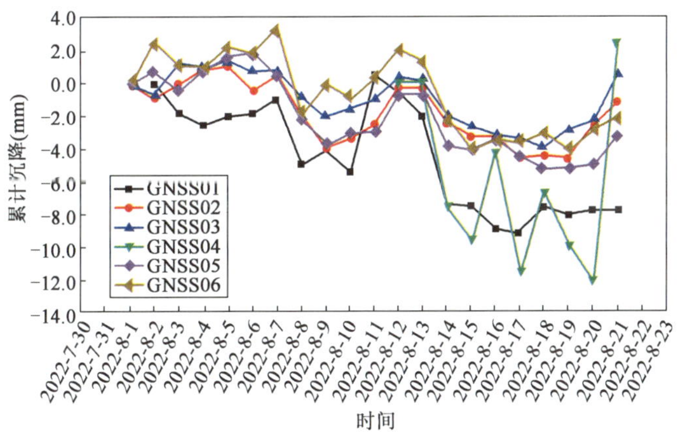

图 8-14　GNSS 监测点累计沉降曲线

2)滑坡深部位移监测

K39 滑坡体内埋设 5 个深部监测孔,其中 BK17、BK22、BK23、BK24 为深部测斜孔,BK17 和 BK24 分别位于两侧边坡中部,BK22 和 BK23 分别位于 K39 滑坡整体后缘裂缝后方。

(1)BK17 测斜孔。

BK17 测斜孔的孔深-累计位移曲线如图 8-15 所示。由图 8-15 可知,累计位移从孔底到地表呈现多个“D”形增加,在孔深 7 ~ 10m 和 27 ~ 32m 段有明显的位移突变点,推测两处深度位置为潜在滑动面。结合钻孔资料,7～10m为覆盖层与基岩分界面附近,为浅层滑面;24～30m段位于基岩内的破碎带,为深层滑面。到2022年7月7日,孔口累计位移103.9mm。2022年4月12日后,位移增长速率快速增大,其变化趋势与地表位移监测基本一致,推测为受季节性降雨影响,浅层滑面的位错速率受降雨影响更为明显。分析认为,由于降雨从坡体后缘裂缝入渗,降低了基覆界面的软弱层岩土体强度,致使滑带位移迅速增大。位移总方向随时间有一定的变化,浅层滑面处的位移方向逐渐倾向191°～200°方向,深层滑面处的位移方向逐渐倾向220°～240°方向。

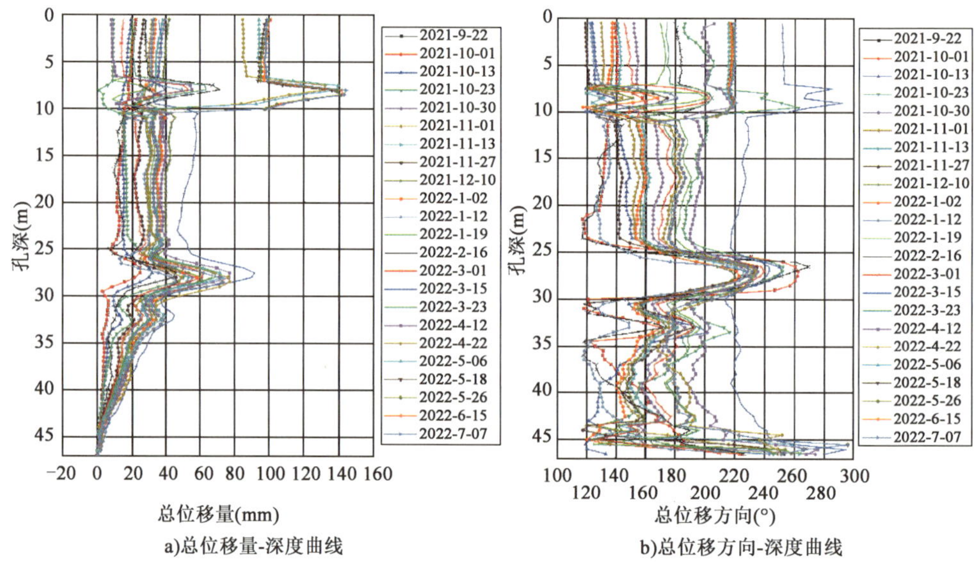

图8-15　BK17测斜孔监测曲线

(2)BK24测斜孔。

图8-16为BK24测斜孔的孔深-累计位移曲线。从图中可以看出,孔深20～21m有明显的位移错断,判断该处为主滑面的位置,同时在23～30m深部位移呈现多个波动状,可能是处于基岩内的断裂带。该孔揭示的位移方向较为一致,在220°～240°,与BK17测斜孔的深层滑面处的位移基本一致。

2022年7月20日开始,位错速率明显增大,同时在浅部12～14m出现一定的蠕滑现象,从初测截至2022年8月11日,孔口累计位移67.9mm。比较两个测斜孔的深部位移可知,西侧边坡的滑带特征更为明显,孔口累计位移更大,表明西侧边坡的变形要大于东侧边坡。

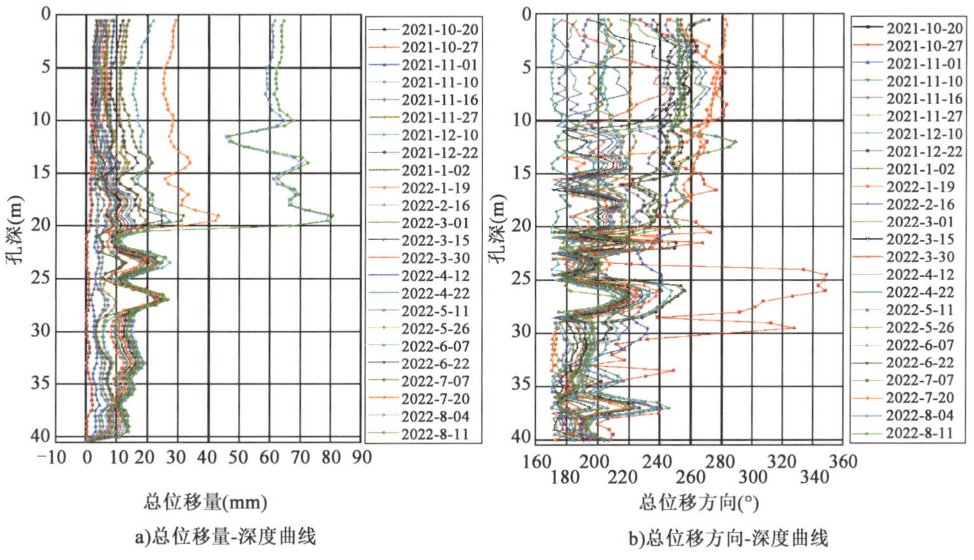

图 8-16　BK24 测斜孔监测曲线

(3)后缘测斜孔。

为进一步监测滑坡的变形发展程度,在地表后缘裂缝后方布置了 BK22 和 BK23 两个深部位移监测孔,钻孔倾斜监测曲线如图 8-17 和图 8-18 所示。可以看出,后方的深部位移量较滑坡主体部分要小得多:从初测截至 2022 年 8 月 19 日,BK22 孔口累计位移 34.4mm,BK23 孔口累计位移 29.3mm。

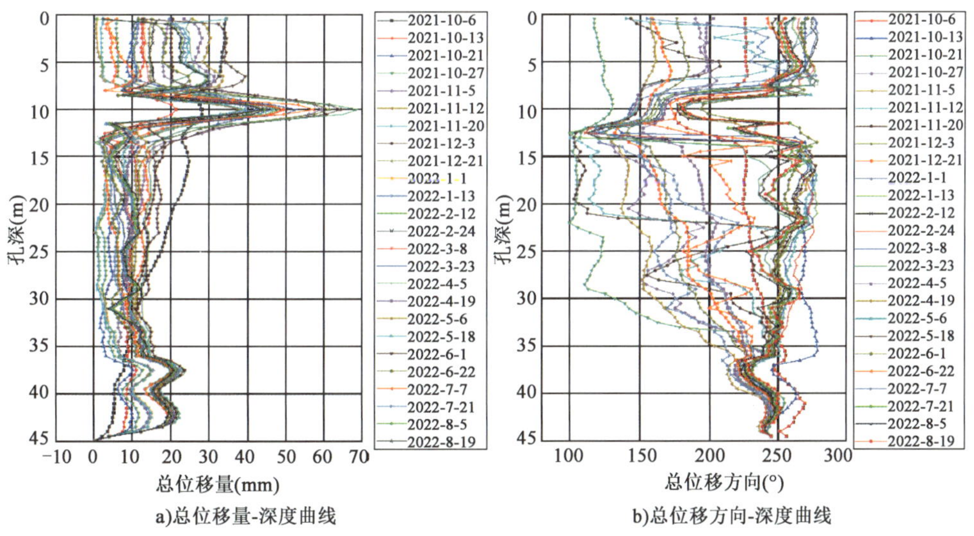

图 8-17　BK22 测斜孔监测曲线

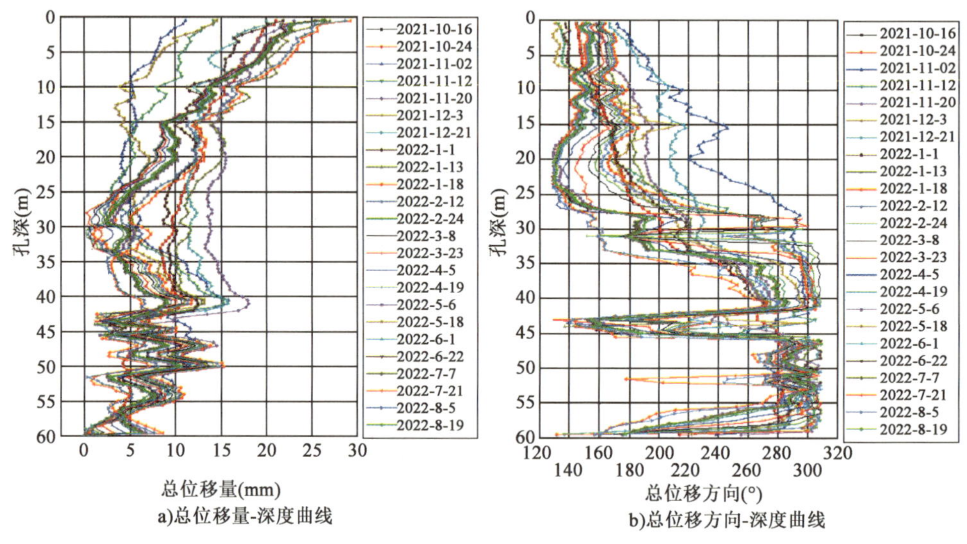

a)总位移量-深度曲线　　b)总位移方向-深度曲线

图 8-18　BK23 测斜孔监测曲线

从两个孔的总位移量-深度曲线来看，仍然存在深部位移错断现象，说明存在多个次级的潜在滑面。BK22 揭示的潜在滑面位于 10～12m，位于基覆界面附近，偏移方向整体为 175°～200°，其余深度位置偏移方向集中于 250°附近。BK23 揭示在 40～60m 深部位移呈现多个波动状，可能是处于基岩内的断裂带，在深度 43m 处偏移方向有明显的转折，偏向 180°～200°，与整体变形方向一致。

3）地下水位

为监测降雨和地下水位的变化对边坡稳定性的影响，在 K39 滑坡两个主剖面中部分别布置智能降雨监测点 ZHSK01-YL 和 3 个地下水位监测孔（ZHSK01-ZHSK03）。从图 8-19 中可以看出，地表降雨量变化显著，地下水位基本处于平稳状态。对比图 8-13～图 8-18 地表与深层水平位移-时间曲线的变化趋势，说明 K39 滑坡变形与地表降雨关系密切，与地下水位的变化相关性并不显著。

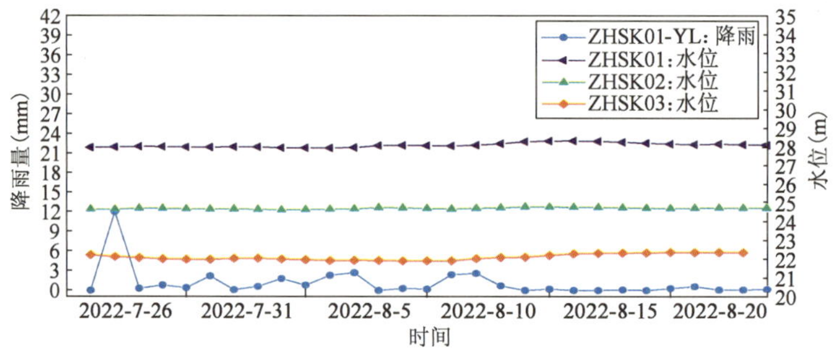

图 8-19　降雨量及水位监测结果

8.5.8　监测结论

综上，总结 K39 滑坡的变形演化过程，具体体现在以下几个方面：

（1）K39 滑坡由上部覆盖层和下部反倾页岩组成，在岩层结构、地质构造、降雨作用和工程活动的共同影响下，发育多条潜在滑动面，分别位于基覆界面、坡前强倾倒折断面和深部断裂软弱带。

（2）由于坡脚开挖引起变形，后缘裂缝的产生为雨水侵入提供了条件，致使边坡发生持续变形；由于未考虑到坡体的复杂结构和多层潜在滑面，一期抗滑桩防治工程未能有效抑制坡体变形，坡表裂缝继续扩大，同时支挡结构也出现一系列变形迹象。

（3）从边坡的监测资料可以看出，坡体地表变形从坡后往坡前逐渐减小，西侧边坡变形要明显大于东侧边坡；深部位移监测资料揭示浅层滑移位置位于 7 ~ 10m，对应坡体中由基覆界面和强倾倒折断面组成的浅层滑面，深层滑移位置位于 24 ~ 30m，对应坡体中的深部断裂软弱带。

（4）地下水位的变化与坡体变形相关性并不显著，降雨对边坡稳定性的影响较大。

后来的监测结果表明，自 2022 年 12 月竣工至 2024 年 5 月底，经二次处理后，无论是边坡体变形，还是支护结构的变形，均趋于稳定。说明应正确制订监测方案，并及时予以实施，准确获取滑坡变形数据，评价边坡的稳定状态及影响因素，为合理、科学确定治理方案提供理论依据，从而避免出现重大经济损失和不良社会影响。

CHAPTER 9 | 第9章

公路边坡信息化设计与施工

路堑边坡开挖施工,是一个打破自然边坡原有的力学平衡状态,又采用加固支挡工程重新建立其力学平衡状态的过程。随着路堑边坡开挖与加固支护的进行,边坡岩土体及其加固支挡结构物自身的应力分布和受力状态也将随之发生变化。

长期以来,我国边坡工程的安全、稳定主要是靠边坡防护措施来保证,但由于岩土体本身就是一个复杂的地质体,自身具有非线性变化的力学特点;同时,我国岩土工程力学尚处于半理论半经验的阶段,勘察手段也存在局限性,导致无法准确摸清岩土体内部的地质条件,因此,有不少路堑边坡工程虽然经过加固支护,但由于加固支挡工程措施设计的超前性,仍然会导致边坡变形失稳破坏。

因此,设计、施工方案若要满足实际工程的需要,就必须完善原来单一静态的“地质勘察-分析设计-实际施工”的模式,要把施工中揭露的工程实际状况反馈给设计和施工人员,从而不断完善设计和施工方案、施工工艺,更好满足工程需要,即进行“信息化施工管理”,实现动态的设计与施工,来有效控制开挖施工中边坡坡体的变形破坏,保证边坡工程正常、快速施工及安全运营。

9.1 概述

9.1.1 技术背景

在数字中国建设背景下,岩土工程如何依托数字化转型实现高质量发展、如何正确认识数字化转型的共性基础和核心要素、新一代信息技术和岩土工程如何融合创新产生新的应用场景,都需要不断探索和实践。

传统岩土工程涉及岩土勘察、测绘、监测、检测、物探等多个专业,专业化、数字化生产的实质是以数据驱动为核心、以数据加工为手段、以数据产品为目标的数字化服务体系,因此,其数字化转型具有类似的技术路径和核心要素,具体为:

(1)规范企业数据标准,提高数据治理水平。

(2)数字赋能专业产品迭代升级,数字生态赋能企业合作共赢。

岩土工程专业化生产,以现场生产和采集数据为起点,通过对海量数据进行加工整理、分析判断、成果输出等,提供完整岩土工程服务。新一代信息技术5G、物联网、区块链、大数据、云计算、BIM、GIS等与岩土工程核心业务的深度融合与创新,已成功应用到岩土工程的不同专业场景中,从而显著提高生产效率和产品质量,有效控制项目的安全风险。

为了适应数字化工程建设的迫切需要,在施工中引入动态设计和信息化施工的方法,即利用"施工信息反馈"技术逐步调整施工工艺和设计参数,从而满足工程的可靠性要求,并降低工程造价。

在边坡支护工程中采取动态设计和信息化施工不仅是可行的,而且是必要的。尤其是大型的边坡或周围存在重要建(构)筑物、道路、管线等的边坡工程施工时,采取动态设计和信息化施工方法,不仅可以避免工程事故的发生,还可以有效应对施工中出现的各种问题,并对其进行准确分析,采取科学有效的措施,防止灾害的发生和蔓延。

在工程开始前就要制定抢险措施,以防万一;在施工过程中,要把好工程的质量关,严格控制施工工序;与此同时,监测人员必须要有较强的责任心,对监测结果须加以重视,并且要与设计人员及时沟通、紧密联系,出现问题及时会同各方全力解决。开展这样严格的工程质量管理,并结合动态设计和信息化施工的手段,边坡支护工程才有可能安全、顺利地完成,达到节省投资、降低造价的预期目标,从而取得更好的社会效益和经济效益。

通过调研发现,目前国内外对边坡动态设计和信息化施工技术的研究仍然不够系统,还有很多缺陷和漏洞需要弥补。就国内而言,至今很少有人对边坡动态设计和信息化施工技术进行全方位、系统化的研究,而在应对一些大型的边坡工程时,动态设计和信息化施工已经是必不可少的一部分。

动态设计和信息化施工技术的研究具有重要意义,主要可概括为以下几点:

(1)采用边坡监测系统,实时掌握被监测体的工作状态,并评价其安全性。在施工期间,把监测的信息和结论及时反馈给设计及施工单位,通过验证获取可行的设计、施工方案,如果出现异常情况则及时指导并调整施工方法;在运行期间，如实地把监测信息及结论反馈给管理和生产部门，方便根据被监测体的状态调整生产运行状态，从而确保运行的安全性。

(2)利用边坡预测预报系统，根据已经测得的资料，预测被监测体的下一步或近期的工作状态，评价其安全性，对可能的不安全因素进行预警预报，从而方便调整施工、运行和生产情况，及时消灭安全隐患，在出现不良后果之前采取有效、可行的补救方案。

(3)通过实际测得的数据，检验现有的设计和施工水平是否能够达到预期状态。其中，监测资料包括被监测体支护结构的变形、应力和沉降等。现有水平下的设计计算结果，往往会因为种种假定及不确定性因素导致其与真实情况出现误差，甚至有时会因为工作的疏漏或者不合理的假定而出现重大的偏差。因此，借助实际测得的信息发现上述问题，通过反分析参数，可改善计算理论、设计方法及施工措施等的不足。

(4)在边坡施工过程中运用动态设计和信息化施工技术，能最大限度地减少安全事故，减少不必要的损失。

大量的工程实践表明，边坡工程是一个复杂的、开放性的系统，影响其稳定性的因素很多，牵涉面也很广。如何准确掌握影响边坡稳定的关键因子，对不同类型的边坡稳定性进行分析也因人而异，对边坡原始信息的掌握程度会给分析结果带来很大的差异性。除了坡体自身所处地质环境的不同，外在自然因素、人工开挖、线路选线、地下水的作用等都会给边坡的稳定性分析带来影响，进而给加固防护措施的选择带来差异。

如何依据边坡不同的地层介质状况采取合理有效的加固防护技术，一直是岩土界重视的技术难题。随着新技术和新理论的广泛普及和应用，边坡的加固已从过去单纯采用被动支护进入到主动支护，以及主动与被动支护相结合的阶段，预应力技术所占的比重越来越大，预应力锚索、锚索抗滑桩、坡面锚杆防护、喷锚挂网防护、土钉等技术的应用，使得边坡的加固、防护已经向多样化、小型化方向发展，各种措施的综合运用已然成为边坡防治的基本思路。

为此，准确判断不同类型边坡的稳定性，引入动态设计和信息化施工是制定切实可行、经济合理防治方案的最基本前提。

9.1.2　信息化设计与施工

1)信息化

将事件演变过程或产品制造过程所发生的情况(数据、图像、声音等)采用有序的、及时的和成批的方式储存处理,使它们具有可追溯性、可公示性和可传递性的管理方式称为信息化过程。

可追溯性、可公示性和可传递性是对信息化过程特征的要求;可追溯性就是信息具有一定的正向或反向查阅功能;可公示性表明数据有条件查阅功能,不是个人行为管理;可传递性表明所有的情况不局限在某地,有在网上传输的能力等。

2)信息化施工

刘行(2001)指出:信息化施工是指利用信息系统的处理功能,以工程项目为中心,将政府行政管理、工程设计、工程施工过程(经营管理和技术管理)所发生的主要信息有序、及时、成批地存储。以部门间信息交流为中心,以业务工作标准为切入点,采用工作流程和数据后处理技术,实现工程项目从数据采集、信息处理与共享到决策目标生成等环节的信息化,及时准确地以量化指标,为政府主管行政部门、建筑承包商、材料设备供应商等单位的决策管理提供依据。

3)边坡工程动态设计与施工

动态设计是指根据信息施工法和施工勘察反馈的资料,对地质结论、设计参数及设计方案进行再验证,若确认原设计条件有较大变化,则及时补充、修改原设计的设计方法。

信息化施工是根据施工现场的地质情况和监测数据,对地质结论、设计参数进行验证,对施工安全性进行判断并及时修正施工方案的施工方法[见《建筑边坡工程技术规范》(GB 50330—2013)]。

唐辉明等(2003)指出:“信息化”设计与施工方法是目前设计和施工中的一种先进技术,它充分采用目前先进的勘察、计算、监测手段和施工工艺,利用从边坡的地质条件、施工方法获取信息反馈并修正边坡设计,指导施工。

综上所述，动态设计是指运用现场监测资料的相关信息，借助反分析等研究手段，尽量真实、动态地模拟岩土体和边坡结构的信息，并将这些信息反馈于设计和施工，以逐步调整设计参数和施工工艺，从而保证边坡的安全，降低工程造价的过程。动态设计通过施工信息反馈这一重要环节，将设计与施工过程密切结合起来，从而扩展了设计范畴，充实了设计内容，完善和提高了设计质量。

信息化施工是预先进行大量的岩土与结构变形、边坡开挖等信息监测，通过调查、比较分析与设计，在前期设计与施工合理性的基础上，反馈、分析与修正岩土力学参数，预测后续工序可能出现的新行为与新动态，设计优化施工组织，并指导后续施工程序、施工方法及过程。

4）技术特点

在开挖过程中，借助开挖坡体显露部分和运用勘察钻孔、锚索钻孔、抗滑桩施工挖桩孔等获取地质状况信息，以及通过深部及坡面位移监测、加固支挡结构物岩土压力监测等措施，收集有关变形趋势信息，根据所收集的相关信息，经过整理分析，及时明确边坡工程在施工中的变形状况，明确滑动带及软弱层的位置及工程特性等，据此不断修正、完善设计，例如调整锚索长度、数量，抗滑桩桩长及截面尺寸，以及适宜地调整加固支护类型与防护范围等。根据施工过程中反馈的边坡岩土体和加固支护结构物的变形、位移、岩土压力等信息，及时调整施工流程和工艺，及时控制施工中边坡的明显变形，并采取分级开挖、分级加固，坡脚预加固，以及边坡临时加固等措施。

9.1.3 发展现状

1）发展历程

岩土工程信息化施工方法起源于20世纪40年代晚期。随着当时“现代”土力学理论的发展，形成了一种集成预测、监控、评价和修正的设计方法。20世纪60年代起，奥地利学者和工程师总结出了以尽可能不要恶化围岩中的应力分布为前提，在施工过程中密切量测围岩变形和应力等，通过调整支护措施控制变形，从而最大限度地发挥围岩本身自承能力的新奥法隧道施工技术。新奥法成功的三大支柱是“喷射混凝土、锚杆和现场量测”，其核心为现场量测及其准确的信息解释和及时反馈。由于新奥法施工过程中最容易、最直接的量测结果是洞周位移，因而，人们开始研究用位移量测资料来确定合理的支护结构形式及其设置时间的收敛限制法理论。因此，新奥法本质上也是一种信息化方法。

自20世纪70年代起，随着计算机技术的大力发展，很多学者对岩土计算理论，尤其是岩土工程反演理论开展研究，并取得了较多成果。国外如日本的樱井(Sakurai)提出的位移-应变反馈确定初始地应力与地层弹性参数值的有限单元法，结合工程实践提出了确定围岩极限张拉应变值的原理和方法，以及评估隧道稳定性的方法和标准；国内西安空军工程学院发表了引入数理统计原理的二维弹塑性问题位移反分析计算的边界单元法，能源部成勘院发表了可考虑松动圈影响的弹塑性问题双介质位移反分析数值计算法。这些研究不仅促进了岩土力学的发展，也促使隧道信息化设计、施工进入了新的发展阶段。

近年来由于量测技术、电子技术、数据处理技术的快速发展，进一步激发了信息化设计、施工方法的应用。20世纪90年代，“信息化方法”的原理也被大大地扩展，作为一种设计、施工方法已经被写入许多标准中，学者们也更加重视信息化方法。1999年，Ralph Peck 和 Alan Powderham 在《施工反思》(*Rethinking Construction*)中写道：信息化方法具有天生的解决复杂问题的能力，虽然事实上已经取得了很多成功的范例，人们在项目开始时仍极少考虑信息化途径。他们呼吁将信息化方法提到项目各方(业主、承包商及咨询工程师)的议事日程表上。国际土力学及岩土工程学会(ISSMGE)副主席 Brandi 博士也大力倡导信息化方法，称之为“解决目前理论与实际日益脱节”的有效办法。国际隧道与地下空间协会1992—1995年执行主席 Eisenstein 教授在《城市隧道的挑战与进展》一书中认为，“信息化方法特别适用于隧道工程”。

目前，日本、欧洲等开始研制和开发的隧道工程动态设计系统，就是建立在现代信息技术及信息化设计、施工思想基础上的，其中有的已开始产业化应用。在日本，一些公司在大力开发信息化设计、施工的应用系统，例如佐藤工业(株)开发的“SIT系统”，是一个把洞内的测量数据、机械和运输车辆的运行数据、通信数据等情报信号，用单一的通信线路进行传输，实现洞内施工的一体化管理；西松建设（株）也开发了“隧道综合管理系统”，该系统是由信息化施工、设计支护、质量管理、隧道形状管理四个子系统构成的，其中信息化施工系统是由地震波探查、钻孔探查、电磁波探查三个地质超前预报技术组合而成的，设计支护系统则由过去的施工实绩和支护模式、辅助工法等构成。

在欧洲，意大利在修建 Vaglia 隧道时采用了 ADECO-RS 系统进行隧道的设计和施工。该系统是一个控制岩土变形的系统，对隧道围岩，根据调查阶段的地质调查信息正确掌握地质条件的变化，在设计阶段则根据地质条件的工程划分类别给出基准，最后根据开挖时的应力、应变特性给出适合地质条件的施工方法和支护结构。在南美洲，哥伦比亚在修建 Buenavista 隧道时，成功利用信息化施工技术顺利通过断层带及高地应力、高渗水伴砾石、泥沙这样的困难地质地段。

国内在信息化设计、施工领域，学者们也在结合工程实例进行相应的研究。20 世纪 80 年代，在我国坑道工程中产生的典型类比分析法及配套的 BMP 系列软件，从我国隧道工程设计与施工的实际需要与现实条件出发，发展了信息化设计、施工方法。李世烽主持完成的课题“坑道工程围岩稳定分析超前预报智能系统研究”在理论和应用上均取得了极具价值的成果。西南交通大学结合南昆铁路与铁二院研制的“隧道工程计算机信息化设计、施工管理系统”（1990 年）就是一个范例，该系统是以施工中的量测位移为依据建立的；在此基础上，西南交通大学与华东水利水电勘测设计院合作，结合锦屏水电工程的 8km 探洞研制了“水工隧道信息化设计施工系统”（1995 年），并在探洞工程中予以应用，效果良好。这个系统是以地质素材判释和量测位移为主体的。在以 319 国道铁山坪公路隧道为依托的项目“高等级公路大断面低扁平率长隧道修建新技术研究”中，再次应用了“隧道工程计算机信息化设计、施工管理系统”，并做了相应的扩充和完善。铁道部科学研究院西南研究分院（现中铁西南研究院）也进行过隧道施工管理系统方面的研究，对建立隧道施工管理系统具有参考价值。但受当时技术条件的限制，这些系统都有一定的局限性和片面性。

2）发展现状

建筑业发展新趋势与数字化水平低下之间的矛盾已日益突出，建筑企业及各参与方唯有顺势而为，通过技术驱动，加快数字化转型，提升生产力水平，推动产业向绿色化、工业化、信息化的生产方式升级，才能实现可持续健康发展。

因建筑行业信息化发展迅速，作为建筑信息化的核心软件产品，建筑结构设计软件也吸引了越来越多企业进入，但是由于建筑结构设计软件专业技术门槛较高，目前国内外结构设计软件公司的集中度较高，主流软件主要包括北京盈建科软件股份有限公司的YJK建筑结构软件系统、建研科技股份有限公司研发的PKPM系列软件、北京探索者软件技术股份有限公司的探索者结构系列软件，MIDAS Information Technology Co.,Ltd.的Midas系列软件、上海佳构软件科技有限公司的STRAT软件、深圳市斯维尔科技股份有限公司的SUP系列软件等几款国内外结构设计软件产品。越来越多的智能化软件为建筑业信息化发展提供了重要的技术支持。

总体而言，目前我国信息化设计与施工发展现状可以概况为四个方面：

(1)在建设行业行政主管部门和建筑企业初步完成计算机的普及应用，但远没到信息化的阶段。

(2)初步形成了建筑业专用软件市场，有了一批自主知识版权的信息产品，能满足单项应用要求，但缺少平台级系统软件。

(3)信息化总体水平处于直接事务处理阶段，远没达到深层次推理系统应用阶段。

(4)建设行业推广信息化施工技术存在较多问题和较大差距。

9.2　边坡工程动态设计与施工方法

9.2.1　公路边坡工程动态设计施工原理

1)动态设计施工基本原理

动态设计与信息化施工技术是相辅相成、不可分割的整体。设计方案优化以后，通过动态计算模型，按施工过程对围护结构进行逐一分析，预测围护结构在施工过程中的性状，例如位移、沉降、结构内力、土压力、孔隙水压力等，在施工全过程中注意及时采集相应的信息，经处理后与预测结果比较，从而做出决策，并修改原设计中不符合实际的部分；将所采集到的信息作为已知量，通过反分析推出比较符合实际的岩土体参数，并利用所推求的较符合实际的岩土体参数再次预测下一施工阶段支护结构及岩土体性状，继续采集下一施工阶段的相应信息。这样反复循环，不断采集信息，修改设计并指导施工，将设计置于动态过程中。通过分析预测指导施工，通过施工信息反馈修改设计，使设计及施工逐渐逼近实际。

在公路深挖路堑边坡工程施工前，根据勘测信息所设置的防护措施明显具有相当的局限性，存在着许多不合理的地方，但是随着施工的逐步进行，随着获取信息的逐步增多，设计人员就可以对工程的防护措施设计进行相应的修改，让防护措施更加合理。在施工完成之后，对勘察、设计、施工及监测获得的经验数据进行总结归纳，则可为相似工程提供可借鉴的经验，提高认识水平。因此，在深挖路堑边坡工程设计施工过程中，应将勘察、设计、施工及监测、施工后分析作为一个整体，进行动态设计施工。

动态设计施工基本原理如图 9-1 所示。

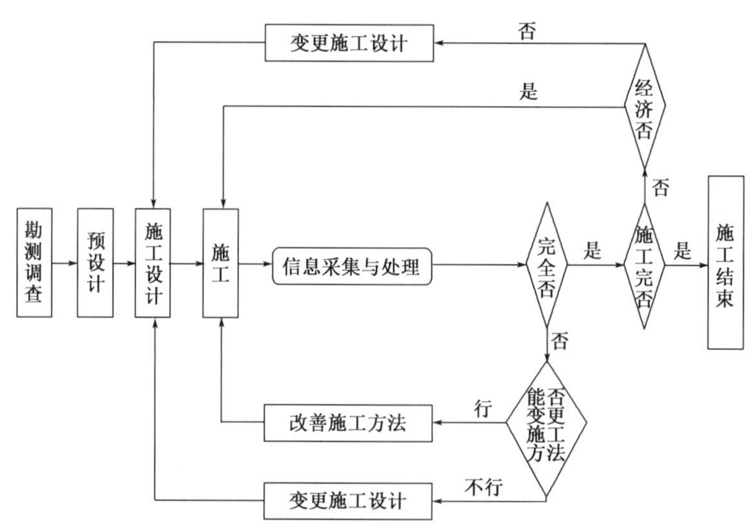

图 9-1　边坡工程动态设计施工基本原理

将施工中获取的信息、力学计算及经验方法相结合，建立边坡特有的设计施工工序。在初步地质调查的基础上，根据经验方法或通过力学计算进行预设计，初步选定支护参数。然后,在施工过程中根据监测所获得的关于边坡稳定性和支护系统力学和工作状态的信息,对施工过程和支护参数进行调整。施工实测表明,对于设计所做的这种调整和修改是十分必要和有效的。信息反馈的方法有两种:一是经验方法,就是将施工量测获取的信息(或经某种处理),与以往用工程类比法或理论建立的判别标准直接进行比较,借以确认或调整支护参数与施工措施,这种方法回避了围岩中种种复杂的因素,而把它变为最简单的信息;二是力学方法,它又分两种方法:第一种是直接利用监测数据进行计算与稳定性分析,比如根据测力计量测值计算支护结构的应力,但这样的计算容易导致错误的结果,因为支护抗力的自动调整使边坡应力分布变得很不均匀,计算中必须引入一定的假定,而且支护结构中应力变化的过程也得不到反映;第二种是利用开挖揭露获取的地质信息,反推岩土体的初始地应力和岩体变形性质等宏观参数,并将其作为输入信息对该边坡剖面做稳定分析,从而获得是否有必要修正支护参数与施工方法的输出信息,这种反馈方法又称为位移反分析法。

2)边坡工程动态设计施工流程

边坡工程动态设计与施工,就是要在施工中快速准确地获取信息、灵活地做出反应,这是一个动态的过程。其信息来源主要包括地质勘查、工程测量与检测、地质素描与摄影、地下水观测、设计施工文件、类似工程施工经验等。以现场量测信息为基础,结合反馈方法进行施工中边坡和支护结构稳定性的判定,据此调整支护参数,合理指导施工,实现信息化施工。其工作流程如图9-2所示。

对边坡施工中的实际信息进行反馈、实行动态设计和动态施工,是保证路堑边坡工程施工安全及日后运营安全的一项重要工作内容。

9.2.2　工程地质勘察与稳定性分析评价

如何收集边坡工程地质信息,利用先进的勘察、试验与计算手段为设计服务,使设计尽可能切合实践尤为重要。所以,现场工程地质勘察、先进的试验方法和设计理论成为获取信息资料和科学设计的必要手段。由于边坡勘察范围面广、线长、点多,要进行详细勘察,势必大大增加勘察费用(主要是钻孔费用),为此,采取以下措施:

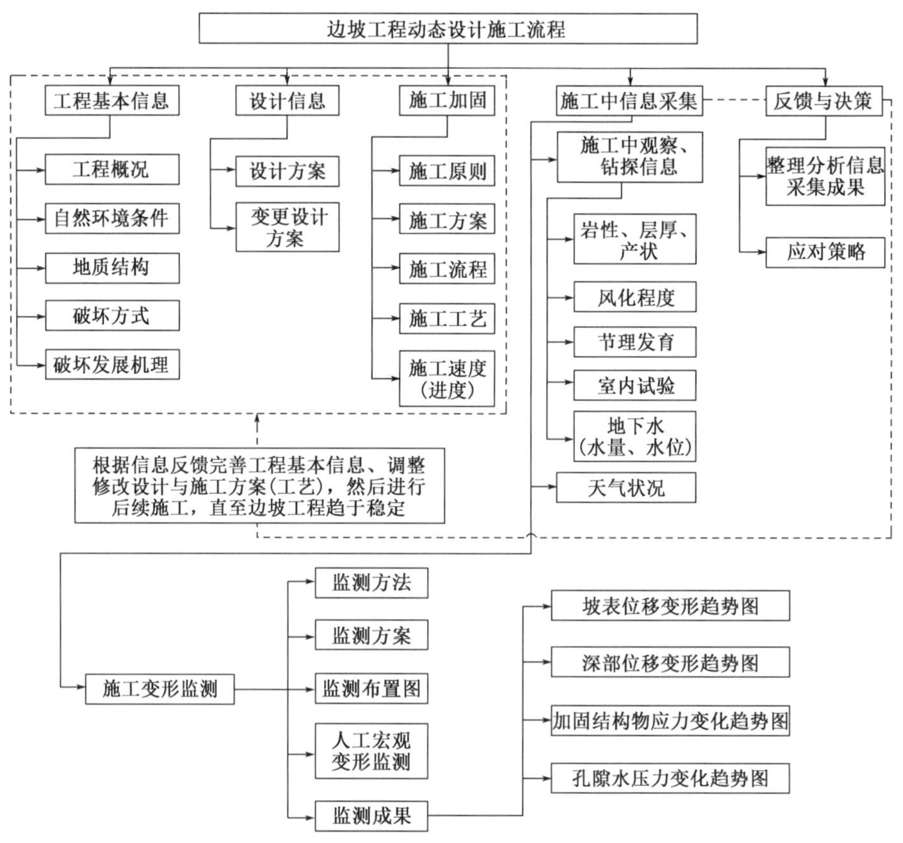

图 9-2　边坡工程动态设计施工流程

(1)寻找有代表性的典型区域开展详细勘察。

(2)利用边坡裸露面多、便于槽探的特点,以槽探代替钻探。

(3)在区域内或附近借已开挖的边坡,作为未来公路边坡稳定的分析模型。

(4)为了掌握勘察区域内的构造带情况,扩大地表分析区域。

边坡开挖后进一步详勘证明,这种勘察方法收集的信息有较高的真实性,其误差远不足以引起边坡设计方案的改变,但其勘察费用却仅为常规费用的1/3 ~ 1/2。

在进行边坡稳定性计算之前,应根据边坡水文地质、工程地质、岩体结构特征,以及已经出现的变形破坏迹象,对边坡的可能破坏形式和边坡稳定性状态做出定性判断,确定边坡破坏的边界范围、边坡破坏的地质模型,对边坡破坏趋势做出判断。

边坡稳定性计算方法,根据边坡类型和可能的破坏形式,可按下列原则确定：

(1)土质边坡和较大规模的碎裂结构岩质边坡宜采用圆弧滑动法计算。

(2)对可能产生平面滑动的边坡宜采用平面滑动法进行计算。

(3)对可能产生折线滑动的边坡宜采用折线滑动法进行计算。

(4)对结构复杂的岩质边坡,可配合采用赤平极射投影法和实体比例投影法进行分析。

(5)当边坡破坏机制复杂时,宜结合数值分析法进行分析。

工程地质信息化设计强调全过程地质作用与设计的协调、与不同工作步骤的协调。其核心包括两部分内容:稳定性分析和设计过程模拟,稳定性分析主要应用于设计之前和加固治理工程结构之后,两阶段缺一不可;设计过程模拟起着举足轻重的作用,相当于实际工程的"试验"。

9.2.3　动态设计技术

1)边坡动态设计方法

公路边坡动态设计基本方法主要有确定性方法和不确定性方法两种:

(1)确定性方法:这种方法利用现有的设计理论和设计方法。进行工程结构设计时,要采用许多设计参数,如进行边坡开挖支护结构设计时需要确定潜在滑移面、采用滑带岩土的强度参数计算剩余下滑力等。按照设计进行施工并进行监测,如果实测结果与设计结果有较大偏差,说明对于现结构,原来设计时所采用的参数不一定正确,或其他影响因素在设计方法中未加考虑。通过一定方法反演计算设计参数,如果采用的一组设计参数计算分析得到的结构变形、内力与实测结果一致或接近,说明采用这组设计参数进行设计,其结果更符合实际。利用新的设计参数计算分析,判断工程结构施工现状,并预测下一施工过程,以保证工程施工安全、经济地进行。

(2)不确定性方法:这种方法不按照现有设计理论进行分析和计算,而是采用数理统计的方法,即避开研究对象自身机理和影响因素的复杂性,将这些复杂的、难以分析计算的因素投入"黑箱",不管其物理意义如何,只是根据现场的反馈信息来推算研究对象的变形特性和安全性。如黏土地基的压密曲线可以用双曲线近似代替,对于在软弱黏土地基上的路基回填,可以不计算土的参数,也不应用岩土力学理论分析,而是利用前阶段的观测数据拟合双曲线,根据拟合的双曲线预测下阶段施工过程中的岩土体压密沉降变形。在研究对象自身机理复杂、影响因素多,而其物理特性又可以用某一已知曲线表达时,可用此法。

综上所述,设计是核心,预测是关键,预测的中心工作是工程地质分析,从而决定了信息化设计的重要地位。

2)边坡工程动态设计

传统的边坡工程设计计算是以边坡开挖的最终状态为基础,采用极限平衡的分析方法,验算边坡土体在所设计的支护条件下的稳定性。这种设计方法是在特定的空间域内对工程项目进行的"静态设计",而在实际工程中,包括土质参数在内的多种参数都是变化的。为了解决这一矛盾,应根据施工过程中反馈的信息不断对设计加以修正,这就是动态设计的思想。边坡工程的动态设计是指在时间域和空间域内对工程项目进行设计计算,将设计与施工过程紧密结合起来,从而扩展设计范畴,充实设计内容,提高设计质量。

动态设计主要包括以下几个方面:动态设计计算模型的建立,预测分析与可靠性评估,施工跟踪监测,控制与决策等。预测分析是动态设计的核心环节,变形预测是其主要项目。预测分析的关键在于建立较为符合实际情况的动态设计计算模型,建立相应的结构构件及土体应力应变关系模型,确定接触点和接触面的拟合模式,以及模型的各种计算参数等。由于计算模型只是实际情况的主要方面和主要因素的拟合,因此,其计算结果的真实性和可靠性需要通过施工信息跟踪与反馈监测系统来予以检验与提高。动态设计包括了信息跟踪与反馈过程,因此,它要求通过现场监测系统采集必要的、大量的数据,之后进行计算机模拟计算,通过逐次反演的过程,确保设计施工过程的合理性。

作为信息化施工的一个重要内容,动态设计的实现依赖于系统合理的施工监测。按照建立的动态设计计算模型,对预定的施工过程逐次进行预测分析,并将分析结果与施工监测的信息采集系统得到的信息加以比较。由于预测时采用的材料参数(主要是岩土力学参数)难以反映施工场地的复杂情况,两者之间必然存在不相符的情况。此时可以将实测信息(如围护结构的位移、地面沉降、土压力及孔隙水压力)作为已知的参数,利用反分析方法得到场地的主要参数,然后利用这些参数再通过计算模型预测下一阶段施工中支护结构的性状,再通过信息采集系统收集下一阶段施工中的信息。如此反复地循环,便可以使边坡工程的设计变成动态设计。在每一次循环中,只要采集到的信息与预测结果相差较大,便可以修改原来的设计方案,从而使得设计更加合理,整个过程如图 9-3 所示。

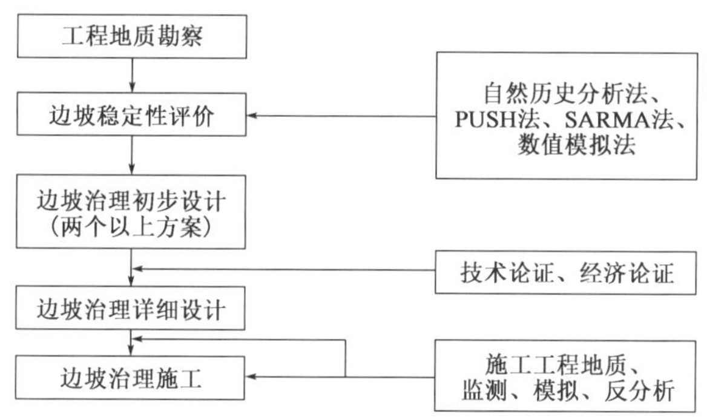

图 9-3　边坡工程动态设计过程

3)边坡动态设计主要步骤

(1)勘察资料的分析与评价。

(2)潜在滑动面的分析与确定。

(3)滑带土计算参数的确定。

(4)边坡稳定性评价。

(5)支护结构设计。

(6)排水方案的选择与确定。

(7)监测方案的设计。

(8)防治效果评估。

以上各步骤的具体方法详见本书相关章节。

9.2.4　信息化施工技术

1)信息化施工基本原则

(1)合理选择施工建设工期

能否合理选择施工建设工期,关系到边坡工程在施工过程中的稳定性,以及

施工质量和效果。根据区域边坡工程的特征,在施工建设工期安排上应遵循下列原则:

①优先选择旱季施工:由分析可知,水对边坡的稳定性影响极大。雨季边坡开挖后,因受降雨天气的影响,边坡的加固防护工程常常不能及时跟上,这种情形极易导致边坡失稳。因此,应该优先选择在旱季进行施工,确保在汛期来临前,将边坡的主体加固防护工程做好,特别是在边坡开挖至坡脚后,应该及时进行坡脚支挡加固工程的施作。对于施工工期较长、无法避开雨季施工的情形,应该安排好施工流程,尽量不在雨天进行大范围的边坡开挖施工,且要做好相应的汛期应急措施。

②坚持快速施工:无论在旱季还是雨季进行边坡的施工,都必须坚持快速施工的原则,使开挖后边坡的加固支挡工程及时跟上,确保边坡的稳定。

(2)做好施工中的排水措施

边坡开挖前应首先做好坡顶截水沟,并及时掌握天气变化情况,建好临时排水设施,这样可以在一定程度上减少坡体水的入渗量和对开挖未防护坡面的雨水冲刷,从而降低降雨对边坡稳定性的影响程度。

(3)及时开挖、及时加固

由分析可知,边坡开挖后,由于开挖卸荷效应,将引起坡体岩土体的应力重分布和蠕动变形,这可能导致边坡向不稳定的趋势发展,失稳的可能性将加大。因此,应该及时进行加固支护结构物的施作,有效控制边坡向不稳定的趋势发展,确保边坡的稳定。

(4)地质资料与变形监测资料的采集与分析

在施工过程中做好观察、钻探信息与变形监测信息的采集与分析,及时反馈到设计和施工中,及时采取应对策略,进而确保施工安全,减少损失。

(5)及时治理

在施工中,边坡一旦发生变形破坏就应该及时进行整治,若整治不及时,边坡变形破坏范围、破坏程度会逐步发展扩大,造成更大规模的破坏,进而增加工程的建设投资。

2)边坡工程动态施工步骤

(1)施工初期对区域在建公路沿线边坡通过现场工程地质勘察、调查,弄清边坡坡体工程地质结构,进行稳定性分析,预测其破坏发展方式、分析变形破坏发展机理。

(2)在地质勘察、调查分析的基础上,提出重点进行防治加固的工点,并有针对性地进行补充勘察,理清边坡变形破坏的性质和规模等。

(3)在上述工作的基础上,提出工程加固治理的设计方案。

(4)根据具体情况和实际加固治理设计方案,制定施工方案和工艺。

(5)在施工过程中,边施工边进行实际地质情况和宏观变形情况的整理与分析,根据实际情况,动态确定监测方案,动态实行监测工作。

(6)充分利用施工中观察得到的信息、钻探信息、监测信息及时进行分析反馈,对设计与施工进行调整,使之逐步符合实际情况,实行动态设计、信息化施工。

(7)完工后,对整个工程中的监测资料进行综合分析,进一步判定工程完工后的稳定性。

具体的边坡工程信息化施工模式如图 9-4 所示。

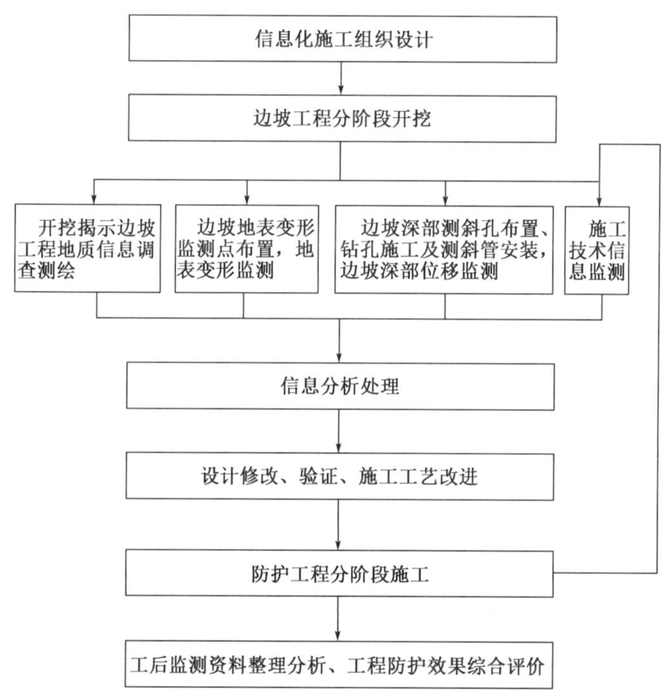

图 9-4　边坡工程信息化施工模式

3)施工组织方案设计

信息化施工的目的就是从开挖施工过程中获取尽量多的信息,进行分析处理,用以指导施工。具体实施需要做两方面工作,即信息采集、信息处理与反馈。

(1)信息采集

在开挖时由专人记录岩体开挖暴露的节理、裂隙、密度、地下水等信息,现场测定必要的力学指标。在钻孔作业中可分析钻孔排出物,判断岩体深部岩性变化、深层地下水等信息。对于开挖岩体的及时勘察和编录是信息化施工的首要工作。如对岩体进行全面勘察,分析岩体的结构特征及对边坡稳定性的影响,同时进行现场取样,进行试验室测试,进一步了解其岩性及结构面特征。

此外,设置信息采集系统。信息采集系统是通过设置于加固结构体系及与其相互作用的岩土体和相邻建筑物中(或周围环境)的监测系统进行工作的,以便获取如下信息:加固结构的变形;加固结构的内力;岩土体变形;锚索、锚杆变形与应力;相邻建筑变形。

(2)信息处理与反馈

对采集到的数据应及时进行初步整理,并绘制各种测试曲线,以便随时分析与掌握加固结构的工作状态,对测试失误原因进行分析,及时改进与修正。信息的反馈主要通过计算机输入初步整理的数据,用预测程序进行系统分析。

根据处理过的信息,定期发布监测简报。发现异常现象预示潜在危险时,应发布应急预报,并应迅速通报设计、施工部门进行研究,对出现的各种情况做出决策,采取有效的措施,并不断完善与优化下一步设计与施工。

9.2.5 信息化监测技术

公路边坡失稳是规模较大、数量多、危害严重、性质复杂,而且具有一定规律的一种不良地质现象。公路边坡监测是分析边坡地质结构、变形动态特征的依据,是边坡整治工程信息化及灾害预测、预报的可靠技术保障。

1)监测作用与原则

在交通、矿山、建筑和水利等建设领域,通过监测,可以产生以下作用:

(1)评价边坡施工及其使用过程中边坡的稳定程度,并做出有关预报,为业主、施工方及监理提供预报数据。跟踪和控制施工进程,对原有设计和施工组织的改进提供最直接的依据,对可能出现的险情及时提供报警值,合理采用和调整有关施工工艺和步骤,做到信息化施工,取得最佳经济效益。

(2)为防治滑坡及可能的滑动和蠕动变形提供技术依据,预测和预报今后边坡的位移、变形发展趋势,通过监测可对岩土体的时效特性进行相关研究。

(3)对已经发生滑动破坏和加固处理后的滑坡,监测结果也是检验崩塌、滑坡分析评价及滑坡处理工程效果的尺度。

(4)为进行有关位移反分析及数值模拟计算提供参数。对于岩土体的特征参数,由于无法通过试验直接取得,通过监测工作对实际监测的数据(特别是位移值)建立相关的计算模型,进行有关分析计算。边坡预警分级通常是在充分考虑现场监测数据分析的基础上,结合项目的管理办法,对设计单位和专家咨询意见进行综合研判,进而确定具有针对性、时效性的关键监测参数预警。与此同时,根据边坡预计发生的紧急程度,可将不同的预警信息推送给不同管理层级人员。边坡预警分级主要是以边坡预警安全等级划分,但也有一定区域差异。

边坡安全监测及预警是边坡稳定性研究中的核心内容,由于影响边坡稳定和安全的因素的不确定性,以及边坡自身性质的模糊性,在实际边坡工程中一般以监测手段获取边坡的安全状态。安全监测是手段,预测预报是目的。边坡安全监测作为评价边坡岩土体稳定性的重要方法,通过获取边坡岩土体位移、支护结构应力,以及其他重要的环境监测量等信息,来推测边坡当前情况下的真实安全状态。

边坡失稳是一个自微观变形向宏观变形转化的过程。在边坡发生变形的过程中,采取适当方法对其变形及其影响因素进行监测,确保其变形在安全范围内,这样就确保了边坡的稳定。边坡变形的演化阶段如图 9-5 所示。通过监测,根据边坡监测数据的变化趋势来准确预测未来一段时间边坡实际发生工程变位,是公路工程边坡智能监测系统的核心功能。通过对未来可能发生的变形发出预警,实现提前控制,防止边坡的失稳或减小边坡失稳时人员和财产的损失是十分必要的。预警阈值的确定一般需要综合考虑各因素,其基本思路如图 9-6 所示。其中,监测系统中的预设值在现场动态监控、试验的基础上,动态调整、动态设计,通过一定的周期不断积累。经过动态调整后的初始预警值,处于符合当前边坡特性的可控监测范围,且与边坡实际发生的情况不断接近。

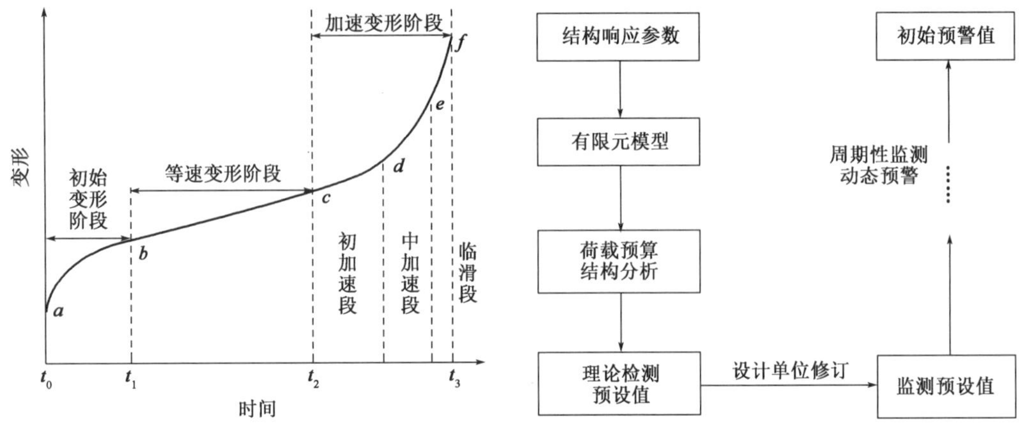

图 9-5　边坡变形阶段演示图　　图 9-6　边坡变形预警阈值确定技术路线

针对不同的工程背景,监测项目的选择一般遵循以下三个原则:

(1)重点突出、全面兼顾的原则。包含以下两个方面:

监测项目:由于影响边坡稳定性的因素很多,因此,要进行的监测项目也很多,如大地位移测量、裂缝伸长测量、爆破振动测量和压力测量等,这就需要全面考虑这些影响因素,但工程实际中也不可能对这些项目进行全面监测,故需要找出主要反映指标和主要影响因素,对其进行重点监测,这样既符合工程需要,又能达到监测目的。

监测点的布置:既要保证监测系统对整个边坡的覆盖,又要确保满足关键部位和敏感部位的监测需要,在这些重点部位应优先布置监测点。

(2)及时有效、安全可靠的原则。

监测系统应及时埋设、观测、整理分析监测资料和反馈监测信息,反映工程的需要和进度,有效反馈边坡的变形情况,及时指导生产;仪器安装和测量过程应当安全,测量方法和监测仪器应当可靠,整个监测系统应具有较强的可靠性。

(3)方便易行、经济合理的原则。

监测系统现场使用应当便于操作和分析,力求简单易行,仪器不易损坏,适用于长期观测;应充分利用现有设备,仪器在满足工程实际需要的前提下尽可能考虑造价的合理性,监测系统建立费用应尽量低,力争经济适用。

2)公路边坡工程监测主要方法

目前,在边坡工程监测技术方面,我国正由过去的简易工具监测过渡到仪器监测,又正在向自动化、高精度及远程系统发展。在边坡工程中,监测方法主要有简易观测法、设站观测法、仪表观测法和远程监测法。

(1)简易观测法:简易观测法是通过人工观测边坡工程中地表裂缝、地面鼓胀、沉降、坍塌、建筑物变形特征(发生和发展的位置、规模、形态、时间等)及地下水位变化、地温变化等现象,也可在边坡体关键裂缝处埋设骑缝式简易观测桩;在建(构)筑物(如房屋、挡墙、浆砌块石沟等)裂缝上设置简易玻璃条、水泥砂浆片、贴纸片;在岩石、陡壁面裂缝处用红油漆画线做观测标记;在陡坎(壁)软弱夹层出露处设置简易观测标桩等,定期用各种长度的工具测量裂缝长度、宽度、深度变化及裂缝形态、开裂延伸的方向。

(2)设站观测法:设站观测法是指在充分了解工程场区的工程地质背景的基础上,在边坡体上设立变形观测站(成线状、格网状等),在变形区影响范围之外稳定地点设置固定观测站,用测量仪器(经纬仪、水准仪、测距仪、摄影仪及全站式电子速测仪、GPS 接收机等)定期监测变形区内网点的三维(X、Y、Z)位移变化的一种行之有效的监测方法。

(3)仪表观测法:仪表观测法是指用精密仪器仪表对变形斜坡进行地表及深部的位移、倾斜(沉降)动态,裂缝相对张、闭、沉、错变化,以及地声、应力应变等物理参数与环境影响因素进行监测。目前,监测仪器一般可分为位移监测、地下倾斜监测、地下应力测试和环境监测四大类。按所采用的仪表可分为机械式仪表观测法(简称"机测法")和电子仪表观测法(简称"电测法")。其共性是监测的内容丰富、精度高、灵敏度高、测程可调、仪器便于携带,可避免恶劣环境对测试仪表的损害,观测成果直观、可靠度高,适用于斜坡变形的中、长期监测。

(4)远程监测法:伴随电子技术及计算机技术的发展,各种先进的自动遥控监测系统相继问世,为边坡工程,特别是边坡崩塌和滑坡的自动化连续遥测创造了有利条件。远程监测基本上能实现连续观测,自动采集、存储、打印和显示观测数据。远距离无线传输是该方法最基本的特点,由于其自动化程度高,可全天候连续观测,故省时、省力且安全,是当前和今后一个时期滑坡监测发展的方向。

边坡工程自动化监测的基本原理就是利用安装或者埋设在监测对象表面或内部的传感器,测量其目标物理量,以及目标物理量在时空上的变化,将传感器测量到的物理量按设定的采集方式和频率通过现场数据采集设备进行处理和存储,再通过无线通信网络将采集到的数据传输到可视终端,可视终端对接收到的数据进行分析处理和判断,并根据判断结果做出预警预报。

各类监测方法实施过程,详见本书第7章相关内容。

3)监测项目

(1)边坡位移地表监测系统

地表监测的目的是了解地表局部和整体滑移趋势和位移量,作为反馈设计的依据。主要监测指标是边坡变形速度和总变形量。具体手段为:在需要监测的边坡上纵向建立几个永久测点,定期用收敛计量测测点间的距离,以此控制边坡的微位移,如图9-7所示。由于边坡的破坏形式主要是边坡整体滑移和坡面局部滑移,故测点应控制所有可能的滑移所产生的张裂缝,并使测线尽量与张裂缝相交或垂直。尤其在边坡上缘水沟外区域,产生的裂缝不易发现,应作为监测重点。各断面上的边坡表面变形采取在边坡上缘至下缘设测点,运用钢尺位移计来监测。相应部位岩体的深层变形则采用钻孔测斜仪来监测。

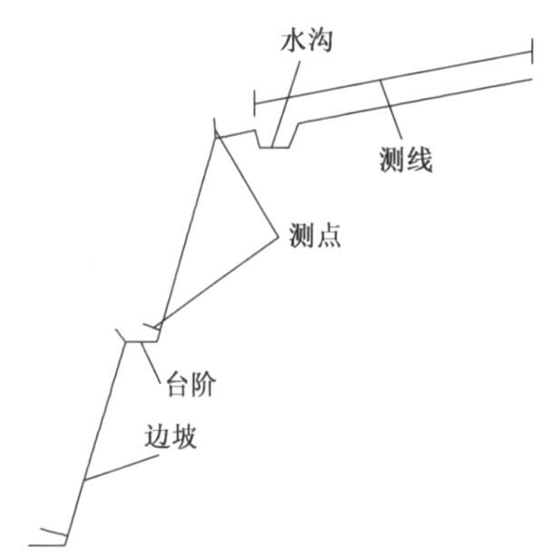

图9-7 边坡位移地表监测系统示意图

利用仪器监测时,无论是监测断面选择,还是测点布置都是有限的,对有限的监测断面和测点则要求有相当的代表性。一般来说,边坡失稳主要是局部失稳,较少整体失稳。而可能发生局部失稳的岩体往往是那些由不利地质构造面组合所形成的楔形体,以及那些由于爆破振动影响在边坡上缘开裂的危岩体。这些可能发生局部失稳的部位事先是难以确定的,发生失稳塌落时相应的规模也较小,再加上这种部位很多,很难一一布置仪器来监测。

(2)边坡位移地下监测系统

地下监测的目的是了解边坡深部岩体变形趋势和位移量,作为反馈设计的依据。主要监测指标是水平位移随深度及时间的变化。具体手段为:在需要监测的边坡稳定层与假想滑动层之间垂直钻孔,使用钻孔倾斜测定仪定期检测,若边坡发生滑动,测斜仪能测量滑动角度及滑动变化情况,如图9-8所示。

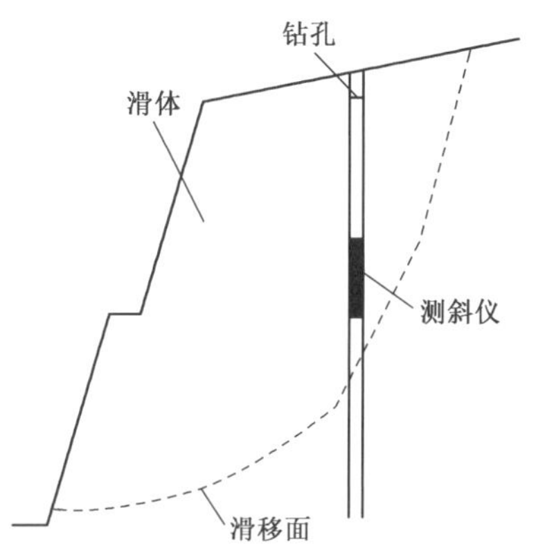

图9-8 边坡位移地下监测系统示意图

在岩石边坡工程,特别是永久性边坡工程的爆破开挖过程中,为控制爆破对边坡岩体的振动破坏,维护边坡岩体的完整性,必须选用合理的预裂爆破参数,并在爆破振动现场监测等的基础上,据现场实测效果及有关监控指标进行反馈优化。另外,永久使用边坡一般随开挖进行锚喷或其他支护,为保证锚喷支护质量,除考虑锚喷本身的施工质量外,还应充分考虑频繁爆破的影响。因此,为保证开挖、支护的平行、协调进行,必须确定合理的爆破开挖与支护的施工顺序及时空间隔。

(3)爆破振动监测系统

爆破振动监测的目的是了解爆破振动对边坡的破坏情况。主要监测指标是爆破振动速度、振动频率与加速度。具体手段为:在边坡上设测点,安设速度或加速度传感器,振动波传至传感器上,通过振动自动记录仪接收信息,再传输到计算机上进行波形分析,计算出振动速度或加速度值,分析是否超过规定值,如图9-9所示。

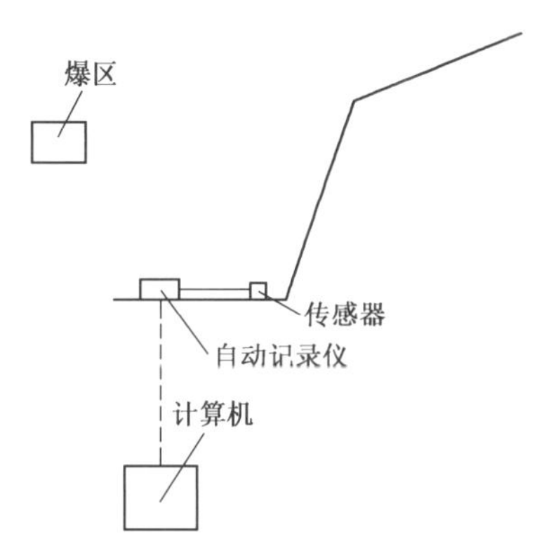

图9-9 爆破振动监测系统示意图

(4)锚喷支护质量指标监测系统

锚喷支护质量指标监测的目的是了解边坡锚喷加固质量。具体手段为:锚杆拉拔测试、喷混凝土强度检测、锚喷几何参数检测等。

从边坡安全的角度来说,在施工期影响边坡稳定的因素很多,施工现场的情况千变万化,而且有的情况往往事先不能料及,当然更不是单纯仪器监测所能全面掌握的。因此,仪器监测虽是边坡安全监测的主要手段之一,但也仅是安全监测的一个组成部分。仪器监测只有与现场巡视检查相结合,方能更好地实现边坡安全监测的目的。

(5)支挡结构变形监测系统

支挡结构变形监测的目的是了解边坡工程中支挡结构的作用效果。具体手段为:采用如视准线法、全站仪观测法、水准仪观测法等传统方法,以及应变计、位移计、压力盒等传感器进行实时监测,捕捉支挡结构的微小变形和应力变化。

(6)边坡安全监测中的巡视检查

为弥补仪器监测的不足,在边坡安全监测过程中,在进行仪器监测的同时开展现场巡视检查工作。因为仪器监测的点或线的范围是有限的。巡视检查的目的是了解全坡面的地质情况、水文情况、动态变形情况及信息化设计与施工的反馈情况。巡视检查的方法是现场定期目视检查与分析。主要检查内容包括:坡面裂缝、对边坡稳定有直接影响的地质结构面及组合后所构成的楔形体,边坡各层边坡因爆破开挖后岩体卸荷松动及变形状况,边坡渗水情况,监测点维护情况,现场施工进度。

9.2.6 反馈分析技术

反馈分析技术是指依据施工过程中各种响应信息,通过力学计算及工程经验方法,对施工的安全性、合理性与工程的可靠度做出评价和符合实际的预测,并对施工中的工程设计参数和施工方案进行优化反馈。

1)基本内容

施工动态反馈分析强调在实际施工中进行,分析过程包含地层物理力学参数的识别与修正、设计施工方案的分析与调整,其内涵在于以工程安全性与经济性为目标,利用地下工程现场监控量测、周围地层信息动态获取等最新信息,通过反馈分析方法对地层参数及施工系统进行辨识,进而对施工过程进行动态反馈控制,调整干预措施,使其满足预期目标。

施工动态反馈分析的主要流程及内容包括现场监控量测布置与数据获取、地层信息的快速获取与更新、以辨识岩体力学参数为目的的反馈分析,以及以调整施工参数保证工程安全经济为目的的施工反馈分析等环节。

(1)现场监控量测布置与数据获取

现场监控量测的目的在于实时掌握施工过程中地层的稳定性与支护结构的受力、变形等力学状态,以判断设计和施工的安全性与经济性。通过对地层与支护结构的观察和动态量测,验证施工方法的可靠性和准确性,为后续反馈分析、优化设计与施工提供依据。现场监控量测的布置与开展是按照标准及设计要求,结合现场情况布点并进行监测。

(2)多源地质数据获取与动态更新

考虑技术与经济因素,设计阶段的地质勘察工作难以提供准确的地质资料,在进行施工分析时进一步增加了地质参数的不确定性,因此,有必要快速获取并及时更新施工过程中所揭露的实际地质信息。多源地质数据包括工程和水文地质信息,主要有勘察阶段钻孔数据、现场及室内力学试验数据、超前地质预报信息、开挖面地质信息等。在前期设计阶段,根据现有地质信息确定围岩参数并进行支护结构设计;在后续施工阶段,结合现场岩体力学试验、开挖面地质素描、数字照相与激光扫描技术、基于现场监控量测的岩体力学参数反演分析等方法,对现有地质信息进行动态更新,就现有支护结构设计与施工工法进行分析评价,并结合超前地质预报对后续未施工段地质信息进行不确定性估计与施工分析,为后续施工设计方案优化提供基础。

(3)围岩地层力学参数更新及设计施工方案优化

施工动态反馈分析的核心在于围岩地层的岩体力学参数的反馈分析与施工方案优化。岩体力学参数的反馈分析包括以岩体参数为输入、以监测信息为输出的正演分析,以及以现场监测信息为输入、以岩体物理力学参数为输出的反馈分析方法。施工反馈分析是以优化施工参数、控制施工稳定与安全状态为目的,通过输入施工参数,以地层监测信息作为输出的分析过程。施工动态反馈分析的具体方法根据力学模型的确定性程度,可分为工程类比经验法和力学计算法。

①工程类比经验法。

工程类比经验法建立在现场量测的基础上,其核心是根据类似工程经验建立一些判断标准,采用量测结果或回归分析数据直接判断岩体的稳定性和支护系统的工作状态。工程类比经验法对于先验的参数与模型要求较低,可综合反映工程实际状态,但局限性在于分析结果不够精确,受经验制约较强。

②力学计算法。

力学计算法的技术手段以解析法和数值分析法为代表。其中,解析法多基于简单的岩体本构模型,得到的多为定性认识;数值分析法由于能模拟复杂的力学与结构特性,适用范围更广。数值分析法包括以有限元法、边界元法、有限差分法为代表的连续介质力学方法和以离散元、流形元法等为代表的非连续介质力学方法。已有较多的计算机分析软件用于地下结构的分析计算,如 ANSYS、ABAQUS、FLAC、PFC、同济曙光等。力学计算法的优势在于可以获得定量的分析结果,但局限性在于计算分析模型、参数与实际工程吻合性较差。

2)信息反馈分析、修改优化方案

衡量边坡稳定性及是否修正或补充设计的主要指标是人工边坡开挖后的位移变化,而把振动速度、加固施工质量情况作为纠正不合理施工方法的依据,也作为修正或补充设计的依据之一。所以,首先要确定边坡位移、振动和加速度的最大允许值,边坡加固质量指标则根据相应规范来确定,如锚喷支护规范等。

(1)确定位移判据

严格地说,确定最大允许位移量和位移速度是很困难的,因为不同岩性、边坡不同位置的位移,其最大允许值是不一样的。目前,国内标准也没有统一规定。所以,只有具体情况具体对待。从加固的角度看,允许边坡产生少量位移,充分发挥岩体的自承能力,能达到最经济的加固效果,这也是信息化设计与施工的主要原理之一。可将该“少量位移”看成边坡稳定的判据,根据经验,该判据以 10mm 为宜,超过这个范围,必须修正设计并增加加固强度(已加固时)或及时加固(未加固时)。在此范围内,岩体软弱破碎时取大值,岩体较硬时取小值;坡面角小时取大值,坡面角大时取小值。对于位移速度判据,可参考的范围为 0.1 ~0.2mm/d。

(2)确定振动速度判据

同位移判据一样,振动速度的最大值(垂直振动速度和水平振动速度的矢量和)也是很难确定的,因为振动对不同类别的岩体产生的影响是不一样的。有学者提出:对于硬岩,振动速度达10cm/s时对岩体产生破坏作用;对于风化破碎的软岩,当振动速度达5cm/s时,岩体极易发生破坏并滑移;而对于风化相对较轻的软岩,不容易出现滑移破坏。所以,需要根据具体岩性判断破坏判据。

监测的目的在于及时发现施工中存在的问题,并以数据的形式反馈到管理系统中,从而切实有效地采取修正措施,及时优化设计与施工方案,形成动态的信息收集与反馈机制,确保施工安全。

3)效果评价

项目完成后进行效果评价,主要包括五个方面:

(1)效率控制:评估设计与施工的周期是否缩短,分析信息化技术是否提高了工作效率。

(2)质量控制:评估信息化技术,如实时监控系统在质量监控方面的应用效果,检查施工成果是否符合设计要求。

(3)资源管理优化:评估信息化系统是否有助于优化人员配置和机械设备使用,提高资源利用效率。

(4)安全管理:评估信息化技术在预防安全事故方面的效果,分析其是否有效提升了现场安全管理水平。

(5)创新性与可持续性方面:评估信息化设计与施工是否引入了新的技术和管理方法,分析项目在设计与施工阶段的表现,评估其可持续性。

9.2.7　信息化管理技术

信息化管理技术是指利用信息技术和数据管理方法来监测、分析和管理边坡工程的设计、施工和维护过程。这种技术可以通过各种传感器和监测设备来收集现场数据,包括地质构造、土壤稳定性、水文地质条件等方面的信息,然后利用数据管理系统对这些数据进行存储、分析和可视化呈现,以便于工程师和决策者了解边坡的状态和变化情况。

1)基本内容

(1)数据采集与监测

利用各种传感器和监测设备实时采集边坡的地质、水文和工程数据,如地下水位、土壤性质、地表位移等。

(2)数据存储与管理

建立完善的数据管理系统,对采集到的数据进行存储、整合和管理,确保数据的完整性和安全性。

(3)数据分析与预警

利用数据分析技术对采集到的数据进行处理和分析,实现对边坡稳定性的实时监测和预警,及时发现潜在的风险和问题。

(4)决策支持与管理

为工程师和决策者提供可视化的数据呈现和分析报告,帮助他们做出科学决策,更好管理边坡工程。

2)信息化管理措施

(1)制度保障

基本作业管理制度。定岗定责,按照建设单位有关要求,结合工程实际情况,制定信息化管理实施细则,实行信息化管理标准化。实事求是反映工程建设情况,严禁捏造信息,所有上报的信息必须由总工程师审核同意。及时提供工程最新信息,尤其出现突发险情和事故时,必须在规定的时限内及时报告建设、监理单位。对动态信息及时进行更新,以保证信息的准确性。

培训制度。制订不间断培训计划,积极参加建设单位组织的管理系统培训。组织对责任主体进行培训,主要侧重于建设信息化管理系统的认识和现代项目管理的学习,提高其信息化管理水平。对使用人员的培训,主要侧重于组织信息化管理制度、计算机软硬件基础知识、系统操作的培训。

(2)具体措施

组建信息化管理局域网。统一规划组建信息化管理局域网,按统一标准进行网络配置,设置视频会议室。使用统一规划的工程管理系统,以及统一的信息平台及应用软件,以保证工程的施工数据采集和信息管理工作。

建立远程施工信息化管理系统。为更好地对施工进行管理,以建立动静皆管的立体管理机制为目标,以向建设单位提供项目有关信息的数据采集系统为核心,建立远程施工信息化管理系统。配备相应的终端硬件设备,纳入建设单位统一接口，统一管理；对重点位置进行监视，并可根据需要改变监控的角度和焦距，及时发现问题。信息化管理系统对现场施工信息和数据进行收集、整理、传输和存储，增强对各种工地的质量管理、安全管理、现场管理、进度管理、投资管理等方面的管理力度，实时提供视频、图像。

3）信息化施工管理模式

在高速公路沿线边坡工程施工中，应把边坡岩土工程视为一个系统工程，建立相应的建设管理方、勘察设计方、施工方、监理方、信息化监测方，以及实地高效专家技术咨询组等部门之间畅通高效的技术信息交流通道，形成高效运转的施工管理体系。在施工过程中，不仅要确保施工安全顺利地进行，而且还要确保工程质量，要针对各实际边坡工程的特点，以动态的方式进行施工和管理，使施工的效果满足实际的要求。

因此，各方要有明确的责任划分，各司其职，具体为：

建设管理方：项目审批与立案，检查项目执行情况，协调不同人员之间的利益、管理项目全过程。

勘察设计方：做好勘察工作，负责主要设计，提供必要的技术支持与解释。

施工方：按照计划完成施工，协调和管理施工人员及材料，及时汇报项目进展。

监理方：监督检查施工过程，核实工程进度与质量，保障施工安全。

信息化监测方：协助各单位完成信息化监测，实时监控施工过程中的关键参数，保障全过程安全。

实地高效专家技术咨询组：及时解决工程全过程的问题，促进项目的正常实施。

各参与方具体的信息交流框架如图9-10所示。

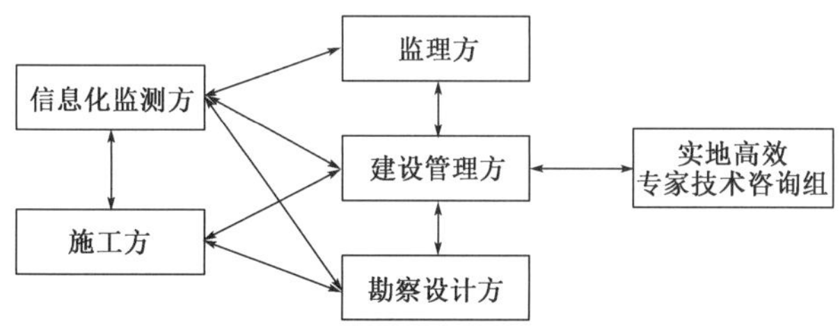

图9-10　各参与方信息交流框架

在施工过程中应该做到以下几点：

(1)加强施工过程中的观察、钻探信息和监测信息的采集与分析，并及时进行信息反馈，实行动态设计和施工。

(2)加强施工管理，严格要求工程施工的现场配合制度，一旦发现问题，要及时处理，避免边坡变形破坏规模扩大。

(3)在施工阶段要严把工程质量关，并加强施工工序和工艺的检查和落实，积极完成设计和施工方案变更的具体实施。

动态设计与信息化施工管理是边坡施工管理中极为重要的工作，同时，边坡监测也非常关键。在施工过程中，如果发现地质条件及周边环境与勘察报告不相符，应及时把监测信息反馈给设计部门进行复查并调整，若边坡监测的数据反映出现异常或边坡变形加剧，应及时把监测信息反馈给建设、勘察、设计、监理等相关部门，同时边坡开挖工作应当停止，并启动边坡安全应急预案，组织相关部门会审得出结论，方可进行下一步工作。只有在认真做好边坡动态设计与信息化施工管理工作的前提下，才能保证边坡施工的安全性。

边坡工程是支护结构与土体相互作用的一个动态变化的复杂系统，仅依靠理论分析和经验很难把握在复杂开挖、降水条件下基坑支护结构与土体的变形破坏情况，也难以完成经济且可靠的边坡设计工作。通过施工可以使得整个边坡系统的监测处于动态变化之中，利用监测系统的反馈分析，较好地预测系统的变化趋势，当出现险情预兆时，可做出预警并及时采取相应措施，保证施工人员和周围环境的安全，当安全储备过大时，可及时修改设计，削减支护措施，减少不必要的经济投入，通过反分析，可以修改设计计算参数，并总结经验，提高设计与施工工艺水平。

9.3 动态设计法在文麻高速公路 K39 边坡工程中的应用

9.3.1 工程概况

文山至麻栗坡高速公路 K39 +400 左侧边坡滑坡地质灾害治理涉及桩号为 ZK39 +300 ~ ZK39 +580。该处滑坡位于路线左侧，以开挖路基形式通过，坡面采用格构护坡,设计高程位于滑坡体下部,切坡高度最大约为32.0m。以ZK39+420处的冲沟为界,分为东西两处边坡,各级边坡分级高度均为8m,坡度均为1:1。

西侧边坡前缘高程约为1240m(路面),后缘高程约为1310m,相对高差为70m,平面上纵长175m,横宽70m,由于边坡已经开挖为四级边坡,坡面呈折线坡,滑坡体积约为$21.3\times10^4m^3$;东侧边坡前缘高程为1240m,后缘高程为1314m,平面上纵长180m,平均宽度90m,在平面上呈圈椅状,边坡前缘开挖为二级边坡,坡面呈折线坡,坡面后面呈直线形,不稳定斜坡体积约为$20.0\times10^4m^3$,K39原始滑坡整体概况如图9-11所示。

图9-11 文麻高速公路K39滑坡全貌

根据工程地质调绘及钻探揭露,基岩覆盖层为第四系全新统崩坡积(Q_4^{col+dl})含砾粉质黏土,下伏基岩为泥盆系下统翠峰山组(D_1c)泥质页岩。各岩土层工程地质基本特征及分布范围分述如下。

1)第四系全新统崩坡积(Q_4^{col+dl})

含砾粉质黏土:红褐色,可塑状—硬塑状,黏手,干强度及韧性中等,含约5%~20%的页岩砾石、碎石,直径约为2~50mm,为残坡积成因。该层揭露厚度为1.1~22.5m,广泛分布于地表,为斜坡体覆盖层的主要组成物质之一。

2)泥盆系下统翠峰山组(D_1c)

页岩:薄层状构造,以黏土矿物为主,部分夹炭质页岩,岩芯极破碎,呈碎块状、土状,质软。揭露厚度为3.0~39.5m,为不稳定斜坡体的“致灾”地层。

灰岩:灰色,裂隙较发育,溶孔与溶隙不发育,质硬。主要分布在香坪山隧道、坡体后缘水泥路内侧出露。

根据地质调绘,边坡西侧中风化页岩大面积出露,地层产状为280°~336°∠48°~80°,上部岩层出现弯曲折裂现象,倾角变化较大;边坡东侧为一山脊,岩层产状为309°~352°∠20°~40°,产状变化较小。在西侧边坡开挖后坡面上页岩产状为180°~230°∠15°~26°,和区域产状明显不一致,主要原因是岩层倾角较陡,上部岩体在构造、自重作用下沿着软弱面发生弯曲-折裂变形。

边坡区域地表水主要为东西两侧边坡之间的冲沟及坡后缘水塘。地下水十分发育,为基岩裂隙水,赋存于页岩、灰岩层中,松散层孔隙水赋存于角砾粉质黏土中;根据钻孔观测,地下水位埋深为7.3~8.9m。

地下水的补给主要为区域后缘岩溶洼地、岩溶槽谷汇水,大部分沿着岩溶管道由北向南进入香坪山隧道所在山体,部分沿构造裂隙径流入边坡区,由于裂隙不均匀分布,沿着构造裂隙在坡体上呈点状分布。

该滑坡处治施工自上而下主要涉及粉质黏土、含碎石的粉质黏土,强风化页岩、中风化页岩。

该项目的信息化处治施工流程如图9-12所示。

坡体首次出现裂缝后,由于未开展更加全面、范围更广的勘察工作,未能及时确定实时滑坡边界,对相关信息获取不充分、不及时,导致处治工作陷入被动。在后续几次处治设计过程中,对水这一重要致险因子的重视程度不足,未能及时通过相关信息及时分析得出潜在的风险。此外,还存在着设计不够合理、施工效率不足等诸多问题,严重影响了滑坡的处治效果。

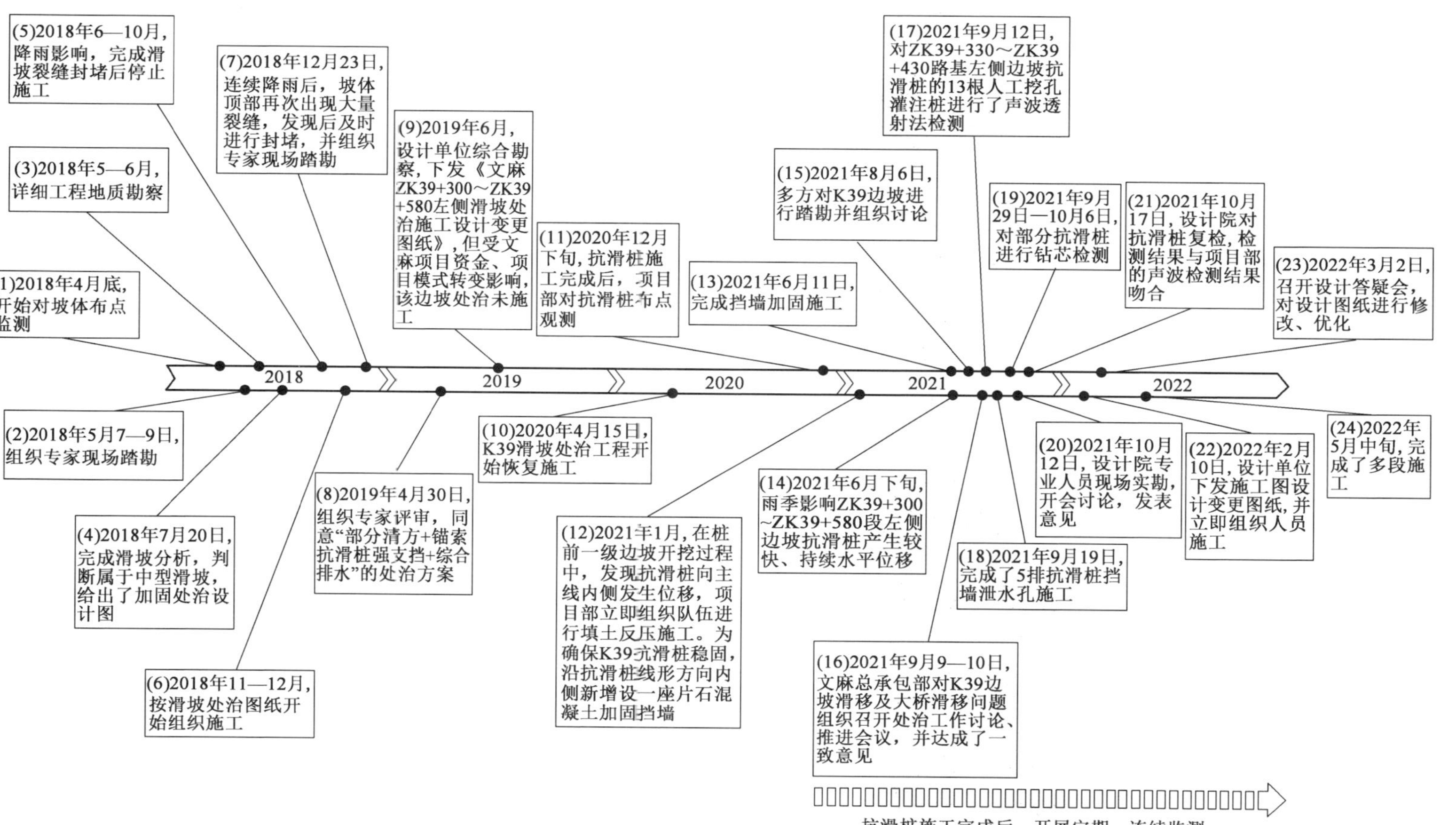

(1)2018年4月底，开始对坡体布点监测
(2)2018年5月7—9日，组织专家现场踏勘
(3)2018年5—6月，详细工程地质勘察
(4)2018年7月20日，完成滑坡分析，判断属于中型滑坡，给出了加固处治设计图
(5)2018年6—10月，降雨影响，完成滑坡裂缝封堵后停止施工
(6)2018年11—12月，按滑坡处治图纸开始组织施工
(7)2018年12月23日，连续降雨后，坡体顶部再次出现大量裂缝，发现后及时进行封堵，并组织专家现场踏勘
(8)2019年4月30日，组织专家评审，同意“部分清方+锚索抗滑桩强支挡+综合排水”的处治方案
(9)2019年6月，设计单位综合勘察，下发《文麻ZK39+300～ZK39+580左侧滑坡处治施工设计变更图纸》，但受文麻项目资金、项目模式转变影响，该边坡处治未施工
(10)2020年4月15日，K39滑坡处治工程开始恢复施工
(11)2020年12月下旬，抗滑桩施工完成后，项目部对抗滑桩布点观测
(12)2021年1月，在桩前一级边坡开挖过程中，发现抗滑桩向主线内侧发生位移，项目部立即组织队伍进行填土反压施工。为确保K39抗滑桩稳固，沿抗滑桩线形方向内侧新增设一座片石混凝土加固挡墙
(13)2021年6月11日，完成挡墙加固施工
(14)2021年6月下旬，雨季影响ZK39+300～ZK39+580段左侧边坡抗滑桩产生较快、持续水平位移
(15)2021年8月6日，多方对K39边坡进行踏勘并组织讨论
(16)2021年9月9—10日，文麻总承包部对K39边坡滑移及大桥滑移问题组织召开处治工作讨论、推进会议，并达成了一致意见
(17)2021年9月12日，对ZK39+330～ZK39+430路基左侧边坡抗滑桩的13根人工挖孔灌注桩进行了声波透射法检测
(18)2021年9月19日，完成了5排抗滑桩挡墙泄水孔施工
(19)2021年9月29日—10月6日，对部分抗滑桩进行钻芯检测
(20)2021年10月12日，设计院专业人员现场实勘，开会讨论，发表意见
(21)2021年10月17日，设计院对抗滑桩复检，检测结果与项目部的声波检测结果吻合
(22)2022年2月10日，设计单位下发施工图设计变更图纸，并立即组织人员施工
(23)2022年3月2日，召开设计答疑会，对设计图纸进行修改、优化
(24)2022年5月中旬，完成了多段施工
2018
2019
2020
2021
2022
抗滑桩施工完成后，开展定期、连续监测

图 9-12　K39 信息化处治施工流程

9.3.2 工前勘察与稳定性分析

1)滑坡分区

根据调绘成果结合地形地貌、坡体变形情况将斜坡分为三个大区(Ⅰ、Ⅱ、Ⅲ区),其中Ⅰ区分为亚区Ⅰ-1 变形区,Ⅲ区根据变形情况分为Ⅲ-1 变形区(K39 + 400 边坡)、Ⅲ-2 变形区(5 号墩变形体),如图 9-13 所示。

图 9-13　斜坡分区

Ⅰ区边界范围:后缘以地方道路为边界,地方道路内侧岩层出露为页岩和薄层状灰岩,西侧以天生桥隧道所在的山体(灰岩)为边界,东侧以短浅的冲沟为界,前缘以冲沟路基右侧浅冲沟为界(木质抗滑桩冲沟)。将变形区单独分为Ⅰ-1区,后缘以变电所后面陡坎为界,面积约 0.06km^2。

Ⅱ区边界范围:两侧以短浅的冲沟为界,两条冲沟前缘交会。

Ⅲ区边界范围:后缘以地方水泥路为边界,西侧以冲沟为界,东侧以山脊为界,前缘以冲沟及 K39 +400 前缘的平台为界,面积约为 0.13km^2。

2)稳定性分析

(1)稳定性影响因素

自重应力:是构成下滑因素及抗滑因素最重要的体积力,主要反映在不同岩土体重度的取值上。

地下水:在地下水的作用下,可通过孔隙静水压力减小土体有效应力,进而降低岩土体强度。孔隙动水压力增加岩土体切向推力,降低岩土体抗剪强度。同时,水充满土体空隙,对土体产生润滑软化效果。

地质构造:岩土体倾向与边坡倾向一致,构成顺倾坡体时,滑坡风险较大,倾向相反时,则有利于边坡稳定。形成于断层带、破碎带的斜坡,由于岩土体力学性质较差，同时可能是汇水通道，因此，该类地段边坡稳定性较差。

此外，地震、风化作用、人类活动等都是影响边坡稳定的重要因素。

（2）稳定性详细分析

选择K39坡体中典型地质剖面，根据现场开挖施工状态，建立边坡稳定性数值计算分析模型，基于此开展稳定性分析。计算时，将涉及自然工况与暴雨工况。采用Morgenstern-Price法进行刚体极限平衡稳定性计算。稳定性根据防治工程勘察等级分为4等级，稳定性系数$F_s>1.15$为稳定，$1.15\geqslant F_s>1.05$为基本稳定，$1.05\geqslant F_s>1.0$为欠稳定，$F_s<1.0$为不稳定。

天然工况稳定性分析。通过GeoStudio中SEEP/W模块对天然状态的渗流场进行模拟，获得边坡内地下水位。然后，将结果导入SLOPE/W模块进行坡体稳定性计算，从而实现边坡稳定性的流固耦合计算，同时将排水隧洞的排水效应考虑在稳定性计算中。由计算结果可知：原始坡、开挖后、挡墙和方桩支护、挡墙+方桩+圆桩支护、挡墙+方桩+圆桩支护+排水支护后的安全系数分别为1.303、0.974、1.065、1.292、1.664。表明在圆形抗滑桩、方桩、挡墙的加固作用下，产生深层滑坡的风险较小，可能主要沿粉黏土与中风化页岩交界面产生滑移，并在抗滑桩桩顶位置产生剪切口。同时，排水隧洞对边坡安全稳定的影响较大，地下水从排水隧洞渗流后，滑坡体范围减小，安全系数有了较大提升，该斜坡在天然状态下由基本稳定转为稳定状态。

暴雨工况稳定性分析。通过GeoStudio中SEEP/W模块对坡体内地下水浸润线进行常水头的稳态模拟。在暴雨工况下，还需要在坡表添加降雨水头进行瞬态模拟。根据文山历年气象资料，文山最大日降雨量约为200mm。将降雨考虑在内，分别分析了降雨作用下、有无排水时的边坡稳定性计算。计算结果显示，原始坡、开挖后、挡墙和方桩支护、挡墙+方桩+圆桩支护、挡墙+方桩+圆桩支护+排水支护后的安全系数分别为1.178、0.877、0.943、1.146、1.480。

上述分析结果表明，开挖后K39边坡安全系数不满足规范要求，处于不稳定状态，具有滑坡风险。采用挡墙和方桩支护后，天然工况下K39边坡处于基本稳定状态，但在暴雨工况下安全系数不满足规范要求，具有较大滑坡风险。

对比有无排水的分析结果可知，不采取排水措施时，暴雨工况下，K39边坡安全系数为1.146，处于基本稳定状态；排水后安全系数为1.480，稳定性得到显著提高。表明排水对治理边坡具有十分重要的作用。

9.3.3 动态监测过程

1)地表变形监测

监测开始后发现,Ⅰ区和Ⅲ区边坡地表点总体布置较平坦的边坡平台上,其偏移和沉降变形略有波动起伏,存在少量的沉降和顺坡向偏移,变形总体不大,对主路线安全运营暂无威胁。K39 +400 边坡Ⅲ-1 区的补勘断面监测点位于斜坡主断面上,因前缘路堑挖方且早期抗滑支挡效果欠佳,前期存在一定速率的持续蠕滑,边坡欠稳定—不稳定,因此,进行了再次支挡加固处治。

在旋挖桩施工期间,边坡地表蠕滑速率略有加快,挖桩主体施工结束后,地表蠕滑明显放缓,后期收敛较明显,桩体支挡效果较好。初步分析认为 K39 +400 边坡Ⅲ-1 区中后缘斜坡地表前期存在缓慢蠕滑趋势,在处治施工期间蠕滑变形略有增速,坡面锚杆加固完工后,边坡地表蠕滑变形明显放缓,收敛趋势较明显,边坡总体较稳定。

2)抗滑桩顶变形监测

抗滑桩顶监测点的前期偏移较明显,存在缓慢的持续倾斜发展趋势,坡体冲沟西侧桩顶倾斜相对较大;旋挖桩施工处治期间,受施工影响,前缘方形抗滑桩顶倾斜偏移略有加速,随着旋挖施工由西侧向东侧推进,对应的前缘桩顶倾斜偏移量也随之增加。雨季施工期间倾斜增速较明显;旋挖桩施工结束后,方桩顶倾斜偏移明显放缓收敛,偏移累计量增加很小,后续倾斜发展不明显。

3)挡墙、路肩变形监测

挡墙顶监测点前期存在缓慢的持续偏移发展趋势,两端挡墙点偏移相对较小;在旋挖桩施工处治期间,受施工影响,前缘挡墙顶倾斜偏移略有加速发展,雨季期间加速较明显;随着旋挖施工由西侧向东侧推进,对应的前缘挡墙顶偏移也随之加快;旋挖桩施工结束后,挡墙顶偏移明显放缓,偏移增量很小,收敛明显,持续偏移不明显。

路肩监测点受通行车辆影响,路肩测点偏移和沉降略微波动,无明显偏移和隆起迹象。路肩总体稳定。

4)水位监测

坡体地下水主要接受大气降水补给,坡体水位变化受大气降水影响。在坡体集水井、排水系统施工完成后,坡体水位下降较明显,后续坡体水位降幅缓慢,偶有波动。抗滑桩抽芯孔水位同样以下降为主,但下降速率较小,部分桩之间存在渗水裂隙通道(断桩),部分孔水位较稳定,表明桩体完整,无渗水裂隙。

9.3.4　开挖及防护设计

设计指导原则:充分考虑目前构筑物及山体的变形情况,采用动态设计,保证公路的安全运营;充分考虑工程实际紧急情况。

1)第一次开挖及防护设计

(1)初设方案

K39 +400 左侧边坡滑坡地质灾害治理涉及桩号为 ZK39 + 300 ~ ZK39 + 580。该处最初定为一般路堑边坡,位于路线左侧,坡面采用简易格构护坡,设计高程位于滑坡体下部,切坡高度最大约为 32.0m。以 ZK39 +420 处的冲沟为界,分为东西两处边坡,各级边坡分级高度均为 8m,坡度均为 1 : 1。

(2)出现的问题

2018 年 4 月底,TJ-2 标项目部对 ZK39 +300 ~ ZK39 +420 左侧第三级边坡进行开挖,遇连续强降雨,边坡坡顶 60m 范围内出现裂缝。2018 年 12 月,判断为中型滑坡,并在第二级平台设置一排抗滑桩,如图 9-14 所示。

图 9-14　边坡顶部框格防护结构

2)一次变更处治方案

2018年12月23日,在连续降雨之后,在坡体顶部再次出现大量裂缝,发现裂缝后项目部及时对出现的裂缝进行封堵,避免裂缝进一步扩大。12月28日,由设计单位专家到现场踏勘,查明该处滑坡已由原来的ZK39+300~ZK39+420段延长为ZK39+300~ZK39+580段,后缘裂缝最远达到清方后的边坡坡顶外90m,滑坡体已由浅层中型演变为深层大型滑坡,必须进行针对性处治。

采取在ZK39+330~ZK39+540路基北侧采用前缘抗滑方桩+2道锚索+桩前挡土墙+坡体中部土体局部卸载+排水等处治措施对坡体进行支挡。其中1~17号桩(2标)于2020年10月25日完成,12月30日完成张拉;18~36号桩(3标)于2020年8月22日完成。

具体描述如下:

(1)抗滑桩桩板墙支挡:原支挡在第一级挖方平台设置人工挖孔矩形抗滑桩,其中ZK39+330~ZK39+380段抗滑桩(1~9号)尺寸为3.0×4.0m,间距为6m,桩长为30.0~31.0m;ZK39+380~ZK39+430段抗滑桩(10~17号)尺寸为2.5×4.0m,间距为6m,桩长为31.0m;ZK39+430~ZK39+540段抗滑桩(18~36号)尺寸为2.5×4.0m,间距为6m,桩长为30.0~30.5m;抗滑桩桩顶与现有路基路面高度约为16m。所有抗滑桩顶均设置2根6索预应力锚索,每根锚索仅施加0.25倍设计拉力值左右的预应力。据后续了解,这2根锚索在施工过程中已失效。

(2)抗滑桩桩前挡墙反压:采用挡墙对1~23号抗滑桩桩前土体进行支挡,ZK390+320~ZK390+463(23号桩)抗滑桩桩前部位采用C20片石混凝土直立式挡墙进行反压,挡墙顶宽3.0m,底宽5.5m,面坡为1∶0.25,背坡垂直;挡墙全墙高10.0m,其中露出碎落台以上8.0m,埋入2.0m;在碎落台上方30cm处设泄水管,竖向和水平间距均为2m,梅花形布置。挡墙墙背距抗滑桩桩面净距为5m。ZK390+463~ZK390+540抗滑桩桩前采用护面墙对桩前土体进行支挡,坡度为1∶1。挡墙顶与护面墙顶距离路面约为8m,距离抗滑桩顶约为8m。挡墙在2号冲沟位置处设置跌水沟,将水排至路基排水系统。

(3)坡体中部局部卸载:对抗滑桩上部土体进行局部放坡卸载。西侧边坡采用七级放坡,第一级为桩前挡墙,第二级抗滑桩桩顶放坡坡度为1∶1.25,第三级放坡坡度为1∶1.5,第四级放坡坡度为1∶1.5,第五级放坡坡度为1∶1.75,第六级放坡坡度为1∶2,第七级放坡坡度为1∶2.25,第七级坡体采用拱形骨架进行支护。东侧边坡采用三级放坡,第一级放坡坡度为1∶1,采用护面墙支护;第二级放坡坡度为1∶1.25,采用主动防护网支护;第三级放坡坡度为1∶1.5,采用拱形骨架支护。各级边坡放坡高度均为8m。各级平台处设置矩形排水沟。挡墙加固施工完成后的实景如图9-15所示。

图9-15　挡墙加固施工完成后实景图

3)二次处治方案变更

2022年3月,K39+400边坡采用“抗滑桩支挡+坡面框架锚杆+挡墙顶钢轨桩加固+地表排水、地下深层泄水管及集水井排水、支撑渗沟渗井排水”等综合处治措施,具体描述如下。

(1)抗滑桩支挡

在原抗滑方桩(4~26号)以北8m布置单排至三排圆形抗滑桩共38根(编号2a~23a、2b~12b、5c~9c),2a(b)~4a(b)、10a(b)~12a(b)圆桩采用双排抗滑桩,5c~9c圆桩采用三排抗滑桩,13a~23a圆桩采用单排抗滑桩,桩距为6m(局部6.5m),排距为5m。桩顶系梁尺寸为1.5m(宽)×1m(高),前后排桩采用1.5m(宽)×1m(高)的连梁进行连接,西侧边坡桩顶边坡采用1∶1放坡+框架锚杆进行支护,东侧边坡桩顶采用护面墙进行支护;将原4~26号方桩采用1.5m(宽)×1m(高)的连梁连接,并将原方桩与新建圆形抗滑桩采用1.5m(宽)×1m(高)的连梁连接,以提高整体阻滑效果。由于强风化页岩及覆盖层厚度为18~20m,因此,本次设计桩长为41~51m。

(2)挡墙顶钢轨桩加固

在已有7~19号抗滑桩前挡墙顶打设钢轨桩,采用P50钢轨,钢轨桩间距为1m,排距为1m,梅花形布置,长度为17.5~19.5m。钢轨桩群平行于路线方向每根间距为1.0m,垂直路线方向每排间距为1.0m,梅花形布置。桩底高程不一,交错布置,相隔一个桩均比附近的桩高出2m,即平面、立面均交错布置。钢轨桩需避开深层排水管位置。钢轨桩轨底宽边应位于靠山侧,且轨底宽边应垂直于滑动方向(西侧边坡滑动方向为190°,东侧边坡滑动方向为233°)。

(3)坡面防护

西侧边坡在抗滑桩施工过程中开挖施工平台,形成高0~6m的边坡,本次将拟建抗滑桩第一排、第二排桩高程抬至比原有抗滑桩平台高3.5m,第三排抗滑桩高程抬至比原有抗滑桩平台高7.5m,并增加框架锚杆支护对边坡进行防护。锚杆间距为2×2m,锚杆采用HRB400直径为32mm的钢筋,锚杆长度自上而下为12m、9m、6m。

东侧边坡在抗滑桩施工过程中开挖施工平台,形成高0~2.4m的边坡,抗滑桩高程抬至比原有抗滑桩平台高3.5m,并增加护面墙支护对边坡进行防护。

(4)地表排水

①2号支撑渗沟:在现有14号和15号方桩之间的2号冲沟处设置干砌片石支撑渗沟,支撑渗沟的宽为3.5m,纵向长度为63m,开挖深度为1.9~6m。支撑渗沟上部接截排水沟,下部接集水渗井,集水渗井中的水采用排水管排至公路暗涵。

②1号支撑渗沟:在现有1号冲沟(K39+170)处设置干砌片石支撑渗沟,支撑渗沟的宽为1.5m,纵向长度为55m,开挖深度为0~1.5m。坡底开挖成台阶状,台阶宽度为1m,台阶向外倾斜坡度为4%。

③截排水沟:在坡顶设置截水沟将坡顶现有水塘的水及雨水截排至两侧冲沟及路基排水沟,截水沟采用C20素混凝土梯形截水沟。在抗滑桩顶设置C20

素混凝土矩形排水沟。

④跌水沟：在截水沟的最低处设置跌水（竖向流水槽），跌水位置视现场情况和实际地形确定。在跌水坡顶处设置沉淀池和集水池，在跌水坡脚设置消能池。截排水沟要求坡度大于0.2%。

（5）地下排水

①深层泄水孔：在已有方桩（4～17号）前挡墙坡面及已有抗滑桩挡板处及上部坡面处打设 ϕ150mm 深层泄水孔，深层泄水孔水平间距为6m，在挡墙及抗滑桩挡板处竖向布置3排。在西侧边坡坡面（K39+300～K39+420）布置4排泄水孔。泄水孔深度为30m，泄水孔坡度为10%。深层泄水孔采用 ϕ150mm 钻孔。

②AB段集水井：K39+0～K39+100路基北侧边坡AB段深部排水采用集水井排水，集水井水平间距为30m、40m。集水井深度为11～11.6m，集水井位于地下水位以下部位四周设置排水钢花管，钢花管采用长度6m、15m交错布置，在每个侧墙上布置2根钢花管，每个断面上共布置8根钢花管，钢花管竖向间距为1m。集水井之间采用D1000mm、厚度100mm的Ⅲ级钢筋混凝土排水管顶管连通，排水纵坡为1%。

③CD段集水井：K39+175～K39+300路基北侧边坡CD段深部排水采用集水井排水，集水井水平间距为30m。集水井深度为14.6～15.8m，集水井位于地下水位以下部位四周设置排水钢花管，钢花管采用长度6m、15m交错布置，在每个侧墙上布置2根钢花管，每个断面上共布置8根钢花管，钢花管竖向间距1m。集水井之间采用D1000mm、厚度100mm的Ⅲ级钢筋混凝土排水管顶管连通，排水纵坡为1%。

文麻高速公路K39滑坡防治工程布置，如图9-16所示。

9.3.5　施工中获取信息的反馈与对策

由于K39滑坡地质条件及影响因素复杂，治理方案几经变更，历时时间长，措施多样。根据坡体及加固结构的变形特征，将整个过程分为四个阶段。

1）第一阶段

（1）事件

2018年4月底，TJ-2标项目部对ZK39+300～ZK39+420左侧第三级边坡

(西侧边坡)进行开挖,遇连续强降雨,边坡坡顶60m范围内出现裂缝。

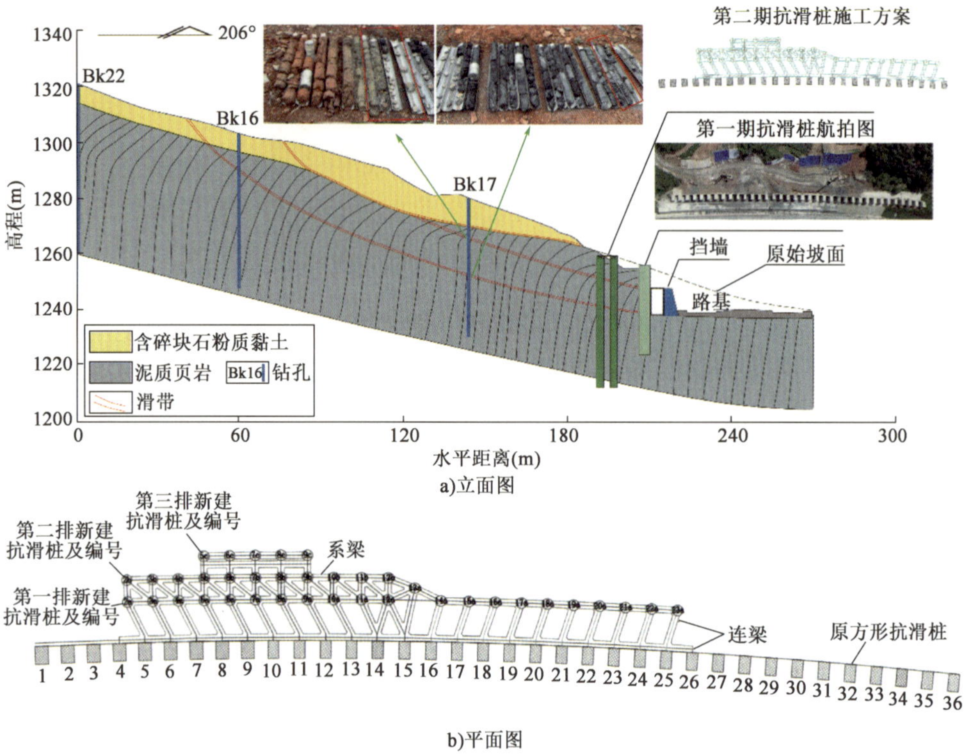

a)立面图

b)平面图

图9-16　文麻高速公路K39滑坡防治工程布置

(2)处治措施

①项目部立即对裂缝采用防水土工布覆盖并填土压实,以免雨水进一步下渗。

②加强滑坡的变形位移观测。

③布置地勘工作,查明滑坡的范围、厚度及特征,获取滑坡体及滑动面的物理力学参数,为滑坡治理设计提供基础资料。

④沿滑面清方削坡减载,可适当考虑多清至滑面以下;如清方方案不能通过,则在二级边坡平台设置抗滑桩支挡边坡。

⑤在进行裂缝封堵后,停止了施工,2018年11—12月完成了最上一级边坡的拱形骨架防护结构施工。

(3)实际效果

通过裂缝封堵、雨水防渗措施来阻止雨水下渗造成滑面岩土强度参数下降,进而阻止已形成的滑坡体进一步蠕滑；在最上一级边坡位置设置预应力锚索框格梁结构进行坡面加固，以防止滑移加剧。

连续降雨过后，在防护坡体顶部再次出现大量裂缝，发现裂缝后项目部及时对出现的裂缝进行封堵，避免进一步扩大。2018年12月28日，由设计单位专家到现场踏勘，查明原坡体由ZK39+300~ZK39+420段延长为ZK39+300~ZK39+580段，后缘裂缝最远达到清方后的边坡坡顶外90m，滑坡体已由浅层中型演变为深层大型滑坡，必须进行针对性处治。

(4)差距原因分析

①锚索框架结构失效：锚索框架护坡位于最上一级边坡，据现场了解，锚索长度为6~9m，根据后期勘察结果可知，浅层滑面在该护坡位置以下15~16m位置处。通过现场勘察可知，框锚支护的最上级边坡已发生位移，排水沟已挤压破裂。因此，该滑坡结构仅起到坡面土稳固作用，而对于上部滑体的稳定是无效的。

②降雨：对裂缝的封堵覆盖十分粗糙，而且对裂缝封堵并不能阻止雨水从多个暴露点下渗和汇集，因此，随着雨水的进一步下渗、汇集，岩土体强度进一步下降，滑坡区域进一步扩大。

③勘察：首次产生裂缝时，未引起足够重视，仅进行了简单踏勘，得出的结论为"由于高速公路土方开挖，处于极限平衡状态的自然山体失去了平衡而不稳定，出现滑动；从裂缝范围、现场地质地形条件综合分析，当时滑坡体厚度不大"。未对岩土层、滑面位置、水位有准确定位，进而未进行系统分析，存在安全风险意识薄弱、处治经验不足问题。由于踏勘简单，对滑坡区域判断不准确，极可能在初期更大滑坡边界已经或正在形成，若踏勘工作更加细致，严格采用追索和横向穿越的方法尽量追溯滑体边界，则可及时采取有效措施，避免更大损失。

(5)避免措施

①勘察工作应当做实做细，勘察结果应当翔实，将可行性研究勘察、初步设计勘察、详细勘察(施工图阶段勘察)三步落到实处。结合勘察结果和现场施工情况，评估主要风险点，准确辨识滑坡边界、滑面数量及位置、水位埋深，做好设计与分析。结合数值方法辅助判断坡体稳定性状态，针对高安全风险的滑坡区域、滑坡体早防渗、早排水、早加固，避免岩土参数强度进一步降低，滑坡体进一

步扩大。

②施工时,应当判断论证设计的合理性,结合滑坡区域、滑面位置,判识结构的有效性。若有疑问,应当及时提出、论证、修正,确保每一项工程措施都落到实处,发挥实效。

③治坡先治水,地表水和地下水是影响坡体安全稳定的直接因素。对地表水,应做好岩土层全覆盖,坡脚、坡顶处修筑好截排水沟等排水设施;对地下水,尽早查明埋置深度、富水带位置及分布范围,明确地下水补、径、排条件和循环交替规律,开展地下水渗流应力耦合对边坡稳定性影响分析,依据渗流规律及分析结果采取针对性处治措施。

2)第二阶段

(1)事件

雨季过后,2018 年 12 月,坡顶发现大量裂缝,判断滑坡边界扩大,滑坡由浅层中型演变为深层大型滑坡,经设计院等踏勘认定此时必须进行滑坡专门处治设计。

(2)处治措施

2019 年4 月13 日,文山州交通运输局主持召开了文麻高速公路 K39 滑坡处治方案评审会,同意设计院提出的“部分清方 + 锚索抗滑桩强支挡 + 综合排水”方案。

2019 年 6 月,设计院下发“文麻 ZK39 + 300 ~ ZK39 + 580 左侧滑坡处治施工设计变更图纸”。采取的主要措施:在第一级平台布置 36 根 2.5(3.0)m × 4.0m 矩形抗滑桩,桩长 30.0 ~ 31.0m,悬出第一级平台高度 6 ~ 8m,并设置挡土板。

受项目资金、项目模式转变影响,持续处于停工状态;至 2020 年 4 月 15 日,项目复工,18 ~ 36 号桩(3 标)于 2020 年 8 月 22 日完成施工,1 ~ 17 号抗滑桩(2 标)于 2020 年 10 月 25 日完成施工,12 月 30 日完成锚索张拉。坡顶设置截水沟,各级平台设置平台截水沟,所有平台均采用 20cm 厚 C20 混凝土硬化处理,以防雨水下渗。ZK39 + 400 冲沟在征地范围内的部分均采用 C20 混凝土硬化,硬化层的底部设置宽度不小于 1.0m、高度不小于 0.6m 的盲沟,盲沟底部及侧面应采用防水土工布包裹。另外,在第一级边坡设置深层导水孔排除坡体内地下水(需避开抗滑桩),单根排水管长度为 10m。

(3)预期与实际效果

预期在抗滑桩施工后确保后方坡体稳定,且在进行路堑边坡开挖后,具有足够抗滑力保持坡体稳定。

通过抗滑桩桩顶位移监测数据可知,在路堑边坡开挖过程中,方形抗滑桩向主线内侧发生位移,其中14号抗滑桩位移速率达到28mm/d,锚索被拉出。项目部立即组织回填反压,反压施工完成后,位移速率明显变小,为2mm/d。

(4)差距原因分析

抗滑桩设计抗滑力不足:设计单位采用剩余推力法进行桩身抗滑力验算时,3个剖面均未通过验算,因此,在每根抗滑桩上设置两根锚索,锚固于强风化泥质页岩中。当布置锚索后,1—1剖面抗力仅超出土反力5kPa,2—2剖面为41kPa,3—3剖面为42kPa。在此设计、施工过程中,至少存在以下不足:

①验算不足,如此重大边坡,仅依据某个推测滑面进行设计,并进行简单验算,在安全储备明显不足的情况下依旧采用该设计结构。通过有限元模拟分析结果可知,开挖支护前后,边坡稳定系数均大于1.15,但边坡局部变形较大,开挖前局部最大水平位移达40cm以上,开挖后该位置处(桩后方附近)水平位移进一步加大,可见在边坡整体稳定性验算通过的情况下,也难免出现局部变形持续增大的情况,造成桩受到较大水平推力。

②锚索嵌固于全风化泥质页岩中,全风化泥质页岩的重度、内摩擦角、黏聚力均与最上层粉质黏土近乎一致,不符合规范所述置于稳定岩层内的要求,因此,锚索被拔出。

此外,对排水的设计也过于粗略,根据第一版设计变更图纸与第二版设计变更图纸对比结果可知,在未知悉浸润线位置时,便进行了10m排水孔设计,设计过程草率、简单。虽然提出了"综合排水"的方案,但在实际处治方案中,未见关于地下水勘测相关内容,也未见针对水的有效疏排措施。

(5)避免措施

①将勘察工作做在前面,结合监测手段,查清滑面位置和地下水位,针对滑面位置、数量,滑面区域岩土特性,考虑水位线上下岩土体、各层岩土体性质差异,进行差异化、针对性的加固和排水设计,确保每一项处治措施都发挥实效。

②针对此类深层多滑带大型滑坡,在设计过程中,应结合多种计算手段进行

分析、验算、论证，基础数据务必准确，必要时还应当开展现场试验，研究桩、锚加固实际效果，做到设计有理有据。

3）第三阶段

（1）事件

2021 年 1 月，施工路堑边坡时，抗滑桩变形急剧加大，14 号桩锚索被拉出，项目部随即进行了填土反压，反压后，变形稳定。

（2）处治措施

为确保 K39 抗滑桩稳固，经各方讨论确定，沿抗滑桩线形方向内侧新增设一座片石混凝土加固挡墙，2 标段承建 110m，挡墙采用直角梯形断面，顶宽 3m，底宽 5.5m，面坡坡度 1∶0.25，背坡垂直。挡墙全墙高 10m，其中埋深 2m，露出碎落台以上 8m。墙背设置碎石反滤层，墙身设置直径为 100mm 的泄水管。

2021 年 3 月 5 日挡墙开始施工，分段开挖浇筑，每段从基础开挖到浇筑完成时间控制在 6d 以内，挡墙整体施工于 2021 年 6 月 11 日结束。

（3）预期与实际效果

预期在设置挡墙后，路堑边坡开挖时边坡变形处于低水平的稳定缓慢状态。但是雨季来临后，在雨水入渗、滑面岩土强度进一步降低、墙后水压力进一步增大的情况下，抗滑桩水平位移持续增大，亟须采取措施避免抗滑桩位移过大而失效。

（4）差距原因分析

在雨季来临前的 2 个多月中，抗滑桩位移相对平缓。进入雨季后，抗滑桩位移增大，且速度较快。因此，诱发此次大变形的主要原因是降雨。而边坡处治始终未针对降雨、地下水制定有效的处治措施。

（5）避免措施

①有效防排水：通过各变形阶段的位移分析可知，降雨入渗是引起加固后边坡进一步蠕滑的主控诱发因素。通过监测和有限元分析可知，在非降雨期，边坡也在持续性变形。受雨水软化作用后，滑带及上部岩土体强度进一步降低，形成多层面滑动。为此，设置有效截排地表、地下水的结构物势在必行。针对坡面，应当将截水、排水沟与防水土工布结合使用。针对地下水，应当在充分论证地下水深度、汇水赋存位置后，设计长度、尺寸、埋深相适宜的排水孔、集水井等地下

水排泄结构。

②上层坡面加固：结合有限元分析及极限平衡分析可知，桩、锚索（拔出后失效）对于加固边坡整体具有重要意义，但对于浅层、次浅层滑面上部土体的加固意义不大；同时，经计算分析可知，局部坡体处于极限平衡状态，受施工扰动、雨水下渗等作用易发生滑移。因此，应当对边坡浅层、次浅层坡体土层采取针对性加固措施。在最初设计时，应当结合勘察结果，仔细计算分析，充分做好“固脚强腰”，统筹分析各滑带空间位置，开展针对性设计。

4）第四阶段

（1）事件

2021 年 8 月，文山州进入雨季，受连续强降雨和附近地表径流的影响，ZK39 + 300 ~ ZK39 + 580 段左侧边坡抗滑桩产生较快、持续水平位移。2022 年 4 月，出现挡墙后方平台开裂。

（2）处治措施

①2021 年 9 月 12 日，对 TJ-2 标段 ZK39 + 330 ~ ZK39 + 430 路基左侧边坡抗滑桩的 13 根人工挖孔灌注桩进行了声波透射法检测。结果显示，Ⅰ类桩 6 根，占检测总数的 46.1%，Ⅱ类桩 2 根，占检测总数的 15.4%，Ⅲ类桩 5 根，占检测总数的 38.5%，本次检测未发现Ⅳ类桩。

②截至 2021 年 9 月 19 日，2 标项目部完成了 5 排抗滑桩挡墙泄水孔施工，平均深度为 15m；对三家 1 号大桥左幅 4 号桥台至 ZK39 + 430 左侧土路肩进行硬化处理。

③2021 年 9 月 29 日至 10 月 6 日，项目部为Ⅱ类桩、Ⅲ类桩及因声测管破损堵塞而无法检测的共计 11 根抗滑桩进行钻芯检测，取芯深度为 19 ~ 28.5m。此次检测发现 14 号桩出现非人为斜口断缝。

④2021 年 10 月 17 日，设计院组织复检，检测结果与声波检测结果吻合。

⑤截至 2021 年 10 月 8 日，抗滑桩上方坡体地勘钻孔 15 处，深度为 35 ~ 72.4m，分别在 23 ~ 42m 处入硬岩，但硬岩存在竖向裂隙，强度不高。

⑥2022 年 2 月下发本次处治中的第一版施工处治图纸，经过各方讨论修改，3 月下发修改版图纸，主要措施为：西侧边坡（K39 + 300 ~ K39 + 415）双排至三排圆形抗滑桩（2a ~ 11a、2b ~ 11b、5c ~ 9c），东侧边坡（12a ~ 23a、12b）单排抗滑

桩,桩顶系梁、连梁;西侧桩顶边坡采用1:1放坡+框架锚杆进行支护;挡墙坡面及已有抗滑桩挡板处及以上坡面布置深层泄水孔;挡墙顶钢轨桩加固;路基北侧AB段、边坡CD段布置深层集水井;在2号冲沟处布置支撑渗沟。

截至2022年7月29日,完成36根圆形抗滑桩施工,8月1日开始挖桩头,并采用气动式风镐人工破桩头。排水隧洞于2022年5月底开始施工,至8月8日已施工140余米,局部段有较大渗水。

(3)预期与实际效果

截至2022年5月24日,根据抗滑桩桩顶位移监测数据显示,位移处于平缓增加状态。由于施工扰动和降雨入渗等影响,抗滑桩局部水平位移陡增,之后恢复平缓。2022年4月21日,挡墙后侧平台出现裂缝,裂缝宽度为19~25cm。截至2022年5月底,2标段和3标段各剩余8根抗滑桩未施工。

(4)差距原因分析

在强支挡方面,已施工方形抗滑桩36根、抗滑桩挡墙(1~17号桩前)、挡墙顶钢轨桩、圆形抗滑桩22根(共38根);在排水方面,已施工深层泄水孔、集水井、坡顶截水沟。施工圆形抗滑桩前后,通过位移监测数据可知,边坡变形速率更加平缓,但坡体仍处于持续变形状态。从水位监测数据、排水孔排水状态可知,坡体内地下水未得到有效排出,水位仅出现略微降低。强支挡结构已做到极致,但变形始终未停止,结合前述章节分析,可判断由以下原因所致:

①排水工作滞后于加固,排水结构(集水井、截排水沟、泄水孔)的排水效果极差,无法有效排出地下水,造成桩、挡墙后方水土压力极大。

②强支挡加固结构设计问题,加固结构的布置位置、参数设置、埋置深度等存在不合理之处,未考虑到深层多滑带的坡体特性,加固不具针对性。通过有限元分析对比可知,添加圆形抗滑桩后,桩顶土体依旧产生了数十厘米的水平位移(符合实际监测数据),桩底锚固端出现向内位移,桩体出现空间顺时针旋转之势,造成挡墙水平位移增大,出现开裂。对桩端锚固力、下滑推力的错误估计,导致挡墙位移,加之施工扰动,造成了持续变形。

③勘察工作滞后,未结合勘察数据开展设计,在第一版勘察报告中,未查明滑坡深层次多滑带的特性,未查明地下水渗流汇集情况;进行了强支挡设计,但不具有针对性。第二版勘察报告中给出了水位线,确定了桩后土体特性、地下水

渗流情况,但深层排水孔未考虑水位,大多数排水孔未进入浸润线以下。

(5)避免措施

本处治阶段的最主要问题是:未严格依据勘察数据开展设计工作;未对处治方案进行严格验证、优化。此外,始终未对排水有正确认识,未对排水问题做出重大、关键决策。因此,应当从上述问题入手进行改进:

①设计单位应当根据项目地质、水文实际情况组织设计,而非“套图、改图”应付了事。施工方拿到图纸后也应对关键结构物的布置合理性进行讨论,存在疑问时应及时修正。

②利用分析软件,扎实做好岩土分析。虽然软件分析无法十分准确地给出变形、应力计算结果,但结果中的变化趋势可辅助技术人员对整体进行把控,具有较大参考价值。

处治过程中的具体问题及解决措施见表9-1。

处治过程中的具体问题及解决措施　　表9-1

处治阶段	问题	解决措施
第一阶段	①锚索框架结构失效; ②对水的危害性认识不足; ③勘察工作不到位	①判断论证设计合理性,确保措施落实; ②严格做好防排水工作,及时采取针对性措施; ③做好勘察工作,落实三阶段勘察
第二阶段	①抗滑桩设计抗滑力不足,验算不足,锚索嵌固位置不规范; ②排水设计较粗略	①设计时充分分析、验算、论证,严格按照规范落实; ②进行差异化、针对性设计,确保每一项措施发挥实效
第三阶段	对水的防范意识严重不足:施工缓慢,地表、地下水对滑坡的影响一直存在	增强治坡先治水的意识,开展有效防排水措施,做好上层坡面加固
第四阶段	①排水工作滞后于加固; ②强支挡加固结构设计不合理; ③未结合勘察结果进行设计	①实时、动态针对排水开展相关工作; ②对处治方案进行严格验证、优化; ③严格依据勘察数据开展设计工作

处治过程中出现的主要问题如图9-17所示。

在K39边坡工程中,通过实时监测边坡的变形情况,发现边坡的不稳定因素,并采取相应的加固措施。因此,信息化施工的重要作用在于反馈、修正,通过监测施工过程,将信息数据化,及时发现问题,从而采取措施,并监测该措施实施过程中的情况,再反馈优化,从而形成动态管理机制。

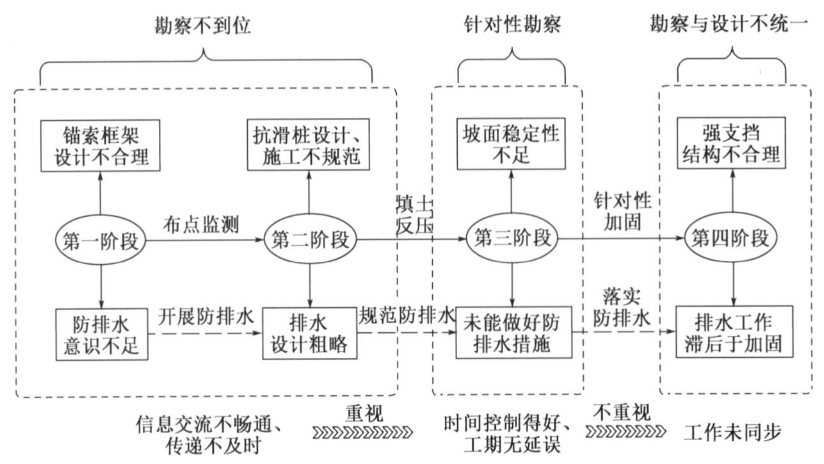

图 9-17　处治过程中出现的主要问题

9.3.6　边坡工程施工信息化管理效果评价

随着科技的不断发展,信息化技术在地质勘察与边坡治理领域的应用范围越来越广泛。信息化管理不仅提高了工作效率,还使数据的获取、分析和管理更为精确、便捷。

1)有助于开展信息化勘察

勘察工作的准确性和详细程度直接关系到后续设计的合理性和施工的安全性。因此,勘察工作应当做实做细,勘察结果应当翔实,将可行性研究勘察、初步设计勘察、详细勘察(施工图阶段勘察)三步落到实处。

在勘察工作中,采用无人机航拍、三维激光扫描、地质雷达等技术,对勘察区域进行高精度、高效率的数据采集。同时,利用地理信息系统(GIS)对勘察数据进行整合、分析和可视化展示,为设计提供更为全面、直观的数据支持。应注重数据的实时更新和动态管理。通过建立勘察数据库,实现数据的共享和快速查询,为后续施工和监测提供便利。此外,利用云计算和大数据技术,对勘察数据进行深度挖掘和分析,发现潜在的风险点和问题,为决策提供科学依据。

2)有助于开展信息化设计与分析

边坡工程的设计与分析涉及边坡稳定性和安全性的评估与改善。需要结合勘察结果和现场施工情况,评估主要风险点,准确辨识滑坡边界、滑面数量及位置、水位埋深,做好设计与分析。此外,需要结合数值方法辅助判断坡体稳定性,针对高安全风险的滑坡区域、滑坡体早防渗、早排水、早加固,避免岩土参数强度进一步降低,滑坡体扩大。

在设计与分析过程中,采用数值分析软件、有限元分析等方法,对边坡稳定性进行模拟和预测。通过信息化管理,可以更加精确地评估边坡的变形和破坏模式,为设计提供更为可靠的依据。同时,利用虚拟现实技术,对设计方案进行三维可视化展示,使设计成果更加直观、易于理解。还可以建立设计信息平台,实现设计成果的共享和交流,促进设计水平的提高。

3)有助于开展信息化施工与监测

施工时,应当判断论证设计合理性,结合滑坡区域、滑动面位置,判断结构有效性。实时监测施工过程,对存在问题及时提出、论证、修正,确保每一项工程措施都落到实处,发挥实效。

在施工方面,采用信息化管理对施工进度、质量、安全等进行实时监控和管理。通过安装传感器、摄像头等设备,实时采集施工数据,利用物联网技术实现数据的传输和处理。同时,建立施工管理系统,对施工过程进行全面掌控,确保施工质量和安全。

在监测方面,利用北斗卫星导航、遥感技术等信息化手段与技术,对边坡进行全天候、全方位的监测。通过实时监测和分析,及时发现边坡的变形和异常情况,为采取针对性措施提供依据。此外,建立监测预警系统,对潜在的安全风险进行预测和预警,为应急响应提供有力支持。

4)有助于实施基于信息化管理的防排水措施

治坡先治水,地表水和地下水是严重影响坡体安全稳定的直接因素,有效防排水措施的运用已经成为边坡加固工程不可或缺的一环。通过各变形阶段的位移分析可知,降雨入渗是引起加固后边坡进一步蠕滑的主要诱发因素。在非降雨期,边坡也会持续变形。受雨水软化作用后,滑带及上部岩土体强度进一步降低,形成多层面滑动。为此,设置有效截排地表、地下水的结构物势在必行。针对坡面,需要将截水、排水沟与防水土工布结合使用。增强治坡先治水的意识,从思想上引起重视。

对于地表水,借助遥感、地理信息系统等信息化技术,精确掌握岩土层的分布情况,确保全覆盖、无死角;在坡脚、坡顶等关键位置,修筑截排水沟等排水设施,利用传感器和自动控制系统实时监控水流情况,一旦超出预设阈值,便能自动启动应急排水机制,确保坡体安全。

对于地下水,利用地质雷达、地下水探测仪等先进设备,尽早查明地下水情况;借助大数据分析,明确地下水的补、径、排条件和循环交替规律,为后续的处治工作提供科学依据;同时,利用数值模拟技术,开展地下水渗流应力耦合对边坡稳定性的影响分析,深入探究地下水对坡体稳定性的影响机制。

5)有助于实施基于信息化管理的上层坡面加固措施

桩、锚索(拔出后失效)对于加固边坡整体具有重要意义,但对于浅层、次浅层滑面上部土体的加固意义不大,且经计算分析可知,局部坡体处于极限平衡状态,受施工扰动、雨水下渗等作用易发生滑移。因此,应当对边坡浅层、次浅层坡体土层采取针对性加固措施。

在最初设计时,充分利用信息化技术,结合详细的勘察结果,进行精细化的计算分析,充分做好“固脚强腰”,统筹分析各滑带空间位置,开展针对性设计。例如,上下各设置一排锚索抗滑桩 + 框锚支护(根据实际取舍),同时采用传感器、摄像头及预警设备等,实时监测加固后的坡面情况,以便于对加固效果做出有效评估。

6)有助于开展信息化管理与决策

在边坡治理过程中建立施工信息化管理系统,实现项目信息的集中存储、共享和查询。通过信息化管理,对项目进度、成本、质量等进行全面管理,提高管理效率。同时,利用大数据和人工智能技术,对项目数据进行深度分析和挖掘,为决策提供科学依据。在决策过程中,通过信息化管理得到数据和分析结果,结合专家的专业知识和经验,制定更为科学合理的决策方案。此外,建立决策支持系统,实现决策过程的智能化和自动化,提高决策效率和质量。

综上所述,信息化施工在边坡治理过程中发挥着越来越重要的作用。通过加强信息化建设和应用,可以提高工作效率、保障施工安全、优化设计方案、提升管理水平,为边坡治理工作提供有力支持。在未来的边坡治理工作中,应更加注重信息化施工的应用和推广,推动边坡治理工作向更加科学、高效、安全的方向发展。

CHAPTER 10 | 第 10 章

公路边坡治理工程效果评价

长期以来,我国研究人员对边坡病害的防治进行了大量研究,积累了丰富的经验,防治技术的发展水平迅速提高。尽管如此,在边坡治理工程实践中,由于设计、施工、养护等方面的原因,常常出现边坡治理工程失败或失效的情况。令人遗憾的是,对这些失败的治理工程,人们往往不能在病害发生前第一时间对其做出正确评价,也认识不到其可能的后果,而是在病害发生后才认识到这些治理工程的不合理性,但悔之晚矣。目前,对已完工工程边坡治理措施的效果评价,只是按照现行的行业标准进行竣工验收。进入运营阶段后,这些治理措施是不是"对症下药",是否达到了预期的效果,治理效果是好是坏等,一般较少被关注,人们大多只是针对具体的工点治理后支挡结构受力规律进行分析,采用稳定性分析的方法对边坡安全系数进行再计算,或是根据边坡的变形等监测数据对边坡治理后的效果进行评价,缺乏统一的标准和系统的评价体系。

当前,我国边坡治理工程效果评价工作已到了刻不容缓的地步,一方面,新中国成立初期修建的许多边坡工程,由于受使用寿命、当时的施工水平、材料强度等的限制,到了需要对其进行重新评价、修缮、重建的阶段;另一方面,由于经济、社会发展的需要,铁路、公路、水电等行业的土木工程建设规模空前,出现了大量高边坡治理工程,这些治理工程的效果如何,需要业界予以关注。

鉴于此,本章在引入相关学者研究成果的基础之上,对高速公路边坡治理效果评价标准、评价体系、评价方法,以及治理方法的适宜性评价等内容进行系统阐述,最后以文麻高速公路典型边坡的治理效果评价为例,展示其应用方法。

10.1 边坡治理效果评价标准

公路边坡病害的治理应达到什么样的程度、取得什么样的效果,才算符合要求,想要回答这些问题,就需要建立一个评价标准。笔者在总结张从明等人对云南元磨高速公路研究成果的基础上,经过大量调查研究,通过科学试验和理论分析,建立了边坡病害治理效果评价体系,并在文麻高速公路上进行了检验。

从公路边坡工程治理的服务功能来讲,边坡治理效果评价体系应该包括边坡稳定性、治理措施的适宜性、治理后的技术状况、边坡措施安全等级、交通安全管制等级等五个方面的内容，其中边坡措施安全等级与交通安全管制等级由专门的安全评估部门进行专项评估，并且有确定的方法和对应的标准参照执行。因此，本章仅讨论前三个方面的内容。

10.1.1　边坡稳定性分级

在公路设计使用年限内，公路边坡应始终处于稳定状态，以保证车辆安全运营。边坡稳定分为局部稳定和整体稳定，如果边坡发生局部不稳定状况，能很快排除险情恢复交通运营；如果发生整体不稳定状况，不仅一时难以恢复交通，而且会严重危及交通安全，不得不中止车辆通行，给社会经济和人们生活造成不可估量的损失。为此，应制定边坡稳定性评价标准，以便根据评价的稳定状况，及早采取相应的治理措施，防患于未然。

一段路堑边坡，可能发生整体和局部变形破坏，二者没有严格的界限，只是一个相对概念。首先，分析病害的规模大小；其次，研究它们对公路影响和危害的程度。

局部变形破坏：不管是路堑边坡还是路堤边坡，凡是病害体没有侵入公路行车限界，不会影响交通，则均视为局部变形破坏。

整体变形破坏：对路堑边坡滑坡而言，一般情况下，如果边坡病害体侵入公路行车限界内，影响车的安全行驶，就视为整体变形破坏。但是以下两种情况除外：

(1)对于局部掉块、落石类的边坡病害，虽然危害程度大，但规模小，恢复交通的代价小，恢复速度快，应视为局部变形破坏。

(2)对于坡面冲刷、泥石流类边坡病害，虽然病害体侵入公路行车限界内，但对公路交通影响小，也视为局部变形破坏。

对路堤边坡而言，一般情况下，病害体侵入或威胁到公路行车限界，影响公路交通，就视为整体变形破坏。但是，对于仅发生在边坡顶部、路基边缘的坡面冲沟、小型坍塌类的边坡病害，虽然病害体侵入公路行车限界，但由于其规模小，对公路交通影响小，恢复交通的代价小，也视为局部变形破坏。

根据边坡的整体和局部稳定性，本书依据稳定系数大小将边坡稳定性程度划分为五个等级：稳定、基本稳定、欠稳定、不稳定和失稳。

与上述稳定等级相适应的地质条件是在工程使用年限内，边坡可能发生整体失稳概率 P_{zh} 和局部可能发生失稳概率 P_{jb}，结合应采取的治理对策，作为划分稳定等级的标准，详见表 10-1。

边坡稳定性等级划分标准 表 10-1

<table>
<tr><th colspan="3">稳定性等级及整体稳定性系数 K 值范围</th><th>地质条件是否恶化</th><th>P_{zh}</th><th>P_{jb}</th><th>对策</th></tr>
<tr><td colspan="3">稳定($K \geq 1.2$)</td><td>否</td><td>无可能</td><td>小</td><td>小修保养</td></tr>
<tr><td colspan="3">基本稳定($1.15 \leq K \lt 1.2$)</td><td>否</td><td>小</td><td>较小</td><td>局部加固、定期检查，中修</td></tr>
<tr><td rowspan="3">欠稳定($1.05 \leq K \lt 1.15$)</td><td>Ⅰ</td><td>$1.1 \leq K \lt 1.15$</td><td>否</td><td>较小</td><td>较大</td><td>进行常规动态监测，并大修</td></tr>
<tr><td rowspan="2">Ⅱ</td><td>$1.1 \leq K \lt 1.15$</td><td>是</td><td>小</td><td>较小</td><td rowspan="3">进行连续动态监测，实施专项加固</td></tr>
<tr><td>$1.05 \leq K \lt 1.1$</td><td>否</td><td>较大</td><td>大</td></tr>
<tr><td rowspan="2">不稳定</td><td>Ⅰ</td><td>$1.0 \leq K \lt 1.05$</td><td>否</td><td>较大</td><td>大</td></tr>
<tr><td>Ⅱ</td><td>$1.0 \leq K \lt 1.05$</td><td>是</td><td>大</td><td>大</td><td>应急抢险，实时动态监测</td></tr>
<tr><td>失稳</td><td colspan="2">$K \lt 1.0$</td><td>—</td><td>已失稳</td><td>已失稳</td><td>灾后处理，进行抢修</td></tr>
</table>

(1)稳定。在公路设计使用年限内，公路边坡不会发生任何整体和局部变形破坏，边坡的稳定系数 $K \geq 1.2$，则评定边坡处于稳定状态。

(2)基本稳定。在公路设计使用年限内，边坡不会发生整体变形破坏，边坡的整体稳定系数略小于规范值，即 $1.15 \leq K < 1.2$，坡体可能发生局部变形破坏。然而，边坡的局部变形破坏，决定着边坡稳定程度。应采取的对策：定期寻找和检查边坡的宏观变形迹象，结合中修对边坡进行局部加固，以防止病害积聚量变引起质变。

(3)欠稳定。整个边坡稳定性已发展到整体变形破坏的程度。整体变形破坏直接决定整个边坡的稳定性。此时边坡的整体稳定系数小于规范值，即 $1.05 \leq K < 1.15$。在欠稳定等级内，根据病害发展趋势和具体的稳定状态，再细化为两个亚级，即欠稳定Ⅰ和欠稳定Ⅱ。

①欠稳定Ⅰ：边坡稳定系数 K 相对较大，即 $1.1 \leq K < 1.15$；在边坡影响范围内，边坡体整体失稳的可能性较小。应采取的对策：需要采用常规手段监测变形破坏的动态，结合大修对边坡进行加固，恢复边坡的稳定状态。

②欠稳定Ⅱ：欠稳定性Ⅱ又分为两种情况：

a)虽然边坡的状态稳定系数 K 较大,即 $1.1 \leqslant K < 1.15$,但是边坡的地质条件不断恶化,边坡体向不稳定的方向发展,在工程使用年限内边坡整体失稳的可能性大。

b)边坡稳定的系数 K 较小,即 $1.05 \leqslant K < 1.1$,小于规范要求,此时应对边坡进行连续动态监测,进行专项加固。

(4)不稳定。边坡整体稳定系数 K 远小于规范值,即 $1.0 \leqslant K < 1.05$;在不稳定等级内,根据病害的发展趋势,又细分为两个亚级,即不稳定Ⅰ和不稳定Ⅱ。

①不稳定Ⅰ:边坡地质条件不会恶化,边坡变形破坏发展速度慢,或处于停止发展阶段,不需要抢险。对边坡进行连续监测,实行专项加固。

②不稳定Ⅱ:边坡地质条件不断恶化,边坡变形破坏发展速度快,近期内可能失稳,应对其进行实时监测,采取应急抢险措施。

(5)失稳。边坡已整体失稳,即 $K < 1.0$,对公路产生了破坏,需要开展灾后处理,进行维修、重建或改建。

10.1.2　边坡治理适宜性分级标准

对于某段具体的边坡工点,可能同时发生多种边坡病害,或一种边坡病害可能有多种破坏模式;一种破坏模式需要采取多种措施进行治理。一种工程措施可能对多种病害都起作用,但对不同的病害治理效果大不相同。

总之,治理边坡病害的措施方法多种多样,如果选用的治理措施能"对症下药",做到"药到病除",则称为治理措施适宜;反之,选用的边坡病害治理措施,如果治理效果不显著,不能达到预期效果,则称为不适宜。所谓边坡治理工程的适宜性,就是一种工程措施对应一种破坏模式的边坡病害所起作用的效果匹配程度。

1)边坡病害治理措施适宜性分级方法

对边坡治理适宜性评价,可以从宏观上做出大致的定性判断。对于造成边坡病害的因素,可以分为主要因素和次要因素。

不同边坡病害,具有不同的变形破坏力,从对控制边坡病害作用和抵抗变形破坏力的有效性两个方面着手,结合工程施工技术可行性、治理工程环境效果及工程造价,将边坡病害治理的适宜性划分为五个等级,即完全适宜、适宜、较适宜、不完全适宜和完全不适宜。适宜性等级评判标准,详见表10-2。

边坡病害治理工程适宜性划分标准 表10-2

等级	对主要因素抑制作用	对边坡破坏抵抗作用	对次要因素抑制作用	施工技术可行性	环境效果	工程造价	对策
完全适宜	大	大	大	好	好	低	见正文
适宜	大	大	较小	好	好	低	
较适宜	较大	较大	小	较好	较好	较低	
不完全适宜	较小	较小	小	—	—	—	
完全不适宜	小	小	小	—	—	—	

2)适宜性评价标准

完全适宜:所采取的工程治理措施,能对边坡病害的主、次要因素都起到有效的抑制作用,能够有效抵抗边坡的破坏力,施工简便易行,环境效果好,而且工程造价低,治理方案合理。

适宜:所采取的工程措施,对边坡的主要因素能起到有效的抑制作用,能够有效地抵抗边坡的破坏力,施工简便易行,环境效果好,工程造价低;但对引起边坡病害的次要因素的抑制效果较差,需要结合其他简单措施,治理方案较为合理。

较适宜:所采取的工程措施,对边坡的主要因素的抑制作用较有效,对边坡的破坏力抵抗较有效,施工简便易行,环境效果较好,工程造价较低;但对引起边坡病害的次要因素的抑制效果差,需要与其他治理方案进行比较。

不完全适宜:所采取的工程措施,对边坡的主要因素有一定的抑制作用,但效果较差,对边坡的破坏力有抵抗作用,但效果不明显,对边坡病害治理的作用小,治理方案的可比性差,需要结合其他工程措施才能达到治理的目的。

完全不适宜:所采取的工程措施,对边坡病害的主要因素没有抑制作用,对边坡的破坏力没有抵抗作用,起不到治理边坡病害的作用,需要采用其他工程措施才能达到治理的目的。

10.1.3 治理措施技术状况评定标准

对边坡病害所采取的治理措施,在使用过程中由于受到施工、自然环境等因素的影响,总是存在一定缺陷,甚至还会产生一些损坏,这里称其为缺损。当缺损发展到一定程度,就会影响治理工程措施的使用功能。对边坡病害治理工程措施的技术状况评定,就是从评价缺损状况出发来,评定工程措施的技术状态。

1)治理措施组件技术状况评定方法

借鉴《公路养护技术标准》(JTG 5110—2023)中桥梁各部件技术状况的评定方法,根据缺损程度(大小、多少,或轻重)、缺损时对结构使用功能影响程度(无、小、大)和缺损发展变化(趋向稳定、发展缓慢、发展较快)等三个方面,以累计加权评分方法对各部件技术状况作出等级评定。评定方法见表10-3。

治理措施组件技术状况评定方法　　表10-3

<table>
<tr><th colspan="3">缺损状况及标度</th><th colspan="6">组合评定标度</th></tr>
<tr><td colspan="2" rowspan="4">缺损程度及标度</td><td rowspan="3">程度</td><td colspan="6">小—大</td></tr>
<tr><td colspan="6">少—多</td></tr>
<tr><td colspan="6">轻度—严重</td></tr>
<tr><td>标度</td><td>0</td><td>1</td><td>2</td><td>—</td><td>—</td><td>—</td></tr>
<tr><td rowspan="3">缺损对使用功能的影响程度</td><td>无,不重要</td><td>0</td><td>0</td><td>1</td><td>0</td><td>—</td><td>—</td><td>—</td></tr>
<tr><td>小,次要</td><td>1</td><td>1</td><td>2</td><td>3</td><td>—</td><td>—</td><td>—</td></tr>
<tr><td>大,重要</td><td>2</td><td>2</td><td>3</td><td>4</td><td>—</td><td>—</td><td>—</td></tr>
<tr><td colspan="3">以上两项组合标度</td><td>0</td><td>1</td><td>2</td><td>3</td><td>4</td><td>—</td></tr>
<tr><td rowspan="3">缺损发生变化情况的修正</td><td>趋向稳定</td><td>-1</td><td>0</td><td>1</td><td>2</td><td>3</td><td>—</td><td>—</td></tr>
<tr><td>发展缓慢</td><td>0</td><td>0</td><td>1</td><td>2</td><td>3</td><td>4</td><td>—</td></tr>
<tr><td>发展较快</td><td>+1</td><td>1</td><td>2</td><td>3</td><td>4</td><td>5</td><td>—</td></tr>
<tr><td colspan="3">最终评定的标度</td><td>0</td><td>1</td><td>2</td><td>3</td><td>4</td><td>5</td></tr>
<tr><td colspan="3" rowspan="2">边坡治理工程措施技术状况及分类</td><td>完好</td><td>良好</td><td>较好</td><td>较差</td><td>差</td><td rowspan="2">危险</td></tr>
<tr><td>一类</td><td>二类</td><td>三类</td><td>四类</td><td>五类</td></tr>
</table>

注:"0"表示完好状态,或表示设计没有设置的构造部件;"1"表示危险状态,或表示原无设置,但调查表明需要补设的部件。

2)总体技术状况等级评定标准

治理措施总体技术状况等级,可按综合评定方法进行评定,也可按重要组件最差的缺损状况进行评价。

综合评定方法:假设各组件权重依次为 $W_1,\cdots,W_i,\cdots,W_n$,其综合评定方法见表10-4。根据不同边坡病害工程措施的特点,采用专家评估的方法确定各组成部分的权重。

边坡治理工程措施综合评定方法　　表10-4

<table>
<tr><th>组成部分</th><th>名称</th><th>权重</th><th>安全等级综合评定方法</th></tr>
<tr><td>1</td><td>组件1</td><td>W_1</td><td rowspan="5">(1)采取综合方法按下式计算：
$$D_r = 100 - \sum_{i=1}^{n} R_i W_i / 5$$
式中：R_i为按表10-3中的方法对各组成部分评定的等级；W_i为组件权重，各组件权重之和为100。
(2)依据D_r总分将边坡治理措施评定为五级，一级：$D_r \geqslant 88$；二级：$88 > D_r \geqslant 60$；三级：$60 > D_r \geqslant 40$；四级、五级：$D_r < 40$</td></tr>
<tr><td>2</td><td>组件2</td><td>W_2</td></tr>
<tr><td>3</td><td>组件3</td><td>W_3</td></tr>
<tr><td>i</td><td>组件i</td><td>W_i</td></tr>
<tr><td>n</td><td>组件n</td><td>W_n</td></tr>
</table>

3)整体技术状况评价标准

对于一种具体的边坡病害治理工程措施，其组件往往有主次之分，例如锚索桩板墙，主要由锚索和桩组成，桩间挡土板就是次要组成部分。主要组成部分决定工程措施的承载能力(抗滑能力)，次要组成部分是保证主要组成部分正常作用的必要部分。两者的技术状况，决定了边坡病害治理措施评定标准。边坡病害整体缺损状况，分为五类进行评定(表10-5)。

边坡病害治理工程措施整体技术状况评定标准　　表10-5

类别	一类	二类	三类	四类	五类
状态	完好、良好状态	较好状态	较差状态	差状态	危险状态

一类：完好、良好状态。

评定具体标准：

(1)主要组成部分功能及材料良好；

(2)次要组成部分无明显变形；

(3)工程措施的承载能力(抗滑能力)符合设计要求；

(4)只需要日常清洁保养。

二类：较好状态。

评定具体标准：

(1)主要组件功能良好，其材料局部(≤3%)有轻度缺损，结构裂缝宽度小于极限值，主要组件完好率达到95%以上；

(2)次要组件有局部变形；

(3)工程措施的承载能力(抗滑能力)达到设计标准；

(4)实施小修保养。

三类:较差状态。

(1)主要组件的10%以内有缺陷,结构裂缝超限,出现轻度功能性病害,但发展缓慢,尚能发挥正常作用;

(2)次要组件出现较大变形,如果进一步恶化,就会影响工程措施的正常使用;

(3)工程措施的承载能力(抗滑能力)比设计降低10%以内;

(4)需要进行中修。

四类:差状态。

评定具体标准:

(1)主要组件的10%～20%有严重缺陷,结构裂缝超限,出现中等功能性病害,且发展较快,结构变形小于或等于规范值,功能明显降低;

(2)次要组件的20%以上有严重缺损,失去应有的功能,严重威胁交通安全;

(3)工程措施的承载能力(抗滑能力)比设计降低10%～25%;

(4)需要通过特殊检查,确定大修、专项加固措施。

五类:危险状态。

评定具体标准:

(1)主要组件出现严重的功能性病害,而且有继续扩展的趋势,关键部位的部分材料强度达到极限状态,结构变形大于规范值,随时危及交通安全;

(2)病害治理的工程措施的承载能力(抗滑能力)降低到25%以上,必须连续监测灾情,或封闭交通;

(3)要通过特殊检查,确定处治对策,或立即进行抢险。

10.2　边坡治理措施适宜性评价

边坡病害治理措施适宜性评价是指针对边坡病害类型,评价所采取的治理措施是否适当;反过来说,是指不同类型的治理措施,适宜治理哪一类边坡病害。

边坡病害分为崩塌、滑坡、坍塌、错落等四大类,以滑坡最为典型,且规模大,危害严重。因此本章主要讨论滑坡治理措施的适宜性,其他类型边坡病害治理措施的适宜性评价请参考相关文献。

1)适宜性评价适用范围

本书所介绍的每一类边坡治理措施,都适用于一定的病害规模,例如:

(1)预应力锚索框架措施,能够提供较大的锚固力,不完全适宜加固小型边坡病害,适宜治理大中型边坡病害;

(2)锚杆框架提供的抗力有限,不完全适宜大中型边坡病害治理,适宜治理小型边坡病害;

(3)钢锚管框架也不完全适宜治理大型边坡病害,适宜治理中小边坡病害;

(4)预应力锚索抗滑桩,不完全适宜治理小型边坡病害,适宜治理相应规模的边坡病害;

(5)抗滑桩虽然有一定的抗滑能力,不完全适宜治理大型或小型边坡病害,适宜治理中型边坡病害;

(6)抗滑挡墙提供的抗滑能力有限,不适宜治理大中型边坡病害,适宜治理小型边坡病害;

(7)注浆锚柱(桩)不完全适宜治理深层边坡病害,适宜治理浅层边坡病害。

一旦超过各自的使用范围,用其治理的边坡就会出现各类病害,属于不适宜。

2)公路边坡滑坡分类

边坡滑坡病害种类繁多,本章给出堆积层滑坡、残积层滑坡、顺层滑坡、岩石切层滑坡和破碎岩层滑坡等五类常见公路滑坡病害,各类滑坡又可细分为多种亚类,如图10-1所示。

各类滑坡治理措施适宜性评价分别见表10-6~表10-10。

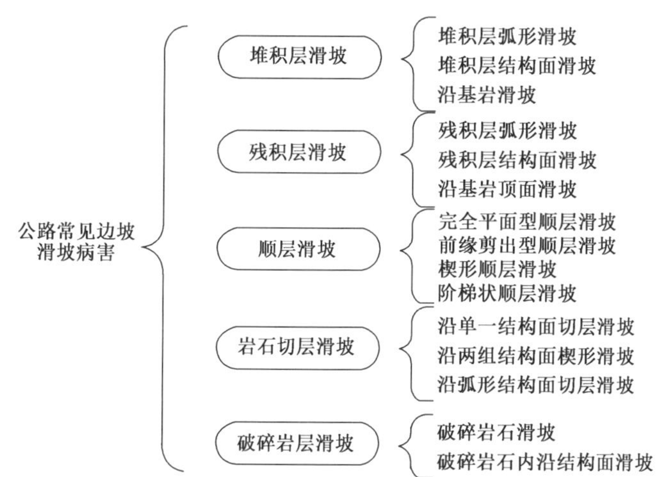

图10-1　常见公路滑坡类型

堆积层滑坡治理措施适宜性评价　　表10-6

病因描述及适宜性评价		堆积层滑坡种类		
		堆积层弧形滑坡	堆积层结构面滑坡	沿基岩滑坡
病况	破坏模式	沿基岩面滑动	沿堆积层中结构面滑动	沿基岩结构面滑动
	坡体结构	软均质堆积体滑动	存在不同期堆积、不同含水层、不同强度交界面坡体	"M"形二元边坡结构面(基岩顶面倾斜)
预应力锚索框架		对于小型滑坡的治理不完全适宜。对于大中型滑坡的治理,在滑坡体表层松散、含水率大的情况下,不完全适宜		
锚杆框架		对大中型滑坡体加固,不完全适宜。对于小型滑坡体,在滑坡体表层松散、软弱、含水率大的情况下,不适宜		
钢锚管框架		完全适宜或适宜		
预应力锚索抗滑桩		当滑动面出口位置较高,桩的锚固条件较差时,完全不适宜;当滑动面位置较低,桩的锚固条件较好时,较为适宜		
抗滑桩		当滑动面出口位置较高、桩的持力层条件较差时,不完全适宜;当滑动面出口位置较低、桩的持力层条件较好时,较适宜或完全适宜		
抗滑挡墙		滑面剪出口位置较高,挡墙基础较差时,不适宜;当滑面剪出口位置埋深较大、挡墙基础较深时,完全不适宜或不完全适宜;当滑面剪出口位置较低、挡墙基础较好时,适宜或完全适宜		

续上表

病因描述及适宜性评价	堆积层滑坡种类		
	堆积层弧形滑坡	堆积层结构面滑坡	沿基岩滑坡
压浆锚柱	完全适宜		
竖向钢花管注浆	当滑动面位置较高、桩锚固条件较差时,完全适宜;当滑动面位置较低、桩的锚固条件较好时,较为适宜		

残积层滑坡治理措施适宜性评价 表 10-7

病因描述及适宜性评价		残积层滑坡种类		
		残积层弧形滑坡	残积层结构面滑坡	沿基岩顶面滑坡
病况	破坏模式	沿残积中弧形滑动	沿残积层中结构面滑动	沿基岩结构面滑动
	坡体结构	软均质的残积层	存在原岩结构面、不同含水程度、不同强度交界面处	基岩顶面倾斜
预应力锚索框架		对于小型滑坡的治理不完全适宜。对于大中型滑坡的治理,在滑坡体表层松散、软弱、含水率大的情况下,不完全适宜		
锚杆框架		对于含水率较大、岩性较软的地层,不完全适宜。 注:不适宜加固大中型滑坡,适宜加固小型滑坡体		
钢锚管框架		完全适宜或适宜		
预应力锚索抗滑桩		当滑动面出口位置较低时,适宜或完全适宜;当滑动面位置较高时,不完全适宜		
抗滑桩		当滑动面出口位置较高、桩的持力层条件较差时,不完全适宜;当滑动面出口位置较低、桩的持力层条件较好时,较适宜或完全适宜		
抗滑挡墙		当滑面剪出口位置较高、挡墙基础较差时,不适宜;当滑面剪出口位置埋深较大、挡墙基础较深时,完全不适宜或不完全适宜;当滑面剪出口位置较低、挡墙基础较好时,适宜或完全适宜		
压浆锚柱		完全适宜		
竖向钢花管注浆		当滑动面位置较低时,适宜或较适宜;当滑动面位置较高时,适宜或完全适宜		

顺层滑坡治理措施适宜性评价　　表 10-8

<table>
<tr><th colspan="2" rowspan="2">病因描述
及适宜性评价</th><th colspan="4">顺层滑坡种类</th></tr>
<tr><th>完全平面型
顺层滑坡</th><th>前缘剪出型
顺层滑坡</th><th>楔形顺层
滑坡</th><th>阶梯状顺层
滑坡</th></tr>
<tr><td rowspan="2">病况</td><td>破坏模式</td><td>完全沿层面滑动破坏</td><td>抗滑段沿层面前缘滑动破坏</td><td>沿层面结构面交界线滑动破坏</td><td>沿多层面滑动破坏</td></tr>
<tr><td>坡体结构</td><td>有缓坡顺层边坡</td><td>结构面倾角、坡角相近顺层滑坡</td><td>基岩顶面倾斜沿基岩顶面滑坡</td><td>顺向多层软弱层边坡</td></tr>
<tr><td colspan="2">预应力锚索框架</td><td>完全适应</td><td>当剪出段较深时不完全适宜</td><td colspan="2">适宜或完全适宜</td></tr>
<tr><td colspan="2">锚杆框架</td><td colspan="4">同上。
注:不适宜加固大中型滑坡,适宜加固小型滑坡体</td></tr>
<tr><td colspan="2" rowspan="2">钢锚管框架</td><td>适宜</td><td>当剪出段较深时不完全适宜</td><td colspan="2">适宜或较适宜</td></tr>
<tr><td colspan="4">注:不完全适宜加固大型滑坡,对于中小型滑坡按上栏评价</td></tr>
<tr><td colspan="2">预应力锚索抗滑桩</td><td colspan="4">当滑动面位置较高、桩的锚固条件较差时,不完全适宜或较适宜</td></tr>
<tr><td colspan="2">抗滑桩</td><td colspan="4">当滑动面位置较高、桩的持力层条件较差时,不完全适宜;当滑动面位置较低、桩的持力层条件较好时,较适宜和完全适宜。
注:不完全适宜大型或小型滑坡治理,对中型滑坡治理按上栏评价</td></tr>
<tr><td colspan="2">抗滑挡墙</td><td colspan="4">当滑动面位置较高、挡墙基础较差时,不适宜;当滑动面位置埋深较大、挡墙基础较深时,完全不适宜或不完全适宜;当滑动面位置较低、挡墙基础较好时,适宜或完全适宜</td></tr>
<tr><td colspan="2">压浆锚柱</td><td colspan="2">适宜</td><td colspan="2">完全适宜</td></tr>
<tr><td colspan="2">竖向钢花管注浆</td><td colspan="4">当滑动面位置较高、桩的锚固条件较差时,完全适宜或适宜</td></tr>
</table>

岩石切层滑坡治理措施适宜性评价　　表 10-9

<table>
<tr><th colspan="2" rowspan="2">病因描述
及适宜性评价</th><th colspan="3">岩石切层滑坡种类</th></tr>
<tr><th>沿单一结构面切层滑坡</th><th>沿两组结构面楔形滑坡</th><th>沿弧形结构面切层滑坡</th></tr>
<tr><td rowspan="2">破坏
状况</td><td>破坏模式</td><td>沿单一结构面切层滑坡</td><td>沿两组结构面楔形滑坡</td><td>沿弧形结构面切层滑坡</td></tr>
<tr><td>坡体结构</td><td>反倾结构面顺向边坡</td><td>两组结构面斜交边坡</td><td>有弧形外倾结构面边坡</td></tr>
</table>

续上表

病因描述 及适宜性评价	岩石切层滑坡种类		
	沿单一结构面切层滑坡	沿两组结构面楔形滑坡	沿弧形结构面切层滑坡
预应力锚索框架	适宜或完全适宜		
锚杆框架	同上。 注:不完全适宜加固大型滑坡,对中小型滑坡按上栏评价		
钢锚管框架	完全适宜或适宜。 注:不完全适宜加固大型滑坡,对中小型滑坡按上栏评价		
预应力锚索抗滑桩	当滑动面出口位置较低、桩的锚固条件较好时,适宜或完全适宜		
抗滑桩	当滑动面出口位置较高、桩的持力层条件较差时,不完全适宜;当滑动面出口位置较低、桩的持力层条件较好时,较适宜和完全适宜。 注:不完全适宜加固大型或小型滑坡,对中型滑坡按上栏评价		
抗滑挡墙	当滑面剪出口位置较高、挡墙基础较差时,不适宜;当滑面剪出口位置埋深较大、挡墙基础较深时,完全不适宜或不完全适宜;当滑面剪出口位置较低、挡墙基础较好时,适宜或完全适宜		
压浆锚柱	适宜或完全适宜		
竖向钢花管注浆	当滑动面位置较低、桩的锚固条件较好时,适宜或较适宜		

破碎岩层滑坡治理措施适宜性评价 表 10-10

病因描述 及适宜性评价		破碎岩层滑坡种类	
		破碎岩石滑坡	破碎岩石内沿结构面滑坡
病况	破坏模式	破碎岩层内沿结构面的滑坡	破碎岩体沿顺倾的软弱结构面滑动
	坡体结构	破碎基岩的边坡岩体结构	存在顺层软弱结构面的边坡岩体结构面
预应力锚索框架		在钻孔难度大的情况下不完全适宜,其他情况适宜	
锚杆框架		同上	
钢锚管框架		完全适宜	
预应力锚索抗滑桩		当滑动面位置较低、桩的锚固条件较好时,完全适宜或较适宜	
抗滑桩		当滑动面位置较高、桩的持力层条件较差时,不完全适宜;当滑动面位置较低、桩的持力层条件较好时,较适宜和完全适宜	

续上表

病因描述及适宜性评价	破碎岩层滑坡种类	
	破碎岩石滑坡	破碎岩石内沿结构面滑坡
抗滑挡墙	当滑动面位置较高、挡墙基础较差时,不完全适宜; 当滑动面位置较低、挡墙基础较好时,较适宜或完全适宜	
压浆锚柱	完全适宜	
竖向钢花管注浆	当滑动面位置较低、桩的锚固条件较差时,适宜或较适宜	

10.3 边坡治理措施技术状况评价

10.3.1 边坡治理措施技术状况评价方法

本节对治理措施本身技术状况进行评价,以判断治理措施的安全等级,根据评价的安全等级,对不符合安全要求的治理措施提出整治建议。

边坡治理措施技术状况评价是根据治理措施各组件的缺损病害情况,对其所处的技术状态进行评价。首先计算各组件的技术状况标度值(表10-3),然后按照表10-11所示的各个组件权重,依据表10-4对其进行综合评价,确定治理措施整体的安全等级。

不同类型边坡治理措施组件及权重 w_i 表10-11

治理措施类型		组件1	组件2	组件3	组件4
预应力锚索框架	组件名称	锚索	锚索框架	坡面地基	坡面工程
	权重	60	20	15	5
预应力抗滑桩	组件名称	锚索	抗滑桩	嵌固段岩体	变形体
	权重	30	30	25	15
锚杆框架	组件名称	锚杆	锚杆框架	边坡地基	坡面防护措施
	权重	70	10	10	10
抗滑桩	组件名称	—	抗滑桩	嵌固段岩体	变形体
	权重	—	60	25	15

续上表

治理措施类型		组件 1	组件 2	组件 3	组件 4
抗滑挡墙	组件名称	—	墙体强度	墙体稳定	地基
	权重	—	20	40	40

10.3.2 预应力锚索框架技术状况评定标准

预应力锚索框架组件包括锚索、框架、边坡地基、坡面防护和坡面防水五个部分，其中锚索组件是主要施力构件，抵抗边坡病害产生的下滑力，并通过锚固段的岩体将抵抗力传递到稳固的岩层中。框架组件是提供反力的构件，将锚索拉力传递到边坡地基中。边坡地基是受力构件，承受和传递所有的锚索拉力。坡面防护是辅助措施，对整个结构体系起保护作用，不起承受和传递力的作用。预应力锚索框架是一个有机的结构体系，其总体和组件的技术状况评定标准见表 10-12。

预应力锚索框架技术状况评定标准 表 10-12

评定等级		一类	二类	三类	四类	五类
总体评定		完好， 良好状态	较好状态	较差状态	差状态	危险状态
预应力锚索抗滑桩组件	锚索	见表 10-13、表 10-14				
	框架					
	边坡地基					
	坡面防护及坡面排水					

在表 10-12 中，预应力锚索框架总体和组件技术标准分为五个级别，各级别的评定标准见表 10-13。

一类标准：完好，良好状态。

二类标准：较好状态。

三类标准：较差状态。

四类标准：差状态。

五类标准：危险状态。

预应力锚索框架总体技术状况评定标准　　表 10-13

技术等级	预应力锚索框架总体技术要求
一类:完好,良好状态	(1)预应力锚索框架功能及材料良好; (2)边坡地基和坡面防护措施变形不明显; (3)锚索框架的承载能力符合设计指标要求; (4)只需日常保养
二类:较好状态	(1)预应力锚索框架功能及材料良好; (2)边坡地基和坡面防护措施有局部变形; (3)锚索框架的承载能力符合设计指标要求; (4)只需小修保养
三类:较差状态	(1)预应力锚索 10% 以内有缺陷、框架裂缝超限、凹陷悬空现象,整个框架出现轻度功能性伤害,但发展缓慢,尚能发挥正常作用; (2)边坡地基和坡面防护措施出现较大面积变形,进一步影响框架和锚索的正常使用; (3)承载能力比设计降低 10% 以内,不但需要对边坡进行浅层加固,而且锚索需补强,需要中修
四类:差状态	(1)预应力锚索 10% ~20% 有严重缺陷,框架裂缝超限,出现中等功能性病害,边坡向不稳定方向发展较快; (2)边坡地基和坡面防护措施出现较大面积破坏,失去应有功能,不影响交通; (3)设计承载能力比设计降低 10% ~25%; (4)需要特殊检查,确定大修、专项加固措施
五类:危险状态	(1)预应力锚索出现严重的功能性病害,而且有继续发展的趋势,框架梁受拉钢筋达到极限状态,锚头混凝土有压碎破坏现象,整个边坡体的变形较大,危及交通安全; (2)锚索框架的承载能力降低到 25% 以上; (3)通过特殊检查,立即抢险

预应力锚索框架和锚索框架组件技术状况评定标准　　表 10-14

技术等级	组件 1-预应力锚索	组件 2-框架
一类:完好,良好状态	(1)锚索的锚夹、自由段、锚固段端部完好; (2)锚索有预应力损失,未超限	(1)结构完好; (2)框架梁出现细小裂纹,裂缝宽度小于限值
二类:较好状态	(1)3% 以内的锚索预应力损失超限; (2)锚索锚固力未受到影响	(1)框架基本完好; (2)3% 以内的框架表面有风化、麻面、短细裂缝,缝宽小于限值

续上表

技术等级	组件 1-预应力锚索	组件 2-框架
三类:较差状态	(1)3% ~10%锚索有各种缺损; (2)预应力损失较大,锚头松动; (3)锚索的锚固力还能达到设计要求	(1)3% ~10%结构表面有各种缺损; (2)裂缝宽度达到限值; (3)有风化剥落、露筋锈蚀
四类:差状态	(1)10% ~20%锚索预应力损失大; (2)锚头松动,锚固力不够,锚索存在腐蚀问题; (3)承载能力比设计降低10% ~20%	(1)10% ~20%框架表面有各种缺陷,重点部位(结点和跨)近全断面开裂,裂缝宽超限,间距小于计算值,顺主筋向有纵向裂缝,钢筋锈蚀和混凝土剥落严重; (2)锚头混凝土有压碎和开裂现象
五类:危险状态	(1)出现严重的功能性病害,如锚索腐蚀严重,失去锚固能力; (2)锚索受力较大,达到极限; (3)承载力比设计降低25%以上; (4)边坡出现险情,变形较大	(1)重点部位出现全断面开裂,混凝土压碎; (2)框架梁的抗弯、抗剪能力比设计降低25%以上

10.3.3 预应力锚索抗滑桩技术状况评价

预应力锚索抗滑桩技术状况评价与预应力锚索框架一样也分为五类,分别对总体及各组件进行评价。预应力锚索抗滑桩组件包括预应力锚索、抗滑桩、嵌固段岩体和变形体等四个部分。其总体和组件技术状况评价等级见表10-15。

预应力锚索抗滑桩技术状况评价等级　　表10-15

评定等级		一类	二类	三类	四类	五类
总体评定		完好,良好状态	较好状态	较差状态	差状态	危险状态
预应力锚索抗滑桩组件	锚索	同预应力锚索框架				
	抗滑桩	见表10-16、表10-17				
	嵌固段岩体					
	变形体					

预应力锚索抗滑桩总体和锚索组件技术要求和评价等级同预应力锚索框架,其他组件技术状况评价等级详见表10-16和表10-17。

抗滑桩组件技术状况评价等级　　表10-16

技术等级	组件2-抗滑桩
一类:完好,良好状态	(1)结构完好; (2)抗滑桩桩顶位移小于限值
二类:较好状态	(1)抗滑桩基本完好; (2)3%以内的抗滑桩表面有风化、麻面,桩顶位移小于限值
三类:较差状态	(1)结构3%~10%的表面有各种缺损; (2)桩顶位移超限值; (3)桩身有风化剥落、露筋锈蚀现象
四类:差状态	(1)抗滑桩10%~20%表面有各种缺陷,出现近全断面的开裂,缝宽超限,顺主筋向有纵向裂缝,钢筋锈蚀和混凝土剥落严重; (2)锚头混凝土有压碎和开裂现象
五类:危险状态	(1)重点部位出现全断面开裂,部分钢筋屈服或断裂,混凝土被压碎; (2)抗滑桩梁的抗弯、抗剪能力比设计降低25%以上

嵌固段岩体和变形体组件技术状况评价等级　　表10-17

技术等级	组件3-嵌固段岩体	组件4-变形体
一类:完好,良好状态	嵌固段岩体状况良好	变形体及排水措施完好,无地表变形迹象
二类:较好状态	嵌固段岩体应力状态最大值达到允许状态	(1)坡面有表面冲刷和局部坍塌现象; (2)地表和地下水排水基本畅通
三类:较差状态	嵌固段岩体应力状态局部超过了允许状态	变形体前部潮湿,土体松软,进一步发展有可能发生越顶和土拱效应失效现象
四类:差状态	(1)嵌固段岩体较大面积的侧向力不足; (2)变形发展较快; (3)嵌固段岩体应力状态超过了允许状态面积达10%~20%	已经发生越顶和土拱效应变形现象,但变形发展缓慢,近期内变形体不会整体失稳

续上表

技术等级	组件3-嵌固段岩体	组件4-变形体
五类:危险状态	嵌固段岩体应力状态超过了允许状态的面积达20%以上,有可能导致整个桩体失稳	已经发生越顶和土拱效应失效变形现象,变形发展较快,近期内变形体会整体失稳

10.3.4 抗滑桩的技术状况评价

抗滑桩技术状况的评价,依据抗滑桩整体和各组成部分的缺陷病害状况,按其所处的技术状态进行评价。

在评价抗滑桩技术状况时,对其总体和各组成部分(抗滑桩抗弯和抗剪能力)、嵌固段岩体(侧向承载力和位移)、变形体(越顶土拱效应)等,可参照本节预应力锚索抗滑桩的评价方法进行评价,在此不再赘述。

10.3.5 抗滑挡墙的技术状况评价

抗滑挡墙技术状况的评价是指对抗滑挡墙总体和各组成部分(组件)技术状态进行评价。

1)抗滑挡墙总体和各组件技术状况评价

抗滑挡墙总体技术状况评价,参见抗滑桩总体评价方法,两者技术要求相同。

2)抗滑挡墙各组件技术状况评价

抗滑挡墙组件有墙体强度、墙体稳定(抗滑和抗倾覆)、地基(承载力),其技术状况评价见表10-18和表10-19。

抗滑挡墙总体和墙体强度技术状况评定标准 表10-18

技术等级	总体	组件1-墙体强度
一类:完好,良好状态	抗滑挡墙总体技术状况评价同抗滑桩	(1)结构完好; (2)抗滑挡墙顶位移小于限值
二类:较好状态		(1)抗滑挡墙基本完好; (2)3%以内的抗滑挡墙表面有风化麻面,墙顶位移小于限值

续上表

技术等级	总体	组件1-墙体强度
三类:较差状态	抗滑挡墙总体技术状况评价同抗滑桩	(1)结构3%～10%的表面有各种缺损; (2)墙顶位移超限值; (3)有风化剥落
四类:差状态		(1)抗滑挡墙10%～20%表面有各种缺陷,出现接近全断面的开裂,裂缝宽度超限值,墙体剥落严重; (2)墙顶位移较大
五类:危险状态		(1)重点部位出现全断面开裂,墙体被压碎; (2)抗滑挡墙的抗弯、抗剪能力比设计降低25%以上

抗滑挡墙墙体稳定和地基组件技术状况评定标准　　表10-19

技术等级	组件2-墙体稳定	组件3-地基
一类:完好,良好状态	抗滑、抗倾覆状况良好	地基良好,无地表变形迹象
二类:较好状态	抗滑、抗倾覆安全系数较低	局部应力略微超限
三类:较差状态	抗滑、抗倾覆安全系数较明显低于设计值	变形体前部潮湿,土体松软,进一步发展有可能发生越顶和土拱效应失效现象
四类:差状态	抗滑、抗倾覆安全系数低于设计值的10%～20%	应力超限达到10%～20%
五类:危险状态	抗滑、抗倾覆安全系数低于设计值的20%	应力超限超过20%,变形发展较快,近期内变形体会整体失稳

10.4　文麻高速公路K39边坡治理效果评价

10.4.1　治理过程

1)原始支护方案

K39+400左侧边坡滑坡地质灾害治理涉及桩号为ZK39+300～ZK39+

580。该处最初定为一般路堑边坡，位于路线左侧，坡面采用简易格构护坡，设计高程位于滑坡体下部，切坡高度最大约为32.0m。以ZK39+420处的冲沟为界，分为东西两处边坡，各级边坡分级高度均为8m，坡度均为1∶1。

2）第一次变更方案

在ZK39+330~ZK390+540路基北侧采用前缘抗滑方桩+2道锚索+桩前挡墙+坡体中部土体局部卸载+排水等处治措施，对坡体进行支挡。

3）第二次变更方案

采用“抗滑桩支挡+坡面框架锚杆+原挡墙钢轨桩加固+地表排水、地下深层泄水管及集水井排水、支撑渗沟及渗井排水”等综合处治措施。

10.4.2 处治措施效果评价

边坡处治措施效果评价分为定性评价和定量评价，前者已在第9章详细介绍，本节仅对定量评价作进一步的归纳总结。

1）变形破坏规律

文麻高速公路K39滑坡自2018年坡脚路基开挖后，坡体出现持续的变形和地表开裂现象，为及时控制坡体的变形，在2019年6月对该边坡制定了“部分清方+锚索抗滑桩强支挡+综合排水”的处治方案。但是在2021年1月对前缘进行边坡开挖施工后，抗滑桩出现变形，锚索被拉出，随后对抗滑桩前缘进行反压，并在抗滑桩前缘设置抗滑挡墙。根据现场工程地质勘察和监测数据，K39边坡和抗滑桩仍在发生持续变形，且未见收敛趋势。

（1）坡表裂缝变形特征

截至2019年1月，边坡发生了多次滑塌，在滑坡体的各个部分出现了多条明显的拉张裂缝，裂缝整体分布在滑坡边界裂缝和滑坡中上部，裂缝走向基本与滑移方向垂直，裂缝张开5~35cm，延伸长度为10~155m，不同位置的长度差异较大。在后续季节性强降雨的作用下，裂缝进一步扩展，在2019年6月的一期抗滑桩防治工程施工之后，裂缝的扩展得以控制，但监测资料显示，坡体仍在不断变形。

(2)滑坡后缘变形特征

在经过坡脚开挖之后,坡脚支撑力减小,后缘出现大量的裂缝,同时在进一步扩展的过程中,也出现明显的后缘错断,如图 10-2 所示。其中,LF1 和 LF4 为典型的张拉裂缝,LF1 走向约为 160°,与整体滑移方向基本垂直,裂缝宽度为 5~30cm,延伸长度为 150~155m;LF4 走向约为 242°,为典型滑坡侧向边缘裂缝,裂缝宽度为 20~35cm,延伸长度为 35~40m。在季节性强降雨的作用下,雨水顺裂缝渗入坡体,进一步降低了岩土体的强度,边坡快速产生变形,在原有后缘裂缝基础上继续扩大,出现明显的错断陡坎,形成滑坡后缘边界。裂缝走向约为 100°,最大高差为 1.8~2.0m,水平位移为 0.4~0.8m,同时在后期持续变形后,裂缝进一步扩大,形成后缘陡坎。

图 10-2　开挖后坡体后缘出现地面裂缝

(3)坡体中部变形特征

经过对现场进行工程地质勘察,可以发现坡体中部也存在大量地表裂缝,如图 10-3 所示。其中 LF6 为典型的张拉裂缝,如图 10-3a)所示,整体走向为 162°,裂缝张开 0.25~0.35m,延伸长度为 60~70m。在一期防治结构设施施加之后,坡体中上部利用格构对变形进行控制,但在变形的进一步扩大过程中,格构梁也出现明显的错动,错动方向与整体滑移方向相同,如图 10-3b)所示,格构下方排水渠向 200°方向错断 15~20cm,同时上部岩土体可见裂缝。边坡进行复坡绿化后,截至 2022 年 7 月 1 日,东侧边坡的梯田中存在多条地表张拉裂缝,发育方向与滑移方向垂直,如图 10-3c)所示。

a)中部张拉裂缝

b)排水渠错断

c)梯田裂缝

图 10-3　坡体中部变形迹象

(4)坡体前缘变形特征

在坡脚的开挖与上部岩土体的下滑作用下，坡体前缘承受着整个滑坡的巨大荷载。变形初期，坡体前缘受到剧烈挤压作用，产生大量裂缝和地表变形现象，如图 10-4 所示。除坡表出现挤压裂缝外，坡脚的排水沟受到上部岩土挤压产生强烈变形，如图 10-4b)所示。

a)坡体下部裂缝

b)坡体下部排水沟挤压变形

图 10-4　坡体前缘变形迹象

(5)坡表变形规律

为了详细调查滑坡坡表变形规律，研究其变形机理和演化阶段，考虑不同空间位置变形情况不同，分别在滑坡西侧布置了三个地表位移监测点，在滑坡东侧布设了两个滑坡监测点，其中，BP06 位于西侧滑坡后部，BP05 位于西侧滑坡中部，BP07 位于西侧滑坡前缘，BP08 和 BP09 均位于东侧滑坡前缘位置。于 2021 年 9 月 12 日开始利用全站仪监测，搜集到五个地表监测点截至 2022 年 8 月 19 日的地表水平位移和沉降位移数据，其中，由于中期仪器的损坏，东侧边坡的监测数据截至 2022 年 5 月 25 日。

截至2022年8月19日,坡体地表位移和沉降量呈不断增大的趋势,西侧滑坡BP05~BP07监测点水平位移变化较为一致,西侧边坡最大累积位移达到55.8mm,总体偏移方向约为190°,最大累积沉降量达到24.6mm;截至2022年5月25日,东侧滑坡最大累积位移达到33.2mm,总体偏移方向约为233°,最大累积沉降量达到14.8mm。结合图10-5和图10-6可知,边坡地表位移总体特征表现为后缘变形大于前缘变形,西侧滑坡变形相对东侧滑坡更大。K39滑坡表面位移暂时没有显著收敛趋势,水平位移增长斜率分别在2022年4月和8月大幅增加,表明第一期抗滑桩并未达到预期效果,滑坡的变形仍在继续,特别是在降雨等不良工况下,可能出现较大的局部变形和新的滑动。

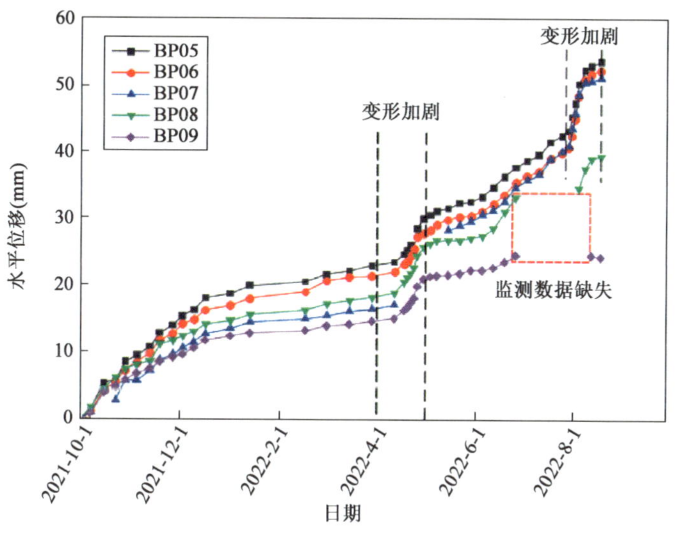

图10-5　水平累计监测位移时程曲线

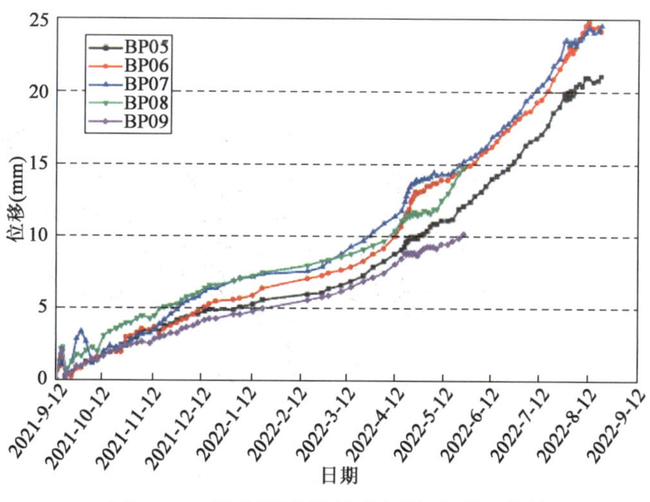

图10-6　地表沉降累计监测位移时程曲线

同时,从滑坡水平累计监测位移时程曲线、地表沉降累计监测位移时程曲线和表10-20可以看出,坡体的变形速率具有一定的规律性:2021年9—12月,平均位移增长速率从8.88mm/月降低到1.22mm/月,位移增长速率逐渐变缓;2022年1—4月,位移增长速率趋于平缓;2022年5—8月,平均位移增长速率为8.4mm/月,坡体位移呈阶段性快速递增。结合现场勘察资料和区域降雨特征推测,坡体变形速率受降雨影响较大,K39滑坡主体基岩为泥质页岩,同时表层风化程度严重,后缘裂隙较为发育,在降雨入渗作用下,坡体中岩土体含水率增大,强度大大降低,且雨水的入渗加大了滑坡滑体的重度,即下滑力增大,但抗滑力减小,多种因素共同作用下导致滑坡变形速率增大。因此,在2022年5—8月强降雨期,位移-时间曲线呈现陡增趋势。

滑坡地表监测点位移信息统计　　表10-20

监测点	地表位移变化量(mm)										
	2021年9月	2021年10月	2021年11月	2021年12月	2022年1月	2022年2月	2022年3月	2022年4月	2022年5月	2022年6月	2022年7月
BP05	10.9	6.4	4.5	1.6	1.1	1.3	2.2	6.9	6.0	6.6	8.3
BP06	9.9	5.8	5.2	1.1	1.2	1.0	2.2	5.9	6.0	6.9	9.4
BP07	7.3	5.0	3.3	1.3	1.3	2.0	3.6	7.6	6.7	7.9	7.5
BP08	8.7	5.1	3.6	1.2	1.7	1.3	2.0	5.0	—	—	—
BP09	7.6	3.4	3.1	0.9	1.1	1.1	1.9	3.7	—	—	—

(6)防治结构变形特征

为及时控制坡体变形,在坡脚前缘设置了36根抗滑桩,同时在抗滑桩前部设置抗滑桩挡墙进行反压。但根据长期的地表变形特征和监测数据表明,已有的抗滑桩难以支撑滑坡的剩余下滑力,坡体仍在持续变形,并且在已有的防治结构上出现了一系列断裂裂缝、渗水等不良变形现象,如图10-7所示。

a)桩前挤压变形

b)挡墙裂缝

图　10-7

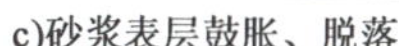

c)砂浆表层鼓胀、脱落

d)桩间挡板裂缝

图 10-7 防治结构变形迹象

由图 10-7 可以看出,抗滑桩悬臂段底部,在抗滑桩表层的水泥砂浆出现一定程度的鼓胀、脱落和裂缝现象,这是由于桩身受后部岩土体推动造成的,抗滑桩将后部推力作用传递给前缘挡墙,在抗滑挡墙顶部平台,可以看到明显的裂缝,宽度约为 5mm,贯穿挡墙顶部。同时,抗滑桩之间的钢筋混凝土挡板出现裂纹和裂缝。

(7)防治变形位移规律

①抗滑桩。

施工单位在 2018 年完成了对 K39 复合型滑坡一期支挡,在滑坡前缘路堑设置了 36 根方形抗滑桩,在抗滑桩之间封闭混凝土挡板以阻挡边坡滑移,并在抗滑桩前端设置重力式挡墙,提供更高的抗滑力。该设施对边坡初步支护起到了很好的效果。抗滑桩按照自西向东编号为 1 ~36 号,并在挡墙布置位移监测,依次编号为 D1 ~ D8(图 10-8),对滑坡前缘的变形特征进行实时监测,结果如图 10-9 所示。

图 10-8 抗滑桩和挡墙监测点布置图

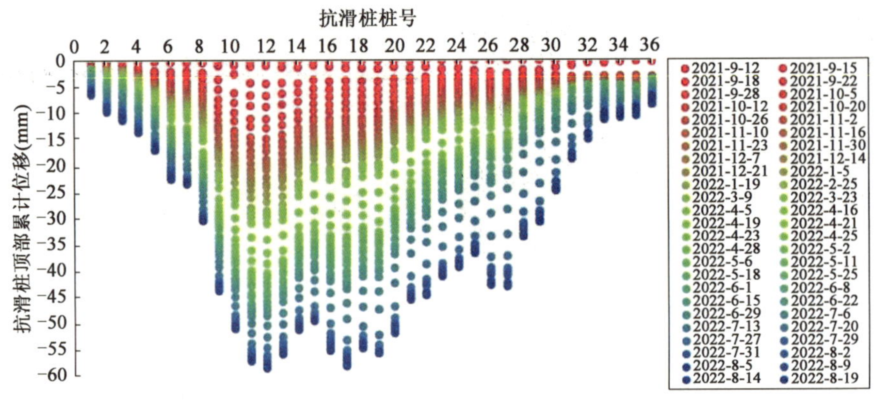

图 10-9　抗滑桩顶部累计位移

图 10-9 为滑坡前缘抗滑桩桩顶累计位移监测数据，监测周期为 2021 年 9 月—2022 年 8 月。由图可知，抗滑桩整体变形呈正态分布，中部位移最大，为 58mm，依次向两侧递减。冲沟西侧滑坡的抗滑桩范围为 1～14 号，滑坡中部冲沟位置为 15 号桩后部，冲沟东侧滑坡的抗滑桩范围为 16～33 号。在 1～12 号桩间，位移由 7mm 递增至 58mm，在冲沟附近位移由 58mm 降至 47mm。在 17 号桩之后，桩顶累计位移从 57mm 降至 10mm。整体变形呈"W"形，中部冲沟附近排水通畅且地形凹陷，土体堆积较少，下推力小，因此，该处抗滑桩变形位移较小，这表明，以冲沟为界，西侧滑坡变形位移明显大于东侧滑坡，冲沟前缘附近的抗滑桩变形量明显较两侧抗滑桩大。

为了查清滑坡前缘不同时间的变形趋势，通过整理数据得到了 36 根抗滑桩桩顶累计偏移量时程曲线和累计沉降变形量时程曲线，如图 10-10 和图 10-11 所示。

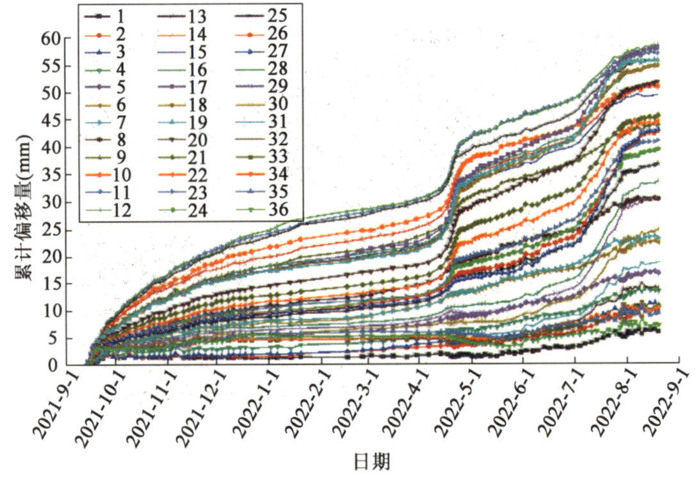

图 10-10　累计偏移量-时间曲线

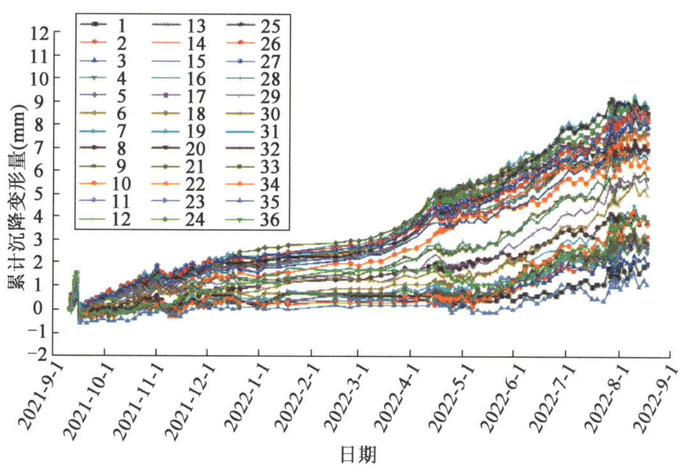

图 10-11　累计沉降变形量-时间曲线

②挡墙。

监测数据表明,2021 年 9 月—2022 年 4 月,滑坡前缘变形处于减速变形阶段;2022 年 4—6 月,变形大幅加剧;2022 年 7—8 月,变形再次出现明显增大趋势,这与地表变形位移规律一致,结合现场勘查资料和区域降雨特征推测,坡体变形速率受降雨影响较大。K39 滑坡主体基岩为泥质页岩,同时表层风化程度较大,后缘裂隙较为发育,在降雨入渗作用下,坡体中岩土体含水率增大,强度大大降低,且雨水的入渗加大了滑坡滑体的重度,即下滑力增大,但抗滑力减小,多种因素共同作用,导致滑坡变形速率增大。因此,在 2022 年 5—8 月强降雨期,滑坡前缘位移-时间曲线呈现陡增趋势。另外,抗滑桩的变形主要受深层滑坡影响,深层滑坡滑动面接近抗滑桩底部,在未设置滑坡体排水措施时,抗滑桩出现较大变形。饱和坡体大大提高了下滑力,是造成抗滑桩发生位移的另外一个主要原因。

图 10-12 为挡墙顶部位移监测数据,D1 ~ D8 分别对应不同的抗滑桩位置,由图可知,挡墙位移与抗滑桩相似,中部位移最大,达 29mm,依次向两侧递减,但由于挡墙的整体性较好,在冲沟位置无"W"形凹陷。在时间上,位移速率存在快—慢—快的趋势,与抗滑桩桩顶的位移特征保持一致。

为了查清滑坡前缘不同时间的变形趋势,通过整理数据得到 8 个挡墙监测点累计偏移量时程曲线和累计沉降变形量时程曲线,如图 10-13 和图 10-14 所示,监测自 2021 年 9 月开始至 2022 年 8 月结束,挡墙的变形呈现减速变形阶段特征,在

7 月(雨季)有一次变形加剧现象,总体偏移量和沉降量要明显小于抗滑桩桩顶监测结果,说明前缘挡墙起到了很好的支护效果。

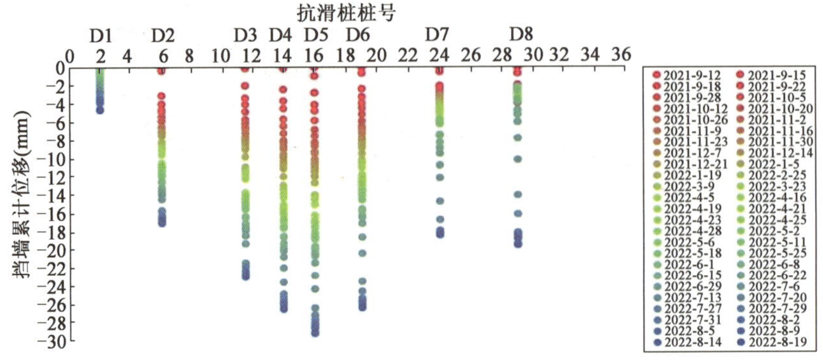

图 10-12　挡墙累计位移监测

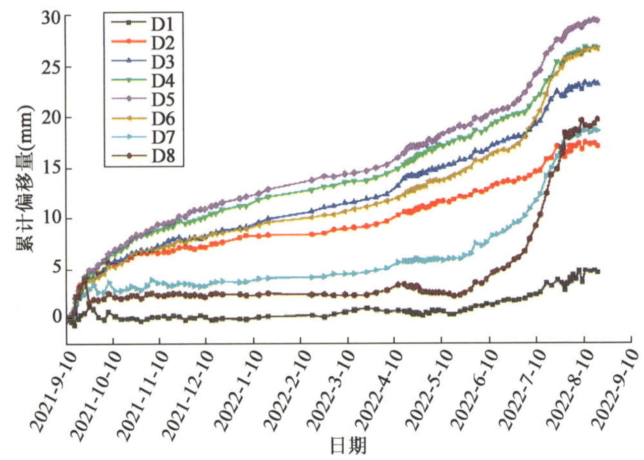

图 10-13　累计偏移量-时间曲线

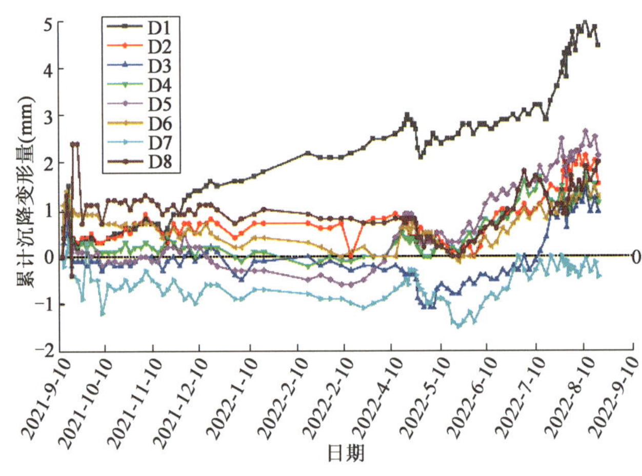

图 10-14　累计沉降变形量-时间曲线

2)地下水渗流计算

渗流计算的目的在于求得渗流场内的渗流要素,为边坡结构参数的确定和边坡稳定性分析提供可靠依据。目前广泛采用的渗流计算方法可分为流体力学解法和水力学解法两类,更广泛的概念还包括图解法、数值计算及各种试验法等。但理论的流体力学解法仅对少数简单的情况有效,在实际多介质复杂边界条件的渗流问题中,采用数值计算方法则更能符合和满足工程条件和需要。

(1)计算模型

本次分析中所涉及的边坡稳定渗流模型主要包括两种:第一种是边坡首次出现裂缝时的渗流模型;第二种是边坡加固后渗流模型(图10-15)。分析时,前一种渗流模型是后一种模型的分析基础,为后一种模型的渗流提供可靠的父系渗流场。

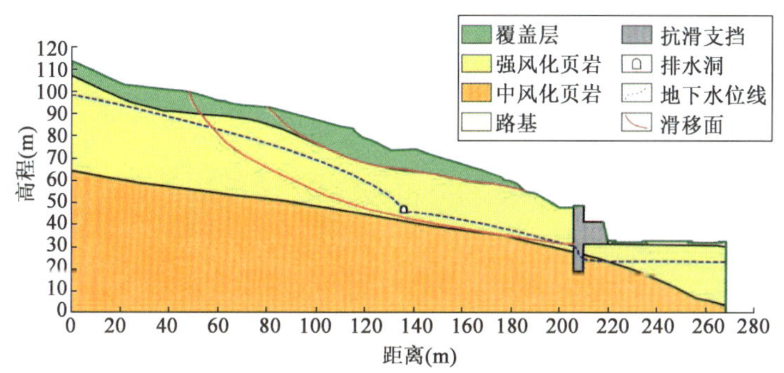

图10-15　K39滑坡渗流场数值计算模型

(2)边界条件

根据钻孔观测结果,地下水稳定水位埋深在7.3~8.9m,本次研究区域的渗流场仅存在稳定的地下水补给,不存在如河流水位升降等情况,因此,模型内仅采用定水头边界。同时,由于挡墙排水管堵塞,模拟时考虑坡脚处支挡结构不排水。

(3)计算参数的确定

采用GeoStudio软件SEEP模块、SLOPE模块和SIGMA模块模拟降雨、水位升降情况下K39滑坡的渗流、应力和稳定性问题,研究排水作用对K39滑坡稳定性的影响。在考虑饱和-非饱和渗流计算时,选用SEEP/W提供的Fredlund-Xing经验曲线及饱和状态参数,来确定非饱和岩土体积含水率和渗透系数与基质吸力的函数关系。

对 BK17 钻孔原状土样取样,根据室内试验和相关文献查阅结果,模型各部分参数见表 10-21。依据滑坡地质结构特性,对模型进行合理概化,从滑坡物质组成和渗透差异角度将滑坡模型分为四个部分:覆盖层、强风化页岩、中风化页岩和抗滑支挡。

滑坡模型计算参数 表 10-21

岩土类型	重度(kN/m³)		弹性模量(MPa)	泊松比	φ(°)		c(kPa)		渗透系数(cm/s)	
	天然	饱和			天然	饱和	天然	饱和	饱和	天然
覆盖层	18	20	91.43	0.21	19	16	20	13	7.1×10^{-4}	5.2×10^{-4}
强风化页岩	19	21	1.4×10^{4}	0.25	21	17	22	16	9.4×10^{-4}	8.8×10^{-4}
中风化页岩	—	23	2.1×10^{4}	0.22	—	24	—	452	3.4×10^{-6}	3.1×10^{-6}
抗滑支挡结构	23	24	3×10^{4}	0.20	—	50	—	3000	隔水	

(4)计算结果分析

①天然状态下渗流场。

根据天然条件下坡体的渗流场分布,模拟区域内几乎所有基岩(泥质页岩)都位于地下水位之下,而覆盖层有一部分在地下水位之下。由图 10-16 可以看出,地下水位线与浸润线近似平行,其量值随着深度的增加而不断增大。此后,仅有部分地下水存在于深层滑坡土体内,滑坡体前缘基本处于非饱和状态,有效降低了滑坡的下滑力,同时提高了抗滑力。对于浅层滑坡,由于地下水位下降,不会使上部覆盖层形成"坐船"现象,有效降低了滑坡复活风险;对于深层滑坡,绝大部分滑坡体都处于非饱和状态,在模拟过程中考虑左侧边坡地下水位定水头为98m 稳定补给的最不利情况。因此,在实际工况中,上游地下水位比模拟情况下地下水位更低,地下水位对深层滑坡影响更小,且深层滑坡被水位浸润深度小于4m,此时滑坡前缘土体处于低含水率状态,强度参数较大,能有效控制土体的隆起和滑坡的运动。

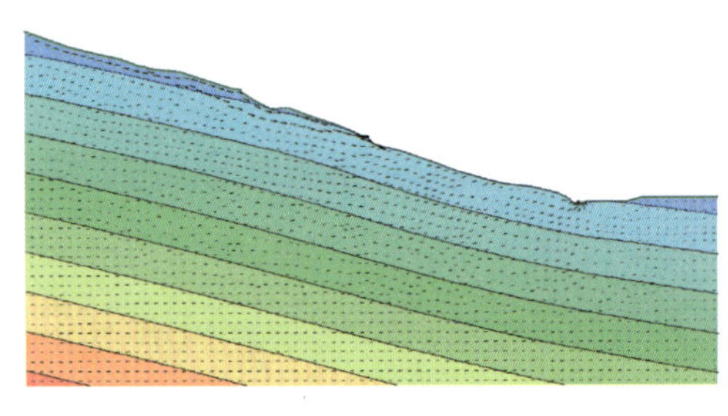

图 10-16 天然条件下孔隙水压等值线

②暴雨工况下排水效果分析。

降雨是地下水补给的重要来源，它可以重新激活原本处于休眠或部分活动状态的滑坡体，因此，考虑降雨对排水洞排水效果的影响是不可忽略的一部分。根据历年气象资料，文山地区最大日降雨量约为200mm。为了充分考虑降雨入渗和极端暴雨条件下对滑坡的影响，在坡表添加降雨水头进行瞬态模拟，降雨水头为200mm/d，连续降雨10d。

由图10-17可知，在连续降雨10d后，地表水逐渐入渗补给到地下水位面，使得地下水位有小幅度上升。在设置排水洞后，极端暴雨对补给地下水作用不大，滑坡体中下部地下水位基本没有变化，只有滑坡后缘涨幅相对较大，这是由于距离排水洞较远，对降低地下水位作用相对较小。

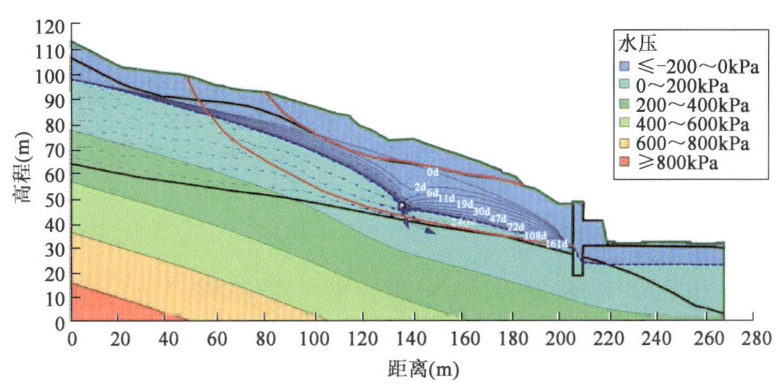

图10-17　排水条件下边坡渗流场

3）边坡稳定性计算与分析

影响边坡稳定性的因素众多。自重应力是构成下滑因素及抗滑因素最重要的体积力，主要反映在不同岩土体重度的取值上。在地下水的作用下，可通过孔隙静水压力减小土体有效应力，进而降低岩土体强度。孔隙动水压力增加岩土体切向推力，降低岩土体抗剪强度。同时，水充满土体空隙，对土体产生润滑软化作用。地质构造方面，岩土体倾向与边坡倾向一致，构成顺倾坡体时，滑坡风险较大；倾向相反时，则有利于边坡稳定。形成于断层带、破碎带的斜坡，由于岩土体力学性质较差，同时可能是汇水通道，因此，该类地段边坡稳定性较差。此外，地震、风化作用、人类活动等都是影响边坡稳定的重要因素。

(1)安全系数选取

根据《公路路基设计规范》(JTG D30—2015),各等级公路路堑边坡稳定安全系数应满足表10-22中的要求。

路堑边坡稳定安全系数 表10-22

工况	高速公路、一级公路	二级及二级以下公路
正常工况	1.2~1.3	1.15~1.25
非正常工况	1.1~1.2	1.05~1.15

(2)岩土体物理力学参数选取

在不同工况下,本次分析中岩土体物理力学参数选取见表10-21。

(3)计算模型

选择K39坡体中的典型地质剖面,根据现场最新开挖施工状态,建立边坡稳定性数值计算分析模型,并基于此开展稳定性分析、参数敏感性分析。计算时,将涉及天然工况与暴雨工况。

(4)极限平衡法计算结果与分析

①天然工况稳定性计算。

通过GeoStudio中SEEP/W模块对天然状态的渗流场进行模拟,获得边坡内地下水位。然后,将结果导入SLOPE/W模块进行坡体稳定性计算,从而实现边坡稳定性的流固耦合计算,同时,在稳定性计算中考虑排水隧洞的排水效应。

由计算结果可知,在圆形抗滑桩、方桩、挡墙的加固作用下,产生深层滑坡的风险较小,主要可能沿粉黏土与中风化页岩交界面产生滑移,并在抗滑桩桩顶位置产生剪切口。同时,排水隧洞对边坡安全稳定的影响较大,地下水从排水隧洞渗流后,滑坡体范围减小,安全系数有了较大提升,该斜坡在天然状态下由基本稳定转为稳定状态。

②暴雨工况稳定性计算。

通过GeoStudio中SEEP/W模块对坡体内地下水浸润线进行常水头的稳态模拟。在暴雨工况下,还需在坡表添加降雨水头进行瞬态模拟。分析降雨作用下,有无排水时的边坡稳定性计算,计算结果见表10-23。

各工况下稳定性计算结果　　表 10-23

工况	原始坡	开挖后	挡墙 + 方桩	挡墙 + 方桩 + 圆桩	挡墙 + 方桩 + 圆桩 + 排水
天然工况	1.303	0.974	1.065	1.292	1.664
暴雨工况	1.178	0.877	0.943	1.146	1.480

由表 10-23 可知,在天然工况下,原始坡、开挖后、挡墙 + 方桩、挡墙 + 方桩 + 圆桩、挡墙 + 方桩 + 圆桩 + 排水后的安全系数分别为1.303、0.974、1.065、1.292、1.664。在暴雨工况下,原始坡、开挖后、挡墙 + 方桩、挡墙 + 方桩 + 圆桩、挡墙 + 方桩 + 圆桩 + 排水后的安全系数分别为 1.178、0.877、0.943、1.146、1.480。表明开挖后,K39 边坡安全系数不满足规范要求,处于不稳定状态,有滑坡风险。采用挡墙和方桩支护后,天然工况下 K39 边坡处于基本稳定状态,但在暴雨工况下安全系数不满足规范要求,具有较大滑坡风险。

对比有无排水的分析结果可知,不采取排水措施时,在暴雨工况下,K39 边坡安全系数为 1.146,处于基本稳定状态,排水后安全系数为 1.480,稳定性得到显著提高。这表明排水对治理 K39 边坡具有十分重要的作用。

10.5　文麻高速公路 K46 边坡治理效果评价

10.5.1　工程地质概况

文麻高速公路深挖路基 K46 + 044.4 ~ K46 + 231.4 位于独店村附近,路线左侧,测设长度为 187m,路线从半山腰处通过。中心挖深为 34.30m,最大挖方高度为 42.30m。采用多级放坡,放坡坡度为 1∶0.75 ~ 1∶1.125。

1)地形地貌

场区总体属低中山构造侵蚀地貌区,地貌以斜坡沟谷地形为主,总体地势北高南低,区内山高谷深,冲沟地形发育,自然斜坡多陡峭,局部地段呈陡壁状,研究区最高点地面高程约为 1314m,最低点约为 1301m,相对高差约为 13m。坡面植被发育,多为杂草、松林、灌木丛等。

2）地层岩性

据地面调查及钻探揭露，场地地层划分为 3 个地层单元：第四系人工填土（Q_4^{ml}）、第四系全新统残坡积（Q_4^{cl+dl}）、寒武系中统田蓬组（$\in_2t$）粉砂质页岩及白云质灰岩。

（1）第四系全新统（Q_4）

①人类活动地层（Q_4^{ml}）：成分为黏性土、耕植土、碎块石及混凝土块，反压区碎块石经初步压实，混凝土块结构密实坚硬，其他结构松散。地层代号①-1 为耕植土，①-2 为素填土。

②坡残积层（Q_4^{dl+el}）：成分为粉质黏土，灰黄色、褐黄色，切面粗糙，含少量碎石或角砾，碎石或角砾成分为全—强风化粉砂质页岩，以硬塑状态为主，局部可塑，稍湿。无摇振反应，稍有光泽，干强度中等，韧性中等。地层代号为②层。

（2）寒武系中统田蓬组（$\in_2t$）

根据地质调绘及钻探可知，该层主要为粉砂质页岩及白云质灰岩。

上部③层白云质灰岩，仅 ZK10 号钻孔揭露，未分布在边坡变形区范围内。白云质灰岩，中等风化，呈浅灰青色，中厚层状结构，坚硬，块状、短柱状，岩芯表面偶见溶孔、溶沟发育。岩芯采取率约为 80% ~90%，岩石质量指标为较好（RQD 为 70 ~85），钻孔揭露倾角为 35° ~40°。

岩石坚硬程度分类属较硬岩，岩体完整程度为较完整，岩体基本质量等级为Ⅲ级。

下部岩性为粉砂质页岩，多呈浅灰色，薄—中厚层状，局部夹薄层白云质灰岩及方解石细脉。钻孔揭露岩性因风化差异可见三种风化状态：④-1 层全风化层岩芯多呈土状、碎块状及砂粒状，硬塑至坚硬状态，韧性差，干强度高，切面粗糙；④-2 层强风化层岩芯呈块状或碎块状，局部机械破碎，岩石坚硬程度为极软岩，岩体基本质量等级为Ⅴ级，岩石质量指标为极差（RQD <5）；④-3 层中等风化层相对完整，岩性呈块状或短柱状，局部机械破碎，岩石坚硬程度为软岩，岩体基本质量等级为Ⅳ级，岩石质量指标为极差（RQD <15），钻孔岩芯量测倾角为 35° ~45°。

3）地质构造与地震

区域地质资料、地表测绘及钻探揭露显示，研究区岩层单斜，构造简单，无断裂构造通过，区域上地壳整体稳定。

根据《中国地震动参数区划图》（GB 18306—2015）、《建筑抗震设计标准（2016 年版）》（GB/T 50011—2010），工程区位于西畴县莲花塘乡境内，场地抗震设防烈度为 6 度，设计加速度峰值为 0.05g，设计分组为第一组，地震动反应谱特征周期为 0.35s。

据邻近独店 2 号大桥钻孔波速测试各岩土层等效剪切波速值，场地覆盖层平均等效剪切波波速 $v_{se}=214.65\mathrm{m/s}$。场地覆盖层厚度为 5.20 ~ 22.80m，覆盖层厚度介于 5 ~ 50m。根据场地实测剪切波速，场地土类型为中软土—坚硬土或软质岩石，判定场地别为Ⅱ类。

4）水文地质条件

地表水：勘察期间场区未见地表水分布。

地下水：场地属构造剥蚀低中山地貌，山高谷深，总体以斜坡沟谷地形为主，属干旱—半干旱区，稳定地下水水位埋深为 7.80 ~ 12.30m。区域水文地质资料结合调查结果显示，勘察场地地下水类型主要为第四系松散岩类孔隙水、基岩裂隙水。

第四系松散岩类孔隙水：主要赋存于第四系残坡积粉质土内，该含水介质透水性、富水性差，为弱透水层。该含水层主要接受大气降水垂直补给，并缓慢下渗补给下伏含水层。

基岩裂隙水：主要赋存于岩体构造裂隙及风化裂隙内，表层的强风化带节理裂隙发育，岩体破碎，是良好的含水介质，富水性及透水性均较好，有利于地下水径流形成及排泄，总体处于斜坡中下部，降雨时入渗至强风化带的地下水能及时沿裂隙向深处排泄，不易富集形成稳定的地下水位。深部中等风化带岩体总体较完整，富水性逐渐减弱，局部裂隙较发育段受降雨下渗影响可能赋存大量地下水。

5）不良工程地质特征及评价

根据工程地质调绘、钻探揭露，道路边坡为一个小型滑坡，由于人类活动（填方）导致，目前后缘已见开裂、下沉，边坡已处于滑动状态，不良地质作用发育，未见其他不良地质作用。

10.5.2 边坡稳定性分析

根据地质钻孔揭露,该边坡地层岩性上部为粉质黏土、全风化粉砂质页岩,易发生圆弧滑动;下部为强风化粉砂质页岩,裂隙发育,岩体破碎,边坡可能出现的破坏形式为土-岩界面的近似圆弧形滑动。

采用简化 Bishop 法对边坡进行稳定性计算,加固前稳定性系数为 1.02,安全裕度达不到规范要求,因此,需采取加固措施。

10.5.3 工程治理措施

1)边坡坡度

边坡分级高度为 10m,平台宽 2m,坡度自下而上分别为第一级 1:0.75,第二、三级 1:1.0,第四、五级 1:1.25。

2)边坡防护、加固措施

边坡防护设计方案详见表 10-24。

边坡防护设计方案 表 10-24

边坡分级	坡度	起讫桩号	防护形式
第 1 级	1	K46 + 044 ~ K46 + 066	三维网植草防护
第 1 级	0.75	K46 + 066 ~ K46 + 231	锚杆框架植草防护
第 2 级	1	K46 + 066 ~ K46 + 113	三维网植草防护
第 2 级	1	K46 + 113 ~ K46 + 215	锚索框架植草防护
第 2 级	1	K46 + 215 ~ K46 + 231	三维网植草防护
第 3 级	1	K46 + 131 ~ K46 + 137	三维网植草防护
第 3 级	1	K46 + 137 ~ K46 + 208	锚索框架植草防护
第 3 级	1	K46 + 208 ~ K46 + 215	三维网植草防护
第 4 级	1.25	K46 + 137 ~ K46 + 142	三维网植草防护
第 4 级	1.25	K46 + 142 ~ K46 + 197	锚索框架植草防护
第 4 级	1.25	K46 + 197 ~ K46 + 208	三维网植草防护
第 5 级	1.25	K46 + 142 ~ K46 + 197	干砌片石支撑渗沟及方格网植草护坡

第一级锚杆长度为 9m(含外露工作长度),锚固力为 100kN,锚固角度为 20°;第二、三、四级锚索长度为 20m(含外露工作长度),锚固力为 400kN,锚固角

度为 20°；第五级边坡坡度为 1 : 1.25，采用干砌片石及方格网植草防护，边坡支护总高度为 48.6m。第三、四、五级边坡于 2018 年施工完成，第一、二级边坡于 2020 年施工完成。边坡防护结构如图 10-18 和图 10-19 所示。

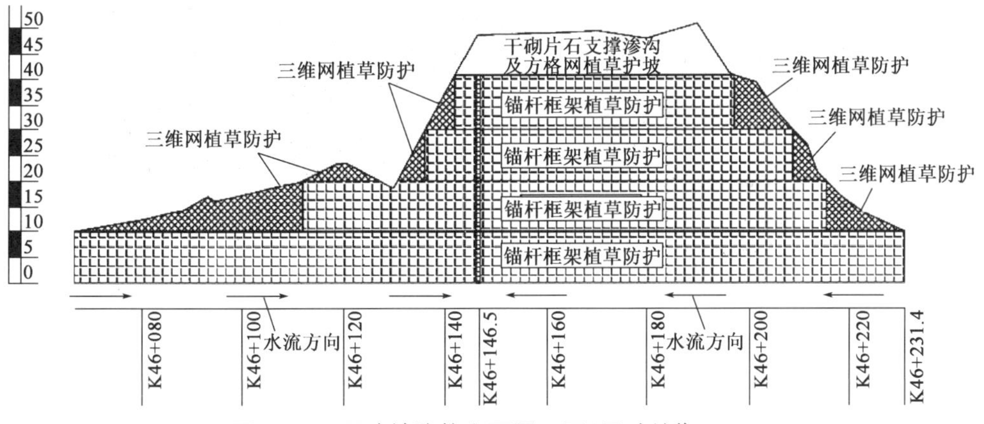

图 10-18　原边坡防护立面展开图(尺寸单位：m)

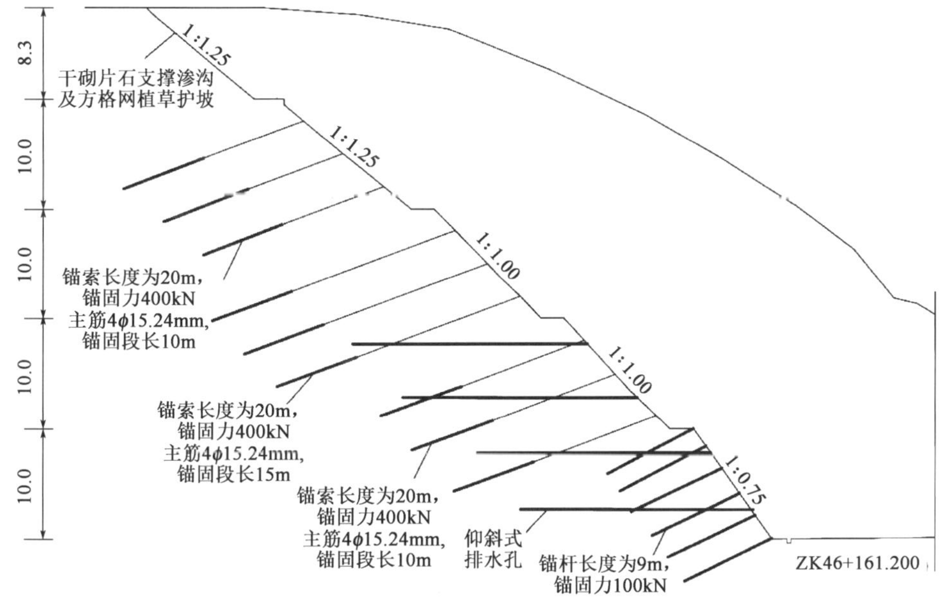

图 10-19　原边坡支护剖面图(尺寸单位：m)

3)排水设计

边坡坡脚设置边沟；边坡平台处设置平台排水沟，坡面设置检查踏步兼急流槽，将坡面水及平台排水沟的水引至边沟。初步治理完成后的全景如图 10-20 所示。

图 10-20　文麻高速公路 K46 边坡初步治理完成后全貌

10.5.4　初次治理效果评价

1)治理方案适宜性评价

2022 年 9 月 26 日,TJ-3-2 合同段项目部在日常的检查过程中发现,该边坡坡脚硬质路肩隆起、水沟位移、平台出现裂缝,且边坡上方省道出现横向及纵向裂缝。2022 年 10 月 15 日,业主召集各单位对现场进行察看,施工方提供的 2022 年 10 月 2 日至 10 月 8 日的位移监测数据显示:监测点位移数据较大(最大位移分别为 5mm、7mm),各级平台及水沟、S210 省道及 S210 省道上边坡均出现长 5 ~ 93m、宽 1 ~ 8cm 的裂缝,坡脚一级硬路肩产生 3 ~ 20cm 的隆起,边坡有进一步发展的趋势,随即启动了应急预案。主要措施包括对左幅道路进行交通管制,在坡脚处采用碎石回填反压,反压高度为 12 ~ 15m,方量约 4 万 m^3(2022 年 11 月 7 日完成),对裂缝采取封闭处理,并布置深层位移监测孔及地表位移监测点,对该边坡进行不间断地变形监测。根据现场调查及变形监测数据,该边坡在应急处理措施实施后,变形趋势有所减缓,但仍有缓慢的蠕动变形,未能从根本上消除其危害性。

K46 滑坡体反压状况全景如图 10-21 所示。

因此,锚杆框架方案,未能有效、持久抑制边坡的下滑趋势,根据表 10-2 的标准,其适宜性评定为不完全适宜。

图 10-21 K46 滑坡体反压状况全景

2)治理技术状况评价

(1)滑坡形态及变形特征

根据现场调绘,斜坡变形区平面形态呈"圈椅状"。根据地表变形监测点、测斜孔、地表裂隙特征、场地外地形地貌特征及本次勘察成果,变形区的后缘在S210省道顶部边坡裂缝处,左右两侧以冲沟边界为界,部分地段因农耕翻地裂缝不明显,前沿至坡脚排水沟底部。结合坡体及结构物的变形破坏情况,斜坡为整体型蠕动滑移,主滑方向沿人工边坡向下,约为160°。

变形区后缘高程为1338.37m,前缘高程为1264.15m,高差约为74.22m。变形区边界如图10-22所示。

图 10-22 K46 滑坡变形区边界

(2)结构特征

坡体结构:根据地质调查及钻探揭露,斜坡物质主要为全—强风化粉砂质页岩,表层分布灰黄色可塑状粉质黏土;全风化粉砂质页岩呈土状,为硬塑—坚硬状态,部分地段为砂状及粒状;强风化粉砂质页岩节理裂隙很发育,岩芯极破碎,呈碎块状、块状,属软岩。

潜在滑移带特征:场地中、上部的地层主要为全风化、强风化基岩,具有破碎、遇水软化等特征,虽然局部夹有中风化的基岩,但整体状况较差,且下部连续中风化基岩面为顺向坡。高速公路修筑时,路基边坡开挖坡脚卸载后形成了临空面,加之雨季地表水沿节理裂隙下渗后软化岩土体导致边坡产生蠕滑变形。裂缝及深层位移监测显示,在斜坡变形区后缘发育主滑面,S210 省道发育次级滑面。

(3)滑坡变形后形态特征

变形区呈扇状向南东向散开,向路面方向滑移,滑向为 160°。分布高程为 1264.14 ~ 1338.37m,主轴方向上长约 130m,横向长约 170m,平面面积约为 $175200m^2$,变形体中间厚、两侧薄,变形体厚度为 3 ~ 22.5m,平均厚度约为 11.8m,变形体方量约为 $21.8 \times 10^4 m^3$,根据《公路滑坡防治设计规范》(JTG/T 3334—2018)的规定,为中型、深层滑坡。经过地质调查及监测数据分析,坡体的整体变形趋势为中下部位移量及变形速率较后缘大,变形体断面形态呈叠瓦状,属中型-深层-牵引式滑坡,应急处理前滑坡处于蠕变滑动变形阶段,应急处理后滑坡处于基本稳定状态。

根据表 10-5 的评定标准,K46 边坡初步治理方案技术状况评定为第四类,差状态。

3)滑坡稳定性分析与评价

(1)定性评价

根据现场调查及地质勘察结果,经过近一个雨季的降雨作用,2022 年 9 月底边坡发生蠕动滑移,坡体变形较明显,坡体上方截水沟出现开裂变形,其他各级边坡锚索框架梁均有不同程度的开裂变形,坡脚土路肩与硬路肩交界附近已经形成 3 ~ 20cm 隆起,S210 省道及各台阶主裂缝贯通最大长度约 93m,后缘裂缝基本贯通。反压过程中因 2022 年 10 月 21 日、22 日两天连续降雨,10 月 23 日地表位移监测及裂缝观测数据显示边坡变形明显加剧。因此,认为该滑动区在暴雨工况下处于不稳定状态,在正常工况下处于欠稳定状态。

雨季过后，经坡脚反压，深孔位移监测未见明显位移，地表位移及裂缝监测变形速率虽然明显减缓，但累计变形仍未完全收敛。加之边坡高度高，滑体厚度大，且地质条件差，若不及时治理，可能导致边坡变形进一步增大。为保证高速公路的长期运营安全，须对该边坡进行必要的加固处治。

(2)定量计算参数

根据现场勘察与监测结果，发生变形的坡体反压前处于蠕动变形—滑动变形阶段，稳定系数为0.95~1.05。

根据原位测试、室内土工试验及地方相关工程处治经验，将各地基土边坡支护设计参数建议值列于表10-25。

岩土物理力学指标设计值　　表10-25

土层编号/名称	天然参数			暴雨参数			承载力特征值 f_{ak}(kPa)	土对墙基摩擦因数 μ	岩土锚固体的极限黏结强度标准值 f_{rbk}(kPa)
	重度 γ (kN/m³)	黏聚力 c (kPa)	内摩擦角 φ (°)	重度 γ (kN/m³)	黏聚力 c (kPa)	内摩擦角 φ (°)			
②粉质黏土	18.7	23.1	11.6	18.9	20.0*	10.0*	170	0.25	60
④$_1$全风化粉砂质页岩	19.2	37.6 (40.0)	13.2 (16.5)	19.4	22.4 (37.0)	10.7 (15.0)	220	0.40	75
④$_2$强风化粉砂质页岩	21.5*	60.0*	25.0*	22.0*	55.0*	22.0*	380	0.45	180
④$_3$中风化粉砂质页岩	26.9	80.0*	29.0*	27.0	60.0*	25.0*	2000	—	400

注：1. 表中带“*”值为经验值。

2. 岩体抗剪强度参数 c、φ 按《公路路基设计规范》(JTG D30—2015)进行折减。

3. 括号内为本次滑坡治理定量计算的推荐值。

考虑深层及浅层滑面，在滑坡滑动后前缘未进行反压回填情况下，对各个断面稳定性与剩余下滑力进行定量计算，通过定性和定量分析可知，此类牵引式滑坡控制性滑面为深层滑面，三个断面的计算结果见表10-26。

滑坡各断面稳定性计算结果 表10-26

计算断面	计算工况	稳定性系数 F_s	安全系数	稳定状态	备注
1—1′断面	正常工况	1.02	1.25	欠稳定	未考虑防护及反压
	非正常工况	0.95	1.15	不稳定	
2—2′断面	正常工况	1.05	1.25	基本稳定	
	非正常工况1	0.95	1.15	不稳定	
3—3′断面	正常工况	1.03	1.25	欠稳定	
	非正常工况1	0.98	1.15	不稳定	

滑坡稳定性定量计算结果与滑坡现场变形情况及定性判断结果基本一致。总体来看，滑坡稳定性不能满足高速公路滑坡设防标准，必须对其进行必要的防护治理。

10.5.5 变更治理方案

1)支挡工程

(1)抗滑桩：在坡脚处设置28根抗滑桩。1~7号抗滑桩尺寸为1.8m×2.4m，其中7号长29m，悬臂14m；6号长26m，悬臂12m；1~5号长23m，悬臂10m；1~5号桩顶无锚索，6号和7号桩桩顶1.5m有一束锚索，锚固力为400kN，入射角为25°，长度为32m。8~10号抗滑桩尺寸为2m×3m，桩长为33m，悬臂14m；桩顶1.5m、2.5m、3.5m分别有一束锚索，锚固力为400kN，入射角分别为15°、20°、25°，自上而下长度分别为32m、28m和26m。11~27号抗滑桩尺寸为2.5m×3.5m，桩长为37m，悬臂14m；桩顶1.5m、2.5m、3.5m分别有一束锚索，锚固力为400kN，入射角分别为15°、20°、25°，自上而下长度分别为32m、28m和26m。28号抗滑桩尺寸为2m×3m，桩长为33m，悬臂14m；桩顶1.5m、2.5m分别有一束锚索，锚固力为400kN，入射角分别为20°、25°，自上而下长度分别为32m、28m。28号桩到K46+231.4段落设置路堑墙(图10-23)。

(2)锚固工程：地表位移监测数据显示，经过坡脚反压等一系列处治后，二~五级边坡坡表位移变形速率虽然明显减小，但是整体上还未完全收敛，仍然有向临空面位移的趋势，因此，在二~四级边坡锚索格梁间增加十字锚补强防护，在第五级边坡增加锚索地梁防护。

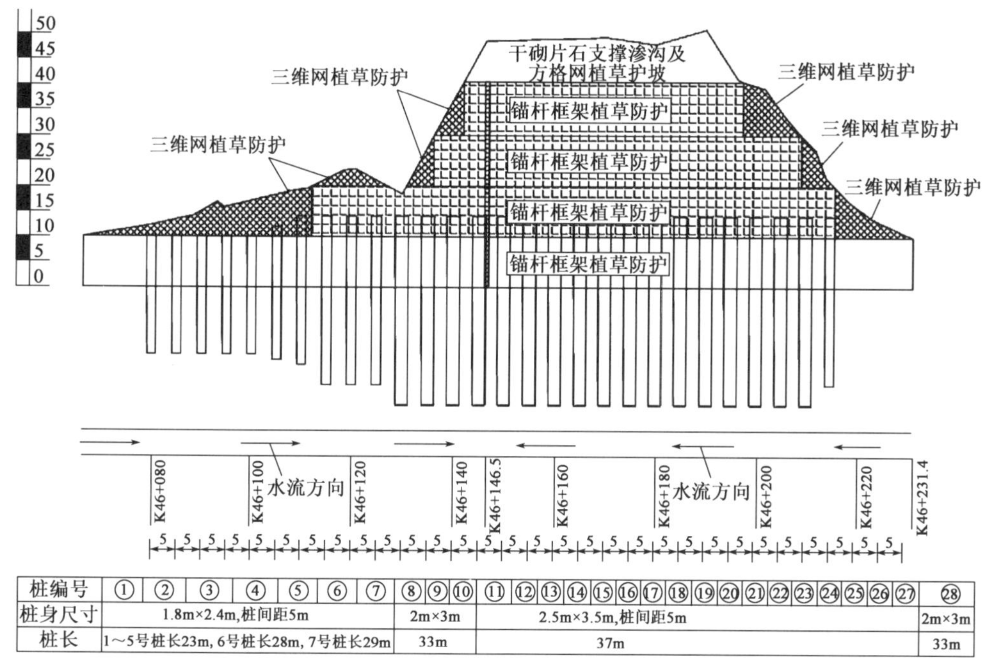

<table>
<tr><td>桩编号</td><td>①</td><td>②</td><td>③</td><td>④</td><td>⑤</td><td>⑥</td><td>⑦</td><td>⑧</td><td>⑨</td><td>⑩</td><td>⑪</td><td>⑫</td><td>⑬</td><td>⑭</td><td>⑮</td><td>⑯</td><td>⑰</td><td>⑱</td><td>⑲</td><td>⑳</td><td>㉑</td><td>㉒</td><td>㉓</td><td>㉔</td><td>㉕</td><td>㉖</td><td>㉗</td><td>㉘</td></tr>
<tr><td>桩身尺寸</td><td colspan="7">1.8m×2.4m,桩间距5m</td><td colspan="3">2m×3m</td><td colspan="17">2.5m×3.5m,桩间距5m</td><td>2m×3m</td></tr>
<tr><td>桩长</td><td colspan="7">1～5号桩长23m, 6号桩长28m, 7号桩长29m</td><td colspan="3">33m</td><td colspan="17">37m</td><td>33m</td></tr>
</table>

图 10-23　滑坡体治理设计立面图(尺寸单位：m)

(3)在施工过程中应最大限度保护和利用既有坡面防护、排水设施,一级边坡防护结构局部破坏的部分采用 C20 混凝土修补,如存在坡面大面积破坏,应采用厚度为 50cm 的 C20 混凝土护面墙进行补充防护。平台截水沟、堑顶截水沟和踏步急流槽等坡面排水设施,在工程完成后应对破损部位采用 C20 混凝土修补,破损较严重的部位应重新施作,确保边坡排水通畅。

2)排水措施

平台处设置平台截水沟。一级边坡抗滑桩桩间布置一排仰斜式排水孔,水平间距为 5m,入射角为 8°。二级边坡锚索格梁间设置一排仰斜式排水孔,水平间距为 3m,入射角为 8°。对既有仰斜排水孔进行疏通,对平台截水沟、堑顶截水沟损坏部位进行修补,对积水部位进行整修,确保该段边坡坡体和地表排水形成一个完整有效的排水系统。

参 考 文 献

[1] 中华人民共和国建设部. 岩土工程勘察规范(2009 版):GB 50021—2001[S]. 北京:中国建筑工业出版社,2009.

[2] 中华人民共和国住房和乡建设部. 建筑边坡工程技术规范:GB 50330—2013[S]. 北京:中国建筑工业出版社,2014.

[3] 中华人民共和国国土资源部. 滑坡防治工程设计与施工技术规范:DZ/T 0219—2006[S]. 北京:中国标准出版社,2006.

[4] 中华人民共和国交通运输部. 公路滑坡防治设计规范:JTG/T 3334—2018[S]. 北京:人民交通出版社股份有限公司,2019.

[5] 中华人民共和国交通运输部. 公路路基设计规范:JTG D30—2015[S]. 北京:人民交通出版社股份有限公司,2015.

[6] 国家铁路局. 铁路路基支挡结构设计规范:TB 10025—2019[S]. 北京:中国铁道出版社,2019.

[7] 中华人民共和国住房和城乡建设部. 工程岩体分级标准:GB 50218—2014[S]. 北京:中国计划出版社,2014.

[8] 工程地质手册编委会. 工程地质手册[M]. 5 版. 北京:中国建筑工业出版社,2018.

[9] 佴磊,徐燕,代树林. 边坡工程[M]. 北京:科学出版社,2010.

[10] 吴顺川. 边坡工程[M]. 北京:冶金工业出版社,2010.

[11] 郭兴远,雷用,唐景文. 边坡工程设计、监测、鉴定与加固[M]. 北京:中国建筑工业出版社,2007.

[12] 左美蓉. GPS 测量技术[M]. 武汉:武汉理工大学出版社,2012.

[13] 张从明,李国锋. 公路边坡治理措施及安全评价方法[M]. 北京:人民交通出版社,2009.

[14] 李文纲,贺如平,廖明亮,等. 工程岩土体物理力学参数分析与取值方法[M]. 北京:中国电力出版社,2022.

[15] 冉仕平,田金昌,周建庭,等. 人工高切坡超前诊断与处治技术[M]. 北京:

人民交通出版社,2011.

[16] 郭运华,李元松,李新平,等. 岩质高边坡快速反馈分析原理、方法及应用[M]. 武汉:武汉理工大学出版社,2018.

[17] HOEK E,BRAY J W. 岩石边坡工程[M]. 卢世宗,译. 北京:冶金工业出版社,1983.

[18] 加拿大矿物和能源技术中心. 边坡工程手册[M]. 祝玉学,邢修祥,译. 北京:冶金工业出版社,1984.

[19] 张倬元,王兰生,王士天. 工程地质分析原理[M]. 2 版. 北京:地质出版社,1994.

[20] 孙广忠. 岩体结构力学[M]. 北京:科学出版社,1988.

[21] 孙玉科,倪会宠,姚宝魁. 边坡岩体稳定性分析[M]. 北京:科学出版社,1988.

[22] 孙玉科,李建国. 岩质边坡稳定性的工程地质研究[J]. 地质科学,1965,6(4):330-352.

[23] 谷德振. 岩体工程地质力学基础[M]. 北京:科学出版社,1979.

[24] 孙玉科,古迅. 赤平极射投影在岩体工程地质力学中的应用[M]. 北京:科学出版社,1980.

[25] 祝玉学. 边坡可靠性分析[M]. 4 版. 北京:冶金工业出版社,1993.

[26] HOEK E. Rock Slope Engineering[M]. London:IMM,1977.

[27] 孙广忠. 工程地质与地质工程[M]. 北京:地震出版社,1993.

[28] 崔政权,李宁. 边坡工程[M]. 北京:中国水利水电出版社,1999.

[29] 付宏渊. 公路边坡工程[M]. 北京:人民交通出版社股份有限公司,2017.

[30] 黄润秋. 岩石高边坡稳定性工程地质分析[M]. 北京:科学出版社,2012.

[31] 李建林,王乐华. 边坡工程[M]. 重庆:重庆大学出版社,2013.

[32] 尉希成,周美玲. 支挡结构设计手册[M]. 3 版. 北京:中国建筑工业出版社,2015.

[33] FELLENIUS W O. Erdstatisch berechnungen[M]. Berlin:Ernst und Sohn,1927.

[34] TAYLOR D W. Fundamental of soil mechanics[M]. New York:John Wiley&Sons,

Inc,1948.

[35] BISHOP A W. The use of the slip circle in stability analysis of slopes[J]. Geotechnique,1955,5 (1):7-17.

[36] 房锐. 公路边坡治理工程效果评价系统研究[D]. 北京:中国铁道科学研究院,2009.

[37] 李元松,王玉,朱冬林,等. 边坡稳定性评价方法研究现状与发展趋势[J]. 武汉工程大学学报,2021,43(4):428-435.

[38] 孔令伟. 特殊土与边坡技术发展综述[J]. 土木工程学报,2012,45(5):141-161.

[39] JANBU N. Earth pressure and bearing capacity by generalized procedure of slices[A]. In:Glanviller W H ed. Proceeding of the 4th Int. Conf. of Soil Mechanics and Foundation Engineering[C]. London:Butterworths Scientific Publications,1957,2:207-212.

[40] MORGENSTERN N R,PRICE V E. The analysis of the stability of general slip surfaces. Geotechnique,1965,15(1):79-93.

[41] SPENCER E. A method for analysis of the stability of embankments assuming parallel inter slice forces[J]. Geotechnique,1967,17(1):11-26.

[42] SARMA S K. Stability analysis of embankments and slopes[J]. Geotechnique,1973,23 (3):423-433.

[43] CHEN Z Y,MORGENSTERN N R. Extensions to the generalized method of slices for stability analysis. Canadian Geotechnical Journal,1983,20(1):104-119.

[44] 赵志明. 工程治理后岩质边坡稳定性评价标准及方法研究[D]. 成都:西南交通大学,2013.

[45] 郑颖,张玉芳,赵尚毅,等. 有限元强度折减法在元磨高速公路高边坡工程中的应用[J]. 岩石力学与工程学报,2005,24(11):3812-3817.

[46] 文军强. 高速公路改扩建既有层状岩质路堑高边坡二次开挖稳定性及支护技术研究[D]. 西安:长安大学,2019.

[47] 闫强. 高速公路改扩建工程高边坡开挖过程稳定性研究[D]. 西安:长安大学,2015.

[48] 姜德义,王国栋.高速公路工程边坡的工程地质分类[J].重庆大学学报,2003,26(11):113-116.

[49] 许兵.论工程地质模型——涵义、意义、建模与应用[J].工程地质学报,1997,5(3):199-204.

[50] 郭兵兵,舒继森,舒应秋.近水平岩层边坡工程地质模型及稳定性研究[J].中国矿业,2012,21(2):104-107.

[51] 乔兰,李远.露天矿山高陡边坡变形破坏的工程地质模型[J].北京科技大学学报,2004,26(5):461-464.

[52] 殷跃平.三峡库区边坡结构及失稳模式研究[J].工程地质学报,2005,13(2):145-154.

[53] 廖小平.类土质路堑边坡变形破坏类型及其稳定性分析[J].岩石力学与工程学报,2003,22(2):2765-2772.

[54] 孙玉科,姚宝魁.我国岩质边坡变形破坏的主要地质模式[J].岩石力学与工程学报,1983,2(1):67-76.

[55] 申艳军,徐光黎.国标岩体分级标准 BQ 的图解法表示[J].岩石力学与工程学报,2012,31(2):3659-3665.

[56] 林韵梅.岩体基本质量定量分级标准[BQ]公式的研究[J].岩土工程学报,1999,21(4):481-485 .

[57] 蔡斌,喻勇,吴晓铭.《工程岩体分级标准》与 Q 分类法、RMR 分类法的关系及变形参数估算[J].岩石力学与工程学报,2001,20(1):1677-1679.

[58] 张勇慧,李红旭,盛谦,等.基于模糊综合评判的公路岩质边坡稳定性分级研究[J].岩土力学,2010,10:3151-3156.

[59] 石豫川,王哲,万国荣,等.山区高等级公路边坡岩体分级研究[J].岩石力学与工程学报,2005,3:939-944.

[60] 石豫川.山区高等级公路层状岩质边坡稳定性 HSMR 快速评价体系研究[D].成都:成都理工大学,2007.

[61] 许宏发,陈锋,王斌,等.岩体分级 BQ 与 RMR 的关系及其力学参数估计[J].岩土工程学报,2014,1:195-198.

[62] 肖国峰.山区高速公路岩质边坡稳定性分级方法研究[D].武汉:中国科学

院武汉岩土力学研究所,2007.

[63] 王小江. 工程岩体基本质量指标和分级档次的研究[D]. 沈阳:东北大学,2011.

[64] 孔纲强,刘璐,刘汉龙,等. 玻璃砂透明土变形特性三轴试验研究[J]. 岩土工程学报,2013,35(6):1140-1146.

[65] 左保成,陈从新,刘小巍,等. 反倾岩质边坡破坏机理模型试验研究[J]. 岩石力学与工程学报,2005,24(19):3505-3511.

[66] 任伟中,陈浩. 滑坡变形破坏机理和整治工程的模型试验研究[J]. 岩石力学与工程学报,2005,24(12):2136-2141.

[67] 孟庆山,孔令伟,郭爱国,等. 高速公路高填方路堤拼接离心模型试验研究[J]. 岩石力学与工程学报,2007,26(3):580-586.

[68] 李明,张嘎,胡耘,等. 边坡开挖破坏过程的离心模型试验研究[J]. 岩土力学,2010,31(2):366-370.

[69] 谭文辉,王家臣,周汝弟. 岩体边坡渐进破坏的物理模拟和数值模拟研究[J]. 中国矿业,2000,9(5):56-58.

[70] 林鸿州,于玉贞,李广信,等. 降雨特性对土质边坡失稳的影响[J]. 岩石力学与工程学报,2009,28(1):198-204.

[71] KRANER S L,LINDWALL N W. Dimensionality and directionality effects in Newmark sliding block analyses[J]. Journal of Geotechnical and Geoenvironmental Engineering,2004,130(3):303-315.

[72] LI A J,MERIFIELD R S,LYAMIN A V. Stability charts for rock slopes based on the Hoek-Brown failure criterion[J]. International Journal of Rock Mechanics and Mining Sciences,2008(45):689-700.

[73] HYUCK-JIN P T,WEST T R,WOO I K. Probabilistic analysis of rock slope stability and random properties of discontinuity parameters,interstate highway 40,Western North Carolina,USA[J]. Engineering Geology,2005,(79):230-250.

[74] LIU Y C,CHEN C S. A new approach for application of rock mass classification on rock slope stability assessment[J]. Engineering Geology,2007,89(11):129-143.

[75] LYSANDROS P. Rock slope stability assessment through rock mass classification systems[J]. International Journal of Rock Mechanics and Mining Sciences, 2009,(46):315-325.

[76] FENG X,ZHOU H,LI S,et al. Integrated intelligent feedback analysis of rock mechanics and engineering problems and its applications[J]. Chinese Journal of Rock Mechanics and Engineering,2007,26(9):1737-1744.

[77] ZHU W,YANG W,XIANG L,et al. Laboratory and field study of splitting failure on side wall of large-scale cavern and feedback analysis[J]. Chinese Journal of Rock Mechanics and Engineering,2011,30(7):1310-1317.

[78] 钱纪芸,张嘎,张建民.降雨条件下土坡变形机制的离心模型试验研究[J].岩土力学,2011,32(2):398-402.

[79] 赵永虎,刘高,毛举.基于灰色关联度的黄土边坡稳定性因素敏感性分析[J].长江科学院院报,2015,32(7):94-98.

[80] 马康.岩质陡边坡稳定性影响因素敏感性分析及治理对策研究[D].武汉:武汉科技大学,2016.

[81] 文畅平.多级锚固高边坡临界高度影响因素敏感性分析[J].中国公路学报,2014,27(2):35-44.

[82] 王庚荪.边坡的渐进破坏及稳定性分析[J].岩土力学与工程学报,2000,19(1):29-33.

[83] 刘爱华,王思敬.平面坡体渐进破坏模型及其应用[J].工程地质学报,1994,2(1):1-8.

[84] 卢应发,黄学斌,刘德富.推移式滑坡渐进破坏机制及稳定性分析[J].岩石力学与工程学报,2016,35(2):333-345.

[85] 张招金,徐伟青,祝志华,等.干湿循环条件下衢州地区强风化泥岩边坡稳定性分析[J].公路与汽运,2017,3:100-102.

[86] 于起峰,尚洋,伏思华,等.大型结构变形及形貌摄像测量技术研究进展[J].实验力学,2011,26(5):479-490.

[87] 平自要.郑石高速公路强风化花岗岩路堤稳定性研究[D].西安:长安大学,2014.

[88] 赵建军. 公路边坡稳定性快速评价方法及应用研究[D]. 成都:成都理工大学,2007.

[89] 陈强,王东,周志林,等. 基于模糊分析的松散体边坡稳定性快速评价系统及应用[J]. 西南公路,2016,3:3-8.

[90] 李秀珍. 潜在滑坡的早期稳定性快速判识方法研究[D]. 成都:西南交通大学,2010.

[91] 石豫川. 山区高等级公路层状岩质边坡稳定性 HSMR 快速评价体系研究[D]. 成都:成都理工大学,2007.

[92] 吴嘉丞,方理刚,张久长. 浅变质岩系高边坡稳定性快速评价方法研究[J]. 公路工程,2009,6:43-46.

[93] 罗陵,刘层林. 公路边坡稳定性快速评价研究[J]. 公路,2012,11:156-161.

[94] 白雪飞,易鑫. 岩质边坡稳定性快速评价方法研究[J]. 铁道勘察,2011,2:79-82.

[95] 刘端伶,谭国焕,李启光,等. 岩石边坡稳定性和 Fuzzy 综合评判法[J]. 岩石力学与工程学报,1999,18(2):170-175.

[96] 武鹤,葛琪,陈瑶,等. 基于模糊理论的寒区岩质路堑边坡稳定性分级标准研究[J]. 黑龙江工程学院学报,2012,26(1):7-10.

[97] 张勇慧,李红旭,盛谦,等. 基于模糊综合评判的公路岩质边坡稳定性分级研究[J]. 岩土力学,2010,31(10):3151-3156.

[98] 王元汉,刘端伶. 边坡稳定性的 Fuzzy 综合评判法[J]. 华中科技大学学报,1998,26(A01):96-98.

[99] 乔建刚,孙希涛. 基于粗糙集赋权的山区公路土石边坡可拓稳定性评价模型[J]. 北京工业大学学报,2020,46(5):508-514.

[100] 苏永华,何满潮,孙晓明. 岩体模糊分类中隶属函数的等效性[J]. 北京科技大学学报,2007,29(7).

[101] 陈祖煜. 土力学经典问题的极限分析上、下限解[J]. 岩土工程学报,2002,24(1):1-11.

[102] 郑宏,李春光,李焯芬,等. 求解安全系数的有限元法[J]. 岩土工程学报,2002,24(5):626-628.

[103] 郑颖人,赵尚毅,孔位学,等. 极限分析有限元法讲座Ⅰ——岩土工程极限分析有限元法[J]. 岩土力学,2005,26(1):163-168.

[104] 赵尚毅,郑颖人,张玉芳. 极限分析有限元法讲座Ⅱ——有限元强度折减法中边坡失稳的判据探讨[J]. 岩土力学,2005,26(2):332-336.

[105] 万文,曹平,吴永恒. 弹塑性极限平衡法分析复杂岩质边坡的稳定性[J]. 中国安全科学学报,2004,14(6):100-108.

[106] 李亮,刘宝琛. 边坡极限承载力的下限分析法及其可靠度理论[J]. 岩石力学与工程学报,2001,20(4):508-513.

[107] 黄盛铨,刘君,孔宪京. 强度折减 DDA 法及其在边坡稳定分析中的应用[J]. 岩石力学与工程学报,2008,27(增1):1799-1806.

[108] 张国新,赵妍,石根华,等. 模拟岩石边坡倾倒破坏的数值流形法[J]. 岩土工程学报,2007,29(6):800-805.

[109] 李连崇,唐春安,邢军,等. 节理岩质边坡变形破坏的 RFPA 模拟分析[J]. 东北大学学报,2006,27(5):559-562.

[110] 郭明伟,葛修润,李春光,等. 边坡和坝基抗滑稳定分析的三维矢量和法及其工程应用[J]. 岩石力学与工程学报,2010,29(1):8-20.

[111] CLOUGH R W,WOODWARD R J. Analysis of embankment stresses and deformations[J]. Journal of the Soil Mechanics and Foundations Division, ASCE,1967,93(4):529-545.

[112] ZOU J Z,WILLIAMS D J. Search for critical slip surface based on finite element method[J]. Canadian Geotechnical Journal,1995,32(1):233-246.

[113] DUNCAN J M. State of the art:Limit equilibrium and finite element analysis of slopes[J]. Journal of Geotechnical Engineering,1996,22(7):577-596.

[114] DAWSON E M, ROTH W H, DRESCHER A. Slope stability analysis by strength reduction[J]. Geotechnique,1999,49(6):835-840.

[115] 郑颖人,赵尚毅. 有限元强度折减法在土坡与岩坡中的应用[J]. 岩石力学与工程学报,2004,23(19):3381-3388.

[116] 连镇营,韩国城,孔宪京. 强度折减有限元法研究开挖边坡的稳定性[J]. 岩土工程学报,2001,23(4):407-411.

[117] BJERRUM L. Progress failure in slope of over-consolidated plasiticcaly and clay shakes[J]. ASCE,1967,93,No. SMS(part 1):1-49.

[118] CHENG Y M,LANSIVAARA T,WEI W B. Two-dimensional slope stability analysis by limit equilibrium and strength reduction methods[J]. Computers and Geotechnics,2007,34(3):137-150.

[119] 涂美珍,张正雄,任超. 公路边坡稳定性分析与防护方法综述[J]. 西部交通科技,2015,7:1-6.

[120] 邱恩喜. 道路软岩边坡设计研究[D]. 成都:西南交通大学,2009.

[121] 王路. 山区公路边坡病害处治技术及方案决策研究[D]. 重庆:重庆交通大学,2012.

[122] 杨智. 预应力锚索抗滑桩在治理公路滑坡中的应用[D]. 长沙:中南大学,2011.

[123] 翟乾智. 组合抗滑结构在大型高填边坡治理工程中的应用研究[D]. 重庆:重庆交通大学,2017.

[124] 李百震. 边坡柔性防护技术在岩质边坡工程中的应用研究[D]. 济南:山东大学,2012.

[125] 尹玉秋. 高寒地区路堑边坡稳定性分析及治理方法研究[D]. 天津:天津大学,2006.

[126] GOODMAN R E. Methods of Geological Engineering in Discontinuous Rock[M]. NY:West Publishing Company,1976.

[127] 黄润秋. 20 世纪以来中国的大型滑坡及其发生机制[J]. 岩石力学与工程学报,2007,26(3):433-454.

[128] 袁从华,章光,杨明亮. 某公路顺层滑坡的整治及对该区段选线的反思[J]. 岩土力学,2003,24(3):428-430.

[129] 邓文彬. 天山公路病害区域划分及临界雨量研究[J]. 地理空间信息,2014,8:4-6.

[130] 王成,黄勇,刘涛,等. 天山公路 K701 + 850 路段危岩体防治对策研究[J]. 公路交通科技,2011,6:97-99.

[131] 张守信. 南疆铁路二线中天山越岭隧道比选及其工程地质条件分析[J].

勘察科学技术,2009,3:30-34.

[132] 冯守中,闫澍旺.高寒地区岩质路堑边坡典型破坏事例的分析及治理[J].公路交通科技,2009,11:5-9.

[133] 冯守中,闫澍旺,崔琳.严寒地区路堑边坡破坏机理及稳定计算分析[J].岩土力学,2009,8:155-159.

[134] 陈天城,魏炳乾.冻结融解作用对岩石边坡稳定的影响[J].电网与清洁能源,2003,19(3):5-7.

[135] 吴玮江,季节性冻融作用与斜坡整体变形破坏[J].中国地质灾害与防治学报,1996,12:59-64.

[136] 卢海峰.巴东组软岩边坡岩体工程特性及破坏机理研究[D].武汉:中国科学院研究生院(武汉岩土力学研究所),2010.

[137] SHI G H. Discontinuous deformation analysis:A new numerical model for the statics and dynamics of block systems[D]. Berkeley:University of California, Berkeley,1988.

[138] 李聪,姜清辉,周创兵,等.基于实例推理系统的滑坡预警判据研究[J].岩土力学,2011,32(4):1069-1076.

[139] 王劲松,陈正阳,梁光华. GPS一机多天线公路高边坡实时监测系统研究[J].岩土力学,2009,30(5):1532-1536.

[140] 史云,陈实,冯苍旭,等.地质灾害监测新仪器——激光微小位移监测系统[J].中国地质灾害与防治学报,2002,3(1):72-77.

[141] 张青,史彦新,朱汝烈. TDR滑坡监测技术的研究[J].中国地质灾害与防治学报,2001,6(2):67-69.

[142] 谭捍华,傅鹤林. TDR技术在公路边坡监测中的应用试验[J].岩土力学,2010,31(4):1331-1336.

[143] 李金河,玉国进.永久船闸边坡稳定性声发射监测[J].岩土力学,2001,22(2):478-480.

[144] 陆菜平,窦林名,吴兴荣,等.岩体微震监测的频谱分析与信号识别[J].岩土工程学报,2005,27(7):772-775.

[145] 唐传胜,柴贺军.公路边坡防护的全过程优化及基于GIS的程序实现[J].

中国公路,2005(10),69-71.

[146] 孙苗.岩体质量分级的程序设计及应用[D].西安:长安大学,2011.

[147] 季志博.基于GIS的铁路走向辅助决策系统研究[D].兰州:兰州交通大学,2016.

[148] 潘晓东,丁伯阳,彭卫兵.高速公路高边坡数据库及防护决策数字化管理系统研究[C]//第十五届全国工程设计计算机应用学术会议论文集.中国土木工程学会,中国建筑学会,中国工程图学学会,2010.

[149] 何朝阳,巨能攀,黄健.基于WEB-GIS的公路边坡安全管理系统研究[J].地质灾害与环境保护,2012,22(1):91-95.

[150] 蒲建华.高速公路边坡监测及信息管理系统应用研究[D].成都:成都理工大学,2014.

[151] 王飞,谢小魁.ArcGIS二次开发综述[J].农业网络信息,2017,5:72-77.

[152] 孙敏.基于GIS的三峡库区高切坡稳定性评价系统研究[D].长春:吉林大学,2008.

[153] 刘阳娜.基于ArcGIS Engine的三维地理信息系统开发及应用[J].电脑知识与技术,2018,14(3):5-6.